U0452219

商务印书馆语言学出版基金
《中国语言学文库》第三辑

形式和意义互动的句式系统研究

——互动构式语法探索

施春宏 著

商务印书馆
2018年·北京

图书在版编目(CIP)数据

形式和意义互动的句式系统研究:互动构式语法探索/施春宏著.—北京:商务印书馆,2018
(中国语言学文库.第三辑)
ISBN 978-7-100-16050-6

Ⅰ.①形… Ⅱ.①施… Ⅲ.①汉语—语法结构—研究 Ⅳ.①H14

中国版本图书馆 CIP 数据核字(2018)第 080517 号

权利保留,侵权必究。

形式和意义互动的句式系统研究
—— 互动构式语法探索

施春宏 著

商 务 印 书 馆 出 版
(北京王府井大街 36 号 邮政编码 100710)
商 务 印 书 馆 发 行
北京市艺辉印刷有限公司印刷
ISBN 978-7-100-16050-6

2018 年 10 月第 1 版　　开本 880×1230　1/32
2018 年 10 月北京第 1 次印刷　印张 20¼
定价:70.00 元

目　　录

序一 ·· 袁毓林 1
序二 ·· 陆俭明 8

第一章　绪论 ··· 1
　1.1　研究背景 ·· 3
　1.2　研究观念、基本目标、主要内容和分析思路 ············ 15
　1.3　与本项研究有关的基础性概念 ······················· 19
　1.4　本项研究的语料来源及对统计数据性质的说明 ········· 44

第二章　汉语句式的标记度及基本语序的参数选择问题 ········ 47
　2.1　引言 ··· 47
　2.2　基础句式、测试框架和主要句式类型 ················· 47
　2.3　施受句和"把/被"字句的标记度 ······················ 51
　2.4　施事话题句、受事话题句、受事主语句、施事主语句的
　　　标记度 ··· 62
　2.5　句法表达的语义基础及基本语序的参数选择问题 ······· 68
　2.6　本章小结 ··· 73

第三章　动结式配位系统的整合机制及其理论蕴涵 ············ 78
　3.1　引言 ··· 78
　3.2　动结式论元结构的整合原则和配位规则系统 ··········· 79
　3.3　由动结式构成的基础句式及动结式配价层级系统 ······ 102

3.4 同形动结式的歧价现象 ………………………………… 112
3.5 动结式整合过程中的"例外"现象及其解释 …………… 117
3.6 关于互动构式语法的初步思考 ………………………… 127
3.7 本章小结 ………………………………………………… 129

第四章 动结式不对称分布的多重界面互动机制 ………… 132
4.1 引言 ……………………………………………………… 132
4.2 动结式在相关句式群中的不对称分布 ………………… 133
4.3 界限原则和配位规则系统的句法效应及其限度 ……… 141
4.4 由多重界面互动制约而形成的特殊句法分布 ………… 148
4.5 动词论元结构的多重性和动结式论元结构整合的
多能性 …………………………………………………… 154
4.6 动结式分布不对称现象的多重界面互动层级 ………… 166
4.7 关于动结式在相关句式群中不对称分布的认知功能解释的
再思考 …………………………………………………… 169
4.8 本章小结 ………………………………………………… 173

第五章 动词拷贝句句式构造和句式意义的互动关系 …… 176
5.1 引言 ……………………………………………………… 176
5.2 动词拷贝句的研究路径及某些有待解决的问题 ……… 178
5.3 从动词拷贝句构造过程看其结构和功能方面的特点 … 186
5.4 与动词拷贝句相关的句式群中相关句式的句法表现 … 199
5.5 对与动词拷贝句相关的几种特殊句法现象的重新认识 … 207
5.6 对动词拷贝句所表达的语义或功能的重新认识 ……… 213
5.7 关于动词拷贝句结构和功能的扩展问题 ……………… 223
5.8 本章小结 ………………………………………………… 228

第六章 动词拷贝句的构式化机制及其发展层级 …… 232
- 6.1 引言 …… 232
- 6.2 学界关于动词拷贝句生成动因、形成机制及产生时代的讨论 …… 236
- 6.3 关于动词拷贝句共时和历时的构造原则一致性的基本认识 …… 240
- 6.4 《朱子语类》中动词拷贝句及相关表达的句法语义关系 …… 252
- 6.5 动词拷贝句构式化的合力机制与层级关系 …… 261
- 6.6 本章小结 …… 273

第七章 "把"字句的构造机制及其构式分析路径 …… 276
- 7.1 引言 …… 276
- 7.2 从致使性句式群的句法语义分析看提宾式派生的方法论意义 …… 278
- 7.3 "把"字句的直接派生机制和过程 …… 284
- 7.4 "把"字句的间接派生机制和过程 …… 289
- 7.5 "把"字句的原型性和"把"字句的分析策略 …… 295
- 7.6 边缘"把"字句的语义理解和句法构造 …… 310
- 7.7 从互动-派生分析看"把"字句与动词拷贝句的分布问题 …… 322
- 7.8 从非典型语言现象研究看构式分析的理念和方法 …… 327
- 7.9 本章小结 …… 335

第八章 "把"字句及相关句式的语法意义 …… 339
- 8.1 引言 …… 339
- 8.2 "把"字句语法意义研究的基本面貌及其方法论思考 …… 340

8.3 从"把"字句的构造过程看"把"字句的语法意义 ………… 349
8.4 在句式群中考察"把"字句及相关特殊句式的语法意义 … 360
8.5 汉语的结果凸显性及结果表达的句法表现与语义类型 … 369
8.6 从"把"字句语法意义的研究看特殊句式形义关系研究方法论 ………………………………………………… 375
8.7 本章小结 …………………………………………………… 383

第九章 新"被"字式的句法、语义、语用分析 ……………… 389
9.1 引言 ………………………………………………………… 389
9.2 新"被"字式对常规被字句的双重背反 ………………… 392
9.3 新"被"字式的形成动因和生成机制 …………………… 395
9.4 新"被"字式语义理解的多能性 ………………………… 412
9.5 关于新"被"字式的语用效应 …………………………… 417
9.6 本章小结 …………………………………………………… 421

第十章 形式和意义互动关系研究的方法论原则 …………… 425
10.1 引言 ……………………………………………………… 425
10.2 项目与过程模型的拓展及对互动-派生模型的理解 …… 426
10.3 句式研究中互动-派生模型的理论主张及基础句式的确立 ……………………………………………………… 433
10.4 互动-派生模型中的派生能力和派生途径 ……………… 439
10.5 句式研究中互动-派生分析的基本目标 ………………… 446
10.6 从互动-派生分析走向精致还原主义/精致整体主义 …… 455
10.7 互动-派生分析与变换分析的关系 ……………………… 465
10.8 本章小结 ………………………………………………… 469

第十一章　互动构式语法视野中的句式形义关系分析 ······ 474
11.1　引言 ······ 474
11.2　句式分析演变的路径:从结构到构式 ······ 477
11.3　构式特征的浮现性和构式形义关系透明度 ······ 482
11.4　句式的非推导性特征和可推导性特征 ······ 494
11.5　句式的非推导性分析和可推导性分析的策略问题 ······ 497
11.6　构式观念的现代科学和科学哲学背景 ······ 504
11.7　本章小结 ······ 508

第十二章　走向互动构式语法的探索 ······ 511
12.1　引言 ······ 511
12.2　互动构式语法的建构背景 ······ 514
12.3　如何理解构式系统中的互动关系 ······ 518
12.4　如何考察处于互动关系中的构式系统 ······ 522
12.5　互动构式语法的方法论原则 ······ 528
12.6　关于研究方法或方法论的互动问题 ······ 539
12.7　互动构式语法的发展空间 ······ 543

参考文献 ······ 548
术语和概念索引 ······ 581
后记 ······ 599
专家评审意见 ······ 潘海华　611
专家评审意见 ······ 张伯江　619

序 一

施春宏教授在新著《形式和意义互动的句式系统研究——互动构式语法探索》即将由商务印书馆出版之际,发邮件来嘱我写一篇序。我自然是乐意为之。通读完厚厚的书稿,我觉得这是一部具有相当学术分量的专著,在研究内容和理论建构上均有一些突破,体现出一定的前沿性和创新性。事实上,这部书稿的一些章节在作为独立的论文发表后,在学界已经形成了较为广泛的学术影响。下面具体谈一下我读完这本书后的一些感想,就教于作者和广大读者。

一、施著在研究内容上体现出的突破性

如何研究汉语句式的结构形式和语法意义?长期以来,现代汉语和近代汉语语法研究学界都将其作为一个重点课题来考察。当然,也存在着很大的争议。施著以形式和意义(作者均取广义理解)的互动关系为研究的立足点,以句式系统作为考察的对象,聚焦于相关研究中的若干重大论题,做出了新的探索。

施著从其所提出的"句式群"这个概念出发,系统考察了动结式、动词拷贝句、"把"字句、新"被"字式等相关句式的构造机制、语义特征和语用功能;其中,动词拷贝句又分为共时研究和历时研究两个方面。在句式系统的形式-意义关系的研究中,建构了独具特色的构式观和方法论原则,从而使相关论题呈现出新的面貌,并使某些论题的性质发生了转化。比如,作者对动结式的结构类型、配价层级及动结式结构化过程中多重界面互动机制的分析,是近年来动结式研究论著中最为全面和系统的;作者系统分析了动词拷贝句的构造机制,并在此基础上刻画了动词拷贝句构式化过程中的合力机制及其演化历程,纠正了学界关于动词拷贝句发展机制和过程的某些不当认识;作者对"把"字句构造过程的分析非常细腻,并在句式群中比较、概括了"把"字句及多个致使性句式的语法意义,同时对"提宾"说、"宾补争动"说做了重新解读;作者还对"被自杀"类新"被"字式的生成机制、语义理解及语用效应做出了与学界迥异但又相当可信的分析。无论是共时的分析还是历时的考察,施著都是层层推演,具有非常强的逻辑性和系统性,富有理论创新意识,对于深化汉语句式系统的生成机制和句法、语义特征的研究是很有启发性的。

值得指出的是,施著在梳理语言现象的过程中,不但没有回避各类例外现象、边缘现象和理论构建中的特例、反例问题,反而将这些特殊现象放到理论的中心来考察,努力探求其句法、语义、韵律和语用等方面的约束条件。在研究这些内容时,作者紧紧围绕"互动"这一观念来分析语料,构建理论。这种充分尊重语言事实,"细大不捐",敢于攻克"疑难杂症"的科学态度是值得肯定的。作者也因此而获得了一系列让人耳目一新的认识。

二、施著在理论构建上体现出的创新性

施著不但注重语言事实的深入挖掘和系统整理,而且具有较高的理论追求和较强的理论解释力。作者在对句式的形式和意义进行具体分析的同时,将构建新的语言研究观念、提出新的方法论原则作为自己的重要目标,这是难能可贵的。也在一定程度上践行了他在做研究生时就立下的要做一个勤于理论思考的学者的宏愿。

基于构式语法的汉语研究方兴未艾,已有很多学者做出了不同程度的理论探索。施春宏近些年试图从方法论原则的角度对构式语法做

出新的思考，进而构建出相对地具有个性特色的构式分析模型，这便是作者提出的"互动构式语法"。这可以看作是汉语构式语法研究的一个新方向。作者在书中对为什么在构式语法流派纷呈的背景下还提出新的分析模型做出了说明，同时对该模型的实际研究成果和发展前景做出了分析。我们无须怀疑一个年轻学者在理论建构上的创新性，只要仔细阅读作者对汉语基本事实的精致分析（第二至九章）就已感受到其中坚实的理论追求。而作者又在此基础上探讨了句法语义分析中的互动观念、精致还原主义/精致整体主义方法论原则，并进而提出了互动构式语法（后三章）。说真的，拿到书稿初翻一下，还真为这种学术闯劲担心。但是，逐章读下来，发现整部著作都有丰富的事实基础和严谨的学术逻辑。作者在最后一章中说："毫无疑问，互动构式语法跟当下纷呈迭现的构式语法流派在对'构式'的某些基本认识上具有高度的一致性，这也是这些流派都被称为'构式语法'的基础；但在构式的系统观和构式分析的方法论原则方面，互动构式语法呈现出自己的特色。"我认为这句话是合乎实际的。我认为作者提出的互动构式语法分析模型及其精致还原主义方法论原则，至少就其考察的问题及试图实现的目标而言，是站得住脚的。当然，这也只是作为一种分析模型而存在，正如作者所言："任何理论都只是人类理解史上的一道风景。"如何使该分析模型体现出更普遍的理论意义，解释更多的语言事实，还有待于作者的进一步努力。

另外，作者在论述相关问题时，还不时涉及新的语言学观念的思考。比如，如何建立原则及建立怎样的原则、如何将原则规则化和将规则提升为原则、如何对待规则和例外之间的关系、如何分析制约特殊句法分布的多重界面互动机制、如何认识理论范式对事实的预见性、如何将归纳和演绎结合起来、如何处理语感差异和理论一致性之间的关系、如何处理理论模型建构中历史先后和逻辑先后的关系等。当然，对于这些句法语义分析乃至语言研究中的重要理论问题,在该书中有的讨论得比较具体,有的还只是粗略提及,尚未充分展开。

三、施著所展示的科学精神和哲学素养

施著还有一个鲜明的特色,就是将语言研究放到现代科学研究的背景下展开,并从哲学中汲取丰富的营养。例如,作者所提倡的精致还原主义/精致整体主义方法论原则,就是基于现代科学和科学哲学对整体论和还原论关系的理解。作者关于经验问题和概念问题的理解、关于研究范式及范式转换的认识、关于事实和理论关系的认识、关于证实和证伪的论证效度的认识等等,都受到了科学哲学的深刻启发。又如对句式群(构式群)中各类互动关系的分析、对构式浮现性特征的认识,则是以复杂性系统论的科学观和哲学观为背景,而对本体论承诺和方法论承诺的理解和区分则是基于分析哲学的思考。

对施春宏近些年的研究稍加留意的人可能会有这样的感觉,施春宏的文章长于理论思考,善于从具体现象的分析中提炼出具有相对普适性的理论。比如,在句式系统的研究中,对语言研究及理论发展中的本体论、认识论、方法论乃至语言观、语言研究观,都提出了自己的见解。这跟他多年来积极学习科学研究和科学哲学的理论知识、研究观念和思维方式是分不开的。正因为如此,他在很多文章中尝试并不只是简单地给出一个结论,而是同时展示研究自身的学术逻辑和理论价值,并因此而给人以新的启发。

就以上所述,我认为施著是一本很有学术分量、颇具创新精神的著作,在探求形式和意义相结合、结构和功能相结合、描写和解释相结合、共时和历时相结合、共性和个性相结合、原则和规则相结合、事实分析和模型构建相结合等诸多方面,都具有相当高的学理追求和研究水平。

即便书中的某些观念和结论可能会引起某些争论,某些理解还不到位,但我们相信,施著的研究取向、基本理念、基本认识和论证方式,不但对研究句式系统中相关句式的句法构造和语法意义及其关系有积极的推动作用,同时其所拓展的研究观念和所采取的研究方法及方法论对进一步开展句式研究乃至句法研究、语法研究都有启迪作用。

当然,该书也还有一些需要进一步调整的地方。如某些概念还需要进一步解释,某些论点还需要进一步阐发,某些认识还需要进一步讨论。据我的了解,施春宏的不少文章发表后引发了一些争议。如施春宏写过一篇理论文章《语言事实和语言学事实》,商务印书馆曾召开过一个专题研讨会"2012海内外中青年语言学者联谊会第三届学术论坛",主题即为"何谓语言学事实",专门讨论这个概念,境内外很多著名学者就这个问题各陈己见,引起了不小的争论。语言学界为某个学术概念召开座谈会,这是不多见的。是非对错不是问题的根本,关键在于是否引起了学界对这个问题的关注,是否引发了学界更多的思考。我也希望该书出版后,能够引发学界进一步的讨论和思考,从而获得更多的认识。

跟许多年轻学者一样,施春宏比较有理论追求,十分重视分析模型的构建。在语法研究、词汇语义研究、语言习得研究、语言应用研究等方面,他都重视理论的概括和提升。无论是语料分析还是理论建构,施春宏都比较重视论证的逻辑,其研究成果具有理论逻辑的一贯性,从基本概念到宏观原则再到具体规则,颇有尝试构造一套准公理系统的雄心。他近些年写了一系列的理论文章,对语言学研究中很多基本概念做出新的思考,也提出了一些新的语言学概念。就我所知,在十多年的时间里,他先后发表了《现代汉语规范化的规则本位和语用本位》、《语言调节和语言变异》、《关于语言规范化原则的确立》、《句式研究中的派生分析及相关理论问题》、《论感和论感培养》、《语言规范化的基本原则及策略》、《网络语言的语言价值和语言学价值》、《语言学规则和例外、反例与特例》、《语言事实和语言学事实》、《从构式压制看语法和修辞的互动关系》、《词义结构的认知基础及释义原则》、《对外汉语教学本位观的理论蕴涵及其现实问题》、《句式分析中的构式观及相关理论问题》、《论中介语语料库的平衡性问题》、《构式压制现象分析的语言学价值》、《语言学理论体系中的假设和假说》、《语言学假说的论证和语言学批评》、《互动构式语法的基本理念及其研究路径》等一系列涉及诸多领域的理论文章。我认为作者对研究观念和分析方法的探讨是积极的,有效的,对相关研究具有借鉴意义。汉语学界需要有这样的理论思考。

　　跟施春宏交往过的人可能都会有一个印象:他为人谦虚坦诚,为学勤勉上进。这在他的书稿中也有充分的体现。应该说,这些年他在学术上的成长比较迅速。他刚开始从事语言学研究,主要是以应用语言学和词汇语义学研究为主;后来主要集中于语法研究,近些年又较多地涉及第二语言教学与习得的研究。其实,贯穿其中的是他对语言学理论和方法及其应用的长期关注。这样广阔的学术视野是值得称道的。可喜的是,在这些领域他都取得了较为丰富的学术研究成果,著述中处处可见新鲜的认识。该书可以算是作者这些年语法研究和理论思考的一个汇报,很多内容都曾作为阶段性成果发表,而且绝大部分发表在《中国语文》、《世界汉语教学》等语言学专业期刊上。其中,多篇文章被中国人民大学复印报刊资料《语言文字学》和中国社会科学网全文转载。值得一提的是,这些文章都有比较高的引用率,还引起了海外学者的关注。作者在将相关成果汇入本书的过程中,进行了系统的整理和概括,有的章节甚至比发表的内容扩充了一倍以上。这种精益求精的作风是值得肯定的。

　　现在,除了继续从事教学和研究工作外,施春宏把大部分精力放在了《语言教学与研究》杂志的编辑工作上。这当然占用了他的大部分时间。好在他将编辑视为一项寄托着理想和情怀的事业,愿意为此付出更多的时间和精力。但愿他能够协调好各方面的工作,不忘初心,继续做出更多、更好的研究成果。

袁毓林
2016 年 7 月 3 日

序 二

施春宏是一位勤于耕耘、勤于思考、勤于探索的中年语言学家。近十年来，他尤其对构式语法理论，紧密结合汉语实际不断探究，颇有成果，不乏独到见解。《形式和意义互动的句式系统研究——互动构式语法探索》一书便是他推出的最新研究成果。

为著作写序，大凡有三种情况：一是作序者评点著作内容；二是作序者借机就著作所关涉的问题发表自己的看法；三是作序者既评点著作内容，又借机发表自己的看法。施春宏这部新著内容丰富，分析细致，系统性强，其主要价值体现在两个方面：一是对汉语若干特殊句式的形式和意义作了系统而深入的研究分析，并在已发现的语言事实的基础上，又挖掘了不少新的语言事实，在新旧论题上都有很多富有创新性的认识。二是在构式语法研究的路径和方法上提出了自己的理论思考，并试图构建一种新的分析模型——"'互动-派生'分析模型"，提出一种新的方法论原则——精致还原主义/精致整体主义；学界对此分析模型和方法论原则可能会有不同看法，我觉得作者的论证还是比较谨慎和充实的，这对进一步开展对构式语法理论的探究和语言事实的挖掘无疑是很有启发的，并将起到助推作用。鉴于施春宏书稿在这些方面都有比较清楚的阐述，且施春宏的导师袁毓林教授也已在序文中具体评点了该书的内容，并给以了充分的肯定，所以在此我只想借机对构式语法理论谈一点有别于他人的看法，以求教于大家，也求教于本书的作者。

构式语法理论发端于上个世纪80年代。Langacker(1987)最先提出了"语法构式"(grammatical construction)的概念;Lakoff(1987)专门讨论了"There-构式",并在"语法构式"概念的基础上进一步提出了"语法构式理论"(the theory of grammatical construction)的概念;而 Fillmore、Kay 和 O'connor(1988)对英语习语个案"let alone"所作的研究进一步引起人们的注意。let alone 是"更不必说/更不用说"的意思。例如:

> We can't even pay our bills, let alone make a profit.
> [我们连账都付不起,更不必/不用说赚钱了。]

可是"更不必说/更不用说"这意思,我们没法从 let 或 alone 预测或者说推知。因为 let 是动词,表示"允许"的意思,alone 是副词,表示"仅仅"的意思。① Fillmore 等就将 let alone 视为 construction。后由 Lakoff 的学生 Goldberg(1995、2003、2005、2006)在 Langacker、Lakoff、Fillmore 等人的观点的基础上论述成为系统的理论。

构式语法理论一问世,立刻引起学界的广泛关注与认可。在国际上,2001 年 4 月在美国加州伯克利举行了第一次构式语法理论的国际学术研讨会,至今已先后举行了 8 次——美国加州伯克利(2001.4)、芬兰赫尔辛基(2002.9)、法国马赛(2004.7)、日本东京(2006.9)、美国德州奥斯丁(2008.9)、捷克布拉格(2010.10)、韩国首尔(2012.8)和德国奥斯纳布吕克(2014.9),今年还将在巴西茹伊斯迪福拉大学举行第九次构式语法国际学术研讨会(2016.10);国际上有的出版社从 2004—2008 年还出版了"构式语法研究"的丛书,先后

---

① Alone 另作形容词,表示"孤独"的意思;let 另作介词,表示"让"的意思;在 let alone 里,alone 不可能是形容词,let 不可能是介词。

出版了五个专辑。① 2013年出版了《牛津构式语法手册》(Hoffmann & Trousdale 2013),分五大部分、27章,对构式语法各方面作了详细的介绍。而在构式理论内部也已形成了不同的支派。② 在我国,自上个世纪末开始由张伯江(1999、2000)、沈家煊(2000、2002)、纪云霞、林书武(2002)、董燕萍、梁君英(2002)和徐盛桓(2001、2003)等先后将构式语法理论引入以来,构式语法理论也已为汉语学界广为关注,一致认为有用,并取得了一定的研究成果,至今已有数百篇论文,并已出版了专著和论文集,如朱军(2010)、王寅(2011)、刘正光(2011)、牛保义(2011)、段业辉、刘树晟(2012)、顾鸣镝(2013)等。但是,构式语法理论毕竟还是一个年轻的理论,尚有不少问题需进一步深入探究。本文只谈一个问题:如何正确理解构式的本质特点?

"构式"是汉语所取的名字,英语是construction。construction作为语言学里的一个术语,早已有之。索绪尔就用过这个术语,指的是词语间在句法上的"组合性联结";美国结构主义用过这个术语,指的是句式,如"主谓宾句式"(SVO Construction)、"被动句式"(Passive Construction)、"分裂句式"(Cleft Construction),等等;乔姆斯基的生成语法理论,用construction来指由原始单位生成出来的一种可被描写的结构,它可以从词汇与所依据的规则预测出来;而在心理语言学中,用

---

① 参看王寅主编《认知语言学分支学科建设·总序(二)》,高等教育出版社,2016年。

② 进入21世纪初,在国际上构式语法出现了好多分支派别:以Fillmore和Kay et al.为代表的伯克利构式语法、以Lakoff和Goldberg为代表的认知构式语法、以Langacker为代表的认知构式语法、以Croft为代表的激进构式语法(Radical Construction Grammar),后来又出现了体验构式语法(Embodied Construction Grammar)、语篇构式语法(Discourse Construction Grammar)以及跟以中心语驱动的短语结构文法(HPSG)相结合的基于符号的构式语法(Sign-based Construction Grammar)和主张将自然语言理解和自然语言生成用同一套规则描述、在情境交互中学习的流变构式语法(Fluid Construction Grammar),等等。不过对我国语法学界影响比较大的还是Goldberg的认知构式语法。

来指理解一个句子的心理过程。含义各不相同。[①] 那么 construction 作为"构式"理解具体指什么呢？到目前为止，我们汉语学界对"构式"的认识与理解一般都源自 Goldberg 以下两段话：

第一段是 Goldberg(1995)：

> C is a CONSTRUCTION iff$_{def}$ C is a form-meaning pair ⟨Fi, Si⟩ such that some aspect of Fi or some aspect of Si is not strictly predictable from C's component parts or from some other previously established constructions. [C 是一个构式当且仅当 C 是一个形式-意义的配对⟨F_i，S_i⟩，且 C 的形式（F_i）或意义（S_i）的某些方面不能从 C 的构成成分或其它先前已有的构式中得到完全预测。]

这一段话告诉我们三层意思：

第一层意思，构式是形式和意义的配对；

第二层意思，构式能表示独立的语法意义；

第三层意思，构式的形式或意义不能从其组成成分得到完全的预测，也不能从已有的构式得到完全的预测。

这三层意思中，第一层意思是必须要说的，但是这并非构式理论的创见，也并非构式的特点所在，因为事实上任何事物与现象都是形、义的配对，这早已成为各学科之共识。第二、第三层意思，尤其是第二层

[①] 用同一个术语指称不同的学术概念，这在各学科领域里是常见的。就拿大家熟知的 case 这一术语来说，在传统语言学中指主格、宾格、领格等形态格；在 Fillmore 的 *Case for Case*（《"格"辨》）一书的"格"语法中，指的是与动词相关的施事、受事、与事、工具等语义格；而在 Chomsky 的生成语法学中，指的是名词进入句子必须取得的"格位"，为区别于先前的含义，Chomsky 特别申明 case 头一个字母 c 要大写为 C。

意思,应该承认这确实是构式理论的创见。① 构式的本质特点在于:

(a)构式本身能表示独特的语法意义;

(b)其形式或意义都不能从其组成成分或其他构式完全推知;

(c)既然构式中含有组成成分,构式必然是个结构体。

以上三点是构式语法理论所要告诉人们的。而作为构式理论的更为核心的观点是:**语言中存在的就是一个个构式,构式是句法表征的"原素单位"**(Primitive Unit)。(Goldberg 2005、2006;Croft 2001)这也可以认为是**构式理论有别于其他理论的最基本、最核心的语言观**。

遗憾的是,许多从事构式语法研究的学者,甚至包括 Goldberg 本人在内,也包括本书的作者,太看重第一层意思了,甚至认为"构式就是具体语言系统中的形式-意义对",以至于将构式的范围弄得很大很大,几乎从语素到语篇都视为构式了,反使自己陷入了难以自拔的矛盾境地。举例来说,Goldberg 把语素也看作是一种构式,这就很值得打个问号。众所周知,语言是声音和意义相结合的符号系统,语素是语言中最小的音义结合体,即不能再被分割为更小的音义结合体。如果将语素也看作构式,那么语素这种构式跟句法层面上的构式,显然会存在着在形式上无法统一的"不同质"问题。因为语素的形式只能是"语音形式",句法层面的构式,其形式显然不可能指其语音形式,通常是指形成构式的词类序列。可是这一来,对构式的"形式"的理解就会存在概念上的本质差异——不同质。为什么 Goldberg 和某些构式理论研究者会将语素也视为构式? 主要的原因是他们对"形式和意义的配对"缺乏

---

① "构式能表示独立的语法意义",这无论在国外还是国内,前人都也已有所知觉。就拿我们国内来说,王力先生在上个世纪 40 年代出版的《中国现代语法》和《中国语法理论》里就认为"把"字句表示"处置"义,因而称之为"处置式";带结果补语的动补结构表示"使成"义,称之为"使成式";朱德熙先生将"台上坐着主席团"、"墙上挂着画"跟"屋里开着会"、"外面下着雨"视为表示不同语法意义的不同的句式。在这些看法中就包含了 Goldberg 的第二层意思,但他们没有升华为理论,所以只能说他们有此意识。

清醒的认识。

我们知道,任何事物和现象都可视为"形式和意义的配对",因此正如上面已经指出的,"形式和意义的配对"不能视为构式的本质特点。而更需要进一步认识的是,所谓"形式和意义配对"事实上有两种情况或者说有两种含义,一种是只有象征关系,内部没有结构性的组成关系;一种是既有象征关系,内部又有结构性的组成关系。前者如"绿灯与允许通行"或"红灯与禁止通行"这样的交通规则所呈现的形和义的配对,就只有象征关系,内部没有结构性的组成关系。后者如自行车等物所呈现的形和义的配对,就既有象征关系,内部又有结构性的组成关系。语素,由于它是语言中最小的声音和意义的配对,所以其音和义之间只是一种象征关系,语素内部不存在结构性的组成关系,也就是说语素不可能是一个结构体,因此它不可能是个构式。

另一段是 Goldberg(2006):

> Any linguistic pattern is recognized as a construction as long as some aspect of its form or function is not strictly predictable from its component parts or from other constructions recognized to exist. In addition, patterns are stored as constructions even if they are fully predictable as long as they occur with sufficient frequency.[任何语言格式,只要其形式或功能的某些方面不能从其组成部分或其他已经存在的构式中得到完全预测,就应该被看作是一个构式。此外,即使有些语言格式可以得到完全预测,只要它们的出现频率很高,这些格式仍然会被语言使用者作为构式存储。]

Goldberg 这一段意思怎么样?有人将这一修订的定义称作"'构

式'概念的最新的构式主义阐释"。可是在我看来,这一段意思真不怎么样。为什么这样说？这段话的前半段话,只是重复了 Goldberg(1995)的看法；后半段所谓修订的话,实际将构式分成了两类,第一类是不管出现频率高不高,形式或意义都不能从其组成成分或其他构式完全推知或预测；第二类是形式和意义可以从其组成成分或其他构式得到完全推知或预测,但出现频率很高。从这后半段话不难看出,在 Goldberg 眼里那第二类"可以得到完全预测"的构式可以不表示特殊的语法意义。这不仅使前后说法矛盾,而且也不符合语言事实。事实上,任何构式(也就是一般所说的句法结构)其格式本身都会赋予它一定的语法意义,即便是最一般的"主-动-宾"句法格式(如"约翰爱玛丽"、"我喝了一杯咖啡")。关于这一点,配价语法的创始人特斯尼耶尔(Lucien Tesnière 1959)有很好的说明。他举了这样一个例子：

Alfred parle.［阿尔弗雷德说话。］

特斯尼耶尔认为,这个句子表面看只包含 Alfred(阿尔弗雷德)和 parle(说话)这两个词,实际上还有一个表面上看不到的但实际存在的而且更为重要的成分,那就是 Alfred 和 parle 之间的句法关联(connexion)。"关联"对思想表达来说是必不可少的,它赋予句子以有机性和生命力。"关联"如同化学中的化合,氢和氧化合成一种化合物——水,水的性质既不同于氢,也不同于氧。为什么水会既不同于氢也不同于氧呢？这其中就是化合起了决定性的作用。句法上的"关联",建立起词与词之间的从属关系,也可以说是依存关系。特斯尼耶尔对"Alfred parle(阿尔弗雷德说话)"句子的阐释充分说明了句法格式会赋予句子某种特殊的意义。"约翰爱玛丽"、"我喝了一杯咖啡"跟"Alfred parle(阿尔弗雷德说话)"一样,这类以动词为谓语中心的主谓句子格式,表示的是"行为事件结构",而这正是这类构式赋予句子的特殊的语法意义。至于人们之所以对这种语法意义不敏感,只是因为这类句子是高频句,人们习以为常了,不像属于"边缘句法结构"那样会强烈感受到。

基于以上认识,我们有必要对前面所说的"构式的本质特点"修正如下:

(a)构式本身能表示独特的语法意义;

(b)其形式或意义大多不能从其组成成分或其他构式完全推知,属于高频的构式,由于人们已对它们所表示的独特的语法意义习以为常,有可能觉察不到;

(c)既然构式中含有组成成分,构式必然是个结构体。

不客气地说,我们觉得 Goldberg 有想使自己的构式语法理论包打天下的想法。这有书为证,Goldberg(2005:17)就扬言,"Construction Grammar makes a strong commitment to ultimately try to account for every aspect of knowledge of language"[构式语法做出的强有力的承诺是:它将最终试图解释语言知识的每个方面]。事实上,在任何学科领域里,随着人们对所研究的对象的认识的不断深化,必然会不断提出新的理论与方法,以解决先前的理论方法所不能解决的问题,以解释先前的理论方法所没法解释的现象。这是发展,不是简单地替代,也不是就此终结。在科学领域里可以说没有一种理论方法可以包打天下,任何理论方法都会有它一定的局限性。"局限性"不等于"缺点",局限性是说任何理论方法都只能解决一定范围里的问题,都只能解释一定范围里的现象;有些问题、有些现象越出了它所能解决、所能解释的范围,它就无能为力了。它就会对研究者说:"很抱歉,这个问题我解决不了,这个现象我解释不了,你另请高明吧!"科学领域里理论方法的局限性是由三方面因素决定的:一是客观世界无比复杂;二是客观世界各种事物与现象都在不断地发展变化;三是人或者说研究者对研究对象在认识上存在着不可避免的局限性,人或者说研究者对客观事物的认识都难以甚至可以说都不可能一步到位,都只能不断深化。理论方法的局限性看来是坏事,从另一方面来说也是好事,这就逼着我们去寻求、去创立新的理论方法,从而不断将科学研究推向前进。

构式语法理论有用,我们必须重视它,有必要运用它。但是我们认为,在现阶段宜于只用它来分析、解决乔姆斯基所说的句法上的种种边缘性结构。至于语素、词层面的问题,句法层面的所谓"核心结构",就运用已有的理论方法去分析,去解决,去解释。这当然是从实际的研究角度来说的。有人愿意从理论角度进行更广泛的探索,那当然是可以的,而且也是应该的。科学研究贵在探索与创新,就是要"上天";但也必须考虑实际的研究,也需要"接地"。

施春宏教授的书稿即将交付商务印书馆,嘱我写序,我很乐意,借此机会说了上面一点想法,以此为序。

陆俭明

2016 年 8 月 20 日于北京蓝旗营寓所

第一章 绪论

当代句法理论在句式研究中有较为对立的两种取向,形成"双峰并峙,二水分流"的态势:一种是基于天赋观的研究,在结构/形式内部探索形式系统的建构过程和生成机制(mechanism),以结构动因(structural motivation)作为解释的主要依据;另一种则是基于使用观的研究,从功能/意义出发探索句法结构的概念基础、形式浮现和发展演变,以功能动因(functional motivation)作为解释的主要依据。前者强调句法自主性,重形式系统的内在推导,往往被称作形式主义研究范式;后者强调句法对交际使用、认知经验的依存性,重句法形式的信息结构安排和使用条件分析,常被称为功能主义研究范式。[①] 虽然这两种取向的研究路径相差较大,甚至基本理念迥然有别,但由于它们都重视对语言结构生成机制的解释,都将解释作为理论发展的动力基础,同时还将解释力跟预测力结合起来,这就使得它们跟当下很多前沿学科在研究旨趣上保持了一致,如哲学、心理学、生物学、计算机科学、认知神经科学等。

本项研究"形式和意义互动的句式系统研究——互动构式语法探索"正是在这种学术背景下所作的探索。我们以方兴未艾的构式语法(Construction Grammar)作为理论基础,以句式这种图式性构式(schematic construction)的形式构造、语义功能及其互动关系为研究

---

① 为简明起见,这里所言的功能主义研究范式包括认知语言学派,当然也可统称作功能-认知主义研究范式。这两种语言研究范式虽有差异,但根本观念("用法先于语法")和发展路径相通,都跟形式主义研究范式的根本观念("语法是语法,用法是用法")相对立。

对象,描写和解释若干特定句式形式和意义的匹配过程及其作为特殊论元结构构式(argument structure construction)所呈现出来的构式特征(constructional feature)。另外,我们还拟对当下构式语法的基本观念和分析方法做出反思,试图建立一种既与当下构式语法基本思想相协调又跟各构式主义流派有所差异的新的构式语法观(即"互动构式语法观"),进而探讨句式研究乃至语法研究的基本路径。①

这里先对题目中的"句式系统研究"做个说明。它实际上利用了歧解的策略来构词,既指"句式系统/研究",也指"句式/系统研究"。基于此,本项研究的"系统性"追求,将集中于这样的两个相互关联的核心论题:

一是从本体论层面看,探讨句式形式和句式意义、两者关系以及所处的句式系统。本项研究将对动结式、动词拷贝句、"把"字句、"被"字句以及相关的受事主语句等汉语语法研究中备受关注的句式做出系统考察。我们既分别考察各个句式的构造过程及其语义特征,更将它们放到句式系统中来认识。根据结构主义的基本原则,系统决定关系,关系决定价值,只有在句式系统乃至语法系统、语言系统中才能充分认识特定句式的形式和意义的特征与价值;也只有基于形式和意义结合过程中的互动关系才能充分认识特定句式的构式特征,才能更好地刻画特定句式的生成动因、构造机制、使用条件和演变路径。

二是从方法和方法论层面看,探讨句式系统分析的方法论原则和基本分析策略。由于要将特定句式放到系统中来考察,因此我们试图提出并建构一个能够一以贯之的方法论原则,并将这种原则具体化为特定的分析模型和具体的分析策略,通过具体的操作规则来有效地分析句式的形式结构、意义特征、表达功能。利用原则和规则、方法和方

---

① 这里围绕"构式"而引入的一些概念,后文将逐步有所阐释,此不赘述。

法论的互动,可以更加充分地用分析模型描写语言实在。

实际上,无论基于何种本体论和方法论,都必然牵涉到对语言观和语言研究观等基本观念的认识。对于我们来说,就语言观而言,本项研究坚持结构主义语言学的语言系统观和构式语法的语言构式观,前者将任何单位都看作系统中的成分,认为只有在系统中才能认识其特征和价值;后者将构式(construction)作为语言系统的初始单位(primitive unit)[①],认为语言是由构式组成且只由构式所组成,语言系统就是由各种不同层级、不同类型的构式组成的网络。而就语言研究观而言,本项研究坚持理论是且只是发现问题和解决问题的工具,理论的价值体现于它的发现能力和解题能力,因此我们才在结构主义语言学分析模型和构式主义分析路径的基础上,尝试提出适合本项研究的新的研究观念和分析模型,并尝试发现、解决和讨论本项研究范围内所涉及的某些重大的具体问题和理论问题。

1.1 研究背景

关于句式的形式和意义(结构和功能)及其互动关系的研究一直是现代语言学的热点问题,各种理论纷呈迭现,各展其能。构式语法的兴起和发展更是将这种研究推到了一个新的阶段。这里并不试图做一个全面的概括,而是拟从语言学的观念和方法这一层面对句式形义关系研究的基本状况作一个概略的背景性说明。至于本项研究考察的每个具体句式的研究成果及存在的问题、句式研究中所体现的语言观以及

[①] 初始单位不同于原子单位:"构式语法指出,'原子'和'初始'逻辑上是两个独立的概念,原子单位是在理论中不能再分为更小单位的那一部分,而初始单位则是指不能用理论中的其他单位来定义其结构和性质的。初始成分无需是原子的。"(张伯江 2013:187)学界也将 primitive unit 译作"原素性单位"。

所采取的方法和方法论问题,我们将在相应章节中展开分析。同时为便于对本项研究提供一个系统性理论背景,我们下面还会对构式语法研究的基本态势做出简略概括。

1.1.1 本项研究的基本出发点

如前所述,以解释为主导的研究取向实际上是20世纪后半叶以来整个学术发展的基本生态,是基于认知(无论是基于人脑还是面向电脑)、功能研究的基本目标。就语言学研究而言,20世纪前半叶,描写语言学始终将研究目标放在结构描写和博物学式分类上,一直将语言看作一个客观的符号系统,并不关心人的认知在语言的产生和发展中的作用。随着乔姆斯基转换生成语法学说的创立和发展,这种博物学式研究观念有所式微。[①] 从此,语言研究重心也逐渐从以形态研究为主转为以句法生成分析为主,以描写为主转为注重解释。结构主义时期尚且重视各种句式类型的归纳和整理,而到了生成语法(形式语言学的重要代表)阶段,则转向了句法生成过程中结构性原则系统的建构和参数系统的设置,在此理论框架中,"句式"只是句法派生过程的附带现象(epiphenomenon,也作副现象)。由于形式主义研究范式过分专注于形式研究而轻意义和功能动因的考察,作为其对立面而兴起的功能语言学和认知语言学则将对句法生成的解释从语言内部转向语言外部,开始重视起句法表达的认知基础、语义特征和功能使用,因而各种句式生成所表达的信息结构及其合用性的约束条件受到重视。与此同时,语言类型学则以概括语言共性和类型差异为目标,展开了对不同语言之间具有相同语义结构或概念范畴的句式表达系统的研究。在这些不同研究范式相竞相存的大背景下,句式的形式/结构研究和意义/功

[①] 显然,这种博物学式的语言描写研究仍很重要,无论是广度还是深度,都需要强化。尤其是作为语言类型学研究的基础,没有充分的博物学式语言描写,是难以想象的。

能研究呈现出各有侧重但又相互补充、相互启发的局面。可以这样说，当代句法研究发展至今，事实的挖掘和理论的建构都获得了前所未有的成绩。然而，正由于理论范式的发展，才促使我们能够发现一些新问题，同时对一些"老"问题也可以重新审视：(1)材料分析是否可以并如何进一步深入，即语言事实的颗粒度和广延性问题；(2)关于句式的构造形式和语法意义的既有认识是否需要重新审视，即句式的形义关系的进一步阐释问题；(3)方法论层面，如何将对单个句式的分析纳入系统中去考察，即在系统中探索句式地位以及跟其他句式的互动性问题；(4)语言学观念如何才能有更新的突破；(5)语言学方法及方法论的探讨也需要进一步总结。

在发现和解决这些问题的探索过程中，形式和意义(结构和功能)相结合的研究逐步受到重视。当然，如何结合，目前还是见仁见智。但有一点是比较一致的，就是都逐渐认识到互动关系的重要性。至于如何互动，又是一个正在探索中的课题。互动，意味着互动双方的成分及其关系的相互促发、相互制约。因此，对互动的研究，就是立足于互动双方的成分及其关系，描写和解释相互促发的机制和相互制约的条件。而要做到相对充分的描写和解释，就需要形成合适的语言观念，建构合适的分析模型，采取合适的研究方法，遵循合适的方法论原则。

基于上面所述的学术大背景，本项研究主要从句法形式和句法意义的互动关系这一视角来研究汉语特殊句式形义关系的系统性，试图通过对汉语若干种特殊句式(基本上是表达致使范畴的句式)的构造机制和过程及其语法意义的考察，来探寻句式的构造和意义之间互动的动因、机制和规则、规律，并进而从语言学观念和方法及方法论层面对句式研究做出一定的理论探讨。需要说明的是，本项研究中的"形式"和"意义"都取广义理解，成分序列、句法位置、形式标记、韵律结构等都可看作形式；词汇意义、句法意义、语用功能、语境特征等都可看作意义。关于句式的研究,既重视句式形式或句式意义的单方面研究,更聚焦于对句式的形式和意义之间互动关系的研究。

对汉语句式的构造形式和语法意义的研究,一直是国内外汉语学界关注的重点。共时平面上,一直重视句型的整理和句式之间的变换关系;历时层面上,主要关注句式产生和功能扩展的过程以及标记成分的语法化等问题。形式角度,主要是运用生成语法的理论规范来检视汉语句式(尤其是各类特殊句式)如何在生成语法理论中得到解释;功能角度,主要从信息结构、语用环境及句式意义对句法结构的选择性等方面,对汉语句式的使用条件和构造动因做出说明。共时和历时相结合、形式和意义(结构和功能)相结合正逐步成为一种学术潮流,使句式研究步入新的境界。

近年来在论元结构理论、配价理论、构式语法理论以及语法化理论(及构式化理论)等新理论的引导下,人们开始比较多地关注句式构造和句式意义之间的关系。论元结构理论和配价研究基于动词中心说,采取自下而上(bottom-up)的还原主义研究路线来说明句式的构造机制和配列方式。然而机械的还原主义不能有效地解释根据动词的论元结构和配价而无法预测的句式构造,在解释句式义的扩展过程方面也不够到位(其实,对句式意义的刻画也不够精细)。如我们不能从"喝、种"的论元结构和配价来解释和预测例(1)这样的"把"字句的构造过程及其语义结构关系,当然也就难以说明这类"把"字句的论元结构和配价问题了。

(1) a. 他把工资喝了酒[①]
　　b. 村民们把河的两岸都种了柳树

---

① 本书中凡内省而来的汉语句子,句末都不用句号。

这样的研究同样也不便于解释类似(2)这样的论元增容(argument augumentation)现象：

(2) a. He sneezed the napkin off the table.（他打喷嚏把餐巾纸打到了桌子下面）
b. 后面的司机摁了他一喇叭

例子中的"sneeze"虽然是一价的（如：He sneezed），但进入的却是三价的使移构式（Caused Motion construction）；"摁"虽然是二价的（如：司机摁喇叭），但进入的却是三价的双及物构式（Ditransitive construction）。① 这里的问题是，例(2a)中的"the napkin"和"off the table"、(2b)中的"他"这些增加的论元为何能够进入这些句式中？它们又是从何而来？显然，这不能简单地通过对这些组构成分及其组合规则的分析而获得充分的说明。

基于论元结构理论和配价理论等研究路径在面对例(1)和例(2)这样的边缘现象、特异现象时所呈现出的捉襟见肘，构式语法强调这些句式本身实际就是一个完形（gestalt，又作格式塔），因而将句式视为独立于特定动词的形式-意义/功能配对体（form-meaning/function pair），句式本身有独特的论元结构和配价方式（Goldberg 1995；沈家煊 2000）。而对句式论元结构和配位方式形成动因的解释，则需要进一步借助基于事件结构及其识解方式的描写和概括。显然，基于构式主义研究观念，会更多地通过采取自上而下（top-down）的研究路线来说明句式意义对句法构造的制约作用。

---

① 这就是所谓的"构式压制"（construction coercion），即构式通过对表面上不合构式句法语义要求的成分进行施压而使其得以合法地出现在构式中。对构式压制现象的分析是构式语法的重要论题，也是构式语法借以批评主流生成语法并提出构式理论的重要方面。

然而,自上而下的研究路径对说明构式的建构过程也有不便之处。例如:

(3) a. 她唱红了这首歌　　　(她唱这首歌+这首歌红了)
　　 b. 她唱这首歌唱红了　　(她唱这首歌+她红了)
　　 c. 她唱这首歌唱红了曲作者 (她唱这首歌+曲作者红了)

这是三个不同的句式,均包含动结式"唱红":例(3a)是一般的主谓宾句,例(3b)是动词拷贝句,例(3c)是前两者的结合。三句中"唱红"的论元结构关系并不相同,所以,这里有三个"唱红"。那么,如何描写这三个"唱红"的论元结构和配价关系的差异?显然,不通过底层动词论元结构的整合,就不容易得到系统的描写。也就是说,在描写和说明句式的构造过程及其语义关系时,自下而上仍有其发挥作用的空间。

由此可见,如果将自上而下和自下而上两种研究路径结合起来,可以更充分地探讨句式构造和句式意义之间的互动关系。但如何结合,在什么层面结合,哪些现象哪个侧面采用哪种研究路径更方便,这些具体方法和方法论层面问题都需要进一步深入思考。

本项研究正是试图将构式语法的新理论新观念和拓展了的结构主义分析模型结合起来,进一步审视形式和意义之间的互动关系在句式构造和语义表达中的具体表现,并用论元结构理论和配价理论来充实构式语法的研究路线,同时以生成语法公理化系统的分析策略、语言类型学关于共性和个性关系的认识、语法化(构式化)理论关于句式演变的层级性作为参照,使自上而下的研究方式和自下而上的研究方式有机地结合起来。我们希望能借此走出一条独具特色的研究路线,为句式形义关系的研究提供一种新的思路。当然,本项研究主要是共时的分析,但我们希望这种基于共时分析而建立的分析模型也能在一定程度上适用于历时现象考察。基于此,在本项研究的准备阶段,我们曾利用本分析模型对汉语史上各类动结式的发展过程及动结式跟动词拷贝句的互动关系做过系统的研究,得到了很有启发性的结论。具体成果请参看施春宏(2004b、2008a),此不赘述。在本项研究中,我们继续利用并拓展这种分析模型对动词拷贝句的构式化机制及其发展层级做了专题研究(参见下文第六章),得出了与主流认识不太一致的看法。建构相对普适的分析模型是本项研究的基本目标之一。

1.1.2 构式语法研究的基本态势

语法学中关于"construction"的意识,其来有自(参见 Croft & Cruse 2004 第九章及施春宏 2013a、陈满华等 2014 等),Goldberg(2006)开篇即说,从古代斯多葛学派(Stoics)起,作为形式和意义配对体(form and meaning pairing)的"construction"就一直是语言研究取得重大进展的基础。然而,"construction"在很长的时期里基本上都被视为带有成分分析特征的"结构、构造"。人们并非没有注意到语法形式负载着意义(传统语法的教学和研究就相当重视在描写形式结构的同时强调意义、范畴的归纳说明),只是没有怎么关注形义结合过程中的浮现特征,没有将意义与形式的结构性对应作为同时概括和习得的基础,更没有将这种概括的结果(即"构式")作为语言在人类心智中的基本表征方式[①]。从形式和意义相互依存的配对体这个角度来看待"构式"并以此作为组织语言系统的初始单位和语言习得的基本语言知识,则是 20 世纪 80 年代后期兴起的"构式语法"的基本观念。在这种新兴语言理论中,其基础假说之一就是:"概括化的构式是说话人心智中语法知识的唯一表征。"(Croft & Cruse 2004:255)构式语法甫一出

[①] 关于"构式"的内涵,下节专门说明。

现,就引起了学界的积极关注,并迅速在习语性表达和论元结构构式研究中取得显著的实绩,各类组块结构的研究同时获得了新的视角,理论的探讨也随之深入推进。在此基础上,以构式语法为背景(尤其是以Goldberg为代表的认知构式语法)的语言习得研究和语言历时研究也在逐步展开。可以说,任何一个语言理论学说都应该正视如下这三个方面:语言的现实系统;语言的习得;语言的变化。构式语法也试图对这些方面做出自己的回答,基于构式观念的研究正呈现出流派纷呈、多向发展的局面。

区别于传统语言学,现代语言学对语言研究中的一些基本观念做出了一系列的新思考,如:语言系统的基础单位及组织关系;语法和用法的关系;形式和意义的关系;整体和部分的关系;核心现象和边缘现象的关系;一致性和差异性的关系;语言用变和演变的关系;语言习得的生成基础或概括机制;语言研究的方法论原则等。作为一派新兴的语言学理论,构式语法研究对这些基本观念都特别关注,其中有些观念正是由于构式语法的兴起而得到彰显。可以这么说,关于这些基本观念的探讨(尤其是围绕语法和用法的关系而引发的思考)正是国内外构式语法研究的基本论题。若再进一步考察会发现,凡此种种,核心论题则是历久弥新的重大命题:语言的存在或生成到底是自然(或曰天然)的还是使然的(nature or nurture),即语言主要是天赋的、与生俱来的还是经验的、后天习得的。对这个问题所做的本体论承诺(ontological commitment)或者说所提的假设(assumption),是一切有关上述各种论题所提假说(hypothesis)的前提和基础(施春宏 2010d、2015d、2015e)。

基于对这些基本观念的理解,下面简要概括一下国内外有关构式语法研究的主要论题,限于篇幅,这里并不对相关文献做出全面的梳理,而主要借以呈现出相关研究的基本态势,从而为下文探讨构式语法发展的理论空间和应用空间提供一个参照。

国外的相关研究主要集中于以下论题:(1)构式语法理论体系的建构。从形式-意义关系的重新定位出发,对语言研究的一些基本观念做出系统的新思考,如构式的内涵和性质、构式的类型和层级、构式的(部分)能产性和多义连接、构式的类型学考察等,进而对语言运作机制、习得机制这些根本问题做出新的阐释。在这些方面,大量的构式研究论文集和专著问世,如 Construction Approaches to Language 丛书。其中 Goldberg(1995、2006)和 Croft(2001)的理论建构影响甚大,而 Fillmore 等在框架语义学等方面的开创性贡献和 Langacker 的认知语法对构式理论的形成也影响深远。(2)对构式理论现状、重要流派、基本观念、主要论题、研究方法、理论得失的反思和展望,其中以 Hoffmann & Trousdale 主编(2013)的《牛津构式语法手册》整理得最为全面,其内容包括构式理论的原则和方法、研究路径、构式类型、习得和认知、语言变异和演变等方面,而且分章节介绍了伯克利构式语法(Berkeley Construction Grammar)、基于符号的构式语法(Sign-based Construction Grammar)、流变构式语法(Fluid Construction Grammar)、体认构式语法(Embodied Construction Grammar)、认知语法(Cognitive Grammar)、激进构式语法(Radical Construction Grammar)和认知构式语法(Cognitive Construction Grammar)诸流派的基本认识。(3)对特定理论专题和具体构式个案的深入探讨,目前主要集中于习语性构式(包括形式完全固定的特殊短语/语块和部分固定的特殊句子、框式结构)和句法格式(包括句型、句式和句类,尤其是特殊句式),篇章构式的研究正在兴起。其中以构式多义性和构式压制的研究最为集中,引发了丰富的理论思考。(4)将构式语法的基本理念引入到历时语法的研究中,这是历时形态句法研究最重要的发展(彭睿 2016),其显著的标志是历时构式语法(diachronic construction grammar)理论以及构式化(constructionalization)理论的兴起和发展,其中以 Noël(2007)、Traugott(2008a、2008b)、Trousdale(2008a、2008b、2012)、Traugott & Trousdale(2013)等最有代表性。历时构式语法尤其重视范畴化这一普遍认知原则对各类构式形成的驱动作用。(5)基于表层概括假说的母语习得研究渐成热点(如 Tomasello 2003;Goldberg 2006;Abbot-Smith & Tomasello 2006 等),也是构式研究的理论生长点;不过,构式语法理论在二语习得和教学方面虽已受重视,但成果尚待丰富,尚无多少成系统的分析模型。(6)对基于构式语法的跨领域、跨学科研究的探索,如构式语法在语用学、社会语言学、心理语言学、神经科学等方面的适用空间研究。

  国内的构式语法研究正逐步融入国际主流观念中,主要集中于以下论题:(1)构式理论的系统引介和拓展,在这方面已经有了较为丰富的成果,早期的如徐盛桓(2001)、纪云霞、林书武(2002)、董燕萍、梁君英(2002)、徐盛桓(2003)、马道山(2003)、应晨锦(2004)等,近期的如陆俭明(2010a)、王寅(2011a)、牛保义(2011)、吴为善(2011、2016)等。(2)基于具体构式的特征分析及相应的理论提炼,也有显著的成果,且大有迅速增长之势。对各类句式、特定格式、具体语块等的形义关系的研究是汉语构式研究的重点。其中,沈家煊(1999a、2000)和张伯江(1999、2000)等对汉语特定句式形义特征的分析及其认知机制的解释起到了很大的引导和示范作用。张伯江(2009)则对施事受事的语义语用特征与句式语义的关系、篇章信息对句式语义的影响等问题做了系统考察。在各类句式性构式研究中,致使性构式和与致使范畴相关的构式一直是研究的热点,如刘正光主编(2011)的论文集《构式语法研究》在收录构式语法引入后数年间的很多创造性研究成果时做了分类,其中收录的句式性构式专题包括致使构式、动结式、"把"字句、双及物构式、中动句,全都属此。施春宏(2010b)认为若将其放到句式群/构式群(construction group)中来考察,更容易发现它们之间的一致性和差异性。有标记构式是长期关注的热点,尤其是框式结构的研究给人以颇多启发,如邵敬敏(2015)以"都是+NP"构式为例,系统探讨了框式结构研究的理论与方法。刘大为(2010)关于语法构式和修辞构式关系的认识引发了一系列的思考,尤其是促进了修辞学界对构式语法的广泛关注以及语法学界对修辞现象的重新解读。(3)构式生成机制的探讨引发了很多创造性思考,如熊学亮(2009)关于构式增效机制的认识,张韧(2007)关于构式生成转喻机制的分析等。刘大为(2012)关于谐音现象心理机制与语言机制的分析,试图为全面认识谐音构式的语义性质和形式特征寻找学理上的基础。尤其是关于构式压制(以构式增容和减容为主)的研究,最易彰显构式和构件(即组构成分)之间的互动关系,用力至勤的如袁野(2010、2011)、王寅(2011a、2011b)等。施春宏(2012a、2014a、2015b)则对构式压制的内涵和本质、过程和机制(包括构式对组构成分的"招聘"机制、组构成分向构式的"求职"机制)、句法效应和语言学价值做了系列性的理论思考;宋作艳(2015)基于生成词库论对事件强迫(event coercion)现象及其所体现的逻辑转喻机制做出了至为系统的分析;马伟忠(2016)对汉语名词性成分所表达的特殊构式事件的编码机制、解码机制及其使用动因在词、短语、单句、复句等不同层面的系统体现进行了考察。(4)对经典构式理论的反思和新构式理论的建构,近年也成为一个热点问题。如陆俭明(2004)、袁毓林(2004)等引发了关于构式语法理论的基本观念及其在具体研究中适用性问题的系列思考;继之又出现了一系列的反思,如邓云华等(2007)、陆俭明(2013b)、张娟(2013)、侯国金(2013、2014a)、施春宏(2013a)、陈满华(2014)等。陆俭明(2011)等提出了构式-语块分析法。程琪龙等(2015)主张根据其建构的事件概念框架来处理动词和结构之间的关系。施春宏(2014b、2015b、2015d)等初步提出了建构"互动构式语法"

的设想,主张强化构式生成、构式特征浮现过程中多层面、多界面的互动关系和互动机制的探讨,同时重视构式语法研究中不同方法论原则之间的互动关系。(5)基于构式语法的历时研究,目前成果主要集中在习语性构式、框式性构式及特殊词类组合在历时演变过程中形义特征所发生的调变现象及其构式化机制的分析,大多与构式的共时形义特征分析相结合。如李文浩(2009)分析了"爱听不听"式"爱 V 不 V"构式的固化过程(主要表现为语法化和主观化)及其频率效应;付习涛(2006)考察了"有＋VP"构式的结构特点和表达特征在汉语发展史上"与时俱进"的特征,并指出该构式在现代汉语复兴的原因之一就是其具有某些独特性;杨永龙(2011)探讨汉语空间量构式"形＋数量"和"数量＋形"(如"长三丈～三丈长")历时变化的显隐过程及其机制。当下这方面成果的取得,与历时语料库的建设有至为直接的关联。(6)构式习得方面的研究已受重视(如董燕萍等 2004;黄洁 2008;徐维华等 2010;郑开春等 2010;李小华等 2010;陆燕萍 2012;李昱 2015 等),但仍以引介和验证为主;汉语构式习得研究主要是基于特定语料库的特定构式习得考察,而且大多是基于"偏误分析＋构式理念阐释"的研究路径。其中,施春宏(2011a)提出在二语习得研究中应该将构式意识(constructional awareness)纳入到语言习得的元语言意识研究中;王初明(2015)利用其提出的"构式语境"概念来阐释构式义在二语习得中所产生的语境效应。(7)构式教学研究已有所思考,如陈满华(2009)提倡树立二语教学的构式观。尤其是结合语块理论的构式教学及习得探索,成果较多,如刘晓玲等(2003)、周健(2007a)、亓文香(2008)、钱旭菁(2008)、吴勇毅等(2008)、黄理秋等(2010)、薛小芳等(2013),等等。陆俭明(2010b)、苏丹洁(2010)等则进一步提出了"构式-语块"教学法。

从上面的简述中可以看出,构式语法的兴起是因为对形式-意义配对关系的重新重视,构式语法的发展则是由对构式的完形特征及整体和构件之间互动关系的认识所推动的,同时,制约构式的不同界面之间的互动关系、构式和非构式因素的互动关系也逐渐进入了研究者的视野。然而,如果从深入挖掘构式的理论意义和实践价值这个角度来看,当下对构式系统和构式研究中的互动关系的认识显然尚不够深,也不够广,尤其是关于互动的本质和机制的认识,并不充分。而如何充分认识构式内、构式间的互动关系,则是深入拓展构式语法研究新空间的基本路径。基于上面对相关研究现状及发展动态的考察,我们认为下面两个方面颇为关键:一是强化构式语法多层面、多界面的互动观念并拓展基于互动观的构式系统分析;二是强化构式应用研究,这既包括应用构式理论来分析现实问题,也包括在语言应用分析中发展构式理论。而且理论研究和应用研究之间也存在着密切的互动关系,不同的应用研究(如习得与教学、母语习得与二语习得)之间也存在着互动的空间。限于本项研究的基本目标,本书主要集中于第一个方面的探索。

1.2 研究观念、基本目标、主要内容和分析思路

本项研究以句式的形式和意义之间的互动关系为考察对象,由此可见我们采取的句式系统观是一种"互动观"(Interactional View)。由于本项研究在分析句式的构造机制和过程、语义结构和特征及建构相关句式之间形式和意义的关联时采取的主要观念是派生观(Derivational View),因此,我们可以将这两种语言学观念合并起来叫互动-派生观(Interactional-Derivational View)。由于本项研究主要是通过派生分析路径来分析互动关系,因此我们又将本项研究所采取的分析模型、分析策略叫作互动-派生分析模型(Interactional-Derivational Model,简作互动-派生模型)、互动-派生分析法(Interactional-Derivational Approach)。① 建立系统的互动—派生分析模型虽是本项研究的重要目标,但还不是最终目标,我们希望借助这一观念和手段提出并建构一种整体论和还原论互动融合的方法论原则:精致还原主义(sophisticated reductionism),换个角度看就是精致整体主义(sophisticated holism),它的基本研究路径和目标是:**立足整体,重视还原,强化多重互动关系的整合机制分析**。

上文已经指出,本项研究中的"系统"包括两个层面,既指本体论意义上的作为考察对象的系统,也指方法论意义上的作为研究策略和路径的系统性。这体现于我们对互动—派生分析观的理解和应用、对精致还原主义/精致整体主义的建构和阐释之中。基于这样的认识和理论追求,本项研究将上文提出的两个相互关联的核心论题具体化为三个层级的基本目标:

首先,重点考察汉语句式系统中几种常见的、研究比较深入但又争议比较大、争议时间比较长的特殊句式,对其句式构造和句式意义的互动关系做出新的系统分析;

其次,对句法语义研究中原则与规则、规则和例外、通例和特例、理论和事实、解释和预测以及归纳和演绎、证实和证伪等理论和方法问题做出新的探讨;

最后,对句法研究乃至语言研究中形义关系分析的构式观念和方法论原则做出新的理论思考。

---

① 关于"互动"的内涵我们在下文即将做出初步说明;关于"派生"的内涵,由于牵涉操作程序的说明,我们将在后文结合具体现象的分析时详细讨论。这两个概念常为学界多歧地使用(正如"transformation、case、construction"之类基础概念,不同理解之间有关联又有差异),本书则有特定的所指。在没有更好的术语来独立地表述当前所考察的现象时,学界常通过调整当下基本合用的相关术语的理解去使用。另,笔者在近些年所发表的相关系列论文中,多称这种分析模型为"互动-派生模式",今统一调整为"互动-派生模型",因为"模型"比"模式"更能彰显理论的结构性、隐喻性和操作性特征。

而这三个基本目标都指向本项研究在理论体系上的追求：立足构式，面向互动，倡导和建构一种既与当下构式语法基本思想相协调又在观念和方法上有所探新的构式理论——互动构式语法（Interactive Construction Grammar，ICG）；并对互动—派生观和互动—派生分析法这一分析模型做出实践分析和理论探讨。

本项研究详细考察汉语句式系统中几种常见的句式，主要包括动结式、动词拷贝句、"把"字句、"被"字句以及相关的受事主语句等，其中还涉及话题表达。蒋绍愚（1994、2005）第四章"近代汉语语法研究"中概述和分析的句式有三个：述补结构、处置式、被动式。这是本项共时研究的重要参照。然而，蒋绍愚先生没有讨论动词拷贝句的情况，本项研究则对此从共时和历时两个方面作了专题讨论，并在讨论动结式和"把"字句的形义关系时常常伴随着对动词拷贝句的形式和意义的分析。也就是说，动词拷贝句跟相关句式的关系很特殊，以此为切入点能够深化我们对互动关系的分析（无论是共时研究还是历时研究）。

本项研究集中对句式研究中的一些重大的且长期引起争议的问题展开研究，如动结式的语义结构关系（论元结构）和配价系统，各种类型"把"字句的构造过程和语法意义，动词拷贝句的句法地位以及它跟相关句式的关系，动词拷贝句的演化机制及其过程，长被动句（"被"后出现 NP 的"被"字句）以及相关的短被动句（"被"后 NP 不出现的"被"字句）、受事主语句的语法意义，"被自杀"类新兴"被"字句的句法、语义、语用特征，句式系统中相关句式语法意义的一致性和差异性，句法标记和句法形式与意义的关系，基于构式语法的句式研究观，句式研究的方法和方法论原则问题，甚至包括理论和事实的关系这样一些基础而又重要的问题。

基于此，除绪论外，本项研究的主要内容包括如下几个部分：

第一部分（第二章）：研究前提。讨论汉语句式的标记度及基本语序的参数选择问题。

第二部分(第三章至第九章):实例分析篇。在重新讨论句式标记度的基础上,重点研究四种汉语特殊句式的形式和意义及其互动关系:动结式、动词拷贝句、"把"字句、(新)"被"字式,其中也会涉及一般"被"字句、受事主语句等其他特殊句式。我们主要以共时分析为主,其中动词拷贝句还讨论了其历时化进程(关于动结式的历时化研究,可参见施春宏2004b、2008a)。除新"被"字式外,其他三个句式都受到学界长期关注,研究成果丰富,但无论是构造过程还是语法意义,都存在很大的争议。我们对这三个句式的考察都分作两章来展开,每章选取一个分析角度。而对于近年才风行的新"被"字式来说,其特殊的形式和意义及其关系引起了学界广泛的关注,同样也带来了很大的争议。对这一特殊现象的考察可以作为检验各种研究理念和分析模型描写力和解释力的有效路径。我们也会基于本项研究的分析模型和方法论原则对此提出新的分析策略。本项研究的重点就是对这四个句式的生成机制及其构造规则做出句法化、结构化、一致化的分析。

第三部分(第十章至第十二章):理论阐释篇。将实例分析篇中基于汉语特殊句式形式和意义互动关系的研究拓展到一般句法结构乃至一般构式的研究中,主要讨论句法结构形式和意义研究中的基本观念、分析模型及其方法论原则等问题。在重新思考构式语法这一新范式的基本理念的基础上,将语言研究中的构式观放到现代科学和科学哲学这个大背景中来认识,探讨构式分析的新路径、新空间,进而对本项研究所主张的"互动构式语法"的基本理念、建构基础、分析路径、发展空间做出概括式阐释。

本项研究注重事实分析和理论建构互相推展,由句式研究到句法研究再到语法研究、语言研究,逐层推进,试图逐步提高本项研究所倡观念和方法的普适性。

基于这样的观念和方法,本项研究在探索句式构造和句式意义互动关系(尤其是论元结构和配位方式的互动关系)的研究过程中,将还原分析和综合分析相结合、原则和规则相结合、描写和解释相结合,进而走向精致还原主义/精致整体主义方法论归途。具体来说,我们所采取的基本分析思路是这样的:

其一,将自下而上的研究策略和自上而下的研究策略结合起来。对汉语特殊句式而言,自下而上的分析主要指的是根据特殊句式底层动词论元结构的整合方式和提升可能来考察该句式的构造过程、构造类型和语义条件;自上而下的分析主要指的是从特殊句式所表达的基本语义关系、结构方式入手来说明高层结构成分的语义性质和句法地位及其对底层结构成分的制约关系,同时在分析驱动句式语义浮现的事件结构中刻画句式所表达的概念结构。

其二,将"项目与配列"(Item and Arrangement, IA)与"项目与过程"(Item and Process, IP)这两种经典的结构主义分析模型结合起来,并在句式构造和意义互动关系研究中赋予这两种分析模型尤其是"项目与过程"模型以新的内容。

其三,将形义互动关系的系统性、层次性作为考察问题的基本视角,将互动关系的分析化归为原则和规则互动的研究策略,在描写和解释时,既重视对原则的概括,又重视把原则的说明具体化为对规则的精细刻画。

1.3 与本项研究有关的基础性概念

本项研究的基础性概念主要有这样几组:构式和句式、句式形式(句式构造)和句式意义、互动关系和互动观、论元结构和配位方式。对这些概念的内涵,我们重视一般的理解,但同时也提出一些新的认识。下面分别说明。

1.3.1 构式

由于"构式"(construction)是本项研究至为核心的概念,这里便首先对其内涵及相关问题做个较为详细的说明。

关于"构式"的内涵,我们接受构式语法的基本理解。在主流构式语法理论体系中,"构式"是语言经验的表征实体(representational entity),具有心理现实性,因而在语法描写时自然也被视为"理论实体"(theoretical entity)。构式既是语言系统的基本结构单位,也是语言习得的基本认知单位,而且构式语法将这种基本单位当作贯穿各个层级的、在本质方面同质的初始单位,语言分析所持的本位观只能是"构式观"(施春宏 2013a)。不同的构式语法流派对"构式"内涵的理解虽有差异[①],但核心相通。Goldberg(1995:4)是这样定义的(根据下文的论述,这里称其为"定义 1"版):

【定义 1】所谓构式,就是指这样的形式—意义对,它在形式或意义方面所具有的某些特征不能从其组成成分或业已建立的其他构式中完全预测出来。

这是构式语法对"构式"理解影响最大的认识。形式—意义对

[①] 如 Langacker(1987)将构式理解为规约性的象征结构(symbolic structure),它是语义结构和音位结构的配对体。Taylor(2002:561)则将构式定义为"任何可被分析为若干组成部分的语言结构(linguistic structure)",因此构式可以区分出音位构式(如[blæk kæt])、语义构式(如[BLACK CAT])、象征构式(如[BLACK CAT]/[blæk kæt]),这样的理解更接近结构主义关于"结构体"的认识。张韧(2007)是这样理解的:"构式是通过心理固化从语言使用中抽象出来的基本的语言表征单位,通常是音系结构与意义结构的联结,但亦可包括纯粹的音系与语用推理模式。"关于构式语法不同研究者对"构式"理解的内涵及差异,可参看 Croft(2001)、牛保义(2011)、王寅(2011)、Hoffmann & Trousdale (eds.)(2013)、侯国金(2014b)等所做的梳理。

(form-meaning pair)或者说形式—意义配对体也称作形式—意义对应体(form-meaning correspondence)，它是认知语言学的根本认识。具体分析起来，这个定义是从肯定和否定两个角度来界定的。肯定的一面是强调构式都是形式和意义的配对体，一体两面。而就否定的一面（即"不能"）来说，则显然有特别的针对性，这体现在两个方面：一是形式或意义方面所具有的某些特征"不能从其组成成分完全预测出来"，针对的是长期以来为句法研究和语义分析所信奉的"组合性原则"(Principle of compositionality)；二是形式或意义方面所具有的某些特征"不能从业已建立的其他构式中完全预测出来"，针对的是生成语法在句法分析中区分核心句和派生句、关注句式交替（即一个句式与另一个特定的大致对应的释义句相关联，如与格交替、处所交替）、坚持基于推导转换的"派生分析"。而派生分析往往又跟组合性原则相关联，因此"构式"的分析观念本质上是针对组合性原则的。这是构式观念试图超越主流生成语法的逻辑起点。

基于这样的理解，将"构式"看作语言系统和语言习得、语言运用的基本单位，语言系统就是由各种构式组成的网络，语言习得就是习得各种各样的构式，则是构式主义研究路径的逻辑必然了。

然而，上述理解也并非没有争议。关键之处在于，它牵涉到对语言系统、语言结构、语言单位的基本要素的理解，即：何谓"形式"？何谓"意义"？如何才算"配对"？[①]

对此，我们不妨先来看一下据上述构式定义而确定的构式的外延。按照 Goldberg 等认知构式语法学者的理解，构式至少包括语素（按：实

---

① 陆俭明先生在 Goldberg(1995、2006)两本著作中译本(吴海波译)序言中都对此做出了新的思考。请参看陆俭明(2007、2013b)。

际倾向于指"-者、老-"和"-ing、pre-"这样的形态语素)、词、习语(如"瞧你说的、穿小鞋,kick the bucket、How do you do")、可填入词汇部分的短语结构式(如框式结构"越……越……"和条件从句"the Xer, the Xer")和完整的短语结构式(如双及物结构、"把"字句、N+P+N 构式)。也就是说,语言系统中的任何一种单位,只要它的形式或意义不能从它的组成成分或其他的构式中完全推导出来,就可以被称为构式。① 这种理解当然极其宽泛。宽泛有宽泛的好处,在各层面上容易形成一致性概括,体现了对各级语言单位在根本性质上具有"合一性"(unification)的认识,但问题在于,具体到语言系统不同层级的各类单位,这种一致性又具有怎样的概括力,则有可能受到质疑,这正是引起构式形式和意义及其关系争议的本源。②

关于"形式",争议虽有,但不是太多,主要是因为不同层级单位的"形式"表现实际上并不相同,如语素和词的语音形式及形态变化、短语和句式的词类序列(包含句法关系和虚词安排)、句子的重音和语调等,显然并不同质。可见,构式的形式表现要依存于其使用的构式体,构式体是构式形式的认知域。由于构式语法对构式形式的关注度并不高,与结构主义分析路径也没有根本的差异,因此这方面的问题尚不突出。

关于"意义",问题就多了,主要因为"意义"本身就一直是不好说清的问题,尤其是牵涉到"意义"和"功能"乃至"语境"之间的关系,牵涉到

---

① 如果将功能、语境的特异性考虑在内,甚至一个个具体的表达都可以看作构式了。照此理解,凡目之所见,耳之所闻,抽象的图式、具体的实例,皆可归为构式。

② 尤其是将语素视为一种构式,跟 construction 的本有之义有所背离。当然,从本体论层面所视为的一致,在具体分析时可分别处理,只是看角度的选取。正如"物质"和"结构"这样的概念,各个层级差别是很大的。构式语法中的"构式",就是类似"物质"和"结构"之类的原初性概念。

构式的多义性和能产性问题。对此，构式语法学者多有所认识。Goldberg & Jackendoff(2004:532)便将构式称作形式—功能配对体(pairing of form and function)。① 有意思的是，Goldberg(2006)在开篇第一段中既用了"form and meaning pairings"，又用了"pairings of form and function"来指构式。其实，在认知语言学(包括构式语法)的理论框架中，意义和功能本没有根本性的区别。而且，对"功能"的理解，有时也并不好把握，如句法的、语义的、语用的都是功能。有时"功能"会在不知不觉间被当作一个筐，结构之外的东西都往里装。② 如此说来，构式就是"形式-意义/功能对"了。径直用"意义"来代替"意义/功能"也未尝不可。当然，这个问题并未因策略性处理而消失。本项研究更多地使用形式—意义对或形式—意义配对体，有时为了上下文中衔接的方便，也用形式—意义/功能对或形式—意义/功能配对体。

接下来，何谓"配对"？是一一对应还是相互依存？现有的分析也没有具体说明，但大体而言，是根据不同类型的构式来分别作出理解的。如对论元结构构式形义关系的分析，显然注重形式和意义之间的对应关系(成分跟成分对应，关系跟关系对应)；而对其他构式的分析，则侧重于相互依存，难以刻画出形式结构和意义结构之间的对应关系。

当然，即便有一些理解上的游移，就关于构式的"语法"而言，将构式理解成形式和意义之间具有规约化关系的结构体，也是大体可行的。这从构式语法文献的具体研究实践就能得到验证。相关研究涉及的构式基本上集中在三个方面：完全抽象的格式；含有填充成分的半开放格

---

① 作者未对这种调整做出说明。Goldberg(1995)在第一章的注 6 中指出，这里的"意义"取广义理解，既包括使用语境，也包括传统的语义。这实际就是"功能"所涵盖的内容了，即结构之外的所有内容。然而，到底什么是功能，特定构式表达了什么功能，同样需要说明。理论生长过程中常会出现这样的对核心概念理解的调整。生成语法对转换、生成的理解也是如此。这是一个很值得探讨的元语言学现象。

② 根据结构主义意义观，无论是意义还是功能，都是以区别性原则为基础，成分间存在差别就是有意义或实现一定的功能，至于是什么意义或实现什么功能，则是另一个问题。

式;固定用语。如 Goldberg(1995)所分析的论元结构构式基本上都是传统意义上的句式,引发了学界对句式形义关系的重新思考。又如 Fillmore et al(1988)对关联词"let alone"的句法、语义、语用特征做了精细的刻画,引起了人们对习语性构式在语法描写和解释中的地位的广泛关注。将构式研究的范围集中于内部由两个或两个以上成分组构而成的结构单位,既便于操作,又更合乎研究的现实。其实,即便是对形态语素、词项的构式研究,实际也并非仅着眼于单个成分的研究,而是分别将它们放到词法/形态关系和搭配关系中来考察。这是很多批评构式语法将研究范围扩展到语素和词项者所忽略的地方。

简而言之,构式就是形式和意义之间具有规约关系的结构体。实际上,对构式内涵的这种理解,是语言研究中对研究对象的一个承诺。

然而,上述关于构式的经典定义,似乎还隐含着一个很大的问题:将完全可推导的结构体排斥在构式之外了。[①] 这就跟构式是语言系统和语言习得表征的基本单位、所有的语言单位都是构式这一根本认识不协调了。既然构式语法要面对所有的语法现象,而语言系统必然存在着基于组合性原则所生成的语法结构,那么构式的外延包括这样的结构也是一种理论上的必需。而且,根据语言习得方面的研究,某些可推导的结构体是以整体存储和提取的方式被习得的。可见,当初的只注重整体不可推导的认识已无法充分面对现实。因此,Goldberg(2006、2013)等放松了对构式不可推导性(即不可预测性)的要求,认为"不可预测性并非设定构式的必要条件";并吸收了 Bybee、Hopper 等

[①] 熊学亮(2009)将构式区分为构式义不能直接从其内部构分直接推得的"增效构式"和构式义可以直接从其内部构分直接推得的"非增效构式",分别如"Joe knitted Sally a ball"和"Joe gave Sally a ball"。熊学亮(2016)再次指出:"说原型构式的整体意义不能从其内部成分直接推得似乎也显得牵强。"所引之例如:使移构式(Joe pushed the book off the desk)、双及物构式(Joe gave Sally a ball)、动结构式(Joe wiped the table clean)、way-路径构式(Joe shouted his way into the room)。

功能主义学者和 Langacker 等认知语法学者的基本认识,认为只要有足够的使用频率(sufficient frequency),即便是完全可预测的结构型式,也是构式。于是,Goldberg(2006:5)提出了构式概念的修正版(不妨称作"定义 1.5"版):

【定义 1.5】任何语言型式,只要其形式或功能的某个方面不能从其组成成分或业已建立的其他构式中完全预测出来,它就应该被视为构式。此外,即使有些语言型式是可以充分预测的,只要它们的出现频率足够高,也仍然被作为构式而存储。

这种调整目前基本上为基于构式观念的研究所接受。

然而,这样的调整仍未完全消解问题。这可以从交际和习得的过程这两方面来认识。一是"足够的使用频率"本身就是一个非常模糊的概念,怎样高的频率才算足够高? 是在什么样的群体中的使用频率? 使用的人不够多、使用的时间不够长的结构体就不能看作构式? 初次或一次性的创造性使用的都不是构式? 如果真的如此,构式语法又如何能够实现其宏大的目标:"构式语法做出的强有力的承诺(strong commitment)是:它将最终尝试解释语言知识的每个方面。"(Goldberg 2005:17)而且,没有开始的创造性使用,如何有未来的高频出现? 正如 Bergs & Diewald(2008:7)指出的那样:"如果它不是构式,又是什么?"[1]二是语言习得的建构过程和表征方式。构式语法认为语言习得的过程是建构性的,这样,语言习得就有个语言知识逐步累积和完善的过程。这样,在每个阶段,尤其是对各项语言知识初步接触的阶段,语

---

[1] 与此相通的是法国哲学家萨特提出的经典的存在主义口号:"存在先于本质。"更进一步说,存在就是本质。德国哲学家胡塞尔提出的著名的现象学口号"回到事物本身"也与此相呼应。

言习得是否是构式性的？如果不是，它又是什么？是否意味着语言习得过程也像历时构式语法那样，存在一个构式化的过程？在每个习得阶段所建构的知识系统，是否由构式组成？尤其是像二语习得，一般难以达到母语的语言状态，那么这种带有中介性质的知识系统是否算构式系统？而且基于中介语理论的基本观念（Selinker 1972），每个阶段的中介语都是"语言"，都有自己独特的系统，那么这些阶段是否都是由构式系统组成？显然，构式主义研究路径需要对这些问题给予更细致的关注，并作出理论与实践兼顾的可行性解答。

毫无疑问，频率效应在语言交际、语言习得、语言演变中都有深刻影响，但它不能解决语言系统的基本单位问题。其实，频率是否足够高，恐怕不是确认构式的根本。作为存在于交际中的单位，构式的本质在于每个构式都是特定交际系统中的形式和意义的配对体。即便从上一构式定义来说，与使用频率也没有必然的本质联系。既然这样，也就没有必要将"不能完全从其组成成分中预测出来"作为必要条件了（当然不失为一个鉴别某个单位或成分是否为构式的非常有效的充分条件），也不必论其使用频率的高低（当然需要特别关注频率的变化）。至于"不能从业已建立的其他构式中推导出来"，则是构式的本有之义。每个构式都是一个特定的存在，是一个区别于其他构式的存在，在区别中显示交际的价值（即交际值），这可以称作是语言现象之所以存在的交际值原则。据此，我们可以对构式进一步做出很朴素的理解（这里称作"定义 2"版）：

【定义 2】所谓构式，就是具体语言系统中的形式-意义对。

这种形式-意义对所具有的某些特征，既可能"不能从其组成成分中完全预测出来"（最典型的就是习语），也并不排斥可推导构式的存在。构式存在的关键就在于特定系统中形式-意义结合的依存性、特定性、现实同一性。这样,是否高频使用也不是确定某个结构体是否为构式的条件所在。高频使用的形义结构体是构式,临时创造使用的形义结构体也是构式,它们都是具有特定交际值的存在,都是我们所要考察的对象。这也就是刘大为(2010)区分语法构式和修辞构式的逻辑基础。如果从交际值出发,自然还可以将纯粹音位组合(如英语的[sæt]、[kæp]和[kɪt])、意义特征组合(如普通话的[＋客体＋移动])也看作构式。若此,则语言研究方方面面都是研究构式。当然,对各种各样的特定形式—意义对及其认知基础的特别关注,则是构式语法的新颖所在。本项研究对构式的理解正是基于我们的重新定位。

需要说明的是,定义 2 强调"具体语言",是因为基于系统性原则,任何构式都只能是特定的具体语言中的构式,不同语言中的构式是不能等同的,如汉语的双及物构式和英语的双及物构式,其内在特征是有差异的。强调"具体语言",并不意味着不能从认知机制等方面做出跨语言构式的概括,也不意味着只观察稳定的、常规的语言现象。

相对于定义 2,定义 1 中的"构式"可以看作是基于范畴原型性的理解。就此而言,对构式这一范畴的理解,必须从原型理论的角度来认识,而不是基于充分必要条件的经典范畴理论。定义 1.5 即是对定义 1 的某方面原型特征的调整,定义 2 则是对定义 1 的原型特征的更大调整。这种调整也是基于构式本质和构式表征的逻辑推论。

其实,基于构式观念的逻辑结构及其理论张力,将构式概念视为索绪尔语言学的"(语言)符号定义的一种自然延伸"(刘国辉 2007),是有其合理性的。进一步看,"构式"的理念完全可以扩展到所有的符号系统,如不同手势的组合体、不同音乐片段形成的旋律、不同衣装搭配形成的流行风格。循着这种思路,甚至可以将构式的理念推广到所有的系统(包括符号系统和非符号系统)。它除了包括一般意义上的"符号构式"外,还可以包括未被符号化的构式,如我们甚至可以将身体的每个器官、组织,生物界的每个群落,动物的捕食习性,非生物界的每个相互依存体,宇宙中的大小天体,都可以看作广义的构式。就此而言,整个宇宙都是由不同类型的大大小小的构式组织而成。这也并非文字游戏,而是我们在考察这些现象时,恰恰需要考察其"特异性"的特征,这与构式的观念是相通的(至于是否称其为构式,那是另一回事)。在这种背景下,考察语言构式只是考察符号构式乃至一般系统中的构式(可称作"一般构式")的一个特例,当然这是一个极具启发性的考察视角。这是构式理论具有普遍意义上的学术价值的体现。[①] 由此可见,构式语法的构式观(Constructional View)有很大的创新性认识,本项研究正是以此作为宏观理论背景。

如上所述,我们接受构式语法对构式的基本理解;然而,这并不意味着我们就全盘接受主流构式语法的所有认识和分析策略。除了上面对"构式"内涵在理解上的局部调整外,这里再对构式分析法也提出我们的认识。构式语法论者反复强调这样的主张:

> 按照构式分析法,我们并不需要假设在两个被发现有关联的构式之间存在着某种非对称关系(asymmetrical relationship)。我们同样可以如实描写在句法、语义或语用方面存在部分相同的实例,而不必假设其中一个构式是基本的,另一个则是派生的。(Goldberg 1995:107)

这种认识体现了一种语言研究的本体论:任何一个构式都是一个完形,每个完形体都是独立存在的。这实际是一种理论信仰、信念,当

[①] 将构式观念从语言学之内拓展到语言学之外的逻辑基础,以及各类构式的具体内涵及其层级关系,详参施春宏(2016b)的论述。

然很有价值。然而即便如此,我们的语感还告诉我们,有些实例之间确实存在着某种非对称关系,这是有心理现实性基础的。一个好的理论是应该而且能够从结构关系上说明普通人在交际中所具有的这方面语感的。为了对这种语感做出有语言学意义的概括,提出派生式假设也是一种方便而又经济的理论选择(施春宏 2008b)。① 而且,互动的过程必然使构式处于一种动态的交际过程中,构式的完形性未必就要求构式是一种"天赋"的存在。我们在上面说过"不能从业已建立的其他构式中推导出来"是构式的本有之义,但这并不意味着不能通过派生、推导的方法来分析构式之间存在的形式和意义的某些关联(异或同)。我们在研究中需要警惕的是:不要将本体论和方法论混为一谈。再者,如果我们认同词汇层面和句法层面之间差异的存在是一种客观现实的话,我们就必然会发现句法层面上各个句式的"建构"过程及句式之间的互动关系在相当程度上是可以通过"分析的"策略来描写和解释的。"分析的"(analytic)策略和"综合的"(synthetic)策略并不是无法相容的两极,而是互补的两面。其实,就构式的完形性而言,是将它作为一种存在的状态还是看作一个过程的结果,也许并不矛盾,但不同的立足点,必然会带来分析策略和理论效应的很大不同。当然,这种分歧必然会给理论范式的竞争存在和互补发展提供很大的空间。

1.3.2 句式、句式形式(句式构造)和句式意义

"句式"(sentential construction)指的是:"按照句子的局部特点划分的句子类型,即某些具有特定语义的固定格式。例如把字句、被字句等。"(语言学名词审定委员会 2011:63)它是构式的一种类型,在各类构式中最容易呈现形式和意义的配对关系,因而在构式语法研究中备

---

① 对不同构式之间关系的认识上的不同,源于两者所持的语言学观念的差异,而这又必然导致分析策略和理论后果上的不同。

受重视。由于句式的形义关系一般与论元结构相关联,因此构式语法学者(如以 Goldberg 为代表的认知构式语法学派)常称其为"论元结构构式"。我们也可以称其为"句式性构式"。①

基于构式理论对句式的分析,自然需要从形式和意义及其配对关系入手。首先需要说明的是,在本项研究中,由于注重句式的构造机制和过程,因此我们一般将"句式形式"理解为"句式构造"。这样,"句式形式和句式意义的互动关系"实际就是"句式构造和句式意义的互动关系"。下文的理解一般不区分两者,但有时为了表述的方便,便以"句式构造"来说明问题。当然,两者的侧重点并不一致,对"句式构造"的说明除了说明句式形式的构造问题外,通常还要牵涉句式意义的构造问题;若仅就形式结构而言,"句式形式"又显然比"句式构造"的范围宽泛得多。但这些区别并不影响我们对句式形义关系的根本理解。另外,基于论元结构构式的理解,一般也可以将"句式形式和句式意义"理解为"构式形式和构式意义",因此,在没有特别需要说明差异的情况下,我们也不做区分。

我们对构式及其关系的认识,决定了我们对句式形式(句式构造)和句式意义的理解。

就句式形式(form of construction)而言,凡是句式中基于结构的句法表现方式都可以看作句式的形式。正如我们在第一小节关于"形式"的广义理解所指出的那样,影响句式构造的成分序列、句法位置、形式标记、韵律结构等都可看作句式的形式。本项研究特别关注从"构造"这一视角来认识句式性构式的形式(以及相关的意义)。

句式构造(construction structure, constructional form)实际有两

---

① 语言学名词审定委员会(2011)《语言学名词》中将"句式"的对应英语形式标作"construction",而现在学界一般将"construction"理解成范围更广的"构式"。因此,我们这里将"句式"的对应英语形式译作"sentential construction",即句式性构式(简作句式)。

个方面的含义,静态的指句式的结构,动态的指句式的结构化过程,即句式的建构;后者又包括两个含义,共时平面的句式结构化和历时平面的句式语法化(构式化)。本项研究既关心句式的既成结构,更关心句式结构的建构机制和过程。如"把"字句可以有下面五种句法结构形式:[①]

(4) a. 爷爷把电脑修好了　　　　b. 派出所把个犯人跑了
　　 c. 妈妈把青椒炒了肉　　　　d. 奶奶把书放在桌子上了
　　 e. 妹妹把房间收拾得整整齐齐

这五种"把"字句实际上代表了五种结构类型。例(4a)是由动结式构成的构式。例(4b)和(4c)是只有一个动词构成的构式,但这两个构式又有差别:例(4b)中"跑"是不及物动词,跑的主体是犯人;例(4c)中"炒"是及物动词,炒的主体是妈妈,对象是青椒,但这个句子中"炒"还另外带了宾语"肉"。例(4d)中"放"的后面带了补语,"放"的对象"书"在普通话中只能出现在"放"之前(当然还可以用"被"字句等表达方式)。例(4e)是带"得"式。这是静态结构的说明,如果我们从"把"字句的构造机制和过程入手,就需要说明这些句式是如何构造而成的,它们在结构规则上是否具有一致性(即是否遵循相同的构造原则),底层动词的论元结构和配价在构造"把"字句的过程中所起的作用如何,又是如何在句式中体现的。没有对这些构造过程的认识,是不可能充分解释"把"字句的形式和意义的,从而也就不能充分认识"把"字句的构式特征,即不能充分说明它是一个怎样的"形式—意义/功能对"。而要说明"把"字句的构造机制和过程,首先需要对"把"字句所表达的事件语义结构做出分析,并对其配位方式的可能性和现实性做出系统的刻画。

[①] 当然还有其他句法结构形式,参见第七章的分析。

再从历时演变看,"把"字句是如何产生的,上面各种类型的"把"字句在该句式发展过程中各自处于怎样的发展层级。这也是句式构造研究的应有之义。

因此,在说明句式构造机制和过程时,我们既关心事件语义结构对句式构造的促动作用,更关心语言系统对句式各个成分的句法配置的制约作用;既关心句式在共时平面中其组构成分的配合和制约,也关心句式在历时过程的调节和变异。而对这些方面的认识,都要立足于句式在系统中的定位。句式构造是在特定语言特定句法系统中的构造,受系统中各个成分的制约,如受到句法系统中其他句法结构以及语义特征、韵律结构、语用条件等的制约。

句式意义(meaning of construction)也包括两个有所区别但实际上有时不加区别的方面:语义和功能。构式语法文献对"构式"这一核心概念在理解过程中的微调实际上反映出的正是这一点。我们一般未加区别,只要两个形式之间因差别而存在,我们就认为它有意义(相应地也就有了特定的功能),即我们所理解的意义是一种"区别性意义"。这是结构主义语言学对意义的最本质的理解(系统决定关系,关系决定价值),任何意义都是一种区别性关系的体现。正因为有这样的理解,我们对"把"字句、"被"字句等相关句式的语法意义提出了新的分析,特别关注的是各个句式的意义之间的区别所在,以及这些意义构成了怎样的一个意义系统。

有时为了说明的方便,我们将句式形式/句式构造径直称作(句法)形式,将句式形式/句式构造和句式意义的(互动)关系径直称作句式形义(互动)关系。

1.3.3 互动关系和互动观

"互动"(interaction)是对语言现象本身生成基础、存在状态和运动方式的一种概括。互动实际上就是依存和影响、促动和制约的结合，它既是语言现象在多界面（如音系、韵律、词法、句法、形态、语义、功能、语法、修辞、语体、文体）、多层面（语素、词汇、句法、篇章）诸因素合力作用下形成和变化的表现，也是语言结构体内部整体和部分之间、部分和部分之间相互作用的表现。

体验和互动，是认知语言学的基本承诺。认知语言学基于经验认知对语言表达的影响，提出了"互动"的观念。"认知语言学的基本观点认为：语言主要是人们在对现实世界感知体验的基础上通过认知加工而逐步形成的，是主客观互动的结果。"（王寅 2007:299）这种互动实际上是语言生成的基础性动因。本项研究理解的"互动"虽有此背景，但仍与之有本质的不同，我们的认识主要是基于语言系统自身的形式和意义（结构和功能）之间以及形式和形式之间、意义和意义之间的互动关系。Hsieh(1989)、Tai(1989a)等基于认知的功能语法（cognition-based functional grammar）学者提出过"形式和功能之间互动"的互动观，本项研究接受这样的互动观，但将互动的范围大大扩大，同时考察形式与形式之间、意义与意义（功能与功能）之间的互动；而且对形式和意义（结构和功能）之间的互动关系的认识也有拓展，虽然我们也很重视从功能的角度来解释形式的生成动因，但我们还特别倚重对构造机制的建构，注重构造过程及其结构化形式对功能表达的实现方式和制约作用。

关于"互动"内涵更为详尽的多层次理解及如何考察处于互动关系中的构式系统，我们将在本项研究充分展开后做出系统的概括（参见第十二章及施春宏 2016a），这里主要结合句式性构式形义关系的分析来做出初步说明。基于我们对互动关系的重新定位，句式形义之间的互动关系主要包括三个方面的内容：

首先是形式和意义之间的互动。例如要表达"爷爷修电脑"导致

"电脑(变)好了"这样的语义结构关系,在现代汉语句法系统中,"修"和"好"可以整合在一起形成述补结构,这样就可以构成"爷爷修好了电脑"这样的表达形式。这里的表达重心在"电脑"上,致使结果"好"在语义上也有侧显(profile)。如果要更加凸显这种致使语义结构关系中的结果的话,就可以将"电脑"前移,这是意义(这里具体体现为语用意义)对句法形式的促动。但到底形成何种结构形式,则要受到句法系统的制约,在现代汉语中可以形成"把"字句和"被"字句等句式。而对英语相应表达"Grandpa repaired the computer"来说,这里的结果义无法通过组合分析式手段将结果单独侧显出来,而且更没有类似"把"字句这样的凸显结果的主动表达式。我们再来看一下另外一种情况:

(5) a. 我喝完了茅台　　（我喝茅台→茅台完了）
　　b. 我喝茅台喝醉了　（我喝茅台→我醉了）

两句的语义结构关系不同,形成的句法结构不同。这是意义对形式的影响。然而,在类似例(5b)这样的动词拷贝句产生以前,要想表达"我喝茅台→我醉了"这样的语义结构关系,句法形式系统所采取的策略是:或者采取分成两个小句的连动形式来表达,或者采取"隔开式"来表达,即形如汉语史上"秦王饮酒酣"(《史记·廉颇蔺相如列传》)之类的表达。而当动词拷贝形式产生后,它对语义的容纳能力就大大扩展了,以致出现了例(6)这样的相当复杂的表达式。

(6) a. 爷爷剁排骨剁坏了三把新菜刀
　　　（爷爷剁排骨→三把新菜刀坏了）
　　b. 他学英语学会了跟老外打交道
　　　（他学英语→他会跟老外打交道了）

这是形式构造对意义表达的影响。形式构造对意义表达的制约在历时演变和语言类型差异中能够鲜明地呈现出来。像例(6)这样的汉语动词拷贝句所表达的语义内容,在英语中是无法通过小句的形式来表达的。形式如容器,意义则为所容之物,容器的构造和特征对所容之物必然有所限制和整合。我们常说的形义互动中形式对意义制约的一面,指的就是这样的情况。并非所有的交际内容都能通过语言形式表达出来,只有适用于形式构造的意义内容才能通过形式表现出来,进入语言交际。

其次是形式系统内部各个句法形式之间的互动。上文已经指出,形式包括成分序列、句法位置、形式标记、韵律结构等等,这些因素在句式构造过程中是存在相互作用的。如上面例(4d)"奶奶把书放在桌子上了"中"书"不能出现在述语动词之后,也是受到句式系统中不同构式之间相互作用的结果。这种作用是韵律形式对句法结构的影响造成的,同时还与普通话中"把"字句的成熟有关。在用"置书于桌"这种表达形式的时期,是没有这方面的制约条件的(当然可以使用"书置于桌"的表达形式)。又如:

(7)a. 我喝茅台喝醉了　　　　b. 茅台把我喝醉了

只有例(7a)这种动词拷贝句出现之后,才有可能产生例(7b)这样的"把"字句。而句式系统之所以能选择例(7b)这样的"把"字句形式,是与句式系统中已经存在较为常用的其他类型"把"字句有直接的关系。可见,句式的发展是相互促进的。

再次就是意义系统内部各个句法意义之间的互动。这种不同意义之间的互动既表现在句式整体意义跟句式组构成分(构件)意义的相互限制,也体现在不同句式之间各个句式意义的相互制约。如 Goldberg

认为"Sam joked his way into the meeting"这样的 way -路径构式的语法意义是表示通过创造一条路径的方式而实现移动(Goldberg 1995：204—205)，这种句式意义要求进入其中的动词必须表示重复的动作或不受约束的行为，是自身推动的移动，而且是有目标的移动(同前，212—214)。这既是句式意义对句式组构成分意义的制约，也是句式组构成分意义对句式整体意义的贡献。又如现在有不少文献认为"把"字句的句式意义表示致使，其实，典型的"被"字句等同样也表示致使，如"我把茅台喝完了"和"茅台被我喝完了"。进一步看，这种致使关系来自"我喝茅台→茅台完了"之间的语义关系，因此"我喝完了茅台"也表示致使。由于句式意义是靠区别性原则(Principle of Difference，也叫差异性原则，换个角度来看就是现实同一性原则)而存在的，因此，它们之间的语义关系相互制约，进而形成比致使更具体的语义特征。

上面三种形义互动关系的表现形式，在一般理解中仅限于第一种，但本项研究还关心另外两个方面的互动情况。

由于存在着上述形式与意义之间、形式与形式之间、意义与意义之间的互动关系，必然带来不同句式之间的互动作用。如上面借助例(6)和例(7)来说明句式形式和/或意义的内在互动关系时，恰恰展示了不同句式之间形式和/或意义的关联。这正体现了句式系统内部相关句式之间的相互依存和相互影响、相互促动与相互制约的关系。从更大的范围来看，句式系统也只是特定语言句法系统、语法系统乃至语言系统的一个子系统，因此它必然与其他子系统(如音系系统、形态系统、篇章系统)之间存在着相互依存和相互影响、相互促动与相互制约的关系。这更是构式"系统观"的本有之义。

由此可见，互动，虽然与一般所言的"联系"有相近之处，但凸显的是参与互动的相关要素之间的相互作用，而非宽泛意义上的联系，也非单向的作用。研究互动，就需要特别关注互动要素之间的合力机制及其动因(虽然在具体研究中可以侧重于某个方面的作用力)。互动作用的结果,如同物理学中的"矢量"(既有大小又有方向的量,在数学中又被称作向量):

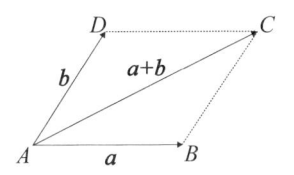

```
         D ·······   C
          ╲    a+b ⋰⋮
         b ╲   ⋰   ⋮
            ╲⋰      ⋮
            A ──a──→ B
```

其中的矢量$\overrightarrow{AC}$是$\overrightarrow{AD}$和$\overrightarrow{AB}$两个量共同作用的结果。[①]

这里需要说明的是,一般言及互动关系的文献,常提到"词项和构式的互动"。其实,如果从严格意义上说,这种说法会引起概念系统的内在矛盾,因为根据构式经典理论对"构式"的理解(如 Goldberg 1995、2006、2013),词项也是构式的一种类型。词项和构式的互动实际是组构成分与构式(或者说下位构式和上位构式)互动的一种类型。基于此,语言中只有构式与构式之间的互动,既包括同级构式之间的互动,也包括上位构式和下位构式(形成整体-部分关系的构式)之间的互动。但由于构式语法的兴起与其对生成语法的动词中心说和核心投射理论的批评有关,因此,将"词项和构式的互动"中的"构式"理解成句式、句子格式层面的图式性构式,将其中的"词项"理解成句式性构式中的核心词(即动词),在特定的分析框架和具体研究中一般并不会引起多少误解。[②] 同样,所谓构式与构式之间的互动,目前的实际研究也多集中于句式之间的互动。本项研究有时为了说明的简便,也用"词项和构式的互动"这种说法。就根本的互动关系而言,无论是同级构式之间的互动,还是上位构式和下位构式之间的互动,都体现为上面所概括的三个

---

① 注意,图中的"a+b"只标示相互作用力的一种计算方式,而非 a 和 b 的加和关系。而且图中只考虑了最简单的相互作用方式。

② 当然,我们应该也认识到,这种理解只是一种权宜之计,构式与组构成分的互动,其内容要广泛得多。

方面:形式和意义之间的互动、不同形式之间的互动、不同意义之间的互动。这实际也将纯粹音位组合式构式、语义特征组合式构式中的互动情况也包括在内了。

基于我们对互动关系的这种理解,本项研究特别关注语义结构关系对语法形式构造过程的促动作用、语言形式对语义表达的制约作用、不同语言形式之间的相互促动和制约作用、不同语义内容之间的相互促动和制约作用,不同形式-意义配对体之间的相互促动和制约作用、不同层面语法现象之间的相互促动和制约作用。我们尤其关注句法形式如何包装句法意义,句法意义的扩展如何在句法形式中表现出来,句法形式如何在句法系统允许的基础上表达丰富多彩的句法意义。这种"互动观"是本项研究的基本"构式观",也是我们基本的语言观和语言研究观。我们将在随后的研究中对此做出具体的实例探索和理论概括,同时将其具体化为可操作性的方法论原则及分析策略。

上面只是简单地通过举例来说明各类互动关系的表现方式。互动,也意味着竞争。这样,互动的结果便有两种:建构和解构。当然,解构的同时意味着重构,而重构也是一种建构。目前学界一般只讨论句式的建构过程,本项研究也是如此。然而,从我们对句式系统演变过程的分析来看,对解构过程的分析同样也很重要,一个句式的建构过程必然伴随着其他结构体的解构过程(即形式和/或意义以及形义关系的解体、调整、隐藏等),此所谓有破有立,破是为了立,立中必有破。对此,我们将在新的研究中去系统探索。①

另外,就本项研究而言,"互动"两字还有别样的意味,如不同研究观念的互动、不同研究方法的互动、实例分析与理论建构的互动等非本体论层面的互动。这些都在本项研究中有较为充分的体现。

---

① 在本项研究的基础上,我们正在展开一项新的构式理论研究项目:"基于互动观的构式语法理论与应用研究"(国家社会科学基金项目,编号:15BYY001)。

1.3.4 论元结构和配位方式[①]

我们讨论句式形式(句式构造)和句式意义的互动关系时,特别重视论元结构和配位方式及其互动关系的分析。论元结构和配位方式的内涵比较丰富,下面只是做针对性的介绍。

众所周知,动词(这里包括形容词)有论元结构(argument structure)[②]。其实,根据构式语法/认知语言学的认识(如 Goldberg 1995、2006、2013;沈家煊 2000;丁加勇 2004;宋文辉 2007)以及经过拓展的配价分析(如郭锐 1995、2002;王红旗 1995;袁毓林 2001、2010;卢英顺 2003;张谊生 2005;施春宏 2006b、2008a、2013c;周国光 2011;刘培玉 2012b),句式同样也有自己的论元结构。[③] 与论元结构相关的两个概念是"论旨角色"和"论元",论元结构就是带有论旨角色的论元之间的结构化关系。

一个动词一般能够支配一个或几个名词性成分[④],这些名词性成分与动词之间有不同的语义关系。如"小明修电脑"这样的表达中,"修"是动词,"小明"是"修"这个动作的发出者,"电脑"是"修"这个动作的承受者。这样,"小明"和"修"之间有施动者和动作的语义关系,"修"和"电脑"之间有动作和受动者的关系。也就是说,"小明"和"电脑"在"小明修电脑"中扮演了不同的语义角色(semantic role),这些语义角

[①] 此小节关于动词论元结构的主要内容引自施春宏(2008:6—11),这里有所删节,并根据构式语法的观念做了局部调整;同时增加了对句式论元结构和配位方式的说明。

[②] 有价名词也有自己的论元结构,文献中常从配价的角度来认识。参见袁毓林(1994、1995)及(2010)。

[③] 关于句式的论元结构,文献中也常从配价的角度来认识。有的甚至不以论元结构、配价这样的术语出现,但探讨的也是跟句式论元结构、配价相关的问题。当然,理论基础和立足点不同,研究目标和操作程序也就有了很大差异。

[④] 有的动词可以支配谓词性成分,如"他会弹钢琴"中的"会"支配的成分"弹钢琴"是个谓词性成分,"他希望我去"中的"希望"支配的成分"我去"是小句成分。这里为了表述的方便而不再细分,统一表述为支配名词性成分。

色可以看作是由动词指派(assign)的,是由动词的句法属性所决定的。根据动词与相关的名词性成分之间的语义关系,生成语法文献将动词指派给这些名词性成分的语义角色(换个角度说,就是这些名词性成分从动词那儿获得的语义角色)称为论旨角色(thematic role,有译作题元角色、论元角色、语义角色、语义作用等)。这些语义角色表示动作所涉及的主体、客体,或动作、行为、状态所处的场所,动作的起点、方向、终点,动作的原因及引起的结果,凭借的工具,等等。目前文献中经常区分的论旨角色有施事(Agent,亦称施动者)、当事(Experiencer,亦称经事、经验者、经历者)、主事(Subject)和受事(Patient,亦称受动者)、客事(Theme,也称客体)①、与事(Dative)、结果(Result)、对象(Object)、系事(Relevant),以及处所(Location)、工具(Instrument)、材料(Material)、方式(Manner),等等;并通常将致使关系中的引发者称为致事(Causer,亦称使事、致使者、使役者)、致使关系中的承受者称为役事(Causee,亦称受使者、受役者)。② 由于具有多少论旨角色和具有什么样的论旨角色是每个动词的句法—语义属性所固有的,因此每个动词的论旨角色都作为词汇内容被记录在词库中。论旨理论(Theta Theory,有译作题元理论)主要就是用来规范动词和句子中其他成分的句法—语义关系的。在研究句法关系中设立论旨角色这类概念,就是要将句法结构中的各个成分在现实世界中的地位描写出来,其根本

---

① 作为论旨角色的 Theme 在汉语文献中所指相当不一致,甚至字面上容易出现相反的读解,如"客事、客体"和"主事、主题"等。而这个论元角色在句法研究中又具有非常高的出现频率。就语义特征而言,它指的是(性质、状态)发生变化或位移的主体,如"院子的墙塌了、钱包丢了、乾隆死了、爷爷生了一场病、花儿红了"和"村里死了<u>一头牛</u>,来了<u>两位客人</u>、走失了<u>一个小孩</u>"等。命名的差异来自于句法和语义这两种视角的纠结。本项研究常将作"客事",因为它类同非宾格动词所支配的论元(但在汉语句法系统中可以出现在宾语位置,此时一般带数量宾语),并在语义角色的根本性质上跟受事相通。但它也有"主事"的特征,因为它也常做主语,此时没有标记限制,但它做主语时又不能像受事那样用于被动形式。

② 参见顾阳(1994)、Radford(1997)、袁毓林(2002a)、施春宏(2008:6—7)。这里有所调整。

目的就是为了使句子的表层结构有一个统一的语义解释,摆脱形态标记和线性句法序列的束缚。这样就可以更准确、更一致地刻画这些成分在其所表示的事件结构(event structure)中的种种关系。

论元(argument,有作题元)指带有论旨角色的名词性成分。由于每个动词的论旨角色的数量和性质是在词库中规定好了的,在具体的语言表达中,动词的论旨角色被指派给具体的名词性成分后,这些名词性成分便成了动词的论元。不进入句法结构中的名词性成分是无所谓具有不具有论旨角色的。因此,论元可以看作是论旨角色的句法实现(syntactic realization)。

由于论旨角色的性质不同,因此带有不同论旨角色的不同论元跟动词的关系的紧密程度也就并不相同。这样,不同的论元与动词之间就有一种结构化的特点,生成语法文献称之为论元结构。每个动词都能激活一个特定的语义场景,每个特定的语义场景都包括动作行为的过程或状态的不同参与者及其相互关系。反映到句法结构中来,就是动词的论元结构。一个词项的论元结构包括这样一些内容:

(8) i. 有一定数目的论元;
　　ii. 每一个论元有其特定的论旨角色;
　　iii. 把哪个论旨角色指派给哪个论元有明确的规定;
　　iv. 每个论元在语义结构中的关系是确定的;
　　v. 不同论元在选择某个句法位置时常有一个优先序列。

句式的论元结构在根本性质上跟动词的论元结构相同,即某个句式支配若干论元,某个论元带有怎样的语义角色。它同样符合上面提到的论元结构的五项特征。然而,句式的论元结构又并不完全等同于该句式中核心动词的论元结构。如"骑坏"和"骑饿",虽然它们底层谓

词("骑"和"坏";"骑"和"饿")的论元数量和论旨角色相同,但它们构成的句法结构并不相同。例如:

(9)a. 我骑坏了自行车/*我骑自行车骑坏了
 b. 我骑自行车骑饿了/*我骑饿了自行车

两句中"自行车"的句法位置并不相同。由此可见,这两个句式性构式的论元结构并不相同,"骑坏"和"骑饿"对句式的选择呈互补分布。在英语中,只有类似"骑坏"这样的语义关系,才有可能(仅仅是可能)词汇化为一个词,如"break(打碎)、kill(杀死)、fix(修好,装好)、burn(烧焦,晒伤)、fill(装满)"以及"enter(进来)、return(回来)"之类。

同样,与例(9)相关的其他句式的论元结构的构造也有差异。例如:

(10)a. 我把自行车骑坏了
 b. (半天骑下来,)这个破自行车可把我骑饿了①

同样都是二价"把"字句,但主体论元和客体论元倒了个个儿。
又如"bake"一般看作二价动词,出现在单及物构式中,带有施事和结果两个论元,如例(11a);但例(11b)这个双及物句式却是三价的,比bake多带了一个与事论元。

---

① 这类"把"字句是客体致事式"把"字句,即述语动词的客体论元提升为"把"字句的致事。这类"把"字句受到较大的语义约束。比较"书把宝玉读傻了"和"这种书把宝玉读傻了"的可接受度的差异,就可以看出。这不是句法本身("型")的合式(well-formed)与否问题,而是具体表达("例")的合用(well-used)与否的问题。因此相对于(9b),我们对(10b)做了调整,使致事的语义内容更加具体、直接,以提高它的接受度。关于致事的类型、语义性质及其句法表现,参见施春宏(2007)及施春宏(2010b)。

(11)a. John baked a cake.   b. John baked Mary a cake.

这就出现了前文论及的所谓的"论元增容",句式拥有动词在词库中所不具有的论元。对论元增容现象(属于上面所言的构式压制现象的一种类型)的分析,是描写和解释句式论元结构的重要路径。

因此,我们就需要以跟考察动词论元结构不完全相同的方式来考察句式的论元结构。

上面介绍的论旨角色、论元以及论元结构这三个概念,是我们对句式配位方式进行分析描写的基础概念。

配位方式(syntactic structuralization)主要包括论元选择(argument selection)和句法配置(syntactic arrangement)两个方面的内容。就句式而言,即指一个特定句式所支配的论元的同现限制及句法成分(主语、宾语等,既包括动词支配的句法成分,也包括介词支配的句法成分,以及处于话题位置上的句法成分)对语义成分(即上文所说的施事、受事、当事等等论旨角色)的选择关系。简单地说,就是在同一个句子中,句式所支配的论元成分的句法安排。具体说来,包括这样一些内容:①

(12) i. 一个句式支配多少个论元、指派哪些论旨角色;

ii. 论旨角色对句法位置的选择问题,即不同类型的论元所占据的最基本的句法位置和可能的句法位置是哪些;

iii. 句法位置对论旨角色的接纳问题,即某个句法位置容易接收哪些论元进入,是否存在一个优先序列;

---

① 施春宏(2008:10)中所概括的配位方式主要是就动结式而言的,这里拓展到一般的句式性构式中。在具体理解上也有调整。

iv. 特定句式的论元层级关系如何；

v. 论元位置和数量发生变化时，其句法表现发生怎样的变化（如是否有标记形式等）。

对配位方式的各种可能性的描写正是为了刻画不同句式的句法结构特点和语义结构特点，这样就会有助于理解句法结构的生成过程、揭示语言交际的理解策略和解释语用者对不同句法结构进行选择的语用动因。

每个句式都能激活一个语义场景，每个场景都包含一组结构化的带有论旨角色的论元。但各种论元是否出现在句法结构中，如何出现在句法结构中，是受到说话者的特定透视域制约的，虽然在具体交际中以整个语义场景作为背景，但只有进入透视域中的部分才能实现为语言交际中的句法成分。也就是说，不同的透视域反映不同的表达方式。这样就形成了句法配置方式的差异，即不同的句式对论元的选择和安排并不相同，从而形成不同的句式意义。认知语言学所强调并作为理论支点之一的形式和意义之间的平行性（或者说对应性）原则正是以此为基础。

我们特别关注句式论元结构的构造过程和配位方式的句法表现，将特定句式的论元结构和配位方式结合起来考察各个句式在句法和语义这两个方面的特点，从而探讨句法结构的形式和意义之间的互动关系。这种研究所遵循的正是"形式和意义相结合"的研究路线，它为我们打开了一扇洞察句式形式（句式构造）和句式意义之间互动关系的重要窗口。

1.4 本项研究的语料来源及对统计数据性质的说明

最后说一下本项研究的语料来源。相关用例来源主要有：1）笔者在广泛阅读和日常生活中收集的用例,历时语料除标注转引文献外都来自笔者直接的阅读;2)从北京大学中国语言学研究中心(CCL)现代汉语语料库中检索到的例句。3)学术论著、工具书中的用例;4)笔者凭语感自拟的用例(文中句末不加标点)。其中,凡是例句后注明出处的,都是直接取自原文或从文献中转引;凡是未注明出处的,则是经过加工的或作者内省的材料。

根据惯例,例句前加"＊"表示该句不合语法或不可接受;例句前加"?"表示这种说法的可接受性较差,或者需要有特别的条件才能成立。我们不采取"??"来表示可接受性更差但未必完全不合语法或不可接受的表示方式,但如果出现这样的情况,我们会做出具体的说明。

另外,为了支持定性研究的结论或理论预测的可靠性,本项研究采用了一定的定量分析。定量统计的主要依据来源于三个方面:一是普通话使用者的语感判断(特殊情况下只参考北京话使用者的语感判断),二是实际语篇中相关用例的统计分析,三是相关文献中的统计结果。本项研究大体是在不同层面来使用这两方面的数据的。在人们对语言学论著中用例的可接受情况有所争议的情况下,我们更多地采取第一方面的数据来分析;在我们根据本项研究的理论和方法做出进一步的推论时,便主要根据第二方面的数据来支持这种结论的合理性和现实性。

我们之所以对定量统计所得到的数据采取分而治之的策略,主要是我们在实际研究中发现,两方面数据所蕴含的理论价值及使用时所获得的实际效果并非完全平行。语感判断更适用于受语境影响比较小的、句式表达比较中性、结构不太复杂的场合。语感判断对基本句式、典型格式的一致性相对高一些,越是派生的句式、越是不典型的格式、受到语义语用约束越是比较大的句式,不同人的语感差异往往也就越大,而且受到的既有"语言学"知识的影响也比较大。语篇统计则相对客观一些,但有时受统计范围之限,某些用例、某些类型并不出现在所考察的语篇当中,因此它主要是说明"有"的情况,而不能对"无"以及"可以有"的情况做出明确的断定;而且也不能避免由于语域差异、个人风格、偶然情况等而出现的特例。当然,这两方面语料的语言学性质并不是截然而分的,因此我们也常常将它们相互比照着使用。定量的目的是为了定性。做数据统计和分析,要尽可能让结构化的数据来说话,说出"实"话,尽可能不为片面的数据所诱导,以致被蒙骗。

第二章 汉语句式的标记度及基本语序的参数选择问题

2.1 引言

基于构式形义互动观,本项研究将系统考察汉语句式形式和句式意义的互动关系,这包括三个方面的内容:互动过程中句法形式的系统性,互动过程中句法意义的系统性,互动过程中句法形式和句法意义之间关系的系统性。为此,本章首先对汉语句式系统中的基本句式类型及其关系做一个俯瞰式的刻画,后面各章的分析以此为基础。由于本项研究在探讨句法形式和句法意义的互动关系时,更多地以学界广泛讨论的某些特殊句式为例来说明,而特殊句式在形式上和意义上都有某方面的标记性,因此我们首先从系统的角度考察汉语基本句式的标记度(degree of markedness)。这种考察有语言类型学的背景。在建构各个基本句式之间的关联时,我们以"互动—派生分析法"为基本分析策略,这也是本项研究所提出并实践的基本分析路径。

2.2 基础句式、测试框架和主要句式类型[①]

如果试图比较简明地梳理汉语句式系统,刻画不同句式形式和意

---

① 由于本项研究跟笔者已经出版的著作《汉语动结式的句法语义研究》(北京语言大学出版社,2008年版)在理论基础上具有相通之处,因此为了叙述方便,本章关于句式标记度的基本内容参引自施春宏(2008a)4.1节,并有所拓展。特此说明。

义之间的关联,建构若干句式之间的层级关系,一个虽非必然但或可行的方式就是区分句式系统中的基础句式(basic construction)和派生句式(derived construction),建立相关句式之间的推导机制。[①] 而如何选择和确立基础句式,是建立相关句式之间推导机制的关键。基础句式应该能揭示特定句法结构最基本的句法和语义关系,同时能比较方便地说明与之相关的各类句法结构的相互联系。相对而言,基础句式应该是适应语境比较广的、无标记的(unmarked)句式或标记程度比较低的句式,可以由此通过移位、添加格位标记、删除、替换等操作手段推导出其他有标记的或标记程度比较高的句式。也就是说,相关句式之间的推导原则是,从无标记的推导出有标记的,从标记度低的推导出标记度高的。总体而言,基础句式多是常用的句式,但它跟常用句式又不是同一个概念。常用句式与标记程度没有必然的联系,有的常用句式标记度比较高。如"把"字句的使用频率较高,但一般不宜作为基础句式。我们可以将使用频率很高的句式称作基本句式即常用句式(common construction),这跟一般对基本词的理解是一致的。[②]

鉴别基础句式和派生句式的前提是选择合适的测试框架,确立测试标准。根据进入该测试框架的能力大小来确定相关句式之间的标记程度。最理想的做法是选取单一测试框架,能进入者为是,不能进入者即为否。但有时通过单一测试框架来决定是不是基础句式比较困难,这时就需要综合考虑其他测试框架或方式。不同句式的性质和功能之

---

① 这里将 basic construction 对应于"基础句式",实际更准确的说法应该是"基础构式";基础句式在构式语法观点下应该译作 basic sentential construction(基础句式性构式)。由于本项研究考察的构式都是句式性构式,因此就做了这样的简化处理。后文对"句式群"(construction group)的处理也是如此。

② 在这里,基本句式(常用句式)和基础句式不是同一个概念。前者是基于使用频率而言的;后者跟派生句式相对,它们的区别建立在句式之间所存在的推导关系之上。基础句式未必高频(如第五章论及的动词拷贝句),而派生句式也可能因使用频率很高而成为现实交际中的基本句式(如"把"字句)。

间不一定有截然划界的鸿沟,其间有过渡,有中介,有交叉。而且,有的框架适应的层面较广,有的框架适应的层面较单一;有的句式主要用于一个层面,有的句式可用于多个层面。如何综合考虑这些因素,也是我们确立基础句式所要考虑的问题。对那些不能进入测试框架的句式,应该找出不能进入该测试框架的原因,不宜将不同层次的问题作相同的处理。由于石毓智(2000)在研究句式的标记度方面具有代表性,本章便根据该文关于汉语的有标记语法结构和无标记语法结构的相关论述来讨论汉语句式的标记度问题。

石毓智(2000)将能否进入从句作为鉴别汉语有标记结构和无标记结构的手段,因为从句是句子内部的构造成分,一般不受语境等外界因素的制约。[①] 石文认为,凡是可以进入从句层面的语法结构,都是无标记结构(unmarked construction),代表汉语句法的核心;否则,就是有标记结构(marked construction),它们是为了因应各种交际目的而对基本格式进行的变换。根据这条分布标准,石文将"施事+动词+受事"作为无标记语法结构,而将受事位于主语之前的话题结构、受事位于主语之后的话题结构、受事主语句、被动句、"把"字句作为有标记语法结构。

为了表述方便,对于石毓智(2000)中提到的这几种句式,除受事主语句(Patient-Subject construction)和"把"字句(BA construction)外,我们将其他几种结构类型重新命名。下文便将"施事+动词+受事"结

[①] 不少学者用能否进入从句作为鉴别某种句法结构的性质的手段。如袁毓林(1998)在确立提取动词的元(指一个动词在一个原子句中所能关联的名词性成分的数量)的框架(即原子句)时,使用删除测试、包孕测试、自指测试三种方法,其中后两种方法就是根据进入从句的能力来鉴别的,这跟石毓智(2000)的基本精神一致。只不过由于视点不同,处理对象不同,两者并不完全相同。袁著强调的是最小的论元结构,石文强调的是最基本的句法结构。另外,最适合作鉴别标准的并非所有从句,而是定语从句(关系从句)。石文中主要强调定语从句,但并不排除其他从句的鉴别能力。

构称作施受句(Agent-Patient construction)①,如"宝玉看完了这本书";将施受句的受事宾语移位到施事主语前的句子称作受事话题句(Patient-Topic construction),如"这本书宝玉看完了";将施受句的受事宾语移位到谓语动词前施事主语后的句子称作施事话题句(Agent-Topic construction),如"宝玉这本书看完了"。将被动句(在该文中指带"被+NP"的完整被动句,即长被动句)称作"被"字句(BEI construction),以完全区别于受事主语句,同时也跟"把"字句对应。至于受事话题句和施事话题句,徐烈炯、刘丹青(1998)第2章分别称作话题句和次话题句。我们觉得,在"这本书宝玉看完了"中,受事成分"这本书"是话题;在"宝玉这本书看完了"中,施事成分"宝玉"是话题。例如,从话题的延续性(topic continuity)考虑,这两句可以分别接续成"这本书宝玉看完了,你想看你就拿去吧"和"宝玉这本书看完了,那本书还没开始看呢"。而且,所谓主话题、次话题,是个相互比较的概念,应该指同一个话题链(topic chain)中的地位差异,而不是不同话题句中的区别。也就是说,两者所延及的范围不同。所以,如果区分主话题和次话题,在"这本书宝玉看完了"中,"这本书"是主话题,"宝玉"是次话题(同时是主语),如"这本书宝玉看完了,就还给了我";在"宝玉这本书看完了"中,"宝玉"是主话题,"这本书"是次话题,如"宝玉这本书看完了,还想看那本"。如果同一话题链中没有主次之分或者不强调它们的主次之分,就可以径称话题。此外,次话题往往还有对比焦点的性质。陈平(1994)将话题(原文称作"主题")定义为位于句首的名词性成分,后接另外一个句子。这种理解所指比较宽泛,但突出了主话题在句子结构

---

① 常见的"主语+述语+宾语"中,主语和宾语之间的语义关系复杂多样,有的有施受关系(如:贾政打了宝玉),有的没有施受关系(如:宝玉是贾政的儿子)。在有施受关系的句子中,有的没有产生结果(如:贾政打了宝玉),有的则有明显的结果(如:贾政打伤了宝玉)。因此,说"主语+述语+宾语"是施受句,只是为了行文的方便而采取的笼统的说法。第七章还将对此做出新的说明。

中的地位。①

下面先讨论施受句、"把"字句和"被"字句这几种汉语常用句式的标记程度,在此基础上再分析汉语中其他几种主要句式的标记度,并就此讨论汉语的基本语序问题。

2.3 施受句和"把/被"字句的标记度

将能够进入从句的施受句看作无标记结构,并用它来代表汉语句法结构的核心,这个结论是没有什么疑义的(本章 2.5 节还要进一步阐述,此不赘述)。那么,其他句式对进入从句的适应能力又是如何呢? 在用能否进入从句的标准对各种句式进行测试的过程中,我们发现还有一些需要重新说明和思考的地方。

2.3.1 影响句法结构进入从句的因素

我们先看石毓智(2000)中不能进入从句的"把/被"字句的用例:

(1) [换衣服]的时间太长了
　　a. *[把衣服换]的时间太长了
　　b. *[衣服被换]的时间太长了
(2) [吃饭]的时候让大家饿着肚子
　　a. *[把饭吃]的时候让大家饿着肚子
　　b. *[饭被吃]的时候让大家饿着肚子

---

① 关于话题性质,需要另外专题讨论,此处从略。关于话题的特征,可参见曹逢甫(1995)、沈家煊(1999a:222)、屈承熹(2006,第七和第九章)的归纳。另外,本章讨论的话题都是指从某个特定的句法位置提升上来的论元成分,至于有的话题成分不是论元成分,这里不加考虑。

我们注意到,不能说的句子中,作为从句的"把/被"结构部分其本身的句法和语义的独立性就很差,如单独表达时,我们一般不说"把衣服换/衣服被换、把饭吃/饭被吃",需要添加一些内容才能使结构和语义完整。也就是说,这里的问题不是出在能否进入从句,而是在于"把/被"结构部分本身的合格性问题,属于完句(即能够单说单用)与否的问题。① 在"把/被"字句中,构式自身句法语义结构上的完整性、时体特征、动词的音节数量、名词的指称特征等往往有一定的限制。我们可以通过完句手段比较容易地将上面的句子改成合格的或比较合格的句式:

(3) a. [你把衣服换下来]的时间太长了
　　b. [衣服被他换下来]的时间太长了
(4) a. [他把饭吃完]的时候,我还饿着肚子
　　b. [饭被一扫而光]的时候,我还没起床呢

可见例(1)和例(2)中句 a 和句 b 不合格,是受到构式自身条件的约束:没有满足特定构式对其组构成分的句法语义要求。对"把/被"结构而言,需要有结果表达的语义内容和句法形式(叶向阳 1997、2004;郭锐 2003;胡文泽 2005;施春宏 2010b),而例(1)和例(2)中句 a 和句 b 作为从句的"把/被"结构都没有将句式的语义和句法限制体现出来。

除了句法和语义的限制外,有些句子不够好,还可能受到语体、语

---

　　① 石毓智先生已经注意到这个问题,但似乎将完句问题(不是进入到从句中才受到限制的问题)和能够进入从句问题区别得不够清楚,以致将不少属于在完句方面存在问题的句子看作是进入从句有问题的情况。我们认为,必须将完句的受限问题和进入从句的受限问题区别开来。当然,对进入从句的结构的完句要求和对独立使用的结构的完句要求并不完全一样,如下文的例(5c)"他被押来"独立使用时至少应该说成"他被押来了"。这是个值得进一步讨论的问题。

用等因素的影响。如因为带定语从句的句法结构具有书面语的特点,口语中一般不用,而上面的定语从句中的结构又往往比较适合口语语境。即便是石文中所举的那些"不得已才会用于从句"的结构,它们在进入从句前后受到的限制也基本相同,并不改变结构形式。也就是说,这些"非用不可"的句法限制并不是因为它们进入从句之后才增加的。

其实,如果将某个句式是否能够进入从句作为判定汉语语法结构标记性从而确立是不是基础句式的唯一标准,那么,汉语中的"把"字句、"被"字句进入从句应该是相对自由的,似乎也应该看作基础句式。下面先用能否进入定语从句来测试。例如:

(5) a. 莫先生,[您当时把冰箱抬来]的时候,可是说给我们试用。(王朔等《编辑部的故事》)
   b. 不用给我东西,赶明儿[我不留心把衣裳弄脏了]的时候,我来请你给收拾收拾,省得回家招妈妈生气,好不好?(老舍《小坡的生日》)
   c. [他被押来]的时候,挨着铁丝网围墙有几只太平水桶,上边还写有"松竹"字样。(邓友梅《别了,濑户内海!》)
   d. 云梅不理解的是,霍沧粟怎么愿意再去[自己被侮辱被殴打]的地方。(莫怀戚《陪都旧事》)

上面真实语料中的"把/被"结构进入定语从句中并没有受到特殊的结构限制。石文中举的下面(6b)和(6c)中的"把/被"结构确实不能像(6a)那样用于定语从句:

(6) a. 这是[他看完书]的地方
   b. *这是[书被他看完]的地方

c. *这是[他把书看完]的地方

　例(6b)和例(6c)在句法语义的结构完整性上确实没有问题,然而却不能接受,是否可以就此认为是"把/被"结构不能进入从句呢？并非如此。如下面相类似的"把/被"结构用于从句之中,句子的合格性是没有问题的：

　(7)a. 天桥是[谭嗣同被清政府杀害]的地方/天桥是[谭嗣同被杀害]的地方
　　b. 天桥是[清政府把谭嗣同杀害]的地方

　可见,这些句子能否接受不是句法、语义(这里指构式的语法意义)的问题,而是语用方面的问题,是百科知识对具体表达合格性产生影响的结果。究其原因,"看完书"这个事件一般无法充分激活语义场景中的场所,而"杀害"所能激活的场景就可以与场所有较强的关联(有关联的成分跟能否成为必有论元成分并不等同)。也就是说,"场所"是否能够直接或间接进入某个事件的语义场景中,是随着认知事件的不同而不同的。如可以对发生"杀害"这一事件的场所进行提问："谭嗣同是在什么地方被(清政府)杀害的？"而一般不会对发生"看完书"这一事件进行这样的提问："他是在什么地方看完书的？"除非问话有特殊的强调内容或言外之意。有这样一个生活常识很能说明两者之间的差异,在导游向游客作介绍时,可以像例(7)那样介绍,而很少像例(6a)那样介绍。这正是认知语言学经验观/体验观、注意观、凸显观的体现(Ungerer & Schmid 2006:2—3)。也就是说,虽然时间、处所不是动词的必有论元,但在不同的事件场景中凸显的可能性并不完全相同,因此被注意的可能性也不相同,这样进入句法结构的能力就有差异。这种日常体验的方式和过程正是语言认知的基础。就此而言,时间、处所这些动词论元结构的外围成分也可以看作特定事件的"论元"性成分。这样,我们可以通过对例(6b)和例(6c)的语境内容稍加调整就能变成合格的句子。例如:

(8)a. 这是《四库全书》被外国列强焚毁的地方
　　b. 这是外国列强把《四库全书》焚毁的地方

由此可见,例(6b)和例(6c)不能成立并非语法格式本身的问题,能否运用于从句中需要根据句子本身的特征选择相关的框架,否则,推导出来的结论就值得怀疑。这正是认知语言学百科观(encyclopedia view)的一个表现,即百科知识对句子表达的内容和合格性有很大影响。[①] 对语言表达中的百科知识观,认知语义学界非常重视,但如何结合句法表达来探讨,则显得有些不足,大多还处于"例"层面的说明和原则层面的概括,尚未对处于中间的规则层面做出更多的总结。当然,由于百科知识影响的往往就是"型"的"例"化问题,因此对一个一个"例"的考察是必然的,对大的原则的说明也很必要;但我们认为,只有在透彻分析"例化"(tokenization)过程的基础上总结出某些规则来,才能进一步提升理论的描写力和解释力。

我们同时注意到,例(6a)"这是他看完书的地方"依我们的语感,似乎一般也不说。我们征求了 15 个人的意见,有的说这句不能说,有的说特别别扭,只有 3 个人觉得可以这样说。当我们将它改换成例(9)

[①] 在语法描写中是否需要引入百科知识,对这个问题的认识有个逐渐发展的过程。基于功能语言学、认知语言学的研究,对此已经给出了肯定的回答。由于并不严格区分语义和语用,因此将语义看作百科知识的一部分,这样百科知识对语法的影响自然就成为描写和解释语言现象的一个重要抓手。

后,15人都认为这是个很好的句子。

(9)这是列宁看完《资本论》的地方

这进一步说明事件场景的独特性。另外,如果将"他看完书"换成非时态句"他看书"时,"这是他看书的地方"就可接受了。但"书他看"和"他书看"独立成句时的可接受度就不高,进入从句仍不可接受。从这里也能再次看出,句子的合格性不完全是句法结构本身的问题。由此可见,在分析句法现象时,我们需要区分"合式"(well-formed)和"合用"(well-used)这两个不同的语言交际层面,句子的合用与否并不跟合式与否完全对应。我们常常发现,我们对句法自主性、对句子合格性的争议,很多时候是由于我们没有很清楚地区分不同的考察层面,而用建立于某个语言层面的理论分析去驳斥建立于别一层面的理论分析。

以上现象再次证明了,例(6b)和例(6c)不能成立确实并非语法格式本身的问题,能否运用于从句中除了需要根据句子本身的特征选择相关的框架外,还要适应特定的事件场景,否则,推导出来的结论就有疑问。语言表达体现了人类语言交际过程中的认知加工策略,这种认知加工策略与句法、语义表达中的凸显内容和方式有关,体现了语言结构生成和运作中"人治"的精神:人类在交际互动过程中,对世界加以关注的内容、焦点和方式在语法结构中都有所体现;"注意和语法结构的关系表现在,句子的语义重点往往成为注意的焦点。"(沈家煊1999b:235)可见,某个成分是否需要表达、如何表达出来,跟互动交际中的认知加工有很大关系。

再以朱德熙(1982:188)中所举的受事主语句为例,我们可以选取

3句来并将其变换为"把/被"字句,然后看它们能否进入从句中:①

(10) 衣裳都洗干净了
　　a.[她把衣裳洗干净了]的事儿我们都知道了
　　b.[衣裳被(她)洗干净了]的事儿我们都知道了
(11) 大门贴了封条
　　a.他没有听说[派出所把他家大门贴了封条]的事儿
　　b.他没有听说[他家大门被(派出所)贴了封条]的事儿
(12) 粮食往南边运
　　a.[工作队把粮食运往南边]的时候,路上遇到了劫匪
　　b.[粮食被(工作队)运往南边]的时候,路上遇到了劫匪

另外,有的句子不宜用于从句中,还有句子本身性质的问题。正如"我姓王""他是美国人"这些由关系动词构成的句子一般不用于定语从句中一样,有特定的原因。而石文中的测试判断有问题的地方,常常是将非句法的问题当作句法的问题、将句法结构整体的问题当成某些局部的问题。

通过上面的分析就可初步看出,影响某个句法结构进入从句的因素,至少还包括这样四个方面的条件:句法结构自身的完句程度;句法结构自身的性质;从句结构的认知基础;与相关语境的适切程度。石毓智先生说,通过对现代汉语的语料的广泛调查,发现定语从句的语序全部是"(施事+动词+受事)+的+名词",或者是施事或受事缺省后的

---

① 朱德熙(1982:188)指出:跟"把"句关系最密切的不是"主-动-宾"句式,而是受事主语句,也就是说在受事主语前加上"把"就构成了"把"字句。这样,我们就将这些受事主语句变换成"把/被"字句,再测试进入从句的能力。其他句子中,有的不宜加上"被+NP",更不用说以被动形式进入从句了。即这不是能否进入从句的问题,而是句子结构自身的合格性问题。

变式"(施事+动词)+的+名词"和"(动词+受事)+的+名词"。由于石先生没有提供语料考察的范围,我们无法分析作者所选语料的性质和所析项目提取的情况,但仅就石先生所得出的结论来说,就有过度概括的嫌疑。过度概括容易将一些影响标记度的因素掩盖了。

其实,对所进入的从句框架,也还有个选择的问题,有的框架接受能力强,有的则较弱。这里以跟事件相关的时间和处所来说明。一个事件总是在某个时间某个处所发生的,在一般情况下,时间要素跟事件的关联程度要高于处所(如体的问题主要就是动词或事件的时间结构及其表达问题),所以,事件句更容易进入"＿＿＿的时候"这种框架。如我们将例(6b)和例(6c)改成下面的句子,可接受性就没有什么问题了:

(13)a.［那本书被他看完了］的时候,就弄得脏兮兮的了
　　 b.［他把那本书看完了］的时候,天已经快黑了

如何选择合理的从句框架,是个值得探讨的问题。有两点必须考虑到:有相当的普遍性;合乎组构成分(尤其是动词)所能激活的语义场景的要求。

至于"把/被"字句进入其他从句,如石毓智(2000)中指出的话题从句、宾语从句,也是相对自由的。例如:

(14)a.［谭嗣同被清政府杀害了］,大家都知道
　　 b.［清政府把谭嗣同杀害了］,大家都知道
(15)a.大家都知道［谭嗣同被清政府杀害了］
　　 b.大家都知道［清政府把谭嗣同杀害了］

这些进入各类从句的句法结构并没有特殊的限制条件。而且,在

这些用来测试的从句类型中，能否进入宾语从句的自由度很大，例如："（我知道）他把书看完了/这些书被他看完了/他这些书看完了/他看书看累了。"尤其是由"说、知道"之类的桥式动词（bridge verb）所带的宾语从句，几乎对所进入的句法结构类型没有限制。当然，根据石文的统计，进入从句的"把/被"字句的比例比较低，有些"把/被"字句确实不能进入从句，但这主要还是有没有这个需要的问题，合不合语体要求的问题，对语境的特殊要求问题，某些特定句子的自身限制问题，从根本上说还不是所有"把/被"字句能不能进入的问题。①

不过，"把/被"字句进入介词所引进的句式，可接受度确实受限。例如：

(16)a. ?大刀王五对［谭嗣同被清政府杀害］很痛心
　　b. ?大刀王五对［清政府把谭嗣同杀害］很愤怒

从句进入介词所引进的句法位置，其可接受度有时不是特别高，这是由介词结构的特点决定的。例（16）中介词所引进的从句换成施受句"清政府杀害谭嗣同"，其可接受度也没有什么提高。如果将例（16）改成"大刀王五对［谭嗣同被清政府杀害］这件事很痛心"和"大刀王五对［清政府把谭嗣同杀害］这件事很愤怒"，则可接受度就没有什么疑问了。可见，能否进入介词所引进的句式，"把/被"字句和施受句并不构成对立，真正的对立来自于事件表达（如"清政府杀害谭嗣同、清政府把谭嗣

---

① 不同句式进入不同从句的能力差异，值得系统考察。根据邓杨（2007）的统计，汉语的宾语从句句式呈现出单一性，以"施事＋动词＋受事"为主，很少出现"把"字句、"被"字句等特殊句式，在其调查的汉语五千个例句中，除"施事＋动词＋受事"外的句式整体仅占到9.6%。王华（2007）的研究也指出"动词性谓语句是小句宾语中最常见数量最多的一种类型"，而主谓谓语句、名词性谓语句以及"把"字句、"被"字句、"是"字句等特殊句式仅占小部分。但需要注意的是，进入从句的频率高低与是否能自由进入从句，这是两个根本性质不同的问题，不可混同。

同杀害、谭嗣同被清政府杀害")和实体表达(如"这件事")之间的性质差异。①

另外,石毓智先生指出,进入从句的语法结构,大多是典型的"施事＋动词＋受事"式;那些施受关系不明确的句子构造,在实际语言应用中,几乎从来不进入从句中。例如:

(17)a. 王冕七岁上死了父亲
　　b. ？[王冕死了父亲]的时候,他才七岁

情况大体如此,但也并非不可能。例如:

(18)[张局长死了父亲]的消息立即传遍了整个水利局②

有时是需要不需要、以什么形式、在什么语境下进入从句的问题,而不是可能不可能的问题。有的句式进入从句的能力确实比较弱,甚至基本上不可能。如上文提及的"我姓王""他是美国人"这些由关系动词构成的句子一般就不用于定语从句。

2.3.2　标记项的判定及施受句和"把/被"字句的标记度

这样看来,如果笼统地将能否进入从句作为测试语法结构的标记性的手段,那么,施受句、"把"字句、"被"字句都是无标记的语法结构。

---

① 刘宗保(2015)系统阐述了语言研究中测试框架的类型、效度及其方法论问题,并引述了施春宏(2004a)关于石毓智文中采用单一测试框架确定句式标记度所存在的局限性的分析。关于测试框架的效度,正如刘文所言:"需要对更多测试框架进行深入系统的梳理和分析。"这不仅是测试框架的效度问题,更是语言研究中逻辑关系的建构和基本认识的可靠性问题。

② 其实,"＿＿的时候"和"＿＿的消息"这两种测试框架对不同句式、不同语境的适应力不完全相同。

可是,将"把"字句、"被"字句也看作无标记的语法结构似乎并不合适,它们显然比施受句有标记。这就是说,在说明汉语语法结构的标记性时,应该着眼于句式系统,将标记性作为一个原型(prototype)范畴。这样,就需要分析各种语法结构之间的标记度,有的句子标记度高,有的标记度低,标记度越低,越有可能做基础结构。这里考虑的标记度问题不是由于同一句法范畴内部成员的不对称而引起的有标记项和无标记项的对立,而是不同句式之间的相对标记程度。

我们可以根据标记理论来说明不同句式的标记度。沈家煊(1999c:32—33)归纳了判别有标记项和无标记项的六项标准:组合标准、聚合标准、分布标准、频率标准、意义标准和历时标准。我们先拿前四项标准作为讨论的基础。从组合标准看,"把/被"字句有格标志,其组合项目比施受句多;从聚合标准看,施受句的类型比"把/被"字句复杂,如各类及物动词都有施受句,而"把/被"字句对动词有特定的选择;从分布标准和频率标准看,施受句的句法环境比较自由,而"把/被"字句作为特定的句式受到的限制要大,这就必然影响它们的使用频率。这几项标准也可以统一看作分布标准。因此,施受句是无标记句,应该作为基础句式;而"把/被"字句是有标记句,都有引入论元的格位标志,可以看作由基础句式推导出来的派生句式。再比较"被"字句和"把"字句,"被"字句形成时期比"把"字句早得多(王力 1944;蒋绍愚 1994等)[①]、"被"字句进入从句的几率比"把"字句明显要高(石毓智 2000)、"被"介引的对象常常可以不出现。不仅如此,"把"字句对动词类型的选择上似乎也比"被"字句有较多限制,如"看见、听见、得到、遇到"等不能用"把"字句,而能用"被"字句(王还 1957:13)。另外,"把"字句有个

[①] 从汉语史考虑,这里所说的"被"字句包括用介词"于、为、见"等介引施事的句子,"把"字句包括用"将"等介引受事的句子。

书面语变体形式"将",而"被"字句有三个口语变体形式"让、叫、给"。①也就是说,"被"字句的标记程度比"把"字句又要低一些。这三种句式的标记度由低到高排列是:

施受句＜"被"字句＜"把"字句

当然,无论标记度高低,这三个句式都能进入从句,而且都是常用句式。如前所述,句式的标记度高低与是否常用没有必然的联系。据学界统计,"把"字句的使用频率比"被"字句高②,主要的原因是恐怕由于汉语"被"字句所介引的施事常可不出现(因而不必使用"被"字句或被动形式)而跟受事主语句有直接关系,汉语受事主语句的发达跟"被"字句的这种句法性质是有直接关系的。"把"字句和"被"字句、受事主语句都是汉语中极为常见的基本句式。

2.4 施事话题句、受事话题句、受事主语句、施事主语句的标记度

至于施事话题句、受事话题句,也并非如石毓智(2000)指出的那样,都不能进入从句中,而是能够有限度地进入;进入宾语从句相对容

---

① 这些变体形式当然不能完全用"被"替换。如"被"后的名词可以略去,而"叫、让"不可,至少需要加上一个无所指的名词(参见薛凤生,1987:53),如"隔壁小李昨晚叫/让[*e]人打了一闷棍"。而"给"一般可以,如"隔壁小李昨晚给打了一闷棍"。需要说明的是,说它们是不同语体的变体形式,只是就共时平面被动范畴的表达系统而言;如果就历时演变而言,这几个标记词各有其发展路径。

② 每10万字中使用的"把"字句数和"被"字句数,据张先亮、范晓等(2008:151、75)的统计分别为166.6句(语料为239.8万字)和84.1句(语料为1494.4万字),前者多出后者一倍;肖奚强等(2009:22、40)的统计分别为145.4和142.8句(语料均为90万字),大体相当;郭圣林(2011:51、77)的统计分别为94.1句和64.4句(语料均为290万字),前者多出后者一半。基于这些统计,只能大体得出两者使用频率高低的判断;至于具体如何,难以决断。按:这里的每10万字的句数,有的是笔者根据原文比例折算出来的;有的语料总数是笔者根据原文整理出来的。

易一些,①进入介词从句就很困难:

(19) a. 我知道[那本书他看完了]
　　　b. 我知道[他那本书看完了]
(20) a. *大家对[那本书他看完了]很吃惊
　　　b. *大家对[他那本书看完了]很吃惊

而在合适的条件下可以进入定语从句,只不过使用的情况较少:

(21) a. 这种杂志图书馆当废书处理的时候,我买了几本
　　　b. 领导话还没有讲完的时候,你千万不要乱插嘴

可见施事话题句和受事话题句能否用于从句不完全是由于结构方面的限制。根据上面的判别标准,它们比施受句有标记。那么,"把/被"字句和话题句之间的标记度如何比较呢?这里需要处理不同层面的问题。话题句比较常见的是出现在话语(discourse)层面之中。汉语话题句比较发达,主要是由于汉语有语段取向的特点(曹逢甫 1995)。②所以,如果从话语层面考虑的话,它们没有格位标志,似乎是比较基本的话语结构格式。但如果从句子层面来考虑,它们则是标记度很高的句式,所以进入从句受限较多。③ 当然,如果因此而认为话题结构绝不

---

① 话题句可以进入包孕句(embedded sentence)中,不仅汉语如此,英语也是这样。如"Terry claims [that Sandy$_i$, I like t$_i$]"(例引 Culicover 2009:363)。可见,这是有语言共性的。
② 曹逢甫(1995)认为,汉语是语段取向(discourse-oriented)的语言,而英语是句子取向(sentence-oriented)的语言。
③ "施事+动词+受事"是在两个层面标记度都很低的格式,这里,话题、施事、主语三个层面的概念完全叠合了。

能出现于从句中(如石毓智2000、2001),则是不合适的。

需要特别说明的是受事主语句。受事主语句也并非"绝对不能进入从句层面"中。这里仍以例(10)—(12)中所引朱德熙(1982:188)所举的受事主语句为例,它们在从句中也有一定的自由度。例如:

(22) 衣裳都洗干净了
　　a. 他听说[衣裳都洗干净了]
　　b. [衣裳都洗干净了]的时候,告诉我一声
(23) 大门贴了封条
　　a. 他不知道[大门贴了封条]
　　b. [大门贴了封条]的时间太长了
(24) 粮食往南边运
　　a. 他说[这船粮食往南边运]
　　b. [粮食往南边运]的时候,突然下起了大雨

汉语受事主语句与"被"字句有相当紧密的联系,很多"被"字句的"被(+NP)"不出现,就是受事主语句,而很多受事主语句也都可以添加上"被(+NP)"。① 这正揭示了它们之间的联系,即至少可以将"被"字句看作受事主语句的来源之一。另外,当施事话题句中施事话题不出现的时候,就成了受事主语句;汉语表达中,受事话题句中的施事又常可省略,这时就跟受事主语句形式上没有什么区别了。例如:

(25) 姐姐衣裳洗干净了/衣裳姐姐洗干净了～衣裳洗干净了
(26) 派出所(我家)大门贴了封条/大门派出所贴了封条～大

---

① 当然,这有一定的条件,王静、王洪君(1995)对"被"字句与无"被"句的同义转换条件作了详细的分析,可参看。

门贴了封条

（27）工作队粮食往南边运/粮食工作队往南边运～粮食往南边运

由此可见,受事主语句的分布比施事话题句、受事话题句要广,标记度比它们低。

那么,施事话题句和受事话题句之间的标记度又怎样呢？从单独的句子层面看,施事话题句似乎比受事话题句标记度高。如例(25)—(27)中,孤立地看,斜线前边的句子没有斜线后边的句子独立性强,从句子层面考虑,基本上不怎么说。另外,受事话题句的受事如果不出现,就成了施事主语句(Agent-Subject construction)。例如:

（28）衣裳姐姐洗干净了～姐姐洗干净了
（29）大门派出所贴了封条～派出所贴了封条
（30）粮食工作队往南边运～工作队往南边运

受事话题句的通常语境是,上文已经谈论过受事或与其相关的事件,当下以此作为话题,下文施事通过实施某个动作而对它进行陈述;当受事话题在语境中被充分激活时,便可以不出现,从而形成施事主语句(袁毓林2002b)。施事话题句的通常语境是,施事成为整个事件的发出者,下文是对施事的动作过程及相关事件的陈述;在陈述过程中,可以引入上文已经谈论过的受事或相关的事件,并以此作为次话题,下面再对此陈述;当施事话题在语境中被充分激活时,便可以不出现,从而形成受事主语句。这样看来,施事话题句似乎比受事话题句受到了更多的限制。其实不然。如果从话语层面考虑,对一个事件的陈述,一般是先出现施事者,然后陈述它所发出的一系列动作,所以下文常常可以不必出现施事,而对与之相关的一些事件逐个陈述,这样,动宾句(省略施受句的施事)和受事主语句就成为必然的选择。而且,一般一个事件往往只陈述一个施事,这样,一个话题链通常也只有一个施事话题。而如果以受事作主话题,下文或者对受事进行描写,或者进行新的陈述,这时如果有不同的陈述就需要引出不同的施事,而通过转变不同施事发出的动作对受事进行陈述的情况是比较少的。转变施事往往容易转变话题。例如:

(31) 她$_i$[掉脸看壁上的大穿衣镜,(e_i)立刻恢复理智,(e_i)本能地擦去脸上的泪痕,(e_i)把凌乱的鬓发捋平]。(王朔《一半是火焰,一半是海水》)

(32) 他们$_i$[[公共汽车$_j$坐腻了(t_j)],(e_i)换新鲜坐轿子,(e_i)喜欢得很]。(钱锺书《围城》)

(33) 一个刊物$_i$,[(pro)办好(t_i)不容易,(pro)办坏(t_i)很轻松]。(王朔《修改后发表》)

(34) 这些事$_i$[我和杨重[已经跑起来(t_i)了,已经进入到具体安排(t_i)了]]。(王朔《一点正经没有》)

(35) 你$_i$[跑得倒快],我$_j$[[衣裳$_k$也撕了(t_k),脸$_l$也挠破了(t_l)],(e_j)差点没命了]。(王朔《一点正经没有》)

这是由若干句子组成的叙述性话题结构的几种常见类型,其中,e 表示承话题而省略的成分,pro 表示承话题之外的上文语境而省略的成分,t 表示移位后留下的语迹(或者说与上文有同指关系的空位成分),下标相同的表示两者所指相同。例(31)和例(32)是施事话题句,施事话题"她"和"他们"是整个一连串动作的发出者,被当作陈述的起点。其中,例(31)中没有次话题,例(32)中的"他们公共汽车坐腻了"区分主话题("他们")和次话题("公共汽车"),"公共汽车坐腻了"是受事主语句。例(33)和例(34)是受事话题句,受事话题"一个刊物"和"这些事"是整个一连串陈述的起点。其中,例(33)可以看作次话题省略;例(34)很明显地区分主话题和次话题,主话题后用两个施事主语句来陈述。相对而言,施事话题句比受事话题句延续性强,受事话题句通常是由一到两个小句构成的,其扩展程度不高。而且,如果主话题的陈述部分还有话题-陈述这个结构的话,施事话题句内部一般可以转换话题,如例(32),而受事话题句内部不大再转换话题。例(35)在叙述过程中转变了施事,带来了施事话题的转换;而且第二个施事话题"我"的陈述结构内部还有受事话题和施事话题的转换。

由此可见,从话语层面看,施事话题句并不比受事话题句标记度高,同样,当它们的主话题不出现时而形成的受事主语句也比施事主语句标记度低。常有这样的情况,当说话人不关心施事性成分是什么,并且该受事的所指或跟它相关的事件是听话人已知的,则说话人在当下的言谈中愿意把它作为言谈的起点,形成受事主语句(袁毓林 2002b)。另外,从上文对"被"字句的分析来看,"被"字句是受事主语句的一个重要来源。所以,总体而言,在汉语这种形态不发达的语言中,受事主语句的标记度显得并不高。如果从对语法格式的适应能力的相关度来看,受事主语句与"被"字句的关系更紧密。我们觉得,如果基础句式和派生句式都能出现于相近似的语法格式中,那么相对于不能出现于该语法格式中的派生句,它们的距离要近一些。

因此有必要区别句子层面和话语层面。施受句、"把"字句、"被"字句既可以单独使用,也可以用于从句中,属于句子层面的语法结构;施事话题句、受事话题句一般不用于从句中,属于话语平面的语法结构。受事主语句、施事主语句介于两者之间。它们之间存在着这样的连续统:

句子层面————————————————话语层面
施受句　　　　　　受事主语句　　　　　　施事话题句
"把/被"字句　　　　施事主语句　　　　　　受事话题句

当然,它们在进入从句的能力上没有明确的界限,但倾向性还是比较明显的。句子层面的语法结构必然同样适应话语层面,而反过来就未必如此。在区分各种类型的句子的功能时,必须根据不同的层面来区别对待。

2.5 句法表达的语义基础及基本语序的参数选择问题

讨论了汉语句式的标记度问题,这里再回过头来重新讨论汉语基本句法结构的问题。汉语为什么选择"施事＋动词＋受事"作为无标记结构呢?我们先讨论一下典型事件结构的句法表达问题,再来看汉语句法系统的制约条件。

2.5.1 句法表达的语义基础

建立于经验主义认知观基础上的认知语言学关于句法结构形成过程的认识大体是这样的:每个事件都由动作或状态及其参与者构成,形成特定的事件结构(event structure)。当我们用语言来表述每个事件时,一般用谓词来表示动作或状态,而用名词性成分来表示事件的参与者。外在经验世界中的事件结构经过人们认知加工进而概念化之后形成概念结构(conceptual structure)。表达概念的各个成分之间的结构关系直接反映了现实事件之间的关系,概念结构经过进一步抽象概括形成语义结构(semantic structure),亦即谓词的论元结构(argument structure)。[①]而论元结构映射到句法层面上,就体现为谓词的句法结

[①] 也可以进一步将论元结构看作语义结构的进一步抽象。当然,语义结构的范围比论元结构要广,对论元结构而言,一般只是就谓词的语义结构关系而言的。但不着意区分的话,为了句法分析的简便起见,可以视两者具有某种同一性。而且,讨论论元结构,常常结合句法结构来分析。

构(syntactic structure)。从事件结构到概念结构到论元结构再到句法结构,便存在这样的映射关系:

事件结构→概念结构→论元结构→句法结构

当然,从外在的事件结构到语言的句法结构,中间需要多少个抽象的层面以及每个层面的性质,不同的理论背景看法并不一致。这里采取的大体是事件语义学关于句法结构生成的投射层级。认知语言学也大抵如此(如 Ungerer & Schmid 1996),强调从事件结构(经验场景)到概念结构(语义结构)是人类认知的结果。Goldberg 等认知构式语法学者虽然并未做出这样的具体层级划分,但大的精神是相通的。Goldberg 指出每个小句层面的构式都与人类经验的场景相关,因而就小句构式生成的基础提出"场景编码假说"(Scene Encoding Hypothesis):"与基本句子类型相对应的构式将人类基本经验的事件类型编码为构式的中心意义。"(Goldberg 1995:39)并在此基础上提出"表层概括假说"(Surface Generalization Hypothesis)这样的方法论原则:"与表层论元结构形式相关的句法语义概括,通常比在该表层形式与另一不同形式(这种形式被假定为前者句法上或语义上的派生形式)之间所做的概括更加广泛。"(Goldberg 2006:25)这两种假说都强调语言知识来自于语言使用及在此基础上所做的概括。凡是基于使用的语言观,都必然强调句法表达的认知经验、语义基础。

词汇映射理论(如 Bresnan 1995)则将论元结构看作连接词汇语义和句法结构的纽带,至于词汇语义,则来源于词库(转引自潘海华 1997)。其中的关键就是如何理解不同理论背景下概念结构和词汇语义结构、特定语义结构和论元结构之间的关系,是否考虑概念结构的现实基础。主张句法自主性的形式语言学注重词库的地位及其内容,而功能主义者基本上不考虑静态词库的结构问题。形式语言学(如生成语法)一般不怎么关心事件结构到概念结构(或语义结构、论元结构)这些环节,这与他们主张句法自主性有关;而功能语言学、认知语言学却对此比较关注,这与他们对语言认知的经验基础的重视有关。

2.5.2 基本语序的参数选择问题

最典型的事件结构就是由动作及动作所涉及的施事和受事这两个参与者构成,通过施事发出某个动作,这个动作延及某个客体,使其受到动作的影响。

显然,这种最典型的事件结构是任何语言表达中都要面对的,都要通过认知加工而抽象化为特定的句法结构。也就是说,句法结构是对一种客观现实行为或状态进行认知加工后的句法抽象。这样,在任何语言结构中,如果要表达这样的典型事件结构,就必然涉及三个最基本的要素:{动作,施事,受事}。事件结构的基础具有语言共性,但由于不同语言系统的内部制约因素不同,这种事件结构在最终映射到句法结构中的时候,其成分序列便有一些差异。在典型的、无标记的情况下,施事和受事一般分别投射为句法结构的主语和宾语。也就是说,如果以动词为核心,那么主语(施事)和宾语(受事)相对于核心的位置便有不同,这就是各语言中参数(parameter)的设置问题。如果用 V 代表动词(动作),S 代表主语(施事),O 代表宾语(受事),根据 Greenberg(1966)、Comrie(1981)等类型学家的研究和说明,三者之间的线性排列一共有六种逻辑可能性:SVO、SOV、VSO、VOS、OVS、OSV;而世界上的绝大多数语言的基本语序都属于 SVO、SOV、VSO 这三种类型,其中又以前两种为常(一般认为 SVO、SOV 两种语言占到语言总数量的 90% 左右)。也就是说,在无标记的基本语序里,主语位于宾语之前;V 和 O 又以紧邻为常。

即便是对 SVO、SOV、VSO 这三种类型而言,SVO 型语言跟SOV、VSO 型语言也有一些差异。在 SVO 型语言中,主语和宾语的句法身份通过跟动词的相对序列就能显示出来,所以一般可以不需要特殊的标记成分(当然也可以有一定的标记方式),而 SOV 型语言和 VSO 型语言,主语和宾语在动词的同一侧,为了更好地区别它们的不同身份,一般需要添加标记(如前置词或后置词、格标记),或者两者同时赋以不同标记,或者一个赋以标记另一个无标记。相对而言,SVO 型语言的语序适合那种形态比较缺乏的语言。作为缺乏形态变化的语言,汉语正是选择了这样的语序作为自己的基本语序。从典型的事件结构映射出来的基本句法结构着眼,任何语言的句子成分跟语义角色都存在对应关系。只不过选择的参数不同,主语和宾语相对于动词的句法位置有差异。相对而言,形态变化的丰富程度跟主语宾语的语序有这样的相对关系:一般而言,S 在 O 前的语言,其形态没有 O 在 S 前的语言丰富;S 在 V 前的语言,其形态没有 V 在 S 前的语言丰富;O 在 V 后的语言,其形态没有 O 在 V 前的语言丰富;S 和 O 在 V 两侧的语言,其形态没有 S 和 O 在 V 同侧的语言丰富。① 如果我们将这几种因素综合起来,就可以大体看出什么语言形态比较丰富了(下表中加号少的比加号多的语言形态要丰富):②

表1　S、V、O 的相对序列与形态丰富程度的关联

S、V、O 的相对序列	SVO	SOV	VSO	VOS	OVS	OSV
S 在 O 前	+	+	+			
S 在 V 前	+	+				+
O 在 V 后	+		+	+		
S 和 O 在 V 的两侧	+				+	

---

① 这些都是就某种语言只有一个基本语序而言的。如果某种语言可以选择两种基本语序,那么其形态一定比只选择其中之一的语言要丰富。

② 语序类型学特别重视介词、格助词等的有无及位置在标引句法、语义身份过程中所起的作用。刘丹青(2003)对此有较为详细的介绍和探究,请参看。

如果这种基于典型事件结构的推测大体不错的话,汉语这种SVO型的语言属于形态不够丰富或很不丰富的语言,它的基本句法结构直接反映了事件结构所折射出来的语义关系。① 由此看来,汉语选择SVO(或施事＋动词＋受事)作为无标记结构,体现了语言类型的特点。从语言共性来讲,任何语言的最典型的句法结构都是由"主语,宾语,动词"或"施事,受事,动词"这些单位构成,对形态极其缺乏的语言,"主语/施事＋动词＋宾语/受事"的句法配置是最佳选择,通过句法序列就能标示出动词跟它所支配的句法成分的语义结构关系。由于汉语形态极其缺乏,因此,正如大多数学者所指出的那样,语义特征在汉语句法分析中的地位就显得尤为重要。我们应该充分肯定语义特征在汉语语法分析中的重要作用,但并不完全赞同汉语的句子成分和语义角色严格对应这样的认识。明确语义特征在语法分析中的作用范围正是我们需要着力研究的问题。语言中各种范畴基本上都是原型范畴。我们不能仅通过最典型现象的句法表现来对非典型现象进行理论上的过度概括。其实,从这个意义上说,任何语言典型的句法成分和语义角色都具有基本一致的关系,只不过在句法配置上选择的参数不同。这也是Goldberg(2006)提出表层概括假说、构式语法以"论元实现的跨语言概括"作为理论目标之一的基础。

这里需要说明的是,汉语中不同类型的动词,构成的无标记结构并不一定相同。例如,对"吃、看、杀害"类动词而言,"施事＋动词＋受事"是无标记结构;对"睡、笑(发笑)、咳嗽"等动词而言,无标记结构是"施事＋动词";对"是、姓、等于"类动词而言,无标记结构是"主事＋动词＋

---

① 当然,这只是极其宽泛的结论。其实,受特定语言系统的其他因素的制约,每种语言类型的内部仍有差异,如汉语和英语同属SVO型语言,但英语的形态显然比汉语要丰富一些。另外,按照这里的推测,似乎SOV型跟VSO型一样常见,其实,从语言类型的调查来说,SOV型比VSO型常见,一个原因似乎是,SOV型语言中动词的受事即域内论元(internal argument)比施事即域外论元(external argument)离动词更近。

系事";等等。有的无标记结构有相应的标记格式,有的基本没有或比较少。而且,动结式(以及带"得"结构式)是汉语最为基础的结构方式之一,由它们构成的句式系统会形成更为复杂的标记层级(参见本书第三章)。

2.6 本章小结

语言系统为交际提供了各种相互关联而又有差别的句式,语言表达就是语用者在语言系统所提供的各种具有不同语义特点和表达功能的句式中进行选择和调整的过程。具有相同或相近底层语义结构关系的各个句式其标记度存在着差异,有的是比较中性的、无标记的,有的对语境的依赖程度较高、有相当的标记度。一方面,各个句式之间通过形式和意义的差别而确立其存在的价值,这合乎索绪尔(1916)《普通语言学教程》中关于确立符号价值的区别性原则(差异性原则)。如果从符号的根本属性来理解句式这种形式-意义对,那么每个句式也可看作表达系统的一种符号。另一方面,系统是因关系而存在的,这些因差别而存在的各种句式之间无论在形式上还是在意义上都有显著的联系。这样,我们既可以通过分析其形式上的关联来发现它们意义上的相通之处,也可以通过分析其意义上的相通之处来描写它们形式上的联系。基于这样的认识,本章运用派生分析法来探讨句式之间的标记度问题及相关句式之间的派生关系。也就是说,基于相同底层语义结构而构成的相关句式的多样性句法表现,我们试图建立一个合乎逻辑的、具有内在一致性的模型来解释。

本章主要讨论汉语句式系统中各个句式的标记度及与句式标记相关的基本语序问题。我们首先从学界的有关分析谈起,指出根据能否进入从句这一单一测试框架严格区分汉语无标记结构和有标记结构有很大困难。不同句式之间标记度的高低跟句法结构自身的合格程度、句法结构自身的性质、从句结构的认知基础、与相关语境的适切程度都有关系，可以根据标记理论判定有标记项和无标记项的标准来分析汉语常见句式的标记度。同时还要区分句法层面的句式和话语层面的句式在标记度上的差异。我们比较系统地讨论了施受句、"把"字句、"被"字句和施事话题句、受事话题句、受事主语句、施事主语句等常见句式之间的标记度等级。施受句、"把/被"字句在两个层面的标记度都很低，而施事话题句、受事话题句则属于话语层面的语法结构，因此到句子层面就有较高的标记度，而受事主语句、施事主语句的标记度介于两者之间。它们在标记度上体现为一个连续统。然后重点探讨基础句式的确立途径和从基础句式派生出派生句式的可能方式及其合理选择。最后从典型事件结构的句法抽象过程来讨论汉语的基本语序，认为汉语基本语序是语言共性的参数选择的结果。

在相关句式的句法派生过程中，虽然论元的位置发生了变化、论元因结构和语境影响而有显有隐，但基本的语义信息保持不变，如论元性质(论旨属性)、论元关系。从确立基础句式到通过基础句式逐层派生出各类派生句式的过程，既能凸显各种句式的语义特点，又能揭示各种句式之间的形式和意义上的互动关系。这样就能刻画标记度不同的句式之间的派生机制(derivational mechanism)，从而建立相关句式之间的层级系统。我们认为，这种派生机制是合乎逻辑的，但又不是线性的推断。这种派生过程比较透明，派生方向比较明确。注重标记性和派生关系，能增强对相关句式论元结构的预见性、对相关句式配位方式的预见性、对相关句式发展过程的预见性。

关于派生分析(后文更多地称作"互动-派生分析")这种理论模型，是本书重点阐释的内容。然而，目前有学者常将派生分析与变换分析相混，而且对其操作理念及其分析效度有所怀疑。关于派生分析和变

第二章 汉语句式的标记度及基本语序的参数选择问题

换分析的区别与关联,我们将在第十章 10.7 节"互动—派生分析与变换分析的关系"中做出说明,这里主要就派生分析的操作理念及其分析效度先做一个初步的说明(参见施春宏 2008a:242—243)。

首先,人们或许认为,既然是派生,就应该体现一个过程,而这个模型似乎只是一种共时状态的理论假设,它跟汉语史上的相关句式的发展未必合拍。这种认识是有道理的,因为在句式结构的研究中,建立一种描写和解释的演绎模型,有可能而且也可以只是为了系统而简明地说明共时平面上的句法关系。本书所建立的分析模型实际上就是一种共时的演绎模型。然而,由于我们的分析是建立在对汉语句式之间的标记度差异以及句式构造和句式意义之间互动关系的认识的基础上的,因此,我们有理由要求我们的这种模型要尽可能跟建立在历时演变基础上的模型有一定的关联。对此,我们曾在刻画汉语动结式配位方式的演化过程时对这种理论模型在历时方面的描写力和解释力做过一些探讨(施春宏 2004b);本书还将进一步以动词拷贝句的发展层级为例来深化这种分析模型,对其他句法历时演变过程的分析也在探讨中。

其次,也许有人会说,从构式语法的基本理念来看,既然每个句式都是特殊的形式-意义对,那么其语法意义是不能够从其他句式推导出来的。每个句式都是一个特定的完形,不同的完形之间是不存在派生关系的。而且进一步说,既然本项研究是基于构式语法理念的探索,而目前的构式语法分析都是坚持非模块性(non-modularity)、单层面性(monostratal)、非派生性(non-derivational)/非转换性(non-transformational)、各构式本质上具有一致性(unification)的生成构式观(Kay 1995、1997),那么就更不应该采取派生分析。其实,这可能是对派生分析法的基本理念及其理论目标不甚明确。派生分析法并不否认特定句式在形式和意义上的特殊性以及由特殊性而形成的完形性,相反,它正是想通过派生这种分析手段来深入地揭示它们的特殊性和完形性,从而更加有效地彰显其形式和意义之间的特殊匹配关系。这也是我们跟流行的构式语法观念有所不同的地方,我们主张的"互动构式语法"既不排斥派生分析,也不放弃非派生分析,而是根据面对什么考察对象、实现什么研究目标而让它们在不同侧面发挥不同的理论效应。我们认为,坚持构式的完形观,这是本体论问题,而如何分析构式及其特征,这是方法论问题;科学研究史和科学哲学研究已经告诉我们,本体论和方法论之间没有必然的对应关系。将系统(如人体、大脑、银河系)作为一个整体看待和对系统的各个部分进行分别研究,这是不矛盾的两个方面。对此,我们将在第十章和第十一章做出专门探索。

另外,现代生成语法理论的一个重要认识就是所有的句式都是在原则支配下独立建构的。如主动句和被动句都有自己的派生过程,而不再是由同一个深层结构(或者说 D-结构)转换生成出不同的表层结构(或者说 S-结构),它们各自的句法表现都是由记录在词库的不同动词(如表示主动关系的主动词和表示被动关系的被动词)的句法语义特征分别投射到句法结构中来的。即各个句式都是语言结构原则及其参数设置的副产品。其实,各个句子独立生成只是特定理论体系的公理化、技术化的要求,固然有其便捷之处,但这种理论假设有时与人们的语感距离较远,有时又绕开了很多有价值的语言事实,如将"不少人(喝假酒)喝死了"和"假酒喝死了不少人"看作两个独立生成的句子时,不容易说明两者之间的语义关联。而注重两者之间的变换、派生关系则在一定程度上有语感基础,能够彰显特定构式的句法构造和句式意义的特殊性,易于说明句式之间的关联,从而对交际中的语感做出有语言学意义的概括。就直观而言,汉语中的主动词和被动词具有同一词形,如果把它们看作两个不同的动词,在句法描写上有时并不那么方便和简洁。对全面考察和充分解释动结式的句法和语义特点而言,注重派生分析对形式和意义互动关系的考察能使我们更清楚地认识由动结式构成的句法系统,而对派生过程的规则化说明又使句式分析变得更具操作性。当然,主张派生分析也是特定理论体系的要求,这并不意味着基于每个句式独立生成这一假设的研究就是错误的。真正的理论,其本身无所谓对错,理论之间的差异在于所能说明的现象或现象的侧面的不同以及对某些现象的解释力的大小之别。理论是靠"区别性原则"来确立自己的价值的,任何理论都有"现象偏向性"(phenomenon-preference)。理论的价值存在于其可证实的空间和可证伪的效度。

由此可见,对句式之间派生关系的分析既是理论假设的需要,也有相当的经验基础。派生分析法的理论意义和实践价值是本书探讨的重点之一。

本章对句式系统及其标记度的认识是后面相关章节的基础,是我们建构互动-派生分析模型的前提。从下一章开始,我们将具体讨论汉语句式系统中几种特殊句式在构造和扩展过程中形式和意义的互动关系,其中特别关注句式的配位系统及其标记情况在这种互动关系中的体现和作用。同时,我们还将对本项研究的方法论基础及语言研究应持有的基本理念做出概括,为建构互动构式语法提供初步的理论基础。

第三章 动结式配位系统的整合机制及其理论蕴涵

3.1 引言

本章和随后的六章将重点讨论汉语句式系统中几种重要的特殊句式即论元结构构式(句式性构式)的形式和意义之间的互动关系。这些句式包括动结式、动词拷贝句、"把"字句及其相关句式、新"被"字式,它们都跟致使(causative)范畴相关联。除新"被"字式外,每个句式都分成两章叙述,各有侧重,且层层推进。本章和第四章都是对动结式的分析,侧重于基本构式的构造形式和语义结构的互动关系,并进一步拓展到多重界面互动下的动结式分布机制的探讨;第五章在分析动词拷贝句时侧重句式语义关系的形式结构化以及相关句式之间派生关系对配位方式制约过程的分析,第六章则将这种研究理念拓展到动词拷贝句历史发展过程的建构中,尤其关注动词拷贝句构式化过程中的合力机制;第七、八两章在分析"把"字句及相关句式时则进一步将互动分析和派生分析结合起来形成互动-派生模型,并对汉语特殊句式形义关系研究中体现出来的方法论问题做出初步的总结;第九章基于互动-派生模型对"被自杀"类新兴的"被"字式的形式构造、语义结构和语用功能做出合乎逻辑的建构和推演。当然,这七章虽侧重点不同,但都立足于通过对汉语特殊句式论元结构整合过程和配位方式构造机制的刻画,进而从观念和方法上探讨句式构造和句式意义的互动机制及其动因,并尝试建构和实践一种形义关系分析的新模型。由于动结式的形式和意义互动关系是后面各章分析的一个基础，因此我们先详细分析动结式的句法构造和语义特点，同时利用分析动结式的成果来初步探讨相关理论问题。

句法结构中成分及其关系的配置形成了句法结构的配位（即句法成分的位置安排），配位的结果就呈现为配价，因此配位的系统性也就呈现出配价的系统性，即配价的内在规则性和层级性。基于此，本章先重点从句式构造和句式意义的互动关系这个方面系统刻画动结式配位系统的整合机制，在此基础上描写动结式的配价系统和同形动结式的歧价现象，并对动结式整合过程中的"例外"现象做出解释。[①]

3.2 动结式论元结构的整合原则和配位规则系统

动结式（Verb-Resultative construction, VRC；在做配位方式描写时简作 VR）指"点亮、砍钝、听懂、洗累、哭湿、睡醒、气死、说清楚、铲平整"之类的黏合式述补结构。在研究动结式的句法构造和语义特点时，一般将动结式看成由述语动词和补语动词整合而成的结构式。[②] 这样

[①] 本项研究以施春宏（2003、2008a）为前期基础，探求句式研究的新观念和新方法，形成句式构造和句式意义之间关系的新认识。为了便于读者了解既有的研究内容，以及充分实现本项研究的系统性，本章简要介绍了相关研究成果，并根据逻辑关系推导出一些应该存在而尚未发现的类型，同时对配位规则系统及其理论蕴涵做了进一步思考。需要说明的是，这里只是正面阐释我们的观念和分析，实际上，学界基于动结式论元结构及其配价层级的分析，已有丰富的成果，如黄锦章（1993）、郭锐（1995）、王红旗（1995）、王玲玲（2000）、袁毓林（2001）、郭锐（2002）、傅爱平（2003）、褚鑫（2006）、宋文辉（2007）、刘培玉、欧阳柏霖（2010）、刘培玉（2012a、2012b）等。施春宏（2003、2006b、2008a）及施春宏（2013c）对此有相对详细的介评，限于篇幅，此不赘述。

[②] 这里的动词包括形容词。为了表述方便，我们在说明组成动结式的述语谓词和补语谓词时，统一称作述语动词和补语动词。但在说明致使结构的句法表达时，有时为了概括方便也用"谓词"来称说。

的研究路径是一种自下而上的思路,具有比较强的可操作性,而且这种思路也合乎动结式整体的内部语义关系和句法构造特点。在描写跟动结式相关的句型、句式系统并刻画其句法特征时,这种分析思路更具有典型性。如李临定(1980、1986、1990)等基于结构主义分析规范的研究便已将动结式分析为两个分析式,自下而上地揭示出了结构体的构造过程。当然,这些研究都偏重于对表层结构中各种句法配置方式的归纳,缺乏对整合过程规则的概括。如下面两个动结式都有不止一个意思(引自施春宏2006b):

(1) 哭醒:a. 孩子哭醒$_1$了

（孩子哭＋孩子醒了）

b. 孩子哭醒$_2$了妈妈

（孩子哭＋妈妈醒了）

(2) 唱红:a. 她唱红$_1$了这首歌

（她唱这首歌＋这首歌红了）

b. 她唱这首歌唱红$_2$了

（她唱这首歌＋她红了）

c. 她唱这首歌唱红$_3$了曲作者

（她唱这首歌＋曲作者红了）

"唱红"和"哭醒"之所以存在多义解读,正是由于它们整合过程的不同而造成的。但这种整合过程的差异似乎应该受到某个统一性整合原则的支配。

自论元结构理论和配价理论引入汉语语法研究后,人们开始关注动结式中两个底层动词(即述语动词和补语动词)所支配的论元如何提升为动结式所支配的论元,即两个底层动词的论元结构如何整合成动结式的论元结构,以及动结式的配价计算等问题。实际上,对论元结构及其论元成分的研究是一种语义关系研究,而对配价的研究更多的是一种句法形式的研究,两者却能在句法构造的过程中即句法构造配位系统的构造过程得到结合。这种研究试图将自下而上的分析和自上而下的分析结合起来,强化特殊构式构造机制及其论元提升规则的考察,拓展描写的深度,增强理论的解释力。

为系统描写动结式的论元结构和配位方式(表现为配价系统),我们尝试采取这样的研究策略:首先概括动结式的语义关系及底层动词论元结构整合的可能性,然后提出动结式论元结构整合的基本原则及其配位规则,再借此推演出各类动结式,从而系统地刻画动结式的基本配位方式。而配位方式的差异必然制约了进入动结式的语义结构关系的类型和特点。也就是说,所谓的互动关系,既是一种促动关系,换个角度看,又是一种制约关系,是互动双方合力作用的结果。

3.2.1 致使结构所代表的事件情景及其语义结构关系

由于典型的动结式是致使结构的一种类型,这样我们就先来简要分析一下致使结构的语义结构,以此作为考察动结式语义结构的基础。

致使结构的表达方式虽然类型多样,但它们的内部语义结构关系具有某种程度的一致性。当前,凡是研究致使结构的文献,虽然理论背景和目标未必相同,但都认为致使结构表示的是一个致使情景(causative situation)或致使性事件结构,如 Shibatani(1976、2001)、Talmy(1976)、Dowty(1979)、Comrie(1981)、Grimshaw(1990)、Li(Yafei Li,1990、1995)、Gu(1992、1997)、Goldberg(1995)、Levin & Rappaport Hovav(1995、1999)、Dixon(2000)、王玲玲(2000)、Rappaport Hovav & Levin(2001)、施春宏(2003)、Wang(Haidan Wang,2003)、熊仲儒(2004)、Goldberg & Jackendoff(2004)、郭姝慧(2004)、牛顺心(2004)、

宛新政(2005)、周红(2005)、Dai(2005)、项开喜(2006)、杨峥琳(2006)、宋文辉(2007)、梁晓波(2007)、Li(Chao Li,2007)、施春宏(2008a)、罗思明(2009)、阚哲华(2010)、彭国珍(2011)、石慧敏(2011)、殷红伶(2011)、李炯英(2012)、邵春燕(2013)等。正如 Comrie(1981/1989：206)指出的那样:"任何一个使成情景由两个情景成分组成,即成因和成果(结果)。"这已成为人们考察所有致使结构的语义关系和句法结构的认识起点。较早的汉语文献虽然没有使用"致使情景"这样的表达,但其分析的思路也大体如此,如王力(1943)提出的"使成式"(causative)概念及其说明,李临定(1986)对由动结式构成的相关句式内部语义关系的分析等。

显而易见,致使情景中的事件是一个复合事件(compound event),一般称作致使事件(causative event,也称使役事件、因果事件),它由使因事件(causing event,也称原因事件、致因事件等)和使果事件(caused event,也称结果事件、受使事件、被使事件、致果事件等)这两个简单事件即子事件(sub-event)整合而成,每个子事件也代表了一个特定的子语义情景,两个子事件之间存在着一种致使关系(或者比较宽泛地说是因果关系)。在这个复合事件中,两个子事件前后相继,整合成一个复合事件结构。现实经验中的这种事件结构经过概念化过程投射到语言结构中,形成语义结构。语义成分之间的结构关系反映了现实事件之间的关系。当两个事件结构整合为一个复合事件结构时,用来反映它们的语义结构也整合为一个复合的语义结构。当这种语义结构投射到句法结构中,一般用谓词来表示事件的动作或状态,而用名词性成分来表示事件的参与者。语义结构和句法结构的结合就形成了特定的语言表达。

在客观的时间序列中,一个致使事件中的使因事件总是出现于使果事件之前,反映到句法结构中来,代表使因事件的谓词便出现在代表使果事件的谓词之前。这体现了语言结构的象似性原则(Principle of Iconicity)。这种结构关系影响着这两个谓词所支配的名词性成分在句法结构中的出现方式和线性安排。例如：

(3) a. Kelly wiped the table clean.(引自 Levin & Rappaport Hovav 1999)

b. The joggers ran the pavement thin.(同上)

(4) a. 以梨打我头破乃尔。(南朝齐《百喻经》)

b. 是邻家老黄狗,乃打死之。(南朝宋·刘义庆《幽明录》,引自太田辰夫 1958)

(5) a. 女然素缟而哭河,河流通。信哭城崩,固其宜也。(东汉·王充《论衡·变动》)

b. 啼枯湘水竹,哭坏杞梁城。(南北朝·庾信《拟咏怀》)

(6) a. 阳阳打碎了茶杯。(普通话)

b. *阳阳打茶杯碎了。(普通话)

例(3)是英语的动结构式(Resultative construction),本质上跟汉语动结式是一样的,述语动词在补语动词之前,但使用的是"隔开式",补语动词的主论元(有可能同时兼作述语动词的宾论元)放在两个动词中间。① 这种隔开式在汉语史上也出现过。与例(3a)相应的隔开式如(4a)中的"打我头破",其对应的合用式如例(4b)的"打死之";与例(3b)相应的隔开式如例(5a)中的"哭城崩",其对应的合用式如例(5b)的"哭坏杞梁城"。而现代汉语(普通话)中只有合用式,没有隔开式,如例

---

① 英语也有合用式的情况,如"He cut short the speech"(Goldberg 1995:97),但其中的 cut short 实际上已经跟英语中"动词—小品词"(如 clean up)一样形成一个词化性质的短语了(施春宏 2011c)。

(6)。无论是隔开式还是合用式,都是"述语动词＋(NP)＋补语动词＋(NP)"的句法格局。至于其中的 NP 是在补语动词之前还是之后,受特定语言、特定时期句法系统的制约。

　　致使性复合事件的语义结构关系还决定了用来表述事件类型的谓词的类型,如使因事件一般用什么样的谓词来表示,使果事件一般用什么样的动词来表示;以及谓词所支配的名词性成分的语义类型,如不同动词所指派的语义角色的不同。在谓词语义结构中,名词性成分所代表的语义类别,取决于它们在有关事件中所扮演的角色(Dowty 1991:564);在由两个谓词构成的复合语义结构中,名词性成分的语义类别也基本上取决于它们在复合事件结构中所扮演的角色。(具体内容参见施春宏 2008a:66—72)。

　　作为致使结构的一种类型,动结式述语动词和补语动词所代表的事件之间最为典型的关系当然也是致使关系。不过,动结式在形式上类似于分析型,而在整体句法功能上又类似于词汇型[①]。另外,动结式中的两个动词之间的关系除了典型的致使关系外,还有一些非典型的语义关系[②]。但无论是哪种类型,其整合机制是一致的,关键在于每个动词所代表的语义情景的参与者是如何进入动结式所表示的语义情景以及特定的透视域(perspective)中的。语言表达是将经过认知加工后

---

　　① Comrie(1981)等将语言中致使结构的类型分为分析型(analytic causative)、形态型(morphological causative)和词汇型(lexical causative)三大类,并指出它们之间构成一个由分析到综合的连续统(continuum)。实际上,根据施春宏(2008a)的分析,就这种三分法而言,汉语的(致使性)动结式由于既不属于形态型,也不同于"I caused John to go"和"I brought it about that John went"这样的由两个独立的谓词分开表述的分析型,更不同于"John killed a horse"这样的由单个谓词构成的词汇型,因此是一种"三不像"的结构类型。这种"三不像"的表现正是汉语动结式的"特殊"之处。

　　② 施春宏(2008a:40—42)根据动结式的语义结构类型,将动结式分为致役类动结式(causer-causee VRC)、自变类动结式(self-changing VRC)、评述类动结式(theme-comment VRC),分别例如"打碎、哭湿"、"睡醒、长高"和"买贵(了)、睡迟"。致役类动结式表达典型的致使关系,其他两类所表达语义内容不是严格意义的致使关系。

的多维事件结构用一维的句法序列表现出来。语言表达的这种线条性特征制约着句法结构中各个句法成分的安排。象似性原则还只是语言结构化过程中处于高层面的"指导性"原则,无法对组构成分的线性配置做出具体安排,因此还需要具体的下位层次的结构化原则及规则来为组构成分布局。

3.2.2 动结式的语义关系对论元结构整合的影响

既然语义结构是由事件结构、概念结构逐层投射而来,而谓词的语义结构最典型地体现为论元结构,这样,我们基本上就可以用动结式的论元结构来概括由动结式所代表的复合事件结构,动结式的论元及其关系就在一定程度上反映了致使事件中的参与者及其关系。论元结构向句法结构的投射就形成了动结式基础句式的配位方式。

在动结式所代表的这个复合事件通过语义结构映射到句法结构时,在象似性动因的作用下,动结式中代表使因事件的述语动词 V 居于代表使果事件的补语动词 R 之前,在没有特殊标记的情况下,动结式之前的句法位置提供给 V 的论元(使因事件的参与者),动结式之后的句法位置提供给 R 的论元(使果事件的参与者),V 所支配的论元比 R 所支配的论元在句法上要凸显。[①] 在无标记的的情况下,动结式之前的句法位置是主语位置,动结式之后的位置是宾语位置,这种论元之间的凸显关系是与句法成分之间的等级关系相适应的。从语言类型学角度考虑,各个句法成分按其活跃程度存在这样一个语法等级:主语>直接宾语>间接宾语>旁语(介词宾语)。在这个语法等级中,越是靠前的句法成分在认知心理上越凸显,在句法过程中越活跃。动结式所

---

① 句法上的凸显与信息上的强调不是同一个概念,一般认为汉语这样的 SVO 型语言是自然焦点居末(focus-end)的语言,在无标记的情况下,强调的是居于句末的句法结构单位所表达的信息。

支配的论元正是根据它们之间的凸显关系形成论元结构并投射到句法结构中。也就是说，动结式的论元结构及其句法配置的形成有其语义动因。致使事件结构及其所反映出来的结构性语义关系从根本上制约了动结式论元之间的结构性关系，从而决定了论元整合的方式、过程及结果。

但我们同时要认识到，语义动因并不能充分决定句法成分的配置方式，更不意味着同一个语义动因就必然有相同的句法表现，否则我们无法解释表达同一语义结构关系，不同语言、不同方言、同一语言或方言的不同历时阶段，其配位的可能性和现实性存在着系统性差异。语义动因对句法表达的影响主要是在类似象似性原则这样的较高层面发挥作用。

就动结式而言，这种论元凸显关系对句法配置的制约作用在不同整合类型的具体表现方式上是有差异的。如它能够比较方便地说明 V 和 R 都是一价动词且它们所支配的论元指称并不相同的情况。即在表达"妹妹哭"致使"手帕湿了"这个意思时，"妹妹"是"哭"的论元，代表使因事件的参与者，"手帕"是"湿"的论元，代表使果事件的参与者，根据论元凸显关系对句法结构的影响，可以形成下面这样的结构：

(7) 妹妹哭湿了手帕　（妹妹哭＋手帕湿了）

可是，当底层论元有所指相同的情况时，这种直接投射似乎就遇到了困难。如在表达"妹妹洗衣服"致使"妹妹累了"这个意思时，底层共有三个论元，包括"洗"所支配的"妹妹"、"衣服"和"累"所支配的"妹妹"，根据上面所说的论元之间的凸显关系，似乎可以有下面这样的结构，然而这是极其糟糕的句子。

(8)＊妹妹衣服洗累了妹妹　（妹妹洗衣服＋妹妹累了）

这就牵涉如何整合相关论元的问题。

其次是论元选择的限制。动结式前后所能提供的句法位置对进入该位置论元的论旨角色也是有选择的。如有的动结式能支配三个论元,跟三价动词一样,能作为间接宾语的只能是与事这样的论元,同时作为直接宾语的只能是受事之类的论元。例如:

(9)妈妈教会了阳阳几首唐诗
　　（妈妈教阳阳几首唐诗＋阳阳会了几首唐诗）

如果不能满足这种论元选择限制,就不能构成动结式。这样,有些底层论元在提升的过程中就要受到动结式语义关系的制约而调整其论旨角色以满足这种论元选择条件。

这些情况都说明,动结式的论元结构不是底层动词论元结构的简单加合,还需要通过某些整合规则来安排底层提升上来的论元。就此而言,正体现了构式形成过程中的浮现性特征(emergent feature)。在两个底层动词的相关论元整合成动结式的论元时,就需要调整它们的性质、关系和位置。然而,这种调整,归根结底仍然受到上面所说的内部语义关系的制约,其句法配置也体现出系统的规则性。就此而言,图式性构式的句法语义特征仍然具有分析性。

然而,目前基于构式语法的句式(属于图式性构式)研究由于其理论承诺是注重于对既有表层结构形义关系的概括,因而往往不太重视自下而上的构式整合机制及其过程的刻画,常常将构式作为一个"天赋"的整体性存在。它对所谓的构式之间承继(inheritance)关系的描写,并非说明其自下而上的生成过程,而是说明特定构式的形式特征和意义特征跟其他构式的关联。然而,如果对这种极具规则性的整合机制不加以精细分析的话,就很难系统描写动结式结构类型的可能性和不可能性,从而也就无法彰显动结式构造过程中的形式和意义的互动关系。基于此,我们下面就来具体说明在论元凸显关系制约下动结式论元结构整合的基本原则及其配位规则系统。

3.2.3 动结式论元结构整合的界限原则及其配位规则系统

为了更好地描写动结式的不同类型,可以根据 V 所支配的主体论元和客体论元跟 R 所支配的主体论元和客体论元之间所指的同异关系来刻画动结式论元结构的整合方式。同指(co-referential)关系就是指两个论元所指相同;异指(disjoint referential)关系就是指两个论元所指不同。这样,动结式中 V 的论元和 R 的论元之间就存在这样一些指称关系:[①]

A. 主体同指:两个动词的主体论元所指相同,如"孩子$_i$玩+孩子$_i$累了→孩子$_i$玩累了"、"他$_i$修机器人+他$_i$出了名→他$_i$修机器人修出了名"。

B. 主体异指:两个动词的主体论元所指相异,如"孩子$_i$撕扇子$_j$+扇子$_j$破了→孩子$_i$撕破了扇子$_j$"、"他$_i$看词典+眼睛$_j$坏了→他$_i$看词典看坏了眼睛$_j$"。

C. 客主同指:述语动词的客体论元和补语动词的主体论元所指相同,如"孩子撕扇子$_i$+扇子$_i$破了→孩子撕破了扇子$_i$"。

D. 客主异指:述语动词的客体论元和补语动词的主体论元所指相

[①] 需要特别指出的是,我们举例分析时,说某个动结式中 V 和 R 的论元存在某种指称关系时,并不意味着这个动结式就不存在其他指称关系了,只是这里阙而不论。如"他修机器人修出了名"除了主体同指外,还存在客主异指、客体异指的关系。另外,A~F 各例中,标有相同下标 i 的论元表示同指,标有不同下标 i 和 j 的论元表示异指。

异,如"他看词典$_i$+眼睛$_j$坏了→他看词典$_i$看坏了眼睛$_j$"。

E. 客体同指:两个动词的客体论元所指相同,如"孩子学乘法口诀$_i$+孩子会了乘法口诀$_i$→孩子学会了乘法口诀$_i$"。

F. 客体异指:两个动词的客体论元所指相异,如"他看热闹$_i$+他忘了父亲交代的事$_j$→他看热闹$_i$看忘了父亲交代的事$_j$"。①

还有一种补语动词以述语为论元的情况,即补语指动式,如"他吃午饭+(吃午饭)晚了→他吃午饭吃晚了"(补语动词未虚化)、"警察抓小偷+(抓)住了→警察抓住了小偷"(补语动词已虚化)。

通过分析论元之间指称关系的同异,我们就可以发现动结式论元结构整合的基本原则。在由动结式构成的句法构造中,动结式的语义关系决定了述语动词的论元和补语动词的论元在提升过程中的句法地位。如果有指称相同的论元,地位低的合并到地位高的中去;地位高的论元优先占位后,地位低的只能寻找别的句法位置去安置。为了便于表述这种结构关系,我们可以简单地认为在述语动词和补语动词之间存在着一个句法界限(syntactic boundary),它对底层论元提升上来后出现的句法位置有限制,从而制约了动结式论元结构的整合过程。这样,我们可以基于动结式论元结构的整合机制提出一个动结式论元结构的整合原则(施春宏 2008a:83):

界限原则(Boundary Principle)

由于受动结式语义关系的制约,述语动词和补语动词之间存在着一个句法界限,限制着动结式整合过程中底层论元的提升方

---

① 从逻辑上看,还有主客同指(述语动词的主体论元和补语动词的客体论元所指相同)的情况,但因不符合动结式语义结构要求而被排除。

式和提升上来后论元的性质、结构位置及同指论元的叠合方向。①

对现代汉语(普通话)动结式而言,动结式已被打包成了一个整体,因而也就不存在底层论元提升到 V 和 R 之间的情况,这样一来,就可以将动结式整体看作界限了。② 从操作性着眼,这个原则在现代汉语句法系统中可以具体化为五条基本配位规则:③

(I) 论元异指规则:当两个底层动词的论元异指时,V 的论元向界限之前提升,R 的论元向界限之后提升。

全部论元异指如:

(10)〈孩子$_i$〉哭＋〈妈妈$_j$〉醒→孩子$_i$哭醒了妈妈$_j$

部分论元异指如:

(11)〈孩子$_i$〉听〈故事$_j$〉＋〈孩子$_i$〉哭→孩子$_i$听故事$_j$听哭了

---

① 这个论元结构整合原则,既可以说明 V 和 R 隔开使用的情况,也可说明 V 和 R 合用一处的情况。前文已经指出,从汉语历史发展和语言类型学考虑,动结式的配位方式有两种形式,即所谓的合用式和隔开式(或称分用式)。这样,若是合用式,则这个界限指被打包而成的动结式 VR 这个整体;若是分用式,则是述语动词和补语动词之间。不过,由于本章讨论的都是现代汉语(普通话)句法系统中动结式的论元结构整合规则,因此下面的分析都暂不考虑隔开式的情况。

② 需要说明的是,就本项研究而言,这里的"提升"指的是从低层次向高层次的论元操作,因此底层动词的论元(经整合后)出现于动结式层面的主语位置和宾语位置,都可以视为提升。这样的理解跟生成语法对"提升"的理解实际上并不相同。简单地说,在生成语法操作体系中,句法位移只能是宾语向主语提升,不能是主语向宾语提升,这里面没有本项研究所言的论元结构整合问题;而在本项研究中,哪怕是异指论元的直接提升,也是在论元结构整合基础上进行的。

③ 施春宏(2005、2008a)中没有对相关规则进行命名,这里根据界限原则的基本精神分别给出命名,并在分析具体用例时对规则之间的操作流程做出具体说明(参见施春宏2015a)。另外,下面的规则(IV)和规则(V)是本项研究根据施春宏(2007、2008a)对句式之间推导关系的研究而提出的,其中施春宏(2015a)未明确对规则(V)进行概括。

(12)〈他$_i$〉看〈热闹$_j$〉+〈他$_i$〉忘〈父亲交代的事$_k$〉
→他$_i$看热闹$_j$看忘了父亲交代的事$_k$

(II) 论元同指规则：如果底层动词有同指论元，则需要叠合，叠合的方向由双重凸显关系（高层致役关系和底层施受关系）①来决定，主体论元叠合后提升到界限之前，成为动结式的致事；其他论元叠合后提升到界限之后，成为动结式的役事（及与事）。② 例如：

(13)〈孩子$_i$〉听〈音乐$_j$〉+〈孩子$_i$〉懂〈音乐$_j$〉→孩子$_i$听懂了音乐$_j$

(III) 动词拷贝规则：当 V 的客体论元跟 R 的任何论元都异指时，需要在拷贝动词的帮助下提升到动结式之前。③ 例如：

(14)〈孩子$_i$〉听〈故事$_j$〉+〈孩子$_i$〉哭→孩子$_i$听故事$_j$听哭了
(15)〈小王$_i$〉倒〈这批电脑$_j$〉+〈小王$_i$〉赔〈一万块钱$_k$〉
→小王$_i$倒这批电脑$_j$倒赔了一万块钱

---

① 我们将由动结式支配的致事和役事之间的这种及物性语义关系称作高层致役关系(higher causer-causee relation)，将动结式中述语动词所具有的这种及物性语义关系称作底层施受关系(underlying agent-patient relation)。参见施春宏(2008a：59—61)。

② 在致使结构中，"致事"指致使关系的引发者，"役事"指致使关系的承受者。如"孩子哭醒了妈妈"中，"孩子"是致事，"妈妈"是役事；"[读]这本书把孩子读傻了"中，"[读]这本书"是致事，"孩子"是役事。因此，致事可以是实体性的(用 NP 表示)，也可以是事件性的(用 VP 表示)，而役事一般只能是实体性的。关于致事性质及其句法表现的认识，是致使结构研究的一个热点问题；施春宏(2007)讨论了致事的类型、语义性质及其句法表现。

③ 由动结式构成的配位系统中，用动词来拷贝的论元一定是异指论元，但论元异指未必采用动词拷贝规则。如"〈孩子$_i$〉听〈故事$_j$〉+〈孩子$_i$〉哭"，如果仅仅根据论元异指规则，还可以生成"？故事孩子听哭了"或"？孩子故事听哭了"，并不必然要求生成动词拷贝句。也就是说，论元异指规则是关于所有异指论元的位置、方向的规则，而动词拷贝规则是针对特定异指论元的标记规则兼位置规则。像例(12)中的部分异指成分"父亲交代的事情"是不能用拷贝形式来表达的。另外，我们还根据本节所示的"界限原则"及其配位规则系统，开发了一个动结式基础配位方式的自动生成程序(见本节末尾所附图示)，也发现按目前的规则系统生成动结式没有出现逻辑矛盾。

(16) 〈孩子$_i$〉上〈小学$_j$〉+〈(孩子)上小学$_k$〉晚 (非致使关系)
→孩子$_i$上小学$_j$上晚了①

上面三条配位规则是动结式整合过程中的基础规则,在这些规则支配下生成动结式论元结构的基本类型。在特定论元的具体配置过程中,还需要一些派生规则来协调。

(IV) 客体论元凸显规则:在拷贝规则形成的致使性动词拷贝句②的基础上,如果 V 的客体论元(即拷贝动词提升的论元)需要凸显为致事(常同时带上拷贝动词),则它的主体论元受到抑制,R 的主体论元提升为动结式的役事。③ 例如:

(17) 孩子$_{i1}$听故事$_j$听哭了→[听]故事$_j$听哭了孩子$_{i2}$④
(18) 小王$_{i1}$倒这批电脑$_j$倒赔了一万块钱
→[倒]这批电脑$_j$倒赔了小王$_{i2}$一万块钱

如果是非致使性关系,则不能运用此规则。例如:

---

① 这里是"(孩子)上小学"整体而不是"小学"做"晚"的主体论元,因此 V 和 R 没有同指论元。

② 根据动词拷贝句内部语义关系的非均质性,唐翠菊(2001)将动词拷贝句(原文称作重动句)分为致使性和非致使性两类。致使性动词拷贝句就是指内含致使关系的动词拷贝句。详见本书第五章。

③ 评审专家敏锐地指出:"规则(IV)是在规则(III)的基础上执行的,是否都适用呢? 如'孩子听故事听入了神'又该如何执行规则(IV)呢? 因为根据规则(IV),V 的客体论元'故事'凸显为致事,没有任何问题;而 V 的主体论元怎样受到抑制,R 的主体论元如何提升为役事? V 和 R 的主体论元是否同指'孩子'? 似乎推导不出合法的句子。"这里面就牵涉到韵律对句法结构的制约了。如果 R 是单音节词,如例(17),没有问题;如果 R 是双音节或类似"入了神"的习语,则 R 的主体论元不能后置形成"[听]故事$_j$听入了神孩子$_{i2}$",而只能通过"把"将"孩子"提前,即形成"[听]故事$_j$把孩子$_{i2}$听入了神"。本书第四章"动结式不对称分布的多重界面互动机制"将论及这个问题。谢谢专家极具启发性的意见,使我们做了更加周密的思考。

④ 这里"孩子"的下标不一样,是因为"孩子$_{i1}$"由 V 和 R 的两个主体论元叠合而成,而"孩子$_{i2}$"只是 R 的主体论元。

(19) 孩子$_i$上小学$_j$上晚了 （非致使关系）
→ *[上]小学$_j$上晚了孩子$_i$

客体论元凸显规则也是一条派生规则，是由规则(III)派生而来，没有规则(III)成立的条件，就没有这条规则的操作。

(V)役事强制前置规则：在论元异指规则和论元同指规则作用下，所生成的动结式若带来结果论元，则这个结果论元优先占住宾语位置，役事论元必须到动结式之前寻找句法位置（可以通过"把"等标记提升）。例如：

(20) 〈钉子$_i$〉划〈大衣$_j$〉＋〈大衣$_j$〉破〈一道口子$_k$〉
→ 钉子$_i$把大衣$_j$划破了一道口子$_k$

这里主体异指、客体异指但客主同指。根据论元同指规则，客主同指就需要叠合，即 V 的客体论元"大衣"跟 R 的主体论元"大衣"叠合后成为动结式的役事，而 R 的客体论元"一道口子"提升为动结式的结果论元，占据了动结式之后的句法位置。若按论元异指规则和论元同指规则，上例的整合结果应该表达为"钉子划破了大衣一道口子"。但是在汉语句法系统中，动词性成分后面同时带有"役事＋结果论元"这样类似双宾结构的句法配置非常受限（具体约束条件有待进一步分析）。这样，其中的一个论元就必须移位到动结式之前。根据学界提出的扩展的论旨阶层（施春宏 2008:292），结果论元优先占据句法结构的最低位置。在此句法语义的交互作用下，由于受到现代汉语中双宾语论旨属性和论旨阶层的制约，只得将役事论元"大衣"用格标记"把"提前。[①]

[①] 这种用"把"强制提置役事的情况（这里用"提置"一词指将某个论元的句法位置提前，以区别于底层论元整合时的"提升"），我们将在第七章分析"把"字句的构造过程时进一步系统说明。当然还有话题化等其他提置形式，但"把"字句有时纯粹是为了安排整合论元的需要而使用。

与此相关但又有些特殊的现象还如下面的动结式类型：

(21) 〈舒婷$_i$〉写〈一首诗$_j$〉+〈她对爱情的理解$_k$〉成〈一首诗$_j$〉
→舒婷$_i$把她对爱情的理解$_k$写成了一首诗$_j$

这里主体异指、客体同指但主客异指。① 根据论元异指规则,"舒婷"提升为动结式的致事；根据论元同指规则,"一首诗"叠合后提升至动结式之后,相对于变化的主体论元"她对爱情的理解",其语义性质是结果论元。问题是"成"的主体论元"她对爱情的理解"的提升问题,它与"写"的任何论元都不同指,应该提升到动结式的宾语位置,但由于结果论元"一首诗"优先占住了这个句法位置,因此它只能到动结式之前寻找位置。由于它不是 V 的客体论元,因此不能运用动词拷贝规则；又由于这个论元是致使事件中发生变化的客事论元(Theme),因此可以用"把"字来标记其语义性质,这样就形成了例(21)这样的表达形式。当然,如果将"舒婷把她对爱情的理解写成了一首诗"理解成"舒婷写她对爱情的理解+她对爱情的理解成了一首诗",则其整个过程跟例(20)无异了。

显然,役事强制前置规则是一条调适性规则,它和客体论元凸显规则都属于派生规则,而前面三个规则是动结式论元结构整合的基本规则。调适性规则是在特殊条件下的有标记规则形式,受到汉语句法系统中特殊的形式和意义互动关系的制约。下文所观察的动结式配位方

---

① 施春宏(2008:100)中说："对于 $S_V \neq S_R$、$O_V = O_R$ 这种情况而言,根据界限原则,两个客体论元叠合后提升为动结式的客体论元(直接宾语)；S_R 也必须直接提升为动结式的客体论元(间接宾语),从而形成'$S_V + VR + S_R + O_R/O_V$'这样的结构。这种整合的难度相当大,笔者也未见到这样的用例。"这里的 S_V、O_V 和 S_R、O_R 分别是述语动词的主体论元、客体论元和补语动词的主体论元、客体论元。例(21)即是这样的例子,只不过 S_R 不能在 VR 之后出现。

式的许多"例外"现象,都与役事强制前置规则这条调适性规则的使用有关,如韵律对句法的制约所形成的特殊配置。

这五条规则构成一个配位规则系统,满足前面三条基本规则的优先操作,而且这三条规则也是依次递进。规则(IV)和规则(V)这两条派生规则的操作是多界面互动的结果,然而两者的派生动因并不相同,规则(IV)是语用促动下的选择性凸显措施,而规则(V)是受到汉语句法系统配置可能性制约的强制性补救措施。

需要特别说明的是,"界限原则"及其配位规则系统的描写和解释思路似乎跟一般所言的语义指向(semantic orientation)分析相同,其实两者有着本质的差异。前者是用来描写和解释动结式论元结构的整合机制,并借此对动结式论元配置方式的线性结构化过程做出预测。而语义指向(在此指补语的语义内容跟述语动词所支配的哪个语义成分相关联)属于事后诸葛亮,主要说明存在哪些语义关联,而并不试图对动结式论元结构的配位方式做出描写和预测。如有人基于"项目与配列"模型,将例(2)这样的"唱红"类动结式的多义性归结为补语语义指向的不同,即例(2a)中的"红"指向"这首歌",例(2b)中的"红"指向"她",例(2c)中的"红"指向"曲作者"。这样的说明本身并没有什么问题,但这只是基于表层句法成分之间的语义关联,并没有基于句法化和结构化的原则作出系统的规则性说明,也不能说明为什么有这样一些不同的语义指向,如何预测其不同的语义指向。实际上,它们的语义指向之所以不同,正是由语义结构关系不同所带来的整合过程的差异造成的,而这种整合机制的句法化过程又受到现代汉语句法系统中配位方式可能性的制约。由此可见,两者之间虽有部分形似,但存在着巨大的本质差异。

3.2.4 动结式论元结构整合的基本类型

根据界限原则及其配位规则系统中的论元异指规则、论元同指规则和动词拷贝规则这三条基本整合规则,这里先根据述语动词和补语动词的主体论元的指称关系作一个归纳(其他论元的指称关系也一并指出),大体可以将动结式系统概括为 19 种类型(引自施春宏 2008a:107),有的类型中还有一些比较特殊的情况而形成了次类,详见下表。其中:NP 代表述语动词的客体论元,S 代表动结式的主体论元,O 代表动结式的客体论元;NP 和 O 的下标表示不同论元的序号;括号中的内容指拷贝结构。

表 1 动结式类型和配位系统一览表

指称关系		整合类型	动结式类型	其他论元关系	基础句的句法配置
主体同指		V^1+R^1	"站累"类(含"睡醒"类)	V 和 R 无客体论元	S+VR
		V^2+R^1	"洗累"类	客主异指	S+(V+NP)+VR
		V^2+R^2	"听懂"类	客体同指	S+VR+O
		V^2+R^2	"倒赔"类	客体异指	S+(V+NP)+VR+O
		V^3+R^1	"送晕"类①	客主异指	$S+(V+NP_1+NP_2)+VR$
		V^1+R^2	"跑忘"类	V 无客体论元	S+VR+O
主体异指		V^1+R^1	"哭湿"类(含"哭瞎"类)	V 和 R 无客体论元	S+VR+O
		V^2+R^1	"点亮"类(含"骂昏"类)	客主同指	S+VR+O
		V^2+R^1	"砍钝"类(含"唱哑"类)	客主异指	S+(V+NP)+VR+O
		V^3+R^1	"教笨"类	客主同指	S+(V+NP)+VR+O
		V^3+R^2	"教会"类	客主同指	$S+VR+O_1+O_2$
指动式	R 未虚化	V^1+R^1	"走晚"类	补语动词以述语动词为主体论元	S+VR
		V^2+R^1	"吃早"类		S+(V+NP)+VR
		V^3+R^1	"教迟"类		$S+(V+NP_1+NP_2)+VR$
	R 已虚化	V^1+R	"站住"类		S+VR
		V^2+R	"抓住"类		S+VR+O
		V^3+R	"教完"类		$S+VR+O_1+O_2$
述语动词有役格和作格两种用法			"气死₁"类	客主同指	S+VR+O
			"气死₂"类	无客体论元	S+VR

---

① 注意,"送晕"类中"其他论元关系"和"基础句的句法配置"栏的配位说明在施春宏(2008a:107)中有误,这里的"客主异指"原作误写为"客体异指";这里的"S+(V+NP₁+NP₂)+VR"原作误写为"S+(V+NP₁+NP₂)+VR+O"。

第三章　动结式配位系统的整合机制及其理论蕴涵

上表中动结式的每种类型及其次类都用一个典型用例作代表,其中"站累"类和"睡醒"类的差别在于,前者是使役类动结式,后者是自变类动结式;主体异指类动结式"哭湿"类、"点亮"类、"砍钝"类分别含有次类"哭瞎"类、"骂昏"类、"唱哑"类,这些次类中,V 的某个论元跟 R 的主体论元之间存在领属关系,而有无领属关系在派生出"把"字句等句式时有一定的差异。另外,上表中的 V 和 R 都是单音节的情况,若 R 为双音节,会不允许 R 的主体论元后置而使之只能通过"把"等标记方式提到动结式之前,具体情况将在第四章说明。

下面以实际用例列出各种类型及其整合过程(次类用△标示):[①]

(一)主体同指式

　　站累:我站+我早就累了→我早就站累了

　　△睡醒:孩子睡+孩子醒了→孩子睡醒了

　　洗累:妈妈洗衣服+妈妈累了→妈妈(洗衣服)洗累了

　　听懂:我听你的话+我终于懂了你的话

　　　　→我终于听懂了你的话

　　倒赔:小王倒电脑+小王赔了一万块钱

　　　　→小王(倒电脑)倒赔了一万块钱

　　送晕:我送顾客洗衣粉+我晕了

　　　　→我(送顾客洗衣粉)送晕了[②]

　　跑忘:他跑+他忘了一切→他跑忘了一切

(二)主体异指式

　　哭湿:小妹哭+手帕湿了→小妹哭湿了手帕

---

① 更为具体的整合过程、更为丰富的用例及其操作细节说明,参见施春宏(2008a:93—106)。这里列出各类用例,是接受了评审专家的建议,谨此致谢。

② 这里的"送"是赠送义。这种动词拷贝句的出现频率是比较低的。可以假设这样的语境:由于商场抢要免费洗衣粉的顾客太多,所以导致我送洗衣粉送晕了。

△哭瞎:大娘哭+双眼瞎了→大娘哭瞎了双眼

点亮:爸爸点煤油灯+煤油灯亮了→爸爸点亮了煤油灯

△骂昏:团长骂我+(我的)脑袋昏了→团长骂昏了我的脑袋

砍钝:爷爷砍排骨+新菜刀钝了

→爷爷(砍排骨)砍钝了新菜刀

△唱哑:她唱流行歌曲+嗓子哑了

→她(唱流行歌曲)唱哑了嗓子

教笨:你教这孩子(体操)+这孩子笨了

→你(教体操)教笨了这孩子

教会:我教他(下)象棋+他会(下)象棋了

→我教会他(下)象棋了

(三)指动式

补语动词未虚化的类型:

走晚:我昨天下班后走了+走得晚→我昨天下班后走晚了

吃早:我吃晚饭+吃得早了→我吃早了

教迟:你教儿子钢琴+教得迟了→你教迟了

补语动词已虚化的类型:

站住:老王站+站住了→老王站住了

抓住:警察抓小偷+抓住了→警察抓住了小偷

教完:王老师教三年级音乐+教完了

→王老师教完了三年级音乐

(四)述语动词有役格和作格两种用法

气死$_1$:诸葛亮气周瑜+周瑜死了→诸葛亮气死了周瑜

气死$_2$:周瑜气+周瑜死了→周瑜气死了

从上述不同动结式整合后形成的基础句的句法配置看,虽然整合类型不同,但有些类型的整合结果相同。如 S+VR+O 就来源于"听懂"类、"跑忘"类、"哭湿"类、"点亮"类、"抓住"类、"气死$_1$"类等。另一方面,表面似乎相同的结构,当受到高一层的结构规律支配时,却能够揭示出内部不同的句法或语义差异。如同样是"V^2+R^1"的整合,"洗累"、"洗净"(属"点亮"类)、"砍钝"的整合过程及结果却并不相同,但其句法配置都受到致使语义特点的制约,同样合乎界限原则。

需要说明的是,界限原则是指实现动结式句法配置的情况,至于采取"把/被"结构、话题结构等表达形式,则是由语义、韵律、语用等因素而造成的。而由动结式构成的动词拷贝结构虽然带有拷贝动词这样的标记形式,但仍然是一种基础结构,合乎界限原则的要求(进一步的论证参见第五章)。

根据界限原则及其配位规则的说明,我们发现,在动结式论元结构整合过程中,其配位方式中比较难以处理的只是述语动词的客体论元和补语动词的主体论元的提升问题。

另外还需指出,上面所描写的动结式的论元结构整合过程特别强调同指论元的叠合问题。对于同指论元,生成语法通常的处理方式是,同指的两个论元中只有某个合适的论元能够提升上来,另一个同指的论元则被删除或受到抑制。其实,两种处理方式所得到的结果基本相同。这里之所以强调同指论元叠合的过程,主要是基于这样一些考虑。一是可以比较全面地刻画由动结式构成的各种句式表层结构的构造过程,如一般句式和动词拷贝句形成过程的差异。二是可以比较系统地说明由动结式构成的各种句式之间的关系,建立各种句式之间的推导过程。三是这种理解策略对描写和说明汉语史上从多动共宾现象发展出动结式这一过程有方便之处(参见施春宏 2004b)。四是能够比较方便地解释一些同指论元被删除或受到抑制不好解释的现象,我们将某个论元受到抑制只作为句法派生过程中才有的现象。最后,在自然语言处理和语言教学中,这种处理策略比较直观、朴素、简洁,也很系统,而且可操作性强。在我们通过计算机来实现"动结式基础配位方式的自动生成程序"时更能显示出这种处理的便捷之处。北京语言大学曹钢博士根据前面的配位规则系统(论元异指规则、论元同指规则、动词拷贝规则)开发了一个计算机程序,有效地生成了表 1 中所有的动结式类型及其配位方式。这里只列出两个例示(一为具体用例,一为符号图式),以供大家参阅:

动结式自动生成程序
[含由动结式构成的动词拷贝句]

述语动词V	补语动词R$_{单音节}$
妈妈	妈妈
洗	累
衣服	请输入补语动词第一客体
请输入述语动词第二客体	请输入补语动词第二客体

[生成合乎句法规则的句子]

妈妈洗衣服洗累了。

图 1 一元一结二系动结式"洗累"基础配位方式的自动生成程序

动结式自动生成程序
[含由动结式构成的动词拷贝句]

述语动词V	补语动词R$_{单音节}$
A	B
V	R
NP	请输入补语动词第一客体
请输入述语动词第二客体	请输入补语动词第二客体

[生成合乎句法规则的句子]

AVNPVR了B。

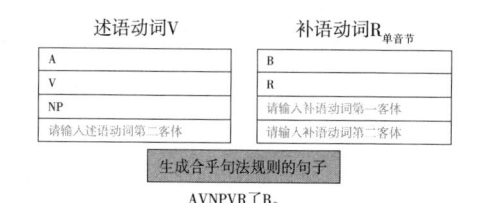

图 2 二元一结三系动结式基础配位方式的自动生成程序(图式性)

这个图式性动结式"$V^2(A, NP) + R^1(B) \rightarrow A + V + NP + VR$ 了 + B"可以具体例示为"砍钝"类动结式,其论元之间的指称关系为:主体异指 & 客主异指。

3.2.5 关于"V 给"论元结构的整合机制

上述各类动结式论元结构整合的基本类型中,R 或为一价或为二价,其实,理论上 R 也应该有三价的可能。其中最典型的就是"给"。由于 V 可以是一价、二价和三价,因此"V 给"就有三种组合的可能。就实际用例来看,"V^2给"和"V^3给"都是不难见到的,其生成过程也都符合上面所述的界限原则及其配位规则系统:

(22)〈他$_i$〉拿〈一本书$_k$〉+〈他$_i$〉给〈小王$_j$〉〈一本书$_k$〉
→他$_i$拿给了小王$_j$一本书$_k$

(23)〈他$_i$〉送〈小王$_j$〉〈一本书$_k$〉+〈他$_i$〉给〈小王$_j$〉〈一本书$_k$〉
→他$_i$送给了小王$_j$一本书$_k$

例(22)中,"拿给"(V^2+R^3)的主体论元"他"因同指而提升到动结式之前,V 和 R 的第二客体论元"一本书"因同指而提升到动结式之后,"给"的与事论元"小王"只能后置,做"拿给"的与事论元。例(23)中,"送给"(V^3+R^3)主体同指且客体依次同指,底层论元整合过程比较简单,依次叠合提升即可。

理论上还有"V^1给"的情况,但目前笔者尚未见到实际用例。如果有的话,其基础配位方式则是:A V^1+A 给 B C→A V^1给 B C。

为使行文简洁,下文的讨论不再包括"V 给"这一类型。

3.2.6 关于动趋式论元结构的整合机制

如果将趋向补语也看作一种结果的话,那么动趋式本质上就和动结式在意义和形式上具有一致性,两者在配位方式上也具有一致性。就此而言,上述基于动结式论元结构整合机制而概括出来的界限原则及其配位规则系统也同样适合动趋式。

动趋式论元结构的整合过程,也需要根据趋向补语是否虚化分为两类。下面略举几例来说明,不做一一分析。

趋向补语未虚化的动趋式,则根据主体论元和客体论元同指异指情况来整合。例如:

(24)a.〈孩子$_i$〉蹦+〈孩子$_i$〉下了〈楼梯$_j$〉→孩子$_i$蹦下了*楼梯$_j$*
　　b.〈孩子$_i$〉赶〈羊$_j$〉+〈羊$_j$〉出了〈羊圈$_k$〉
　　　→孩子$_i$把羊$_j$赶出了羊圈$_k$

例(24a)类同于"跑忘"。例(24b)类同于"划破",其中受到了役事强制前置规则的制约,因而用"把"将受事"羊"提置到动趋式之前。

动趋式论元结构整合过程中同样可以生成动词拷贝句:

(25)〈她$_i$〉唱〈*神曲$_j$*〉+〈她$_i$〉出了〈名$_k$〉→她$_i$唱*神曲$_j$*唱出了名$_k$

若趋向补语已虚化,则是补语指动的动趋式,其生成过程与"站住、抓住、教完"无异。例如:

(26)〈他$_i$〉看〈*那个姑娘$_j$*〉+[看]上了→他$_i$看上了*那个姑娘$_j$*

3.3　由动结式构成的基础句式及动结式配价层级系统

在分析了动结式论元结构的各种整合类型(可能的和不可能的)及

其配位系统后，便可以据此来讨论动结式配价分析的基本思路，分析其中存在的问题，并从层级性的角度提出描写动结式配价系统的设想，以使对动结式论元结构整合过程的分析更具操作性，同时还可使广泛存在于动结式系统中的歧价现象得到合理的解释。

3.3.1　从动结式的整合类型看由动结式构成的基础句式

根据结构主义的系统性原则和区别性原则，各个句式都是在系统中存在的，其价值是通过相互区别而体现的，因此我们既可以在系统的关照下分别地研究一个一个句式的形式和/或意义，也可以将相关句式关联起来看它们之间的异和同。为了研究句式之间的系统性关联，刻画句式之间的层级关系，我们在第二章中引入了基础句式和派生句式这两个概念，并试图在相关句式之间建立某种推导机制。我们对选择和确立基础句式的标准、鉴别基础句式和派生句式的测试框架做了说明。这里还需要重申的是，基础句式不同于基本句式，后者是现实交际中高频使用的常用句式；而基础句式和派生句式主要是根据论元整合提升的过程和句式标记度的高低来区分的。相对而言，施受句（施事＋动词性成分＋受事）是无标记句[①]，应该作为基础句式；而"把"字句和"被"字句是有标记句，都有引入论元的格位标志，可以看作由基础句式推导出来的派生句式。同样，受事话题句（将施受句的受事宾语移位到施事主语前的句子）、施事话题句（将施受句的受事宾语移位到谓语动词前施事主语后的句子）以及受事主语句、施事主语句都是派生句式，只是它们之间的标记度、派生过程并不相同。

基于这种派生观，我们来认识动结式的配价系统。实际上，即便是那些不提基础句式和派生句式区别的文献，在分析动结式的配价时，也

[①]　这里暂未考虑不带宾语的一般主谓句，如"孩子睡了、房子塌了、花儿很美"等。

都离不开对由动结式构成的基础句式的分析,只不过是将基础句式当作一个默认格式。由于当前的动结式配价分析方式都是根据分析动词配价时确立基础句的方式移植过来的,这就必然将"S+VR(+O)/S+VR+O_1+O_2"作为唯一的基础句式。然而,从我们上文对动结式论元结构及其配位方式整合过程的分析来看,这种思路有相当的局限性,没有充分认识到动词的配价和带有分析性特点的动结式的配价之间存在很大的差异。下面我们就先确立由动结式构成的基础句式,然后在此基础上讨论动结式的配价问题。动结式配价所呈现出的系统性远非动词配价的几种简单方式所能概括和体现。

上节我们根据基于致使性复合事件句法结构化过程而建构的句法结构整合原则——"界限原则"及其配位规则系统对动结式的基本结构类型作了全面系统的归纳。这里根据是否需要利用拷贝动词(copying verb)的配位方式来帮助提升相关论元将这些类型重新分成两类(大类下面的小类从略):

(一)不用拷贝动词提升论元的动结式类型

[1] "站累"类(V^1+R^1→S+VR):主体同指,没有客体。

[2] "跑忘"类(V^1+R^2→S+VR+O):主体同指,V 没有客体。

[3] "听懂"类(V^2+R^2→S+VR+O):主体同指,客体同指。

[4] "哭湿"类(V^1+R^1→S+VR+O):主体异指,没有客体。

[5] "点亮"类(V^2+R^1→S+VR+O):主体异指,客主同指。

[6] "教会"类(V^3+R^2→S+VR+O_1+O_2):主体异指,客主部分同指。

[7] "走晚"类(V^1+R^1→S+VR):补语指动,R 未虚化。

[8] "站住"类(V^1+R→S+VR):补语指动,R 已虚化。

[9] "抓住"类(V^2+R→S+VR+O):补语指动,R 已虚化。

[10] "教完"类(V^3+R→S+VR+O_1+O_2):补语指动,R 已

虚化。

[11] "气死$_1$"类($V^2+R^1 \to S+VR+O$):整合过程跟"点亮"类基本相同。

[12] "气死$_2$"类($V^1+R^1 \to S+VR$):整合过程跟"站累"类基本相同。

(二)利用拷贝动词提升 V 的客体论元的动结式类型

[13] "洗累"类($V^2+R^1 \to S+V+NP+VR$):主体同指,客主异指。

[14] "倒赔"类($V^2+R^2 \to S+V+NP+VR+O$):主体同指,客体异指。

[15] "送晕"类($V^3+R^1 \to S+V+NP_1+NP_2+VR$):主体同指,客主异指。

[16] "砍钝"类($V^2+R^1 \to S+V+NP+VR+O$):主体异指,客主异指。

[17] "教笨"类($V^3+R^1 \to S+V+NP+VR+O$):主体异指,客主部分同指。

[18] "吃早"类($V^2+R^1 \to S+V+NP+VR$):补语指动,R 未虚化。

[19] "教迟"类($V^3+R^1 \to S+V+NP_1+NP_2+VR$):补语指动,R 未虚化。

在第(二)类整合类型中之所以需要用拷贝动词来辅助提升,主要是 V 的客体论元跟 R 的任何论元都不同指,也就是说它不是使果事件的参与者,因而不能在动结式之后寻找到合适的句法位置,于是只能到动结式之前觅得存身之所。而它在基础句式中又不能占据致事的句法位置,这样就需要通过一个提升标记来协调。由于汉语中没有这样一个现成的、类似介词性质的比较合适的标记形式,于是就用拷贝述语动词的方式来实现,这样就既找到了合适的句法位置,又明确标示了它跟述语动词的语义关系。此时,就能将所有的底层论元同时提升上来了。

上面各种整合类型之间有一个规则整齐的现象:凡是根据界限原则不能直接提升或叠合后提升上来的论元,都可以用动词拷贝形式"V+NP"提升上来;凡是不能用动词拷贝形式来提升的,就必然可以根据界限原则来直接提升或叠合后提升。也就是说,如果遵循整合过程中论元数量的守恒,根据界限原则提升底层论元的两种方式是互补的。这种句法互补现象有利于我们确立由动结式构成的相关句式的基础句式。这种基础句式的形成机制是:

(27) 基础句式的形成机制
　　如果将底层所有论元都提升到动结式的论元结构中来,必须遵循界限原则:
　　a. 直接提升或叠合后提升;否则,
　　b. 同时用动词拷贝形式提升。

据此提升方式可以得到两种类型的由动结式构成的基础句式:

(28) a. S+VR(+O) 或 S+VR(+O_1+O_2)
　　b. S+V+NP+VR(+O) 或 S+V+NP_1+NP_2+VR

其中,(28a)就是一般的主谓句(包括不带宾语的一般主谓句和带宾语的主动宾句);(28b)就是动词拷贝句(Verb-Copying construction,也作"重动句"等)。[①] 这样看来,动词拷贝句虽然似乎是个特殊句

---

① 关于动词拷贝句的构造形式和过程,请见第五章的分析。

式,但它是由句法规则形成的,跟话题句这样主要由语用动因形成的句式并不相同。将由动结式构成的动词拷贝句也看作一种基础句式,就可以使我们在计算动结式配价时取得理论上的一贯性和操作上的系统性。我们在归纳动词的配价时,就是主要考虑由该动词所在的基础句式中所出现的必有论元的数目。目前学界大多将动词拷贝句看作跟"把/被"字句、话题句等相类似的特殊句式,因此,在研究动结式的配价时,都将动词拷贝句排斥在基础句式之外。而上面的分析却说明,动词拷贝句只是为了在有限的句法位置上安排必有论元而在主谓(宾)句的基础上所作的句法扩展,除了满足增加信息保真度的需要外,没有其他特殊的语用动因,因而也就没有像"把"字句那样的凸显致使(或者说处置)结果之类的特殊句式意义。配价系统正是配位系统的体现,而配位系统又受到语义关系整合机制的制约。在现代汉语句法系统中,(28)所呈现出来的两种配位方式正是动结式整合原则及其配位规则相互作用的自然结果。

3.3.2 动结式配价层级的系统性

如果认同上面对动结式整合过程的分析,就有必要区分两种性质的论元:不用拷贝动词而直接提升(包括叠合后提升)上来的论元,也就是基础句中的主语位置和宾语位置上的论元,可以称作自由论元(free argument);用拷贝动词提升上来的论元可以称作依存论元(dependent argument)。这就自然要求我们在分析动结式的配价系统时必须完整考虑动结式的各种基础配位方式,从而将拷贝动词提升的论元也考虑进去。也就是说,在动结式配价计算中似乎需要将单一的配价看作有层级的形式,第一层级处理那些能直接提升或叠合提升到基础句式的主语和宾语位置上的论元,第二层级只处理用拷贝动词提升的论元。如果不这样处理,只有两种出路:或者设一条强制性规则,将可以用拷贝动词提升的论元强行删除,而不去管它的出路和删除后语义信息的丧失;或者将那些本可以用拷贝动词提升的论元,根据其话题化的能力而决定是否看作论元。这两种处理方式都有局限,尤其是很难取得内部计算的一致性。

任何系统、结构体都是有层次的。层次性是系统的根本属性之一。因此,为了区分这两种不同性质的论元,我们有必要将动结式配价看作一个有层级关系的系统。我们所有的计算结果都来自于对(28)中两个基础句式的结构分析,其中的关键就是对依存论元在配价系统中的地位和作用的处理。在基础句式的配位系统中,如果将拷贝形式看作一种句法标记,那么,凡是不能直接提升(包括叠合后提升)的论元都能通过拷贝形式来引入。拷贝动词的根本作用就是用来帮助提升那些不能直接提升和叠合后提升的论元。这样,我们不妨用"元"(argument)来指(28a)中的所有论元数和(28b)中主宾语位置上的所有论元数,即所有自由论元的数目;用"结"(knot)指由拷贝动词引入的论元数,即所有依存论元的数目;"系"(link)指(28)提升的所有论元,即"元"和"结"的和。① 需要说明的是,这里只关心基础句式的论元选择和句法配置情况,至于提升到基础句中的论元能否话题化、如何话题化,则需要另设规则加以说明,此处从略;还有一些特殊的"例外"现象,将在下文专项说明。

总之,动结式在论元结构整合过程中对底层论元的提升是在"元"和"结"两个层面上进行的。在底层动词的论元结构整合成动结式的论元结构的过程中,所有论元都能够而且必须提升上来;当无标记形式的提升不能满足时,就可以用特殊标记形式引导提升上来的论元。帮助论元提升的标记方式主要有话题化、介词引导、拷贝式等,其中拷贝式

---

① "系"这个概念受到吕叔湘(1946)和李临定(1990)的启发,但做了新的理解,内涵有别。

最为中性。学界在处理动结式论元结构整合过程中出现的叠合现象和拷贝现象时,常采取消价、减价、共价、抑制等策略(如郭锐1995;王红旗1995;袁毓林2001;郭锐2002等)。① 如果按照我们这样将配价系统分层级处理的策略,就不必在论元提升过程中将消价、减价、共价的情况排除在外,而是放在不同层面处理。

下面就用元、结、系三个参数来归纳3.3.1节中提到的各类动结式的配价:

(一)不用拷贝动词提升论元的:

一元零结一系式:"站累"类、"走晚"类、"站住"类、"气死$_1$"类;

二元零结二系式:"跑忘"类、"听懂"类、"哭湿"类、"点亮"类、"抓住"类、"气死$_2$"类;

三元零结三系式:"教会"类、"教完"类。

(二)用拷贝动词提升述语动词的客体论元的:

一元一结二系式:"洗累"类、"吃早"类;

一元二结三系式:"送晕"类、"教迟"类;

二元一结三系式:"倒赔"类、"砍钝"类、"教笨"类。

根据这样的定义,元、结、系的数量都是确定的值。其中元是动结式配价的最小值,数量在1～3之间;结的数量则在0～2之间。零结动结式肯定是由(28a)整合而成;一结动结式或二结动结式肯定是由(28b)整合而成。大多数文献所言的价都在"元"这个层次。很多动结式的底层论元结构并不相同,但整合的结果相同。这体现了大的原则的制约作用。至于系,上面这些类型都在1～3之间。其实,从理论上推测,它的最大数值可以达到5。设想有这样一个语境:有一个儿童兴

---

① 参见施春宏(2008a:115—118)对相关概念的解释和对各家观点的评析。

趣班的老师在教孩子五线谱,结果站在门外等着接送孩子的家长听久了也学会识五线谱了。这时我们在理论上就可以构造出下面这样的句子来:

(29) 张老师教孩子们音乐教会了家长(识)五线谱

这里的"教会"(V^3+R^2)应该是三元二结五系式(三元:张老师、家长、五线谱;二结:孩子们、音乐)。

上例中 V 为三价动词,R 为二价动词。V 当然也可以是二价动词,此时便可以生成系数为 4 的动结式。例如:

(30) 张三踢球踢飞了李四一只鞋

这里的"踢飞"(V^2+R^2)是三元一结四系式(三元:张三、李四、一只鞋;一结:球)。可以为此例设想这样的一个语境:足球场上,张三和李四抢球时,张三一脚踢在了李四的脚上,把李四的一只鞋踢掉了。

下面以三元二结五系动结式的"教会"为例来说明动结式自动生成程序中句法表现:

动结式自动生成程序
[含由动结式构成的动词拷贝句]

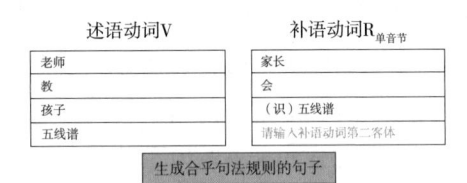

述语动词V	补语动词R 单音节
老师	家长
教	会
孩子	(识)五线谱
五线谱	请输入补语动词第二客体

生成合乎句法规则的句子
老师教孩子五线谱教会了家长(识)五线谱。

图 3 三元二结五系动结式"教会"基础配位方式的自动生成程序

当然,由于其语义关系复杂,对语境的依赖性很强,所以一般不用这种综合性的表达,而采取分析性的多句表达方式。但上述两例仍然合乎界限原则,也为汉语母语者所接受。至于这样的表达在现实中出现与否、出现频率的高低,牵涉到可能性跟现实性的关系问题,这不影响对根本原则的理解。可能性的存在正是原则的一种价值体现。这也正是形式自主性的一种体现。形式的存在有语义、功能的理据,但形式自身结构化过程受到形式系统的制约,这就是一种自主性。生成语法基于其对人类独有且共享的语言能力这一承诺,坚持的是句法形式的强自主性。与之相比,这种基于特定语言系统内在调节机制的形式规则,可以看作是一种形式的弱自主性,是基于形式和意义互动的自主性。形式的弱自主性,虽肯定语义、功能对形式存在的促动作用,但并不认同语义、功能对形式存在的决定作用。形式自有其独立于语义、功能的结构化特征和系统。

另外,从上面对动结式配价结果的归类来看,存在着很多同元同结(自然也就同系了)动结式。如果仅仅基于"表层概括",将这些同元同结的动结式都看作同类表现,而忽视其中的整合过程和内在层级的差异,显然会使我们无法充分描写和解释同元同结的不同类型动结式在语义和句法上的差异。施春宏(2008)第四章"由动结式构成的相关句式及其句法配置"和第五章"不同类型动结式的句法性质"从派生过程的差异对此做了较为系统的分析。

就方法论而言,这种分层级考察的思路,对我们说明、比较不同动结式之间的句法功能的差异、揭示动结式的内部语义关系、讨论相关动结式之间的派生关系、描写由动结式构成的相关句式之间的关系等都带来了很大的方便。我们在后文中提出的派生观以及互动-派生模型,都是基于对这种配位系统和配价系统的层级性的认识和分析。只有这样分层级考察,我们才有可能避免单纯的还原分析所带来的语义表达的不充分,才有可能避免单纯的综合性/整体性分析所带来的对结构化构造过程认识的粗疏,进而从单纯的还原分析或综合分析转向还原和综合相结合的分析路径。

3.4 同形动结式的歧价现象

这里接着讨论同形动结式因不同的整合过程而造成的歧价现象。有一些动结式,底层动词完全相同(指动词的语音形式和配价形式相同),但因两个动词之间的论元指称关系的差异,而造成动结式的意义不同,也就是两个动结式的论元结构不同。这类动结式我们称作同形动结式(homographic VRC),这种同形动结式所具有的多个价数我们称作歧价(multivalence)。这种同形歧价(homographic multivalence)现象主要有下面一些情况。

当动结式既可以表示主体同指的语义关系、又可以表示主体异指的语义关系时,由于整合过程的不同,就产生了同形动结式,出现歧价现象。前述例(1)和(2)即是如此,复引如下,序号重编:

(31) 哭醒:a. 孩子哭醒$_1$了　　　(孩子哭+孩子醒了)
　　　　　b. 孩子哭醒$_2$了妈妈　(孩子哭+妈妈醒了)
(32) 唱红:a. 她唱这首歌唱红$_1$了
　　　　　　(她唱这首歌+她红了)
　　　　　b. 她唱红$_2$了这首歌
　　　　　　(她唱这首歌+这首歌红了)
　　　　　c. 她唱这首歌唱红$_3$了曲作者
　　　　　　(她唱这首歌+曲作者红了)

例(31a)和例(32a)都是主体同指型;例(31b)和例(32b)(32c)都是主体异指型,其中例(32b)是客主同指,例(32c)是客主异指。这些动结式的整合过程仍然受界限原则的支配:

哭醒$_1$:一元零结一系动结式

哭醒$_2$:二元零结二系动结式

唱红$_1$:一元一结二系动结式(属于"洗累"类)

唱红$_2$:二元零结二系动结式(属于"点亮"类)

唱红$_3$:二元一结三系动结式(属于"砍钝"类)

也就是说,同形歧价现象的出现是底层动词论元结构不同整合过程的结果。从这里还可以看出,如果在动结式价数计算中不考虑拷贝动词提升的论元,势必会将"唱红$_2$"和"唱红$_3$"看作相同的类型了。

其实,上面所归纳的动结式类型只考虑到了通常语境下的语义关系所产生的整合情况,如果设定一个特殊的语境,很多动结式都可能产生歧义。只不过,对语境的依赖性越强,其独立显现时的可接受度就越低。如"点亮"和"哭累"一般不构成动词拷贝句,然而,如果构造一个特定的语境也是完全可以的。也就是说,当"点"的客体论元跟"亮"的主体论元异指、"哭"带上客体论元时,就可以构成动词拷贝句了。这就出现了下面这样的歧价形式:

(33) 点亮:a. 爸爸点亮$_1$了煤油灯

b. 野营的孩子们点篝火点亮$_2$了整个夜空

(34) 哭累:a. 小姑娘哭累$_1$了

b. (奶奶去世时)小姑娘哭奶奶哭累$_2$了

这里的"点亮$_2$"便属于"砍钝"类,"哭累$_2$"便属于"洗累"类。即便是"洗累",日常语境都是张三洗衣服导致张三自己累了,而不会是张三洗衣服导致李四累了。但假如我们设想一个这样的语境:洗衣服时,妈妈在洗,让孩子清衣服,结果孩子累着了。这时虽然通常会说"孩子清衣服清累了",但说成"妈妈洗衣服把孩子洗累了"或"?妈妈洗衣服洗累了孩子",想来也可以。当然,这种表达因语境太特殊而很不自然,但同样合乎界限原则。① 在句法构造过程的研究中,句法构造的可能性和实际表达的可接受性,是两个虽有关联但又非常不同的问题。句法构造上不可能的表达,一般都是不可接受的;而句法构造上可能的表达,是否可接受,则受到很多因素的干扰。句法构造可能性的研究,往往是一种离境(out-context)的研究;而实际表达可接受性的研究,则往往是一种在境(in-context)的研究。我们在句法研究中,对它们的区分不可不识。

跟"哭累"相关的还有人们讨论较多的"走累"这样的动结式:

(35) 走累:a. 战士们走累₁了
b. 战士们走山路走累₂了

这里牵涉到"走"的语义同一性问题,如果从整合过程来看,既可以将它们的论元结构作不同处理,也可以将例(35a)看作例(35b)对拷贝内容"走山路"的删略。这都符合界限原则。从这几组例子可以发现,动结式的构造方式是相当灵活的,但都是在统一的整合原则支配下的配位规则系统操作,即便我们对具体动词的价数认识有偏差,其整合的结果也是具体而明确的。这就是说,动结式的歧价现象在理论上是个相当

---

① 相对而言,"张三洗衣服洗累了、孩子清衣服清累了"这种致使结构中使因事件和使果事件之间是直接致使关系,而"妈妈洗衣服把孩子洗累了""?妈妈洗衣服洗累了孩子"这种致使结构中使因事件和使果事件之间是间接致使关系。间接致使关系的表达往往在形式上也更复杂。这符合象似性原则。

第三章　动结式配位系统的整合机制及其理论蕴涵

普遍的现象,而这在动词配价分析时是不可能出现的。

另一类歧价现象是"气死"类动结式,也有两种句法表现:

(36) 气死：a. 周瑜气死$_1$了
　　　　　b. 诸葛亮气死$_2$了周瑜
(37) 惊醒：a. 孩子惊醒$_1$了
　　　　　b. 枪声惊醒$_2$了孩子

这里的述语动词具有作格(ergative)和役格(causative)两种用法,表致使义时可引入外来致事。它们的整合过程同样遵从界限原则,这样就都有一元零结和二元零结两种配价。

我们在前面讨论动结式论元结构整合的规则系统时,曾建立了"役事强制前置规则",其中的现象也往往涉及同形歧价现象,只是学界在讨论动结式的整合过程和配价时较少涉及。比较下列句子:

(38) 划破：a. 钉子划破$_1$了大衣
　　　　　（钉子划大衣＋大衣破了）
　　　　　b. 钉子把大衣划破$_2$了一道口子
　　　　　（钉子划大衣＋大衣破了一道口子）

两个"划破"的语义相近,但又有一些差异,就是结果论元是否出现。据役事强制前置规则,例(38b)只能以"把"字句等形式出现。这种现象在汉语中比较普遍,凡补语动词为作格动词(如"破、断、坏、折"等)时都可有同类的句法表现。这样也就可能产生歧价。

"写成"是与此相关但又有些特殊的现象:

(39) 写成：a. 舒婷写成₁了一首诗

（舒婷写一首诗＋一首诗成了）

b. 舒婷把她对爱情的理解写成₂了一首诗

（舒婷写一首诗＋她对爱情的理解成了一首诗）［同(21)］

同样据前文论及的役事强制前置规则，例(39b)是调适性规则形成的结果。

从表层的配位形式来看，"写成₂"和"划破₂"是同一类，实际上内在语义结构关系仍有一些差异，虽然"写成₁"和"划破₁"可以看作同一类。

还有一类是因回指现象而产生的歧价问题。当主体同指时，还可以用反身代词"自己"来回指（郭锐 2002），这样整合的结果在句法表现上有一定的差异：

(40) 哭醒：a. 孩子哭醒了

（孩子哭＋孩子醒了）

b. 孩子把自己哭醒了/ʔ孩子哭醒了自己

（孩子哭＋自己醒了）

(41) 倒赔：a. 小王倒电脑倒赔了三万块钱

（小王倒电脑＋小王赔了三万块钱）

b. 小王倒电脑把自己倒赔了三万块钱

（小王倒电脑＋自己赔了三万块钱）

例(40a)和例(41a)中的同指成分因同形而叠合，例(40b)和例(41b)中的同指成分因不同形而未加叠合。这仍然符合界限原则，但这样的动结式似乎都增加了用"把"字提升的一个回指论元。"自己"是整合后的客体论元，之所以用"把"引入，是因为这样的句子其表达重心往往在

"自己"承受的结果上,因此需要将这种结果凸显出来;其中(41b)跟上面的(37b)在整合机制上没有本质的差异。这种情况下出现的动结式可以看作同义动结式,价数差异不影响语义关系。

需要说明的是,施春宏(2003、2005、2008a)还将上述动结式论元结构的整合原则及其配位规则拓展到带"得"述补式的句法构造和语义关系上,因为它们在整合机制上具有一致性。这里不再说明,参见施春宏(2008a:135—138)中的相关分析。

3.5 动结式整合过程中的"例外"现象及其解释

历史比较语言学在研究音变现象的系统和变异的关系时,曾先后提出"凡规则皆有例外"和"凡例外皆有规则"这两种观念。动结式论元结构整合过程及其配位方式恰好也印证了这两种观念。也就是说,上文根据动结式的语义结构特点提出的动结式在论元选择和句法配置上的界限原则(及其配位规则系统)似乎还不能作为一个严格的句法规则系统来使用,有一些现象似乎还难以用它来解释。然而,经过对相关现象产生条件的充分观察,发现这并非原则本身的问题,而是由于其他条件的制约,体现出更为复杂的句法、语义、韵律、语用等界面互动的情况,是形式和意义互动关系更为丰富的表现。下面就对有代表性的三类现象分别加以说明,指出这些例子为什么"违反"了界限原则,需要加入什么条件才能很好地加以解释。下一章在讨论"动结式不对称分布的多重界面互动机制"时我们还将做出更为丰富的分析。

3.5.1 特殊论元角色对句法配置的影响

这种情况以"喝醉"和"吃饱"为代表。例如:

(42) 喝醉:他喝酒＋他醉了→他喝醉了酒
　　　吃饱:我吃饭＋我饱了→我吃饱了饭

述语动词和补语动词的主体论元同指,两者叠合后可以提升为动结式的主体论元。此时,根据界限原则,述语动词的客体论元"酒"和"饭"就不能提升为动结式的客体论元,而只能通过标记形式引入。可是,例(42)中述语动词的客体论元却无标记地出现在动结式客体论元的句法位置上,这就违反了界限原则。

这种现象已多次引起了人们的关注。Cheng & Huang(1994)、Gao(1997)、王玲玲和何元建(2002)等在分析动结式的论元指向关系时,都将它看作动结式的一种类型,与其他各种类型相并列。然而,类似例(42)这样的情况只是孤立的几例,并没有一定的开放性、能产性,因此这样的处理并不合适。李临定(1986)、袁毓林(1986)、Huang & Lin(1992)、郭锐(1995、2002)等与此看法不同。李临定(1986:189)指出,由"吃"和"喝"构成的这种动结式比较特别,它的受事只限于"饭"和"酒",即只能是类指名词(generic noun)作宾语,缺乏类推功能。请比较:

(43) 喝醉了酒: *喝醉了茅台/*喝醉了二锅头
　　　吃饱了饭: ?吃饱了米饭/?吃饱了面条

如果采取动词拷贝句(李文用的术语是"重动式")便没有这样的限制。例如:

(44) 喝醉:他喝茅台喝醉了/他喝二锅头喝醉了
　　　吃饱:我吃米饭吃饱了/我吃面条吃饱了

李临定先生由此指出,这说明动词拷贝句是常用形式,而这里"喝醉""吃饱"带宾语的情况只是特殊形式。郭锐(1995)则将它们作为动结式整合的例外情况,从词语的凝固程度方面作了说明。他指出,"喝酒""吃饭"跟"睡觉"一样,已凝固为一个离合词,"吃饱饭""喝醉酒"是离合词"喝酒""吃饭"嵌入一个补语形成的。他们的分析虽然角度有差异,但都说明了"吃饱"和"喝醉"的特异性。

　　我们觉得还可以作进一步分析。即便将"喝酒"和"吃饭"看作离合词,也不好说明离合词中间插入一个补语后就可以形成类似例(42)这样的表达。如"投票、打仗、帮忙、鞠躬"都是比较常见的离合词,可是插入跟述语动词主体论元同指的补语时,并不能形成合式的表达,而一般只能用动词拷贝形式来安排离合词中的准论元(quasi-argument)。例如:

(45)a. *投怕了票　*打疯了仗　*帮累了忙　*鞠乐了躬
　　 b. 投票投怕了　打仗打疯了　帮忙帮累了　鞠躬鞠乐了

　　在我们看来,例(42)这种表达得以成立的关键在于"醉"和"饱"的词汇语义蕴涵着其关涉的对象"酒"和"饭",而例(45a)中的 R 在词汇语义方面均不蕴含宾语 N。也就是说,"酒"和"饭"对"醉"和"饱"而言,是默认值,在表达中可以缺省,也可以还原,不过无论哪种,句式在语义上既没有损耗也没用增生。可见,即使"酒"和"饭"出现于动结式宾语位置,它们仍旧不提供新的信息,所以才来去自如。我们用下面的方式表达它们之间的语义关系:

(46) 他喝醉了酒＝他喝醉了≈他醉了
　　 我吃饱了饭＝我吃饱了≈我饱了

不过,这种默认值如果换成增加了新的语义信息的成分,如"茅台(酒)、红米饭"之类,则不能成立。这正如一般动结式的宾语是不能像这样自由显隐而不影响句子信息的表达的,如"?他喝坏了、?他吃伤了、?他睡塌了"。可见,例(42)这种结构式只是一种习惯表达法,如果稍作拷贝式扩展①,那么同样遵循界限原则。这是句法和语义互动的一种体现。

我们还可以从一个相关的例子看出这种结构的特殊性。"睡醒"是一价动结式,但它可以带同源宾语(cognate object),构成"他睡醒了(一)觉"。② 其中原因就是"醒"的语义蕴涵了"觉"和"睡":他睡醒了觉＝他睡醒了≈他醒了。如果说成"他睡醒了一个美美的觉",则不能成立。笔者在北京大学 CCL 现代汉语语料库中只检索到 6 例"睡醒"带宾语的例子,都是"睡醒(了)一觉"。"吃饭、喝酒、睡觉"是生活中至为重要的事情,"吃饱、喝醉、睡醒"又是极其自然的事情,所以这些动结式已经具备了熟语性。从根本上说,"酒、饭、觉"只是动结式"喝醉、吃饱、睡醒"的影子论元(shadow argument),充当同源宾语,是动结式语义

---

① "喝醉(酒)、吃饱(饭)"这种由影子论元构成的结构式还可以采取动词拷贝句的表达方式,如"他喝酒喝醉了、我吃饭吃饱了",不过不及(42)常用。因为动词拷贝句的"拷贝动词＋宾语"在整个句式中是作为背景信息出现的,而背景信息的使用是为了凸显前景信息。可是,在"他喝酒喝醉了、我吃饭吃饱了"中,"喝酒、吃饱"这一背景信息,是前景信息"醉、饱"完全蕴涵着的,因此没有提供更多的背景内容;删略后无需借助上下文就可充分还原。这样,在表达中自然就可以略而不显。具体分析参见第五章。

② 这里对同源宾语的理解跟赵元任(Chao,1968:312)等的传统语法中的认识有所不同而跟 Ross(1998)接近。赵著中的同源宾语(吕叔湘译本(1979:159)译作"自身宾语")包括动作的次数、延续时间、动作的幅度、行动的路程或目的地。Ross(1998:343)将同源宾语理解为虽然它用作动词的句法宾语,但其意义为动词的意义所蕴涵,如"吃饭、说话、睡觉、画画儿、写字、念书、买东西"中的"饭、话、觉、画儿、字、东西"。英语文献的 cognate object 一般指一个不及物动词所带的同形宾语,如 Mary laughed a sad laugh at the meeting("会上 Mary 苦笑了一下")和 Sue slept a sound sleep("Sue 睡了个好觉")中的第二个 laugh 和 sleep,以及形如 sing a song 中的宾语,参见 Kuno ＆ Takami(2004:105)。而孟琮等编(1999)《汉语动词用法词典》(说明表,11 页)指出:同源宾语在语义上有两种,或是宾语不增加新意义;或是宾语必须借助动词而有意义,动词必须借助宾语而有意义。如"唱歌→唱,走路→走,吹气→吹,跌跟头→跌"。在形式上,动词和宾语是固定的搭配,即动宾式的离合词。另外,Huang(1982)第二章附注 35 对"唱了一首歌"("一首歌"是同源宾语)和"踢了一脚"("一脚"非同源宾语)的区别有所分析。

所蕴涵的,而一般论元通常不能通过语义蕴涵关系推导出来。这里的"饭""酒"不是动结式"吃饱""喝醉"的真正意义上的自由宾语(free object)。一个很显著的表现就是它们不能用"把"或"被"提前:

(47) 他喝醉了酒→*他把酒喝醉了/*酒被他喝醉了
　　 我吃饱了饭→*我把饭吃饱了/*饭被我吃饱了

此时的句法表现正说明,这种特殊语义条件的制约,只作用于例(42)的句法表现;一般离开了这种特殊情况,其他的句法表现都跟例(44)一样,遵从界限原则。

这种情况体现了词项的语义内容和句法形式之间的互动关系,或者说是词项和构式互动的特殊表现。

值得注意的是,由于"吃饱、喝醉"之类的结构已经熟语化,此时"吃饱了饭、喝醉了酒"就有了类推的功能,从而使宾语位置上的论元在语义上丰富起来,因而一般情况下不能进入到这类动结式之后的论元(即非影子论元)都可以出现了。对此,崔山佳(2015:314—328)收集和构拟了丰富的用例来说明这种情况的大量存在,这里仅转引几例:

(48) 吃饱:a. 若吃饱了**米饭**,他就会想吃肉的。
　　　　　b. 一个人吃饱了**太多的甜食**,能使胸胃中发生强烈的厌恶。
(49) 喝醉:a. 什么时候"喝醉"**茅台酒**的机构清醒了,大盘底部也就接近了。
　　　　　b. 他们的地喝醉了**血**,他们的尘土因油脂肥润。

暂不考虑不同的人对这些句子可能存在的语感差异,权且从"存在即合理"这一理念出发,这些用法的产生显然受到频率效应(frequency effect)的驱动。当然,即便是频率效应来驱动,这样的使用仍然是有限度的,如它们不能自由地类推到同类动结式的其他用例中去,像"吃傻了假药、喝胖了营养品、帮累了他一个大忙"仍然是不合法的结构,而必须说成类似"吃假药吃傻了、喝营养品喝胖了、帮他一个大忙帮累了"这样的表达。可见,即便是这些类推用例大量存在,也还不具有规则内的系统通行性,而且由于例(48)和例(49)中的宾语都不能用"把"字来提前,并且也都能用动词拷贝形式来提前,所以这种类推使用并不能对原有的动结式论元整合原则及其配位规则系统造成本质影响。

上面的分析实际涉及"类型"与"特例"之间的关系问题。如果用受特殊条件限制的有限特例来否定普遍规则的效度,这在建构模型时所付出的代价就太大了。① 如果因此而放弃了分析模型的建构,而立足于用例的列举,那就不容易发现现象之间的一致性和差异性。基于使用的模型(usage-based model)必须关注句法结构生成演变过程中的频率效应及其限度。特例的发现和整理固然非常重要,但同时要探测特例产生的原因及其条件,而这种原因和条件往往又合乎更高层面的认知原则和结构规则。

3.5.2 韵律句法规则对句法配置的影响

韵律是一种特殊的语言形式,它对句法系统中的配位方式有系统的影响。例如:

---

① 在当下这个大数据(Big data)时代,做规则模型所面对的考验更大了。几乎不难发现,无论是怎样的规则,都能在网络上查找到与规则系统相违背的用例。这就给我们如何使用方法、如何理解方法论原则问题、如何鉴定不同层次的用例的性质、如何处理通例和特例之间的关系,提出了新的挑战。

(50) 打磨光滑：他打磨桌面＋桌面光滑了
　　　　→他把桌面打磨光滑了
　　　　→*他打磨光滑了桌面
　　铲平整：王师傅铲草地＋草地平整了
　　　　→王师傅把草地铲平整了
　　　　→*王师傅铲平整了草地

这里，补语动词的主体论元与述语动词的客体论元同指，按照界限原则，两者叠合后可以直接提升到动结式客体论元的位置。可是，从上面两例来看，这些动结式都不能带宾语。由此可见，界限原则似乎不能解释这种现象。然而，当我们将双音节补语替换成相应的单音节补语时，它又合乎界限原则了。比较例(50)和下面的例(51)：

(51) 磨光：他磨桌面＋桌面光了→他磨光了桌面
　　铲平：王师傅铲草地＋草地平了→王师傅铲平了草地

可见，这种动结式能不能带宾语的关键在于补语动词的音节数量。也就是说，这类动结式不能带宾语，不属于句法问题，而是韵律问题。倘若将这种情况作为界限原则的例外，那么是能够通过增设某项韵律规则来说明的。这正是上面"役事强制前置规则"所要处理的特例对象之一。这是韵律和句法互动的一种体现。

其实，双音节动词作补语的动结式也有带宾语的情况。例如：

(52) a. 他擦干净桌子，扔掉一个空烟盒和一些碎纸。（张承志《北方的河》）
　　b. 有时我在他车上，路边有人招手叫车，他停车后一定

要冷冷地先问清楚人家去哪儿。(王朔《许爷》)

c. 魏忠贤把礼物收下,把对子挂上,还没看明白什么词儿哪,皇上的圣旨、福寿字也到了。(刘宝瑞单口相声《连升三级》)

但是,一般认为补语只限于"干净、清楚、明白"这三个词,根本原因在于它们的第二个音节都不是音足调实的音节,而是读轻声。如果没有这种韵律条件,是不允许使用例(52)这样的表达形式的。

上面这三组例子就清楚地展示了韵律规则对句法结构的制约作用。在现代汉语句法系统中,汉语 VR 带宾语时,补语动词 R 必须为单音节(除非双音节 R 的第二个音节弱读),即 VR 必须为双音节韵律词。(冯胜利 1996a、2000、2005b;董秀芳 1998;邓丹等 2008)既然如此,受这一构式生成条件的制约,如果 VR 不是双音节韵律词的话,为了得到合式的表达,只有另寻出路才能解决问题。此时可以采取三种策略来给这个困境解围:或者缩减 R 的音节(如果可以缩减的话),如上文例(51);或者将 R 的第二个音节弱读(如果可以弱读的话),如例(52);或者干脆将宾语从 VR 之后移走,如(50)中的"把"字句和受事话题句。这就是所谓的构式压制在韵律句法中的体现。(施春宏 2012a、2014a)如果既不能缩减 R 的音节,又不能将 R 的第二个音节弱读,那么这种压制就不成功,如例(53b)和(53c):

(53) a. *班长带机敏了小通讯员
　　b. *班长带机了小通讯员/*班长带敏了小通讯员
　　c. *班长带机.敏了小通讯员
　　d. 班长把小通讯员带机敏了/小通讯员被班长带机敏了

此时就只有将宾语移走这一条路了,如(53d)。这是韵律和句法互动的结果。这又充分展示了形式构造的自主性一面。

韵律和句法的互动是语言形式内部的互动体现。由于韵律的本质可以看作是一种形态(冯胜利 2009;王丽娟 2009;冯胜利 2011;王丽娟 2015),因此这种互动也可以看作是形态和句法的互动。

3.5.3 语用关系对句法配置的影响

语言表达合式与否,不但受到句法结构、词汇意义、语法意义、韵律条件等的影响,语用关系也会对句法配置的可能性和现实性形成某种制约。例如:

(54) 挖浅:他们挖了沟+沟浅了
　　　→沟(他们)挖浅了/*他们挖浅了沟
　　买贵:姐姐买了衣服+衣服贵了
　　　→衣服(姐姐)买贵了/*姐姐买贵了衣服

与例(51)相同的是,这里补语动词的主体论元与述语动词的客体论元也同指,而且补语动词是单音节的,按照界限原则和韵律制约规则,整合后的动结式应该是及物的,可是事实上并不如此。这显然似乎也不是界限原则所能解释的现象。其实,这种情况也不是句法问题,而是语义、语用问题,或者说本质上是语用问题。这也是"役事强制前置规则"所要处理的特例对象之一。陆俭明(1990)、李小荣(1994)、马真、陆俭明(1997)、陆俭明(2001)等对此已经作过分析,认为其根本原因是补语表示预期结果的偏离。至于为什么表示预期结果的偏离的动结式其后就不能带宾语,我们认为其根本的原因是这种语义关系实际是在凸显一种非常规结果,根据焦点后置原则,表达结果的成分就必须占据句子结构的最后的位置。这样的话,就必然将宾语成分"挤"到了动结式之前。它与通常情况构成了这样的扭曲关系(补语动词的主体论元与述语动词的客体论元同指而且补语动词是单音节的情况下):

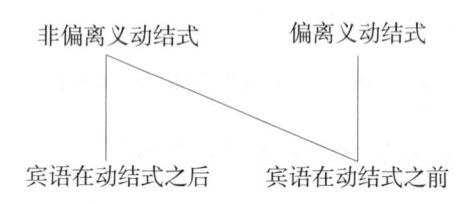

```
     非偏离义动结式        偏离义动结式
            \              /
             \            /
              \          /
     宾语在动结式之后    宾语在动结式之前
```

对此,我们将在下一章把它放到相关句式系统中做出更具体的分析。

上面几种例外现象的句法表现及其互动关系都可以通过这种扭曲关系表示出来。所谓的扭曲关系,实际就是受到多重条件制约而出现不对称现象的一种体现。

需要补充说明的是,是表示预期结果的实现还是表示预期结果的偏离,一个很重要的因素就是致事对动作结果是否有控制作用。如果强调对结果的控制的话,表偏离义的动结式有时在一定条件下也可以用于表示预期结果的实现。如他们每次挖沟都挖得又宽又深,常常受到领导的批评,这次他们终于挖窄挖浅了,得到了领导的肯定,此时的"挖窄、挖浅"就不再表示预期结果的偏离了。比较两种结果义的使用场景,会发现两者之间有语用差异。"挖浅"表偏离义时,是指对某一次动作所造成的结果的评价;而"挖浅"表预期义时,是在对同种动作所造成的数次结果进行比较之后,对最后一次动作所产生的结果的评价,而此前几次动作所造成的结果只是作为最后评价的背景,仍然是表示偏离的结果义。"挖浅"的表偏离义是无标记的语法意义,而表预期义则是有标记的语法意义。

这种句法与语用互动关系是形式和意义(语用意义)互动的另一种表现形式。

另外,与例(48)和例(49)中"吃饱"和"喝醉"带非影子论元宾语时出现类推扩展相近的是，崔山佳(2015:306—310)发现了大量的"买贵"以及"卖贵、买贱、卖贱"这类结果表预期偏离的动结式带上宾语的用例。这引发了我们新的思考。这里面除了类推的作用，还有"买贵"类结构自身语义结构关系跟"点亮"的相似之处。因此，有理由推测，这类动结式带一般宾语的情况将比"吃傻、喝胖、帮累"更容易。不同的用例，受到作用力的性质、数量和方式并不相同，因此产生的句法效应也有差异。这里进一步牵涉大的规则系统和具体用例之间关系的探讨。对此，我们将在下一章做更为具体的分析，此不赘述。

上面通过对三组所谓"例外"现象的分析，我们揭示了形式（包括句法、韵律、形态）和意义（包括词汇意义、语法意义、语用功能）的特殊互动表现对句法配置的影响。所谓的例外现象，往往就是不同界面现象相互作用的结果。关于动结式不对称分布的多重界面互动机制，我们将在下一章专门论述。

3.6 关于互动构式语法的初步思考

对动结式形式和意义互动关系分析至此，我们再试图将问题拓展一步，对构式语法关于特殊论元结构构式（即一般所言的句式）的分析观念做出初步的审视。构式语法在研究论元结构构式时，特别强调按照其自身的特征来分析，即重视每个构式自身形义关系的独立性和特异性的一面，进而对构式的形式和意义同时做出概括。基于此，Goldberg(2006:25)提出了"表层概括假说"(Surface Generalization Hypothesis)：

> 表层概括假说：与表层论元结构形式相关的句法语义概括，通常比在该表层形式与另一不同形式（这种形式被假定为前者句法上或语义上的派生形式）之间所做的概括更加广泛。

这是构式主义研究路径最基础的假说之一，以此来说明语言系是如何构造和运作的,以及解释语言习得的过程和机制,并试图揭示"说话者语言知识的本质"。应该说,这种认识具有相当的合理性。但这个假说的提出主要是基于对如何处理不同构式之间关联的研究方法的比较(即对一个构式形式和意义的分析、概括是否依赖于另一个构式),而没有说明对特定论元结构构式形义整体性的分析是否依赖于对底层成分在结构化过程中所起作用的分析。其实,这里面都隐含着很多没有分清的问题。关键的问题在于两点:即便表层概括假说具有合理性,这是否就意味着在不同表层结构之间建立某种推导关系就不合适?立足于本体论的表层概括假说是否必然排斥作为方法论的组合性原则?无论是本体论还是方法论,没有还原的分析,是否能够充分实现基于表层结构的概括?

在实际的研究实践中我们发现,主流构式语法对还原分析、派生分析似乎具有天生的排他性,高度过敏,时时避让。然而,从Goldberg(1995、2006)等认知构式语法经典文献对特定论元结构构式的形式和意义的分析中,就不难发现,还原分析的策略仍然渗透其中,尤其是对构式意义的概括和对构式压制现象的分析。对此,我们将在后面相关章节中通过实例分析来说明,并在第十一章对句式分析中的构式观做出系统的概括和评价。我们的研究试图在尝试一条新的构式语法研究之路:基于互动-派生模型的构式观;换个角度看,就是基于互动-派生观的构式分析法。这里的"互动-派生",既是一种构式观,具体而言也是一种分析法,两者是一致的。后面各章我们将依次展开相关研究,以检验这种新的分析模型的效度。

互动观,更倾向于本体论;派生观,立足于方法论。"互动",既有语言系统内部各个界面(如音系、韵律、词法、句法、形态、语义、功能、语法、修辞、语体、文体)、各个层面(语素、词汇、句法、篇章)两两之间的互动和多界面、多层面的互动(实际都可以划归到形式和意义的互动),也包括语言系统和非语言系统之间的互动(主要是语言和语言使用者、语言社会之间的互动),还包括不同方法和方法论之间的互动。互动,才有信息的流动,使系统呈现为动态;互动,才能维系系统的存在;互动,才能促进系统的发展。"派生",只是洞察互动关系的一种视角,一种基于语言系统观的分析视角。分析"互动"关系,既可以是派生的方法论,也可以是非派生的方法论;既需要非派生的分析,也需要派生的分析。两者可以在不同层面发挥作用,相互补充,相互促进。因此,我们可以将基于互动关系的构式研究称作"互动构式语法"。对互动构式语法的探索,将会进一步充实和丰富构式语法的理论与实践。

就本项研究而言,主要是基于语言系统中各个界面之间的互动和语言系统内部各个层面之间的互动,而且将着力点放在句式构造和句式意义之间的互动关系分析上,并以派生分析法作为基本的研究策略。因此,本项研究以互动-派生观为理论基础。但这并不意味着派生分析是研究互动关系的唯一路径。

3.7 本章小结

关于动结式乃至一般致使结构、一般述补结构的构造过程,学界已经从不同角度做了相当多的探讨,如袁毓林(2001)用论元优先等级对动结式论元准入规则的研究、郭锐(2002)从名词短语移位的角度借助其提出的"近距原则"而对动结式论元结构衍生规则的研究、熊仲儒(2004)从生成语法尤其是轻动词理论对致使结构生成机制的研究、宋文辉(2007)从认知语言学尤其是借鉴Talmy的事件概念结构模型对动结式配价系统的研究、施春宏(2008a)基于形式和意义互动关系运用互动-派生分析模型对动结式论元结构和配位方式的研究等。刘培玉(2012a、2012b)则对动结式、重动式等相关句式的构造方式试图提出新的具有内在一致性的分析模型。这些研究虽然角度不同,但都是有益的探索。① 实际上,如果有新的理论范式,自然还会出现新的认识。问题不在于基于何种理论背景,采取什么研究策略,建构怎样的分析模型,关键在于新的分析模型是否具有内在逻辑关系的一贯性,是否能够对既有语言事实做出一致性的概括,是否能够借此发现或预测语言学事实(fact of linguistics,即新的语言成分和关系)(施春宏 2010d),是否具有跨时空(不同历时阶段、不同语言或方言)的描写适应性,是否具有充分的认知基础。本章便是在整合施春宏(2003、2005、2006b、2008a)以及施春宏(2015a)相关内容的基础上做出的进一步的探索,从句式的形式(构造)和意义的互动关系出发来建构动结式论元结构的整合机制及其配位系统、配价表现。

我们首先根据动结式的语义结构特点提出了动结式在论元结构整合过程中所遵循的"界限原则",并将其具体化为配位规则系统,包括基础配位规则(论元异指规则、论元同指规则、动词拷贝规则)和派生配位规则(致事凸显规则、役事强制前置规则)。在此基础上,我们根据逻辑可能性推演出动结式论元结构的整合过程及其基本配位方式,同时还分析了跟界限原则解释力大小相关的几类"例外"现象得以出现的语义、韵律、语用条件。据此,我们建立了动结式配价的系统观念,将动结式的价分为元(无需拷贝形式提升的论元)和结(借助拷贝动词提升的

---

① 针对施春宏(2003、2005、2008a)提出的动结式论元结构整合的"界限原则"和动结式配价层级及与之相关的同形动结式所表现出的歧义和歧价现象,学界有认同其基本分析的;也有学者提出了不同意见,其中最为系统的批评是刘培玉、欧阳柏霖(2010)、刘培玉、刘人宁(2011)、刘培玉(2012a)等。这些批评,促使我们对本项研究基于句式构造过程中形式和意义互动关系的分析效度做出新的检验,同时也促使我们对形义互动空间做出新的思考。对此,施春宏(2013c)从"动结式论元结构整合过程中基础句式的构造机制、动结式配价层级分析的必要性和有效性、同形动结式歧价分析的概括性、动结式补语语义关系二重性对相关结构整合过程的影响"四个方面对三位先生所批评的相关问题做出了进一步的阐释,同时对动结式配价系统及相关现象的句法研究中所折射出来的观念和路径、原则和策略、目的和手段等问题做出新的思考。具体分析参看该文。

论元)两个基本层次,从而描写了各类动结式配价结构的整合机制及其具体配价层级。最后,我们对试图建立的"互动构式语法"提出了一些初步的设想。实际上,所有的语言现象都在互动中产生、在互动中存在、在互动中发展。互动既可以是某个构式不同组构成分之间的互动,也可以是不同层面构式和组构成分之间的互动;既可以是同一层面不同构式之间的互动,也可以是不同界面之间语言特征的互动,还可以是不同层面、不同界面的交叉互动。多侧面、多层面、多界面的互动,使语言系统和交际活动呈现出复杂而灵活的状态,构式语法研究需要对此做出充分的探讨,构式语法的本质应该就是互动构式语法。

第四章 动结式不对称分布的多重界面互动机制

4.1 引言

本章主要是通过对学界长期争议的诸多具体用例的精细分析来深入探讨形式和意义多重互动关系对动结式多重分布可能性的影响,进而讨论动结式各类不对称分布的生成机制。通过考察丰富而复杂的互动关系,我们试图进一步检测和拓展前一章关于动结式这种句式性构式的论元结构整合原则及配位规则系统的句法效度,以充实互动-派生模型的基本思路,拓展互动构式语法的实证基础。

动结式的语义结构及其句法表现,受到学界广泛关注。共时的研究主要集中在以下几个方面:一是动结式的概念结构与整合过程(即整合原则和配位规则);二是不同类型动结式的句法性质及其类型学特征;三是动结式各个组成成分的语义性质及其句法表现;四是不同类型动结式在相关句法结构(如动词拷贝句、"把"字句、被动句、受事主语句等)中的分布表现,即动结式与相关句式之间的关系;五是与动结式相关现象的认知、功能解释。这些方面相互关联,其核心则是动结式论元结构的形成机制。

动结式类型多样,从论元结构关系考虑,述语动词可以是一价(V^1)、二价(V^2)、三价(V^3),补语动词可以是一价(R^1)、二价(R^2),这二者相互组合,构成不同的整合类型。在前一章中,我们根据动结式内部语义关系的差异,将动结式的论元结构整合过程概括为 19 大类,此外还有几类受特殊条件制约的例外现象。由于不同类型动结式的内部语义关系存在很大差异,因此在由动结式构成的句式中,其句法表现存在着很大的不对称性。如何描写和解释动结式在相关句式系统中的不对称分布现象,一直是各种理论关注的论题,学界多有争议。其中讨论的焦点基本集中于 V^2+R^1 型动结式,如关于"挖浅(了)"这种结果表偏离的"VA"类动结式的句法表现、关于"喝醉"类动结式的特殊性、关于"追累"的语义理解、关于动结式和动词拷贝句(又叫重动句)之间的关系等。即便是关于动结式是复合词还是复杂谓词抑或句法派生词的讨论,也主要是针对这种类型。有时也涉及个别 V^2+R^2 型动结式。相对而言,其他组合类型基本上没有多少争议。

有鉴于此,本章集中讨论学界争议的相关类型,试图系统描写动结式的句法分布情况,并从多重界面(multi-interface)互动关系的角度对动结式的特殊分布现象做出统一的解释。为了说明的方便,我们将相关争议放到后文(见 4.7 节)中说明,这里先根据我们业已建立的分析模型正面阐释我们的认识和分析。

4.2 动结式在相关句式群中的不对称分布

本项研究对句式的考察以句式系统为视角。所谓系统,其基本内涵包括:由若干成员或组构成分组成;成员或成分之间具有相同或相关的特征;存在一定的组织关系;形成一个整体。句式系统就是由若干句式及其组构成分组成的、具有相近句法和/或语义特征的、以某种方式关联(如继承和派生)的句式集合。我们对句式系统的考察就是基于这样的认识。

4.2.1　构式群和句式群

考虑到句式系统这个概念比较宽泛,这里引入一个内涵具体且外延相对明确的新概念:句式群。

由于句式是构式的一种类型,因此在介绍"句式群"这个概念前,先引入"构式群"(construction group)这个概念。根据构式语法的理解,构式是语言系统的初始单位,也是唯一的语言实体,在语言系统中,存有构式并只有构式。因此构式库(constructicon)[①]中各种大大小小的语言单位或成分的集合,只要具有某些共同特征,就可以看作构式群。也就是说,构式群可以指语言系统中任何具有相同或相关特征的若干构式组成的集合。

"句式群"(sentential construction group)是构式群的一种,是施春宏(2008b)提及并在施春宏(2010a、2010b)中得到阐释的一个概念,顾名思义,就是相关句式构成的集合,这些句式之间具有某种相同或相关的形式和/或意义特征。如施春宏(2010a、2010b)将具有相同底层语义结构(论元结构)关系而表层配位方式不同的句式所构成的系统看作句式群,像下面两组用例就分别属于不同的句式群(标问号的句子并非句法语义不允许,而是独立性较为受限)。

(1) 骑坏:a. 他骑坏了自行车　　　b. 他把自行车骑坏了
　　　　c. 自行车被他骑坏了　　d. 自行车他骑坏了
　　　　e. 他自行车骑坏了　　　f. 自行车骑坏了
　　　　g. ?他骑坏了

(2) 看傻:a. 他看这种书看傻了　　b. ?这种书看傻了他

---

①　新构术语 constructicon(构式库)是仿拟 lexicon(词库)而来,参见 Jurafsky(1992)。

c. 这种书把他看傻了　　d. 他被这种书看傻了
e. ?这种书他看傻了　　f. ?他这种书看傻了
g. 他看傻了

当然这些例子并没有涵盖相应句式群中所有的句式。同一句式群中的若干句式虽在句法上是合式的,但可接受度可能会存在差异,这是受到句法之外因素的影响。

句式群可以根据所提取特征涵盖范围的大小而做分层处理。像上面这样基于同一论元结构的句式群是较低层次的,高层次的可以指具有相同句法-语义范畴(如"致使""比较"等)的句式系统。如致使性句式群(causative construction group)包括词汇型、形态型、分析型,还有汉语动结式这样的"三不像"型,还可以有一些中间层次。本项研究所论的句式群特指"具有相同底层语义结构(论元结构)关系而表层配位方式不同"的若干句式集合,这是比较狭义的理解。另外,一个句式可以因其包括多个特征而进入不同的句式群,如同某个人可以因年龄、性别、身份、职业等不同而进入不同的群集中。

考虑到学界一般将"句式"对应作"construction",因此"sentential construction group"也可以简作"construction group"。本项研究主要探讨的就是句式性构式(论元结构构式),因此使用"句式群"的概念会更加具体而明确。

4.2.2　相关句式群中动结式句法分布的不对称现象

汉语句法系统中,动结式能够作为谓语核心进入其中的基本句式包括主谓[宾]句、动词拷贝句、"把"字句、"被"字句(长被动句和短被动句)、受事主语句、施事主语句、受事话题句、施事话题句等,这些形式和意义(结构和功能)各有不同、标记度高低不等的句式形成由动结式所构成的句式群。我们在第一章已经指出，从方法论原则考虑，可以在相关句式中区分出基础句式和派生句式。根据施春宏（2006a、2006b、2008a、2010a）及施春宏（2004、2008b）基于互动-派生模型的论述，由动结式构成的基础句式包括主谓［宾］句和动词拷贝句，其他句式都是在句子层面或话语层面的派生句式。① 派生句式在其由基础句式派生而来的过程中，会受到句法、形态、语义、韵律、语用等多种条件的限制。由于本章的主要目标是探讨由不同类型动结式构成的句式分布不对称现象的生成机制，并不试图对各类派生句式派生过程做出精细刻画，因此，为了集中论题，这里只讨论不同类型动结式对两种基础句式的适应情况，同时选取一种学界讨论比较深入且对其形义关系争议比较大的派生句式（即"把"字句）作为参照来说明问题，在必要时会对其他派生句式有所涉及。下面是不同整合类型的 V^2+R^1/R^2 动结式在相关句式群中的句法表现：

(3) 骑坏：a. 他骑坏了自行车　　b. *他骑自行车骑坏了
　　　　c. 他把自行车骑坏了　　d. *自行车把他骑坏了
(4) 看傻：a. *他看傻了这种书　　b. 他看这种书看傻了
　　　　c. *他把这种书看傻了　　d. 这种书把他看傻了
(5) 吃早：a. *他吃早了午饭　　　b. 他吃午饭吃早了
　　　　c. *他把午饭吃早了　　　d. *午饭把他吃早了
(6) 炒咸：a. *他炒咸了大白菜　　b. 他炒大白菜炒咸了

---

① 需要说明的是，这样基于方法论考量而建构的推导关系，主要体现的是"逻辑先后"问题，并不必然意味着基础句式和派生句式之间存在"历史先后"。关于逻辑先后和历史先后的内涵，参见沈家煊（2008）。区分逻辑先后和历史先后，对如何认识理论模型（尤其是带有派生操作的模型）的性质和作用尤其重要。然而学界有时对此并没有十分清晰的认识，只意识到本体论意义上的历史先后，却并未考虑认识论尤其是方法论意义上的逻辑先后，以致提出了不恰当的批评。

　　　　　　　　c. 他把大白菜炒咸了　　d. *大白菜把他炒咸了
(7) 铲平整：a. *他铲平整了草地　　b. *他铲草地铲平整了
　　　　　　　　c. 他把草地铲平整了　　d. *草地把他铲平整了
(8) 演砸：a. 他演砸了这部戏　　　　b. 他演这部戏演砸了
　　　　　　　　c. 他把这部戏演砸了　　d. 这部戏把他演砸了
(9) 吃腻：a. 他吃腻了大餐　　　　　b. 他吃大餐吃腻了
　　　　　　　　c. ?他把大餐吃腻了　　　d. 大餐把他吃腻了
(10) 学会：a. 他学会了乘法口诀　　b. 他学乘法口诀学会了
　　　　　　　　c. 他把乘法口诀学会了d. *乘法口诀把他学会了

我们之所以选择这8组用例来讨论（每个用例代表一种类型，下文径直用其例来代表），是因为它们基本上涵盖了有争议的 V^2+R^1/R^2 型动结式。① 前3组代表了 V^2+R^1 型动结式的基本组合类型，学界一般都基于这样一些类型的分析来建构分析模型。第(6)(7)组是动结式整合过程中常见的特殊现象（也属于 V^2+R^1 型），学界分别从语义特征和韵律条件做了深入分析，但对其与相关动结式在句法分布上的不对称现象尚未系统说明。后面3组中，第(8)组属于 V^2+R^1 型；第(9)组一般认为属于 V^2+R^1 型，但牵涉到 V^2+R^2 型的情况；第(10)组一般认为属于 V^2+R^2 型，但牵涉到 V^2+R^1 型的情况。这3组的复杂表现在学界广有争议（"喝醉"类也与此相关，后文一并说明），至今尚未有相对一致的认识和充分的解释。我们选择句式群中的这些句式来考察，也主要是因为相关争议大多围绕它们而展开。

先给每组的四个句式分别命名：句(a)为一般主宾句，即在无标记情况下，动结式之前有主论元（跟述语动词的施事同形），动结式之后带

---

① 除此而外，V^2+R^1 型还有"砍钝"类（爷爷砍排骨砍钝了新菜刀）；V^2+R^2 型还有"倒赔"类（小王倒电脑倒赔了一万块钱）。这两小类学界都尚无争议，故从略。

上宾论元；句(b)为动词拷贝句，述语动词重复出现，动结式之前的动词是拷贝动词；句(c)为述语动词的主体论元提升上来做动结式致事的"把"字句(下文简作主事把字句)，用"把"引出动结式支配的宾论元(即役事)，整个句式的主论元跟述语动词的施事同形[①]；句(d)为述语动词的客体论元凸显出来提升为动结式致事的"把"字句(下文简作客事把字句)，用"把"引出动结式支配的宾论元。

上面这 8 组例句分别代表了不同动结式论元结构的若干整合类型及其句法配位。具体分布列表如下：

表 1　动结式论元结构的若干整合类型及其句法配位

	a. 一般主宾句	b. 动词拷贝句	c. 主事把字句	d. 客事把字句
(3)骑坏	＋	－	－	－
(4)看傻	－	＋	－	＋
(5)吃早	－	＋	－	－
(6)炒咸	－	＋	＋	－
(7)铲平整	－	－	＋	－
(8)演砸	＋	＋	＋	＋
(9)吃腻	？	＋	？	＋
(10)学会	＋	＋	＋	－

由表可见，这 8 种类型动结式的分布关系纷繁复杂，存在着一系列的互补和交叉、对称和不对称的现象，如：

1)"骑坏"类和"看傻"类呈互补分布，而"演砸"类则是两者分布之和，每种句式都可体现；

2)"看傻"类和"吃早"类只在客事把字句上呈现互补分布，其他句

---

① 就动结式的整合过程和语义结构而言，所谓的"主事把字句"中的主事，可能是由 V 的主体论元直接提升上来(当 V 和 R 的主体论元不同指时)，也可能是由 V 与 R 同指的主体论元叠合后提升(参见下文的说明)。这种"把"字句就是一般的"把"字句，为了方便与"客事把字句"相区别，这里便称作主事把字句。对动结式而言，这里所谓的主事、客事，实际上都是动结式的致事(致使关系的引发者)。

第四章 动结式不对称分布的多重界面互动机制

式分布相同;

3)"炒咸"类和"吃早"类只在主事把字句上呈现互补分布,其他句式分布相同;

4)"炒咸"类又和"学会"类在一般主宾句上呈现互补分布,其他句式分布相同;

5)"铲平整"类和"骑坏"类只在一般主宾句上呈现互补分布,其他句式分布相同;

6)"吃腻"类似乎比较接近"演砸"类,但又似乎有些接近"看傻"类;

7)"学会"类和"骑坏"类在动词拷贝句上呈现互补分布,其他句式分布相同;

8)"学会"类又和"演砸"类在客事把字句上呈现互补分布,其他句式分布相同。

只要将它们两两联系着看,还可归纳出更多的分布上的关联。然而如果将它们合在一起看,似乎又找不到一致性的分布规则,整体分布看起来相当凌乱。

如果再进一步考察动结式进入其他派生句式的情况,那么分布上的差异就更大了。即便考虑同一种句式,也还有内部层次的差异。如由动结式构成的主宾句,除了一般主宾句外,还有例(11)这样根据前一章所概括的"客体论元凸显规则",将述语动词的客体论元凸显出来提升为动结式致事的主宾句(下文简作客事主宾句,以与客事把字句相对应)。例如:

(11) a. ?这种书看傻了他　　b. ?这部戏演砸了他
　　　c. ?这种大餐吃腻了他

这种客事主宾句的宾语如果用"把"字提置到动结式之前,就形成了客事把字句,如"这种书把他看傻了"等。跟客事把字句相比,客事主宾句的可接受度似乎要低一些。这也是需要说明的语言事实。而例(11)这样的客事主宾句如何生成的问题,不同的分析模型差异更大。

与之相对的是,并非所有动结式中 V 的客体论元都可凸显出来提升为动结式致事,形成客事主宾句。例如:

(12) a. *自行车骑坏了他　　b. *午饭吃早了他
　　　c. *乘法口诀学会了他

这也跟上表中这些动结式不能进入客事把字句相一致。

比较而言,虽然例(11)的可接受度不及客事把字句,但一般研究动结式的文献都承认其句法合格性;而且调整一些语义信息内容(如使宾语变成非定指形式),它们的可接受度会有所提高(虽然还不够高,见下),如"这种书看傻了一批人、这部戏演砸了一个戏班子、这种大餐吃腻了一些明星"。这是合用(well-used)与否的问题,受语用条件的限制。可是例(12)无论怎样调整其组成部分的语义内容,句法上都不允许。这是合式(well-formed)与否的问题,受句法规则的制约。合式性涉及的是句法生成中"型"的可能性问题,而合用性涉及的是句法表达中"例"的现实性问题。语言研究不但要指出"合用"的表达,而且要勾勒"合式"的系统,同时还要说明从"合式"到"合用"的条件。(施春宏2008:100—101)"合式"和"合用"的区分和联系,是语法研究中的重大问题。

如果要建构动结式整合过程的分析模型,如果要讨论动结式和动词拷贝句、"把"字句等句式之间的句法语义关系,就都需要面对这样纷繁复杂的语言事实。

为了简化说明的内容,下文并不单独讨论例(11)而直接讨论客事把字句,并根据施春宏(2006a、2010a)对"把"字句构造机制的假设,将客事把字句看作由例(11)那样的客事主宾句派生而来。这种基于方法论考量而建构的分析模型,可以有效揭示具有共同语义结构基础的不同句法结构之间的关联,凸显相关句式在句法语义上的不同性质。

下面我们将对每类动结式的生成过程及其相关句法分布的制约因素进行描写和解释。

4.3 界限原则和配位规则系统的句法效应及其限度

上表中动结式在各句式中的分布状况虽然纷繁复杂,但是如果我们深入到动结式的生成机制及其内部约束条件,就会发现其中存在相当程度的系统性和可预测性。由于动结式的论元结构是由两个底层动词(包括形容词)的论元结构整合而成,因此,正如我们在前一章中指出的那样,要想系统地说明动结式所支配的论元成分的基本性质(价质)、数量关系(价数)及其线性配置,一个有效的途径就是先行将动结式论元整合过程规则化,由此确立基础句式,然后在此基础上通过一系列的操作规则,推导出"把"字句等派生句式,从而系统地描写动结式在相关句式中的分布状况。这也就是我们主张建立互动-派生模型的经验基础和理论动因。

关于动结式论元结构的整合机制,学界已有广泛的探讨,大多从配价的角度或结合配价分析来认识,并提出了不同的分析模型,有的进一步做出了认知解释,如黄锦章(1993)、郭锐(1995、2002)、王红旗(1995)、袁毓林(2001)、施春宏(2005、2008a)、宋文辉(2007)、彭国珍(2011)、石慧敏(2011)、刘培玉(2012a)等。但很多对动结式进行配价分析的文献都将动词拷贝形式排斥在外,而施春宏(2005、2008a、2010a)则明确将动词拷贝句作为由动结式构成的两种基础句式之一(另一个就是一般主谓[宾]句),并从论元结构和配位方式的互动关系这个角度探讨了由动结式构成的相关句式之间的派生关系。但无论哪种分析模型,对上面(6)—(10)组的特殊分布情况的描写和解释都不够充分。我们的分析发现,单一地从句法规则或语义驱动、认知功能来描写和解释,都有很大的局限,上述特殊分布现象的产生是受到语义、句法、韵律、语用等多重界面特征(multi-interface feature)相互作用的结果,而且这种互动机制体现出鲜明的作用层级。前一章我们从分析几则所谓的"例外"现象入手对此已有涉及,本章便试图进一步探讨多重界面互动机制对动结式整合过程的制约作用,并对上述各类动结式的分布状况做出较为系统的描写和相对充分的解释。而要做到这一点,首先需要对动结式论元结构的整合机制做出系统的说明。

关于动结式论元结构的整合机制,前一章已经从原则和规则两个层面来概括。首先将动结式论元结构整合原则概括为"界限原则",并将其具体化为五条配位规则:(Ⅰ)论元异指规则;(Ⅱ)论元同指规则;(Ⅲ)动词拷贝规则;(Ⅳ)客体凸显规则;(Ⅴ)役事强制前置规则。这些配位规则虽有五条,但实际上的操作并不复杂,依次操作前三条配位规则就可以得到相应的基础句式,配位规则(Ⅳ)所得到的句式是特殊主宾句(即客事主宾句),具有派生性;配位规则(Ⅴ)得到的是强制性提宾而生成的"把"字句(施春宏 2006a),而由选择性提宾而生成的"把"字句(以及"被"字句、受事主语句、话题句)则是在基础句式和特殊主宾句的基础上进一步派生而来。

4.3.1 动结式整合原则在句式群中描写和解释的效度

根据这样的界限原则及其配位规则系统,可以准确地预测和描写例(3)-(5)的"骑坏、看傻、吃早"这三类动结式在各个句式中的分布情况。下面分别说明。

先看例(3)的"骑坏"。它的两个底层动词的论元结构关系是：

(13) ⟨他$_i$⟩骑⟨自行车$_j$⟩＋⟨自行车$_j$⟩坏了　（主体异指，客主同指）

由于两个底层动词的论元既有异指又有同指的情况，因此这两个底层动词整合成动结式"骑坏"的时候，根据配位规则(I)，"骑"的主体论元"他"直接提升为动结式的致事；根据配位规则(II)，"骑"的客体论元"自行车"和"坏"的主体论元"自行车"同指，叠合后提升为动结式的役事。这就形成了(3a)这样的一般主宾句"他骑坏了自行车"，进而派生出(3c)"他把自行车骑坏了"。这类动结式没有配位规则(III)的适用条件，因此不能构造出动词拷贝句(3b)"他骑自行车骑坏了"，自然也就不能根据配位规则(IV)生成"自行车骑坏了他"，进而也就不能通过提宾的形式派生出(3d)"自行车把他骑坏了"。

再看例(4)的"看傻"。它的两个底层动词的论元结构关系是：

(14) ⟨他$_i$⟩看⟨这种书$_j$⟩＋⟨他$_i$⟩傻了　（主体同指，客主异指）

同样，两个底层动词的论元也存在既有异指又有同指的情况，但同指的是主体论元。因此这两个底层动词整合成动结式"看傻"的时候，根据配位规则(II)，两个动词的主体论元"他"叠合后提升为动结式的致事；根据配位规则(III)，"看"的客体论元"这种书"需要在拷贝动词的帮助下提升到动结式之前，从而形成(4b)这样的基础句式"他看这种书看傻了"，而不能形成(4a)"他看傻了这种书"。由于不能形成(4a)，因此就不能派生出(4c)"他把这种书看傻了";由于能形成(4b),根据配位规则(IV),当"这种书"需要凸显为动结式的致事时,"看"的主体论元受到抑制,"傻"的主体论元受到致使关系的影响而提升为动结式的役事,从而派生出"这种书看傻了他",进而通过提宾的形式派生出(4d)"这种书把他看傻了"。

例(5)的"吃早"有些特殊,但也同样遵循界限原则及其配位规则。它的两个底层动词的论元结构关系是:

(15)〈他$_i$〉吃〈午饭$_j$〉+〈(他)吃午饭$_k$〉早了 (非致使关系)

这里的补语"早"实际上指的是述语动词所代表的整个事件,这类动结式我们称作"指动式"。因此"早"的主体论元自然就不可能跟"吃"的任何论元同指了。根据配位规则(I),"吃"的主体论元"他"提升为"吃早"的致事;根据配位规则(III),"午饭"必须用拷贝动词引入到动结式之前。这样就形成了(5b)"他吃午饭吃早了",而不能形成(5a)"他吃早了午饭"。由于不能形成(5a),因此就不能派生出(5c)"他把午饭吃早了"。由于"吃"和"早"之间不存在致使性关系,因此不能运用配位规则(IV)生成"午饭吃早了他"进而派生出(5d)"午饭把他吃早了"。另一方面,"早"的主体论元是"(他)吃午饭",而不是"他",这也就抑制了配位规则(IV)的运用。其实,从严格意义上说"吃早"不能看作动结式,即不能说因"吃"而"早"。但从论元结构的整合机制和配位方式着眼,也可以将它归并到广义的动结式之中。由此可见,界限原则的提出虽来自于动结式的整合过程,但对句式线性规则的描写并不局限于动结式,只要两个谓词性成分整合在一起,就需要遵循这样的整合原则。

正如前一章指出的那样,根据界限原则及其配位规则系统,我们能够预测动结式中大量存在的同形歧价现象,即由于底层动词的论元关系不同而形成的表层形式相同但配价关系不同的动结式。下面是前面章节举过的例子：

(16) 唱红：a. 她唱红$_1$了这首歌
　　　　　（她$_i$唱这首歌$_j$＋这首歌$_j$红了）
　　　　b. 她唱这首歌唱红$_2$了
　　　　　（她$_i$唱这首歌$_j$＋她$_i$红了）
　　　　c. 她唱这首歌唱红$_3$了曲作者
　　　　　（她$_i$唱这首歌$_j$＋曲作者$_k$红了）

显然，(16a)的"唱红$_1$"属于上面的"骑坏"类，(16b)的"唱红$_2$"属于上面的"看傻"类；而(16c)的"唱红$_3$"则是新的整合类型，与"砍钝"（爷爷砍排骨砍钝了新菜刀）同类。这种同形歧价现象，实际上就是一种句法歧义的表现。对歧义现象的有效描写、解释乃至预测，正是检验理论有效性的试金石。

4.3.2　动结式整合原则在句式群中描写和解释的限度

界限原则及其配位规则系统似乎不能完全说明动结式在例(6)到例(10)中的分布情况，即所谓的"例外"现象。① 这些所谓的"例外"现象的存在，说明动结式论元结构的整合原则（界限原则）及其配位规则系统在描写和解释复杂语言现象时所发挥的句法效应有一定的限度。下面依次说明。

---

① 本章提到的所谓"例外"现象比前一章所指范围广，为了说明问题的系统性，我们将前一章讨论过的"炒咸"（前一章以"挖浅、买贵"为例）和"铲平整"（前一章以"打磨光滑、铲平整"为例）这两类也一并做出简要说明。

(17) 炒咸：〈他ᵢ〉炒〈大白菜ⱼ〉+〈大白菜ⱼ〉咸了
(18) 铲平整：〈他ᵢ〉铲〈草地ⱼ〉+〈草地ⱼ〉平整了

显然，"炒咸"和"铲平整"的论元结构关系跟"骑坏"类具有平行性，然而正如上面指出的那样，这三类的句法分布形式并不相同。

(19) 演砸：〈他ᵢ〉演〈这部戏ⱼ〉+〈这部戏ⱼ〉砸了

如果其内部语义结构关系确实如此的话，那么"演砸"的论元结构关系同样跟"骑坏"类具有平行性，可是它竟然能在四种句式中分布，而"骑坏"类只能分布于其中的两种。

(20) 吃腻：〈他ᵢ〉吃〈大餐ⱼ〉+〈他ᵢ〉腻了

就这里描写的论元结构关系而言，"吃腻"的整合类型应该跟"看傻"类相同，可是它却可以生成"他吃腻了大餐"，而且"他把大餐吃腻了"也有一定的可接受度；而这两种句式都是"看傻"类所不能出现的。

(21) 学会：〈他ᵢ〉学〈乘法口诀ⱼ〉+〈他ᵢ〉会了〈乘法口诀ⱼ〉

这种论元结构跟上面的"骑坏、看傻、吃早"三类都有不同，但根据界限原则及其配位规则(II)，似乎只能生成(10a)"他学会了乘法口诀"并派生出(10c)"他把乘法口诀学会了"，并不能生成(10b)"他学乘法口诀学会了"，当然也就不能派生出(10d)"乘法口诀把他学会了"。然而，从上面的例句来看，(10d)固然不能成立，但(10b)却是合法的表达。

显然，如果找不到合适的条件来解决这些矛盾，那么上面建立的界限原则及其配位规则系统就被彻底证伪了。也就是说,就"骑坏、看傻、吃早"这三类而言,最多证实了我们先前所建立的原则和规则,而"证实"的论证方式是有很大局限的,它不能排除反例(counterexample)的存在,更不能排除反例对理论假说的颠覆作用。那么,是不是例(6)—(10)就真的证伪了基于例(3)—(5)所建立的原则和规则呢?这就要看它们是不是真正的反例了。如果是真正的反例,那么自然就推翻了前面所建立的原则和规则;如果这些类型只是特殊情况下的产物,都能在原则和规则基础上通过增加某些具体的约束条件而得到有效的说明,那么就可以看作原则和规则的例外(exception)或特例(special case),而不是真正意义上的反例。这样,原来建立的原则和规则就仍然能够得到有效的维护,新的不规则现象也能同时得到有效处理(实际上是在另一个层面上得到了规则性的描写和解释)。① 一个分析模型不但要说明具体现象能够出现的环境和方式,还要能够说明它不能够出现的环境和方式以及特殊变化条件下所能出现的环境和方式。

实际上,上述界限原则及其配位规则还只是句法规则的说明,主要是基于论元结构和配位方式的互动关系而做的一种句法结构关系的抽象,实现的是句法结构生成的可能性,并没有对相关动结式的现实化条件做出约束。而对某些具体动结式的句法表现而言,界限原则及其配位规则虽然是必要的,但并不充分,需要进一步充实对约束条件的说明。对此,学界已形成了比较广泛的共识,抽象的句法结构关系在现实化的过程中,有时会受到特定的语义、韵律、语用等因素的制约,从而形

---

① 关于规则和例外、特例和反例之间的关系,施春宏(2010c)作了详细的分析。在实证主义背景下,反例是能够推翻理论的。然而有一种观念贯穿于生成语法的发展历程,即面对各种反例坚持这样一种认识论原则:光靠反例并不能推翻理论,只有新理论才能推翻旧理论。施春宏(2010c)认为这种认识对"反例"和"例外"内涵的理解往往有很大分歧,而且常常是将有条件的例外当作反例。其实,真正意义上的反例是可以推翻理论的,而例外则做不到。具体论证过程参见该文。

成特定的分布关系。也就是说,句法分布往往是语义、句法、韵律、语用等多重界面相互作用的结果,对句法分布的说明就是对多重界面互动机制的描写和解释。只有这样,才能将句法生成的可能性和具体交际的现实性有机结合在一起。下面即从这个角度来看例(6)-(10)这些所谓的违背界限原则的特殊现象的生成机制。

4.4 由多重界面互动制约而形成的特殊句法分布

我们先来看例(6)的"炒咸"、例(7)的"铲平整"。这两种类型在前一章已有所分析,但没有将它们放到句式群中跟其他动结式类型进行系统比较。上文已经指出,它们的论元结构关系跟"骑坏"具有平行性,如果根据上文论及的界限原则及其配位规则系统,那么在句法分布上也应该跟"骑坏"具有平行性。然而,事实却存在着很大的反差。为了说明问题的方便,这里将相关用例重录如下(序号不作调整):

(3)a. 他骑坏了自行车　　　b. *他骑自行车骑坏了
　　c. 他把自行车骑坏了　　d. *自行车把他骑坏了
(6)a. *他炒咸了大白菜　　　b. 他炒大白菜炒咸了
　　c. 他把大白菜炒咸了　　d. *大白菜把他炒咸了
(7)a. *他铲平整了草地　　　b. *他铲草地铲平整了
　　c. 他把草地铲平整了　　d. *草地把他铲平整了

除了三者都能用于主事把字句(c)且都不能用于客事把字句(d)外,"炒咸"和"铲平整"都不能用于一般主宾句(a);另外,"炒咸"能用于动词拷贝句(b),而"铲平整"跟"骑坏"一样都不能。

对例(6)和例(7)这两种情况,前一章将它们看作界限原则的例外,并给出了相应的约束条件(又参见施春宏 2005、2008a:146—149)。需要进一步说明的是,例外是指在一种语言里跟该语言系统中某些一般规则相悖但又受特定条件制约的形式或语言材料;就理论研究而言,必须对例外做出解释,否则理论就不周全;对例外的预见性及其解释是测试理论价值的指标之一(施春宏 2010c)。因此,我们只有找到了例外产生的条件,并同时说明一旦该条件不起作用,动结式整合过程便又满足了界限原则及其配位规则系统,才能够说明它们并非界限原则的反例,从而也就不能对相关理论假说构成实质性的威胁。

对"炒咸"而言,基于结构主义语言学的研究(陆俭明 1990;李小荣 1994;马真、陆俭明 1997;陆俭明 2001),这类动结式表示的是预期结果的偏离,因而不能直接带宾语。[①] 对"铲平整"而言,根据韵律语言学的探讨(冯胜利 1996a、2000;董秀芳 1998),这类动结式的补语是双音节词,由于汉语韵律对句法的制约作用,因而也不能直接带宾语。但它们都能用"把"字句将役事提前,形成主事把字句。这是属于在特定条件下的强制性提宾(役事论元只能出现于动结式之前),区别于"骑坏"类的选择性提宾(役事论元可自由地出现于动结式之前或之后)(施春宏 2006a、2010b)。从两个底层动词之间的语义结构关系和动结式论元结构的整合机制来看,它们跟"骑坏"类具有相当的一致性。因此,我们将它们看作例外,这种例外是受特定的语义、韵律约束的结果;如果这种约束条件不出现,那么就必须遵守界限原则及其配位规则系统,形成跟"骑坏"相同的分布。例如:

[①] 正如前一章所言,这里的结果"偏离"预期,指的是常规状态下的表现。如果不在这个状态中,"炒咸"同样可以表达非偏离的语义结构关系,比如本来要炒一个咸味儿花生,那么"炒咸了花生"就是合法的句子。

(22) a. 他炒咸了大白菜　　　　b. *他炒大白菜炒咸了
　　 c. 他把大白菜炒咸了　　　d. *大白菜把他炒咸了
(23) a. 他铲平了草地　　　　　b. *他铲草地铲平了
　　 c. 他把草地铲平了　　　　d. *草地把他铲平了

也就是说,"炒咸"受到了语义、句法、语用这三个界面的相互制约,"铲平整"受到了语义、句法、韵律这三个界面的相互制约,它们的特殊句法表现是多重界面互动的结果。进一步说,即便是"骑坏"类动结式(乃至所有类型的动结式),也受到这三个界面的相互制约,只不过它所满足的是常规语义关系和常规韵律条件,因而实现了通例性的句法表达。

然而,问题还不仅如此。施春宏(2005、2008a)以及其他相关文献中并没有对"炒咸"和"铲平整"的其他分布表现做出系统的说明,尤其是两者对动词拷贝句适应性情况的对立分布。显然,这里还需要进一步的解释。

其实,这同样是特殊类型动结式整合过程中受到不同约束条件制约的结果。

先看"炒咸"。既然结果补语"咸"表示的是预期结果的偏离,那么就意味着,这里所谓的动结式只是特殊情境下的动结式,而不是常规意义上的动结式,即不具有一般意义上的致使关系(即通过"炒〈大白菜〉"致使"〈大白菜〉咸了"),因此两者整合之后的客体论元就不是一般意义上的役事。相对于日常经验而言,"咸"这样的偏离性结果又显得比一般常规结果更加凸显。日常生活经验是:一个菜炒得咸淡合适,吃菜的人就不会关心菜的咸淡了;而对吃菜人来说,如果咸了或淡了,就会加以评论。投射到句法上,这种偏离的结果就需要有更为凸显的表达方式。这样,"大白菜"就不适宜占据典型意义上役事所占据的宾语位置,这就是(6a)不能出现的原因。然而,不可否认的是,这里的"炒"确实对"大白菜"施加了影响,而且使它发生了变化,就此而言,"大白菜"又跟一般意义上的役事角色有相通之处。这样就出现了说是又不是、说不是又是的复杂情况。① 因此这个客体论元在不能出现于动结式之后的情况下,便到动结式之前寻找句法位置。正好现代汉语句法系统中有这样的一种表达方式,既能凸显结果,又保留了主动式的信息表达需求,这就是"把"字句,它的形式结构为语义表达提供了适切的空间。对"炒咸"的配位方式而言,用"把"字引出论元"大白菜",实际上就将两种语义关系整合到了一起,从而形成主事把字句。在这种形义互动关系中,形式提供的可能性"召唤"着与句式语义相契合的表达内容;特殊的表达内容只有在特定的形式中才能得到有效表达。这也是一种句法象似性的体现。

可是,为什么"炒咸"又跟"看傻"一样能构成动词拷贝句呢？要知道,"看傻"并不能用于主事把字句,可见两者并不完全具有平行性。其实,这还是跟"炒咸"类的语义关系有关。像"炒咸(了)"以及"买贵(了)、教深(了)"之类表示的意思是,由于动作的不适当而使动作的结果偏离了预期,从而使所炒的东西比预期的咸,所买的东西比预期的贵,所教的内容比预期的深;其句法构造实际是"炒得咸了、买得贵了、教得深了"(陆俭明 1990；马真、陆俭明 1997)。这就跟"吃早"以及"睡迟、看久"之类的意思有相通之处。"吃早、睡迟、看久"的意思是:吃饭吃得早了、睡觉睡得迟了、看展览看得久了。就此而言,"炒咸"类和"吃早"类一样,其补语都是表示一种评述,"炒咸"类表示通过对动作对象的评述来间接评述动作行为;而"吃早"类表示对述语动作本身的直接评述。从根本上说,这里的结果都是述语动作的一种伴随结果,非动作

---

① 这也就是笔者在做语感调查时,有人认为"炒咸了大白菜"虽可接受度比较低但仍有一定可接受度的原因。

本身的直接结果。它们只是采用动结式的包装形式来包装特殊的语义关系(施春宏 2008a:42)。这样,根据界限原则及其配位规则,就可以构造出(6b)这样的动词拷贝句。由于这类拷贝句跟"他吃午饭吃早了"具有平行性,因此"大白菜"便不能凸显出来作为致事从而派生出(6d)这样的客事把字句。

这些复杂的句法-语义互动关系深刻地折射出百科知识对语言表达的复杂影响。

就"炒咸"的两重语义关系及其相应的句法表现而言,"炒咸"类是介于"骑坏"类和"吃早"类中间的一种准动结形式,与后两者既同又异,欲异又同。由此可见,"炒咸"的句法表现受到了多重语义、语用结构关系的制约,不同侧面的语义、语用关系使它跟其他类型的动结式有某方面的关联,因而呈现出相近的句法表现;但它们的区别决定了句法上不能完全平行。边缘现象往往受到多重界面特征的特殊条件制约,呈现出表面上互相矛盾而本质上又合乎规则的句法表现。在典型动结式的句法分布中,动词拷贝句和主事把字句是相互对立的,两者不能同时合法出现。这从例(3)-(5)的"骑坏、看傻、吃早"就能见出。而"炒咸"却能容纳这两种句法形式,正是它在不同的语义、语用层面上发挥作用的结果。由此可见,只要将相关制约条件分析清楚了,每一组制约条件综合作用的句法结果,仍然能够通过界限原则及其配位规则系统加以解释和预测。

再来看"铲平整"。从语义结构关系着眼,它跟"骑坏"实际上完全相同,是典型的致使关系,即"(草地)平整"是"铲(草地)"的预期结果。由于"铲"的客体论元和"平整"的主体论元同指,因此根据界限原则及其配位规则(II),两者整合成役事,理论上可以形成一般主宾句"他铲平整了草地"。但由于受到现代汉语句法系统韵律规则的制约,"铲平整"之后不能再带宾语,因此就需要将"草地"提前。既然它是典型的役事,因此可以用"把"字引介到动结式之前,从而形成(7c)的主事把字句。它不能形成(7b)这样的动词拷贝句"他铲草地铲平整了",其生成机制跟"骑坏"相同。既然不能生成动词拷贝句,也就不能像"看傻"那样进一步派生出(7d)那样的客事把字句"草地把他铲平整了"了。

由此可见,"铲平整"只是在动结式论元结构和配位方式互动过程中受到了特殊韵律条件的影响,其他的因素并没有发生改变,因此它的句法分布只是在一般主宾句上受到制约,其他分布状况仍能通过界限原则及其配位规则系统加以解释和预测。

从这两类动结式的句法分布生成过程可以看出,句法系统有一定的自主性,但又同时受到语言系统中其他界面特征的制约。完全否定句法的自主性并不合适,上面的分析已经说明,只要将相关制约条件描写清楚了,句法规则仍有其预测力。同样,绝对肯定句法的自主性也不合适,上面两类动结式的句法分布所受到的制约就充分说明了这点。我们需要的不是绝对地坚持(强句法自主性)或否定句法自主性(句法无自主性),而是要充分描写和解释句法生成机制及其约束条件。越是边缘的句法现象,受到句法之外其他语言界面的影响就越鲜明,多重界面互动的效应就更加显著。因此,仅仅依据界限原则及其配位规则系统,只能说明典型的句法现象;只有将制约特殊现象的多重界面特征及其互动关系分析清楚了,才能更加充分地说明相关语言事实。当然也不能因此就放弃了对句法生成过程中构造原则及其规则的说明,句法系统构造过程中,在相对"纯净"的条件下,往往有其自主的构造原则及规则,它是我们分析多重界面互动机制的一种基本的参照系。边缘现象表现出的特殊性说明了句法构造基本原则所具有的系统建构功能和在多重界面特征参与下所体现出来的调节功能。这是形式和意义(结构和功能)互动的复杂性和丰富性的必然表现。

4.5 动词论元结构的多重性和动结式论元结构整合的多能性

其实,就"炒咸"和"铲平整"的句法分布而言,似乎并没有对界限原则及其配位规则系统提出多大的挑战,因为将这两类看作动结式整合过程中的例外现象(当然是有条件的例外,符合"凡例外皆有条件"这种基本观念),一般都不反对。当然,也可以不看作例外,而是看作更大规则下的类型,如根据韵律语言学,自然可以将"铲平整"作为一种韵律句法结构类型来分析。更大的问题来自"演砸"类、"吃腻"类和"学会"类。目前关于动结式生成机制的各种分析模型,对此都没有做出有效的说明。下面从形式和意义之间的多重互动关系来具体描写和阐释它们在句式群中多重分布可能性的生成机制。

4.5.1 "演砸"类动结式多重分布可能性的生成机制

就"演砸"而言,竟然能分布于各种句式中,而且合格度都很高。这在动结式的句法表现中是极为特殊的。上文曾将"演砸"的语义结构关系描述为"〈他〉演〈这部戏〉+〈这部戏〉砸了",若此,则跟"骑坏"具有完全平行性,那么,它也就应该只能生成(8a)的一般主宾句和(8c)的主事把字句,而不能生成另外两种句式。而另外两种句式(动词拷贝句和客事把字句)恰恰是"看傻"的合法分布句式。这似乎又启示我们,"演砸"的语义结构关系应该跟"看傻"相一致。可是,前文的分析已经充分地论证过,"骑坏"和"看傻"是根本不同的两种动结式类型,两者的句法分布也是完全互补的。现在"演砸"的分布形式包含了这两类动结式的合法分布形式,显然存在着很大的矛盾。然而,这却给了我们新的启示:

第四章 动结式不对称分布的多重界面互动机制

也许"演砸"的内部语义结构关系实际上包含着两种类型,一种跟"骑坏"一致,一种跟"看傻"一致,是互补分布的结合体,如同处于互补关系的两个音素所形成的一个音位。对句法结构式而言,这实际上是一种特殊的同形歧价现象,即同形异义构式。可是,这又是怎样的结构关系呢?

显然,如果我们将"演砸"的语义结构关系描述为"〈他〉演〈这部戏〉+〈这部戏〉砸了",那么它只能跟"骑坏"相同,而不可能出现类似于"看傻"的句法分布。如果要使它的句法分布跟"看傻"相同,那么它的语义关系也必须跟"看傻"相同,即"〈他〉演〈这部戏〉+〈他〉砸了"。也就是说,合乎逻辑的推演自然是,只有"演砸"同时存在这样的两种语义结构关系,才能包含这两组看似矛盾的句法分布。即:

(24) 演砸:a.〈他$_i$〉演〈这部戏$_j$〉+〈这部戏$_j$〉砸了
b.〈他$_i$〉演〈这部戏$_j$〉+〈他$_i$〉砸了

那么,"演砸"是否存在这样的两种语义结构关系呢?

我们的回答是:确实存在。这实际上取决于"演砸"中"砸"类补语动词论元结构的性质。也就是说,"砸"的论元结构具有多重性,其主体论元的角色既可以是对象("这部戏"),也可以是客事("他")。这样就形成了(24)这样的两种语义结构关系:(24a)的语义结构关系跟"骑坏"相同,(24b)的语义结构关系跟"看傻"相同。每种语义结构关系在整合过程中,分别形成不同类型动结式的论元结构。也就是说,这里实际存在着两个"演砸":

(25) 演砸$_1$:〈他$_i$〉演〈这部戏$_j$〉+〈这部戏$_j$〉砸了
(属于"骑坏"类)

　　　　　　　a. 他演砸了这部戏
　　　　　　　b. 他把这部戏演砸了
（26）演砸₂：〈他ᵢ〉演〈这部戏ⱼ〉+〈他ᵢ〉砸了
　　　　　（属于"看傻"类）
　　　　　　　a. 他演这部戏演砸了
　　　　　　　b. 这部戏把他演砸了

如果这样的分析是可接受的话，那么显而易见的是，它们同样都遵守界限原则及其配位规则系统。"演砸"类动结式之所以在句法分布上包含了"骑坏"类和"看傻"类，是因为此类动结式中补语动词论元结构的多重性导致了动结式论元结构整合的多能性。当然，两个"演砸"的可接受程度并不一样。一般情况下，人们优先做出(25)的理解。这也就是我们在本章 4.2.2 节中以此为例的原因。但这并不意味着非优先理解的表达就不存在。

可是，这就引出了一个新的问题：说"演砸"类动结式中的补语动词具有论元结构多重性，这是不是为说明这类动结式的整合机制而特设了一个条件呢？

其实不然。"砸"在这种结构中的基本意义就是"败（失败）"，指人指事都可以，当然指人实际上是在转指人所做的事。而"骑坏"中的"坏"只能指"骑"的动作对象，"看傻"中的"傻"只能指"看"的动作发出者。北京大学 CCL 语料库中就有这样的用例：

（27）a. 第一桩生意就*砸*了。晚风中，两个失败者坐在大东海的沙滩上，满脸愁云。
　　　b. 他要是一发火，给我来个下不来台，我就*砸*了。

其实,"砸"还可以指"演这部戏"这个事件,这时"演砸"的语义关系就是:

(28) 演砸$_3$:〈他$_i$〉演〈这部戏$_j$〉+〈他演这部戏$_k$〉砸了
　　　(属于"吃早"类)
　　→他演这部戏演砸了

在表层形式上,它跟(26a)属于同形动词拷贝句。由此可见,"他演这部戏演砸了"这种拷贝形式实际上可以有两个来源,当然,两者的生成基础并不完全一致,其派生取向也不相同。这跟"看傻"的(4b)句和"吃早"的(5b)句一样,虽都可构造出动词拷贝句,但两者的性质并不相同。相同的句法表层形式并不意味着必然具有相同的语义结构关系,其中可能存在同形异义现象。这也提醒我们,即便是在方法论层面提出基于"表层概括"的假说,也需要考虑不同表层形式之间的关联方式的异同(如这里的派生方式和结果的异同),否则会将同形现象当作多义现象,影响了对表层形式性质的认识和对句式系统的分析。

基于此,我们认为这里的补语成分"砸"具有论元结构的多重性是有事实基础的,而且并非个例。其实,这种认识在学界对动结式的研究中已为学者所关注。① 宋文辉(2004a)在研究补语语义指向为动词的动结式配价时发现存在"补语同时还指向动词的论元"的情况,其句法结果是"补语多指向最终导致动结式价数受到影响"。例如(除(30b)

---

① 关于补语的两种语义关联,梅广(1978)已有所发现。他在比较"(a)他把衣服洗的很干净"和"(b)他洗衣服洗的很干净"(按:"洗"的原稿如此)的语义关系时指出:"'干净'在(a)中是结果补语——这是没有问题的;但在(b)中它应算是一个描述补语,因为(b)不可能是一个带宾称补语的句子。我们知道,宾称补语句(按:即补语指向宾语的句子)的宾语都是属于命题的前设,所以都是'特指'(specific)性质的。(b)一句并非叙述一件事,并非说明某人洗了某些衣服;这句话其实意思是说某人洗衣服洗的很好,或者说某人很会洗衣服。"(梅广1978:521)

和(31b)外都直接引自宋文辉文):

(29) a. 我(登楼梯)登空了　　b. *我登空了楼梯
(30) a. 我对准了目标　　　　b. ?我对目标对准了
(31) a. 他演砸了这部戏　　　b. 他演这部戏演砸了

据宋文辉先生分析,(29)中"登空"的补语"空"并不仅仅陈述"登",还陈述句子的主语"我";而且动词的主论元得到凸显,抑制了它的其他论元。(30)中"对准"的补语"准"描写了"对"这个行为的结果,指向动词,但是它同时也指向动词的宾论元"目标";而且动词的宾论元得到凸显,抑制了它的其他论元。这种语义凸显影响了句法表达,使得"登空"用于动词拷贝句,"对准"用于主动宾句。这是合乎界限原则及其配位规则系统的。

关键的问题在于例(31):为什么出现了两种句法配置方式?这实际上跟补语语义关联多重性的每一个侧面都可以得到凸显有关。宋文辉先生指出,"演砸"的补语"砸"不仅陈述动词"演",也陈述"演"的宾论元。就"砸"这个结果而言,既可能是"这部戏"砸了,也可能是"演"这个行为过程砸了,因此宾论元和动词都可以得到分别凸显,而不同于(29)和(30)主要是某个侧面得到凸显。① 这样,"演砸"了就根据不同的凸显侧面而形成不同的配位方式。而每一次的整合过程仍然符合界限原则及其配位规则系统,只是由于凸显侧面不同,在坚持基本原则的前提下根据特殊情况采取了特定的生成策略,从而派生出不同的句法结构

---

① 宋文辉(2004a)的分析尚不充分,没有涉及例(26)这样的情况。另外,对例(29)的分析似乎也可进一步商榷。文中认为"空"还陈述句子的主语"我",似乎并不完全到位。"我登空了楼梯"不能说,是因为其语义关系不是"我登楼梯+楼梯空了"。但这些方面不影响宋文的基本认识。

形式(其他派生句式也一并列出,与"把"字句一样从基础句派生而出):

(32)a. 他演砸$_1$了这部戏　　(属于"骑坏"类)
→他把这部戏演砸了
这部戏被他演砸了
这部戏(他)演砸了

b. 他演这部戏演砸$_2$了　　(属于"看傻"类)
→(演)这部戏演砸了他
→(演)这部戏把他演砸了
$^?$他被这部戏演砸了
他(这部戏)演砸了

虽然派生路径和结果不同,但仍受到了相同的整合原则的制约。由此可见,在句法生成的过程中,原则的坚定性和策略的灵活性是辩证地统一在一起的。

如果指动式没有兼指宾论元的可能性的话,根据界限原则及其配位规则系统,就不能构造出主动宾句。"演砸$_3$"即是如此。又如宋文辉(2004a)中跟上文"吃早"同类的例子(动词拷贝句例是我们补充的):

(33)a. 他吃晚了　b. *他吃晚了午饭　c. 他吃午饭吃晚了
(34)a. 他去迟了　b. *他去迟了教室　c. 他去教室去迟了

4.5.2 "吃腻"类和"学会"类动结式多重分布可能性的生成机制

基于以上分析,我们可以进一步说明"吃腻"类和"学会"类,虽在某些方面跟"演砸"类有所不同,但生成的基本原则及在特定条件下所采取的策略是一致的。

先看"吃腻"。其中的"腻"以及同类的"烦、厌"等心理动词也有论元结构的多重性现象。"腻"可以表示厌烦的心理活动,这样"吃腻"的论元结构关系就是:

(35) 吃腻$_1$:〈他$_i$〉吃〈大餐$_j$〉+〈他$_i$〉腻了

显然,这跟"看傻"的论元结构关系完全相同,因此可以构造出(9b)那样的动词拷贝句"他吃大餐吃腻了",并派生出客事主宾句"大餐吃腻了他"进而派生出(9d)那样的客事把字句"大餐把他吃腻了"。①另一方面,既然是厌烦,就有厌烦的对象,因此它的论元结构中不但有"他"这样的当事论元,还蕴涵着一个客体论元,在这里即为"大餐"。即"吃腻"的另一个论元结构关系就是:

(36) 吃腻$_2$:〈他$_i$〉吃〈大餐$_j$〉+〈他$_i$〉腻了〈大餐$_j$〉

如果存在这样的论元结构关系,那么就属于"V^2+R^2"类动结式了。上面分析的六类动结式实际上都是"V^2+R^1"类。就(36)这样的语义关系而言,两者的主体论元和客体论元分别同指,根据界限原则及其配位规则(Ⅱ),叠合后分别提升为动结式的致事和役事。整合的结果便形成了(9a)那样的一般动结式"他吃腻了大餐",进而派生出(9c)的主事把字句"他把大餐吃腻了"。这跟施春宏(2005、2008a)中分析的

---

① 就动词拷贝句派生而来的句式而言,客事把字句("大餐把他吃腻了")往往比客事主宾句("大餐吃腻了他")可接受度高,是因为这类动结式往往需要凸显结果,而客事主宾句的语义中心在宾语上,不能将结果凸显出来。客事把字句则满足了这样的语义要求。

"听懂"类相同:

(37) 听懂:〈他$_i$〉听〈老师的讲解$_j$〉+〈他$_i$〉懂了〈老师的讲解$_j$〉
   a. 他听懂了老师的讲解
   b. 他把老师的讲解听懂了

再看"学会"。这里的"学会"实际上跟(37)"听懂"的论元结构关系及其句法表现完全相同。但施春宏(2005、2008a)在分析"听懂、学会"时只涉及了(37a)即(10a)"他学会了乘法口诀"和(37b)即(10c)"他把乘法口诀学会了"这样的句法分布,并没有说明(10b)这样的动词拷贝句"他学乘法口诀学会了"的合法性。如果"听懂、学会"只是"V^2+R^2"类主体同指兼客体同指的动结式,按照施文的配位规则,也确实不能生成(10b)这样的动词拷贝句。这又是怎么回事呢? 其实,施春宏(2008a:98)将这类都归入"V^2+R^2",这样的观察是不充分的;这只是就补语动词的论元数目最大化而言,并没有考虑到我们在这里所探讨的补语动词论元结构的多重性的情况,因而无法说明此类现象。

正如"腻、烦"一样,"会"也有两种论元结构关系。即:

(38) a. 学会$_1$:〈他$_i$〉学〈乘法口诀$_j$〉+〈他$_i$〉会了
   b. 学会$_2$:〈他$_i$〉学〈乘法口诀$_j$〉+〈他$_i$〉会了〈乘法口诀$_j$〉

根据界限原则及其配位规则(Ⅱ),由(38b)整合后生成及所派生的句式就是(10a)和(10c),这在上面已经说明了。(38a)的论元结构关系显然跟"看傻"相同,根据界限原则及其配位规则(Ⅱ)和(Ⅲ),那么也应该能够生成(10b)这样的动词拷贝句并进而派生出(10d)这样的客事把字句。然而,所生成的动词拷贝句合法,却并不能像"看傻"那样派生出客事把字句。这又是为什么呢？显然，这里有另一重因素在起制约作用。

这是受到日常规约性语义关系制约的结果。我们一般在说动结式的内部语义关系时，宽泛地说都表示致使关系，其实这种致使关系还是有内部层次差别的。如"看傻（他看这种书看傻了）"，使因事件是"他看这种书"，使果事件是"他傻了"。在日常经验中，"看"的客体论元"这种书"实际上也是导致"他傻了"的重要因素，如这种书写得很弱智、奇怪、惊悚等，这些因素会对读该书的人产生影响，甚至是主要影响。因此在这个致使事件中，"这种书"可以凸显出来作为致事，以转喻整个使因事件。这样就不但能形成动词拷贝句"他看这种书看傻了"，而且还可以派生出客事主宾句"这种书看傻了他"，并进一步派生出客事把字句"这种书把他看傻了"。由于这种表达方式凸显一种致使的结果，而这正是"把"字句的基本语义关系（施春宏 2010b），因此客事把字句比客事主宾句的可接受度要高。① 可是，回到(38a)，我们发现，在具体的致使内容上，"学会$_1$"跟"看傻"在大局相同的情况下局部有所不同。它的使因事件是"他学乘法口诀"，使果事件是"他会了"。这跟"看傻"相同。然而，不同的是，在日常经验中，"学"的客体论元"乘法口诀"并非导致"他会了"的具体的、直接的因素，即不因乘法口诀难易、长短、用汉字书写之类原因导致"他会了"。也就是说，"学"的客体论元"乘法口诀"对"他会了"而言没有直接致使性。这种日常规约性语义关系就抑制了"乘法口诀"凸显出来作为致事的可能性，因而不能从动词拷贝句"他学乘法口诀学会了"派生出客事主宾句"乘法口诀学会了他"，自然也就无法派

---

① 施春宏（2008a）将类似"这种书看傻了他"这样的句子叫"致事施受句"，似乎并不合适，因为根据施文的论述，施受关系是单个动词的论元结构关系，而致役（致事-役事）关系是动结式的论元结构关系。因此"致事施受句"不如叫"致役主宾句"，或按本章叫"客事主宾句"。

生出客事把字句"乘法口诀把他学会了"。这是构式内部语义结构关系之外的另一重语义层面(日常规约性语义关系)对其句法分布的制约作用。由此可见,百科知识对具体表达的实现确实起着非常深刻的影响。建构句法规则可以采取相对"净化"的策略,但在考察句法规则的具体实现过程时,没有对百科知识的精细观察和刻画,很多现象的本质是难以认清的。

4.5.3 动结式论元结构整合多能性中"例外"的根本性质

通过上面的分析,我们发现,"演砸、吃腻、学会"的论元结构整合机制实际上并没有违背界限原则及其配位规则系统。据此论证,它们不但不是"界限原则"的反例,反而是从新的角度给这个原则及其配位规则系统的描写力和解释力做出了新的说明,而且使我们对相关问题有了新的认识。它们之所以在句法分布上呈现出某种特殊性,或是由于补语动词的论元结构具有多重性,或是由于受到日常规约性语义关系的影响,这是造成动结式论元结构整合的多能性(多重可能性)的根本原因。如果不对每类动结式的内部关系做出精细的区分,仅从动结式在相关句式群中的表层分布着眼,那么就必然会放弃对动结式生成机制的原则概括和规则描述。界限原则及其配位规则系统从根本上说就是动结式(乃至两个动词性成分)整合后相关句法成分线条化的基本原则及配位规则。

显然,"演砸、吃腻、学会"跟"炒咸、铲平整"在整合性质上有差异,后两种类型是原则及其配位规则系统在特殊条件下呈现的例外,而前三种类型仍是原则及其配位规则系统的"例内"现象,只不过它们跟例(16)的"唱红"一样,都属同形歧价现象。但与"唱红"有些差别的是,同形歧价的三个"唱红",语义结构在"直观"上就显示出根本的差异;而"演砸、吃腻、学会"的同形歧价形式,不经过仔细分析,就不容易显示歧价内部的差异。

显而易见的是,由于受到不同界面特征的制约,汉语动结式系统中有极其丰富的同形歧价现象,如"唱红"就是比较典型的体现。动结式生成过程中受到不同相干因素的限制,其结果便有可能呈现为同形歧价现象。所谓歧价,在本质上就是歧义。有人认为动结式形成过程中并不存在同形歧价现象,并指出这种同形歧价的分析"很容易得出一个结论——动结式无定价且多有歧价"(刘培玉、欧阳柏霖 2010)。其实,正如三类"唱红"所体现的那样,动结式的同形歧价现象具有相当的普遍性,"如果给出特殊的语境,很多动结式都可能产生歧义"(施春宏 2006b)。对此,我们在前一章已有说明。同形歧价现象的出现,正是不同语义结构关系相互组配、不同界面特征相互作用的结果。借助同形歧价现象的分析,可以使动结式在相关句式群中不对称分布的限制条件显得更加具体、明晰,使模糊的认识变得更具操作性。如果将表层现象混杂在一起而不从性质差异的角度进行系统的分层整理,恐怕连基本的配位规则都无法归纳出来。而学术研究的一个基本信念就是,所研究的对象一定存在着某种内在的规律性,一定可以体现出某种程度的规则化,否则研究这一行为本身的存在基础就动摇了。发现几个所谓的"反例"并不难,而能否概括这些所谓的"反例"所存在的条件并将其规则化,往往既考验着我们对现象的把握程度,也检测出理论体系的适应空间。

其实,语言现象比我们这里描写的还要复杂。如"对、错"做补语的动结式"V+对/错"便也有因论元结构多重性而产生动结式论元结构整合结果多能性的情况。

(39) 写错$_1$:〈他$_i$〉写〈字$_j$〉+〈字$_j$〉错了　　(属于"骑坏"类)
　　　　　a. 他写错了字　　　b. *他写字写错了

　　　　　c. 他把字写错了　　　　d. *字把他写错了

(40) 写错₂：⟨他ᵢ⟩写⟨字ⱼ⟩＋⟨(他)⟩写字ₖ错了

　　　　　　　　　　　　　　　　　　　(属于"吃早"类)

　　　　　a. *他写错了字　　　　b. 他写字写错了
　　　　　c. *他把字写错了　　　d. *字把他写错了

"对、错"既可以像(39)那样指向实体，也可以像(40)那样指向事件。当我们将这两种情况合在一起时，表面上看就呈现出这样的句法分布：

(41) a. 他写错了字　　　　b. 他写字写错了
　　　c. 他把字写错了　　　d. *字把他写错了

这就在分布上跟"学会"的句法表现相同了。然而，两者的底层论元结构关系差异很大。

　　除了"V+对/错"类外，如果我们进一步拓展到带"得"式动补结构、时量成分做补语等情况，还会有更多新的情况出现，此不赘述。①

　　至此，我们需要做出的总体说明是，即便是受到句法之外相关因素的影响，也仍然没有违背大的构造原则和基本配位规则，不同约束条件的互动作用具有内在的规律性。句法分布常常是在多重界面相互作用下的具体表现，这仍然体现了原则的坚定性和策略的灵活性的有机结合。关于动结式生成机制的研究，除了系统刻画动结式在相关句式群

---

① 关于界限原则在带"得"式动补结构生成过程中的拓展性运用，参见施春宏(2008a：133—142)。关于时量成分做补语，一部分属于学者关于所谓"反转使役结构"中的情况，如"那个实验做了他整整一个晚上"，具体分析参见施春宏(2007)；一部分属于没有致使关系的情况，如"她住这儿一年多了～她住这儿住了一年多了"，这里出现的两种句法分布也与时间补语在这类动补结构中的特殊性质有关。

中的不对称分布外,还要在原则和规则的互动关系中说明它为什么能在这样一些句式中出现,而不能在那样一些句式中出现,从而揭示所谓的"例外"的根本性质及其生成机制,进而系统刻画动结式在相关句式群中分布的可能性和现实性。语言现象中的所谓"例外"在分析模型中的"例内化",是展示分析模型描写力和解释力的重要标志。

4.6 动结式分布不对称现象的多重界面互动层级

上面刻画了动结式句法分布的若干不对称现象,并指出这种不对称现象的出现是由于受到不同界面特征的制约,不同类型动结式受到的制约因素并不相同。同时还指出,如果分析清楚了某个或某类动结式构造过程中所受到的具体制约条件,那么其构造规则和分布表现仍然合乎大的构造原则。我们重点探讨了语义、句法、韵律、语用四个方面的界面特征,尤其是对语义特征的分析,涉及的方面比较多,如动结式高层语义关系(致使性问题)和底层语义关系(施受性问题)、使因事件和使果事件之间的语义关系(如是否具有规约性语义关系)、V 和 R 所支配的论元之间的同指异指关系、V 所支配的客体论元在整个致使事件中是否具有直接致使性等等。而这些不同的语义关系,在动结式及相关句式的形成过程中,作用的层面并不一致;同样,不同类型的动结式,所能容纳的语义关系也不一致。而且,即便语义、句法上允许的动结式,如果不合乎韵律上的要求,仍然不能得到有效输出。另外,现实经验、语用场景的认知差异也影响句法表达的现实性,语义、句法、韵律上都合适的表达,也未必能在现实交际中出现。

这里再重点讨论一下如何对概念/语义促动和句法表达之间关系进行分析的策略问题。基于认知语言学、功能语言学的句法生成机制分析,比较注重概念/语义结构对句法结构形成的促动作用。如宋文辉(2004b)在讨论动结式在几个句式(核心句、重动句、"把"字句、"被"字句、话题句)中的分布限制时指出,"其分布规律是动结式的概念结构的差别所驱动的","仅仅从动结式的动词和补语的论元以及补语的语义指向出发的还原主义研究取向不能完全解决问题"。也就是说,自下而上的还原分析显然是不充分的。但同样,仅仅是自上而下的整体分析也是不充分的。如若只从概念驱动句法角度出发,就很难说明"读书读累了"这样的重动结构为什么在宋代之前及英语中不能出现,而"读书(to read)+累(be tired)"这样的概念结构却是可以跨时空的;同样也不好说明"他擦净了桌子"在现代汉语中可以接受,而相应的英语表达只能是"He wiped the table clean"这样的隔开式。可以说,形式取向的分析多还原,功能取向的分析多整体;还原分析多侧重可能性,整体分析多侧重现实性。只有这两种分析取向或策略相结合才能做到更加充分的描写和解释,因为语言现象的形成和使用是受到多重界面相互制约的。

既然如此,这些多重界面特征对动结式的整合和分布的影响是否存在一个优先序列呢?就上文的分析而言,大体存在着这样的一个优先序列:语义＞句法＞韵律。语义结构提供句法生成的基础,但这不意味着某个语义结构必然具有某种句法表达形式(受共时句法系统的制约);句法结构根据其容纳能力和方式来显示所能表达的语义内容;韵律结构规则再对句法生成的结果进行进一步的调节,合乎现代汉语韵律句法规则的动结式,才能进入到交际中。语言交际再根据具体的情境选择合适的与动结式相关的合法句式。表2就体现了这样的关系(对语义层面内部没有做进一步区分,只是大体显示了相应层级,但未将日常规约性语义关系显示出来):

表 2　多重界面互动机制及其层级(以 V^2+R 为例)①

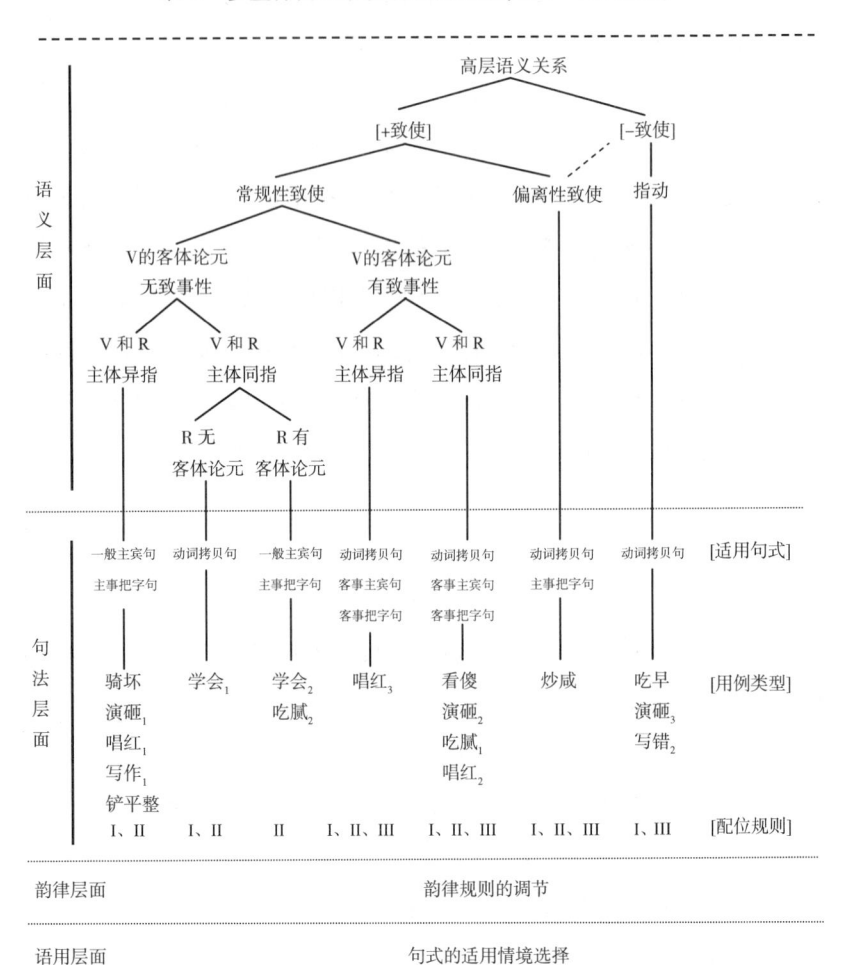

语义层面

```
                        高层语义关系
                       /            \
                   [+致使]          [-致使]
                  /      \              \
            常规性致使   偏离性致使      指动
           /        \
    V的客体论元    V的客体论元
      无致事性      有致事性
     /      \      /      \
  V和R    V和R   V和R    V和R
  主体异指 主体同指 主体异指 主体同指
           /    \
         R无    R有
        客体论元 客体论元
```

句法层面

适用句式	①	②	③	④	⑤	⑥	⑦
	一般主宾句 主事把字句	动词拷贝句	一般主宾句 主事把字句	动词拷贝句 客事主宾句 客事把字句	动词拷贝句 客事主宾句 客事把字句	动词拷贝句 主事把字句	动词拷贝句
用例类型	骑坏 演砸₁ 唱红₁ 写作₁ 铲平整	学会₁	学会₂ 吃腻₂	唱红₃	看傻 演砸₂ 吃腻₁ 唱红₂	炒咸	吃早 演砸₃ 写错₂
配位规则	I、II	I、II	II	I、II、III	I、II、III	I、II	I、III

韵律层面　　韵律规则的调节

语用层面　　句式的适用情境选择

---

① 此表与施春宏(2015:42)所列的表 2 内容略有不同,排列顺序也有调整。此表在[+致使]下区分"常规性致使"和"偏离性致使";而施春宏(2015)的表 2 中对此没有区分,并将"偏离"放到[-致使]的下面,跟"指动"并列。这样的处理跟施春宏(2006a、2010b)的某些认识不协调,因为后者将"把"字句看作表达致使范畴的一种句式。实际上,"把"字句可以用来表达"偏离性致使"的语义关系。但"炒咸"类表示"预期偏离"的结构又确实跟[-致使]有一定关联,即它处于[+致使]和[-致使]之间,因此表 2 中用虚线将两者间接地联系起来。

当然，动结式的实际类型远比这张表中所呈现出的类型丰富而复杂(施春宏 2008:107、253、274)，表中呈现的只是文中论及的部分 V^2+R^1 类动结式和 V^2+R^2 类动结式(后者只涉及同形歧价的"学会、吃腻")。至于 V^1+R、V^3+R 的情况，更未涉及。

下一节我们将针对学界就某些动结式句法语义特征的认识来做出新的分析，以进一步检测上文所提出的分析思路的效度。

4.7 关于动结式在相关句式群中不对称分布的认知功能解释的再思考

对类似本章分析的动结式在相关句式群中不对称分布的部分现象，学界一直有比较多的关注，并常有论者试图从认知和功能的角度做出说明。一般基于认知、功能的分析都不太注重上文这样的自下而上的整合机制及其派生过程(甚至明确反对派生分析法)，而常常将动结式看作一个既成的类似词项的整合体，实际采取的是自上而下的认知策略。这里便主要就动结式分布系统中所谓的"可逆"现象来讨论相关问题。

王寅(2011b:264)注意到了下面这样的句法可逆现象：[1]

(42) a. 夫人吃腻了大餐　　　b. 大餐吃腻了夫人
(43) a. 人们吃惯了大锅饭　　b. 大锅饭吃懒了这帮人
(44) a. 志愿者喝醉了酒　　　b. 酒喝醉了志愿者

---

[1] 原著有更多的用例，但有的属于别的类型，有的可接受性值得怀疑。如"大家听乐了故事"，一般认为不能接受(如任鹰(2001)，下文有所说明)，它实际上属于"看傻"类，生成的句子是"大家听故事听乐了"，进一步派生后就生成了作者对举的另一用例"故事听乐了大家"及"故事把大家听乐了"。另，例(43)对举用例中的两个动结式王寅(2011b)原著用的就是"吃惯"和"吃懒"，这里不做统一。

作者发现,这种构式的"语法主语和语法宾语被颠倒后,语句依旧能够成立"。对这种"主宾语位置颠倒之后还能保持命题意义不变"的现象,作者试图从理想认知模式(idealized cognitive model,ICM)做出解释:"上述诸例中的主语和宾语之间已建立起了较为稳定的 ICM 关系,如'人吃大餐、人听故事、人喝酒',这种施受关系是人们在生活经验中获得的稳定认识,逻辑关系不可改变,它们即使在语法位置上发生了变化,其内在的施受关系仍保持原样。"这样的解释所需要面对的问题是:1)是否具有了稳定的 ICM 关系,就可以形成这样的互逆表达?2)没有稳定的 ICM 关系,是否就难以形成这样的互逆表达?第一个问题涉及论证的充分性,第二个问题涉及论证的必要性。

其实不然。作者已经认识到了上述论证的充分性是存在着问题的:"倘若如此解释又会引出一个新问题,为何这种语法主语和宾语颠倒的现象在上述六组(按:上面列出的是其中的三组)例句中可行,而在其他很多场合下,即使主宾语之间也存在稳定的施受关系,却又不行了呢?"作者举例如下:

  (45)a. 他们算清了账 b. *账算清了他们
  (46)a. 我匆忙弄好了晚餐 b. *晚餐匆忙弄好了我
  (47)a. 他们堵死了洞穴 b. *洞穴堵死了他们

有鉴于此,作者指出:"看来,用 ICM 难以做出合理的解释,其间的认知机制尚需深入研究,或许还要深入调查动词内部的属性特征,特别是结果成分的语义性质。"

  由于作者没有将自下而上的整合过程和自上而下的约束过程结合起来分析相关现象,因而在用认知、功能做出解释时,就无法面对相关的反例了(退一步说是该解释性假说的"例外",但该例外换个角度看并非真正的例外)。但作者已经隐约看到了结果成分的特殊性,只是仅仅根据"动词内部的属性特征"仍然不能做出有效的解释,还必须将它放到动结式整合机制的考察中才能够有所说明。

我们可以根据界限原则及其配位规则系统对它们的生成过程(包括相关的"把"字句)做出重新分析。例(42)的"吃腻"上文已经分析了,其中一种类型的生成过程是(同"看傻"):夫人吃大餐+夫人腻了→夫人吃大餐吃腻了→大餐吃腻了夫人→大餐把夫人吃腻了。(43)的"吃惯、吃懒"同此。"吃惯"还可以像"吃腻"一样有上文例(36)那样的生成方式,而"吃懒"只有"看傻"的生成方式。至于例(44)的"喝醉",实际上跟"看傻"也是同类,但有一些特殊性,还需要做出特别的说明。由于句子中的宾论元"酒"对"喝醉"这个事件而言,是个没有什么信息量的影子论元。像这样由影子论元构成的动结式很少,一般认可的还有另外两例,即"吃饱"(他吃饱了饭)和"睡醒"(他睡醒了觉)。既然它们没有提供多少语义信息,因此完全可以删去,删去后即便没有特定的语境也不影响整个表达的信息量,如"他喝醉了""他吃饱了""他睡醒了"。而一般动结式的宾语是不能像这样自由显隐而不影响句子信息的表达的,如"?他喝坏了""?他吃输了""?他睡塌了"。对此,我们将在下一章讨论动词拷贝句时再作专门分析。

由此可见,例(42)-(44)内部没有充分的一致性,但在动结式整合过程中,某些有不同生成过程的句法现象经过整合后可以形成相同的句法表现。这种情况在语言中很常见,如"地震、开关、司机"的构词方式并不相同,但它们组成复合词后都是名词;如果忽视其内部差异,将它们看成功能上具有同一性的词项,是完全可以的。分析句法现象时,基于表层形式的概括,一定要区分同形表达的内在层次关系和性质差异。

作者已经认识到,更大的问题来自例(45)-(47)的挑战。其实,根据界限原则及其配位规则系统,这三组用例并不构成任何威胁,它们之所以"难以做出合理的解释",是因为用ICM来解释时遇到了"理论性难题"。它们都属于"骑坏"类,其生成机制和派生过程与此相同。由于不能生成动词拷贝句,因而也就不能派生出三句中的句(b),当然也就不能进一步派生出客事把字句"账把他们算清了、晚餐匆忙把我弄好了、洞穴把我们堵死了"。① 因此,它们都不能构成互逆表达。

而且,即便是能生成例(42)-(44)这样的互逆表达,也是由于补语动词具有相当特殊的句法语义特征,因此这些互逆表达至多看作动结式句法分布的例外或特例,而不能作为通例来说明。这与它们是否具有稳定的ICM关系,没有必然的联系。当然,具有稳定性的ICM关系,会使客体论元凸显为致事,从而使形成的致役主宾句在可接受度方面有所提高。如"大餐吃腻了夫人"跟"高山茶喝厌了夫人(←夫人喝高山茶喝厌了)"相比,可接受度高一些。另外,ICM关系是否稳定,不是单纯地看致使事件中"人吃大餐、人听故事、人喝酒"这样的使因事件,而是要看使因事件和使果事件之间的关系,如"人吃大餐→腻了"。经过对学界既有认识的梳理和某些用例语义结构的精细分析,我们发现例(40)到例(45)基本上都是语言系统中多重界面特征交互作用的结果,它们在大的构造原则上并没有违背界限原则及其配位规则系统。只要特定的语义关系确定了,其句法操作过程仍然是受规则制约的。在说明句式的配位方式时,没有规则化的操作,而只借助概念结构的说明,是行之不远的。

针对类似例(42)-(44)这样的"可逆"表达,任鹰(2001)在探讨所谓"主宾可换位动结式"时也有基本相似的认识和困境,其用例也基本上跟王寅(2011b)的用例平行。任鹰(2001)认为下面例(48)可以成立,

---

① 注意,"洞穴把我们堵死了"在另外的条件下是可以接受的,如"洞穴堵我们+我们死了"(这里的"死"是夸张性的转喻用法)。此时的句义跟"他们堵死了洞穴"完全不同了。

而例(49)不能成立,"暂时还无法做出准确的解释"。

(48) a. 故事听乐了孩子　　b. 小说看哭了妈妈
　　 c. 衣服洗累了姐姐
(49) a. *孩子听乐了故事　　b. *妈妈看哭了小说
　　 c. *姐姐洗累了衣服

由于更多地牵涉到对动词拷贝句的构造过程及其与相关句式之间的派生关系,因此也放到下一章讨论。我们的基本看法是,这种解释的困境源于作者没有很好地揭示结构生成过程中不同界面特征的互动关系,没有充分地认识例外、特例和通例的关系,将例外、特例视为通例而试图由此制定普适性的规则。这显然是有局限的。

因此,必须将认知功能分析和形式结构化分析结合起来,既重视认知功能的促动作用,又重视句法形式的构造过程,将自上而下的分析和自下而上的分析结合起来,将制约句法表现的多重界面特征结合起来,才能使相关的描写更加充分,使相关理论更具解释力,从而能有效提升分析模型的预测力。没有基于结构分析的认知功能解释,有时会对同功异形、同形异功现象认识不清;没有基于认知功能的结构分析,有时会难以概括句法生成在交际中的复杂表现。

4.8　本章小结

本章试图通过对句法生成过程中多重界面互动关系的刻画来系统描写和解释动结式在相关句式群中的不对称分布现象,并借此进一步讨论动结式的生成机制及其约束条件。本章首先在考察几组现象虽小但意义重大的特殊动结式句法表现的基础上,系统地讨论了动结式在相关句式群中的不对称分布状况,并从论元结构和配位方式互动的角度,描写了在动结式整合原则及其配位规则系统的支配下若干类型动结式的生成过程,同时利用多重界面的互动机制探讨了各类特殊的同形歧价动结式形成的动因,分析了动词论元结构的多重性和动结式论元结构整合的多能性之间的关系,并对在认知功能解释中难以说明的相关现象提出了新的认识。本章试图对动结式的分布状况和线条性特征做出结构化、句法化、一致化的分析,借此来说明形式/结构和意义/功能之间复杂而又有很强规则性的互动关系,从而探讨句法构造过程的可能性和现实性问题。

通过分析,我们发现,由于不同界面特征的交互作用,造成了不同类型动结式整合过程的不同,这种不同又进一步造成了由动结式构成的相关句式的派生效应(derived effect)的差异。也就是说,动结式配位方式的差异是多重界面互动的结果,而这种互动结果及其相关句法效应又可以通过派生方式和派生能力的差异彰显出来。这进一步说明,句式性构式的构造过程受到相关界面互动特征的制约,因此对句式性构式的形式和意义的特征的认识,是可以采取互动-派生模型来探求的。特定构式自身的存在也是跟其他构式相互作用的结果,特定构式的价值也只有在构式系统中通过相关构式之间的相互作用才能体现。因此,所谓的构式语法,从本质上看,也就是互动构式语法。当然,这并不否认我们在认识构式的形式和意义的某方面特征时侧重于某个界面的分析。但对构式整体特征的把握,无论是基于表层的概括,还是基于派生的分析,都必须放到多重界面互动的过程中。对这种多重界面互动的考察,既需要自上而下的综合把握,又需要自下而上的还原分析,将综合分析与还原分析融贯起来,走精致还原主义/精致整体主义之路(施春宏 2008b、2010a、2010b)。

另外,本章在分析相关现象时,尤其注重所谓的例外、特例等特殊现象的生成动因及其构造机制,并对它们跟反例的关系做出说明。一个分析模型,自然应该能够预测相关的通例现象,但同时也要对与通例相违背(表面上或本质上)的例外、特例做出有效的说明,强化实证性分析,以进一步充实理论的概括性。同时还要积极预测反例的存在,给已构模型的解释力画出相对清晰的边界,从而从证伪的角度对分析模型做出更加充分、有效的论证。其实,建构什么理论模型不是问题的根本,关键在于如何相对充分地描写、解释既有的语言事实和预测、建构新颖的语言事实。

第五章 动词拷贝句句式构造和句式意义的互动关系

5.1 引言

本章试图以动词拷贝句(Verb-Copying construction,VCC)为例,来探讨句式构造和句式意义的互动关系问题。跟前一章对动结式的分析有所不同的是,本章更注重动词拷贝句跟相关句式之间互动关系的分析,即将动词拷贝句放在特定的句式群中来探讨它的形式和意义、结构和功能之间的关系,从而获得跨句式的概括(generalization across constructions),并对句式形义关系研究中的方法论问题做出初步探讨。本章分析特殊句式形义互动关系时特别探讨原则和规则的关系问题,尤其关注如何将抽象的原则具体化为规则的操作,强化对于原则和规则互动关系的描写和解释能力。

动词拷贝句,也叫重动句、复动句、重动结构、动词重复结构、复制动词句等,指的是这样的句法结构:NP+V_1+O+V_2(得)+X。其中,V_1和V_2形式相同;O是V_1所支配的客体成分,典型的语义角色是受事,但也可以是其他语义角色,句法上一般视为V_1的宾语[①];这里的X是能出现于"V_2(得)"(指"V_2"或"V_2得")后的所有线性成分(暂不考虑

[①] 通常,V_1的宾语O由NP充当,不过有时也可由非NP充当,这类V_1主要是心理动词。如"孩子想上学想疯了"。其实,带什么性质的宾语跟动词的次语类属性有关,此不赘述,只举例说明 V_1 带 NP 的情况。

时体成分)。主要的类例如("V_2+X"若为动结式,则列出两个子事件的表达式;若为非动结式,则主要说明 X 的性质):

(1)a. 香菱做旧体诗做上瘾了

（香菱做旧体诗＋香菱上瘾了）

b. 他摔通灵宝玉摔伤了贾母的心

（他摔通灵宝玉＋贾母的心伤了）

c. 下人们吵嘴吵醒了主子

（下人们吵嘴＋主子醒了,V_1O 为离合词）

d. 下人们请老太太安请晚了

（下人们请老太太安＋[请]晚了,X 指动）

e. 凤姐管贾府管出经验来了　　（X 为趋向补语）

f. 宝玉读《西厢记》读了一下午　　（X 为时量补语）

g. 大观园办诗会办了几次　　（X 为动量补语）

h. 他们抄大观园抄到半夜

（X 为介宾补语,宾语为时量）

i. 他们抄大观园抄到了探春的房间

（X 为介宾补语,宾语为处所）

j. 宝玉读《西厢记》读得入了迷

（带"得"式,X 与非主谓式）

k. 金桂骂薛蟠骂得薛姨妈心里发恨

（带"得"式,X 为主谓式）

l. 宝玉读《西厢记》读得很快

（带"得"式,X 指动）

我们在第三章分析动结式的配位系统时已经涉及了动结式在整

合过程中所出现的若干动词拷贝句类型；这里还包括 V_2 后用趋向补语、数量补语（包括时量和动量）、介宾补语、带"得"补语的情况。虽然这些类型已经比较丰富了，但仍然不是穷尽性列举，还可以根据 V_1 的宾语成分 O 和 V_2（得）后 X 的具体句法语义类型做出更为精细的划分。但大体而言，上面这些句子已经代表了动词拷贝句的主要类型。

关于动词拷贝句，学界已有比较广泛的研究。除了专题讨论外，很多分析汉语致使结构的文献也常将它作为考察的对象，并将它看作跟"把/被"字句等相似的特殊句式，对它的句法结构、语义特征、语用功能，以及它跟相关句式之间的变换关系，给予了比较多的关注。也许是理论、材料、方法或目标不同的缘故，很多研究对其句法、语义、功能等各个方面特点的认识，一直都存在较大的争议。本章首先从研究路径这个角度对动词拷贝句的研究现状做出归纳，并指出其中有待解决的一些问题，然后通过考察动词拷贝句的构造过程来分析其句法和功能、意义上的特点。我们将动词拷贝句这种具有鲜明汉语类型特征的论元结构构式放在形义相关的句式群中考察，特别关心句式的构造机制及其动因，在此基础上进一步考察跟动词拷贝句相关的几种特殊句法现象，并借此讨论其结构和功能的扩展问题，从而关注动词拷贝句在形式和意义上的互动层级关系。

5.2　动词拷贝句的研究路径及某些有待解决的问题

动词拷贝句虽然并非汉语句法系统中的常用句式，但学界依然在对其构造过程及其功能特征的关注中形成了若干热点话题。这里通过对动词拷贝句基本研究路径的考察来审视动词拷贝句形义关系研究中某些有待解决的根本问题,进而提出我们的分析策略和基本认识。

5.2.1 动词拷贝句的基本研究路径

自王力(1944)提出"叙说词复说"(即动词拷贝形式)之后的相当长一段时间里,动词拷贝句的句法构造和句式意义方面的特点并未引起太多的关注。然而自 20 世纪 80 年代中期以后,这个句式则引起了学界的广泛关注。归纳起来,对动词拷贝句的研究主要有三条路径:

一个是结构主义的分析。主要是围绕"宾补争动"情况展开对动词拷贝句配位方式的描写和说明。宾补争动说实际上是对动词拷贝句构造过程最为直观同时也比较到位的认识。这种认识最早由王力(1944)提出,即"叙说词复说"[①],后来学界虽多有发挥和调整,但整体思路没有大的改变。早期的研究大多将动词拷贝句看作动宾结构或动补结构的一种类型,并未单独划分出来,只是在描写相关句式时有所涉及,如黎锦熙和刘世儒(1957)、王福庭(1960)、丁声树等(1961)、李临定(1963)等;但也有少数文献将它作为独立句式来研究,如何融(1958)、赵普荣(1958)、洪心衡(1963)等。直到上个世纪 80 年代,对该句式的研究才逐渐走向深入,当然很多文献仍将其放在动宾结构或动补结构的句型系统中来描写,如秦礼君(1985)、刘维群(1986)、李临定(1986)、范晓(1993)等。这方面的文献很多,可以参见刘雪芹(2003)、孙红玲(2005)这两部博士学位论文及刘雪芹(2012)的综述,这里不再罗列。另外,关于动词拷贝句的类型,上述文献已多有归纳,下文也不再罗列。[②]

[①] 该术语的基本精神与"宾补争动"说吻合。用现在的术语系统来说明就是,由于宾语和补语都争相靠近动词,"在这双重障碍之下,唯一的补救办法就是把叙述词(即动词)复说,使两方面都不至于被隔。"(王力 1944/1984:399—400)

[②] 值得关注的是,有的结构主义文献对语言事实描写的丰富、精细程度是后来很多以解释为己任的文献所难以企及的。

另一个就是功能主义的分析。这种研究主要开始于20世纪90年代。其实,跟结构主义只注重结构本身相比,功能主义的研究范围常常是既包括语用功能,也包括语义特征。加之功能主义范式本身包含多元理论,所以,在此背景下的各种研究也相差较大。近年则多在认知语言学框架下分析,也与此相关。总体来说,这方面的研究主要有两方面的主题。1)重视动词拷贝句所表达的语义、功能上的特点及其动因。如认为动词拷贝句突出动作行为的超常量(项开喜1997)、非预期结果(项开喜1997;吕映2001),具有原因解释功能(魏扬秀2001)、体现远距离动因(张旺熹2002)等。中国大陆的功能主义文献往往对这方面主题比较关注。2)注重动词拷贝句句法结构的功能表达,即从功能上说明其构造基础。如Tsao(1987)将动词拷贝句归入话题表达方式之一,认为V_1已经去动词化(deverbalized)了,"V_1+NP_2(按:即本章的V_1+O)是一个起到次话题(secondary topic)作用的名词短语";①戴浩一(1989/1994)、Tai(1999)认为动词拷贝是语义促动的,因为动词拷贝句具有显示某一事件重复或持续的符号象征功能;Liu(Xianming Liu 1995)讨论了动词拷贝句在表达背景—前景信息时的语用/话语因素。Huang(Chu-ren Huang 1990)甚至认为动词拷贝这个概念本身并非必要,因为如果两个动词之间的因果关系是明确的、合乎逻辑的,则不需要用动词拷贝。因此,根本就没有动词拷贝的事实需要解释,动词拷贝只是更一般现象的一部分。②这方面主题是海外文献关注得比较多的

---

① Tsao(1987)进而认为:"V能够去动词化,因此可以和它的宾语一起被移出VP而成为次话题。因此,实际上只有一个动词而没有动词拷贝。事实上,我们只有一个动宾话题化的过程。"

② 说动词拷贝只是更一般现象的一部分,这并不错,然而某个综合性表达式是否可以转化为别的分析式来表达,或能够转换成其他综合的方式去表达,则不能成为这个综合式存在与否的理由。否则,很多特殊句式或其中的某些类型都没有存在的理由了。现实情况是,动词拷贝句的结构形式毕竟存在于汉语句式系统中:这就是需要观察和解释的根本理由。当然,这也告诉我们研究动词拷贝句需要考虑特定语境中的使用与否问题。

地方。关于动词拷贝句的语法意义或语法功能,聚讼纷纭,而且常常牵涉到对句法结构的分析。

再一个就是形式主义的分析,也就是依据生成语法关于句法结构的生成原则来说明动词拷贝句的派生过程。由于生成语法的理论发展呈现出显著的阶段性,这样,在生成语法的每一个发展阶段,都有学者利用该阶段的理论框架来对动词拷贝句的构造机制做出相应的技术分析。如 Huang(C.-T. James Huang 1982)、黄月圆(1996)、杨寿勋(2000)、Hornstein & Nunes(2002)、熊仲儒(2004)、Cheng(2007)、阳清华(2007)等。

当然,在结构主义之外,将研究取向或理论背景简单地分为功能主义和形式主义,是相当粗糙的,除了典型的功能主义和形式主义外,很多研究介于两者之间或融合(或使用)了两者的研究规范。如功能主义者 Hsieh(Hsin-I Hsieh 1989)、Tai(1989b)等提出了形式和功能之间的互动观(interactionistic view),试图借此来强化说明句式的构造过程。在此基础上,Chang(Claire-Hsun-huei Chang 1991)考察了动词拷贝句的构造机制,认为"动词拷贝是在几种语法成分之间产生互动关系而出现的现象:句法和形态之间的互动、成分结构(constituent structure)和论旨结构(thematic structure,也作题元结构)之间的互动、论旨结构和象似结构之间的互动",从而指出"只从形式主义或功能主义来看都是不充分的"。Hsieh(Miao-Ling Hsieh 1992)则根据 Vendler(1967)所概括的动词(短语)的四种情态类型(状态、活动、实现、达成)来说明动词拷贝句构造过程的强制性、可选性和禁用性。一般从事件结构语义关系的句法实现过程来讨论动词拷贝句的构造机制问题的研究都带有综合性,如 Chang(Jung-hsing Chang 2001)、施春宏(2003a、2005a、2006b)、Liu(Jimmy Liu 2004)、Paris(2006)等,这种研究往往关注动词拷贝句句法—语义互动关系的讨论。又如 Fang(2006)、Fang & Sells(2007)在词汇—功能语法背景下的分析,Her(2007)在词汇映射理论背景下的分析,都对动词拷贝句所表达的事件结构做了探讨。因此这种研究常常将结构主义和功能主义相结合,但又对句法生成过程的技术分析有所关注。①

5.2.2 动词拷贝句形义关系研究中某些有待解决的问题

在上述三种研究路径中,就结构主义而言,它实际上是一种方法论(Piaget 1979),任何研究都得以此为背景、基础或前提。一般对结构主义分析的要求就是它要尽可能描写得充分而精细并在此基础上进一步做出结构化、一致化的解释。而就功能主义分析而言,面临的一个最为直接的问题就是,所概括出来的功能动因是否是充分而又必要的。例如,假使认同动词拷贝句表达的是超常量,那么会面临这样两个问题:是否所有的动词拷贝句都表达超常量(即便有一些例外情况,也是有特定的动因制约),即充分性问题;②如果要表达超常量,是否都必然以动词拷贝句来表达,即必要性问题。如果概括不具备充分性,那就有可能用部分来代替整体,即出现过度概括的情况;如果概括不具备必要性,那就有可能将相关句式的共性视为特定句式的个性。③ 显然,上面的

---

① 除此而外,冯胜利(2000)、Feng(2008)则另辟蹊径,论证了动词拷贝句生成的韵律基础:"在现代汉语中,这种动宾复制的格式完全可以理解成是为了解决动词后面不容两个名词性成分的困境而发展出来的。根据我们建立的韵律句法学理论,这种'一动两名'格式的不合法,是因为不能为普通重音的指派规则所接受,于是才有韵律整饬的必要。……句法上的复制,实际源于韵律上的整饬。"(冯胜利 2000:70)这涉及韵律和句法的互动关系问题。由于本项研究主要论述结构和语义、功能之间的关系,因此对此暂不论及。

② 如项开喜(1997)认为,重动句是"突出强调事物和动作行为的超常方面"。而王灿龙(1999)认为,"这一结论只适用于部分具体的重动句","有的(句子)根本不能说是表示或突出'超常方面'"。这是充分性问题。解决充分性不足的困境一般有两种处理策略:一是将该解释限定出具体应用范围,进而做出新的分类;二是向上走,提出更具抽象性的概括。

③ 这不是说共性的概括是错误的或是不必要的,恰恰相反,共性的概括正说明了该句式的上位层次属性。而解决必要性的办法一般是:向下走,即在共性概括基础上进一步找到更加具体化的结构特征或属性,并要使该属性是某个句式的独有属性。如说动词拷贝句中动词前面的拷贝成分具有话题性质,这是对动词拷贝句语用功能的重要概括,但还不够,还需要进一步指出的是,这种话题结构跟其他话题结构在结构、意义和功能上有何区别。可见,在考虑某一单一句式时,同时考虑其所处句式群的构式特征是何等必要。这既涉及本体论事实问题,也涉及方法论必要性问题。

第五章 动词拷贝句句式构造和句式意义的互动关系

功能动因分析似乎还没有很好地回答这方面的问题,因此尚需作进一步的探讨。就形式主义分析而言,对结构限制条件的概括同样面临着对这两个问题的追问。

基于此,我们拟从句式构造和句式意义互动关系的角度提出下面三个值得探讨的问题,试图利用新的分析策略对动词拷贝句的结构和语义、功能方面的特点做出新的阐释。

第一,海外文献所讨论的大多是组合式动词拷贝句(即由非动结式、动趋式构成的动词拷贝句),包括由数量补语(时量补语、动量补语)、处所补语构成的动词拷贝句,以及带"得"式(带"得"的组合式类型归纳得往往不够充分)的动词拷贝句,有时还涉及黏合式动词拷贝句(即由动结式、动趋式构成的动词拷贝句)中带趋向补语的结构形式,如下面例(2)中的 4 种类型(引自 Li & Thompson 1981:442—450)。[①]而对黏合式中的主要类型(即由动结式构成的各种情况)则较少涉及,如下面例(3)中的几种类型。[②]

(2) a. 我拍手拍了两次/他吃饭吃了两个钟头

　　(数量补语句)

　b. 我们打篮球打得都累了/他骑马骑得很累

　　(带"得"补语句)

---

① Tai(1999)将动词拷贝句分成 6 种类型,将数量补语具体分为时量补语和动量补语,将带"得"补语具体分为带"得"的描写补语和带"得"的结果补语。这些都是组合式动词拷贝句。生成语法文献所考察的动词拷贝句也大多如此。如 Huang(1982)提出短语结构限制(按:具体内涵见下文),所涉及的动词拷贝句用例也是组合式的。黄月圆(1996)在说明动词拷贝句与"把"字句互补分布时,其分析的类型也是如此。其他理论框架下非汉语文献的研究也大体如此,如基于词汇—功能语法理论研究动词拷贝句的 Fang & Sells(2007)。这是一个比较有趣的现象,涉及理论和事实方面较为复杂的关系问题。

② 这里的黏合式跟朱德熙(1982:125)所说的黏合式述补结构(即动结式和动趋式)一致,而对组合式的理解则比朱德熙(1982:125)要宽,朱先生的组合式只包括带"得"的述补结构。另,施春宏(2005a)将黏合性动词拷贝句系统归纳为 7 类,例(3)只例举了其中的 4 类。

c. 爸爸挂帽子挂在衣架上

　　　　（处所补语句）①

　　　d. 我们跑步跑到学校/我们走路走到城里了

　　　　（趋向补语句）

（3）a. 我拍手拍累了

　　　b. 我们打篮球打坏了球筐

　　　c. 小王倒奥运门票倒赔了几万块钱

　　　d. 你教孩子音乐教迟了

对语言事实的描写是否充分暂且不说，就这两种类型而言，哪种更为典型，更能体现动词拷贝句结构和语义、功能上的本质特征，这是需要考虑的。既然动词拷贝句有这两种句法形式，那么，组合性动词拷贝句和黏合性动词拷贝句在构造原则和功能特点上是各有不同还是基本一致，则更是需要回答的。

　　第二，为什么某些语义结构关系可以（并非必然）用动词拷贝句来表达而某些语义结构关系不能用动词拷贝句来表达？面对这一问题，理论需要接受证实和证伪的双重考验。

　　第三，一般文献只是就动词拷贝句本身来论述，较少考察在动词拷贝句构造过程中所产生的相关句法后果。对动词拷贝句跟相关句式之间关系的描述基本上是基于以结构主义为背景的变换分析的说明，而对变换的结构性基础、制约条件、可能性和现实性之间的关系尚未做出系统的概括。而这些分析却是提升理论价值、拓展理论空间的需要。

---

① 这种类型普通话中一般不用动词拷贝句，而用"把"字句、"被"字句、话题句来表达，如"爸爸把帽子挂在衣架上""帽子被爸爸挂在衣架上""帽子，爸爸挂在衣架上"。这类"把"字句等的使用也是宾补争动的结果，但争的结果不是构成动词拷贝句。有的方言（如粤方言）可以将"帽子"放在动词和补语之间。关于这类"把"字句的具体派生过程，可参见施春宏（2006a）的说明。

归结为一点,就是描写和解释的充分性和必要性问题。总的来看,这三个方面都涉及动词拷贝句论元结构的整合过程及其句法实现、论元结构和配位方式的关系。如我们认为,动词拷贝句的黏合式和组合式在论元结构的整合原则上具有一致性,但具体类型又有差异,这会影响不同语义结构关系或语用功能是否可以用动词拷贝句、如何用动词拷贝句来表达、用哪一种下位类型的动词拷贝句来表达;而由此造成的配位方式的差异必然会影响到不同类型动词拷贝句跟其他特殊句式的关系。这就使我们认识到,如果试图对这些问题有个系统的认识、对相关争议做出新的阐释,从动词拷贝句的论元结构和配位方式的互动关系入手来考察它的句式构造和句式意义/功能及其互动关系,应该不失为一条可行之路。也就是说,通过考察动词拷贝句论元结构和配位方式的结构化过程和方式,也许可以在一定程度上合理地推演出动词拷贝句在句法、语义及其功能方面的个性表现,并通过跟其他相关句式构造过程及句式意义的比较分析,揭示出这种个性的共性基础。本章最主要的目标就是探讨动词拷贝句结构和语义、功能得以存在的充分性和必要性问题。无论对动词拷贝句做怎样的理论分析,都是围绕宾补争动而展开,而宾补争动的关键就在于一个"争"字。具体来说就是:

A. 因何而争?(动因)

B. 争什么?(结构化)

C. 如何争?(机制)

D. 争的结果如何?(效应)

E. 为何有此结果而无彼结果?(系统化)

只有"争",才有互动关系存在,才能实现一种句法形式和句法意义之间的平衡关系。真可谓"怎一个'争'字了得"。因此本章便以动词拷贝句的构造过程为理论出发点,在形式和意义的互动-派生关系中,逐步展开相关问题的讨论。

5.3 从动词拷贝句构造过程看其结构和功能方面的特点[①]

下面我们先从"宾补争动"说在解释相关句法现象时的局限着眼,将动词拷贝句放到相关句式群中来探讨其构造过程,进而阐释动词拷贝句在汉语句式系统中所体现的功能特征。

5.3.1 "宾补争动"说的根本局限

关于动词拷贝句的构造过程,"宾补争动"说自提出后,虽然因其描写的不够充分而时有争议,但总体而言,这种对构造动因的说明还是有一定的描写和解释能力的。从不同理论对动词拷贝句构造过程的分析中都能看到这种认识的影响。较早地从句法关系上对这种现象做出一致化的结构性说明的是 Huang(1982)。Huang(1982:41)提出了一个规约汉语语序的普遍性原则,即"短语结构限制"(Phrase structure condition,PSC)。这个限制指出汉语句子的基本语序应遵循这样的句法条件(Huang 1982:26):核心在前的规则只作用于短语结构的最底层,其他所有较高层次都必须使用核心在后的规则,而且核心在前的规则对名词短语并不适用。依据这条原则,动词后便只能有一个句法成分,这就能很好地说明例(1)中的各种句法表现,从而说明了动词拷贝句的产生条件。这实际上说明了"宾补争动"的结构动因,"是近年提出的汉语短语结构的最重要的概括之一"(Tai 1999:115),给后来的研究提供了一个很好的理论参照。

---

① 为了行文简便起见,下文多以功能来涵盖语义和功能两方面,只是在需要强调的地方才将两者并举。

然而,后续的研究发现,PSC 既有过度概括也有概括不充分的地方。一方面如 Tai(1999:401)指出的那样:"虽然 PSC 将动词后带两个成分的某些不合法的句子过滤掉了,但同时也将某些合法的句子不正确地排除掉了。因此,说动词拷贝是 PSC 促动的,令人怀疑。"如"刘老师教汉语三十年了"中,核心词"教"后便有两个句法成分。另一方面,如果我们再考虑到黏合式动词拷贝句,情况就更加复杂了,远非 PSC 所能说明。① 而黏合式动词拷贝句又是动词拷贝句中更为典型的类型,某些类型的强制性使用情况更为显著。

其实,"宾补争动"说的根本局限在于,由于没有对"争动"的根本动因及如何解决"争动"的机制做出合乎逻辑的说明,便无法对下面这些问题做出很好的说明:1)为什么会出现宾补争动的情况? 2)是不是一个动词如果既带宾语又带补语,就都应该用动词拷贝句? 这实际上又包含两个方面问题:动词在同时带宾语和补语的情况下,是否必然将宾语前置? 如果前置,是否必然要用动词拷贝句?② 3)是否还存在这样的情况:虽然动词同时带了宾语和补语,反而不能用动词拷贝形式? 这最后一个问题更为根本,任何一个描写模型和/或解释模型,如果不能对这个问题做出有效的说明,便没有通过证伪的测试。用更多的例子来证实某个论断,只能说这个论断得到了更多的支持,但未必就获得了充分性证明;只有通过证伪的测试,才更接近于证明。

---

① 生成语法文献常将动结式看作句法复合词(compound),有的便因此而对其内部的论元结构整合过程不再分析,而将其构式整体看作类似于动词一样的成分。其实,这样的认识虽有其操作上的方便之处,但在说明动结式乃至动词拷贝句构造的系统性及其内部层次上有很大的局限。仅如跟动结式相关的动词拷贝句的构造过程,如果不从动结式的论元结构整合过程来考察,就不容易得到有效的说明。

② 如戴耀晶(1998)试图用"邻接原则"(即语法关系中最密切的两个成分必须邻接)来说明,这比宾补争动说更具体,解释力更强。并指出动词拷贝句的语法价值"更在于用邻接原则表现语言使用者对同一事件包含的语义内容所作的分解陈述"。然而,这仍然没有从结构上说明下面例(5)这样必然不能用动词拷贝句这种所谓的"分解陈述"的句法形式。而且,对何谓语法关系中最密切的两个成分,也还需要进一步从规则上做出充分的说明。

显然,"宾补争动"说对这三方面的回答都是模糊的,因而缺少准确的预见性。如在表达"孩子读这种书+孩子傻了"这种语义结构关系时,可以说是由于宾补争动的结果而形成了"孩子读这种书读傻了"这样的句法结构。然而,当我们表达"孩子骑这辆车+这辆车坏了"这种语义结构关系时,却不可以根据宾补争动的要求而形成"孩子骑这辆车骑坏了",而只能形成"孩子骑坏了这辆车"及其他相关表达(如"把/被"字句、话题句)。同样都是动词带宾语,同样都有补语,为何形成了不同的句法结构,"宾补争动"说不能有效地予以说明。其实,这两例还是比较简单的情况,如果再将补语的复杂化考虑进来,并试图跟带"得"式取得一致性解释,就更不能简单地运用"宾补争动"说来说明了。

还有更值得进一步思考的地方。如在表达"孩子读这种书+孩子傻了"的语义结构关系时,固然可以因宾补争动而形成"孩子读这种书读傻了"这样的表达,但我们同样可以说"这种书把孩子读傻了/孩子被这种书读傻了",甚至可以说"这种书读傻了孩子"。在"这种书读傻了孩子"中,"孩子"并不是"读"的宾语(准确地说应该是对象论元、客体论元),但其句法位置却在"读"(准确地说应该是动结式"读傻")之后。这更是"宾补争动"所无法预见和说明的。而且,这种表达中的动词后面既有补语又有宾语①,也与"宾补争动"说相冲突。当然,"宾补争动"说主要是用来说明基础句式的构造过程;然而,如何在同一个理论范式中有效地说明这些非基础句式的构造过程,则是对理论效力的一个检验。

由此可见,"宾补争动"说本身的结构化程度不高,只能看作是某种虽有原则性但又很有局限的构造动因,难以也没有通过规则化来体现其具体机制。而如何将动词拷贝句的生成机制规则化又是描写和解释动词拷贝句的构造过程及相关句法语义现象的关键。

---

① 实际上这里的"孩子"并非"读"的宾语,而只是说"读"后的句法结构有一个补语一个宾语。

5.3.2 从句式群看动词拷贝句的构造过程

通过上面的简单分析,我们可以说,在表达"孩子读这种书+孩子读傻了"的语义结构关系时,至少有下面(a)(c)(d)(f)四种句式可以选择(话题句暂不考虑):

(4) 孩子读这种书+孩子傻了→
    a. 孩子读这种书读傻了   b. *孩子读傻了这种书
    c. 这种书读傻了孩子   d. 这种书把孩子读傻了
    e. *孩子把这种书读傻了   f. ?孩子被这种书读傻了
    g. *这种书被孩子读傻了

显然,如果一种理论只能说明例(4)四种句式之中的某一种或两种、三种的构造过程,其描写力和解释力自然比不上能统一说明这四种句式构造过程的理论。如果一个理论还能同时预测(b)(e)(g)的不合法,那么它的描写力和解释力就会更强。当然,我们也可以设想例(4)中的四个合法句式是各自独立生成的,因为每个句式实际都是一个独立的形式—意义对,因而可以分别进行表层概括。然而,无可怀疑的是,这四个句式实际上构成了一个句式系统,一般交际者都能感觉到它们之间在形式和意义上的紧密联系。如果一种理论能够对此语感做出有语言学意义的概括,显然更为可取。在例(4)的四个合法句式中,仅从表面上看,后三个句式似乎与动词拷贝句没有什么关联,其实如果考虑到它们基本语义结构关系的一致性,就会推测它们在构造过程上跟拷贝结构具有某种一致性。比较一下表达"孩子骑这辆车+这辆车坏了"这种语义结构关系时的表达系统,跟例(4)完全互补:

(5) 孩子骑这辆车＋这辆车坏了→
　　a. *孩子骑这辆车骑坏了　　b. 孩子骑坏了这辆车
　　c. *这辆车骑坏了孩子　　　d. *这辆车把孩子骑坏了
　　e. 孩子把这辆车骑坏了　　f. *孩子被这辆车骑坏了
　　g. 这辆车被孩子骑坏了

同样,虽然例(5)不能构成动词拷贝句,但一种理论如果不能对例(4)和例(5)构造过程的互补情况做出说明,显然还是不够充分的。其实,只有对例(5)的构造过程做出了充分的描写和解释,才可以说对例(4)作了更为充分的描写和解释。显而易见,不同的语义结构关系,促发了不同的句式构造过程,形成不同的句式系统。

为了研究对象的明确化,我们在前一章中主张,在研究具有相同底层语义结构(论元结构)关系而表层配位方式不同的句式所构成的系统时,不妨用"句式群"的概念来替代"句式系统"。如例(4)和例(5)就是两个不同的句式群。现在需要回答的就是:句式群(4)乃至句式群(5)是如何构造出来的呢？为什么句式群(4)出现了所谓"争"动的现象而句式群(5)没有？句式群(5)既然没有"争"动现象,它的句法结构又是如何实现的呢？究其根本,乃在于这两个句式群的论元结构不一样,而它们论元结构的差异来源于底层论元结构整合过程的差异。因此我们首先需要探讨这两个句式群的论元结构的整合过程。

唐翠菊(2001)根据动词拷贝句内部语义关系的非均质性,将动词拷贝句(原文称作重动句)分为致使性和非致使性两类,这是对动词拷贝句语义结构关系的重要概括。我们同意这种分类,但我们更注重对这种分类结果产生的构造动因的分析以及不同类型所带来的句法后果的差异。其实,致使性和非致使性的二分法是所有跟事件结构(致使性事件和非致使性事件)的句法表达相关的各类句式的类型划分。有的句式只能包装致使性事件的语义结构关系,有的句式只能包装非致使性事件的语义结构关系;有的句式两者均可包装,这就出现了一身兼二任的情况。动词拷贝句的这两种类型差别正是来源于此。理所当然,动结式有这两种类型,带"得"式也有这两种类型,而且两者的句法表现有平行性。施春宏(2003a、2005a、2008a)从底层论元的所指关系及其句法表现差异考虑,将非致使性的动结式和带"得"式称作指动式,即补语成分指向述语动词本身(也就是说,陈述的对象是述语动词所代表的事件),而将致使性的动结式和带"得"式称作非指动式(即一般式)。例如:

(6)a. 爸爸训哭了孩子/爸爸训得孩子哭了

b. 爸爸剁排骨剁坏了菜刀/爸爸剁排骨剁得菜刀都坏了

(7)a. 爸爸来迟了/爸爸来得很迟

b. 爸爸叫小明起床叫晚了/爸爸叫小明起床叫得太晚了

例(6)是非指动式,都表示致使性关系;例(7)是指动式,都没有致使性关系。在论元结构的整合过程中,非指动式和指动式、组合式和黏合式、带"得"式和非带"得"式,整合的原则及基础句式的配位方式是一致的,即都符合我们提出的论元结构整合的"界限原则"及其配位规则系统。带时量补语、动量补语、处所补语(包括终点补语)的结构一般也都是指动式(带时量补语的有特殊之处,下面论述所谓的反转使役结构时有所说明)。例如:

(8)a. 他坐了一个小时/他做实验做了一个小时

b. 他来了三次/他去天津去了三次

c. 他走到学校/他追小明追到操场上

上面例(6)(7)(8)三种情况都有一般式和动词拷贝句两种整合类型,无论哪种类型,都是由述语和补语整合而成,不同的句式只是底层论元结构和表层句法配位方式互动的结果。它们的构造动因(结构的、功能的)和机制是相同的。由此可见,动词拷贝句只是述补结构(黏合式、组合式)整合过程中的一种句法结果。

既然它们的论元结构整合原则及其构造机制是一致的,为了说明的方便(尤其是下文在分析与动词拷贝句相关的句法结构时),我们这里先分析典型性强的致使性动词拷贝句的构造过程(即它的论元结构的整合过程及其配位方式),然后再讨论非致使性动词拷贝句的构造过程及其配位方式。

致使性动词拷贝句(causative VCC)属于致使表达方式的一种类型。因此,与其他致使表达一样,它实际上表达的也是一个致使事件,这是一个复合事件,由使因事件和使果事件这两个子事件组成,每个事件都有一些参与者。当使因事件和使果事件整合成一个致使性的复合事件后,形成一个复合的概念结构,再由概念结构抽象成相应的语义结构,最后由语义结构投射到句法结构中来。如何在句法上体现这种语义要求,便是句法整合的基础,也是"争"的前提。当所有的底层语义角色都试图投射到表层句法结构中来时,由于受到线性句法结构既有句法位置数量和性质的制约,就必须对事件结构的语义内容和参与者进行压模、调整,相关语义角色之间就有可能发生整合。这样,不同的整合方式和过程就有可能形成不同的句法结构类型。[1] 别的不论,形成动词拷贝句句法结构的基本语义结构关系是:使因事件的客体论元跟使果事件的任何论元都不同指。如下面这样一些类型(举例性的,并未穷尽,具体类型参见施春宏 2005、2008a):

---

[1] 对这种整合过程及其所形成的基础句式的分析,第二章已有所陈述,本章则强调对同一句式群中跟基础句式相关的各个派生句式的派生过程的分析。

(9)a. 他看电视剧＋他哭了

　　→他看电视剧看哭了

　　＊他看哭了电视剧

b. 他看电视剧＋他十分伤心

　　→他看电视剧看得十分伤心

　　＊他看得电视剧十分伤心

c. 他踢球＋新球鞋坏了

　　→他踢球踢坏了新球鞋

　　＊他踢坏了球新球鞋

d. 黛玉问宝玉问题＋宝玉烦了

　　→黛玉问问题问烦了宝玉

　　＊黛玉问烦了宝玉问题

e. 黛玉问宝玉问题＋宝玉十分厌烦

　　→黛玉问问题问得宝玉十分厌烦

　　＊黛玉问得宝玉问题十分厌烦①

　　上面这些类型就是所谓的"宾补争动"说的实例。其实,"宾补争动"说只是概括了一部分现象（动词既带宾语又带补语）,并没有具体说明动词既带宾语又带补语时何时出现动词拷贝句何时反而不能用动词拷贝句。

　　为什么在使因事件的客体论元跟使果事件的任何论元都不同指的情况下,就需要用拷贝式来安排底层论元呢?"界限原则"及其配位规则系统对由动结式构成的动词拷贝句的生成过程做出了这样的解释:在述语动词和补语动词之间存在着一个句法界限,界限前面的位置是

---

① 例(9d)和例(9e)中使因事件的两个客体论元中有一个使果事件主体论元同指,需要叠合,而不同指的论元则需要用拷贝动词提升。

用来安排使因事件的论元的,界限后面的位置是用来安排使果事件的论元的,这合乎认知语言学提出的"象似性原则"。问题的关键在于两个方面,一是使因事件和使果事件的底层论元有所指相同和所指不同两种情况,如果所指相同,该如何安排?二是动结式整合后,表层的句法位置有限,如何有效地安排所有提升上来的论元?显然,这是象似性原则所不便具体说明的。这就需要将原则进一步规则化,强化原则的操作性、可计算性。没有原则的规则化过程,就不能充分地分析句式的构造机制,更难以对配位方式做出有效的预测。对此,我们的处理策略(规则)是,在构造基础句式时,如果两者主体论元所指相同,则提升到动结式之前;其他所指相同的情况,都提升到动结式之后;而所指不同的论元,属于使因事件的安排在动结式之前,属于使果事件的安排在动结式之后。这样,例(4)中的"这种书"只能出现在动结式之前,并通过插入拷贝动词来标明其语义和句法关系,形成(4a),其他句式都可以看作在此基础上派生而来。而例(5)中的"这辆车"不能出现在动结式之前,它在使因事件中属于动作的对象(客体),在使果事件中属于变化者,两者语义性质相同,都是在整个事件中属于受影响者(affected),而且在这个特定语义关系中所指相同,整合后提升到动结式之后,不能构成动词拷贝句,其基本句式只能构造出一般的主谓宾句,其他句式都可以看作是在此基础上派生而来的。[①] 这是对由动结式构成的致使性动词拷贝句的构造过程的简单说明,对说明带"得"的致使性动词拷贝句同样有效,如例(9b)和(9e)。

同样,非致使性动词拷贝句(non-causative VCC),无论是不带"得"式还是带"得"式,其构造过程也是如此。由于补语是以指整个述

[①] 这里这是简单的说明,而且没有说明这样分析的理论基础。具体构造过程参见施春宏(2003a、2005a、2008a)。对不能形成动词拷贝句的整个过程的分析,也请参见这些文献,此处从略。

语结构为论元的,因此述语动词的论元便不能到补语之后寻找句法位置。述语动词的主体论元很容易在述语动词之前获得一个无标记的句法位置。由于述语和补语之间没有新的句法位置可以安排述语动词的客体论元,因此也只能到述语动词之前寻找句法位置。这样,通过插入拷贝动词来满足相应的句法要求就是一种有效的选择;当然也可以选择话题结构来表达(但不能用"把"字句、"被"字句来表达)。例如(注意:其中的"快"不是指"马"快,而是指"骑(马)"快):①

(10)a. 他骑马+快了

→他骑马骑快了/*他骑快了马

马,他骑快了

*他把马骑快了/*马被他骑快了

b. 他骑马+很快

→他骑马骑得很快/*他骑得马很快

马,他骑得很快

*他把马骑得很快/*马被他骑得很快

上面指动式(7)(8)的构造也是如此。不过,由数量成分充当补语的动词拷贝句,往往还有其他的句法表现。例如:

(11)a. 他做了一个小时(的)实验　　b. 他去了三次天津

这样,动词后便只有一个句法成分了。这也是 Huang(1982)论证

---

① 如果将"他骑快了马"理解成"他骑马+马快了",那么"他骑快了马""他骑得马飞快"及相应的"把"字句、"被"字句也都可以说了,但这跟(10a)的语义结构关系不同,而完全等同于(5)了。

PSC 的一个重要论据,因为如果两个成分都出现在动词之后的话,就必须像例(11)那样整合成一个句法成分,从而满足 PSC 的要求,否则就要被 PSC 过滤掉。问题是,除了"他骑坏了自行车""他下赢了小王三盘棋"这样的黏合式不符合 PSC 外(因为 PSC 可以争论说,黏合结构是个复合词),下面这样的情况更不是 PSC 能够解释的:

(12)a. 他做实验一个小时了　　　b. 他去天津三次了

相同的语义关系,例(8a、b)的相应表达是动词拷贝句,例(12)则没有了拷贝过程。由此可见,带数量补语时用不用拷贝形式是可选的。这种可选的原因不是 Hsieh(1992)所说的完全是由动词的情态类型不同造成的。我们认为,这是动词拷贝句中的边缘现象,边缘现象的结构化程度往往不够高,是一般的话语结构到特定句式的过渡形式。边缘现象的条件也是具体明确的。① 而且,如果不像例(11)那样整合成一个成分的话,像例(8a、b)和例(12)那样,数量补语仍在述语动词的客体论元之后,仍以整个述语动词结构为论元(即事件论元)。

从上面论证过程来看,"宾补争动"说在解释指动式时,也同样遇到了解释非指动式时所遇到的困难,而且也同样没有说明"宾补争动"为什么会出现动词拷贝句。

5.3.3　动词拷贝句作为基础句式所体现的功能特征

如果上面的分析是合理的,那么,从论元结构的整合过程及其句法实现来看,动词拷贝句并非是为了实现特定语用功能或满足特定的语义限制而产生的句法结构(这不是说这个句式就没有自己的语义、功能

---

① 在相关句法表现中,时量成分和动量成分都是相对灵活的,这有类型学上的共性。限于篇幅和本章的分析技术,这里不再展开。

特征)。这样,关于动词拷贝句的语法功能、语法意义就需要重新思考。根据上面的分析,我们得出一种不同于目前认识的结论:从根本上说,动词拷贝句产生的原因是一致的:在述补结构不能完全包装相关事件的语义结构关系的情况下,用拷贝动词来提升不能直接提升的底层论元。[①] 由于动词拷贝句的产生只是为了安排底层论元的需要,这就说明它虽然在结构上有一定的特殊性,但也是一种基本的主谓结构式,没有特殊的语用功能或者说语法意义。动词拷贝句同样是汉语句式系统中的一种基础句式(施春宏 2003a、2006b)。对此,我们在第三章 3.3.1 节"从动结式的整合类型看由动结式构成的基础句式"中已经对由动结式构成的动词拷贝句属于汉语句法系统中的基础句式做了分析,推而广之,非动结式构成的动词拷贝句也同样属于汉语句法系统中的基础句式。Hornstein & Nunes(2002)、Cheng(2007)根据生成语法近年发展出来的移位拷贝理论,认为动词拷贝是这种句式派生的最后一招(last resort),其句法限制的唯一要求是:形式特征的核查要求需要满足。我们大体同意最后一招的认识,其分析思路较以前的生成语法分析有所突破。但我们需要进一步问的是:如何使用这最后一招?如果不使用这最后一招,又将如何?有无其他可以满足表达同样语义关系的结构形式?其实,任何句式的形成都可以看作是满足形式特征的核查要求(这是否意味着都是"最后一招"?),关键在于存在哪些形式特征、为何有这些形式特征及如何核查这些形式特征。[②]

我们还可以从另一个侧面来印证上面的分析。所谓特殊句式,就

---

① 动词拷贝句的历时发展过程也是如此(施春宏 2004b)。动词拷贝句的出现是在述补结构发展已经相当成熟的基础上对述补结构(尤其是动结式)的语义关系和句法功能的进一步扩展。对此,我们将在下一章做出更具体的分析。

② 对 Hornstein & Nunes(2002)、Cheng(2007)的分析过程,我们不是完全赞同,我们发现其中有特设的规则。而且他们对"最后一招"的说明,似乎同样不能充分说明动词拷贝句生成的必要性问题。

应该有特殊之处，即在结构和语义、功能上有不同于基本句法结构的地方。既然我们常常将动词拷贝句跟"把"字句等一起看作特殊句式，那么，我们就拿它来跟"把"字句做个比较。一个有趣的现象是，虽然学界常将动词拷贝句看作是跟"把"字句等相似的特殊句式，但一般文献中都没有像研究"把"字句的语法意义那样来研究动词拷贝句的语法意义，当然也就没有指出它的语法意义到底是什么了。可见所谓的"特殊"句式，其特殊之处并未被发现。实际上，这个句式根本不特殊。至于人们所概括出来的"超常量""非预期结果""远距离动因"等语义超常现象，似乎都是某些相关句式的共性而非个性（下文将对此做出说明）。这种研究的缺位也许间接地说明了动词拷贝句的非特殊性之所在。从根本上说，动词拷贝句并非一种特殊的句式，而是为了满足底层论元结构整合的需要而产生的句式。其实，它的特殊并不在意义上，而是在结构上，即"动词拷贝"。当然，动词拷贝句在句式意义或者说功能表达上确实体现出某种倾向，下文将对此做出说明。

由此可见，动词拷贝句的构造过程受到它所表达的事件结构中的语义结构关系的促动和表层句法结构关系的制约，动词拷贝句是为了充分满足某些语义结构关系而形成的句法结构。动词拷贝句一旦形成，又会反过来推动该语义结构关系，使之为适应某种表达需要而凸显其中的某个成分，从而形成了相关的句法结构。下面我们就来进一步探讨跟动词拷贝句相关的句法结构的构造过程和语义特点。由于指动式的句法表现很简单，例（10）（11）（12）已经做了说明，下面便只考察非指动式。又由于非指动式中带"得"式和非带"得"式在论元结构的整合过程和派生出相关句式的能力方面具有一致性，因此下面便只考察非带"得"的致使性动词拷贝句所形成的句式群的句法表现和语义特征。

5.4 与动词拷贝句相关的句式群中相关句式的句法表现

上面我们将(4)中的四个句式看作一个句式群,认为它们的基本语义结构关系是相同的,并描写和解释了(4a)的构造过程。为了说明的方便,将例(4)重抄如下:

(13) 孩子读这种书+孩子傻了→
  a. 孩子读这种书读傻了 b. *孩子读傻了这种书
  c. 这种书读傻了孩子   d. 这种书把孩子读傻了
  e. *孩子把这种书读傻了 f. ?孩子被这种书读傻了
  g. *这种书被孩子读傻了

那么,例(13)中的(c)(d)(f)又是如何构造而成的呢?从它们的句式类型来看,(13c)是一般的主谓宾句,(13d)是"把"字句,(13f)是"被"字句。这三种句式似乎跟(13a)没有必然的联系。然而,具体分析后会发现,这三个句式的致事本是述语动词的客体论元,而不是主体论元。如果将述语动词的客体论元提升为各个句式的役事时,得出的相应句式(13b)(13e)(13g)反而不合法。如果再拿例(5)来分别进行比较就能很容易看出其中的差别。那么,为什么例(13)中的(c)(d)(f)不能构成例(5)中的(c)(d)(f)这样的主谓宾句、"把"字句、"被"字句呢?即为什么例(13)(5)这两个句式群存在互补分布呢?①

---

 ① 结构主义语言学对动词拷贝句的类型已经做了精细的描写,而且利用变换分析法考察了动词拷贝句的句式变化形式(如李临定 1986)。上面观察到的现象实际上都已经被描写出来了。但它不能也并不试图回答有关"争"动的各个问题。

任何一个试图解释动词拷贝句的理论,不但要能够说明(13a),还要同时能够说明句式群(13)中的其他句式;不但要能够说明或预测其中合格的句子,还要能够说明或预测其中不合格的句子。而且还要同时说明或预测例(5)各个句式的合格与否。既然例(5)与例(13)即例(4)是完全互补的,那么,基于例(13)而概括出来的语法意义或功能,就不应该在例(5)中体现,反之亦然。只有这样,才合乎构式语法及认知语言学、功能语言学所主张的特定构式都是一个形式—意义对这个基本原则。

5.4.1 与动词拷贝句相关的句式群的生成基础和构造机制

显然,在与动词拷贝句相关的句式群中,例(13)和例(5)的句法表现呈现出完全互补的情况,是由它们底层的语义结构关系这一生成基础的不同而造成的。由于底层语义结构关系不同,在句法构造的过程中便直接导致了句式群中相关句式的合法与否。上面已经论证了,"孩子读这种书+孩子傻了"这种语义结构关系,只能构成(13a)"孩子读这种书读傻了"这样的基础句式。至于(13c)(13d)(13f),完全可以看成是为了凸显某个语义角色而派生出来的。① 而且,实际上还有更复杂的句法表现。下面我们对此做出说明。

这里的根本原因在于致使结构表达的可能性和现实性的关系问题。前文已经指出,致使事件是由使因事件和使果事件整合而成的。除了使因事件的主体可以很自然地提升为致事外(无论是否与使果

---

① 从汉语史来看,也确实如此。据我们目前的考察,类似(13a)这样的动词拷贝句《朱子语类》时期尚未见到,但《红楼梦》时期前后已有较明显的显现(具体产生过程还需要充分的语料考察),而类似(13c)(13d)(13f)这样的表达,则是直到近一个世纪才出现,显然晚于前者。虽然"把"字句和"被"字句的基本类型出现得比动词拷贝句要早很多,但某些特殊类型的"把"字句和"被"字句却是只有在某些类型的动词拷贝句发展成熟以后才得以出现的。从这里可以看出,句式发展层次之间是存在着互动关系的。

事件中的语义角色所指相同),使因事件的所有其他参与角色也都有可能凸显出来成为整个致使结构的致事,只要它跟使果事件中的任何角色所指都不相同的话。这样,就(13c)(13d)(13f)而言,"这种书"是"读"的客体凸显为致事而成的。先以(13c)"这种书读傻了孩子"为例来看其生成过程。根据第三章动结式论元整合过程中配位规则系统中的规则(Ⅳ)"客体论元凸显规则",在使因事件"孩子读这种书"中,"这种书"由于是使因事件中的一个语义成分,因此可以提升为致事;当它提升为致事时,"读"的主体"孩子"就受到抑制,因为使因事件的参与者只能有一个成分提升为致事;此时,使果事件"孩子傻了"中的"孩子"提升为致使事件的役事。这样,就形成了"这种书读傻了孩子"这样的句法结构。注意,(13c)"这种书读傻了孩子"中的"孩子"跟(13a)"孩子读这种书读傻了"中的"孩子"来源不同。①同时,我们可以假设,(13d)(13f)是由(13c)派生而来的。在(13c)中,由于"孩子"在句末,因此自然成为表达的焦点。但是,在致使事件中,结果往往更容易成为凸显的语义内容,这样,"孩子"就需要提升到动结式之前,进而形成(13d)的"把"字句或(13f)的"被"字句。这也正是很多人感觉"这种书把孩子读傻了""孩子被这种书读傻了"在语感上比"这种书读傻了孩子"自然一些的原因。

正如人们已经指出的那样,致事同样可以由动词性成分充当。实际上,对致使结构而言,无非是由动作本身来充当致事。这样,"读这种书"也可以提升为致事,进而形成下面的句式及其派生句式:

---

① 例(13c)是一般所谓的"反转使役结构"。在这种结构中,很多人认为其中的"孩子"是由"读"的施事提升上来的,这是误解。两者的语义性质根本不同,"孩子读这种书"中的"孩子"论旨角色是施事,"孩子傻了"中的"孩子"论旨角色是客事。具体分析参见施春宏(2007)中对所谓的"反转使役结构"的重新分析。下文还将有比该文献更进一步的说明。

(14) a. 读这种书读傻了孩子

b. 读这种书把孩子读傻了

c. *孩子被读这种书读傻了

其中,(14c)不成立,是由于"被"不能带动词性成分造成的。①

这就能很好地说明,为什么像例(5)那样的语义结构"孩子骑这辆车+这辆车坏了"不能形成动词拷贝句"孩子骑这辆车骑坏了"了。原因也在于,动词"骑"的受事"这辆车"虽然参与了使因事件,但它同时又作为使果事件的变化对象(论旨角色是客体),来承受整个致使事件的结果。②也就是说,在整个致使结构中,它作为承受者的身份更加凸显。由于"孩子骑这辆车"中的"这辆车"是使因事件的成分,理论上讲它可以作为整个致使事件的使因成分而凸显出来成为致事;此时,使果事件"这辆车坏了"中的"这辆车"提升为整个致使结构的役事。这样,就必然形成"这辆车骑坏了这辆车"这样不可接受的结构。由于它只能形成"孩子骑坏了这辆车",因此在派生出其他句式时,只能形成"孩子把这辆车骑坏了""这辆车被孩子骑坏了",而不能派生出"这辆车骑坏了孩子"。

由此可见,句法的互补分布是由语义结构关系之间的互补性造成的。不同的语义结构关系形成了不同的句法结构;不同的句法结构又制约了进入其中的语义结构关系的类型。形式和意义的互动关系(相互促动、相互制约)在此有极其鲜明的展示。

---

① 施春宏(2007)和施春宏(2008)第三章对致事提升的语义约束及致事的事件性和实体性的关系做出详细而系统的分析。该文献区分了"孩子读这种书读傻了"和"这种书读傻了孩子、这种书把孩子读傻了"中致事的不同性质,前者属于显性致事(overt causer),后者属于隐性致事(covert causer)。它们都属于实体致事(entitive causer),区别于"读这种书读傻了孩子、读这种书把孩子读傻了"中"读这种书"类活动致事(active causer)。

② 结构主义文献常将"这辆车坏了""来客人了"之类中的"这辆车""客人"看作施事,并进而将"来客人了"看作施事宾语句。实际上这没有很细致地分析结构位置与语义角色之间的关系。从论元结构理论来看,"这辆车""客人"都是经历变化的客事论元。

根据上面对使因事件和使果事件的语义结构关系及其整合过程中论元凸显机制的分析,我们可以很好地预测,即使使因事件的客体论元不是受事这样的核心论元(head argument),而是像与事、结果、材料、方式、目的、角色甚至处所、范围这样的非核论元(non-head argument),只要有凸显的需要,也同样可以提升为致使结构的致事。例如(引自施春宏 2007):

(15) a. 与事:(教)<u>这孩子</u>(数学)把我教烦了/(教)这孩子(数学)教烦了我

b. 结果:(腌)<u>这些咸鸭蛋</u>把妈妈腌累了/(腌)这些咸鸭蛋腌累了妈妈

c. 材料:(浇)<u>米泔水</u>把花浇死了/(浇)米泔水浇死了花

d. 方式:(唱)<u>美声唱法</u>把他唱红了/(唱)美声唱法唱红了他

e. 目的:(催)<u>老张的书稿</u>把小李催烦了/(催)老张的书稿催烦了小李

f. 角色:(演)<u>阿 Q</u>把严顺开演累了/(演)阿 Q 演累了严顺开

g. 处所:(吃)<u>食堂</u>把孩子吃怕了/(吃)食堂吃怕了我

h. 范围:(跑)<u>二十公里</u>把他跑累了/(跑)二十公里跑累了他

这就是说,只要(也只有)合乎致使性动词拷贝句的语义结构关系,就有可能形成相关的句法结构。如果没有这样的语义关系,便不能构成相应的句法结构。当然,在可能性现实化的过程中还会受到其他条件的约束,但这不是结构不允许的问题。句法语义关系的结构化为特定句式的生成提供了可能性,但如何使这种可能性化为现实性,受到语用条件的制约。例(15)中的各种类型,是一般研究动词拷贝句或"把"字句、"被"字句的文献所常常忽略的。

5.4.2 动词拷贝句与相关句式的派生关系

从这种构造过程出发,我们就能看出动词拷贝句跟相关句式之间的关系,并能对某些特殊现象做出新的解释。以"把"字句为例。只有致使性动词拷贝句才能变成"把"字句,而非致使性动词拷贝句没有"把"字句的派生可能。① 实际上,由致使性动词拷贝句派生而成的"把"字句虽然类型多样,但最根本的构造机制就是致使事件中某个语义角色能够凸显出来成为整个致使结构关系的致事或役事。只要述语动词所支配的语义角色(包括施事、受事这样的核心论元和工具、方式、材料、结果、目的、角色、处所、范围等非核论元)跟补语动词所支配的语义角色不同指,都有可能因凸显需要而成为致事(当然需要满足相应的句法、语义条件),而役事只能由补语动词所支配的论元来承担。然后为了凸显致使结果的需要可以将役事用"把"提到述语动词之前,从而构造出相应的"把"字句。如对"他踢球踢坏了新球鞋"(他踢球+新球鞋坏了)而言,既可以构成"他踢球把新球鞋踢坏了"这样的拷贝式"把"字句(BA construction with verb-copying),也可以构成"这场球把新球鞋踢坏了"这样的客体致事式"把"字句(BA construction with a causer from theme)。② 而"他看电

---

① 这不是说"把"字句都是由动词拷贝句派生来的,像例(5)中的"把"字句反而不能来源于动词拷贝句。关于"把"字句的派生过程及类型,我们将在第六章做出详细的说明。

② 注意,在说明"他踢球把新球鞋踢坏了"派生出"这场球把新球鞋踢坏了"以及"他看电视剧看哭了"派生出"这部电视剧把他看哭了"时,"踢、看"的客体论元是"球、电视剧"提升为致事,此时我们将它们调整为"这场球、这部电视剧",这是基于语义角色对信息表达的要求而做的调整,因为"球把新球鞋踢坏了、电视剧把他看哭了"都是不好接受的表达。这涉及"合式"和"合用"、"型"和"例"的关系问题。本书中涉及因客体论元凸显规则而提升出来的役事,常有这样的情况,特此说明。

视剧看哭了",只能派生出客体致事式"把"字句"这部电视剧把他看哭了",而不能构成"他把电视剧看哭了"。可见,"把"字句乃至"被"字句等跟动词拷贝句并非简单地如有的学者所说的呈互补分布(Miao-Ling Hsieh 1992;黄月圆 1996;Jung-hsing Chang 2003 等)。在有的整合类型中是互补的,在有的整合类型中,动词拷贝句跟其他相关句式(如动结式、把字句、被字句、话题句等)是相容的。对此,我们将在下一章做出系统分析。而且,就构造机制而言,说这种类型的"把"字句是基础生成的,多少有些不便说明的地方。

上面这样对动词拷贝句所作的基于论元结构和配位方式的互动关系的派生分析,还能预测第三章所分析的动结式构造过程中的同形歧价现象。如下面三例中的"唱红",虽然表面上是一个动结式,实际上是三种不同类型的动结式:

(16) 周杰伦唱这首歌＋周杰伦红了→
　　　周杰伦唱这首歌唱红$_1$了→
　　　　(唱)这首歌唱红$_1$了周杰伦→
　　　　　(唱)这首歌把周杰伦唱红$_1$了/
　　　　　周杰伦被这首歌唱红$_1$了

(17) 周杰伦唱这首歌＋作曲者红了→
　　　周杰伦唱这首歌唱红$_2$了作曲者→
　　　a. 周杰伦唱这首歌把作曲者唱红$_2$了→
　　　　周杰伦把作曲者唱红$_2$了
　　　　　作曲者被周杰伦唱这首歌唱红$_2$了→
　　　　　　作曲者被周杰伦唱红$_2$了
　　　b. (唱)这首歌唱红$_2$了作曲者→
　　　　(唱)这首歌把作曲者唱红$_2$了/

作曲者被这首歌唱红₂了

(18) 周杰伦唱这首歌＋这首歌红了→

周杰伦唱红₃了这首歌→

周杰伦把这首歌唱红₃了／

这首歌被周杰伦唱红₃了

例(16)(17)是由常见的动结式构成的动词拷贝句及其派生句式；例(18)则是典型的动结式构成的一般主谓句。语义结构关系不同，句法表现相应有别。这种分析也是对配价分析研究的拓展。我们借助于动词拷贝句跟相关句式的派生分析，既发现了它们之间的异同，也合理地解释了相关派生的动因和机制。

没有对动结式和动词拷贝句的论元结构整合过程及其派生关系的分析，是不可能系统预测出这种歧价现象及其相关句法表现的。正如我们在第三章指出的那样，实际上动结式的同形歧价现象具有普遍性；即使是"打碎、点亮"这样的最为典型的动结式，也可借助于动词拷贝句而构造出同形歧价现象。以"打碎"为例：

(19) a. 爷爷打碎了玻璃杯

(爷爷打玻璃杯＋玻璃杯碎了)

b. 爷爷打苍蝇打碎了玻璃杯

(爷爷打苍蝇＋玻璃杯碎了)

下面随着我们的进一步分析还会发现，没有对动结式的这种同形歧价现象的认识，就会对很多相关现象的本质认识不清，对很多有争议的问题也不能做出合理的说明。

5.5 对与动词拷贝句相关的几种特殊句法现象的重新认识

上面从动词拷贝句论元结构和配位方式的互动关系这一角度分析了动词拷贝句的构造过程及其相关句式群的构造和功能。这种基于互动-派生模型对相关句式群的句法形式和句法意义的互动关系研究,正是在追求一种精致还原主义的方法论原则,有条件、有层次地还原是为了更好地综合,为充分描写和解释语言事实、预测更为丰富的语言事实提供一种分析视角。① 下面就通过对几种跟动词拷贝句相关的、长期引起争议的句法现象的重新分析,来进一步检验上面分析模型的描写力、解释力和预测力。

5.5.1 对"反转使役结构"的重新认识

首先讨论反转使役结构(inverted causative structure,也作倒置致使句等)。所谓反转使役结构,按照一般文献中的理解,指的是"原本参与活动的施事者以经验者的身份出现在使役结构中的宾语位置,而原本活动的对象,即客体,则以使因的身份出现在使役结构中的主语位置"(顾阳 2001a)。这个现象引起了不少现代汉语致使结构研究者的关注,如 Li(Yafei Li,1990、1995、1999)、Gu(1992、1997)、顾阳(2001a)、熊仲儒(2004)、郭姝慧(2006)、饶宏泉(2007)等。反转使役结构包括下面这些类型(郭姝慧 2006):

(20)a. <u>那个实验</u>做了他整整一晚上

---

① 关于精致还原主义的方法论原则,我们将在第十章总结本项研究的方法论原则时做出具体说明。

（结果成分为时量短语）

b. 这篇文章改了我好几遍

（结果成分为动量短语）

c. 那个瓶子摸了他一手油

（结果成分为周遍义数量短语）

d. 这顿饭吃了她整整三百块

（结果成分为金钱数量短语）

这种句法结构是表示致使关系的。以(20a)为例，按目前一般文献的理解，"他"本是参与活动的主体，却出现在致使结构的宾语位置上；"那个实验"本是活动对象的客体，却出现在致使结构的主语位置上。人们分析的反转使役结构都带有数量补语，其中以郭姝慧(2006)讨论的类型最多。

可见，所谓"反转"，指的就是语义角色和句法位置的"误配"（mismatch）。如果本着这种理解的基本精神，下面这样的句法结构（包括"把"字句、"被"字句这样的派生句式，"被"字句举例略）也应该属于反转使役结构，甚至可以说更合乎对反转使役结构的理解：

(21) a. 这首歌唱红了周杰伦

b. 这首歌把周杰伦唱红了

(22) a. 这部电影看得妹妹十分伤心

b. 这部电影把妹妹看得十分伤心

如果再进一步拓展这种理解，上面例(15)这样的非核论元提升为致事的各个结构都应该看作反转使役结构，因为这些结构也都存在所谓的语义角色和句法位置的误配。

第五章　动词拷贝句句式构造和句式意义的互动关系　209

然而,通过上文的分析,我们认为,这里不存在所谓的"反转",即语义角色和句法位置的误配的情况。所谓的"误配"只是一种表面的认识。其实,这里提升上来作为整个致使结构中致事的成分(例句中加下划线的成分)并不是使果事件的参与者,而是使因事件的参与者,而且这种参与者一定与使果事件中的任何语义角色都不同指;这里提升上来作为致使结构关系的役事的成分(例句中加着重号的成分)也并非是从使因事件中降格(degrade)而来,而是使果事件的变化者,是整个致使关系的承受者。即上面的例(20)—(22)分别来自于下列基础句式由于功能调整而实现的新的句法配置(各取一句为例):

(23) 他做那个实验做了整整一晚上
　　　(他做那个实验+他做了整整一晚上)
(24) 周杰伦唱这首歌唱红了
　　　(周杰伦唱这首歌+周杰伦红了)
(25) 妹妹看这部电影看得十分伤心
　　　(妹妹看这部电影+(得)+妹妹十分伤心)

三种类型的语义结构和句法表现完全具有平行性。由此可见,所谓的"反转",无非就是由于凸显拷贝动词的客体论元而将其提升为表层句法结构的致事所产生的句法后果,其基本操作规则就是我们在第三章所说的"客体论元凸显规则"。由此可见,如果不从动词拷贝句论元结构的整合过程来看待句法结构的配位方式,不从句法系统的配位方式对语义成分提升的制约来看待论元结构的整合过程,就无法揭示这种"反转"的本质,而且也就不能发现动词拷贝句跟相关句法结构之间的紧密联系(至多指出其中存在的变换关系),难以在对相关语言现象做结构化分析时体现出理论框架的一致性追求。

5.5.2 对"主宾可换位动结式"的重新认识

借助这种分析模型,我们还能很好地说明所谓"主宾可换位动结式"的语义关系和句法表现。任鹰(2001)指出下列这种两组由动结式构成的句法结构之间存在着主宾可换位的关系:

(26) a. 老王喝醉了酒　　　　b. 老师讲烦了课
　　　c. 大家吃腻了剩菜
(27) a. 酒喝醉了老王　　　　b. 课讲烦了老师
　　　c. 剩菜吃腻了大家

这些用例所代表的类型及其生成机制,我们在第三章和第四章已经做了初步分析,这里再做进一步说明。

在分析这种结构的句法关系时,正如任鹰(2001)指出的那样,人们通常将例(26)看作施事成分作主语的常序结构,而将例(27)看作施事成分作宾语的变序结构,即施事宾语句。任鹰(2001)正确地指出了上面两种结构实际上代表了不同的句式格局,但同时将这种结构形成的动因归结为结构中心和支配对象的变换:"两种不同装置的动结结构的结构中心及其支配对象均有所不同,而随着结构中心的转移和支配对象的变换,动结结构充当述语的语句便会表现出主宾可换位的特点。"并进一步将例(26)归为自动格局的句法结构,"在句法上起主导作用的是动补结构的前项动词,宾语是动词的支配对象";将例(27)归为使动格局的结构,"在句法上起主导作用的成分是动补结构的后项补语,宾语为后项补语的支配对象"。对此,我们则不甚认同。我们既难以证明这两组句子中动结式的结构中心发生了转移,也难以说明为什么在这两组句子中会存在所谓的自动格局和使动格局的变化,更难以说明是否其他动结式也有这样的中心转移和格局变化。显然,这里缺少的是对动结式及由其构成的动词拷贝句的结构化过程及其约束条件的进一步说明。

其实,例(26)内部是不均质的。(26a)只能是动结式构造过程中出现的例外现象,句子中的"酒"对"喝醉"这个事件而言,是个没有多少信息量的影子论元。它们的特殊句法表现,我们已在第三章 3.5.1 节做了说明,主要包括:作为影子论元的宾语可以删去而且删去后即便没有特定的语境也不影响整个表达的信息量,如"他喝醉了";可以采取动词拷贝句的表达方式,如"他喝酒喝醉了",不过不及"他喝醉了"常用;影子论元被替换为含有更多信息量的论元后,只能以动词拷贝句或其派生形式出现,如"他喝半斤酒喝醉了"。可见,只有动词拷贝句才真正揭示了这种结构内部语义关系和结构形式的本质。而(27a)"酒喝醉了老王"正是跟动词拷贝句密切相关,并非所谓的施事宾语句,其中的道理跟所谓的反转使役结构相同。

例(26b)的构造过程则与(26a)不同。"老师讲烦了课"来源于"老师讲课+老师烦了(这门)课"的论元结构的整合。而(27b)"课讲烦了老师"跟"老师讲烦了课"中"讲烦"的论元结构并不一样,而是来源于"老师讲课讲烦了"凸显"讲"的客体论元"课"并将其提升为致事之后的句法结构。至于为什么"课讲烦了老师"跟"老师讲烦了课"中"讲烦"的论元结构不一样,则是由"烦"的句法语义二重性决定的,由于涉及较多相关现象的技术说明,此不赘述。只需简单提及的是,"烦"在汉语中有自动和使动两种句法语义特点(如"我烦了"和"我烦他"),这就决定了由它们组成的句法结构有不同的句法表现。例(26c)和(27c)的分析过程同此。从这里可以看出,正如所谓的反转使役结构那样,上述主宾可换位结构中并非真正意义上的主宾换位,不同构式中的主语和宾语的来源、性质及其句法地位并不相同。

任鹰(2001)基于对上面例(26)和例(27)的分析,认为下面例(28)可以成立,而例(29)不能成立,"暂时还无法做出准确的解释";并认为例(29)"不能成立可能与动结结构前后两项的地位不够均衡,'结'的语义过于凸显,结构重心过于后偏,因而只能以后项为中心构造句法结构有关"。

(28) a. 故事听乐了孩子　　b. 小说看哭了妈妈
　　　c. 衣服洗累了姐姐
(29) a. *孩子听乐了故事　　b. *妈妈看哭了小说
　　　c. *姐姐洗累了衣服

这种解释的困境恰恰说明了作者将(26)和(27)的例外、特例作为通例而带来的理论解释力和预测力的局限性。如果真如作者推测的那样,"'结'的语义过于凸显,结构重心过于后偏",那么应该能够构成"把"字句,如同"他把大白菜炒咸了",然而(29)同样不能构成类似的"把"字句。其实,根据我们上面的分析,例(29)之所以不能成立,正是动结式整合过程中论元结构和配位方式互动、制约的结果,并非结构重心的变化所致。实际上,变化的不是结构重心,而是表达的角度和凸显的功能。在分析相关句法现象时,我们不能简单地看待线性序列上成分的位置关系,而是要透过配位方式的差异发现其中的内在联系。①

可见,不借助于对动词拷贝句构造过程及其相关的派生句法后果的分析,不采取论元结构和配位方式互动的观念和技术,不考虑句法结构生成过程中不同界面特征的互动关系,是很难对上面各种特殊的、长

---

① 由此我们还可以对"张三追累了李四"和"小李追得老王直喘气"中存在的歧义现象提出新的看法,认为累的主体只能是"VR/V得"后的论元成分,至于谁追谁,则有两解可能。具体分析参见施春宏(2008c)。

期引起争议的句法现象做出系统的描写和解释的。对歧义现象的有效描写和解释，正是检验理论有效性的试金石。

5.6 对动词拷贝句所表达的语义或功能的重新认识

上面说的三个方面都是有关动词拷贝句句法结构方面的问题，虽然也涉及语义结构问题，但都可以化归到句法结构关系方面并由此得到解释。下面再来看一看学界在对动词拷贝句所表达的语义或功能方面进行分析时存在的争论。

正如学界已经指出的那样，动词拷贝句可以表示超常量（常为主观大量）、非预期结果，可以体现远距离动因，可以表现出原因解释功能等，而且这些功能常常具有较显著的倾向性。然而，"可以"不意味着"必然"。我们认为，这些特定功能并非动词拷贝句的构式本身所必然带来的，而是现实场景提供的基础使这种结构在表达这些功能时体现某种倾向性。对此，王灿龙（1999）、孙红玲（2005）等从功能的角度做出了说明，虽然他们的认识也有不一致的地方。当然，问题还有另一面，这种功能偏向性确实有结构上方便表达的地方。因此，需要解释的是两个方面的问题，一是这些特定的功能并非动词拷贝句所必然具备的，二是动词拷贝句比较容易实现这些特定功能。我们觉得还是从动词拷贝句的结构化过程本身入手更容易接近问题的实质。我们的基本看法是，动词拷贝句的结构化表达是为了有效安排由底层论元结构提升上来的各个论元的需要而整合成的句法形式，底层的语义结构关系类型决定动词拷贝句的语义结构类型。而动词拷贝句在结构化过程中，对底层的语义结构关系没有特殊的限制（虽然有常与偶、多与少的区别），因此，它既可以表示超常量，也可以表示常量；既可以表示非预期结果，也可以表示预期结果；既可以表示远距离动因，也可以表示近距离动因；既可以出现于凸显原因的情境中，也可以出现于凸显结果或原因和结果都不特别凸显的情境中。

基于论元结构整合过程的分析，我们认识到，动词拷贝句同样是汉语句式系统中的一个基础句式。因此，所谓的超常量（主观大量）、非预期结果、远距离动因等，既非动词拷贝句所独有的功能，也非动词拷贝句所必有的功能。首先，动词拷贝句有致使性和非致使性两种类型，对非致使性动词拷贝句而言，一般是没有这些功能偏向性的。例如：

(30) a. 他去天津去了三次　　b. 他追小明追到操场上
　　 c. 他送牛奶送晚/早了　　d. 这孩子写字写得很好/很差

如果其中有让人感觉到似乎存在超常量、非预期结果、远距离动因，那是由于词汇因素赋予的，如例(30c)中的"晚/早"、例(30d)中的"很好/很差"，而非构式本身的属性。

对致使性动词拷贝句而言，也并非必然表示上述这些功能。如下面例(31)，动结式后面的名词性成分跟述语动词没有直接的语义关系，而是跟补语动词相关，共同说明动作的结果。

(31) a. 吃西瓜吃坏了肚子　　b. 写通知写落了一个字
　　 c. 喊人喊哑了嗓子　　　d. 玩牌玩忘了一件重要的事

就这组例子而言，说"这个结果一定是一种非预期结果，它并不代表人们的主观意愿"（项开喜1997），似乎是没有问题的。但我们可以拓展一下用例的范围：

(32)a. 他招商招来了一个女婿　　他摆地摊摆出了自信
　　 b. 他招商招来了不少资金　　他吃中药吃好了眼睛
　　 c. 他抽鸦片抽上了瘾　　　　他跑马拉松跑累了

如果说例(32a)还可以说是非预期结果(但肯定不是否定性的主观意愿)，那么例(32b)则肯定常常表示预期结果，代表着实行"招商""吃中药"这一事件的主观意愿。[①] 例(32c)在日常经验中，"抽鸦片"和"上瘾"之间存在着一种明显的常规性因果关系，"跑马拉松"跟"累"之间也存在着一种隐性的规约性因果关系，不能说其结果的出现能够体现出主观性、非预期性、远距离动因等。因此，是否代表人们的主观意愿，不是句式所必然赋予的。虽然有的结果在现实生活中并不希望它出现，如因"抽鸦片"而出现"上瘾"这个结果，但这无关句法结构及其功能的研究。百科知识对句义偏向性和句式合用性的有效解释确实起着重要的作用，但如何利用百科知识来对句义偏向性和句式合用性进行有效解释，则是一个尚未充分认识清楚的问题。

有意思的是，李讷、石毓智(1997:36)在说明动词拷贝句跟处置式的语用价值有差别时，指出动词拷贝句"旨在客观叙述一件事，可把事情往轻里、小里说"，而处置式"带有强烈的主观色彩，可把事情往重里、大里说"。例如：

(33)a. 他看书只看了几页　　b. 他已经把书看了一半了

[①] 当然，只要给出合适的语境，即便是常为预期结果的表达，也可以出现非预期结果的解读。以"吃中药"为例，也许人吃中药的本意并不是为了治眼睛，而是为了医治其他的病，可是不期然把眼睛治好了。反之亦然。如(31b)"写通知写落了一个字"，在特殊情况下，自然也可以表示某人写通知时，为了其特殊的目的而故意写落了一个字。其他句式都可以做出这样"或左或右"的调整。由此更可见出动词拷贝句语义功能上的相对"中立"性。结构允许什么和通常表达什么，是两个不同性质的问题。进一步分析，这些表达方式牵涉意愿范畴("有意"和"无意")对汉语表达系统的影响(张黎 2003、2015)。

作者进而指出,"尽管从理论上讲,引进宾语的方式可能不只动词拷贝结构一种,但是要达到某种表达效果,也许只能用这种结构。"这种对拷贝式功能的看法跟"主观大量"的看法正好相反,我们可以称作"主观小量",以对应于处置式表示的所谓"主观大量"。其实,只要将例(33)换几个词项,就不能得出作者的论断了:

(34)a. 他看书已经看了三百页了　　b. 他只把书看了一半

换完以后,所得的结论似乎正相反了。可见,作者基于例(33)而形成的论断,显然受到了其中词汇形式"只""已经"的影响。就"他看书看了几页""他把书看了一半"而言,无所谓往轻里、小里说或往重里、大里说。

当然,问题还有另一方面。应该说,认为动词拷贝句可以表示超常量、非预期结果、远距离动因等功能,这种概括还是很有见地的。这也可以从动词拷贝句的结构化过程中得到解释。由于动词拷贝句中拷贝内容在结构上只参与整个致使事件中使因事件的表达,因此使因事件对使果事件的影响常常未必直接而具体。如例(31)中的情况。这就表现出一种功能偏向性。然而,我们不能因此而忽视倾向之外的现象。我们对某个句式的语法意义进行概括时,既要重视大多数用例或主要类型所体现出来的倾向性,但也不能只考虑大多数用例或主要类型的情况,否则会带来类似法律术语"多数人的暴政"这样的结果。基于大多数同类语料考察的结果,我们只能说"可以如此"且"常常如此",但不能说"必然如此"。这就提醒我们,基于用法的研究,在利用语言现象的"频率效应"时,一定要将常例、通例和非倾向性用例结合起来,同时还要关心特例(如例外情况)现象的存在价值。忽视考察对象的类型和层次会影响我们的结论。

其实,实际的研究过程甚至比这里的情况还要复杂。有时语料的

第五章　动词拷贝句句式构造和句式意义的互动关系　217

收集范围和方式会影响我们的结论。如关于动词拷贝句两种类型的分布情况,魏扬秀(2001)的统计结果是:"初步统计表明:因果关系中的重动句为298句,占总体的93%左右,是重动句的主类。非因果关系中的重动句为22句,占总体7%左右。"张旺熹(2002)统计的486例动词拷贝句中,致使性的269例,占55%强;非致使性的217例,占44%强。他们的统计结果均为致使性类型占多数,但具体数据差异很大,魏扬秀的统计中占了绝大多数。然而,孙红玲(2005)的统计结果却呈相反态势:"非致使性重动句在整个重动句中占的比重远远超过致使性重动句,在所收集的1020例重动句中,非致使性重动句有690例。"可见,他们的统计结果还是有很大出入的,基于这样的统计自然会得出相反的看法。魏扬秀(2001)和张旺熹(2002)都主张远距离动因的观点,而孙红玲(2005)则明确表示"远距离的因果关系与重动结构无关,倾向于连接较远距离的因果关系并不是重动结构的独特功能"。两者的结论都是基于所考察语料而得出的,即都是"用事实说话"。个中情况,值得探讨。这也是基于频率分析和概括的研究所不能不细察的地方。数据是基于语言现象的,而哪些语言现象能够进入到研究者视野,并被认定为一种语言事实,是受到研究者理论框架甚至考察范围的广度和深度影响的。对此,我们的认识尚不充分。

　　分析至此,也许有人会说,说到底,动词拷贝句到底表示什么功能?其实,作为基础句式的一种类型,如果跟另一个更为常见的基础句式(即非拷贝形式的"主语+述语(+宾语)")做个比较,情况就更清楚了。当我们要指出非拷贝形式的"主语+述语(+宾语)"所表达的语义、功能时,除了指出比较宽泛的话题—陈述的功能外,很难抽象出某个单一的语义范畴或功能范畴。如要想概括出"他是一个学生"和"他拆了祖宗的房子"的(话题—陈述之外的)语义或功能共性,恐怕难有作为。因为,越是基础的句式,其语义和功能就越宽泛。这种情况下,我们只能首先对基础句式做出分类,而后对各类情况分别说明。这也正是人们将动词拷贝句分类处理的背景,需要考察的是某类动词拷贝句表示什么,另一类动词拷贝句又表示什么,每类动词拷贝句在句法、语义、功能上有什么特点等等。对此,我们将在第八章从句式群中各句式的派生能力及其所体现的区别性语法意义这个角度做出进一步的说明。

当我们认识到动词拷贝句是汉语句法系统的基础句式之一,它虽有上述所言的功能偏向性但并非必然承载该项功能时,这种认识也会使我们在分析动词拷贝句跟相关句式之间的关系时尽量避免"多数人的暴政"。如陈忠(2012)在讨论动词拷贝句与"把"字结构嵌套时指出:"这种嵌套句有一个基本条件限制:受事跟施事具有利益攸关关系,受事要么是施事的组成部分、职业、信誉,要么是施事的利益攸关方,如家属、工作等。总之,这种表征损益句子的当事人跟受事之间必定蕴含并处于唇齿相依、一损俱损的利益链条牵连关系。"例如:

(35) a. 喝酒把命喝了进去　　b. 喝酒把胃喝坏了
　　　c. 喝酒把老婆喝跑了　　d. 喝酒把工作喝丢了
　　　e. 喝酒把名声喝坏了

这里的"命、胃、老婆、工作、名声"都跟喝酒的动作发出者"具有利益攸关关系"。然而,这也只是一个高频概率情况,并非必然如此。例如:

(36) a. 这孩子捅鸟窝把邻居家的屋顶捅漏了
　　　b. 施工队修马路把北语旁边的下水管道修爆了
　　　c. 中国大妈们跳广场舞把巴黎市民都跳得傻了眼

例中的"这孩子"和"邻居家的屋顶"、"施工队"和"北语旁边的下水管道"、"中国大妈们"和"巴黎市民"之间都没有利益关系。

而且,将动词拷贝句看作汉语句法系统的基础句式之一,还有利于我们重新审视动词拷贝句中相关成分的句法语义特征。如 Hsieh(1992)认为动词拷贝句的类型完全是由动词情状类型的不同造成的。该文指出,活动动词对动词拷贝句具有强制性,实现动词对动词拷贝句具有强制性或可选性,达成动词对动词拷贝句具有可选性,状态动词对动词拷贝句具有可选性或禁止性。① Tai(1989b、1999)认为动词拷贝句所表达的事件类型必须是可以被重复或持续的,因此表示瞬间变化的动词(instantaneous change-of-state)不能用于动词拷贝句。例如:

(37) a. *他发现这件事发现了两年了
　　　b. *他下课下了三个钟头　　c. *他跳河跳了三个钟头

其实不然。例如:

(38) a. 他发现这件事发现晚了
　　　b. 他下课下早了　　c. 他跳河跳了几次,都被人救了

这与补语的语义类型是否跟 V_1+O 相容有关。可见,单纯根据 V_1 的情状特征来预测动词拷贝句的适用状况是不充分的,只有综合考虑动词和补语的语义关系才能对此有个更为全面的说明,而这跟动词

---

① Hsieh(1992)对这四类动词的具体用例归类有可商榷之处,如该文中说"问(问题)、下(棋)、骑(马)、念(书)、敲(门)、买(书)"是活动,而"打(焦大)、骂(我)"是实现,"救(我妹妹)、回(台湾)、找(老师)、听(张三)"是达成,"爱(王小姐)、统治(中国)、管(我们)、住(美国)、坐(那儿)、是(学生)、像(他爸爸)"是状态。有的归类并不是太合理,看不出严格的分类标准。

拷贝句作为基础句式的句法语义限制是一致的。① 这种基于动词情状类型和句式情状类型之间关系的认识,在动词拷贝句的功能分析中时有所见。如陈忠(2012)认为:"重复动词的第一种功能识解是,动词重复象似活动及其观察的重复,破坏了正向及物结构(按:即一般所言的补语指向主语论元的情况)的必要条件——瞬时性。"作者用"一下子"这种带有[＋瞬时]特征的体标记形式来测试,将其分别插入重动句和把字句,测试两种句式跟"一下子"的相容程度,检验各自的瞬时性特征强弱:

(39)a. 他把蚊子打死了
　　b. 他一下子把蚊子打死了　c. 他把蚊子一下子打死了
(40)a. 他打蚊子打累了
　　b. *他一下子打蚊子打累了　c. *他打蚊子一下子打累了

根据这两种句式插入"一下子"以后所出现的在合格性方面的对立情况,作者指出:"重复动词是破坏瞬时性的有效手段,重动句通过重复动词引起结构自变量的变化实现其功能因变量的变化——消除瞬时性,拉长对事件动程的观察。"

然而,这种的观察也是有限的。例如下面这样的动词拷贝句插入"一下子"前后都是合格的:②

(41)a. 香菱做旧体诗(一下子)做上了瘾

---

① 施春宏(2003、2008a)对进入动结式乃至由此生成的动词拷贝句中的动词做了分析,结论与此不同。杨寿勋(2000)从形式分析的角度也不同意这种看法。
② "一下(子)"有两个含义:①数量词。用在动词后面,表示做一次或试着做。②表示短暂的时间。(《现代汉语词典》第六版 1529 页,商务印书馆,2012 年)这里用第②义。

b. 他们抄大观园(一下子)抄到了探春的房间

c. 宝玉读《西厢记》(一下子)读得入了迷

观察例(40b)和(40c)不能成立的原因,是因为"打蚊子"这样事情本身是不会"一下子"导致动作发出者变"累"的。而例(41)之所以成立,因为由使因事件导致的使果事件是可以"一下子"实现的。这也就是例(41)插入"一下(子)"时,若在其后加上"就"句子就更加流畅的原因。成立与否,都是百科知识所带来的合用性问题,不是句法结构本身的合式性问题。

可见,合格与否也是受到动词拷贝句所代表的事件类型的约束的,具体到特定的表达中,则表现为代表特定使因事件的述语动词和代表特定使果事件的补语动词的情状类型之间的相互约束。这跟基础句式的句法语义表现是基本一致的。

这再一次启示我们,当我们认识到动词拷贝句只是汉语句法系统的基础表达方式之一,并对该句式做出功能概括,尤其为该句式表达提出一个相对具体的功能时,就需要更慎重地问一问:所观察的实例是否只涵盖了部分类型、只代表了部分功能倾向? 这种功能的限制是该句式所独有还是相关句式所共有?

总的来说,使因事件和使果事件之间的关系越是规约性强,越没有什么功能偏向性(或者说偏向于凸显规约性的直接结果);越是规约性弱,越有某种功能偏向性(偏向于凸显非规约性的间接结果)。所谓的超常量(主观量)、非预期结果、远距离动因等,都来源于使因事件和使果事件之间的规约程度。[①] 这并非动词拷贝句独有的现象,致使表达

[①] 规约性原因即理想认知模式中的原因,它虽可粗略地理解为直接原因(非规约性原因可粗略地理解为间接原因),但两者不完全相同。规约性指日常生活经验中的常规关联形式,而直接间接指特定场景中的具体关联形式。当然,规约性程度越低,原因的间接性越显著。

系统中的所有句式都是如此(用词汇形式表达致使的除外)。如当我们说"孩子读这种书＋孩子傻了"这种语义关系表示超常量、非预期结果、原因解释功能、远距离动因时,也很难说明"我骑这辆车＋这辆车坏了"这种语义关系就不是如此。在致使表达系统,越是规约性强的致使关系,越有可能采取综合性的表达,最典型的就是用词汇致使型来表达致使关系,如"他甀了一个碗"和"John broke the window";越是规约性弱的致使关系,越有可能采取分析性表达,如"这件事使我伤透了脑筋"和"I caused John to go"。在汉语致使表达系统中,不带拷贝形式的动结式多偏向于词汇型;带有拷贝形式的动结式多偏向于分析型;动结式又比带"得"式偏向于词汇型。至于指动式这样的非致使性表达,则没有明显的倾向性,无论是否带有拷贝形式。①

这就告诉我们,对句式功能特点的概括必须结合结构的分析才能有效避免以个性代替共性的情况;同样,结构的分析结合功能特点及其倾向的概括,才能避免以可能性代替现实性的情况。当我们说某个句式具有某种功能时,必须考察该句式在结构上是否允许表示这种语义关系,什么情况下可以表示这种语义关系,什么情况下不能表示这种语义关系,表示这样的语义关系是否都需要用该句式来实现。这样才能在研究句式结构和功能的个性和共性方面有更为全面的认识。具体到对动词拷贝句功能的分析,必须从正反两个方面回答这样的问题:我们得出的论断是否能涵盖动词拷贝句的各种类型?我们得出的结论在非动词拷贝句的相关句式中是否也如此体现?其实,在描写和解释其他句式时,也必须如此。这实际是研究中的方法论问题,是证实和证伪的

---

① Tsao(1987)正确地指出了动词拷贝句具有话题—陈述的功能。但我们同时需要指出的是,实际上,汉语句法系统中,述语前面的论元性成分都具有明显的话题性,因此,像被动句的主语、"把"字句中"把"所的支配对象、拷贝动词所支配的对象等都具有话题性。我们也可以说,这些句式所表达的功能结构都有背景—前景(background-foreground)、基底—图形(ground-figure)之间的关系。这是汉语句式系统在结构和功能上深刻的一致性。

结合,而且更应注重证伪的分析。仅有证实的例证和分析只能起到支持结论的作用,而只有经过证伪的分析才能使结论更接近于有效的证明。一个句法结构到底能够容纳多少语义关系或功能,一种语义关系或功能可以用多少句法结构来表达,是我们研究句式构造和句式意义(或功能)的关系时必须慎重考虑的问题。

5.7 关于动词拷贝句结构和功能的扩展问题

这里接着讨论动词拷贝句在结构和功能上的扩展类型,主要讨论准动词拷贝句及多重拷贝式的情况,以进一步检测我们在上文对动词拷贝句构造过程分析时所得出的基本认识。

5.7.1 关于准动词拷贝句的形成机制

上面考察动词拷贝句的构造过程时,述语动词的客体论元都是普通论元(包括核心论元和非核心论元)。这里再考察动词拷贝句结构和功能扩展后形成的特殊情况。先看实例:

(42) a. 游泳游累了　　　　他游泳游得腰酸背痛
　　 b. 他学习学疯了　　　他学习学得着了魔
　　 c. 他赌博赌输了家产　他赌博赌得倾家荡产
　　 d. 他鞠躬鞠累了　　　他鞠躬鞠了三次
　　 e. 他装修装烦了　　　他装修装了半个月
　　 f. 他跳水跳腻了　　　他跳水跳进了奥运会

这种现象,学界已经观察到了。如刘雪芹(1998)认为这是"由动词性语素重复而构成的重动句",孙红玲(2005)认为是"VO是离合词形式的重动句"。陈明舒(2008)称之为"动词部分拷贝句",但认为"能够进入'动词部分拷贝句'的,都是支配式结构",并对支配式结构做了极其宽泛的理解。例(42)中除"跳水"可以看作支配式外,其他各个动词一般都不看作支配式结构。其实,这种句法结构与动词内部的结构方式没有必然的联系。由此可见,这类动词拷贝句仍有进一步说明的必要。

显而易见,这种动词拷贝句的出现是动词拷贝句成熟后类推而成的结构形式。它有两个基本的约束条件:一是其中的动词或是可以离合的词("游泳、学习、跳水"),虽然它们在构词法上大多不是动宾结构,但在句法层面都有动宾结构的特征;或是在一定情况下可以离合化为动宾形式的词(如"鞠躬、赌博、装修"),这些非离合词本身都不具备动宾关系,但进入这种构式中因受到构式压制而产生离合用法。二是这些动词中的第一个语素的独立成词能力常常都比较强,在口语中用得比较多。[1] 在这种结构中,这些动词的第二个语素实际上是作为伪论元(fake argument)而存在的,跟"他学外语学疯了、他装房子装烦了"中"外语、房子"这些普通论元的语义性质并不相同,但构造过程还是一致的。这种结构可以称作"准动词拷贝句"(quasi-VCC)。项开喜(1997)认为"从语义特征和话语功能角度看,这种类型的句法结构形式是汉语重动句的一种典型形式"。其实,这只是典型动词拷贝句的结构扩展和功能扩展的结果,有一定的句法、语义、韵律条件。与此同时,这种拷贝形式的话题特征会更加鲜明一些。

以"他游泳游累了"为例。其基本的语义结构关系是"他游泳+他累了",按照一般的整合规则,完全可以构成"他游泳累了"。这也是可

---

[1] 比较特殊的是"鞠躬",它的第一个语素"鞠"独立成词能力并不强。虽然如此,但由于受到相关词语及结构类推的影响而呈现出比较活跃的离合用法。

以接受的表达,但由于韵律的制约,如果"游泳"用单音节的"游"去替换,形成"他游累了",则可接受度大大提高。另一方面,"游泳"常可用如离合词,而离合词在离的时候是看作动宾结构的,这样,"他游泳+他累了"就完全可以形成"他游泳游累了"的表达。虽然在"游泳"这个结构中,"游泳"是一个词,而且是非动宾式的复合词,但由于长时期的离合使用,使它形成了一个类似于"动词+客体论元"的表达。这就是准动词拷贝句形成的机制。

由此可见,这种准动词拷贝句形成的根本条件就是其中的动词一定要是一个可以离合或可以因受压制而离合的词,离合的可能性越大,形成准动词拷贝句的可能性越大,如"学习、鞠躬、跳舞、洗澡、考试、睡觉,跳水、跑步、担心、谢幕;装修、赌博"等。虽然它们合的时候都是一般意义上的动词,但由于句法规则的促动而调节着使用的方式。尤其是第一个音节,如果本身就是一个成词语素,那么构成动词拷贝句就更顺当了。而像下面这样的句子,可接受度就比较低:

(43)a. ?他阅读阅累了　　b. ?他复习复得忘了睡觉
　　c. ?他粉刷粉烦了　　d. ?她照顾照得挺细致

因此不能将这种句式前面的动词看作单纯的动词,而应该看作准动宾结构,否则不能构造出这种准动词拷贝句。这是句式类推扩展的结果。如果将它排斥在动词拷贝句之外,并不太合适。

另外,与此相关的是,有时拷贝动词和述语动词在词形上并不完全相同,拷贝动词是双音节,述语动词是单音节。例如:

(44)a. 他学习汉语学出了兴趣　　b. 他装修房子装烦了

这显然是将两种构造机制整合而成的,是句法和词法共同作用的结果。

由此,动词拷贝句就实现了结构和功能的扩展。当然,这种扩展是有个过程的。

基于这样的认识,就可以很好地说明学界对"拷贝动词+宾语"的指称现象所作的观察。Li & Thompson(1981:447)认为动词拷贝句中拷贝动词的宾语是个典型的无指性(nonreferential)成分。李讷、石毓智(1997)、项开喜(1997)也认为如此。这显然有考察失周之处,"重动句的宾语是相对开放的"(王灿龙 1999)。如"他读《红楼梦》读了三个月、老师教张三的孩子教烦了、我写这篇论文写得心力交瘁、红军走二万五千里长征走出了名"中,拷贝宾语"《红楼梦》、张三的孩子、这篇论文、二万五千里长征"都不是无指成分。可见,我们至多只能说,拷贝动词的宾语多以无指为常。Tsao(1987)由此指出:"最重要的事实是,V_1+NP_2 有时虽可分开使用,但有时有复合词化的趋势(compounding tendency)。其中的宾语,除非被其他修饰语修饰,否则倾向于被解释为无指成分。因此,'他看书看得很快'中的'看书'作为一个复合词,其单一的意义是'reading'。一个人可能读期刊、杂志、甚至报纸,都可以被说成无指情况下的'看书'。"这也是 V_1 通常不能带时体成分而成为一个无界(unbounded)表达(项开喜 1997)、O 通常是光杆名词的一个表现。[①] 如果接受这种理解的话,就能比较好地解释"他学习学疯了""他鞠躬鞠累了"这样的准动词拷贝句,因为这里的"学习、鞠躬"本身就是一个复合词。动词拷贝句的发展层级正体现了这种趋势。上面这些占据拷贝动词宾语位置上的成分是不能独立地话题化、也不能提升为

---

① Chang(1991)认为 V_1 可以带体标记"了",如"他做了两个钟头做累了"。赵新(2001)认为 V_2 带"到+处所"补语时,V_1 可以带时体助词"着"或"了",如"我看见他提了两瓶酒提到局长家去了""我们坐了两天车坐到重庆(,然后又坐船去武汉)"。就这类表达而言,可以分析为连动结构。而"跑步跑到学校""等车等到 12 点"则是属于一般研究的动词拷贝句。

致事的。

5.7.2 关于动词拷贝句中的"多重拷贝"现象

有学者对动词拷贝句的构造类型提出了更加广泛的分析。如 Fang & Sells(2007)认为前人的研究只注重于动词只被重复一次的类型,而且拷贝动词后带的都是宾语,这是不充分的。该文认为,动词拷贝句还有下面这种多重动词拷贝(multiple verb-copying)的情况:

(45)a. 张三玩了一天玩得很累
　　b. 他玩游戏玩了一天玩得很累
　　c. 我送他这件礼物送得很好
　　d. *我送他送这件礼物送得很好

作者指出,虽然例(45a)和例(45b)都是动词拷贝句,但跟上面提到的各种情况还不一样。其中,例(45a)的两个动词后都跟了动后附接语而非 V_1 后带宾语,例(45b)的动词拷贝超过一次,即所谓的多重拷贝式。另外同时指出例(45c)和例(45d)存在对立情况,例(45c)中 V_1 后带两个宾语而非一个,而例(45d)则不能说。

显然,这种考察是比较细致的,拓展了我们对动词拷贝句的认识。只是根据我们基于论元结构和配位方式的互动关系的分析,这种新的配位方式的发现似乎并不构成问题的根本,它们是可以还原成单项动词拷贝句的加合的。简单地说,例(45b)是两个动词拷贝句的组合:"他玩游戏玩了一天+他玩游戏玩得很累",它的基本结构关系还是单项动词拷贝句;例(45a)可以看作是例(45b)的省略。这里的每重动词拷贝,其出现的顺序是不能改变的,如不能说"他玩了一天玩游戏、他玩得很累玩游戏、他玩得很累玩了一天"。从拷贝动词一般不能带时体成分来考虑，例(45a)也是一种由两个单项动词拷贝形式("张三玩了一天"和"张三玩得很累")组合后的省略形式，而不宜看作基本的动词拷贝句。而例(45c)更是常见的拷贝类型，无非是动词的类型不同(此为双及物)罢了。例(45d)不能成立是因为它不能看作两个动词拷贝句的合成，其中"我送他送礼物"不能成立，而"我送他送得很好"和"我送这件礼物送得很好"可以成立，然而它们的合成过程不是这样的，而是由"送他"分别跟后面两者组合。这样就有理由预测：只要 VP_1 跟 VP_2、VP_3 分别组合能够成立，就可以接受，甚至只要语境许可，还可以出现 VP_4 的情况。例如：

(46)他送报纸送了一天送到了所有的客户家里送得很累

这是句法递归性的表现。只不过这种表达接受起来不容易罢了，但这不是句法动因造成的，即不是合式与否的问题，而是合用与否的问题。

5.8 本章小结

本章通过基于论元结构和配位方式互动关系的派生分析，试图对动词拷贝句的句式构造和句式意义做出结构化、一致化的分析，并就此对动词拷贝句研究中存在的一些有争议的问题提出新的思路。文章以"宾补争动"说作为讨论的起点，但对这种直观认识做了新的理解。由于"宾补争动"的关键就在于"争"字，文章便围绕这个核心问题来讨论动词拷贝句及相关句式的构造过程和语义、功能特点。本章5.2节中关于动词拷贝句"宾补争动"现象围绕"争"提出的一些问题，经过论证，得到了如下的回答：

因何而争？句法成分的线条性及句法位置的限定性与语义结构的

非线性及语义成分的多重性产生了矛盾。一切争都来源于形式和意义的矛盾,争的结果就是化解了矛盾。

争什么?争的是语义成分的句法实现,即句法结构对语义成分的有效配置。

如何争?通过论元结构和配位方式的互动关系来实现。这只是一个方面的机制,当然还有形态与句法的互动机制(如 Chang 1991),还有韵律方面的机制(冯胜利 2000;Feng 2008)等。因此还需要对更高层面的互动关系做出新的分析。任何单一层面的研究都是不充分的。

争的结果如何?实现了句法结构对语义成分的和谐配置。主要有两种结果,一是动词拷贝句本身的显现及其功能扩展;二是跟动词拷贝句相关的句式群的显现及其功能扩展。

为何有此结果而无彼结果?因为不同的论元结构整合过程实现为不同的配位方式,不同的配位方式体现了不同的论元结构整合过程。因此,结构分析要找到语义或功能的基础,语义或功能的分析应该能够找到结构化的依据。

既然是"争",是形式和意义的"互动",对整个句式系统而言,就有一个发展、调节的过程。本章的研究以现代汉语动词拷贝句为基本考察对象,对这个调节过程没有展开考察,但我们认为,这种基于论元结构和配位方式互动关系的派生分析模型同样可以用来考察动词拷贝句的产生基础及其演变过程。关于动词拷贝句的产生,李讷、石毓智(1997)说它的形式来源是一种话语结构,它是从两个成分相同、语序一样的单句抽象、固定下来的。我们的看法是既同意又不同意,主要是动词拷贝句的整合类型复杂多样,因此其演变时空也复杂多样。施春宏(2003a、2004b)在说明动结式的发展历史时对与动结式相关的动词拷贝句的构造过程有个初步但尚不充分的说明。对动词拷贝句的历时发展,我们将在下一章专题阐述。

最后就本项研究的方法和方法论问题做些补充说明。研究特定句式的句式构造和句式意义的互动关系，必须寻找到合适的切入点，在句法操作的过程中力求实现充分的描写、恰当的解释和有效的预测。为此，我们以论元结构和配位方式互动关系的派生分析为逻辑基础和分析策略，强调具体推导过程的可计算性，力求使计算、推演的基础（要素及要素之间的关系）与过程具体而明确。这种互动-派生模型使我们特别看重"句式群"（更宽泛一点说，就是"构式群"）这一概念，对相关句式之间的推导关系描写得比较充分。功能语言学特别是新近兴起的构式语法由于强调各个句式的独特属性而明确放弃对句式之间的派生关系的考察，非派生性被认为是其理论的一个重要属性，认为各个句式都是独特的形式—意义对。对此，我们并不否认。其实，句法结构之间是否存在派生关系，句法研究是否需要引入派生分析，这个问题本身并不重要，正如是否需要任何一个理论或任何方法一样，关键是能否借助它在既有事实之间建构恰当的关联，能否借助它发现新颖的语言事实，能否有效地说明交际者的语感，能否对相关现象做出有意义的语言学概括。而这些正是对理论发展的基本要求。我们所尝试的派生分析并非忽视了整体性的存在，而同样是以整体性为考察目标的。从根本上说，整体性（系统性）是结构主义分析的基本前提，也是任何基于结构的分析的基础。正如"速度×时间＝距离""距离÷时间＝速度""距离÷速度＝时间"，这是由三个基本成分和两种运算关系构成的三种结构关系，每个"构式"的含义是不一样的，但我们也可以将它们看作具有某种同一性的结构关系。而且，当我们将这些构式看作具有某种同一性关系的结构时，就可以通过形式上有限而明确的操作规范"计算"出每个构式所凸显的语义内容，这样我们的理解将会更加深刻而便捷。当然，这种计算往往是有方向性的，如我们以"速度×时间＝距离"为基础构式，进而派生出其他两个构式，之所以如此，是有认知上、计算体系上的原因的。我们所倡导的精致还原主义方法论原则的基本精神与此实出一辙。派生分析不是反功能主义的分析,而是找出句法结构得以存在的结构动因,并为功能动因的句法表现提供结构化的机制。一种语言功能,往往有若干种表达可能(这正是语言类型研究的价值),而能否表达某种功能、如何表达某种功能,则受到句法结构系统甚至韵律、语体等方面的制约。实际上所有理论的存在价值都大体因此而得以定位。任何理论都只能说明部分语言事实,发现某些新颖事实。任何理论都不可能对语言事实做到充分的解释,所谓的充分性都是在理论自身允许的范围内所做的最优化解释。任何理论都只是人类理解史上的一道风景。任何理论最擅长做的都是特定范式的"分内"之事。因此,理论需要发展,需要在互补中发展。只有理论的互补才能使我们对语言事实的描写和解释更加充分。

第六章 动词拷贝句的构式化机制及其发展层级

6.1 引言

一种好的分析模型,不但能描写和解释共时语言现象,同样也应该追求对历时语言现象的描写和解释,以使分析模型在"逻辑先后"和"历史先后"两个方面得到有机的统一。[①] 我们曾在互动-派生模型对动结式共时整合机制进行分析的基础上,对动结式形成和发展过程中配位方式的历时演变做了研究(施春宏 2004b;施春宏 2008:303—352),其中对动结式历时演变中伴随的动词拷贝现象做了初步说明。本章便试图在前一章共时分析的基础上,从历时角度对动词拷贝句这一句式性构式的生成动因、演进机制及发展层级展开分析,以进一步检测和充实互动构式语法及其互动-派生模型的描写力和解释力。这里重点从篇章功能和句法结构之间、句式结构和句式意义之间的互动关系来梳理动词拷贝句生成和发展过程中若干句法表达形式的发展时空,刻画动词拷贝句形成的基本路径,并借此对句式语法化(从构式的角度来看,

---

[①] 吕叔湘(1979:15)在说明用"语素"还是"词素"作为最小的语法单位时指出:"比较起来,用语素好些,因为语素的划分可以先于词的划分,词素的划分必得后于词的划分,而汉语的词的划分是问题比较多的。(这里说的'先'和'后'指逻辑上的先后,不是历史上的先后。)"对建构分析模型时"逻辑先后"和"历史先后"之间的关系问题,沈家煊(2008)指出:两者如果合拍,当然更能显示模型的理论价值;但如果两者并不一致,也是可以的,基于共时平面的分析可以只关心语言事实之间的逻辑先后,而未必需要与历史先后合拍。

就是构式化(constructionalization))过程中的合力机制做出说明。

关于动词拷贝句的理解及基本类型,我们在前一章引言中已经做了说明。为了阅读方便,下面将该章引言中的举例转录如下:

(1) a. 香菱做旧体诗做上瘾了
　　b. 他摔通灵宝玉摔伤了贾母的心
　　c. 下人们吵嘴吵醒了主子
　　d. 下人们请老太太安请晚了
　　e. 凤姐管贾府管出经验来了
　　f. 宝玉读《西厢记》读了一下午
　　g. 大观园办诗会办了几次
　　h. 他们抄大观园抄到半夜
　　i. 他们抄大观园抄到了探春的房间
　　j. 宝玉读《西厢记》读得入了迷
　　k. 金桂骂薛蟠骂得薛姨妈心里发恨
　　l. 宝玉读《西厢记》读得很快

由于这些用例大体代表了动词拷贝句的基本类型,因此本章的分析以这些类型所代表的形式和意义的关系为基础。

这些不同的动词拷贝句类型,在历时发展过程中并非同步发展,而是有先有后。而且它们的发展跟相关的句法结构有很强的关联。如虽然"把"字句和"被"字句的形成和成熟总体上都远在动词拷贝句之前,但某些具体类型的"把"字句和"被"字句的出现却只能在某些类型动词拷贝句产生和成熟之后。如据我们对汉语史的初步考察,"这些衣服把妈妈洗累了"和"妈妈被这些衣服洗累了"此类的结构式只能出现于"妈妈洗这些衣服洗累了"或"洗这些衣服,妈妈洗累了"之后。可见,句式发展具有一定交错推进性特点,造成这一现象的根本原因在于,每个句式都是一个原型范畴,该范畴内不同成员之间的典型程度有差异(无论是形式上还是意义上),跟语言系统中其他句式的关系也有远近亲疏之别;而且这个范畴还有一个动态发展的过程,其原型性表现在不同时期也会有所不同。具体到特定句式而言,同一特殊句式内部各种次类的句法语义语用的约束条件并不一致,发展的时空也不一致,相关句式之间相互依存和相互制约的关系也不一致,因此无论是在共时平面还是在历时进程中,不同句式及其下位类型之间在句法系统之中的性质和作用就必然有所差异。由于本章的主要目标并不着力于梳理不同类型的动词拷贝句在每个时期的具体发展进程,因此对此暂付阙如,但会以此作为刻画动词拷贝句历时发展的背景。本章重点在于既发掘新的语言事实又尝试构造新的分析模型,探讨动词拷贝句的生成动因和发展机制,从而刻画不同类型动词拷贝句的发展层级,并借此对制约这一特殊句式构式化历程的相关因素做出新的思考。下面我们首先分析学界关于动词拷贝句生成动因、发展机制及出现年代的认识,然后重新探讨动词拷贝句构式化过程中的相关问题,最后对句式构式化过程中不同界面互动关系的合力机制做出简单的说明。

　　在论述之前,我们首先对动词拷贝句的使用情况和本章语料收集情况做个简单的说明。动词拷贝句在现代汉语中的使用频率很低。王灿龙(1999)的调查结果是,在其考察的 50 万字的语料中,动词拷贝句仅发现 5 例,每 10 万字 1 例;肖奚强等(2009:143)的调查结果是,在其考察的 300 万字的语料中,共发现 102 例,每 10 万字 3.4 例;郭圣林(2011:136)的调查结果是,在其考察的 290 万字的语料中,共发现 77 例,每 10 万字近 2.7 例。三位作者的调查结果虽有差异,但动词拷贝句的使用频率之低,却是显而易见的。相对于"把"字句、"被"字句等常见句式,该句式的使用可谓极其少见。下面是相关文献中"把"字句和

"被"字句的统计结果:①

相关文献	语料总字数	"把"字句数/每10万字句数	"被"字句数/每10万字句数
张先亮、范晓等(2008)	239.8万字 1494.4万字	3994/166.6 —	— 12567/84.1
肖奚强等(2009)	90万字	1309/145.4	1285/142.8
郭圣林(2011)	290万字	2730/94.1	1868/64.4

动词拷贝句使用频率低的问题,不仅体现于现代汉语中,历代汉语更是如此。不过,动词拷贝句的历时研究很不充分,也许跟语料收集的难度有很大的关系。这方面的语料不但数量少,而且分布很不均匀。为了本章的写作,我们一方面以现代汉语中常用于动词拷贝句的200余个动词作为参照,全面检索了北京大学CCL古代汉语语料库中的实际使用情况(由于该语料库的准确性不能充分保障,因此只能作为一种搜检参照);另一方面也力求更多地阅读相关文献,考察其使用情况。但总体而言,所获得语料类型的丰富性尚不及内省时所推演出来的可能性表达形式。为此,我们还通读了《朱子语类》②,以作为本章立论的基础论据之一。

---

① 张先亮、范晓等(2008)的统计数据分别参见该书151页("把"字句)、75页("被"字句);肖奚强等(2009)的统计数据分别参见该书22页("把"字句)、40页("被"字句,不包括"被……所、被……给"等句式);郭圣林(2011)统计数据分别参见该书51页("把"字句)、77页("被"字句)。

② 《朱子语类》是朱熹(1130—1200)与其弟子问答的语录汇编,由宋代黎靖德于景定四年(1263年)以类编排而成,咸淳六年(1270年)刊为《朱子语类》140卷,即今通行本《朱子语类》之最初版本。本章所用版本为中华书局1986年第1版的《朱子语类》八卷本,共230万字(据中华书局1986年版《朱子语类》版权页所示)。

另外,不同的语体类型,动词拷贝句的使用情况会有所差别。据刘雪芹(2003)对现代汉语语料的分析,动词拷贝句主要出现于口语语体和文艺语体中,事务语体、政论语体、科技语体中几乎不怎么出现。据我们对历代汉语语料的分析和戚晓杰(2006)尤其是崔山佳(2010)对明清语料的实际调查,动词拷贝句在历代汉语口语或类口语语体中出现的频率同样要高于书面语,就此而言,动词拷贝句在不同历史时期的语体分布状况有着某种程度的一致性。本章论证所依凭的《朱子语类》正是南宋时期口语程度相对较高的文献。

6.2 学界关于动词拷贝句生成动因、形成机制及产生时代的讨论

关于动词拷贝句的研究,大多集中在共时平面,历时的研究虽然学界已经有了一些探讨,但总体而言比较少,且仍存在着不小的争议。

最早从语法系统演进的角度对动词拷贝句历时发展做出理论探讨的是李讷、石毓智(1997)。该文认为,动词拷贝句的产生源于"V(得)OC"格式由元代到明代的衰落直至清代该格式的消亡。该文断言:"动词拷贝结构的产生和发展是最近两三百年的事情,根据我们的考察,直到《红楼梦》时代才开始。"并描述了这种句式的发展机制:在唐代及以前,出现了 VOC 这样的隔开式,"在那个时期,现代汉语的动词拷贝的相应格式就是 VOC"。而到了宋元明时期,VOC 发生了分化,有的变成了 VCO,但"大部分原来的 VOC 并没有像'唤醒'那样,不是直接变成 VCO,而是在宋代首先变成'V 得 OC'"。后来该结构进一步发展,以致"VOC 格式到了清代已完全不用了,也就是从这以后,动词拷贝结构才慢慢地多起来。到了《红楼梦》时期,该结构已经不难

见到了"。① 归结起来,作者就其所见语料而推断的该句式基本发生机制就是:"格式'V(得)OC'消失以后,需要一种新结构来引进宾语。"并由此指出:"新结构产生的一种最自然的途径为,把该语言常见的某种话语结构抽象固定下来,变作一种句法格式。动词拷贝结构的发展为此假设提供了一个很好的例证。"

笼统地说动词拷贝句(乃至所有的特殊句式)来源于话语结构的凝固化,也许没有多少争议,但这个句式生成的具体动因和发展机制是否如李讷、石毓智(1997)所论则需要进一步讨论。其实,根据具体用例在汉语史上的呈现情况来看,学界已经发现,该文已明显跟语言事实不合。戚晓杰(2006a)调查了稍早于《红楼梦》(作者曹雪芹,约1715-约1763)的《聊斋俚曲集》(作者蒲松龄,1640-1715),发现"此种句式在《聊》中已相当成熟",并指出"动词拷贝句的产生可能要远早于《聊》,至少在《聊》所体现的山东方言中"。当然,这还大抵可以归入李讷、石毓智(1997)所说的"《红楼梦》时代"。然而,戚晓杰(2006b)还调查了明代嘉靖年间的《金瓶梅词话》和明末清初《醒世姻缘传》中动词拷贝句的用例情况,并明确指出:"我们可以肯定地说,汉语动词拷贝句产生、发展于明。"(戚晓杰2006b:163)这就使该句式的产生时间有了显著的前移。

戚晓杰(2006a)不仅将动词拷贝句的产生时间大大提前了,而且在具体类型上也有新的发现。李讷、石毓智(1997)认为:"根据补语的语义特征和结构特点,动词拷贝结构可以分为以下四类":

(一)补语是时间词;

---

① 作者对"VOC"和"V得OC"跟动词拷贝句的关系,有不少地方说得并不明确。总体而言作者主张"VOC"发展为"V得OC"后再产生动词拷贝句,但有时又说由"VOC"发展出了动词拷贝格式,有时则说"V(得)OC"发展出了该格式。而且对"VOC"如何发展出"V得OC",也未作说明。

(二)补语为单纯的形容词或不及物动词;

(三)补语为"得"字结构;

(四)动补之后另有宾语。

该文认为"动词拷贝结构的发展是不平衡的。在清代的文献中只能见到一、二类,三、四类还没有出现。"然而戚晓杰(2006a)在《聊斋俚曲集》中发现了不少第三类的用例:"而《聊》所呈现给我们的事实是,一、二、三类动词拷贝句都已存在,且以三类数量为最多;唯有四类尚未出现。"同时还补充了新的类型:"除此之外,《聊》中的动词拷贝句补语还可以是表数量、表处所的词。"由此可见,李讷、石毓智(1997)在用例考察和类型分析上都存在着明显的问题。①

在此基础上,崔山佳(2010)在考察了明代民歌、小说、戏曲等(尤其是民歌)中的大量用例后明确指出,"明代已有四种动词拷贝句",并发现了更多的下位类型和具体用例;而且进一步认为:"我们有充分的理由相信,随着搜索范围的扩大,肯定能发现更多的例子,说不定还能发现更早的例子。"可见,明代只是一个至迟出现的时期,仍未必是该句式的起点。

由此可见,戚晓杰(2006a、2006b)和崔山佳(2010)这些文献不但将动词拷贝句的用例产生时间向前做了显著的推进,而且认为明代动词拷贝句的类型已很丰富了。就崔山佳(2010)而言,无论是用例的数量还是类型的丰富性都远非李讷、石毓智(1997)所能涵盖。

---

① 其实,李讷、石毓智(1997)以《老残游记》中"未到一年,站笼站死两千多人"这个例子作为该文中动词拷贝句的第四种类型(动补之后另有宾语)的用例来说明"至此,本章开头所讲的四类动词拷贝结构都已具备",这是不妥当的。崔山佳(2010)也沿用举了该例。实际上,这里的"站笼"不是动宾结构,而是一个名词。笔者检索后发现,全书皆是如此,如"把他用站笼站死""动不动就提了去当强盗forever,用站笼站杀""站起站笼,不到两天就站死了""将他妹夫扯去站了站笼"等。如果仅此而言,依该文逻辑,动词拷贝句的第四种类型至此仍未齐备。然而,崔山佳(2010)提供了很多例子说明该类型在明代就已经出现,并非孤例。关于语料性质的甄别一直是汉语史研究的一个重要方面,有时不同的甄别结果会带来很大的论点差异以致理论分歧,而不仅是单个语料的取舍、使用问题。

其实,施春宏(2003)在研究动结式的历时发展过程时就已指出:"汉语动词拷贝结构在《朱子语类》时期出现,所见2例都是带'得'式,与'V得'中'得'的语义和功能演变有关。"

(2)a. 见说人做官做得如何,见说好底,自是快活;见说不好底,自是使人意思不好。(《朱子语类》卷59)
b. 后来见荆公用兵用得狼狈,更不复言兵。(《朱子语类》卷130,原文转引自刘子瑜2002)

与之相先后的还有下面这样的例子,是否看作动词拷贝句还需斟酌,但就构造本身而言,跟一般的动词拷贝句已经没有什么实质性差别了(施春宏2003):

(3)a. 知渠担百石担不起。(南宋赜藏编《古尊宿语录》卷1)
b. 水庵则不然,参禅参到无参处,参到无参未彻头。(南宋普济编《五灯会元》卷20)

施春宏(2003)由此说:"《朱子语类》之后断续出现(动词拷贝结构),并不常见,而且补语大多不是单个动词。到《红楼梦》时期,动词拷贝结构已较常用了。"并列举了若干用例。施春宏(2008a)延续了这种认识。然而,作者对《朱子语类》的用例搜集相当有限,揭示的类型也相对单调,对从《朱子语类》时期到《红楼梦》时期动词拷贝句的发展过程也仅是一语带过,并不成系统。

虽然戚晓杰(2006a、2006b)和崔山佳(2010)通过具体用例调查探讨了动词拷贝句产生的时代和类型,施春宏(2003、2004b、2008a)试图通过建构分析模型来说明与动结式相关的句法现象(包括动词拷贝句),但在涉及动词拷贝句的演变路径时,均未对李讷、石毓智(1997)所提出的分析模型做出反思。

然而,现代语言学研究,除了不断挖掘新的语言事实外,还特别重视用分析模型来描述语言事实(language fact,指任何作为语言描写对象而存在的语言现象),建构语言学事实(linguistic fact,指在特定的假说或理论背景下所界定、发现或预测的语言成分和关系),从而体现理论的描写、解释和预测能力(施春宏 2010d)。

李讷、石毓智(1997)已经为动词拷贝句的发展提出了一个分析模型,颇具启发性。虽然真正意义上的反例是可以推翻其基本认识的,但如果从理论上来加以辩难阐发,并构造出新的分析模型,将别有新的意义,并提供新的辩难对象。[①] 而对分析模型的深入反思则有可能使我们更加系统地揭示动词拷贝句及相关句式构式化过程的时空特征,从而对该句式的产生动因和发展机制做出具体的尤其是结构化的说明,进而促使我们对句式系统的构式化机制做出新的思考。

本章从这种研究理念出发,尝试为动词拷贝句生成动因和发展机制建构新的分析模型[②],以期更加贴合该句式的构式化过程。

6.3 关于动词拷贝句共时和历时的构造原则一致性的基本认识

对特定句式构造原则的分析是探讨该句式构式化机制的基础。作为句式的构造原则,应该努力体现出跨时空的结构性、一致性特征,它

[①] 关于语言学理论和例外、反例与特例这些概念的基本内涵及存于其间的复杂关系,可参见施春宏(2010c)的论述。
[②] 这样的研究理念和分析模型是我们基于现代汉语论元结构和配位方式互动关系分析的自然引申。我们试图根据第三章提出的"界限原则"及其配位规则系统来详细描写动词拷贝句在历时发展中的配位方式,即句法配置的可能性和现实性问题。

既能指导人们对共时现象配位方式的具体描写,也能说明相关现象在历时发展过程中配位方式变化的具体表现。下面试图从构造原则方面说明我们关于动词拷贝句在共时平面和历时平面所共有的形成机制的基本认识。

6.3.1 动词拷贝句的构式性及其在现代汉语共时系统中的基本类型

目前,对动词拷贝句的历时描写都从"V_2(得)"后补语的句法语义性质入手来为该句式分类,这样,例(1)中所构造的现代汉语句法系统中的 12 个句子大体可以归为这样一些类型:

(4)从补语的句法语义性质看动词拷贝句的类型
　　第一类:补语为形容词或不及物动词,如:
　　　　(a)香菱做旧体诗做上瘾了
　　　　(b)下人们请老太太安请晚了
　　第二类:补语后带宾语,如:
　　　　(c)他摔通灵宝玉摔伤了贾母的心
　　　　(d)下人们吵嘴吵醒了主子
　　第三类:补语为趋向动词(或同时带宾语),如:
　　　　(e)凤姐管贾府管出经验来了
　　第四类:补语为时间词语,如:
　　　　(f)宝玉读《西厢记》读了一下午
　　第五类:补语为介词结构(含时间表达和处所表达),如:
　　　　(g)他们抄大观园抄到半夜
　　　　(h)他们抄大观园抄到了探春的房间
　　第六类:补语为动量结构,如:

(i) 大观园办诗会办了几次

第七类:补语为带"得"结构,如:

(j) 宝玉读《西厢记》读得入了迷

(k) 宝玉读《西厢记》读得很快

(l) 金桂骂薛蟠骂得薛姨妈心里发恨

然而,这种简单的基于补语形式的分类在描写动词拷贝句内部的句法语义关系时,是有很大的局限的。如第一类的两个句子(a)和(b)变成"把"字句的能力很不相同,例(a)可以变换成"(做)旧体诗把香菱做上瘾了",而例(b)则不能,如不能说"(请)老太太安把下人们请晚了"。同样,在带"得"结构中,例(j)能变换成相应的"把"字句,如"(读)《西厢记》把宝玉读得入了迷",而(k)则不能变换成"(读)《西厢记》把宝玉读得很快";可是(l)则可构成"金桂骂薛蟠把薛姨妈骂得心里发恨"这样的"把"字句。在句式群中跟相关句式关联的差异实际反映了其自身性质上的不同侧面和不同层次。

这实际上提出了一个很基本的问题:是将动词拷贝句看作一个论元结构构式(即视为多义构式)还是几个论元结构构式(即视为同形构式)? 若看作一个论元结构构式,其构式形式自然可以看作是组构成分的线性序列(实际上构成这个线性序列的组构成分在性质上有很大差异,上面的分类依据就是其体现),但其构式意义又是什么呢? 即其作为形式-意义配对的构式性(constructionality)如何体现? 我们在前一章中指出动词拷贝句的语法意义极其宽泛,除了笼统指出"话题-说明"之类的语用意义外,很难再概括出什么相同的语法意义了。如果概括不出相同的语法意义,那么作为构式定义性质的"形式-意义对"就无法说明了。这就会将动词拷贝句看作若干个不同的论元结构构式了。然而,如果将它看作若干个构式,那么又面临着新的问题:到底是哪些构式？为什么不同的构式具有相同的构造原则和配位规则？这些问题，实际上都牵涉到构式的多义性和同形性之间关系的分析。而这在构式分析中比区分多义词和同形词之间的关系还要复杂。由于本章主要探讨动词拷贝句的历时构造过程，因此可以暂时撇开这个问题，而在形式上将它们看作同一构式来分析。

现在的问题是：为什么表面上同样的句法结构，会有不同的相关句法表现呢？原来，动词拷贝句内部句法性质上的差异，不仅分别跟述语动词和补语有关，更关键的因素在于述语动词和补语之间的语义结构关系。

学界也常从补语的语义指向（即根据补语跟述语动词及其所支配的成分之间的关联）这个角度来说明动词拷贝句的内部语义关系。补语语义指向的分析虽然能说明大部分动词拷贝句的类型，但对上例中的(c)(d)(h)(l)难以说明。这些类型有个共同点，即补语后面的宾语跟述语动词没有语义上的关联，而只是跟补语语义有关联。

由于动词拷贝句中含有两个谓词，每个谓词代表着一个事件，每个谓词都有自己的论元结构。由此可见，动词拷贝句代表着由两个子事件整合而成的复合事件，两者在整合的过程中，其底层论元结构必然要发生整合，形成新的具有整合性特征的高层论元结构。我们在第三章根据动补结构论元结构和配位方式的互动关系，从述语动词和补语成分之间的论元所指关系对动结式进行了分析，相对来说，这样的操作可以比较简洁而系统地描写跟动补结构相关的各类句式（包括动词拷贝句）的论元配置情况及相关句式之间的关联。基于这样的思路，我们可以先将所有的动词拷贝句分为三种类型：主体同指型、主体异指型、补语指动型（下文称指动式）。如第三章所述，主体同指指的是述语动词的主体论元和补语动词的主体论元所指相同；主体异指指的是述语动词的主体论元和补语动词的主体论元所指不同；补语指动指补语动

以述语动词及其论元结构为主体论元。① 这样,例(1)的各类动词拷贝句就可以重新归类为:

(5) 从动补结构底层论元结构的所指关系看动词拷贝句的类型

主体同指型:

(a) 香菱做旧体诗做上瘾了

(j) 宝玉读《西厢记》读得入了迷

主体异指型:

(c) 他摔通灵宝玉摔伤了贾母的心

(d) 下人们吵嘴吵醒了主子

(e) 凤姐管贾府管出经验来了②

(l) 金桂骂薛蟠骂得薛姨妈心里发恨

补语指动型:

(b) 下人们请老太太安请晚了

(f) 宝玉读《西厢记》读了一下午③

(g) 他们抄大观园抄到半夜

---

① 这种分类很容易让人觉得它与一般根据补语语义指向对现代汉语动词拷贝句的分类"大同小异"(参见第三章3.2.3节)。其实,表面的"大同"是种必然,但本质上的"小异"正体现了新分类的描写能力和解释空间,它能比较系统而又规则性地概括所有动词拷贝句的结构类型和内在语义关系,说明相关句式(如"把"字句、"被"字句)的生成过程,还能为描写动词拷贝句的演化过程提供结构化的分析路径。下文对此有所说明。

② 这个句子理解成"凤姐管贾府+经验出来了"时归入主体异指型;如果理解成"凤姐管贾府+凤姐出经验来了"("出"作产生义),则归入主体同指型。由于有时补语可以出不同的归类。汉语史上也是如此,如"看得道理透",当"透"的主体论元是"道理"时,形成"看得透道理"或"看透道理"而当"透"是指动用法时,则构成动词拷贝句"看道理看得透"。由此可见,两歧句式的出现是受内部语义关系制约的,两歧现象不但没有影响句式的构造原则,反而证明了构造原则的描写力和预测力。目前所见到的两歧现象都跟指动用法有关,除了上述"透"类的两解外,当补语是时间词语时,也可有两种表达方式,如(b)也可以说成"下人们请老太太安晚了(几分钟)"。限于篇幅,本章对这种非拷贝的选择性表达不做分析。

③ 这个句子也可以理解成主体同指型,即"宝玉读《西厢记》+宝玉Ø了一下午",其中的Ø代表的是"花(时间)"类的没有语音形式的轻动词(顾阳2001)。

(h)他们抄大观园抄到了探春的房间

(i)大观园办诗会办了几次

(k)宝玉读《西厢记》读得很快

这种分类的好处是,在共时平面上同型句子的句法变化有相当高的一致性。前一章即以这种观念为基础,从句法形式和句法意义互动关系的角度刻画了动词拷贝句及相关句式的构造过程(又参见施春宏2010a)。我们认为,这种基于共时现象的分析模型同样可以用来刻画动词拷贝句的历时发展过程及它与相关句式在历时发展时空中的相关性。这样,我们就不但能够描写动词拷贝句不同类型的发展过程,而且可以描写跟动词拷贝句相关的句式的发展层次。①

6.3.2 动词拷贝句的整合机制对其形成和发展过程的制约

一般来说,主体同指型和补语指动型的动词拷贝句在构式化过程中出现得比较早,而主体异指型出现得相对较晚,根本原因在于,动词拷贝句在由话语结构向句式结构发展的过程中,主体异指型论元结构整合的难度比较大,配位方式的操作比较复杂,而且内部语义关系大多比较间接;而其他两类论元结构整合起来比较容易,配位方式的操作比较简便。例如:

(6)a. 香菱做旧体诗+(香菱)上瘾了→香菱做旧体诗做上瘾了

---

① 学界曾根据动词拷贝句内部语义关系的非均质性及相关句法表现的差异,将它分为致使性和非致使性两类(唐翠菊2001)。如果进一步分析的话,致使性关系当中还有直接致使和间接致使的差异(施春宏2007、2008)。虽然致使性和非致使性这样的二分类别是对动词拷贝句语义结构关系的重要概括,但这并不意味着它们在历时发展中致使性就必然先于非致使性,或者非致使性就必然先于致使性。实际上两者的发展时空有交错推进的情况,其根本原因就在于具体次类的话语功能表达能力以及论元结构整合的难易程度并不一致,而且致使关系的直接程度也对句式的发展有影响。这是个需要专题讨论的问题,此不赘述。

b. 下人们请老太太安＋(请安这件事)晚了→下人们请老太太安请晚了

c. 宝玉读《西厢记》＋(读得)很快→宝玉读《西厢记》读得很快

其中没有论元在整合过程中需要调整位置和性质。这样，在具体篇章中两个部分可以很容易分开来表达，形成"[S]VO……V(得)C"的表达，这在《朱子语类》中相当普遍(见下)；当它们"拼合"在一起时，就直接构成了动词拷贝句"[S]VOV(得)C"。

而主体异指型就不是这样了。例如：

(7)他摔通灵宝玉＋贾母的心伤了→他摔通灵宝玉摔伤了贾母的心

当"摔"和"伤"整合成一个句法单位"摔伤"时，就牵涉两个论元"通灵宝玉"和"贾母的心"需要安排。作为补语主体论元的"贾母的心"在整合过程中提升为整个动结式"摔伤"的役事，而"通灵宝玉"由于跟补语所支配的论元不同指，因此通过拷贝动词来引入。显然，这个动词拷贝句中作为篇章中的两个部分并不能够通过自然语序的"拼合"而构造出来。这种类型在《朱子语类》中并未出现。由此可见，动词拷贝句底层论元结构整合成高层论元结构的难易程度对动词拷贝句的形成和发展有着根本性的影响。由于间接致使关系语义较复杂，涉及的论元数量相对较多，而且在整合过程中往往有配位方式的调整，因此整合的难度显然要大一些。

在李讷、石毓智(1997)中，作者描写的动词拷贝句的生成机制是：V(得)OC→动词拷贝句。然而，我们即便接受这样的生成机制(下文

我们将说明,事情并非如此简单),也无法说明下面的"VOC"和"V 得 OC"为何不能生成动词拷贝句:

(8) a. 今当打汝两前齿折。(北朝魏《贤愚经》)
　　b. 寡妇哭城颓,此情非虚假。(《乐府诗集·懊侬歌》)
　　c. 然范蜀公欲以大乐唤醒,不知怎生唤得它醒?(《朱子语类》卷 97)
　　d. 生时百骨百开张,唬得浑家手脚忙。(唐《父母恩重经讲经文》,引自岳俊发 1984)

而下面这样的"VOC"和"V 得 OC"句却可以发展出动词拷贝句:

(9) a. 饮酒酣,武安起为寿,坐皆避席伏。(《史记·魏其武安侯列传》)
　　b. 吃得肚婴撑,寻思绕寺行。(唐·杨芝萝《咏垂丝蜘蛛嘲云辨僧》,引自岳俊发 1984;我们据《全唐诗》对题名有改动)
　　c. 匡衡文字却细密,他看得经书极子细,能向里做工夫,只是做人不好,无气节。(《朱子语类》卷 116)

虽然例(8)和例(9)都是"VOC"或"V 得 OC",但其发展取向并不相同。例(9)这类句子若进一步发展,则可以发展出拷贝句"饮酒饮酣了、吃某物吃得肚婴撑、看经书看得极子细"。而例(8)则不然,(8a)和(8b)将归并到动结式的合用式中,即"打折汝两前齿、哭颓城",或进一步派生出相应的"把"字句等,如"把汝两前齿打折、把城哭颓";(8c)可以构成"唤得醒它/唤醒它"或"把"字句"把它唤(得)醒";(8d)则是现代汉语中仍然沿用的格式(如"吓得我手足无措"),当然也可构成"把"字句"把浑家唬得手脚忙"。可见,能否构成动词拷贝句,是要受到特定的句法语义关系的约束的,并非单纯的话语功能结构化所能说明。也就是说,话语功能结构化在此是个虽极具启发性但还有待精细化的原则性说明,必须借助于对句法、语义、语用条件做出精致的规则性刻画,才能说明结构化的有效机制和实际路径。

而李讷、石毓智(1997)所举的"V 得 OC"例子中有不少都属于(8c)和(8d)这样的类型,如其中取自《新校元刊杂剧三十种》的用例:

(10)a. 早<u>忧愁的寸肠粉碎</u>,闷恹恹废寝忘食。(《张鼎智勘魔合罗》)

b. 但<u>浇得菜蔬清秀</u>,问甚么沧浪之水浊兮。(《马丹阳三度任风子》)

c. 义赦了严颜罪,鞭<u>打的督邮死</u>。(《关张双赴西蜀梦》)

d. 一壁恰<u>烘得锦袍干</u>,又酒淹得衫袖湿。(《李太白贬夜郎》)

其中,后三例跟(8c)同型;而第一例中,"忧愁"是不及物动词,如果将(8d)的"唬"也看作不及物动词的话,则两者同型,如果将"唬"看作及物动词(使动义),则(8d)就跟(8c)同型了。

例(8)和例(9)乃至例(10)都是非指动型的句法结构,它们之所以发展取向不同,根本原因在于两者之间的语义关系不同。李讷、石毓智(1997)文中说:"VOC 格式在明代已经衰落,到清代就完全消失了,其功能分别为 VCO 格式、动词拷贝结构、'把'字句、话题化(topicalization)等替代。究竟 VOC 格式的功能由哪个格式表示,取决于动补短语的特点和宾语的性质。"但作者并没有给出具体的格式分化的约束条件和发展层级。

我们认为,如果要对动词拷贝句的生成机制有个系统的说明,必须建立结构化的整合原则及其下位配位规则。根据本书第三章提出的"界限原则"及其配位规则系统,在一定程度上可以对构造动词拷贝结构的句法语义条件做出结构性说明。例(8a)是主体异指型,而"打"的客体论元"汝两前齿"同时又是"折"的主体论元,因此两者属于客主同指。底层动词的两个同指论元需要整合成一个论元之后才能提升到高层构式中来。这样,客主同指的两个论元整合后提升为动结式"打折"的役事,而"打折"之后又有相应的句法位置,因此可以形成"打折汝两前齿"。(8b)也是主体异指型,"哭"的主体论元"寡妇"和"颓"的主体论元"城"不同指,而且"哭"没有客体论元,这样"城"就可以由底层直接提升上来作为动结式"哭颓"的役事,形成"哭颓城"这样的表达。(8c)属于主体异指兼客主同指型,"唤"的客体论元"它"跟"醒"的主体论元"它"同指,两者整合后可在"得"后获得相应的句法位置(如"唤得醒它"及"唤醒它");当然如果补语是复杂形式,就不需要移位了,如"唤得它不耐烦"(此时也可用"把"字句来提升役事"它")。两者受到的韵律制约条件不同。(8d)中的"唬"无论是看作及物动词还是看作不及物动词,都属于主体异指型,"浑家"提升为役事后都能在"得"之后获得合适的句法位置。从本质上看,(8d)和(8c)属于同一类型,只不过(8c)中的"醒"是单音节形式,而(8d)中的"手脚忙"属于多音形式。当然,由于韵律结构及相关语义的差异,两者的变化形式并不完全相同(如"唤得醒它"和"*唬得手脚忙浑家")。由此可见,动补结构在进行论元结构整合的过程中,如果述语动词带客体论元的话,属于客主同指型(这已经蕴涵了主体异指型)结构,这种语义关系制约下的动补结构是不能构成动词拷贝句这种配位方式的。

而例(9)的发展取向则不同。(9a)中"饮"和"酣"的主体论元同指,而"饮"的客体论元跟"酣"的主体论元不同指,这样,当"饮"和"酣"整合成一个句法结构"饮酣"时,"饮"的客体论元在提升过程中就没有了合适的句法位置,因为"饮酣"之后的句法位置是动结式的役事的句法位置,而役事的句法位置一定分配给由补语所支配的论元(有时是补语和述语同指论元叠合后的提升)。这样,在提升的过程中,"酒"就需要在动结式之前寻找或创造一个句法位置,同时还要有效标记自己的句法语义身份,而通过拷贝动词的形式来引出这个论元就是一种可行的选择,从而形成"饮酒饮酣了"这样的表达。(9b)则是主体异指兼客主异指型([蜘蛛]吃某物+肚婴撑),只不过"吃"的客体论元没有出现,如果需要出现的话,也只能在"吃得"之前寻找相应的句法位置,从而形成"吃某物吃得肚婴撑"。

由此可见,在非指动型的结构中,客主异指型语义结构关系是形成动词拷贝句的必要条件。[①] 而不能笼统地说"V(得)OC"是动词拷贝句的基础。

对于(9c)这样的补语指动型动补结构而言,由于补语是以述语动词及其论元结构为主体论元的,因此实际上跟客主异指型相当,述语动词的客体论元无法在动补之后获得相应的句法位置,只能到动词之前寻找落脚点,从而形成动词拷贝句。下面再补充一个同型的例子:

(11)那刘官人一来有了几分酒,二来怪他<u>开得门迟</u>了。(宋《错斩崔宁》,引自岳俊发 1984)

"早、晚、迟、快、慢"等词常做补语指动型动补结构的补语,从而构造出动词拷贝句。

[①] 当然,仅有客主异指这一条件还不行,如果述语动词和补语动词都是及物动词的话,还不能是客体同指。更为详尽的说明参见施春宏(2005、2008a)。

显然,例(9c)和例(11)形成动词拷贝句也是动词和补语之间内部语义结构关系制约的结果。句式的形成在一定程度上是有句法系统自主性的。动词拷贝句形成的根本约束条件就是:在述语动词和补语动词整合为一体的过程中,由于存在述语动词的客体论元跟补语动词所支配的任何论元都异指的情况,这个客体论元便不能在动补结构之后寻找到合适的句法位置,于是只能到动词之前寻找或创造位置,并用拷贝动词的形式标记其与述语动词之间所存在的句法语义关系。例(1)中的各种动词拷贝句都是这样构成的,不管其补语的句法性质如何,高层语义关系的制约提供了结构化的动因,句法格式提供的可能配位方式则提供构式化机制的运作空间。也就是说,动词拷贝句的形成是在汉语句法系统所允许的范围内用特定的结构形式来包装底层事件结构所支配的各个论元的结果。

由此可见,动词拷贝句的构造过程是句法形式和句法语义之间相互制约的结果。两者的互动关系是形成相关句法结构的根本动因和基本机制。

这样看来,李讷、石毓智(1997)根据补语的类型来描述动词拷贝句的发展过程,对描述动词拷贝句的发展历程有很大的局限,一来显得不够充分,有的类型不能出现在其描写的系统中;二来不容易抓住根本,对不同类型动词拷贝句产生的构造动因和发展层级无法做出有效的说明,进而不能对该构式形成的可能取向做出有效的预测。其实,即便就共时描写而言,这样的分类也不容易充分说明不同句式之间派生(变换)的可能性和一致性问题。

综上所述,动词拷贝句及相关句式的生成和发展过程是合乎结构化、一致化的整合原则的,对动词拷贝句及相关句式的生成和发展过程的描写和解释,必须立足于述语动词和补语之间句法语义结构关系的分析。

6.4 《朱子语类》中动词拷贝句及相关表达的句法语义关系

上文试图根据施春宏(2010a)及施春宏(2003、2005、2008a)基于共时平面建立的分析模型来说明动词拷贝句的构造动因和机制,并通过具体的用例分析来说明这种分析模型在很大程度上也可以用来说明动词拷贝句历时发展的情况,从而能够将语言事实之间的逻辑先后和历史先后结合起来,以展示分析模型的理论价值和现实意义。下面对动词拷贝句的形成和发展机制做出具体分析。

6.4.1 《朱子语类》中动词拷贝句的合用式和分用式

现在学界已经基本形成了这样的共识:动补结构的出现和发展对汉语句法系统的大调整起到关键性的作用。然而,对汉语句法系统中的各个句式之间如何调整及调整的具体时空,学界有不少争论。

经过考察,我们认为至少在《朱子语类》时期,动词拷贝句的某些类型已经出现了,甚至已经比较成熟了。而且我们有理由相信,《朱子语类》之前动词拷贝句已经逐步有所成型,只是由于目前考察语料的局限,相关情况没有得到充分的分析。它们的出现和发展是跟动补结构的逐步成熟有很大关系的。由于现有语料考察的局限以及《朱子语类》中跟动词拷贝句相关的表达所展示的复杂性,本章便以《朱子语类》中动词拷贝句及相关句法表现作为讨论动词拷贝句形成和发展机制的立足点。

在通读《朱子语类》时,我们共检得 8 条我们认为可以看作动词拷贝句的用例(由于只能靠阅读来收集,虽通读两遍,但仍或有疏漏),胪

第六章 动词拷贝句的构式化机制及其发展层级 253

列如下:①

(12)a. 文振看文义看得好,更宜涵泳。(卷24)

b. 若是五脏中一处受病受得深,吃这药都做那一边去,这一边自胜了,难得效。(卷28)

c. 圣人说数说得疏,到康节,说得密了。(卷67)

d. 后来见荆公用兵用得狼狈,更不复言兵。(卷130,=2b)

e. 见说人做官做得如何,见说好底,自是快活;见说不好底,自是使人意思不好。(卷59,=2a)

f. 不要将一个大底言语都来罩了,其间自有轻重不去照管,说大底说得太大,说小底又说得都无巴鼻。(卷117)

g. 忠、恕只是体、用,便是一个物事;犹形影,要除一个除不得。(卷27;又卷120)

h. 后世子孙见它学周公孔子学不成,都冷淡了,故又取一时公卿大夫之显者,缵缉附会以成之。(卷136)

以上例句,除却最后一例(补语为否定式),均为补语带"得"式。从语义结构关系上看,它们基本上都是补语指动式,即便如例(12d)"用兵用得狼狈",其中的"狼狈"虽也可以理解成主体同指式("荆公用兵+荆公狼狈"),但理解成补语指动式似乎更合乎原意。从补语的句法成分来看,"得"后成分大多是形容词(前4例),例(12e)中的"如何"是代词,

---

① 施春宏(2014b)说共从《朱子语类》中检得9条动词拷贝句的用例,然其所列的第三例"所以弦歌教武城,孔子便说他说得是(卷32)"似乎有误,画线处的结构当为"说[他说得是]",而非"[说他][说得是]"。若este,则《朱子语类》中目前见到的动词拷贝句共有8例。

例(12f)中的"太大"和例(12g)中的"不得"都是短语。

这些句子具有典型动词拷贝句的基本特征:前后两部分紧连在一起;V_1后都没有带体标记形式,可见它已经将两个子事件整合成一个复合事件了;V_1所支配的 O,都是非指称性的类属成分。[①] 这些完全符合李讷、石毓智(1997)中所提出的动词拷贝句的限制条件,看作动词拷贝句是完全合适的。由此可见,动词拷贝句在《朱子语类》中已经相当成熟了。

这些都是前后两个部分直接黏连的表达方式,数量并不多,如果考虑到用标点隔开的情况,那么就增加了不少,达数十例之多。这可以看作是动词拷贝句的"分用式",以区别于"VO"和"V(得)X"直接黏连的"合用式"。例如:[②]

(13) a. 横渠说日月皆是左旋,说得好。(卷2)

b.《易传》只此两处说仁,说得极平实,学者当精看此等处。(卷95)

c. 看他说"吾之精神,即祖考之精神",说得有道理。(卷25)

d. 圣人说数,说得简略高远疏阔。(卷67)

e. 惟是孟子说义理,说得来精细明白,活泼泼地。(卷137)

f. 公看文字,看得紧切好。(卷121)

---

① 其实,O 在指称上受到怎样的限制,这是可以进一步讨论的。李讷、石毓智(1997)认为 O 应该是非指称性的类属成分。但这跟实际情况并不完全吻合(王灿龙 1999)。如"他看《红楼梦》看上了瘾""我们送老王送出了三里地""妈妈搓你的脏衣服搓得手指都出了血"。当然,如果将动词拷贝句看作一个原型句式的话,V_1 和 O 具有如此特征的动词拷贝句则是相当典型的。

② 这时会牵涉如何断句的问题,有时后人如何断句会影响分析的结果。

g. 俱尝看易传,看得如何是好?(卷117)

h. 莫学某看文字,看到六十一岁,方略见得道理恁地。(卷115)

(14) a. 又如吃药,吃得会治病是药力,或凉,或寒,或热,便是药性。(卷5)

b. 譬如富人积财,积得多了,自无不如意。(卷9)

c. 譬如烧香,烧得出来底汁子便是魄。(卷68)

d. 唐时添那服制,添得也有些差异处。(卷89)

e. 只是教人就这上做功夫,做得到,便是道理。(卷124)

由于表达内容和行文方式的特殊性,《朱子语类》中拷贝形式以"说"和"看"为拷贝动词的用例最多,如例(13)。但也有不少其他动词构造的结构,如例(14)。而且从补语的句法成分和功能来看,也更加复杂多样了。

上述用例中,除了(13h)的补语是介词结构(表时间)外,其他都是带"得"或"得来"式。当然,这些例子大多尚有复句的特征,但无可否认,从论元结构的配位安排这个角度来考虑,它们跟动词拷贝句已经具有很高的一致性,拿掉逗号就是地道的动词拷贝句了。然而,一般研究动词拷贝句的文献并不将它们看作相关用例。其实是否用逗号,与点校者对句子语气、语势的把握有很大关系,有时并不反映事情的本质差异。比较(12d)"圣人说数说得疏"和(13d)"圣人说数,说得简略高远疏阔",两者出现于同卷(卷67)同页(第5册1649页)的上下段中,内容相同。两者的差异似乎更宜看作句法发展过程中的变异现象,很难说后者就不是拷贝式。即便非后人点逗,动词拷贝句的两部分是否断开(逗号只是书面上的标记),有时也受交际时语气缓急、语义断连的影响。其实,现代汉语中也有这样的情况,如"我昨晚看电视连续剧(,)看得今天一点力气都没有",有没有逗号,从语义关系和结构关系上看都不是根本。

至为关键的是,从这些例子来看,"V得X"基本上都是对"VO"进行评议、描写、说明(以评议为常)的,而这正是话题结构(话题-述题/说明)的一个典型的功能特征。现代汉语动词拷贝句的研究已经指出,动词拷贝句具有显著的话题特征,是话题表达方式之一(如 Tsao 1987),或者说该句式具有表达背景-前景信息时的语用/话语功能(如 Liu 1995)。像上面的(12d)和(12g)两句中各自存在的前后对举的拷贝形式,例(13)和(14)的语义链式发展,都是鲜明的话题表达。这种语用功能正是"VO+V得X"之类动词拷贝句生成的基本动因。

6.4.2 《朱子语类》中动词拷贝句分用式的表达方式

既然动词拷贝句具有话题表达功能或者说背景-前景信息表达功能,那么话题和述题、背景和前景之间的句法关系就相对松散,前后两个部分之间就很容易插入其他成分,所以这可以看作是一种"分用式"表达。《朱子语类》中这类分用式的用例非常丰富,不但数量众多,而且类型多样。这既可以看作是动词拷贝句句式化或曰构式化初期所体现出来的现象,也可以看作是对该句式话语功能的一种彰显。例如:

(15)a. 而今见面前人都怎地衰,做善都做不力。(卷43)
　　b. 成汤工夫全是在"敬"字上。看来,大段是一个修饬底人,故当时人说他做工夫处亦说得大段地着。(卷17)
　　c. 穷理须是穷得到底,方始是。(卷119)
　　d. 读书须读到不忍舍处,方是见得真味。(卷140)
　　e. 诚是实理,是人前辈后都怎地,做一件事直是做到十分,便是诚。(卷96)

(16) a. 但今说作学,亦说得好了。(卷137)

b. "行其庭",对"艮其背",只是对得轻。(卷73)

c. 若不去学他做,只管较他优劣,便较得分明,亦不干自己事。(卷29)

d. 龟山诗文说道理之类,才说得有意思,便无收杀。(卷101)

e. 因言有子说数段话,都说得反复曲折,惟"盍彻"一段说得直截耳。(卷20)

f. 思量一件道理,直是思量得彻底透熟,无一毫不尽!(卷121)

g. 某做知县,只做得五分。(卷112)

h. 常思孙膑料庞涓暮当至马陵,如何料得如此好?(卷134)

(17) a. 然而杨氏说文学处,又说远了。(卷23)

b. 论古人,便是论错了,亦是曾考论古人事迹一过。(卷118)

c. 凡看文字,须看古人下字意思是如何。(卷19)

d. 某与人说学问,止是说个大概。(卷116)

e. 譬如吃馒头,只吃些皮,元不曾吃馅,谓之知馒头之味,可乎?(卷32)

f. 读告子,昨读至"夜气"之说,因觉病痛全在此心上。(卷118)

g. 看孟子,已看到七八章。(卷51)

h. 如人担一重担,尽力担到前面,忽担不去。缘何如此?只为力量不足。(卷20)

i. 若教子路冉求做原宪许多孤介处,也做不得。(卷44)

例(15)中动词拷贝句的前后两个部分只用副词隔开;例(16)和(17)中动词拷贝句的前后两个部分同时用逗号和副词隔开,例(16)为带"得"式,例(17)为不带"得"式。类似例(16)(17)这样的用例有数十例。这些类型在现代汉语系统中也是极为常见的。

这种用副词等隔开的情形可以称之为动词拷贝句的"隔开式",它属于"分用式"(既包括上面这样插入副词型的隔开式,也包括下文将要讨论的跨句配合的呼应式)的下位类型。由此,可以将类似例(1)这样的"V_1+O"和"$V_2(得)+X$"直接组合的形式称作动词拷贝句的"合用式"。其实,现代汉语中动词拷贝句之所以数量很少,正是因为人们更多地关注前后两个部分直接黏连的合用式情况,而通常将这种分用式(隔开式、呼应式)排除在外。当然,从结构化程度来说,合用式显然要高于隔开式,更比呼应式高。如果话语中只有隔开式、呼应式而无合用式,那么至多说明动词拷贝句所表达的功能已经有所体现,而不能认为该句式已经发展出来了。为了说明问题的方便,可以将能够用来表达该句式话语功能的隔开式、呼应式这些分用式看作准动词拷贝句(quasi-VCC)。

显然,这些动词拷贝句或准动词拷贝句,是不能看作由"V 得 OC"发展而来的。而且,上面很多表达方式根本无法还原成相应的"V 得 OC"形式(哪怕是理论上的组合),可见它们跟"V 得 OC"之类并没有形式上的直接关联。更合事实和逻辑的说法是,动词拷贝句由"VO"和"V(得)X"黏合而成,黏合的语义基础就是 V 的客体论元跟 X 的任何论元都不同指,在句法系统中的背景则是"V(得)X"已经发展得相对成熟了,而这些都由相关语用促发而成。这也是为什么在诸多动词拷贝句下位类型中,该次类得以首先出现的根本原因。

既然动词拷贝句是表达话题功能的句法结构,那么我们甚至可以根据话题表达的特点,将动词拷贝现象看得再宽泛一些。这样,"VO"

和"V(得)X"有时相隔较远,甚至跨句照应,也就是很自然的事情了。例如:

(18) a. 正如疏导沟渠,初为物所壅蔽,才疏导得通,则水自流行。(卷20)

b. 看道理也有两般,看得细时,却见得义理精处;看得粗时,却且见得大概处。(卷53)

c. 今人读书,只衮衮读去。假饶读得十遍,是读得十遍不曾理会得底书耳。(卷10)

d. 某解《诗》,多不依他《序》。纵解得不好,也不过只是得罪于作序之人。(卷80)

e. 上面是服药,下面是说药之效验。正如说服到几日效如此,又服到几日效又如此。看来不须说效亦得,服到日子满时,自然有效。(卷15)

这便可以看作准动词拷贝句中跨句配合的"呼应式"。例(18)中跨句呼应式的前后两部分("VO"和"V_2(得)X")分别在上下篇章中出现。其实,在话题不言自明、上文已有交代的情况下,呼应式中只出现"V(得)X",也是很自然的。例如:

(19) a. 程子说,初看未晓,似闷人;看熟了,真撅扑不破!(卷20)。

b. 孔子说得细腻,说不曾了。孟子说得粗,说得疏略。孟子不曾推原原头,不曾说上面一截,只是说"成之者性"也。(卷4)

c. 孔子说"行笃敬","敬以直内,义以方外"。圣贤亦是如

此,只是工夫浅深不同。圣贤说得好:"人生而静,天之性也;感物而动,性之欲也。"(卷12)

就此而言,例(18)可以看作是"显性呼应式",例(19)可以看作是"隐性呼应式"。是显是隐,主要依赖于语境提供的信息是否充分。

由此,我们可以将各种类型的动词拷贝句所构成的表达系统层级归纳如下:

动词拷贝句 { 合用式; 分用式 { 隔开式; 呼应式 { 显性呼应式; 隐性呼应式 } } }

其实还有这样一种情况,VO中的V不出现,而只出现宾论元成分O,这便是所谓的受事主语句了。例如:

(20)a. "忠恕"一段,明道解得极分明。(卷27)
　　 b. 先生问:"《大学》看得如何?"(卷18)①

毫无疑问,它是来自于动词拷贝句和准动词拷贝句的句法操作的结果。例(20a)是准拷贝动词句删除拷贝动词V的结果,其基本表达方式是"(明道)解'忠恕'一段,明道解得极分明";例(20b)同样是把合用式拷贝动词句"看《大学》看得如何"中拷贝动词V删除的结果。也就是说,例(20)不是真正意义上的受事主语句,典型的受事主语句应该是类似于"苍蝇打死了"(比较:打死了苍蝇)这样的语义、句法关系。

---

① 例(20b)似乎可以用"《大学》看完了"来回答,这样,"《大学》看得如何"就不再跟动词拷贝句直接关联,而是受事主语句。但是,基于《朱子语类》时期"V得"的语义特征和句法表现以及"《大学》看得如何"所答的内容,则不宜将它视为类似于"《大学》看完了、苍蝇打死了"的一般意义上的受事主语句。

像例(18)至(20)这样的用例,可以说是随处可见了。这些当然不是严格意义上的动词拷贝句,即便是看作分用式,也比较边缘,但其构造机制跟动词拷贝句的合用式还是基本相通的。

由此可见,我们在分析动词拷贝句时,如果不拘泥于形式上的紧邻,而注重内在的语义结构关系和句法表现,那么就能更加深入地看到动词拷贝句的话语功能及其句式化的路径和可能性。而且上面这些表达形式一直延续至今。

从构造原则考虑,上面各类用例都符合上一节提到的论元结构的整合原则,只不过某些成分出现的位置及显隐情况有差异罢了。有了这样的话语结构和句法结构的基础,动词拷贝句的形成和发展也就是顺理成章的事了。

若从《朱子语类》中如此丰富而成熟的准拷贝形式来看,在《朱子语类》之前的文献中找到一些动词拷贝句的用例,是完全可能的,因此动词拷贝句出现的时期完全有再向前推移的可能。

6.5 动词拷贝句构式化的合力机制与层级关系

基于上文的分析,我们的初步认识是,动词拷贝句的形成既是话语结构句式化的产物,也是句式形义互动关系的结果,而这种句式形义互动关系又跟"V(得)OC"式中具有某些特定语义结构关系的次类的发展过程有关。动词拷贝句和"V(得)OC"形式之间,并非如李讷、石毓智(1997)所建构的那样,存在着线性的构式之间的替代关系。这就必然促使我们对动词拷贝句形成和发展的机制做出新的思考。如上所述,限于目前的语料范围和研究所得,本章主要对《朱子语类》时期动词拷贝句的构式化路径做出说明,暂未对该句式从《朱子语类》时期发展到现代汉语时期的整个构式化历程做出全面的考察。我们认为,动词拷贝句构式化的基本路径大体可以从下面三个方面来分析。

6.5.1 动词拷贝句构式化的启动机制、发展层级及其语义约束条件

话语结构句式化是动词拷贝句构式化的启动机制。

前文已经指出,无论是共时研究还是历时考察,都发现动词拷贝句的基本功能是用来表达话题-说明或前景-背景这种信息结构关系的。而如果试图表达这样的话语功能,就需要由两个结构部分来体现。动词拷贝句(合用式)或准动词拷贝句(分用式,包括隔开式、呼应式)正是因应了这种功能的需要,从而发展成为汉语话题结构的基本形式之一的。

动词拷贝句由两个部分组成:VO+V(得)X。按照现在的一般认识,这两个组成部分直接黏连在一起才能构成动词拷贝句,从而实现句式化的过程。而要想使这个句式化过程得以实现,最基本的要求是话语结构中已经存在了"VO"和"V(得)X"这两种句法结构。对 VO 的存在而言,这是无须说明的,因为它实际上就是关于动词的句法性质问题。不能带宾论元的动词自然不能构成动词拷贝句,只有能带宾论元的动词才可能存在提升底层客体论元的问题。① 而动补结构"VX"和"V 得 X"的情况就比较复杂,这与汉语不同类型动补结构的形成和发展有关。据相关研究(刘承慧 2002;吴福祥 2004;蒋绍愚 2005;蒋绍愚、曹广顺主编 2005;刘子瑜 2008),动补结构"VX"和"V 得 X"的基本

---

① 这里用客体论元而没有用受事等具体的语义角色名称,主要是动词拷贝句中 VO 的宾论元 O 的语义是极其广泛的(施春宏 2010a),既包括真宾语,也包括各类准宾语。从现代汉语语法系统来看,凡是能跟在 V 后的成分(包括谓宾动词所带的动词性成分)都可以作为动词拷贝句中 VO 的 O,如"跑三圈跑到了终点""写毛笔写得手腕发酸"等。因此这里的能带宾论元的动词,只是宽泛地指后面可以带 O 的所有类型的动词。

类型在宋代已经成型了,有的可以早至魏晋南北朝时期,这就为动词拷贝句的形成提供了结构基础。

表面上看,进入动词拷贝句的"VX"和"V 得 X"跟一般动补结构没有差别,V 后面带上补语就行了。然而,就进入动词拷贝句的动补结构而言,关键问题并不在于补语结构本身,实际上取决于这个补语跟述语动词之间的论元结构关系。如由"骑(车)"和"(车)坏"整合以后可以构成动结式"骑坏(车)",而这类动结式是不能构成动词拷贝句的(施春宏 2010a)。如前所述,动词拷贝句语义结构关系的关键在于 V 的客体论元跟 X 的任何论元都不同指,这有三种情况:一是由一般动结式(表达致使义)构成的形式,如例(21);二是由一般带"得"式(表达致使义)构成的形式,如例(22);三是由指动补语构成的形式,如例(23),其中包括由时间或处所表达构成的形式,如例(24):

(21)a.(看书)看累了　　　b.(看书)看累了眼睛
(22)a.(看书)看得很累　　b.(看书)看得眼睛都累坏了
(23)a.(看书)看晚了　　　b.(看书)看得很晚
(24)a.(看书)看了一天　　b.(看书)看到最后一页了

补语为时间或处所表达的也属于指动式,只不过语义上稍微特殊一些罢了。

"VX"和"V 得 X"的语义结构类型大体相同,稍有不同的是带"得"式中如果补语带有主体论元,直接放在"得"之后,而在"VX"式中则是要整合到"VX"之后,或用"把"之类的标记成分提升到"VX"之前,具体的句法整合过程参见施春宏(2005、2008a)。

既然动词拷贝句的话语功能实际上带有话题-说明的特征,那么从理论上考虑,合乎这种功能需求而且论元结构整合难度比较低的动词拷贝句类型就比较容易出现。① 相对来说,指动式的整合难度比较低,而且这种结构常带有对事件的评议性质,因而比较容易出现。这就能够说明,为什么比较早地出现的动词拷贝句大多是指动式(下面的"V得OC"也是如此)。而在非指动式中,同为由动结式构成的动词拷贝句中,"(看书)看累了眼睛"的论元结构整合难度显然高于"(看书)看累了",因为前者需要重新安排役事的句法位置;带"得"式构成的非指动型动词拷贝句中,"(看书)看得眼睛都累了"的论元结构整合难度要高于"(看书)看得很累",因为前者多了一个论元需要安排。但是,"(看书)看得眼睛都累了"的论元结构整合起来又要比"(看书)看累了眼睛"容易,因为后者的论元在整合过程中多了一些操作手段。而且,带"得"式动词拷贝句中的"得"后补语往往既有结果的性质,又有状态的性质,带有评议性,因此更与动词拷贝句的话语功能相贴合。这样看来,带"得"式构成的动词拷贝句就比较容易出现。② 综合以上分析,我们可以从话语功能表达的效度和论元结构整合的难度,大体推演出不同类型动词拷贝句产生的发展层级(">"表示"早于"或"先于"):

(25) 不同类型动词拷贝句产生的发展层级[Ⅰ]:
    a. 评议式＞非评议式
    b. 论元结构整合简单式＞论元结构整合复杂式
    c. 指动式＞非指动式
    d. 带"得"式＞非带"得"式

---

① 其实,不仅汉语史的发展如此,根据我们的调查,汉语母语习得和二语习得,都是如此。这种语言系统发展层级和个体语言发展层级的高度一致性,对我们认识特殊构式的结构关系、语义特征和语用表现具有很重要的理论意义。

② 关于"V得C"(即这里的"V得X")的来源问题,学界多有讨论,因非本章的目标,故暂不涉及。

就这四个层级关系而言,前两个层级倾向性强;后两个层级实际上还要考虑到不同的语义结构类型,倾向性稍弱。

一般来说,合乎标准比较多的结构就容易优先出现。如上面四个层次,可以两两配合:论元结构整合简单的评议式比论元结构整合复杂的评议式优先出现,论元结构整合简单的非评议式比论元结构整合复杂的非评议式优先出现;指动的评议式比非指动的评议式优先出现;非指动的评议式比非指动的非评议式优先出现;以此类推。这是合乎优选原则的。[①] 我们通过对《朱子语类》和崔山佳(2010)、戚晓杰(2006a、2006b)中实际用例的考察,发现动词拷贝句的发展过程大体符合这些层级关系。[②] 动词拷贝句具体类型的出现实际上跟不同类型动补结构的成熟度有关。当然,在具体用例上可能会有一些出入,但这是"型"(type)和"例"(token)的关系问题,对此还需要做出进一步的说明。

6.5.2 动词拷贝句的发展层级与"V(得)OC"演化机制的关系

动词拷贝句的形成和发展还跟某些类型的"V(得)OC"的进一步发展相关。

显然,在《朱子语类》时期,虽然"VOC"仍较广使用,但已显式微,而"V得OC"却成了一种常见的格式。那么,这两个格式之间存在着怎样的关系呢?李讷、石毓智(1997)对"VOC"和"V得OC"的关系说得不是太明确,但总的倾向是"VOC"发展为"V得OC",再进一步发展

---

① 需要注意的是,合乎优选原则的先出现,并不意味着只有合乎优选原则的才能出现。
② 这样的分析是合乎证伪原则的,没有出现相关用例,并不能说明这些层级存在问题;只有出现了反例,才需要对这个层次系统做出更新改造。

为动词拷贝句。①

我们不否认"VOC"和"V得OC"跟动词拷贝句的发展有关,但我们并不认为动词拷贝句的发展是由这样的单行线发展而来的,我们甚至认为这种更替方式并非动词拷贝句发展的主要演化机制。

其实,李讷、石毓智(1997)中对这种发展机制还有不少没有细致考察的地方。关键的地方在于,"VOC"和"V得OC"实际上包含了很多语义结构类型,有的语义结构类型实际上跟动词拷贝句的发展无关;而且有的动词拷贝句类型的发展与这两种结构都不相关(如"看书看了一半了、看书看到最后一页")。另外,即便是由这两种结构形式发展出动词拷贝句,作者也没有说清楚如何发展而至,只是将它跟其他引进行为受事的若干方式比较,认为它因有特殊的语用价值而出现②,并没有很好地说明为什么这两种构式能够出现,又为什么消失了。

根据上文的分析,就"VOC"和"V得OC"而言,只有V为可带宾动词且V跟C主体同指或C指向V时才有可能形成动词拷贝句。因此下面的这些动补结构的隔开式类型都与动词拷贝句无关:

(26)a. <u>打汝两前齿折</u>。(=8a,北朝魏《贤愚经》)

---

① 其实,"V得OC"是否真的由"VOC"发展而来,或基本由"VOC"发展而来,是值得怀疑的。这不但牵涉到如何说明"得"的插入问题,牵涉"V得"结构的性质和形成、发展问题,更关键的是两者发展的时空在句式系统中的关系。对此,基本的认识是,"V得OC"并非由"得"插入VOC而来,而是"V得(OC)"构式"得"虚化发展而来。当然,这并不意味着"V得OC"和"VOC"之间就没有结构上和语义上的关联。由于本章重在对跟动词拷贝句相关的述补结构句法语义关系的说明,故对此不作进一步阐释。

② 作者认为,"动词拷贝跟处置式的语用价值有差别。动词拷贝结构是旨在客观叙述一件事,可把事情往轻里、小里说",如"他看书只看了几页";而处置式则带有强烈的主观色彩,可把事情往重里、大里说",如"他已经把书看了一半了"。其实,这里所说的语用价值都来自于具体的语境,并非这些句式本身所有,如"他看书已经看到最后一页了"和"他把书只看了一半就放下了",跟上面的理解就正好相反了。也许是副词"只"和"已经"的使用影响了作者的理解。对这两种句式的语法意义(语用价值),施春宏(2010a)和(2010b)分别做了分析,请参看。第五章对此也有说明。

b. 寡妇<u>哭城颓</u>,此情非虚假。(=8b,《乐府诗集·懊侬歌》)

c. 早忧愁的<u>寸肠粉碎</u>,闷恹恹废寝忘食。(=10a,《张鼎智勘魔合罗》)

d. 义赦了严颜罪,<u>鞭打的督邮死</u>。(=10c,《关张双赴西蜀梦》)

而"饮酒酣、做得官好"之类的动补结构的隔开式类型则能够发展出动词拷贝句:

(27)a. <u>饮酒酣</u>,武安起为寿,坐皆避席伏。(=9a,《史记·魏其武安侯列传》)

b. 人在官,固当理会官事。然<u>做得官好</u>,只是使人道是一好官人。(《朱子语类》卷118)

c. 坡公因绍圣元丰间<u>用得兵来狼狈</u>,故假此说以发明其议论尔。(《朱子语类》卷130)

更需注意的是,下面这样的补语表示完结义的结构,则有两种发展的可能,因为这些完结义动词在具体语境中既可以指动,也可以指向述语动词的宾语。当它指动的时候,就构成动词拷贝句;当它指向述语动词宾语的时候,就构成一般可带宾语的动结式:

(28)a. 其化佛<u>说是语竟</u>,便不复现。(后汉·支娄迦谶译《阿阇世王经》)

b. 有一士人,读周礼疏,<u>读第一板讫</u>,则焚了。(《朱子语类》卷11)

c. 以其冬官<u>造得车讫</u>，以授巾车，饰以玉金象之等。
《十三经注疏·周礼注疏》

如可以构成"说是语说竟了、读第一板读讫了、造车造讫了"和"说竟了是语、读讫了第一板、造讫了车"，至于后来常用"完"来做此类结果补语，那是词汇更替的问题。像这样有两歧的发展路径的情况还有一些（如"学会了汉语"和"学汉语学会了"、"吃腻了大餐"和"吃大餐吃腻了"），参见第四章关于动结式在相关句式群中不对称分布的多重界面互动机制的相关研究，此不赘述。

那么，"饮酒饮酣了、做官做得好"是否都是由"饮酒酣、做得官好"演化而来呢？我们认为并不尽然。我们可以说"饮酒酣、做得官好"将会发展出动词拷贝句，但是反过来不一定成立。基于上面对动词拷贝句的话语结构句式化机制的分析，我们认为"饮酒饮酣了、做官做得好"有两种来源路径，一即话语结构的句式化，二是由"饮酒酣、做得官好"发展而来，两者殊途同归。相对而言，前一种生成机制发生得要早一些。"动词拷贝句的根本作用就是用来提升底层结构中难以直接提升到动结式主体论元位置和客体论元位置上的论元的，因此，拷贝内容在整个表达中主要是起到背景衬托的作用，以衬托动结式所表达的结果。"(施春宏 2008a：336)而这两种路径都实现了这样的句法功能和语用功能。如此说来，"饮酒酣、做得官好"类动补结构只是动补结构系统发展史上的一个插曲，"它体现的是特定阶段句法结构的可能配位方式的选择过程"(同上，327)。

需要特别指出的是，文献中很多用例所呈现的"V(得)OC"，其中的 O 有时并非 V 的客体论元，而是 C 的主体论元。如将"哭城颓、忧愁的寸肠粉碎、吃得肚婴撑"看作 VOC 便不合适，其中的"城、寸肠、肚婴"实际上是"颓、粉碎、撑"的主体论元。因此，传统所言的"V(得)

OC"实际上都有两种语义结构类型,一是"[V(得)O]C",如"打头破、奏事毕,饮得酒醉、做得官好"之类,这是真正的"V(得)OC";一是"V(得)[NC]",如上例,这是伪"V(得)OC"。① 其中两个"得"的性质也不完全一样。只有"[V(得)O]C"才能发展成动词拷贝句,其中V有客体论元且该论元跟C的任何论元都没有同指关系。

6.5.3 动词拷贝句的发展层级与句式论元结构整合的关系

动词拷贝句的形成和发展还与自身论元结构的整合过程有关。

句式性构式的发展未必都是篇章的构式化,经过了启动阶段之后,便有了自身结构化方式的调整和语义功能的扩展。动补结构系统发展比较成熟的时候,既推动了"[V(得)O]C"向动词拷贝句演化,也能够不再依赖于话语结构而直接由动词和补语的论元结构整合而成。这样就大大提升了动词拷贝句的结构化程度,并使该句式的各种次级类型更加丰富,逻辑上存在的各种类型大体都先后出现了,虽然动词拷贝句系统的完全成熟要到现代汉语系统中才能实现。

前两种情况实际上体现的已经是论元结构的整合了,只不过是在既有结构基础上"黏合"而成。而这里则是在表达过程中直接"包装"生成了。

如果从具体类型来考虑,动词拷贝句在很长时间内都没有什么大的质变。《朱子语类》中的合用式和分用式(含隔开式、呼应式)的内在语义关系都是补语指动型和主体同指型;从崔山佳(2010)的用例来看,明代仍大体如此,只有"哭情人,哭出他银一锭"(明代歌谣《挂枝儿·哭情人》,见《中国艳歌大观》第95页)之类可以看作主体异指型,但用例很少;到了清代,从戚晓杰(2006a、2006b)来看,仍是如此。当然,随着

---

① "V得[NC]"还可以是客主同指型,如"骂得薛姨妈心里发恨",其中的"薛姨妈"同时是V的客体论元。

新语料的发现,在具体用例上或有参差,但这种大的发展取向仍将如此。可以说,从《朱子语类》到《红楼梦》,主要是补语指动型和主体同指型动词拷贝句类型的增加,而主体异指型的动词拷贝句类型和用例都很单调,这种类型的句式直到晚清以后才有较多呈现。像下面这样的句子,都是论元结构整合起来难度相对较大的,因此都只有到动词拷贝句发展到非常成熟的时候才得以出现,我们在近代汉语的文献及学界论著中未见到相关结构关系的实例:

(29) a. 金桂骂薛蟠骂得薛姨妈心里发恨

（金桂骂薛蟠＋薛姨妈心里发恨）

b. 宝玉问问题问烦了黛玉

（宝玉问黛玉问题＋黛玉烦了）

c. 老师们教孩子音乐教会了家长五线谱

（老师们教孩子音乐＋家长会了五线谱）

这三个例子的整合难度越来越大,如果说例(29a)还可以通过话题结构的隔开式、呼应式出现的话,后面两句则只能是论元结构直接整合的结果了。它们只是近几十年才可能出现的句式。也许例(29a)可以在近代汉语晚期找到相类似的用例,但(29b)和(29c)则只能是随后才能出现。这些类型的出现,标志着动词拷贝句发展的完全成熟,因为从论元结构和配位方式的互动关系来考虑,如果(29c)之类的实例得以出现,则标志着动词拷贝句配位方式的所有可能性都已经出现了。

对动词拷贝句的发展层级而言,还有一个很重要的方面需要说明。显然,对指动式而言,动词拷贝句的话题表达功能是比较显著的;而对非指动式而言,动词拷贝句实际上表达的都是一种致使性语义关系,其话题的表达功能虽然仍然存在但已不及指动式突显。而且动词拷贝句在表达致使性语义关系时,有直接致使和间接致使的差别。直接致使如"他抽鸦片抽上瘾了",抽鸦片和上瘾之间有直接的因果关系;间接致使如"孩子捅鸟窝捅坏了屋顶",捅鸟窝和屋顶坏之间是间接的因果关系,而上面的"老师们教孩子音乐教会了家长五线谱"更是间接致使的极端体现。当然,如果将任何句式都看作一个原型范畴的话,那么指动式和非指动式之间,直接致使和间接致使之间,就可能存在一个连续统。但它们的极端情况之间的差异还是很显著的。如果就话题表达和致使表达之间的关系来考虑,我们可以建构一个新的不同类型动词拷贝句产生的发展层级:

(30)不同类型动词拷贝句产生的发展层级[Ⅱ]:
a. 话题表达式>致使表达式
b. 直接致使表达式>间接致使表达式

当致使表达式发展出来以后,动词拷贝句在句式性质上实际有了较大的调整。就直接致使表达式和间接致使表达式的关系而言,还需要进一步的考察。如直接致使式先于间接致使式发展出来,但现代汉语中表达间接致使的动词拷贝句要相对多于表达直接致使的动词拷贝句。这种发展层级和使用常偶在不同时空中的不对应情况,并非孤例。动结式在发展初期,补语基本上由动词充当,而现代汉语系统中的动结式,则以形容词做补语更为常见。这也是我们在引言中所说的,句式发展过程中,原型性在不同时期也会有不同的体现。①

需要认识到的是,我们说不同类型动词拷贝句之间存在着发展层级,但这不意味着后来者产生后前面的形式就消失了,相反,后者的出

---

① 为什么原型发生了变化,其现实动因是什么,如何变化,这是需要探讨的重大课题。

现反而巩固了先前出现的结构形式,并使动词拷贝句变得更加成熟。虽然分用式(隔开式、呼应式)等常常不再被某些文献看作动词拷贝句,但无可怀疑的是,它的使用实际上强化了动词拷贝句的发展基础。其实,就动词拷贝句总体而言,它是一种构式化程度不是特别高的表达形式,因此"VO"和"V(得)X"之间常常可以插入副词等成分,直到现代汉语句法系统中也是如此。①

6.5.4 构式化过程中的合力互动机制

上面将动词拷贝句构式化过程分为三种机制来说明,其实,这三种机制常常相互配合,具体的动词拷贝句既可能是某种力量作用的结果,也完全可能是三种力量合作的结果。如果将(30)的发展层次跟(25)结合起来,可以看出动词拷贝句的发展过程将更加错综复杂,并非单一的线性演进路径。这便是语法结构发展中的合力互动(cooperative interaction)机制。在句式发展过程中,合力现象是相当普遍的。其实,语言现象的发展,构式化的过程,往往都是合力因素作用的结果,单一制约因素的语言效应或许存在,但肯定不是主导。有时我们将各种作用因素分开描写,只是为了说明问题的方便。而我们在考察相关构式的历时发展时,往往注重对单一因素的观察,而对合力作用目前关注得相当不够。当然,描写合力因素的难度是很大的,有哪些因素,这些因素之间是如何协同作用的,当不同因素之间发生冲突的时候又是如何协调解决或妥协处理的,这些都构成了分析的重重困难。但现象的过于复杂不能作为分析简单化的遁词。无论怎样,通过动词拷贝句构式化

---

① 有的学者强调动词拷贝句"在'V'和'V 得'、'V 得'和补语之间插入了副词,这在现代汉语中是不允许的"(刘子瑜 2002)。而崔山佳(2010)便将上文中类似(13)—(17)的用例都归入动词拷贝句。其实,动词拷贝句的不同类型的整合程度及结构化程度是有差异的,即便现代汉语句法系统也是如此。动词拷贝句的话题表达功能,即便是到今天也仍然是其重要表现。

过程的动因和机制的分析,我们已经看到了合力作用的效应了,对合力作用方式和过程的进一步考察将会使我们对特定句式乃至整个语法系统、语言系统的发展有新的认识。当然,有时就合力作用而言,作用力的层级和大小会因具体现象而有所不同。在句式的整合度不高的前提下,话语结构的句式化作用相对显著一些,而随着进一步的发展,相关结构的影响和自身的整合过程的作用就更加显著了。显然,就这三种来源来看,它们的整合程度越来越高,因而构式化程度也就越来越高。

当然,这里还只是基于篇章功能和句法结构之间、句式构造和句式意义之间不同界面的互动关系对构式化过程中存在的合力机制做出初步分析,还有更多的互动层面和合力作用方式需要探讨。互动分析正有效推动着我们去积极建构新的语言分析模型、不断挖掘新的语言事实,而本章所依凭的派生分析则是描写、概括这种合力互动机制的有效路径之一。

6.6 本章小结

本章根据互动-派生分析的观念从篇章功能和句法结构之间、句式结构和句式意义这些不同界面之间的互动关系来建构描写和解释动词拷贝句的分析模型,并由此刻画了动词拷贝句这一具有鲜明语言类型学特征的论元结构构式的语法化/构式化的动因和机制及其发展层级。

李讷、石毓智(1997)为动词拷贝句产生和发展的动因和机制建构了特定的分析模型,并指出该句式"直到《红楼梦》时代才出现";但学界已经用大量的语言事实说明动词拷贝句在《红楼梦》之前乃至明代就已大量使用了。本章则进一步指出,实际上《朱子语类》时期就已经在使用动词拷贝句了。本章分析了该文在描写和解释动词拷贝句产生和发展的动因和机制时所存在的本质问题,在此基础上重点建构了新的分析模型,以期能对相关句法现象做出更加贴合语言事实的分析。目前关于句式发展过程的研究,常见的分析模型大多关注单一发展路径,其实,互动性的合力作用也许更加普遍。注重互动方式和过程的分析,既是系统研究中的方法论问题,也是认识纷繁复杂的语言现象和语言生活的必然要求,涉及如何认识和处理语言事实和语言学事实的关系问题(施春宏 2010d)。所有的语言研究中,撼不动的是语言现象,而不断变化的则是对语言事实的新发现和对既有语言事实性质的重新鉴别以及对事实之间关系的重新组织。通过语言事实的重新挖掘来校正前人研究的不足,通过建构新的分析模型来给语言事实重新定位、组织相关语言事实、发现新的语言事实,是语言研究的基本路径。但就动词拷贝句的分析而言,目前的模型分析还不充分,用例的搜集仍有困难。语料掌握得是否充分,往往影响了历时层面的划分;而对语料性质的认识和不同语言事实之间的组织,往往决定了模型的选择和构造。很多争论即来自于对此认识的不同,如对动结式产生年代的长期争论很多即源于此①。其实,在做特定构式的历时发展层级的研究时,所见的较早时期的语料只能说明某个语言现象至此已经出现,而不能说这一时期就是该语言现象最早产生的时期。我们有时对此认识不足。如果实例的类型已经比较丰富了,则大体能说明该构式发展得相对比较成熟了。另外,在语料不够充分的情况下之下,分析模型的建构有时能起到很重要的检测和预示作用,因此用模型来分析事实也是很重要的研究路径。虽然有风险,但在描写句法结构的系统性方面、在说明型与例的关系方

---

① 如太田辰夫(1958)、梅祖麟(1991)认为汉语动结式有两个来源:一是动结式下字他动词的自动词化(即及物动词的不及物化),一是以"V 死"为代表的下字为不及物动词的结构带上了宾语。进而认为"使成复合动词至迟是在唐代产生的"(太田辰夫 1958),"'估计'击败'、'射伤'等成为动补结构也发生在六朝"(梅祖麟,1991)。而姚振武(2013)认为这些认识无论是语料搜集、事实认定还是论证方法都存在问题,进而认为:"事实表明,动结式发端于西周时期,东周以后逐渐增多"。

面、在分析配位方式的可能性和现实性方面,也有其独到的价值。本章的探索正是基于语料分析和模型建构这种双重标准的研究观念而展开的。

本章承袭前面所尝试的基于互动观念的精致还原主义方法论原则,既强调对特定构式构造过程及其约束条件的说明,也对不同构式之间的依存和演化关系做出描写,从而对如何描写和解释特殊句式构式化(句式化、语法化)过程做出探讨。特定句式的发展一般都不是单一方向的线性过程,但如何描写这种多向的非线性过程,还需要通过更多的具体用例的分析来做出精致的说明。这也是我们探求并试图建立"互动构式语法"的基本前提。从总体来看,由于各类句式都包含着不同的下位类型,每种下位类型都有其特定的句法语义关系,因此句式的形式变化和功能扩展通常是一个缓慢的过程。在整个句式系统的调整变化过程中,各个具体类型的内部句法语义关系的差异往往制约着句式发展的时空,这就必然造成不同的下位类型在整个句式系统中的发展有快有慢。

第七章 "把"字句的构造机制及其构式分析路径

7.1 引言

本章和下一章利用互动-派生模型讨论"把"字句的句式构造和句式意义。在所有的汉语特殊句式中,学界对"把"字句的研究成果最为丰富,然而引起的争议也最多。本项研究试图根据我们所提出的分析模型,对"把"字句的形式和意义两个方面都提出新的认识,并基于构式分析路径对相关的争议现象提出相应的解决策略。

关于本项研究采取的分析模型,我们在分析汉语句式系统中基础句式和派生句式之间的关系时引入了派生分析法,并以此为背景来分析动结式和动词拷贝句的句式构造和句式意义之间的互动关系,然而至此一直未对派生分析模型做出较为充分的理论阐释。这里,我们就"把"字句的形义关系研究来系统探讨这种派生分析模型的基本操作规范,并通过跟相关分析模型的比较,进一步挖掘互动-派生模型的描写力、解释力和预测力。至于全面而系统的理论总结,我们则放到第十章再梳理。互动-派生模型既试图研究形式和意义之间的互动关系,也试图研究不同形式或不同意义之间的互动关系;既试图研究不同构式之间的互动关系,也试图研究同一构式系统中不同构式类型之间的互动关系。我们在"把"字句的研究过程中试图对这些方面都做出探讨。当然,凡模型,皆为一种解决策略,与它所能面对的问题直接关联。

第七章 "把"字句的构造机制及其构式分析路径

由于本项研究对"把"字句的分析内容相对较多,尤其是在探讨"把"字句的语法意义时也一同分析了相关句式的语法意义,因此我们便将"把"字句的形式分析和意义分析分章探讨。本章主要对"把"字句的构造机制和过程做出互动-派生分析。

若想更深入地理解"把"字句的句法特点和句式意义,从"把"字句的构造机制和过程进行分析不失为一条可行之路。关于"把"字句的构造机制或者说派生机制,传统的看法基本上可以归结为"提宾说",即用"把"字将句式中动词性成分的宾语提到动词性成分之前。后来提宾说受到了比较广泛的质疑,如邵敬敏(1985)主张:"我们必须破除一种陈旧而狭隘的观点,即以为'把'的宾语就一定是谓语中主要动词的宾语提前了,而且还是一种表受事的处置宾语",因为"这种认识不仅在理论上站不住脚,而且在实践中也是十分有害的"。这样,有的研究便提出"把"字句是直接生成的,在认知语言学和构式语法理论背景下的研究更是如此;有的并不明确提出"把"字句的派生问题,但从对提宾说的批评中可以看出其倾向。无论哪一种分析思路,其目的往往都是为了说明"把"字句的语法意义。当然,理解"把"字句的语法意义和刻画"把"字句的构造机制,是两个性质不同的问题,但显而易见的是,充分理解"把"字句的语法意义有助于我们更好地描写"把"字句的构造机制,反之亦然。本章试图重新梳理各类"把"字句的构造机制,比较系统地揭示"把"字句派生机制中的制约条件。而要刻画"把"字句的派生机制,同样需要从句法构造和句法意义的互动关系入手,考察其相互间的制约关系,从而揭示出"把"字句的生成过程。本章仍以论元结构和配位方式的互动关系为切入点,对特殊句式的句法构造进行派生分析,并以此帮助确立句式意义,因为特殊句式有着特定的论元结构,特定论元结构的句法实现又受到整个句式系统中配位方式的可能性和现实性的制约。因此,我们首先从动词和动词性结构的论元结构向句法结构投射的过程以及受到的制约这一角度来探讨"把"字句的派生机制,描写"把"字句几种具有内在联系而又存在一些差异的派生方式,并在此基础上分析"把/被"字句和动词拷贝句的分布问题。我们同时特别关注几种特殊的、长期存在争议的边缘"把"字句形式的构造机制,借此探讨句法描写和解释的结构化、一致化问题。

7.2 从致使性句式群的句法语义分析看提宾式派生的方法论意义

在分析"把"字句的句法语义特征时,"提宾说"在很长的时期里都有一定的学术市场和实用价值;而且即便是在目前很多学者都对提宾说表示质疑甚至加以否定的情况下,提宾说仍以各种显性、隐性的方式存在于句式研究和教学实践中。这不能不使我们思考这样的问题:提宾说在解释"把"字句的句法语义特征及其在致使性句式群中的句法语义地位时是否有其特殊的方法论意义?人们在批评提宾说时是否也有误读的地方?对这些问题的回答,可以从人们如何分析"把"字句和非"把"字句的句法语义关联中得到启示。

7.2.1 致使性句式群中"把"字句和非"把"字句的句法语义关联

一般文献都将"把"字句看作表达单一事件的句式,传统的提宾说也以此为背景。与此不同的是,叶向阳(1997、2004)、郭锐(2003)将"把"字句看作对致使情景的表达,这种致使情景由具有致使关系的两个事件构成:使因事件(causing event)和使果事件(caused event)。我们可以把表达致使情景的整个事件看作致使事件(causative event),它包括使因事件和使果事件两个子事件。① 郭锐(2003)将"把"字句的语义构造表示为:致使者(NP_a)+把+被致使者(NP_b)+致使事件谓词(V_1)+被使事件谓词(V_2),其中,NP_a来自表示使因事件的小句的主体或客体以及其他对象,NP_b来自表示使果事件的小句的主体。同时,该文分析了两种类型"把"字句的致使性问题:一是分析型"把"字句,如"他把衣服洗干净了"[使因事件:他洗衣服→使果事件:衣服干净];一是综合型"把"字句,即"把"字句中隐含着一个事件,这包括隐含使果事件谓词的"把"字句和隐含使因事件谓词的"把"字句,前者如"你把裙子再撕几个口子"[你撕裙子→裙子再产生几个口子],后者如"你怎么把特务跑了"[你疏忽→特务跑了]。这就有利于对"把"字句的派生机制做出一致性的描写,更是朝"把"字句语法意义的统一性解释迈出了重要的一步。这种分析具有很强的可操作性。然而,问题的另一方面是,虽然"把"字句的两个谓词(包括隐含的谓词)代表具有致使关系的两个事件,但是两个具有致使关系的事件结构的整合结果不一定需要用"把"字句来表达,还有其他的表达形式。例如:

(1)a. 他打死了蚊子

　　(他打蚊子→蚊子死了)

b. 爸爸骂得小明大气不敢出

　　(爸爸骂小明→小明大气不敢出)

这两个表达都可以分解成具有致使关系的两个表达形式。它们都

---

① 关于致使关系的术语系统,我们在第三章谈论致使关系时已经做了说明。值得注意的是,我们这里关于致使事件及其两个子事件的术语系统跟一些汉语研究文献中的不一致,并对叶文和郭文的术语做了调整。叶文和郭文等将 causing event 看作致使事件,将 caused event 看作被使事件,虽明确指出表达的是致使情景,但没有明确说明这个复合事件是什么。施春宏(2003)则将这两个子事件命名为原因事件和结果事件,现在看来,将表达整个致使场景的复合事件看作致使事件,而将两个子事件分别看作使因事件和使果事件更合乎逻辑。当然,这种术语的分歧并不怎么影响对致使关系的分析。

可以派生出"把"字句:

(2) a. 他把蚊子打死了
　　 b. 爸爸把小明骂得大气不敢出

当然,用不用"把"字句,两者在语义上有一些差异,主要是凸显的语义内容不一样(对此,我们将在下一章中专题研究)。这样看来,"把"字句似乎只是表达致使事件的多个整合形式中的一种可能形式,而非必然表达方式。它们还可以用"被"字句(包括长被动句和短被动句)、受事主语句和话题句等表达方式来表达,如"蚊子被他打死了、蚊子被打死了、蚊子打死了"和"蚊子,他打死了"等,它们共同构成了一个致使性句式群。当然,这不是说能构成"把"字句的就一定能构成"被"字句及其他句式,这里面还受到句法、语义、语用等条件的制约。本章的探讨则只限于"把"字句的构造机制,至于相关句式的构造机制,我们将在下一章讨论"把"字句和相关句式的语法意义时做出系统的说明。

就上面例(1)和例(2)的表达方式而言,它们都是表达致使关系的句法结构整合过程中的可选形式,形式上有一种对应关系。然而,有的整合形式只能用"把"字句的形式来表达,不能"还原"成一般的主动宾句。例如(引自吕叔湘 1948/1984):

(3) a. 把壁炉生了火,要旺旺的
　　 b. 他把以前的挣扎与成功看的分外光荣

这显然跟例(2)的派生过程有一些差异。这样,就有必要探讨"把"字句的不同的派生过程。虽然派生过程有差异,但其根本机制和句法作用有相同之处。

另外,郭锐(2003)能解决大多数问题,但同时指出还有一些现象不好解释。例如:

(4)我把英语学会了
   (不能分析为:我学英语→英语会了)
(5)我把问题弄明白了
   (不能分析为:我弄这个问题→这个问题明白了)

郭锐先生认识到"这类例子不能用致使性来解释,目前只能看作例外",但对例外的条件没有做出进一步的说明。然而,这两个句子中的谓词性成分都是动结式,而且两个动词的主体论元(如"学"和"会"所支配的"我")和客体论元(如"学"和"会"所支配的"英语")所指都相同。其实,在我们看来,这两个事件之间是有致使关系的,如"我学英语→我会了英语、我弄这个问题→我明白了这个问题"。因此它们似乎并非真正意义上的例外。

还有下面这样的情况:

(6)小王(倒电脑)把三万块钱倒赔了
   (小王倒电脑→小王赔了三万块钱)

这句虽然可以理解为"小王倒电脑→三万块钱赔了",但"赔"的主体论元似乎应该是"小王"而不是"三万块钱"。类似的还有:

(7)他把一切都跑忘了   (他跑→他忘了一切)

"学会、倒赔、跑忘"都代表了动结式的基本类型。对由它们而构成的

"把"字句,可以试着采取这样的推导策略,首先将表达使因事件和使果事件的小句整合成表达致使事件的句子,用主动宾句这样的基础形式来表达,然后再来通过"把"将宾语提前而构造出"把"字句,分别生成例(5)(6)(7),即:

(8) a. 我学英语+我会了英语
　　→我学会了英语
　　　→我把英语学会了
　b. 小王倒电脑+小王赔了三万块钱
　　→小王(倒电脑)倒赔了三万块钱
　　　→小王(倒电脑)把三万块钱倒赔了
　c. 他跑+他忘了一切
　　→他跑忘了一切
　　　→他把一切都跑忘了

其中,"英语、三万块钱、一切"分别是整个动结式"学会、倒赔、跑忘"的客体(即役事),这些被"把"所提前的成分是动结式所支配的成分,而不仅仅是其中某个底层动词支配的成分。如果这样,其他的"把"字句也可以看作先整合再来做出提宾式派生。

由此可见,在分析"把"字句的句法语义特征及其在相关句式群中的句法语义地位时,提宾说有其特殊的方法论意义。

7.2.2 关于提宾式派生的扩展式理解及其方法论意义

如果认同上面对"把"字句及相关句式群的句法语义关联的分析,自然容易回到关于"把"字句派生机制和过程分析中的比较传统的认识,即"提宾说"。提宾说就是将"把"字句看作一种派生的句式,并且是从相应的主动宾句派生过来的。这样就意味着"把"的宾语是从动词性成分之后提到其前的。这实际上是对"把"字句构造机制的直观认识。从结构关系考虑,反对"提宾说"的意见集中在这样两个方面:一是有的主动宾句不能派生出"把"字句,一是有的"把"字句不能还原成主动宾句。对于前一种情况,实际牵涉到"把"字句成立的条件,需要讨论的正是哪些能提宾哪些不能提,但并未从根本上否定提宾说。大多数关于"把"字句的研究都是在这种背景下展开的,这里暂不对此作进一步讨论,但下文将有所涉。对于后一种情况,实际是需要区分不同形式的提宾过程。可以假设"把"的宾语在派生之前是在动词性成分之后的,由于句法条件的限制,没有得到相应的句法位置,或者由于语义条件的制约,而不适合宾语的语义要求,或者还有韵律等方面的原因,这样就只能在动词性成分之前找到落脚点,同时用相应的格位标记"把"来标示其论旨角色,从而派生出相应的"把"字句。我们就是在这种背景下来讨论"把"字句的派生机制和过程的。其实,即便不从派生来考虑,如果想系统地刻画汉语各种句式之间句法和语义上的特点,也得考虑"把"字句和相关的主动宾句(以及受事主语句、被动句等)之间存在的客观联系,在致使性句式群中认识"把"字句及相关句式的句法语义特点。我们将提宾看作句法层面上的操作手段,而提宾能否成立的关键在于是否满足句式的句法、语义约束,其中最重要的约束条件就是在构造"把"字句的过程中,必须用相应的句法形式来表示结果语义,"把"字句是对结果进行凸显的表达方式之一,这是"把"字句语法意义的重要成分。对此,我们放在下一章讨论。

或许类似例(2)这样的派生方式不用"提宾"这种说法更容易为人接受,因为派生主要是要系统地说明致使事件的役事放在动词性成分之前(尤其是下文所言的强制性提宾)或之后的条件以及这种构造机制对语法意义的揭示,提宾只是派生的一种操作方式。另外,宾语是相对于动词性成分的一种句法成分,而提宾所提的真正对象是役事这样的语义成分(即本质上不是提"宾语"),因此,这种所提对象能否出现在宾语位置,不是问题的关键。当然,为了称述的方便,也不妨袭用"提宾"的说法,只是具体理解已有扩展。归根结底,提宾也罢,派生也罢,都是关于句式生成机制的研究方法的一种选择,是基于方法论原则的分析策略,而并非基于本体论的生成过程,对此我们应该具有比较清楚的认识。只有认识到提宾或派生(或提宾式派生)的方法或方法论性质和地位,才能更好地发挥它在句法语义分析中所能发挥的作用。然而,在赞成提宾说和反对提宾说的各种认识中,混淆方法论和本体论的情况时有发生。

因此,我们这里倾向采取经过扩展理解的提宾说,并区分各类"把"字句的不同构造机制,具体描写其派生过程。对由例(1)到例(2)这样的派生机制和过程以及例(3)这样的派生机制和过程,我们都叫作直接派生(direct derivation);而对于"山西假酒把不少人喝死了",我们认为它是由"山西假酒喝死了不少人"派生而来,而后者又是由动词拷贝句"不少人喝山西假酒喝死了"派生而来,因此称作间接派生(indirect derivation)。下面分别讨论。

7.3 "把"字句的直接派生机制和过程

下面我们先讨论"把"字句的直接派生机制和过程。所谓直接派生,就是在表达致使事件的论元结构整合投射过程中,其配位方式先整合成主动宾句再由此派生出"把"字句,或因不能生成主动宾句而直接整合派生出"把"字句。

7.3.1 直接派生的两种类型:选择性提宾和强制性提宾

上面例(2)和例(3)派生过程的差异反映了"把"字句宾语的提前有

两种可能性:例(2)与例(1)有对应性关系,即充当宾语的语义成分的句法位置有前后两种可能性,这样"把"字句将宾语成分提到动词性成分之前实际是一种选择性提宾(optional object-raising);而例(3)没有对应的主动宾句,受系统内部句法和语义条件的制约,句法整合的结果只有宾语前置这种可能性,因此可以看作是强制性提宾(compulsory object-raising)。

选择性提宾的情况很常见,如上面的例(2)和例(5),这里例子从略。对选择性提宾而言,到底是用"把"字句还是非"把"字句,主要是语用因素造成的,如当我们需要强调施动者通过动作行为给某个客体带来的结果时,我们更倾向于选择"把"字句;如果没有这种语用条件,可以选择主动宾句。这是表达的视点问题,而非单纯的句式构造问题。如果事件本身没有强调动作行为所致使的结果,则不能用"把"字句提宾,如"走进教室"就不能说成"把教室走进"。至于选择性提宾的句法限制,需要另作讨论,这里不作具体分析。不过,显而易见的是,能够作选择性提宾的主动宾句只是所有主动宾句的一部分。

7.3.2 强制性提宾的制约条件

这里重点讨论强制性提宾派生出的"把"字句。所谓强制性提宾,是指由于句法或语义、韵律等条件的制约,致使事件的受使成分(即役事)不能在动词性成分之后得到相应的句法位置,而只能在动词性成分之前找到落脚点,同时用相应的格位标记"把"来标示其论旨角色,从而派生出相应的"把"字句。[①] 例如:

[①] 强制性提宾实际上同样属于前一章提到的"宾补争动"的情况。一般文献只是将"宾补争动"说用来解释动词拷贝句的类型(参见前一章的讨论),其实,"宾补争动"的结果不仅有动词拷贝句,还有"把"字句和"被"字句等句法形式。而且有的"宾补争动"的结果只能形成"把"字句或"被"字句等而不能形成动词拷贝句,如下面例(9)至例(15)的情况。

(9) a. 我把书放在桌子上　　　　b. *我放书在桌子上①
(10) a₁. 墙上的钉子把大衣划破了一道口子
　　　a₂. *墙上的钉子把一道口子划破了大衣
　　　b. ?墙上的钉子划破了大衣一道口子
(11) a. 妈妈把肉炒了青椒/妈妈把青椒炒了肉
　　　b. *妈妈炒了肉青椒/*妈妈炒了青椒肉
(12) a. 教练把他培养成世界冠军
　　　b. *教练培养他成世界冠军②
(13) a. 爸爸把沟挖浅了　　　　b. *爸爸挖浅了沟
(14) a. 老王把菜刀磨锋利了　　b. *老王磨锋利了菜刀

　　需要讨论的就是为什么这些类型的"把"字句的宾语成分不能放在动词性成分之后。这实际上就是第三章提出的动结式论元结构整合过程中配位规则(V)——"役事强制前置规则",只不过这里将动结式扩展为更多的动补结构类型。派生的基础是句式的论元结构,在论元结构整合之后向句法投射的过程中,由于受到特殊的约束而使役事不能在动词性成分之后寻找到合适的句法位置而被强制性提前。显然,这条配位规则实际上是在特殊条件下使用的调适性规则。③ 强制性提宾既可能是句法上的限制,也可能是语义上的限制,还可能受韵律方面的制约。下面分别说明。
　　首先看句法动因。强制性提宾的句法条件是,汉语动词短语的句

---

① 至于"我放(*在)桌上一本书"在口语中可以成立,别有他因,此不赘述。
② "变成、看作、当作"这些词化的动结式结构都是如此,如"爱情可以把野蛮变成温顺,把理智变成疯狂,把谨慎变成轻率""我一直把他看作兄弟""我们把他当作好朋友"。另外,"当(dàng)"作"作为、当作、当成"使用时,也需出现强制性提宾的情况,如"法西斯分子把杀人当儿戏"。
③ 感谢审稿专家提醒我注意要对此做出必要的说明。

法表现通常是"一个动词,一个补述语(complement)",这里的补述语包括传统语法所指的动词或动词性结构的宾语和补语。[①] 如果句法结构中的补述语超过一个,就需要通过相关句法手段来解决,如将有关句法成分进行合并,或者移到动词之前,并添加相关的格标记。很多类型"把"字句的形成跟这种句法结构的制约条件有关。造成这种局面的原因,跟句子的焦点结构有关:动词后只能有一个凸显焦点。

然而,这里存在一个问题是,动词后的两个补述语,应该将哪一个提到动词性成分之前比较合适?首先,如果其中一个补述语是非名词性成分,自然不能用"把"字提前,这时只能将名词性补述语提前,如例(9a)中的"书"。跟提前的名词性成分相比,这些非名词性成分往往就表达为结果语义,如例(9a)中的"在桌子上",它是书位移的终点,在整个致使事件结构中是事件的结果。其次,如果两个补述语都是名词性成分,则有一定的制约条件。

不同的论旨角色,其句法地位一般是不同的。而且,不同的论旨角色共现的可能性也不相同,有的论旨角色之间可以无标记共现,有的不能;有的论旨角色跟其他论旨角色共现时必须带上格标记。人们一般将这种无标记共现的论旨角色在句法关系等级上的表现用论旨阶层(Thematic Hierarchy)来概括。如施春宏(2003、2008a:292)提出了这

[①] 关于现代汉语动词之后只能有一个补述语的说明,可参见 Li & Thompson(1981)第11、13、15、16章关于汉语几种特殊句式句法成分位置关系的说明以及 Huang(C.-T. James Huang 1982)第2章关于汉语短语结构的说明。Huang(Shuan-fan Huang 1984)也提出过"表层结构条件"的假说,即一个句子中主要动词的后面不能跟两个或两个以上的结构成分。黄月圆(1996)、石毓智、李讷(2001)等也曾用此认识来说明汉语特殊句法形式的构造过程。关于黄月圆(1996)的分析,下文有所讨论。当然,"一个动词,一个补述语"这样的概括还只是一种共时的描写,没有对为什么汉语动词之后只能有一个补述语做进一步的解释。其实,这不仅是汉语句法中的现象,英语中也有类似的现象,只不过表现的句法和语义类型有差异罢了。如 Simpson(1983)在说明结果短语不能跟方向短语共现时就提出,只有一个述谓性补述语(predicative complement)可以出现在特定小句中。对英语而言,"He read a book for an hour(他看书看了一小时)"和"He ran very fast(他跑步跑得很快)"中的" for an hour"和"very fast"并非补述语。

样一个扩展的论旨阶层(Extended Thematic Hierarchy):

(15) 扩展的论旨阶层
　　　致事/施事＞……＞役事/客事/受事＞结果[①]

不同论旨角色无标记共现时,排在论旨阶层左边的论旨角色优先出现在句法结构的左边,排在右边的论旨角色优先出现在句法结构的右边。在普通话句法系统的基础句中,述语成分的左边通常只有一个无标记句法位置,右边一般也只有一个无标记句法位置,特定情况下(如双宾句)可以有两个。"把"字句中提宾的优先序列基本上反映了这样的论旨阶层。"把"字句将役事提到动词之前,而结果论元在论旨阶层中位置最低,不能前置。如例(10)中的"一道口子"就不能提到"划破"之前。另外,如果认为例(10b)是可以接受的,那么由例(10b)到例($10a_1$)就是选择性提宾;而例($10a_1$)和例($10a_2$)的构造差异就是由强制性的句法条件决定的。

值得说明的是由多系动词构成的"把"字句,特别能够体现强制性提宾时句法语义互动过程中受到的制约和调适。我们放到下文关于边缘"把"字句生成过程的讨论中专门说明。

再来看语义动因或功能动因。这方面的研究尚不系统。基于此,这里仅例示两类例子,并不对造成这一情况的原因进行具体说明。正如前面的例(13)所示,由表示偏离义的动结式构成的句式(陆俭明

[①] 学界对论旨阶层有比较深入的研究,但论旨阶层的具体序列及其在句法分析中的地位,近些年受到了怀疑。主要原因是:一是根据不同语言抽象出来的论旨阶层序列很难统一,二是各家提出的方案并不一致,三是不同等级中的论元定义常常模糊不清。具体分析参见朱佳蕾、胡建华(2015)的概括。虽然如此,但大体也有相通之处,如都认为施事层级最高;而对致使关系而言,致事最高,施事可以看作致事的典型;客事很低;其他论旨角色都在这两极之间。因此我们这里的论旨阶层只涉及这三类论元。王晶(2003)提出占据宾位的优先序列层级是:工具、材料＜处所、方式、与事＜受事＜结果、目的。

1990;李小荣 1994;马真、陆俭明 1997;施春宏 2003),只能使用"把"字句(或其他提宾的句式)。又如陆俭明(1988)指出,在双宾结构中,双宾结构的远宾语不能由表示具有领属关系的偏正结构充任:[1]

(16) a. 我把我妹妹的唇膏送给她
    b. *我送给她我妹妹的唇膏

再来看韵律动因。在由动结式构成的"把"字句中,如果结果补语是双音节的,则动结式的役事一般不能放在宾语位置上,必须用"把"字提前。(冯胜利 1996b、2000;董秀芳 1998)如前面的例(14)。而"干净、清楚、明白"作补语则可以直接带宾语。例如:

(17) a. 小明把所有的问题弄清楚了
    b. 小明弄清楚了所有的问题

这三个词能作补语只能看作这种韵律规则的例外(即它们的第二个音节轻读),我们在第三章和第四章中已做过分析,此不赘述。

7.4 "把"字句的间接派生机制和过程

下面再来讨论"把"字句的间接派生机制和过程。所谓间接派生,

---

[1] 又见陆俭明(2003:97、178)。在笔者的调查中,有些人认为例(16b)可以接受,但一般也不否认例(16a)"把"字句的可接受度比例(16b)双宾句高,这应该是受到语义因素的影响的。邢福义、沈威(2008)通过实际用例的分析,认为远宾语并非一概排斥领属性偏正结构,同时也分析了这种结构的语用条件:"总起来看,大体可以这么说:在口气随便、避免呆板、顺应语势、讲求押韵等场合,远宾语位置上往往使用领属性偏正结构。当然,如果没有语用上的特殊需要,只要音节越多,被'把'字所提调的可能性就越大。"可见,例(16)的可接受差异实际上是受到句法、语义、语用、韵律的综合影响。

就是指"把"字句来源于某种特定的句式,即指来源于由依存动结式构成的动词拷贝句。施春宏(2003、2008a)将动结式分为两大类:自由式(free construction)和依存式(dependent construction)。自由动结式指在论元整合过程中无需借助拷贝动词的形式就能提升所有底层论元的动结式,如"我学会了骑自行车、孩子哭醒$_1$了妈妈、孩子哭醒$_2$了"等中的"学会、哭醒$_1$、哭醒$_2$";依存动结式指在论元整合过程中需要借助拷贝动词的形式来提升底层论元的动结式,如"爷爷剁排骨剁崩了新菜刀、大伙儿听侯宝林的相声听笑了、小王倒电脑倒赔了三万块钱"等中的"剁崩、听笑、倒赔"。[①] 也就是说,自由式构成一般的主动(宾)句,依存式构成动词拷贝句。自由式如果带宾语的话,"把"字句则属于直接派生形式中的选择性提宾式。依存式的情况比较复杂,与动词拷贝句的语义结构关系及其形成过程有关。我们已经在第五章讨论了动词拷贝句的语义结构关系及其形成过程,但为了说明问题的方便,下面对表达致使关系的动词拷贝句(即致使性动词拷贝句)的形成过程略加重述,然后在此基础上讨论跟依存式相关的"把"字句的派生情况。

如前所述,由动结式构成的拷贝结构的形成跟动结式的整合过程有关。动结式所代表的事件是一个复合事件,动结式中述语动词和补语动词所代表的事件之间最为典型的关系是致使关系。在动结式所代表的复合事件中,述语动词所代表的事件是使因事件,补语动词所代表的事件是使果事件,两个底层动词的论元结构整合成动结式的论元结构。动结式的整合类型复杂多样(参见第三章),这里只讨论依存式的整合过程,主要有以下几类:

[①] 依存式还包括"我吃早饭吃晚了"这种情况,但这里的"吃"和"晚"之间没有致使关系(即属于指动式),而且这种动词拷贝句也不能变换成"把"字句,因此这里将它排除在讨论之外。

(18) 大伙儿听侯宝林的相声听笑了

　　　(V^2+R^1；主体同指，客主异指)

(19) 小王倒电脑倒赔了三万块钱

　　　(V^2+R^2；主体同指，客主异指)

(20) 老李送客户牛奶送晕了

　　　(V^3+R^1；主体同指，客主异指)

(21) 爷爷剁那堆排骨剁崩了新菜刀

　　　(V^2+R^1；主体异指，客主异指)

(22) 是你教体操教笨了这个孩子

　　　(V^3+R^1；主体异指，客主部分异指)

它们的共同条件就是客主异指(包含部分异指)。如第三章、第五章所述，这种结构中述语动词的客体论元不能在动结式之后找到合适的句法位置，①只能用拷贝动词的形式提升到动结式之前，形成动词拷贝结构。如果补语动词有客体论元，便直接提升到动结式之后②，如例(19)中的"三万块钱"。如果主体同指，则同指的主体论元整合后提升到动结式之前占据基础句的主语位置；如果客主同指，则整合后提升到动结式之后占据基础句的宾语位置，如例(22)中的"这个孩子"。

虽然上面各句的配位方式不完全相同，但它们的语义关系相同，在派生出"把"字句的过程中，例(18)(19)(20)基本相似，例(21)(22)基本相似，因此这里只以例(18)(21)这两句为例来说明跟依存式相关的

---

① 如果客主异指，但两个底层动词的客体论元同指(此时一般主体论元也同指)，形成"学会"这样的结构，这就是自由式而不是依存式了。

② 需要说明的是，由于我们区分底层施受关系(即底层动词 V 和 R 支配的论元之间的及物性语义关系)和高层致役关系(即由动结式支配的致事和役事之间的及物性关系)，因此动结式论元结构的形成就是底层论元"提升"到高层论元结构进行整合的过程，无论是前置还是后置，本质上均为从底层"向上"提升。参见施春宏(2008a:59-61)。

"把"字句的两种派生类型。

对例(18)而言,当述语动词的主体论元"大伙儿"凸显时,就形成了上面这样的结构。当拷贝内容"听侯宝林的相声"需要凸显出来作为致事时,述语动词的主体论元受到抑制,补语动词的主体论元"大伙儿"便凸显出来,提升为动结式的客体论元(役事),形成这样的句法结构:

(23) 听侯宝林的相声听笑了大伙儿

我们称之为拷贝式主宾句(Subject-Object construction with verb-copying phrase)。这种句式的可接受程度不高,派生出"把"字句后大大提高可接受度,这是因为这样的表达跟"把"字句的语义特点相吻合:

(24) 听侯宝林的相声把大伙儿听笑了

我们称之为拷贝式"把"字句(BA construction with verb-copying phrase)。因此,如果只是述语动词的客体论元"侯宝林的相声"凸显出来,则可以先后派生出下面两种句法形式:

(25)a. 侯宝林的相声听笑了大伙儿
　　 b. 侯宝林的相声把大伙儿听笑了

例(25a)的生成合乎第三章提出的动结式论元结构整合过程中配位规则(IV)——"客体论元凸显规则",例(25b)是在例(25a)的基础上派生而来的。

也就是说,对动结式所表示的致使性复合事件而言,依存式中使因事件的任何跟致使原因有关的句法成分都可以凸显出来从而占据致事的句法位置，不但使因事件的参与者如此，甚至整个拷贝内容都可以凸显出来。我们将例(18)的整合和派生过程归纳如下：

(26) 大伙儿听侯宝林的相声＋大伙儿笑了
→大伙儿听侯宝林的相声听笑了
→听侯宝林的相声听笑了大伙儿/侯宝林的相声听笑了大伙儿
→听侯宝林的相声把大伙儿听笑了/侯宝林的相声把大伙儿听笑了

再来看例(21)。我们可以采取选择性提宾的方式直接派生出下面的"把"字句：

(27) 爷爷剁那堆排骨把新菜刀剁崩了

这也称作拷贝式"把"字句。同样，"剁那堆排骨"或"那堆排骨"可以分别凸显出来，形成下面的句式，此时"爷爷"通常受到抑制：

(28) a. 剁那堆排骨(爷爷)剁崩了新菜刀
b. 那堆排骨(爷爷)剁崩了新菜刀

其中，例(28a)也是拷贝式主宾句。它们同样可以派生出"把"字句：

(29) a. 剁那堆排骨把新菜刀剁崩了
b. 那堆排骨把新菜刀剁崩了

其中,例(29a)也是拷贝式"把"字句。

这种结构的派生过程只有通过这种派生机制才能更好地说明。具有致使关系的拷贝结构除了动结式外,还有组合式述补结构的形式。例如:

(30)他看这些哲学书看得头昏脑胀
(31)张老师教小明体操教得头昏脑胀

这里以(30)为例来说明。具体推导过程的说明从略,整合过程和推导步骤如下:

(32)他看这些哲学书+他头昏脑胀
　→他看这些哲学书看得头昏脑胀
　　→看这些哲学书看得他头昏脑胀/这些哲学书看得他头昏脑胀
　　→看这些哲学书把他看得头昏脑胀/这些哲学书把他看得头昏脑胀

这个派生过程中出现了拷贝式"把"字句,即"看这些哲学书把他看得头昏脑胀"。

对依存式派生过程的考察还牵涉到对动词配价的重新思考。如"走",一般看作是一价动词,但也有"走路"这样的表达,"路"可以看作是影子论元,其语义为"走"所蕴涵。当我们需要凸显"路"的语义内容时,便用"这段山路""几十里路"这样的表达。[①] 于是就可以构成这样

---

① 其实"快走"和"走路"的"走"未必具有同一性,如果真的如此,则"快走"的"走"是一价动词,而"走路"的"走"是二价动词。

的结构:

(33) a. 我走这段山路走肿了双脚
b. 我的双脚走这段山路走肿了

当"[走]这段山路"凸显出来作为致事时,就可以派生出这样的结构:

(34) a. ?[走]这段山路把我走肿了双脚
b. [走]这段山路把我的双脚走肿了

如果只是将影子论元提升为致事,构成"路把我走肿了双脚/路把我的双脚走肿了"这样的"把"字句,其接受度则比较低。然而,这并非句子在句法构造规则上的不合式,而是语义、语用上的不合用。

7.5 "把"字句的原型性和"把"字句的分析策略

上面在讨论"把"字句的生成机制和过程时,区分出了直接派生和间接派生,直接派生又区分出选择性提宾式派生和强制性提宾式派生两种类型,间接派生则与致使性动词拷贝句的构造过程有直接的关联。我们虽然区分了不同类型的"把"字句,但并未包含所有"把"字句。如上面所讨论的"把"字句都含有两个谓词性成分(介宾短语做结果补语在致使结构中也具有述谓性,故这里也一并看作谓词性成分),而实际上有的"把"字句只含有一个谓词性成分,如"他们竟然把个犯人跑了"和"这个败家子把家产都输了",前者只含补语动词,后者只含述语动词,而"妈妈把肉炒了青椒、他把橘子剥了皮"不但只包含一个动词,而且还带上了宾语。由于我们将"把"字句看作是表达致使事件(包括使因事件和使果事件)的一种句法形式,因此,相对于"他把蚊子打死了"这样的典型形式,这些"把"字句显然不够典型,它们在句法、语义和语用上都有一些特殊性。这就启示我们,"把"字句系统的内部存在着层次差异。本着"用事实说话,用模型对话"的精神,似乎又应该在同一个分析模型下对这些不同层次、不同性质的"把"字句做出一致性的结构化描写。基于这样的理念,下面便对各种特殊类型的"把"字句的语义理解及其构造机制做出具体描写和解释,以拓展上面对"把"字句进行互动-派生模型的理论意义和实践价值。为此,我们先简要概括"把"字句的原型性特征并以此作为分析非典型现象的参照,进而提出"把"字句的分析策略,然后借此重点讨论几类非典型"把"字句。

7.5.1 "把"字句的原型性和典型"把"字句的句法语义特征

现在学界已经认识到,任何句式都具有原型性,有典型现象和非典型现象之分。其中,非典型现象又可分出不同的等级,处于最外层的即为边缘现象;在典型现象和边缘现象之间是广阔的中间地带。"把"字句自然也是如此。例如根据一般的理解,下面这样的句子可以称作典型"把"字句:

(35)晴雯把扇子撕破了
(36)宝玉把《西厢记》藏在身后

典型"把"字句的形式结构及其所表达的语义内容可以描述为"A＋把 B＋VR",该结构内部成员具有如下典型特征:

(一)V-R 之间存在动补关系,V 是动作性及物动词,对 B 具有强作用性,R 是不及物动词、形容词或介宾短语(介词具有次动词性),表示 V 对 B 的一种作用结果(即发生的变化,如状态改变或位置移动);

(二)V 和 R 分别代表两个子事件,它们之间存在致使关系,这样,"VR"就在整体上表达了一个致使事件,它由 V 代表的使因事件和 R 代表的使果事件复合而成;

(三)A 是整个句式的致事,意图性比较强(即 A 有意对 B 发出 V 这个动作),B 是役事,也是 V 作用的对象并能受到完全影响,在子事件关系中,A 和 B 又分别是 V 的施事和受事(即"晴雯撕扇子、宝玉藏《西厢记》"),B 还同时是 R 的客事(即"扇子破了、《西厢记》在身后")。

典型"把"字句的句式语义可以概括为:致事通过某种方式对役事施加致使性影响并使影响的结果得到凸显。①

7.5.2 非典型"把"字句和边缘"把"字句

典型"把"字句只是"把"字句系统中的核心成员,实际交际中的"把"字句类型异常丰富且结构复杂多样。例如下面每个句子都在一定条件下对典型"把"字句的部分特征进行了调整,有的还有多方面调整:

(37)a. 黛玉把宝玉咳醒了
　　b. 香菱把作诗方法学会了
　　c.《西厢记》把宝玉读傻了
　　d. 一场大旱把所有庄稼都干死了
　　e. 贾琏把田买贵了

---

① 关于"把"字句的语义属性,学界讨论颇多,但大体都可归入"处置"说或"致使"说。有的虽未使用这两个术语,但基本精神仍可归入这两个范畴中(如"影响"说、"结果"说之类)。当然,对"处置"和"致使"内涵和范围的理解,学界仍存在不小差异。参见翁姗姗(2012)及施春宏(2010b)等的概括。基于类型学特征的考量,相对而言"致使"说具有更大的范畴概括性和句法表现力,本书依此。下一章对此重点讨论。

  f. 凤姐把地租提高了一半
  g. 贾政把宝玉打得皮开肉绽
  h. 这种书把宝玉看得不想再读圣贤文章了

  这些对典型"把"字句特征有所调整的语句可以看作非典型"把"字句。当然,无论怎么调整,这些句子中基本成分之间结构性的语义关系都没有发生改变,即整个句式的核心语义结构都表示"CAUSE…BECOME…"(使……变为……)这种致使性动变关系。

  继续从特征调整角度看,除了例(37),我们还可以得到更多种类型的非典型"把"字句。这里不拟对此做出全面梳理,而只讨论 V 和 R 出现其一的单动"把"字句,以区别于类似例(36)和例(37)的双动"把"字句。① 单动"把"字句在非典型"把"字句中是更加特殊的一类,需要专题论述。下面列举的诸类单动"把"字句是综合学界相关分析(如吕叔湘 1948;王还 1957;吕叔湘 1965;李临定 1990;饶长溶 1990;杉村博文 1993;刘培育等 1996;叶向阳 1997、2004;金立鑫 1997;范晓 2000;郭锐 2003;屈承熹 2005;刘培玉 2009;施春宏 2010b;席留生 2014)所做的初步整理:

(38) 补语凸显式"把"字句
  a. 他们竟然把个犯人跑了/偏又把凤丫头病了
  b. 年岁渐长,把眼睛都花了/没过半天就把菜馊了
(39) 述语凸显式"把"字句
  a. 这个败家子把家产都输了 (动词+虚义"了")
   他把园子的门开着   (动词+虚义"着")

---

① 叶向阳(1997、2004)将双动"把"字句和单动"把"字句分别称作双述"把"字句和单述"把"字句。

我们把这几家都拜访过了　　　（动词＋虚义"过"）

　　请把酒满上　　　（动词＋其他虚义补语）

b. 大家都把看到的情况讲一讲/讲讲　　（动词重叠）

　　他把我碰了一下　　　（动词＋动量）

　　他把书一扔，转身就走了　　　（一＋动词）

c. 他有意把小说往长里写　　　（状语＋动词）

d. 领导要求把所有的上传图片都删除　　（光杆动词）

　　他总是把简单问题复杂化　　（带类词缀"化"的动词）

(40) 反转使役式"把"字句(来源于动词拷贝句)①

　　a. 这个实验把他做了一下午

　　　（语义：他做这个实验→他做了一下午）

　　b. 这块油布把我摸了一手油

　　　（语义：我摸这块油布→我摸了一手油）

(41) 带保留宾语式"把"字句(一)

　　a. 他把窗户纸戳了一个洞　　（动词＋结果宾语）

　　b. 有的人喜欢把粗俗当时髦　　（动词＋系事宾语）

　　c. 宝玉把那本书送了黛玉　　（动词＋与事宾语）

(42) 带保留宾语式"把"字句(二)

　　a. 妈妈把肉炒了青椒/妈妈把青椒炒了肉

　　b. 他把面揉了馒头

　　c. 我把壁炉生了火

---

① 学界常称"这个实验做了他一下午"这类结构为"反转使役结构"。这里借此来命名相关的"把"字句。所谓的反转使役式"把"字句，更常见的是双动式，如《西厢记》把宝玉读傻了(←宝玉读《西厢记》读傻了)，食堂把孩子吃怕了(←孩子吃食堂吃怕了)"。其实，根据我们的分析，并不存在真正意义上的"反转使役"，这个结构的生成与使性动词拷贝句有直接的关联。关于动词拷贝句和所谓的"反转使役结构"及其相关"把"字句等句式的派生机制，施春宏(2007、2008a：179—181、2010a、2010b)已做了比较系统的分析，本书第五章也有讨论，此不赘述。

d. 他把水浇了花/他把花浇了水

(43) 带保留宾语式"把"字句(三)①

a. 他把橘子剥了皮

b. 大风把屋顶掀了一个角

c. 他把那批书卖了几本

(44) 带保留宾语式"把"字句(四)②

a. 他把池塘下了毒

b. 他把钱抽了烟

除了(38)属于单补式"把"字句,其他各类都是单述式"把"字句。上面每个例句都代表一种具体类型,仅此就可见出"把"字句系统的丰富与复杂了。其实,这还不是学界所考察的单动"把"字句的所有类型③,而且有的大类下面因述语动词和补语动词句法语义类型的差异还可呈现出更为丰富的表现。这里只是列举出学界多有关注的情况。在这些特殊的非典型"把"字句中,学界基于不同的理论背景,对每一类的语义条件和生成机制都或多或少、或深或浅地提出了相应的分析策略。

在以上类型中,(38)学界颇多关注,尤其是基于生成语法的研究理念。(39)虽然内部次类多样,但对其语义关系的分析,学界认知差别不

---

① 吕叔湘(1948)将(43b)和(43c)中的句末宾语称作"偏称宾语"(partitive object),即现在常说的"部分宾语"。

② 施春宏(2006a)文末说道:"最后需要说明的是,在笔者所考察的所有语料中,尚有'有人把池塘下了毒、他把钱抽了烟、他把山上种了松树'这样的句子还不好说明,……这还有待进一步探讨。"该文发表已近十年,而本章的一个目的即为该文的后续性探讨,但也只是"此情无计可消除,才下眉头,却上心头"。

③ 如叶向阳(1997、2004)在分类描写述宾式把字句时,还包括"把笔扔桌上(处所宾语)、工作的第一环就是把当年的事实加以搜集、还原(事件宾语)、他把面粉过了一遍筛子(工具宾语)"等类型。像"你把我气得"这样的半截式"把"字句,这里也不做分析。另外,为了集中论题,这里对带"得"的"把"字句一概未做分析,其生成机制与不带"得"的"把"字句基本相通。

大,对此叶向阳(1997、2004)和郭锐(2003)有了较为系统的说明。(40)是来源于动词拷贝句的反转使役式"把"字句,我们在第五章讨论了所谓的"反转使役结构"(参见5.5.1节),这里将该句式的论元结构整合过程及相关派生路径简述如下:

(45)他做这个实验＋他做了一下午　　(主体同指,客主异指)
　　→他做这个实验做了一下午
　　　→[做]这个实验做了他一下午
　　(客体论元凸显规则)
　　　→[做]这个实验把他做了一下午　　(间接派生)
　　(*他把这个实验做了一下午)

相较上面几类,带保留宾语式"把"字句又显得更加特殊,因为一般"把"字句中只有B是完全受影响的役事,述语谓词后不再带宾语。但在带保留宾语式"把"字句中,却有两个宾语,一个是"把"的宾语(即句式的役事),一个是述语动词的宾语,黄正德(2007)将之分别称作外宾语(outer object)和内宾语(inner object)。所谓"保留宾语",就是内宾语保留在了原位,没有且一般也无法提前。

就这四类带保留宾语式单动"把"字句而言,(41)在学界讨论不多,主要是因为它跟双动式没有本质的差别,可以看作补语动词因语义蕴涵而未出现的情况,即其底层结构仍旧是"戳(出、破)、当(作、成)、送(给)"之类。我们将补语动词补出以后的结果如下:

(46)a. 他把窗户纸戳出了一个洞　　(动结＋结果宾语)
　　b. 有的人喜欢把粗俗当成时髦　　(动结＋系事宾语)
　　c. 宝玉把那本书送给了黛玉　　(动结＋与事宾语)

相对而言，(42)—(44)这三类更为特殊。(42)和(43)中的动词能够支配其前后两个宾语（即外宾语和内宾语），其中(42)中两个宾语之间没有直接的语义关联，而(43)中外宾语和内宾语之间有领属关系（领属包括领有和隶属，后者是一种整体-部分的关系）；(44)中的动词只能支配内宾语，不能支配外宾语。其中(42)和(43)这两类受到学界颇多关注，熊仲儒(2013、2015)分别将(43)和(42)所代表的两种类型称作"领属性保留宾语句"和"非领属性保留宾语句"①。实际上，非领属性保留宾语句的范围相当宽泛，除了(42)以外，像(44)甚至(40)都可归入其中，还有上文未列出的情况，而且不限于"把"字句。基于此，这里称(43)为"带领属性保留宾语式'把'字句"，其他不再独立命名（当然称之为"带非领属性保留宾语式'把'字句"也未尝不可）。

由于(42)—(44)这三类句式一方面是单动"把"字句，另一方面又是一种保留宾语句式，所以就使得该类句式处于原型"把"字句系统的边缘位置。为了说明方便，相对于其他特殊"把"字句，可以将这些带保留宾语式单动"把"字句称作边缘"把"字句（peripheral BA construction）。②

基于上面的说明，下面重点讨论(42)—(44)所代表的边缘"把"字句的语义结构关系和句法构造机制。这其中，有的类型学界虽有较多讨论，但这里我们基于互动-派生分析理念试图做出新的分析。下面首

---

① 这两类中的大部分情况（尤其是领属性保留宾语句）都是生成语法长期讨论的论题，近年成为一个热点（如黄正德2007；张庆文、邓思颖2011；熊仲儒2013、2015），引发了很多理论思考。另外，保留宾语句既包括单动句，也包括双动句，这里只考察单动句，而且是单动的"把"字句。

② 当然，论及"边缘"与否，跟日常生活中的理解一样，实际是一个相对的概念，我们这里主要是就它跟典型"把"字句形式上的差异比较而言的。另外，根据张伯江(2000)、张旺熹(2001)等的研究，"把"字句的语义核心是位移。这种带保留宾语式单动"把"字句大多并不直接表示位移，因此毫无疑问是"边缘"的。当然，结合边缘和核心来看，将"把"字句的语义核心特征理解成变化或使变化也许具有更大的概括性，因为"致使"的语义结构是"CAUSE…BECOME…"，"致使/处置"的结果表现为各种变化形式，位移只是变化的一种方式。

先阐释我们在分析致使性句式群中特定句式形义关系的基本理念,然后据此来讨论边缘"把"字句的语义理解和构造机制,最后对句式形义互动关系分析的方法论原则作出初步说明。

7.5.3 从句式群形义关系的分析理念看"把"字句的分析策略

既然将"把"字句(无论是典型的还是非典型的)看作表达致使范畴的一种类型,那么我们在分析"把"字句的语义关系时,就可以将它放到表达致使范畴的句式系统中来认识。同时,由于"把"字句又是一种特殊的致使表达构式,因此我们就需要结合"把"字句的形式和意义(这里包括功能)以及韵律和语用等之间的互动关系来刻画这一形义配对体的生成机制与过程。

据前面诸章的讨论,表达同一语义范畴或特定语义关系的相关句式集合可以称作"句式群",句式群有大有小,每个句式在句式群中所凸显的语义侧面和所实现的语用功能并不相同(施春宏2010a、2010b)。这也是特定句式存在的基本理据。例如下面就是一个由动结式构成的句式群:

(47)晴雯撕扇子+扇子破了→
 a. 晴雯撕破了扇子　　　(致役句,一般视为施受句)
 b. 晴雯把扇子撕破了　　("把"字句)
 c. 扇子被晴雯撕破了　　(长被动句)
 d. 扇子被撕破了　　　　(短被动句)
 e. 扇子撕破了　　　　　(受事主语句)
 f. 扇子晴雯撕破了　　　(受事话题句)
 g. ?晴雯扇子撕破了　　　(施事话题句)

h. ?晴雯撕破了　　　　　　（施事主语句）

基于此,所有表达致使关系的句式(如使令句、"把"字句、被动句、受事主语句,致使性施受句、致使性动词拷贝句、致使性双宾句等)可以构成一个具有交叉网络关系的致使性句式群。"把"字句只是其中一种类型。

前文说过,致使事件由使因事件和使果事件整合而成。致使事件经过认知概念化后,形成概念结构,进一步向句法结构投射并在句法、语义、韵律和语用等多重界面互动作用下,形成不同的致使表达方式。这样,各个致使性句式都需要用相应的句法形式来表示使因事件和使果事件,如例(35)(36)和(37)的双动表达方式。然而,在特定条件下,某些成分在表层句法配置中可以隐含不显。如"把"字句的 V 在表层句法配置中可以隐含不显,形成"A 把 B+ØR"(Ø 代表有语义内容但无语音形式的谓词性轻成分)的结构形式;同样,R 也可以在表层句法配置中隐含不显,形成"A 把 B+VØ"的结构形式。这就是上面所说的单动"把"字句的两种类型。虽然 Ø 在表层结构中没有显现,但基于致使语义关系的整体结构考量(即任何致使关系都包括使因和使果),我们认为它们在基本结构关系中仍然存在,而且"ØR"和"VØ"的整合过程仍然遵从句式论元结构整合的基本原则及其配位规则系统。也就是说,虽然典型程度不同的"把"字句在句法表现和语义侧显方面有一定的差异性,但在基本结构关系上却具有相当的一致性。这种思路正是我们所试图建构的"互动-派生分析模型"的依据和体现(施春宏2008b),即通过对句式结构和句式意义互动关系的分析来建构句式的基本结构,然后在此基础上探讨相关句式派生的可能性及其句法机制,进而探讨各个具体句式的语义侧显情况和生成约束条件。

基于这样的分析模型,我们将句式群形义关系分析理念概括为以

下几项分析准则:

(I)**论元整合准则**:句式的论元结构由底层谓词论元结构整合、投射而成。

(II)**句义侧显准则**:同一句式群中不同句式之间具有相同的底层语义结构关系,但每个句式语义在整体上的凸显侧面不同。

(III)**谓词显隐准则**:参与整合的谓词在表层配位中若未显现,则假定该谓词以隐性形式存在并参与论元结构的整合,并遵从论元结构的整合原则及其配位规则。

(IV)**界面互动准则**:表层配位方式受句法、语义、韵律、语用等多重界面互动关系的制约。

基于这样的分析理念及其具体准则,我们在分析各种类型的"把"字句时,结合该句式的语法形式和语法意义,便可以相应地采取如下分析策略:

(I)句法结构中,V 和 R 直接紧邻呈现,两者论元结构发生整合;致事 A 位于句首,"把"字引入的是致使关系中的役事 B。

(II)语义结构中,受致使方式影响的变化结果(状态变化或位置变化)得到凸显,因此处于句末焦点位置。

(III)句法结构中的 V 和 R 可以同时出现,也可以在特定条件下一显一隐;即便是隐,也是形隐神不隐,基本语义结构和句法整合规则保持不变。

(IV)表层配位方式的差异受多重界面相互作用的制约。

以上这种分析理念在这里虽只是以"把"字句所在的致使性句式群为例来说明,但可以扩展到一般句式群(如只涉及一个谓词的句式群)的分析中。

相对于典型"把"字句,非典型"把"字句的生成过程显然比较特殊,尤其是边缘"把"字句。但基于这里提出的句式群形义关系分析理念及相应的"把"字句分析策略,便可以对"把"字句形义关系做出句法化、结构化、一致化的处理。例如上文(38)那样的补语凸显式"把"字句(此只列出其中一例):

(48)他们竟然把个犯人跑了

基于这样的分析理念,可以认为其中的述语动词没有出现(郭锐2003;施春宏2006a等),表层显现的"跑(走失义,非跑动义)"是句子中的补语动词。既然如此,根据"把"字句的基本结构关系,我们就可以按照谓词显隐准则假定这种非典型"把"字句的底层结构中存在一个述语动词,其语义结构及其潜在句法表现可以分析成:

(49)他们竟然把个犯人 Ø 跑了

这里将"Ø 跑"看作动结式的一种特殊表现形式,Ø 参与其中的论元结构整合;"(那、一)个犯人"是整个句式的役事;致使的结果"跑了"得到凸显。这种类型"把"字句的派生机制实际属于直接派生形式,"把个犯人 Ø 跑了"部分的整合和派生过程是:

(50)(他们)Ø(一个犯人)+一个犯人跑了
　　→(他们)Ø 跑了一个犯人
　　→(他们)把个犯人 Ø 跑了

这种结构中隐含了使因事件谓词(郭锐2003)。如果将"跑了一个犯人"理解成"Ø 跑了一个犯人",Ø 代表被隐含的使因事件谓词,那么"Ø 跑"实际是一种整合形式,跟"赶跑、放跑、气跑"这样的结构对应,其整合过程也相同。

显然,这样的分析策略是合乎"把"字句的论元整合准则和句义侧显准则的。我们之所以假设存在一个 Ø,既是基于高层语义关系(致使关系)对底层语义关系(谓词语义关系)的制约,也是基于底层两个谓词之间语义关系的相互制约及其各自对高层语义关系的贡献。同时,这样的句式具有特定的语用特征,如由于某种不太显明或不便特别说明的原因而使犯人逃脱了。① 这些因素的相互作用,体现了界面互动准则。

需要指出的是:"这里的 Ø 既可以在特定场合实现为'赶、放、气'这样的显在形式,也可以是无法说出、不便说出、无需说出等代表使因事件的零形式。"(施春宏 2006a:62)这种轻成分也可以显化为有语音形式的"弄、搞"之类的形式动词。如果将"赶跑、放跑、气跑"中的"赶、放、气"以及"弄、搞"等看作该动结式中的显性方式(overt manner)的话,那么"Ø"就是该动结式的隐性方式(covert manner)。②

作为基于原型拓展的句式系统,其他非典型的"把"字句大体都可以这样来处理,当然需要引入特定的约束条件和技术手段。在展开下面的论述之前,为了避免基于上述分析理念而对句式生成产生过度泛化的读解,这里借例(49)对特殊"把"字句生成过程中的约束条件做些

---

① 这里主要关注句式结构的生成和语义关系的表达,而不对句式所表达的语用特征做出具体分析。如例(48)往往带有意外情况导致结果发生的意味。这里的"他们"虽为实体性致事,实际带有事件性(施春宏 2007),即"他们"转指的是他们所涉及的事件,如他们因疏忽而行了某事,他们有意做了某事等。有时说不出致事的所指,则可隐含不显,如"偏又把凤丫头病了、没过半天就把菜馊了"。

② 这种结构由于都表示遭损义,而且都带有出乎意料、不当如此的意味,因此在语篇中常用一些语气副词来加强语气。例如:"偏又把凤丫头病了,再有一人来说说笑笑,还抵得十个人的空儿。"(《红楼梦》第 70 回)

说明。① 像"病、死、没(死义)、跑、飞、走、溜、丢、折、塌、沉、醉、馊"和"红、黑、花(眼)"等这样的动词构成的"把"字句,郭锐(2003)从隐含使因事件谓词的角度作了深入的分析。但需要指出的是,这些动词是作格动词(ergative verb,也叫非宾格动词 unaccusative verb),它们支配的论元是客体,而不是通常认为的施事。通常所讲的可带所谓的施事宾语的不及物动词一般包括下面三种类型:

(51)a. 门口坐了一个人　　　b. 前面来了一个人
　　c. 厂里病了一百号人

其实,这三类动词所支配的论元的属性并不完全相同。"坐"类动词所支配的论元存在于动作所表示的某种状态中,自身性质并不发生改变;"来"类动词所支配的论元在位置上发生变化,但自身的性质也不发生改变。它们基本上都用于存现句中,不能出现于"把"字句中。而"病"类动词的主体发生了状态的改变,从没有生病到生病了。又如"跑了一个犯人",犯人从存在于监狱中到跑掉了;"飞了一只鸟",鸟从存在于笼中到消失了。它们可以用于"把"字句中,而且用于"把"字句时大多有遭损义。如下面这一句:

(52)阿伟真是好福气,飞了丑鸭子,来了白天鹅。

如果将后面的两个分句变成"把"字句,一个可以接受,一个则不能:

(53)阿伟真是好福气,把个丑鸭子飞了,却[*把个白天鹅来了]。

---

① 参见施春宏(2006a)对"把个犯人跑了"类"把"字句构造机制的说明。

这样，我们就有必要根据动词的论元结构的性质将这几类动词所支配的论元的论旨角色分成不同的类型，而不是看作施事。其实，这几个论旨角色都不是施事，无任何施动性可言，倒是跟客体较为接近。然而，"坐"类动词的论元并不发生位移或改变状态，而"来"类动词的论元只有位置变化，它们跟比较典型的客体论元不同，都不受自身动作或外在行为的影响。当然，它们之间也有区别。"病"类动词则不同，强调状态变化，具有客体论元的语义特征，可以称作客事。也就是说，它们支配的论元的性质应该是客事，而不是施事。

由于"病"类动词表示状态的改变，这正是结果的表现形式，而且作为作格动词，它们有相应的役格（causative）用法，因此它合乎"把"字句的语义要求，可以进入"把"字句中。像"跑""飞"这样的动词，实际有两种用法，一个是施事发出的动作，如"犯人绕着操场跑"，一个是客体的消失，如"跑了一个犯人"。前者不能用于"把"字句，后者可以用于"把"字句。这样，"犯人跑了"实际是个歧义的表达，一般倾向于表示消失义。在表示消失义时，犯人未必实施具体的奔跑这种动作，而只是表示消失，即存在状态的变化。

另外，"来"类动词表示位置的改变，这也可以看作结果的一种表现形式。但它单独使用时没有役格用法，所以不能直接用于"把"字句。但它也可以作为补语动词进入"把"字句中，形成诸如"把他喊来了（←喊来了他）"这样的表达。[①] 而表示静态关系的"坐"类动词是不能表现为使因事件的结果的。

对各种非典型"把"字句的分析也都需要像这样对其整体特征和组

[①] 结果的表达主要有三种情况：状态的变化（如"把衣服洗干净了"中衣服干净了）、位置的变化（如"把他喊出来了"中他出来了）、数量的变化（如"把书看了一遍"中数量从无到有，转指由对内容不了解到有了了解）。这些结果的共同点是，结果的出现本身就意味着状态的改变。

构成分的特征及其相互约束关系做出具体分析。由于本章主要是对"把"字句构造过程的可能性分析,因此下文对各类特殊"把"字句生成的约束条件一般不做具体说明。

7.6 边缘"把"字句的语义理解和句法构造

接下来我们就基于上述分析理念来分别讨论(42)—(44)所代表的各类边缘"把"字句的语义理解和构造机制,并借此进一步检验和拓展互动-派生分析法的描写力和解释力。

7.6.1 由多系动词构成的"把"字句

我们先看(42)所代表的一类边缘"把"字句。由于(42)类型多样,不同句例之间的语义关系有所不同,因此这里分别说明。

(54)a. 妈妈把肉炒了青椒　　　b. 妈妈把青椒炒了肉

上例中的动词是多系动词,因此这类句式可以称作由多系动词构成的"把"字句。首先要解释一下"多系动词"这个概念。及物动词所带宾语的性质并不完全相同。据李临定(1990)的理解,所谓动词的"系",是指动词所能联系的宾语语义类型的数量情况。也就是指动词可以带不同论旨角色的宾语。如"造"(造船)只能带结果宾语,是单系动词;"编"(编柳条,编筐)可以带材料、结果两种宾语,是双系动词;"梳"(梳头发,梳梳子,梳辫子)可以带受事、工具、结果三种宾语,是三系动词;"捆"(捆书,捆井字,捆尼龙绳,捆了两个捆儿)可以带受事、方式、工具、结果四种宾语,是四系动词。以此类推,还有五系动词,据李临定

(1990)的描写，最多甚至达到六系。① 当多系动词所能支配的多个可作宾语的论旨角色同现时，受句式系统配位方式的限制，不同的论旨角色句法地位并不相同，这就需要根据其性质的差异而选择不同的句法位置去配置。不同论旨角色在句法关系上的等级大体存在上文所论及的"扩展的论旨阶层"：致事/施事＞……＞役事/客事/受事＞结果。这个关于动词的论旨阶层在表达复合事件的句式中也能发挥作用，即一个句式如果可以带多个论旨角色，当这些论旨角色共现时，就需要遵从内在的论旨阶层的约束。这实际上是构式和组构成分互动的体现。"把"字句中各论旨角色的优先序列基本上反映了这样的论旨阶层。"把"字句通过"把"将役事（相对于致事）引入述语动词之前，结果论元在论旨阶层中位置最低，所以不能提到述语动词之前。

下面我们据此来说明由多系动词构成的"把"字句的生成过程。对例（54）而言，"把青椒炒了肉"中的"青椒"是役事（源自材料性受事），句子的意思是炒了一盘肉——带有青椒的肉，这里的"（带有青椒的）肉"是致使动作"炒"的成品结果（下文称作"成事"），这种成事所代表的语义内容实际是青椒进入了肉中；② "把肉炒了青椒"中的"肉"是役事，句子的意思是炒了一盘青椒——带有肉的青椒，这里的"（带有肉的）青椒"是致使动作"炒"的成事，这种成事实际所代表的语义内容是肉进入了青椒中。单独看"炒青椒"和"炒肉"中 NP 的论旨角色，一般会当作动词的受事，但也可以看作成事，如"炒了一盘青椒"和"炒了一盘肉"。由于例（54）中含有一个结果论元——成事，同时可以用"把"提置一个

---

① 需要说明的是，有人可能指出，某些动词的"系"数实际上不好确定，未必有个定数。就本项研究而言，某个具体动词的"系"数是否具有确定性，并不影响我们的分析，因为这里的关键在于，某个动词所带的若干论旨角色共现时，遵循怎样的配位规则。

② 在"把青椒炒了肉"中，说"青椒"是役事，"肉"是成事，只是一种粗略的说法，实际上，这里的"青椒"是所炒原料（含有青椒和肉）的凸显成分，"肉"是所炒成品（含有肉和青椒）的凸显成分。这种理解的成功是转喻（部分代整体）机制作用的结果。否则，理解成役事"青椒"变成了成事"肉"，便不合适了。下面的"把肉炒了青椒"也照此理解。

役事论元,这样便构造出相应的"把"字句。① 因此,虽然表面上看这两个 NP 可以自由互换,实际上两者的语义角色在互换前后并不相同。这就能很好地说明下面的句子为何不能互换了:

   (55)a. 他把面揉了馒头 b. *他把馒头揉了面
   (56)a. 她把毛线织了毛衣 b. *她把毛衣织了毛线

  这两组例(a)中"把"的宾语都是役事,留在内宾语位置上的都是成事(属于结果论元),不同于(54)的是,这种成事是由役事变化而来的。类似的例子很多,又如"他把土豆炖了汤/*他把汤炖了土豆、爷爷把柳条编了筐/*爷爷把筐编了柳条"等。也就是说,虽然同为结果,但在复合事件中来源路径并不完全相同。例(b)不成立,因为结果论元的位置最低。② 可见,句式结构中不同论旨角色共现时,是遵循特定的配位规则的。而且多系动词的论旨角色哪些能进入"把"字句,也受到"把"字句句法语义关系的限制,即进入致使结构中后,必须有个角色跟役事的基本特征相合以便提升为役事,另一个角色是成事(或是成事的一部分,或能转换成成事)。这种构式和组构成分互动关系具有在线性(on-line)特征。从"把"字句来看多系动词论旨角色进入的可能性,这是"招聘"机制在起作用;从多系动词的论旨角色在进入"把"字句时所做

---

  ① 关于例(54)的生成方式,北京语言大学有研究生在与笔者讨论时提出了不同的策略。以(a)为例,句中的"青椒"和"肉"都是材料,只不过句法结果是"肉"这种材料被添加进了"青椒"这种材料,形成了一道混有两者的菜。然而,这种理解似乎与论旨准则不协调,论旨准则规定,每个论元只指派有一个论旨角色,每个论旨角色只指派给一个论元。另外,这种理解都参考了百科知识这个视角,这提醒我们,句法分析中,如何将百科知识的理解句法化、结构化是一个特别需要深思的问题。而笔者目前的分析,更多地借助论旨阶层和论元结构整合原则及其配位规则对句法结构的制约作用。
  ② 这两句的"把"都可以用"用"来替换,所以有人认为"面"和"毛线"以及"土豆"和"柳条"等的论旨角色还是材料或工具。我们认为虽然可替换,但替换前后的语义内涵有差别,实际上语义角色也发生了变化。

的选择和调整来看,这是"求职"机制在起作用。语言交际就是在"招聘"机制和"求职"机制的协调下构式和组构成分双向互动合力作用的结果(施春宏 2014a)。

根据上一节提到的分析理念,我们可以假设这些结构中都有一个隐性的结果补语(即轻成分 Ø)存在其中,其语义内容相当于"入"或"成"之类。① 例如:

(57)a. 妈妈把肉炒 Ø 了青椒　　b. 妈妈把青椒炒 Ø 了肉
　　 c. 他把面揉 Ø 了馒头　　　d. 她把毛线织 Ø 了毛衣

李临定(1990)在说明多系动词系联的宾语时指出,如果宾语是结果(成事),有时便插入"成"来提示或区分,如"染[成]了红布"。这正说明了"Ø"的语义内容和句法地位。

像下面这样的"把"字句,实际上跟上面这类"把"字句没有本质上的差异:

(58)a. 我把壁炉生 Ø 了火
　　 b. 我把那个问题写 Ø 了一个报告

只不过其中 Ø 的语义内容有些差别,如(18a)中"壁炉"和"火"之间是"有"(HAVE)的关系,(18b)中"那个问题"和"一个报告"之间是"成"(BECOME)的关系。

像下面由三系动词"扎"、四系动词"挖"构成的"把"字句,也是如

---

① 需要指出的是,这里的"入、成"以及下文的"在、有、出、出现、没有、失去"之类,只是说明与轻成分相关的抽象的语义内容,并非指用它们来做显性的补语动词。这是必须明确且要特别注意的地方。

此：

(59) a. 用绸带子把头发扎了个蝴蝶结（李临定 1990:171）
   b. 为了(获取)花生在地上把土挖了个坑（李临定 1990:190）

还有处于最底层的论旨角色似乎不是结果论元的情况，有些特殊。典型的例子如：

(60) a. 他把水浇了花   b. 他把花浇了水

一般认为，这里的"花"都是受事，"水"都是材料。其实不然，需要区别对待，两句中的内宾语都属于使果事件中的成分，是变化后状态的一部分；而外宾语都是"把"字句的役事。这是构式对组构成分作用的结果。它们的构造形式与(57)在本质上一致：

(61) a. 他把水浇Ø了花   b. 他把花浇Ø了水

关键在于轻成分Ø的语义内容。我们可以假设，(61a)中Ø的语义内容相当于"在、存在于"之类，(61b)中Ø的语义内容相当于"有"之类。这样，(61)的语义结构是：

(62) a. 他浇水＋水Ø_在了花→他把水浇Ø了花
   b. 他浇花＋花Ø_有了水→他把花浇Ø了水

这样的整合过程仍然合乎动结式论元结构整合的基本原则及其配位规则。外宾语都是致使事件的受使对象，因此用"把"标示其在整个致使事件中的语义角色并使致使的结果得到凸显。类似这样的表达很多,如"把杠子顶了门/把门顶了杠子、把纸糊了窗户/把窗户糊了纸、把膏药敷了腰/把腰敷了膏药"之类,不胜枚举。

现在的问题是,这种轻成分 Ø 的语义是不是特设的?照此处理,其语义内容是否有很大的随意性?其实不然,使果事件中 Ø 的语义内容根本上受制于致使关系的约束,作为使果事件的承担者,其语义内容无非是在使因事件的作用下所产生的效应,即受使对象发生了状态的变化,而事物的状态变化只有三种结果:出现、存在、消失。因此,Ø 的语义内容极其有限,基本上都是围绕"(BECOME) HAVE/NOT-HAVE"这样的语义特征来具体化的(如"有、存在、给"、"产生、出现、成为"和"没有、消失、去掉"之类)。这从上文例(41)和例(46)在句法和语义上具有平行性的对比中也能见出,将(42)看作隐含了一个表示结果的轻成分 Ø 是合理的。这些都是由"致使"的基本语义关系"CAUSE...BECOME..."所选择和决定的。当然,由于补语动词语义非常虚化,直接的分解式理解有时觉得不够自然,更不用说直接用补语动词 Ø 的释义内容来与述语动词组合了。

7.6.2 带领属性保留宾语式"把"字句

我们再来看带领属性保留宾语式"把"字句。下面是最常见到的学界分析用例:

(63) 他把橘子剥了皮

类似的例子很多,如"把桌子锯了腿、把书撕了封面、把电话掐了线、把他革了职、把他开除了学籍"等。这里的动词"锯、撕、掐、革、开除"等都是去除义动词。当然取得义动词也可以建构这种"把"字句,如"他把大门装了锁",但这种领属关系是事件发生后形成的,此处不论。

基于上面所设想的引入轻成分来呈现潜在语义关系这一基本思路,我们发现带领属性保留宾语式"把"字句的生成过程也是直接而明确的。

上例中外宾语"橘子"和内宾语"皮"之间存在整体-部分式领属关系,[①]其基本语义内容是动作通过对部分产生影响而使整体发生变化。其中,内宾语是使果事件中的变化者,而外宾语才是整个致使事件的役事。由于补语动词在句式中没有直接显示出来,因此同样可以引入一个抽象的轻成分∅来表达,其语义特征是"NOT-HAVE",表示"掉、去、失去、没/没有"之类的语义内容。上例中的语义内容可表示为:

(64) 他剥橘子＋橘子∅_掉了皮→他把橘子剥∅了皮

使因事件的客体论元"橘子"跟使果事件的主体论元"橘子"同指,整合为致使事件的役事;如果后面没有保留宾语,则直接生成"他剥∅了橘子"以及派生出"他把橘子剥∅了"。然而由于使果事件中还带有一个内论元"皮",优先占据了动结式"剥∅"之后的句法位置,这样,动结式的役事"橘子"就必须到动结式之前寻找句法位置。如同前文所述,用"把"来引入这个役事,既有效安置了这个论元,又保持了致事对役事"橘子"的强影响关系并使影响的结果得到凸显。这便是这类句式的基本生成机制。"大风把屋顶掀了一个角"的生成过程与此相同:

(65) 大风掀屋顶＋屋顶∅_掉了一个角
  →大风把屋顶掀∅了一个角

---

① 叶向阳(1997、2004)指出,例(63)中受事宾语"皮"等与"把"字宾语"橘子"等有领属关系。其实,理解成"整体-部分"关系更合适。领属虽包括领有和隶属,但领属关系一般被理解成"我叔叔、我的桌子"之间存在的领有关系。

如果将这类句式中的"Ø"的语义具体化而显示出来,则可以构造出"他把橘子剥掉了皮、大风把屋顶掀掉了一个角"等双动"把"字句。从这里也可以看出,例(63)(65)表面上特殊,实质上并没有多少特殊之处。这再次说明了句式构造和句式意义的互动关系对构式的形成及其配位方式所起的作用。

有人认为"他把橘子剥了皮"应该来自"他剥了橘子的皮",是"分裂移位"的结果。其实,这只是根据百科知识而做的语义关联。两者之间并没有派生关系。"他剥了橘子的皮"中"橘子的皮"是作为一个整体被视为受事(役事)的,跟"他卖了张三的书"在结构关系和生成机制上完全一致。"他剥了橘子的皮"所派生出的"把"字句只能是"他把橘子的皮剥了",而不是带领属性保留宾语式"把"字句。

下面这样的"把"字句的语义关系及生成机制也同样如此:

(66)他把那批书卖了几本

其中的数量"几本"跟"那批书"也构成了部分和整体的关系,因此它们的语义关系是:

(67)他卖那批书+那批书 Ø_掉 了几本

由此可见,这些句式的语义关系和生成机制都没有特殊之处,都是由于使果事件的客事优先占据了内宾语位置而强制派生出相应的"把"字句。这类"把"字句我们可以称作强制性"把"字句(compulsory BA construction),以区别于"晴雯把扇子撕破了(←晴雯撕破了扇子)"这样的选择性"把"字句(optional BA construction)。强制性"把"字句仍是一种主动句,保持了致事的话题/主语地位,只不过由于某种特殊条件的限制而将整个致

使事件的"役事"用"把"引入述语动词之前。其实,将役事前置并不必然生成"把"字句。例如:

(68) a. 橘子被(他)剥了皮／橘子(他)剥了皮
b. 屋顶被(大风)掀了一个角／屋顶(大风)掀了一个角
c. 那批书被(他)卖了几本／那批书(他)卖了几本

这些句子也都凸显了致使的结果,但语义侧显内容与"把"字句有别。这再次说明,仅仅将"把"字句的语义理解成"处置"或"致使",是不充分的。"把"字句的语法意义及其生成路径必须放到整个致使性句式群的形义关系系统中才能得到充分的认识(施春宏 2010b)。这正体现了结构主义在分析语言成分的价值时所遵循的基本原则:系统性原则和区别性原则。系统决定关系,关系决定价值,语言成分的价值是特定系统关系中的区别性意义。

与上两类"把"字句中的动词能够支配其前后两个 NP 不同的是,有的带保留宾语式"把"字句中的动词只能支配内宾语,不能支配外宾语。由于这类句子不同用例的内部语义关系尚有差异,下面分别说明。

7.6.3 关于"他把池塘下了毒"类"把"字句

下面这种类型的"把"字句学界关注不多,但很有特色:

(69) a. 他把池塘下了毒   b. 他把山上种了松树

这些句子中,内宾语是动作的对象,外宾语是内宾语最终存在的处所。它们的语义结构关系一般理解为:通过实施某个动作而使某个地方出现了某个事物(这是动作作用下所呈现的结果),如把毒放到了池塘(里)致使池塘里有了毒;在山上种松树致使山上有了松树。类似的如"把大路埋了地雷、把屋顶安了日光灯、把书架放了花瓶、把墙上刷了漆、把广场上洒了水"等。

由于外宾语不是述语动词直接支配的对象(如我们不能按一般意义说"下池塘(里)、种山上"),因此这类句子不同于由多系动词构成的"把"字句。对于此类句子,叶向阳(1997、2004)、郭锐(2003)没有探讨它的构造过程,而是采取了直接生成的思路;施春宏(2006a)也没利用其分析模型对其构造过程加以分析。

其实,我们仍能根据它们所表达的致使关系来刻画它们的构造机制,从而使其派生过程跟前面提到的强制性"把"字句的派生过程具有逻辑上的一致性,即其生成机制本质相同。

基于上文提出的分析理念,我们仍然假设其中隐含了一个表示使果事件的抽象谓词 Ø,其语义特征是"HAVE",表示"有、出现"之类的语义内容。上例语义结构关系是:①

(70)a. 他下毒+池塘 Ø_有 了毒　　b. 他种松树+山上 Ø_有 了松树

如果这种理解是合理的话,我们就可以扩展上文的理解来说明它们的派生过程了。以(70a)为例。述语动词"下"和补语动词 Ø 两者的客体论元"毒"同指,整合后提升为动结式"下 Ø"的结果论元;Ø 的另一个论元"池塘"(转指池塘里的水)是使果事件的主事,在整个致使事件中承担着役事的角

---

① 当然,这还需要接受更为复杂的语义、语用约束,如"池塘、山上"都是使因事件(而不是单个述语动词)的直接作用对象,在致使事件中发生了变化,如池塘(里的水)变成了有毒的水,山上(没松树的地方)变成了有松树的地方,这里面有较为曲折的转喻关系存在(如"池塘"转指池塘里的水)。只有弄清了其中的语义、语用约束条件,才能避免出现"他抽烟+房间[有]了烟"生成"*他把房间抽了烟"、"他扫垃圾+房间[没有]了垃圾"生成"*他把房间扫了垃圾"这样过度能产性的情况。这个问题还需要进一步思考,这里还只是一个粗浅的设想。对边缘现象生成的约束条件分析,一直是个非常有挑战性但又特别引人入胜的工作。

色,按理可以提升到动结式"下∅"之后。然而,基于上文提到的论旨阶层,结果论元在论旨阶层中位置最低,已经优先占据了动结式之后的句法位置。这样,役事"池塘"便不能在"下∅"之后找到句法位置进而形成"他下了毒池塘"或"他下了池塘毒",而只能在动结式之前寻找句法位置。由于它是整个致使事件的役事,受到致使性影响,因此便可以用"把"为标记来标示它的语义角色,这样就构成了"他把池塘下了毒"。"他把山上种了松树"的构造机制和过程也与此相同。

当然,如前所述,在这种语义关系中,役事提前的手段并不限于"把"字句,像"被"字句、话题句等同样具有安排底层论元的作用。例如:

(71)a. 池塘被他下了毒　　b. 山上被他种了松树
(72)a. 池塘,他下了毒　　　b. 山上,他种了松树

这也是致使性句式群相关句法效应的体现。当然,需要再次强调的是,不同的句式(构式),其语义结构中凸显的侧面是不一样的。这正是构式理论所特别强调和着力考察的地方。

7.6.4　关于"他把钱抽了烟"类"把"字句

最后再来看一类似乎更为特殊的"把"字句:

(73)a. 他把钱抽了烟　　　b. 他把肥料种了葱

这些句子中,内宾语是动作的对象,外宾语则是动作的材料。我们仍可以借助上面的思路来建构此类句式的构造机制:如果引入一个轻成分∅来表达结果谓词,其语义内容为"变成"(指转化而成),那么它的语义内容为:

(74) a. 他抽烟＋钱 Ø 了烟　　b. 他种葱＋肥料 Ø 了葱

基于此,其生成过程在本质上就跟上面的"他把池塘下了毒"一样了,只是其中 Ø 的语义内容是"变成"。① 这类句子中的役事同样可以被动化、话题化。例如:

(75) a. 钱被他抽了烟　　b. 肥料被他种了葱
(76) a. 钱,他抽了烟　　b. 肥料,他种了葱

与"他把池塘下了毒"类句子相比,这类句子比其他类型的"把"字句更接近于连动句,其中的"把"语法化程度较低,其语义近于"用、拿"等;"把＋NP"仍可以有一定的动作性,如可以说"他把钱用来抽了烟、他把肥料用来种了葱"("他把池塘用来下了毒"则不能说)。但受一般"把"字句的类化影响,这类句子又比一般连动句向"把"字句方向进了一步,如这里的"把钱、把肥料"都没有了独立使用的可能;这个句式都带有隐性的结果特征,外宾语都发生了状态变化。如果是这样的话,那么这些句子实际上是处于连动句和一般"把"字句之间但偏向于"把"字句的一种特殊句式。由于采用"把"字句来表达,因此同样表达的是凸显结果的信息,只不过这种结果并非在这个句子中通过形式显示出来,而是在交际的语境中得到凸显,即所谓的隐性结果(covert result),不同于一般意义上的显性结果(overt result)。例如:

(77) 人家曾作过县知事,手里有过十来万。可是知事全<u>把钱抽了烟</u>,姨太太也跟人跑了。(老舍《也是三角》)

---

① 附带说明一下,"他把人参喂了狗"表面似乎与此相同,实际有所差别。这个句子可以看作双宾句"他喂了狗一根人参",不过,"人参"在动词前后会发生指称的变化。

如果就致使结构的表达方式而言,它在"把"字句系统中更加边缘。与之可资参照的是:

(78)他把毛巾擦了地

这句话实际可以有两种读解:若着眼于毛巾在擦地事件作用下发生了变化,则近于"把"字句;若着眼于擦地事件本身,则近于连动句,"毛巾"为一般性工具(类似于"他用毛巾擦了汗")。但由于用了"把"字句的形式,引起这个句子的读解偏向于"把"字句。

上述几种边缘"把"字句的分析,给了我们这样的启示:某些所谓的特殊现象,也许只是在"眼见"的形式上呈现出某种特殊之处;如果我们深入分析其内在结构,就会通过"心见"发现它跟那些非特殊的现象在本质上是一致的。这正是现代句法理论对句法分析的结构化、一致化的理论追求。构式语法坚持构式的统一观,这既是指将所有的语言现象都统一为构式,也指所有的构式分析都基于统一的分析原则。正如 Goldberg(1995/2007:6)所指出的那样:"构式语法学家力图描述语言中所有类型的结构,而不仅仅局限于'核心语法'中所定义的结构。我们认为通过研究非核心结构可以使我们对语言有更深入的了解,因为用来解释非核心结构的理论机制也可用来解释核心结构。"对特殊现象的关注,更能检验和彰显分析模型的描写力和解释力,实际也展示了分析模型的预测力。

7.7 从互动-派生分析看"把"字句与动词拷贝句的分布问题

上文我们对各类"把"字句尤其是边缘"把"字句的派生机制和过程

做了详细分析,在此基础上,我们还可以对"把"字句在相关句式群中的分布情况做出新的说明,从而发现既往分析出现偏失的主要表现及其原因。

黄月圆(1996)通过对汉语动词短语的"一个动词,一个补述语"的语序考察,发现了一个有意思的现象:"把/被"结构和动词重复结构(即动词拷贝句)在动词短语中呈互补分布。也就是说,能用"把/被"结构的句子不能有动词重复;可以重复动词的句子则不能用"把/被"结构。文中所举的四类例子是:①

(79) a. 他烧午饭烧了两个钟头
　　 b. *他把午饭烧了两个钟头
　　 c. *午饭被他烧了两个钟头
(80) a. 他读这本小说读得很快
　　 b. *他把这本小说读得很快
　　 c. *这本小说被他读得很快
(81) a. 他唱歌唱得很累
　　 b. *他把歌唱得很累
　　 c. *歌被他唱得很累
(82) a. *这条狗咬小明咬得大哭
　　 b. 这条狗把小明咬得大哭
　　 c. 小明被这条狗咬得大哭

然而,我们在上文描述"把"字句的构造过程中,曾经设立过拷贝式

---

① 黄月圆(1996)共举了五类,其中"他把桔子剥了皮"性质有所不同,上面已有分析,故略去。这里所引四类例子对能否变换成"合并结构"(如"他烧了两个钟头的午饭")的说明也一并略去。

"把"字句这样的名称,由此看来,黄文的观察并不充分。[①] 另外,黄文只是描写了这种分布状况,并没有解释其中的原因。

从用例分析来看,黄文考察的是组合式述补结构,而我们考察的还包括黏合式述补结构。两者在配位方式上有相近之处。那么,我们的考察为什么与黄文有差异呢?我们先来看上面四组例句,把它们分为三类:例(79)(80)都属于指动式(即补语以述语动词为论元),补语"两个钟头""很快"指向述语动词;例(81)是主体论元同指式,"唱"的主体论元和"累"的主体论元都是"他",而且补语动词是不及物动词(包括形容词);例(82)是主体论元异指,"咬"的主体论元是"这条狗","哭"的主体论元是"小明",且述语动词的客体论元与补语动词的主体论元同指,都是"小明",同时补语动词也是不及物动词。这三种类型的四种形式分别与下面的类型相对应:

(83)a. 他烧午饭烧晚了(指动式)
　　b. *他把午饭烧晚了　　c. *午饭被他烧晚了
(84)a. 你教孩子音乐教快了(指动式)
　　b. *你把孩子音乐教快了　　c. *孩子音乐被你教快了
(85)a. 我读小说读累了(主体同指、客主异指式)
　　b. *我把小说读累了　　c. *小说被我读累了
(86)a. *大黄狗咬小明咬哭了(主体异指、客主同指式)
　　b. 大黄狗把小明咬哭了　　c. 小明被大黄狗咬哭了

其中,例(83)—(85)是依存式,例(86)是自由式,两者似乎在"把/

[①] 由于黄月圆(1996)同时讨论"把/被"字句与动词拷贝句的互补分布问题,本节便同时对"被"字句与动词拷贝句的分布情况做出考察。

被"字句和动词拷贝句的分布上是互补的。这样看来,"把/被"字句和拷贝句的互补分布从根本上说似乎是自由式和依存式的互补分布:自由式只能用"把/被"字句,依存式只能用动词拷贝句。黄月圆(1996)的分析似乎暗含着这样的分类,虽然作者并没有在类上加以区别。其实问题还不止于此。如下面的动结式"砍钝、倒赔"都是依存式,但同样可以用于"把/被"字句:

(87) a. 爷爷把新菜刀砍钝了　　b. 新菜刀被爷爷砍钝了
(88) a. 他把家产都倒赔了　　　b. 家产被他倒赔了

可见,依存式中也有可以进入"把/被"字句的。而依存式本身就是指用于动词拷贝句的动结式,所以,在依存式中,"把/被"字句和拷贝句并不成互补分布。这种情况存在的根本原因在于自由式和依存式的语义和句法整合过程的不同以及不同语义和句法成分凸显的可能性的差异。(参见施春宏 2003、2008a)

这里,根据上节对不同句式之间的派生关系的刻画,我们可以归纳出"把/被"字句和动词拷贝句的分布规律。

(89) "把/被"字句和动词拷贝句的分布规律

> 所有的自由式都不能用于动词拷贝句,而只能选择性使用"把/被"字句;所有的依存式都能选择性使用动词拷贝句,但是否出现"把/被"字句则有两种情况:指动的依存式(即非致使性动词拷贝句)不能用于"把/被"字句;非指动的依存式(即致使性动词拷贝句)一般能够用于"把/被"字句。

也就是说,在由自由式和指动依存式构成的句式中,"把/被"字句和动词拷贝句是互补分布的,而在非指动的依存式中并不呈互补分布。非指动的依存式既可以用于"把/被"字句,又可以用于拷贝句。其实,非指动的依存式还可以"把/被"字句和拷贝句并用,构成拷贝式"把"字句和拷贝式"被"字句。例如:

(90) a. 读小说把我读累了
　　　b. 送山区邮件把他送老了
(91) a_1. 我写小说把钢笔写秃了
　　　a_2. 他倒电脑把家产倒没了
　　　b_1. 这支钢笔被我写小说写秃了
　　　b_2. 那么大的家产都被他倒电脑倒没了

其中,例(90)只能构成拷贝式"把"字句,不能构成拷贝式"被"字句;例(91)既能构成拷贝式"把"字句,又能构成拷贝式"被"字句。[①] 下面是一些实际用例:

(92) a. 你不是说我跟你下棋把手下臭了?(王朔《过把瘾就死》)
　　　b. 杨重指指嗓子,声音嘶哑地说:"说好听的把嗓子说哑了。"(王朔《你不是一个俗人》)
　　　c. "真是,"我慌慌张张打抹布,"过个星期天都把人过糊涂了。"(王朔《痴人》)

[①] 李敏(1998)较早从实际语料出发,对黄月圆(1996)的互补分布说提出质疑。王红旗(2001)也观察到黄月圆(1996)对"把"字句考察不周的情况,但是作者从补语的语义指向入手,将不同句式放到同一层面来处理,显得系统性还不够。如"抠懂、听明白、赔输、打赢、打输"和"倒赔"等无论从哪个角度来分类,都被作者看作例外而没有处理,就体现出从语义指向入手的某种不足之处。

d. 我那时候写了一些电视和电影剧本,常写这些东西把我的文字感觉写坏了。(王朔语,《中华读书报》2002年8月7日"留言版")
e. 在二百多人的车间里,咱干活把他们干服了。(冯骥才《一百个人的十年》)
f. 去年打几石粮食不够人家要,一家四口人过着年就没有吃的,吃树叶把爷爷的脸都吃肿了!(赵树理《李家庄的变迁》)

其实,正如我们在前文所指出的那样,动词拷贝句的出现是句法配置的需要,拷贝动词的作用基本上是帮助安排底层结构提升上来的论元;而"把/被"字句主要是为了表达特定的语用功能。前者是帮助构造句子的手段,后者是实现特定语用功能的手段[①]。因此,凡是一般主动宾句或复杂的主谓句中必有的底层论元无需在表层结构中安排的话,就不能出现动词拷贝结构;而"把/被"字句是出于对主动宾句信息结构的重新安排的需要而产生的。两者是不同层面的结构。

7.8 从非典型语言现象研究看构式分析的理念和方法

当下对"把"字句的研究,学界一面将它看作基于原型范畴的句式系统,一面又试图将各类"把"字句看作是内部具有某种句法、语义一致性的构式。认知功能分析对"把"字句语法意义和语用功能进行多角度概括(典型的和非典型的)、生成语法将"把"视为该句式构造过程中的

---

① 实际上,强制性提宾也是为了安排底层提升上来的论元,但跟动词拷贝句所安排的论元,有根本差异。

核心语类(轻动词),都体现出这样的分析思路。既然将句式性构式看作基于原型范畴的表达系统,那么如何在一致性的追求和差异性的现象之间做到无缝对接,则是一个严峻的考验。上文基于句法、语义、韵律、语用等多重界面互动机制(尤其是句式构造和句式意义/功能的互动关系),根据我们曾尝试提出并运用的互动-派生模型来重新梳理若干类特殊"把"字句(特别是非典型"把"字句中的边缘句式)的句法结构生成机制,试图通过结构化的句法操作对典型"把"字句和非典型"把"字句的形式和意义做出较为一致的解释,同时阐释其内部存在的各种差异表现。

这种以非典型现象、边缘现象形义关系为立足点来探察并充实原型句式形义关系的系统性分析思路,与构式语法的基本理念是相通的。构式语法的理论出发点之一就是对核心现象和边缘现象之间的关系做出新的思考,甚至采取将边缘现象进行理论中心化的研究策略。边缘现象之所以具有这样的认知价值,是因为边缘现象往往处于语言不同层面的接口地带,受到的制约因素最多,多界面因素的互动关系最为复杂。注重边缘现象,必然追求在自己的分析模型中,尽可能做到一个现象都不放过;即便遇到了所谓的"例外"或"反例",也尽可能发掘它们存在的理据(当然,有的时候未能如愿,只能"立此存照"了)。

解决非典型现象、边缘现象的问题,有助于回答基于原型观念的一些基本问题,如规则性(regularity)和特异性(idiosyncrasy)的关系问题,不同现象之间的连续统问题,不同现象之间的统一性问题。这也就触碰到了语言研究乃至所有科学研究的根本问题:如何认识和分析现象之间的"一"和"多"、同一性和差异性、规则性和特异性的问题。这实际上也牵涉到本体论和方法论上的"一"和"多"以及"常"和"变"(蔡维天 1999)之间的关系问题。非典型现象的大量存在,容易引起人们对"多"的关注,而典型现象的存在,则使人们将非典型现象看作某种"偏离",从而力求在多样化中找到某种"一"。"科学研究的程序就是,以最简单的起点状态(即一致性状态)为比较基准,去描写偏离一致性的、相对复杂的'不一致现象'。换言之,不一致现象特别容易引起我们注意,成为我们研究的对象。"(陆丙甫、刘小川 2015)这便是我们尝试建构互动构式语法(施春宏 2014b、2015a、2015b),主张在分析构式的形义关系时采取精致还原主义/精致整体主义方法论原则的前提和基础。本章对"把"字句构造机制和过程的精细分析是我们建构互动-派生模型并借此检验该模型描写力和解释力的一个相对充分的展示。显然,这种分析模型带有较强的还原论色彩,但每一步还原都以"把"字句的整体句法语义特征为基础,因此它既是对整体的还原,也是对还原的整合。这种带有还原色彩的互动-派生模型正是以构式整体和组构成分之间的互动关系、构式形式和构式意义之间的互动关系为基本立足点的,因此也是建构互动构式语法的基本路径之一。

功能语法和构式语法往往反对这样的派生分析。但也并非完全如此。如屈承熹(2005)在其著作《汉语认知功能语法》中通过对相关句式的操作来认识"把"字句的结构和功能。例如:

(93) a. 谁把花瓶打破了？←谁,花瓶打破了？
b. 那瓶酒把我喝得酩酊大醉。←那瓶酒,我喝得酩酊大醉。
c. 我把那个问题写了一个报告。←我,那个问题写了一个报告。
d. 那个可怜的孩子把(个)爸爸死了。←那个可怜的孩子,爸爸死了。

(94) a. 整个星期天都被他花在扑克牌上了。←整个星期天，他都花在扑克牌上了。

b. (好多人)都是被八路军的歌子唱去(参加革命)的。←(好多人)都是八路军的歌子唱去(参加革命)的。

c. 被这张大字报坑害了两条人命。←这张大字报坑害了两条人命。

d. 不料被二奶奶撞见了红玉。←不料二奶奶撞见了红玉。

屈承熹(2005:22)指出:"我们不妨假设,所有的'把字句'和'被字句'都是从箭头右方、与其相对应的'非把字句'及'非被字句'加上'把'或'被'衍生而来的。"①作者进一步解释:"这里有两个理由来支持这样的衍生方式。第一,这样的假设,能得到如上合情合理的结果。第二,箭头左右两方的句子,都以 NP_1 为话题,至少在这一点上是相同的。"这种衍生结果,两个句式自然出现"功能上的不同","乃在于'把'字可以(一)赋予 NP_1 '施动力'或增强其'施动力';(二)使 NP_2 受到动词的作用或增强其作用程度。"(同前,25页)这里的根本就是构造一种"对立"形式,从而在结构上比较,发现意义和功能上差异。

---

① 这种认识与朱德熙(1982)有相通之处。朱德熙(1982:188)指出:"其实跟'把'字句关系最密切的不是'主-动-宾'句式,而是受事主语句。仔细观察一下就会发现,绝大部分'把'字句去掉'把'字以后剩下的部分仍旧站得住,而这剩下的部分正是受事主语句。"这种认识很有代表性,虽然也引发了一些争议。屈承熹(2005)则是将"把"前成作为"话题"来理解探讨该句式的衍生路径。陆俭明(2016)则从语言信息结构的表达与安排角度对"把"字句的功能重新做了深入阐发。如下面的例(i)中的某些句子在可接受度上存在差异,合用与否跟处置对象(画线部分)的长度有关,如果在画线部分前面加上"把",则都可接受了,而这正是信息量大小对句法合用性的影响。
(i) a. 姐姐衣服洗干净了。
b. 姐姐棉布的衣服洗干净了。
c.* 姐姐棉布的、脏得不像话的衣服洗干净了。
d.* 姐姐全是油腻脏得不像话的棉布衣服洗干净了。

由此可见，即便是基于认知功能语法的研究，也并非都否定一定程度的派生分析，只要它强调刻画不同句法形式之间的关联。当然，屈承熹先生的这种解释并没有从致使关系来考虑，也没有说明与"把"字句和"被"字句相对应的非"把"字句和非"被"字句是如何生成的，而且也解决不了"孩子把妈妈哭醒了"（孩子哭＋妈妈醒了）的生成问题，因为它不能衍生自"孩子，妈妈哭醒了"（妈妈哭＋妈妈醒了）。但屈承熹先生的这个认识很关键："这样的假设，能得到如上合情合理的结果"，这就涉及分析模型在描写和解释语言事实时的意义了。所有的分析模型，所得到的都是自己能够得到的解释，而不是所有的解释。而且，这种认识跟结构主义的"项目与过程"（IP）和"项目与配列"（IA）这两种基本分析模型相关，是两者的结合。实际上，所有语法分析模型，大体都是这两种分析模型的使用和变化。互动-派生分析法只是从另一个角度对 IP 模型的应用。

这里再借此对互动-派生分析的本体论和方法论意义做些初步的说明。我们在 7.3.1 节说明提宾式派生的扩展式理解及其方法论意义时指出，归根结底，提宾也罢，派生也罢，都是基于研究方法的一种选择，是在更高层面的方法论原则上的一种分析策略，而并非基于本体论的生成过程。如果说"互动"属于本体论的问题，那么"派生"则属于方法论的问题，是认识"互动"的一种（只是一种！并非唯一！）方法或方法论原则。本体论关心何物存在的问题，而方法论是关注如何认识何物存在的问题，而后者与认识论有根本关联，即哪些东西可以成为知识及如何使其成为知识，而这又跟方法论的选择和使用息息相关。我们曾主张语言研究中要区分"语言事实"和"语言学事实"这两个概念（施春宏 2010d），将语言事实（language fact）理解为任何作为语言描写对象而存在的语言现象，将语言学事实（linguistic fact）理解为在特定的假说或理论背景下所界定、发现或预测的语言成分和关系。语言研究就是发现语言事实,建构语言学事实,派生分析乃是这种发现、建构的一种路径。这里我们愿详细引用一下该文有关本体论、认识论和方法论关于"语言(学)事实"的理解:

> 区分语言事实和语言学事实首先具有本体论的价值。何物存在、如何存在一直是人类认知的中心论题之一。本体论就是"关于存在及其本质和规律的学说"(《中国大百科全书·哲学》35页,中国大百科出版社,1987)。不同的研究范式对存在的认识可能有根本之别,这往往跟特定理论范式中的"信仰"(基本信念)有关。显然,是基于语言事实的研究还是基于语言学事实的研究正是不同研究范式的理论取向不同的反映,它牵涉到关于语言研究的本体的问题,进而探讨本质和现象、共性和个性、一般和特殊的问题。显而易见,结构主义语言学侧重语言事实的研究,而生成语言学侧重语言学事实的研究,功能主义由于内部学派并不一致,但也是在两者之间有所侧重,不过一般侧重语言事实的研究。这使我们想到了分析哲学家蒯因(Willard Van Orman Quine)提出的"本体论承诺"(ontological commitment)问题。[①] 蒯因(Quine,1953)在对科学语言做逻辑分析时指出,任何理论学说都具有某种本体论立场,都以承认或否认这样那样事物存在为其本体论前提。蒯因指出,在讨论本体论问题时要注意区别两种不同的问题:一个是何物实际存在的问题,另一个是我们说何物存在的问题,前者是关于"本体论的事实"问题,后者则是语言使用中的所谓"本体论的承诺"问题。其实,任何科学研究都必然信守某种"本体论承诺",即按某个理论认为何物存在从而进入考察的视野。当然,这不是说

[①] 关于本体论承诺,主要参见蒯因的《论何物存在》,该文收入蒯因(Quine 1953)。这里主要引述的是中译本序中的概述。

任何理论、学说所做的任何承诺都是正确的,也并非其承诺的任何东西都是真实存在的东西。这就需要一番周密的证实和精致的证伪来逐步提高理论的解释力。侧重语言事实的研究和侧重语言学事实的研究,正是不同的本体论承诺的体现。

区分语言事实和语言学事实同样具有认识论的价值。现代西方哲学的主要流派都比较重视认识论的探讨,这种理论追求也在语言研究和语言学研究中有着深刻的反映。认识论关心的是哪些东西是我们需要认识、哪些是我们能认识的,我们又是怎样认识这些东西的。这里面就牵涉认识与客观实在的关系问题,牵涉到知识的获取途径问题。在这方面,大的分野就是经验论和唯理论的分别。这两种认识论的争论一直贯穿在现代语言学的研究过程中,尤其是结构主义语言学和生成语言学、功能主义语言学(主要是认知语言学)和生成语言学的研究路线的争论中,当下这种争论尤为显著。就句法研究而言,关于句法是否具有自主性的争论就是在认识论的层面上展开的。由于认识论常常跟"本体论承诺"有关,因此在不同的理论范式中,这种争论一般是没有什么截然分明的结果的。由于追求句法的自主性而强调理论的证伪地位,对语言学事实的构建显然成为理论的一个重要目标;如果不同意句法的自主性假说而强调经验的证实地位,则必然更重视语言事实的挖掘和分析。由于认识论上的差异,这两种研究路线是否可以调和、是否需要调和,现在还不容易看出端倪。

在语言研究中所体现的本体论和认识论的差异,必然体现在相应的方法论上。侧重语言事实的研究显然倾向于使用归纳法,而侧重语言学事实的研究则倾向于使用演绎法。当然不是说两者在方法上截然相反(如目前语言类型学的研究就有将两者结合起来的倾向),而是说在方法论倾向上有所不同。这种方法论的差异是有深刻的自然科学和社会科学背景的。对这两种方法能否结合、如何结合,经验论者和唯理论者都在思考。F.培根虽然是个经验论者,但也主张将经验能力和理性能力结合在一起,对此他有一组很好的比喻。他认为科学的认识既不像蜘蛛那样是从肚子里吐丝编就的,也不像蚂蚁那样只是搜集简单、零碎的材料,而是像蜜蜂一样,既从花园里辛勤采集材料,又对采集的材料加工并消化。然而,在对某个具体现象的分析时,人们比较容易接受(至少不反对)这两种方法的结合;但如果拓展到研究范式层面上,如果试图将它们充分结合在一起,有时恐怕就不是那么容易的事情了,因为任何研究范式的核心部分都跟理论信仰(或者说基本信念)有根本的联系。技术细节可以调整,某些理论或论断上可以互为借用,但信仰层面是理论的根基,往往不可调和,否则就发生了研究范式的转换和革命。也就是说,将不同的研究路线和方法结合在一起的愿望是善良而美好的,但就范式之所以成为某个范式而言,这种愿望也是不甚现实的,因为它们的根本分歧是在本体论和认识论上,方法论只是一种表象。当然,这并不妨碍我们对有关范式提出自己的批评,因为有效的内在批评会完善特定范式的理论结构,积极的外在批评则可能导致寻找新的范式乃至引起既有范式的革命。这也是当前认知语言学和生成语言学相竟相存的巨大意义。

由此可见,方法论跟本体论并不必然具有平行关系,没有必然的"象似性"关联。在研究构式的形式和意义的互动关系时,在建构分析模型时,对此不能不有所认识。对构式的整体特征、浮现性特征的分析,并不必然排斥现代还原论的分析策略。不同于传统还原论(或曰经典还原论、机械还原论)所持有的"整体等于部分之和"这一观念,现代还原论既重视成分的还原,更重视关系的还原,强调在成分和关系交互还原中揭示整体特征的浮现机制。互动,既指语言系统组成部分之间、组构成分之间的制约和作用,也指语言研究观念和分析方法之间的交互和融合。目前构式语法分析的主流模型特别强调"所见即所得"的方法论原则,我们对此有所保留,互动构式语法在强调和重视"眼见"的同时,也不放弃"心见"(如本章所假定的轻成分 Ø 及派生机制)所给予我们的启示和概括。只有"眼见"和"心见"的互补互存才能更充分地观察、描写和解释语言现象。任何解释、任何理论都是一种隐喻,而且都是特定目光中的隐喻,因而都是不充分的甚至有缺陷的理解(施春宏 2015d)。

7.9 本章小结

本章基于句式构造和句式意义的互动关系,根据互动-派生机制的分析模型来重新梳理"把"字句这个具有鲜明的汉语类型特征的论元结构构式的构造过程,从而比较系统地揭示"把"字句派生过程中的制约条件。我们首先从动词和动词性结构的论元结构向句法结构投射的过程和受到的制约这一角度来探讨不同类型"把"字句的构造机制。根据"把"字句论元结构整合过程和配位方式的差异,首先区分了直接派生(包括选择性提宾形式和强制性提宾形式)和间接派生这两种构造机制,并对每一种派生方式得以实现的基本条件做了具体的刻画。我们利用这种分析模型详细讨论了几种特殊"把"字句的构造机制和过程,以期进一步测试所建分析模型的概括力和解释力。在此基础上,我们还对"把/被"字句和动词拷贝句的分布问题作了新的说明。最后还从构式语法分析理念的角度来对研究非典型语言现象时的方法论原则做了初步思考。

虽然本章在不少地方为了陈述方便也用了提宾这种说法,但本章所采用的句式"互动-派生观"跟传统的"提宾"说的理论背景和方法论以及实际操作的结果并不相同。对"把"字句的多样性句法表现,我们试图建立一个合乎逻辑的、具有内在一致性的分析模型来解释,借此更为有效地揭示"把"字句的语法意义,从而刻画"把"字句的句式构造和句式意义之间的关系。这个分析模型实际上是一种共时状态的理论假设,它跟汉语史上的"把"字句的发展未必合拍。在句式结构的研究中,建立一种描写和解释的演绎模型,有可能只是为了系统而简明地说明共时平面上的句法关系,有可能还显示出历时的演变过程。本章所建立的模型实际上就是一种共时的演绎模型。但这种模型也并非与历时毫无关系。从本章所描写的"把"字句的几种派生过程来看,也大体反映了"把"字句的各个次类的发展序列:能够体现为直接派生中的选择性提宾的出现得比较早,体现为直接派生中的强制性提宾的出现得晚一些,而体现为间接派生的则更晚。至于"把个犯人跑了、把青椒炒了肉、把橘子剥了皮"以及"他把池塘下了毒"情况复杂,但也应在强制性派生出的"把"字句产生之后;而"把钱抽了香烟"则另有路径。实际上,这些类别里面还有一些层次。这种发展层次是跟派生的难度相一致的。更重要的是,每一种派生情况的出现,都与汉语史上相关句式的出现和发展、成熟相关。这就需要结合特定句式的意义作进一步深入说明。其实,只有达到能够提宾的程度,才能认为是"把"字句的成熟时期的到来。这样才能将充分的描写和合理的解释结合起来。

另外,这种建立在理论假设基础上的演绎研究跟运用变换分析法来确立几种句式之间的关联也有很大的差异。变换分析法有利于发现跟"把"字句相关的句式之间变换的条件限制,但并不试图说明不同句式之间的派生层级关系,难以提出各种句式的构造原则,因此也不便于揭示特定句式的一致性条件,很难说明相关句式的历时演变。派生分析在考察相关句式之间的关联时,实际上特别注重借鉴变换分析的成果。对此,我们将在第十章做出更具体的比较说明。其实,即便是传统的提宾说,也有方便说明的地方,如由"学会"类动结式构成的句子"我学会了英语",倘若假设存在着这样的先整合后派生的过程:"我学英语＋我会了英语→我学会了英语→我把英语学会了",说明和解释起来都比较方便,而用变换分析法,是无法解释其构造过程和派生途径的。这也就是提宾说仍然在中学教学和汉语作为第二语言教学中占有一定地位的原因。我们需要说明的是提宾的条件和提宾前后句式意义上的差异以及不同的篇章功能。每种理论都有它的优势和局限,关键在于它描写和解释语言现实的广度和深度,在于它对语言事实的预测力。

最后需要说明的是,也许我们上面对这些特殊"把"字句的分析思路未必完善,但我们的主要目的是将这些特殊的边缘现象提出来,做出初步的分类处理,然后提供一种思考的方式,并借此检验和拓展我们所设定的研究理念和分析策略。如果要相对充分地了解"把"字句的构造过程及其语义特征,必须直面这些特殊类型的"把"字句。如果不局限于自上而下的整体观察(当然,所有的构式分析当以整体为基础),就需要自下而上地将构造过程的细节精致地彰显出来,以展示细节之处见精神的追求。对不便分解的现象而言,采取直接生成的整体性策略固然比较方便,但就生成机制分析的方法论而言,仍有深入到内部对其构成成分及其关系进行精细分析的必要。句义理解和结构生成虽然都是一种解释,但是两者的目标有很大不同,前者更重视整体对组构部分的语义约束(就此而言,整体带有"天成"性),后者更重视部分组构整体的规则体系(就此而言,整体带有"后成"性)。目标不同,分析的路径自然不同,从而具体化为不同的分析策略。我们在考察"把"字句研究的相关文献时,有一个特别深切的感受,大部分文献都以典型"把"字句为立论依据,诸多试图对"把"字句的各种类型尤其是边缘类型做出一致性考察的努力,往往都面临着某些特设性的假定(本章也许也不例外)。这是现有理论的局限还是句式研究的必然? 当然,随着新的解释性理论的出现,肯定会有一些边缘现象被赋予新的解释,并进而也对典型现象做出更为充分的说明。考察特殊句式中的特殊之处往往就是检验和提升理论模型在描写和解释能力方面的重要路径。

第八章 "把"字句及相关句式的语法意义

8.1 引言

本章继续利用互动-派生模型来讨论"把"字句及相关句式的语法意义,并就此对特殊句式形义关系研究的方法论做出初步归纳。

在讨论特殊句式的语法意义时,学界较多地将注意力放在"把"字句上,然而在讨论该句式时往往只就"把"字句而论"把"字句,对跟"把"字句相关的"被"字句、受事主语句、动词拷贝句等句式的语法意义则少有说明。如果从结构主义考察语言成分价值的基本原则——系统性原则和区别性原则——来考虑,这样的分析便有可能带来一些问题。首先,就"把"字句来看"把"字句,很容易将相关句式所共有的语法意义看作是"把"字句所独有,即将共性看作个性(特性)。"把"字句的句式意义必须在相关句式系统中进行抽象后才能得到,因为语言系统中任何语言成分的意义都是一种区别性意义,"把"字句亦然。其次,也很容易割裂特殊句式的语法形式和语法意义之间的关联。因为语法意义是通过语法形式来表达的,这样,语法意义之间的差别便体现为语法形式之间的差别,而语法形式之间的差别在句法系统中也同样是区别性的。区别性意义和区别性形式的结合,才形成了一个一个特殊句式的"形式—意义/功能"配对体,即构式。研究"把"字句的意义,既需要根据构式分析原则对"把"字句的形式和意义同时做出概括,还需要关注与

"把"字句平行的句式系统,在这一系统中确立各个句式的语法意义,并且这些语法意义应对应于不同句式的"句式分布"。如果就"把"字句来研究"把"字句,显然不容易发现相关句式语法形式和语法意义之间的关联,不容易描写语法形式和语法意义之间的互动关系。需要说明的是,这里所讨论的"语法意义",主要是指句式的结构意义,即作为结构整体的意义和组构成分之间的关系意义。

基于这种认识,本章的基本思路是,首先重新分析学界关于"把"字句语法意义的主要认识,并借此梳理出"把"字句语法意义研究过程中折射出来的方法论问题。在此基础上,通过对特定句式系统即句式群中相关句式构造机制和过程的分析来逐步推演出"把"字句所可能具有的语法意义,进而通过探讨该句式群中相关句式语法意义的区别和联系,并在特定语义层级系统中来给各相关句式的语法意义做出定位,以此对句式群的语法意义层级做出跨句式的概括。最后归纳研究特殊句式形式和意义关系时所蕴含的某些方法论问题。

8.2 "把"字句语法意义研究的基本面貌及其方法论思考

关于"把"字句的语法意义,一直有比较大的争议。归纳起来,大体有"处置说"和"致使说"两种看法,主要的争论都是围绕"处置"(disposal)和"致使"(causative)的内涵和外延而展开的。虽然有的分析明确指出将"把"字句的语法意义概括为处置或致使都有失妥当,并进而提出新的概括,但并没有从根本上放弃对处置或致使的重新认识,可见这两种认识都有某种合理性,同时也都有不太令人满意的地方。我们试图探究这种合理性的根源,揭示问题的实质所在,并进而讨论其中的理论蕴涵。

学界对"把"字句语法意义的认识发展过程已经做了相当深入的分析,近年概括得比较全面并借此做出新的探索的如沈家煊(2002)、郭锐(2003)、王红旗(2003)、Li(Dianyu Li,2003)、胡文泽(2005)、施春宏(2006a)、Ding(2007)、刘培玉(2009)、翁姗姗(2012)、席留生(2014)等。① 本章则从方法论的角度对此进行新的梳理。为了表述的方便,下面关于"把"字句结构成分的说明,大多依目前的术语系统来叙述。

8.2.1 词汇义还是句式义

关于"把"字句语法意义研究的方法论问题之一是:所概括出来的"把"字句的语法意义是句式中某个词项的词汇义还是整个句式的构式义(即句式义)?

毫无疑问,"把"字句的语法意义应该是句式义而不是"把"字句中某个构成成分(如述语动词)的词汇义。自构式语法兴起之后,这种认识得到了强化。然而,在对"把"字句语法意义的研究过程中,两者的区分并不是从一开始就十分明了。

自王力(1943)提出"把"字句的"处置"说以后,很长时期里关于"把"字句的语法意义的讨论基本上都是围绕"处置"而展开的。虽然所依据的理论背景、所坚持的研究观念、所采取的分析方法、所考察的语料范围、所得出的结论有了很大变化,但"处置说"的核心地位并没有根本改变。后来从致使角度认识"把"字句语法意义的文献,也是将处置说作为分析的背景。即便是近来将"把"看作"把"字句的核心成分的研

---

① 本节虽为综述性质的分析,但我们并不试图全面概括"把"字句的研究状况,而是围绕"把"字句语法意义的研究来讨论。如生成语法不同发展阶段的很多文献都在探讨到"把"字句的转换生成过程(如 Hashimoto 1971;Audrey Y. Li 1990;Sybesma 1992;Zou 1993;Gao 1997;沈阳 1997;Audrey Y. Li 2001;熊仲儒 2004 等),对此石定栩(1999)有较为全面的综述,但总体而言较少涉及"把"字句的语法意义。由于本章重点是讨论"把"字句的语法意义,因此这些文献中如果没有探讨此一论题的,本章便不涉及。

究(如冯胜利 2002;金立鑫 2002;王红旗 2003;熊仲儒 2004;Ding 2007;席留生 2008、2014 等),也对处置的内涵有所保留。

作为一种特殊句式,王力(1943)是从正反两个方面来认识处置式的。正的方面是通过类型列举的形式来理解处置式的:处置式是把人怎样安排,怎样支使,怎样对付;或把事物怎样处理,或把事情怎样进行。我们从王力先生的说明和用例来看,"处置"基本上可以理解成处理、安置这两个方面。同时,王力先生还从反的方面提出了处置式成立的语义约束条件:它既然专为处置而设,如果行为不带处置性质,就不能用处置式。王力(1944)则将这种不能用于"把"字句的叙述词(即述语动词)的语义类型具体概括为:1)叙述词所表示者系一种精神行为,例如"我爱他";2)叙述词所表示者系一种感受现象,例如"我看见他";3)叙述词所表示的行为并不能使目的语所表示的事物变更其状况,例如"我上楼";4)叙述词所表示的行为系一种意外的遭遇,例如"我拾了一块手帕";5)叙述词系"有、在"一类字,例如"我有钱""他在家"。(《王力文集》第一卷,117 页)①

这便是处置说的经典而又基本的理解。我们不能说王力先生将处置义完全理解成"把"字句中述语动词的词汇义,但这里没有明确区分词汇义和句式义,则是毋庸置疑的,而且主要从述语动词语义特征这个角度来分析"把"字句得以成立的可能性。正如学界多次指出的那样,这里的处置更像是对"把"字句中述语动词的及物性关系(施事性关系)的说明:处置性及物关系的存在是构成"把"字句的基本条件;由于有这些处置性及物动词的存在,才使"把"字句有此语法意义。正因为如此,

---

① 对这五种情况,吕叔湘(1948)认为只有 2)"看见"类和 5)"有、在"类成立,其他都是不合适的。对应于 1)、3)、4),吕先生在相关类型前后补上了相关成分后,句子就成立了,如:"盼来盼去,总算把这一天盼到了""把三百级台阶一口气走完""把日子误了"。由此可见,这种相关的成分应该是"把"字句得以成立的关键,因此需要分析的是这些成分在形式上和意义上对"把"字句的贡献到底是什么。

对处置说而言,最方便说明的自然是由宾格(accusative)动词或宾格性动结式构成的"把"字句。① 例如:

(1)a. 阿Q把房子拆了　　　　b. 阿Q把大门踢坏了

就例(1)而言,可以说阿Q通过"拆"的方式处置了房子;就例(2)而言,可以说是阿Q通过"踢"的方式处置了大门并导致大门坏了。然而,对由作格(ergative)动词或作格性动结式构成的"把"字句而言,处置说则有不便之处。例如:

(2)a. 他一不小心把钥匙丢了　b. 一场大旱把庄稼都干死了

很难说因为"他"通过实施什么处置方式而使钥匙丢了、"干旱"采取了"干"的处置方式而使庄稼枯死了。处置说之所以对此难以处理,是因为处置往往意味着在处置事件中,存在一个能发出处置这一动作行为的施事,而由作格动词或作格性动结式构成的事件中往往没有典型的施事存在。面对这种情况,王力先生将它们归为"处置式的活用",然而,对活用的基础及活用与本用的关系没有具体的说明。对此,坚持处置说的人最可能采取的办法就是扩大对处置的理解,进而提出广义处置说。如王还(1957)、潘文娱(1978)、宋玉柱(1979b、1981)、马真(1981)等认为不能狭隘地理解"处置",它应该是一种语法上的处置,而非逻辑上的处置。因此像"他把钥匙丢了"也应该看作是施事"他"对受事"钥匙"的一种处置。而主张放弃处置说的人正是看到了处置说的困

---

① 将宾格性动结式以及下文关于作格性动结式的概念引入这种分析中,显然已经扩大了对处置的理解,但一般坚持处置说的文献实际上是包含它们的。关于动结式论元结构的句法性质,可参看施春宏(2008a)的综述及其拓展性研究。

境,进而提出了"致使说"。对致使说而言,情况似乎跟处置说正好相反,它最方便说明的是由作格动词或作格性动结式构成的"把"字句。这类"把"字句虽无明显的施事,但有明显的因果关系蕴含其中。例如:

(3) a. 偏又把凤丫头病了　　　b. 把老王急疯了

它们可以理解成"偏又使凤丫头病了""使老王急疯了"。由于这种致使说也是偏重述语动词或动词性结构的语义特征,我们可以称作词汇性致使说。然而,词汇性致使说也同样不好说明宾格动词或宾格性动结式构成的"把"字句中致使的含义到底是什么。如"阿Q把大门踢坏了",将它理解成"阿Q使大门踢坏了",显然很勉强。当然,也可以像提出广义处置说一样,提出广义致使说。然而,如果理解成"阿Q踢大门"致使"大门坏了",显然更合乎实际,这便是句法性致使说的理解,下面将要说明。①

由于处置说和词汇性致使说这两种情况各有长短,而且认识到"把"字句述语动词前后的句法成分在"把"字句表达中的特殊地位(吕叔湘1948),有学者便将"把"字句的语法意义乃至"把"字句区分为若干类型,如致态和致果(邵敬敏1985)、结果类、情态类和动量类(金立鑫1993)、结果类和情态矢量类(崔希亮1995)、处置句和使动句(范晓2001)、有意识"把"字句/处置"把"字句和无意识"把"字句/致使"把"字句(邵敬敏、赵春利2005)等。一旦注重述语动词前后的句法成分在"把"字句表达中的重要地位,就自然会跳出动词语义特征对"把"字句

---

① 还有另一种解决策略。自轻动词(light verb)理论提出后,生成语法文献基本上都将"把"字句这样的致使或处置功能看作是由轻动词"把"所负载的,在此基础上分析"把"字句的派生过程。由于它一般并不涉及"把"字句语法意义的系统讨论,而是"认定"了"把"的语义功能,因此我们对此不加讨论。

的限制,而逐渐对句式义重视起来。然而,分而治之的策略并不能使学界满意。吕叔湘(1948)针对王力(1944)在处置式之外别立一类"继事式"时就已经指出:"倘若我们不把原来的称为处置式,也就无须另立继事式的名目了。"[①]但到底如何将两者合二为一,文中没有进一步说明。一致化(unification)在"把"字句语法意义的研究中一直是人们追求的目标,而且也成为近年研究"把"字句语法意义的主流。这是合乎现代句法理论的基本追求的。当然,仍有学者坚持处置说,但对处置的内涵做了新的阐释,如提出"主观处置"(沈家煊 2002)、将处置理解为"控制性的致使"(王红旗 2003);还有将"把"字句的认知结构概括为表达位移图式(张旺熹 2001)。更多的研究则是将"把"字句的语法意义概括为致使(如薛凤生 1987;戴浩一 1989;叶向阳 1997、2004;郭锐 2003;施春宏 2006a 等),但这种句法性致使说内部对致使的理解差异很大。

由此可见,试图从词汇义的角度来说明句式义,存在着很大的局限;而从句式整体的角度来看待句式义,则需要说明这种句式义的来源如何,它跟词汇义的关系如何,这种句式义又是如何通过句法形式来表达的,同时又如何避免词汇义和句式义的纠葛。这就提出了在研究"把"字句形式和意义关系时首先要处理的一个方法论问题:如何区分构式义和构件义,并在两者之间建立合理的关联?

8.2.2 语义个性还是语义共性

关于"把"字句语法意义研究的方法论问题之二是:目前所概括的"把"字句语法意义是"把"字句的独有特征(个性、特性)还是相关句式的共同特征(共性)?

[①] 继事式在王力(1943)中叫作"处置式的活用",指某些句子并非真的表示一种处置,它只表示此事是受另一事影响而产生的结果,如"谁知接接连连许多事情,就把你忘了""偏又把凤丫头病了"之类。

这个问题一直忽明忽暗地出现于"把"字句语法意义的研究过程中，但一般的认识都是从新的用例范围来看原概括是否适合，发现不合适的话就基于新的用例提出另一种概括。显然，基于一定用例范围的概括都是局部的，因此需要展开更为系统的分析。另外，还有一个更根本的问题是，学界一直关注"把"字句的语法意义，而对"被"字句、受事主语句等相关句式的语法意义少有探讨，这便容易将"把"字句的语法意义掺杂于句式语义系统中而无法真正抽离出来。目前无论是何种意义上的处置说或致使说以及其他认识，似乎说明的都是"把"字句的语法意义，然而往往所做的概括又非"把"字句所独有。① 如"阿 Q 把房子拆了""阿 Q 把大门踢坏了"固然有处置或致使等涵义（无论是广义理解还是狭义理解），然而下面的一般主动宾也同样具有这样的含义：

(4) a. 阿 Q 拆了房子　　　　b. 阿 Q 踢坏了大门

更进一步的是，"房子被阿 Q 拆了""大门被阿 Q 踢坏了"这样的典型"被"字句也同样有这样的含义在里边。也就是说，处置义或致使义等是某些主动宾句、"把"字句、"被"字句等句式系统所共有的语义（共性、通性），而不单是"把"字句的语义（特性、个性）。那么，这就又回到了问题的根本："把"字句的语法意义到底是什么？进一步说，这种个性意义和共性意义的关系如何？新的基于事件结构语义学的分析已经对"把"字句所表达的事件结构向语义结构再向句法结构的逐层投射有所

---

① 如果从语言共性来看也是如此，"处置"或"致使"都是一般语言中所具有的语义范畴，如"John sold his computer"，说其具有处置或致使，都未尝不可。陆丙甫、谢天蔚（2002）在比较"I loaded the truck with the hay"和"我把（整辆）卡车（都）装上了干草"、"I loaded the hay onto the truck"和"我把（所有）干草（都）装上了卡车"时指出："尽管汉语用'把'字落实'完全'的概念，英语用直接宾语的形式落实'完全'的概念，但是两者仍然有共同之处，那就是表示'完全'概念的论元都倾向前置。"这是形式和意义之间关系上的共性。两者在处置或致使上也是有共性的。

重视,但也基本上将"把"字句的语法意义概括为致使,这同样不是"把"字句的个性而是相关句式的共性。目前基于认知语言学的分析,将"把"字句的语义结构概括为主观处置、表示位移图式等,同样面临着这一难题:这些都非"把"字句所独有。而且,这些研究很多都忽视了对"把"字句语义内部结构的分析。

归纳起来,就概括的范围和程度而言,目前无论是处置说还是致使说及其相关认识,都存在这样的问题:或者将部分"把"字句的语法意义视为全体"把"字句的语法意义(即将个性看作共性),或者将跟"把"字句相关的句式系统的语法意义视为"把"字句的语法意义(即将共性看作个性)。在研究语言现象时,处理好共性和个性的关系是一个重要的方法论原则。

那么"把"字句语法意义跟相关句式语法意义的关系如何?

显然,要回答"把"字句语法意义的个性和共性的问题,就"把"字句而研究"把"字句是有局限的,最低限度也要将"把"字句跟相关句式的语法形式和语法意义结合在一起研究,只有这样才能找到形式和意义方面的区别性所在,同时概括出共同性。也就是说,根据结构主义的基本原则,任何成分(包括句式、句式的语法形式、句式的语法意义)从根本上说都是一种关系的体现,而关系是存在于系统之中的,因此只有在系统当中才能确定成分的价值。这就是区别性原则。区别性原则是语言系统及语言研究的基本的方法论原则之一。研究某个对象的性质时不能只说某个对象的"有",而应该指出此"有"乃其他相关对象所"无"。就"把"字句语法意义的研究而言,实际上需要回答的是:我们如何抽象出"把"字句的语法意义?如何将"把"字句的语法意义跟一般主动宾句、"被"字句、受事主语句等句式的语法意义区分开来?为此,我们在第四章提出了"句式群"的概念,试图在区别性原则下探讨特殊句式中的语法形式和语法意义之间的关系。

本章将在此基础上分析"把"字句及相关句式的语法意义,并进一步拓展句式群概念的理论价值来探讨"把"字句语法意义跟相关句式的语法形式和语法意义的互动关系。

上面归纳了学界在研究"把"字句语法意义的过程中折射出的两个方面的方法论问题。总体而言,学界对"把"字句语法意义的分析有三个重要的变化过程:一是从动词的及物性关系过渡到从句式的语义结构关系来认识"把"字句的语法意义;二是从"把"字句结构类型的分析过渡到对"把"字句的结构和语义相互作用过程的分析;三是对"把"字句语法意义的特殊性有了逐步深入的认识。归结为一点,就是逐步认识并深入挖掘"把"字句语法意义的结构化特征。但是,仍有一些问题没有得到很好的解决,其中最关键的一点就是:目前所概括出来的"把"字句的语法意义可以看作是跟"把"字句相关的句式系统的语法意义,而不是"把"字句这个特殊句式的个性化意义。与此相关的是,没有充分地将"把"字句的构造过程和语法意义联系在一起考虑。结构主义的分析重在对"把"字句各种结构类型及其成分的语法功能的归纳;认知语法的分析重在对"把"字句的认知特点及其相关类型语义偏离情况的隐喻过程分析,基本上放弃了对"把"字句构造过程的讨论;生成语法的分析则基本上置"把"字句语法意义于不顾。

上面归纳的两个方法论方面的问题,是"把"字句语法意义研究过程中逐步呈现出来且尚未很好解决的两个问题。本章便以此为基础展开论述。本章要回答的根本问题是:"把"字句的意义到底是什么?如何归纳出"把"字句及相关句式的语法意义?前者是本体论问题,后者是方法论问题。本章正是试图从分析"把"字句语法意义的本体论和方法论两个方面对"把"字句的语法意义做出新的思考,并由此探讨跟"把"字句相关的句式群中各个句式的语法意义。

8.3 从"把"字句的构造过程看"把"字句的语法意义

对某个特殊句式的语法意义认识不清,往往与对它的构造过程没有认识或认识不够清楚有关。句式意义自身无法展示出来,必须通过句法形式来表达,就此而言,句式形式和句式意义具有同构性,存在拓扑关系。句式的构造过程,不单指句法形式的构造过程,也不单是句法意义的构造过程,而是指形式、意义及二者关系的构造过程。不同的构造过程往往是在不同认知动因作用下所产生的不同句法机制,展示着不同的语法功能或语法意义。这样,从句式的构造过程来探讨句式的形式和意义以及两者之间的关系,不失为一条可行之路。那么,"把"字句及相关句式到底是如何构造而成的呢?下面试图从语义结构的句法表达过程入手,来构拟出"把"字句及相关句式之间的关系。

8.3.1 致使范畴表达方式的多重选择

现代句法理论将致使范畴(causative category)看作是表达具有致使关系的两个事件的概念化结构。因此,需要从这方面来理解致使表达的构造过程。而且,目前凡是注重于"把"字句构造过程的分析,都将"把"字句看作表达致使范畴的一种句法类型。这样,我们就从致使范畴的角度来看"把"字句的句法构造和语法意义。

与将"把"字句看作表达单一事件(处置说很容易导致这种认识)的认识不同,基于致使范畴对致使情景的分析认为,"把"字句所表达的实际上正是致使情景的结构类型之一,它是由两个子事件构成的一个复合事件,这两个子事件之间存在着一种致使关系。如第三章所说,如果将这个复合事件看作致使事件的话,那么就可以将组成这个复合事件的先后相继或相依的两个子事件分别看作使因事件和使果事件。如果用 XP 代表使因事件所表示的语义结构,用 YP 代表使果事件所表示的语义结构,则这种致使性语义关系可以粗略地刻画为:

(5) [XP] 致使 [YP]

这还不是对特定句式论元结构的说明,更不是对特定句式配位方式的说明,而只是对表达致使场景的事件结构的语义关系的简单概括。

既然如此,就可能得出一个显而易见的理论推论:凡是表达这种语义结构关系的句式都具有致使性语义关系;至于特殊句式的论元结构和配位方式,也许只是一种语言的表达系统在因应某种特定功能时的选择。即表达致使关系的句式的基本语义结构都应该是(5),但论元的显现与否及在什么位置上显现、各个论元之间的配位方式如何、不同的配位方式采取何种标记形式,是有差别的(语言内部的和语言之间的),特定句式只是致使范畴表达方式多重选择的结果之一。例如,如果要表达这样的致使情景:阿 Q 踢大门(使因事件)"致使"大门坏了(使果事件),或者阿 Q 唱大戏(使因事件)"致使"阿 Q 如痴如醉(使果事件),或者阿 Q 放扇子(使因事件)"致使"扇子在石凳上了(使果事件),其中存在的致使性语义关系就是:①

(6) a. [阿 Q 踢大门] 致使 [大门坏了]
　　b. [阿 Q 唱大戏] 致使 [阿 Q 如痴如醉]
　　c. [阿 Q 放扇子] 致使 [扇子在石凳上了]

---

① 表达下面三种语义关系的句式并不一样,如"阿 Q 踢坏了大门、阿 Q 唱大戏唱得如痴如醉、阿 Q 把扇子放在石凳上了",但它们的基本语义结构关系是一致的。具体构造过程参见第三章和第七章的分析。

下面以(6a)为例说明。显然,一个完整的致使事件就包括这样四个语义要素:致事(致使者)和致使方式,役事(受使者)和致使结果。前两者属于使因事件,后两者属于使果事件。致事是使因事件的施动者或引发者,如(6a)中的"阿Q";致使方式是导致受使者产生某种结果的方式,如(6a)中的"踢(大门)";役事是承受的对象,是使果事件的主体,如(6a)中的"大门坏了"中的"大门";致使结果是在使因事件的作用下,受使者的状态发生的变化,如(6a)中的"坏了"。根据第三章提出的论元结构整合的"界限原则"及其配位规则系统,(6a)的整合过程是这样的:在这个致使事件的语义结构向句法结构投射的过程中,由于述语动词和补语动词需要结合成一个动结式,这样,它们所支配的论元结构就需要发生整合。"踢"的主体论元"阿Q"直接提升为动结式的致事,占据句首的主语位置;它的客体论元"大门"由于跟使果事件的主体论元"大门"同指,经过叠合形成动结式的役事,提升到动结式之后的宾语位置,从而形成下面(7a)这样的基本表达式。

(7)a. 阿Q踢坏了大门
　　b. 阿Q把大门踢坏了　　　c. 大门被阿Q踢坏了
　　d. 大门阿Q踢坏了　　　　e. ?阿Q大门踢坏了
　　f. 大门踢坏了　　　　　　g. ?阿Q踢坏了 ①

而例(7b)—(7g)也都是可以表达(6a)中致使性语义关系的特殊句式,只不过由于凸显的侧面不同,配位方式便体现出某种差异。例(7)各句式构成了一个句式群。

为了表述的方便,这里采取第二章中对上面这个句式群中各个句

---

① 例(7e)和例(7g)的可接受度比较低,是因为它们受到语境的制约因素比较多,这不是句法构造本身合式与否的问题,而是合用与否的问题。参见第二章关于句式标记度的说明。

式的系统命名。例(7a)这种"主语+述语+宾语"的句子被看作施受句;①例(7b)和例(7c)就是一般所说的"把"字句和"被"字句;例(7d)是致使关系的受事处于施事主语之前,这种句子被看作受事话题句;例(7e)是致使关系的受事处于述语之前而在施事主语之后,这种句子被看作施事话题句;例(7f)这种施事不出现而受事无标记地出现于述语之前的句子,一般被看作受事主语句;例(7g)这种受事不出现的句子被看作施事主语句。

8.3.2　从"把"字句的派生机制看"把"字句的语法意义

正如上面的分析所呈现出来的语义关系,这些句式中都蕴含着致使关系。可见,将致使看作"把"字句的特殊语法意义是有局限的。那么,"把"字句的语法意义到底是什么呢? 如果我们从"把"字句的构造机制和过程来分析,也许能够得到一个更为合理的认识。

我们的分析是这样的。既然句式群(7)中的各个句式的基本语义关系是一致的(即具有语义共性),那么各个句式的语法意义的不同(即语义个性)应该来自于它们形式上的差异;而如果寻绎这种形式差异的来源的话,我们就会发现,各个句式形式的不同来源于它们配位方式的形成过程的差异。相同的基本语义关系可以因侧显重点的不同而选取不同的配位方式来表达,而不同的配位方式又是这种基本语义关系的

---

① 更准确地,这里的施受句应该称作致役句,下面各个句子带有"施事、受事"的命名都是如此,但为了方便跟一般文献接轨,这里便沿用了施受句的名称,并在不特别强调的地方,就径直将"致事、役事"称作"施事、受事"了。显然,这里的施受句跟一般主动宾句有所不同,一般的主动宾句(包括施受句和非施受句)中有的是不能派生出"把"字句的,这是因为这些句子缺少致使关系的某些根本要素。王力(1943)说"我爱他"不能说成"我把他爱"。其实,这是因为这里没有将"我爱他"的结果表达出来,而"爱"实际上是可以表达某个使因事件而产生某种结果的。如果说成"阿Q爱得吴妈不敢见他"(阿Q爱吴妈致使吴妈不敢见他)就可以了,这样就可以构成"阿Q把吴妈爱得不敢见他"了。可见,这并非如王力所说"它既然专为处置而设,如果行为不带处置性质,就不能用处置式",更准确地说是不能进入致使关系的表达中。

具体化、精细化,从而形成各个句式具体有别的语义特点。这便是(7)中各个句式语法意义有同有异的根本原因。只有区别性意义和区别性形式的结合,才形成了一个一个特殊句式的"形式—意义/功能对"。这便体现了各个句式作为一个特定构式的独立价值所在。

我们以(7)这个句式群的实际用例来分析。由于这些句式的标记程度及句法成分的位置不同,因此我们可以假设这个句式群中的某些句式之间存在着某种推导关系,句法形式和句法意义的差别都统一通过这种推导过程反映出来。既然如此,根据第二章对句式标记度的分析,我们可以将这个句式群中跟汉语基本句式结构关系(SVO)比较一致的、无标记或标记度比较低的句式看作基础句式,从而将它看作推导过程的起点,而将其他句式都看作是派生句式。有的派生句式是由基础句式直接推导而来,有的派生句式是由其他派生句式间接推导而来。通过这样的派生分析来研究句式系统形式和意义之间的关系有其特定的描写和解释功能,同时还能获得发现的价值。显而易见,在(7)这个句式群中,(7a)是比较中性的句法结构,而其他的句式都可以看作是(7a)通过移位、删除、添加格位标记等句法操作手段直接或间接推导出来的,推导的路径是具体而明确的,推导的过程正反映了语法意义的差别。

这里先只看"把"字句的构造过程。当然,"把"字句的结构类型远比(7b)复杂,前一章已经对"把"字句的各种结构类型的派生过程做出了系统的刻画,这里不再一一说明,而是重点将它跟基础句式比较,从而通过对句法形式的构造过程的分析来抽象出"把"字句的语法意义。

根据王力(1943)的定义,他是主张"把"字句的提宾说的:"凡用助动词把目的位提到叙述词的前面,以表示一种处置者,叫作处置式。"[①]

[①] 黎锦熙(1924)在图解"变式的宾位"时,认为"把"字的"特别作用"在于"提前宾语",从而体现了论理的次序和文学的次序之区分。(黎锦熙 1924/2007:67,76)这或许是最早的提宾说。这种提宾说也是后来一般理解的提宾说,强调述宾动词在语义上支配宾语。

传统的提宾说正是这样理解的。然而,正如前一章所言,由于很多所谓的前置"宾语"不能还原,提宾说因此受到普遍的质疑(如徐枢1985;张伯江2000;张旺熹2001;郭锐2003;胡文泽2005等);凡是从话题表达的角度来分析"把"字句的更是否定提宾说(如 Tsao 1986;薛凤生1987、1989)。而施春宏(2006a)基于其精致还原主义方法论原则而重新主张提宾说,将"把"字句的构造过程都看作一种提宾机制运作的结果,然而这种提宾的认识跟传统的提宾说在理论基础、研究目标和操作程序上都是根本不同的。一般的提宾说认为所提的宾语是述语动词所支配的宾语;而施文中认为这里的宾语应该是句式整合之后的役事,而并不必然要求它同时是述语动词的受事(虽然常常是);同时特别关注提宾的各种类型和限制(句法的、语义的、韵律的、语用的)。① 基于此,前一章对各种类型的"把"字句的提宾机制做了新的梳理。我们采取提宾说主要是将这种派生手段作为一种理论系统操作,目的在于探讨相关句式的语法形式和语法意义之间的互动关系。如"孩子哭醒了妈妈"中的"妈妈"并不是"哭"的受事,按传统的提宾说是无法用"把"字提前构成"把"字句的;而按前一章的逻辑,"妈妈"是"哭醒"这个结构体的役事,因此可以提前,至于"哭"是否带宾语(受事),不是问题的根本。由于前置的役事有的能还原到宾位有的不能,这样,如果从"把"字句结构生成的角度来分析,就有必要区分"把"字句的基本原则一致但具体规则又有差异的构造过程。有鉴于此,我们将"把"字句的构造机制和过程分为直接派生和间接派生两种类型,其中直接派生还包括选择性提宾和强制性提宾这两种方式。由于前一章对这些派生类型具体小类的派生机制都已经做了系统的说明,这里便不再一一说明,只是对这三种类型各举一例来说明基本论点。

---

① 从本质上说,应该是"提役事"而非"提宾"。本项研究仍依传统说法叫提宾。

如前所述,选择性提宾指的是类似(7a)到(7b)的派生过程,(7b)的出现是由于需要实现某种功能,凸显某个语义成分而派生出来的,(7a)和(7b)在现代汉语句法系统中同时存在。也就是说,对(7a)而言,它所表达的语义重点是在"踢坏"这个致使事件中的役事"大门"上,并没有对结果"坏了"做出特别的强调。而(7b)不同,由于役事"大门"前置了,句末的自然焦点位置就让给了致使事件的结果,因此,致使结果就得到了凸显。[1] 由此可见,(7b)的"把"字句是一种凸显结果的表达方式。由于句式群(7)整个是表达致使关系的,因此,我们可以初步得出这样的推论:"把"字句是凸显致使关系的结果的句式。这是它跟(7a)语法意义的区别所在,而这种区别来自于句法形式构造过程的差异。

再来看强制性提宾的情况。强制性提宾指的是不能直接构成施受句,而在句式的整合过程中只能构成"把"字句等相关标记度比较高的句式。(7)中没有强制性提宾的情况,因为役事成分可以出现在句末。我们以(6c)为例。在表达"阿Q放扇子"致使"扇子在石凳上了"这样的语义关系时,在现代汉语普通话的句法系统中,不能构成(8a)这样的表达,而只能将"扇子"提前从而构成(8b)这样的表达以及其他句式,如"扇子被阿Q放在石凳上了""扇子放在石凳上了"之类。[2]

---

[1] 一般认为,在无标记的情况下,汉语的表达是焦点在后(focus-end)。其实,也许SVO语言都是如此。Erteschik-shir(1979)在讨论双及物构式和带to的介词释义构式在信息结构组织方面的差异时指出,双及物构式并不将接受者论元作为焦点,而将转移的实体作为焦点;而介词释义构式则正好相反,接受者倾向于作为焦点,而被转移实体并非焦点。这两种概括,其动因基于这样的事实:焦点信息倾向于出现在核心小句的句末。转引自 Goldberg(1995:123)。

[2] 有的现代汉语方言中可以出现"阿Q放扇子在石凳上"这样的表达。若这种表达方式是该方言中使移构式的主导表达方式,则这种方言中强制性提宾的可能性就非常小。这实际上有几个相关推论:1)这种方言中"把"字句的结构化程度没有普通话高,甚至可以不用"把"字句;2)这种方言中若用"把"字句,其相对使用频率没有普通话高;3)这种方言中表示词汇型的致使结构比普通话丰富;4)这种方言动词和介宾结构的补语之间的关系比较松散,因此介词虚化程度没有普通话高,在语流中脱落的可能性不及普通话明显。其实,推而广之,英语等没有"把"字句的语言更是如此,没有1)2)是自然的,3)4)的特征则更为明显。这是类型学应该比较关注的地方。

(8)a. *阿Q放扇子在石凳上了
　　b. 阿Q把扇子放在石凳上了

如果我们将物体位移到终点也看作结果的话,显然,这里的"在石凳上"是这个致使关系的结果成分,处于句末自然焦点的位置,从而使其语义得到凸显。① 这跟(7b)是一致的。因此也可以说这种"把"字句同样也是凸显致使关系的结果。强制性提宾之所以成为必然,是因为在现代汉语句法系统中,由于受到韵律限制,役事不能跟这些结构中包含的结果成分同现于动词性成分之后,而只好到动词性成分之前寻找句法位置(冯胜利 2002)。"把"字句是这种情况下实现特定配位方式的一种选择。可以这样说,役事能否"还原"到动词性成分之后,不是"把"字句的语义问题,而主要是由现代汉语句式系统中相关成分之间的制约关系造成的;而将役事置前(即传统所言的提宾)构成"把"字句正是因应这种制约条件的需要而出现的可能形式之一。另外,表达(6c)"[阿Q放扇子]致使[扇子在石凳上了]"这种语义关系而同时满足这种制约条件的句式还有"被"字句("扇子被阿Q放在石凳上了")和话题句("扇子阿Q放在石凳上了")等。从这里也可以看出,也许这些句式也是一种凸显结果的表达方式,对此,下文再行说明。

无论是选择性提宾还是强制性提宾,都将表示结果的成分单独置于述语之后,从而使之更加凸显。"把"字句正是一种结果凸显的句式。相比较而言,选择性提宾构成的"把"字句比强制性提宾构成的"把"字句在对结果的凸显上要更强一些,因为后者并非完全是语用上的促动(为了凸显结果),而是语言系统内部不同界面相互制约的结果。有对比表达的存在,就更能凸显特定的功能;而没有对比表达的存在,主要

---

① "在石凳上"可以出现在"放"之前从而构成"阿Q在石凳上放了一把扇子",然而这里的"在石凳上"是事件发生的处所,而不是事件的结果(这里表示终点)。

是满足句法表达的作用,这样其语义或语用凸显功能自然就减弱了。

最后从"把"字句的间接派生机制和过程来看"把"字句的语法意义。前一章已经指出,所谓"把"字句的间接派生,指的是这种"把"字句来源于(致使性)动词拷贝结构。如要表达下面(9a)这样的致使情景:大伙儿由于听侯宝林的相声(使因事件),结果大伙儿笑了(使果事件)。其整合过程是这样的:由于"听"和"笑"要整合成动结式,它们所支配的论元结构就需要发生整合。"听"的主体论元"大伙儿"跟"笑"的主体论元同指,叠合为动结式的致事后优先提升到句首的主语位置。"听"的客体论元"侯宝林的相声"因跟使果事件的任何论元都不同指,由于受到"界限原则"的限制而不能提升为动结式的役事从而占据动结式之后的宾语位置;它只能在动结式之前寻找合适的句法位置,而用拷贝形式来帮助提升就成了一种选择,从而形成(9b)这样的动词拷贝句。这是表达这种致使场景的一个比较中性的句式。

(9)a.［大伙儿听侯宝林的相声］致使［大伙儿笑了］
　　b. 大伙儿听侯宝林的相声听笑了

既然使因事件是"大伙儿听侯宝林的相声",这个事件中的语义成分在理论上都有可能因语义凸显而成为致事("听"不能独立凸显为致事,见下)。当"侯宝林的相声"凸显为致事时,使因事件中的施动者便受到抑制,而使果事件的承受者便凸显出来,成为役事,提升到宾语位置,从而形成下面这样的句法结构:①

---

① 有评审专家指出,例(10)和例(12a)这类句子语感上"不能接受"。类似这样的例子在本书中还有一些。为此,我们咨询了北京语言大学的不少研究生,大多认为这类句子可以接受,但接受度确实没有"把"字句高。这与我们下文的分析是一致的。实际上,评审专家的语感从另一个侧面注意到了句式的合用性问题。这牵涉到型的合式性和例的合用性之间的关系及其在分析模型中的地位和作用问题。感谢评审专家的提醒。

(10)侯宝林的相声听笑了大伙儿

同样,这个句式的自然焦点是"大伙儿",如果要凸显结果成分,就可以用"把"字句(11)来表达:

(11)侯宝林的相声把大伙儿听笑了

这样的表达方式,既凸显了结果成分,同时又保持了主动句的特征。

其实,"听侯宝林的相声"也可以作为致事,从而构成下面这样的句式(12)。为了跟一般"把"字句相区别,可以分别称作拷贝式施受句(Agent-Patient construction with a copying form)和拷贝式"把"字句(BA construction with a copying form)。

(12)a. 听侯宝林的相声听笑了大伙儿
　　　b. 听侯宝林的相声把大伙儿听笑了

从(9b)到(12a)到(10)到(11)构成一个派生链(derivational chain)。上面的(9)—(12)及相关可派生的句式构成一个句式群,这个句式群中的各个句式在形式和意义上既相互联系又相互区别。

由此可见,在间接派生机制中,作为表达这种致使性语义关系的句式群中的一员,"把"字句并非一种必然的选择。这也再次说明,不能将致使看作"把"字句特有的语法意义,当然,这里用处置来说明就更加勉强了。我们同时也看到,这些"把"字句的构造过程同样说明了"把"字句是用来凸显结果的句法结构形式。其实,我们还发现,在这种由动词拷贝结构派生的构造过程中,其中间环节,如"侯宝林的相声听笑了大伙儿",这样的句子的可接受度并不高;若将它们改换成"把"字结构,可接受度则大大提高。这是为什么呢？从这里的比较中就能够看出"把"字句使用的根本作用了。这是语义对句法结构合用程度的影响。"听笑了"本来就强调"笑"这一结果，用"把"字将"大伙儿"提前后，结果就自然凸显了出来。形式和意义两相契合，相得益彰。

然而有学者认为"把"字句强调的是"把"后的对象成分："某个动作行为所产生影响的对象可能有若干个，'把'的作用就在于凸显受动作行为影响的某个对象，因为这正是说话者注意的焦点。因此，在'把'字句里，主语也许可以省略，'把'的宾语却是不可以省略的，而且还是句子的重音所在。"(邵敬敏、赵春利 2005)进而指出，"把"字句表现出说话者强烈的"主观性"，这种主观性跟沈家煊(2002)认为"把"字句显示了说话者强烈的主观性不同，这里的"主观性"是指"用'把'来突出主观上认定的这个受动作行为影响最明显的对象"。我们认为这种分析值得商榷。首先，说句子的重音在"把"后宾语上，跟一般从韵律角度研究汉语句法重音的分析(冯胜利 1997、2000、2002、2005b 等)相冲突，而且也不合乎我们的语感。如果不考虑对比重音的话，一般"把"字句的重音都在句末的一个结构单位上。其次，说"把"后宾语是注意的焦点，也跟一般对汉语句子信息结构的分析相冲突，一般认为汉语的自然焦点在句末。至于"把"后宾语不能省略，一般都有此认识，薛凤生(1989)甚至借此认为"把"后宾语是"把"字句的主话题。[①] 其实，这也有重新考虑的必要。王力(1943)提到过一种"准处置式"，即"把"字句中"把"和其后的宾语同时省略的情况。例如：

[①] 胡文泽(2005)对薛凤生(1989)的这种认识做了令人信服的批评。其基本看法是：将"把"后宾语视为主话题的看法不但跟一般对主话题的理解有差异，而且，将"把"字句的语法意义简单地归结为"话题—说明"必然无法区分"把"字句与一般非"把"字、一般主谓句以及主谓谓语句的不同。即这种认识没有揭示"把"字标记存在的特殊意义。在此之前，崔永华(1995)在讨论"把"字句的句法语义时，从语法结构、语义诠释、功能诠释等方面对薛凤生(1989)的认识也提出了新的看法。

(13)a. 却自己吟成一律,写在纸条上,搓成个团子,掷向宝玉跟前。(把这诗写在纸条上,把这纸条搓成个团子,把这团子掷向宝玉跟前。)

b. 你爱谁,说明了,就收在房里。(把他[她]收在房里。)

当然,由于"把"的黏宾特性比较强,不能悬空存在,因此在略去"把"后宾语的同时需将"把"同时删去。其实,不能悬空是某些语言中介词等附属性标记成分的基本属性。可见,"把"字句中的"把"后宾语能不能省略(包括"把"),不是表达之"实"上的要求,而是我们对"把"字句"名"上的要求。省略之后,就不叫"把"字句了,这并不表示在语境中就不可省略。① 基于这样的认识,我们认为,"把"字句的基本作用还是凸显致使的结果。

8.4 在句式群中考察"把"字句及相关特殊句式的语法意义

上一节通过跟施受句的比较,我们将"把"字句的语法意义初步概括为:凸显致使关系的结果。然而,这便引出了一个新的问题:"被"字句等句式也同样凸显句式中的结果成分,具有相同的语法意义。可见,凸显致使关系的结果这个语法意义只是"把"字句区别于施受句的语法意义,而不是区别于"被"字句等句式的语法意义。这样,就有必要进一步将"把"字句的构造特征跟"被"字句等句式的构造特征相比较。也就是说,我们需要将"把"字句放在(7)或(9)—(12)这样的句式群中才能进一步明确它在语法意义方面的个性。这样,我们就不但要考虑致使

---

① 饶长溶(1982)讨论了"把"字连句省略现象和省略的条件、层次切分等问题。如"他把眉毛一扬,头一歪,走了",其中"头一歪"前省略了"把"。

关系中的结果成分,同样还要进一步考虑其他句法—语义成分及其配位方式。

8.4.1 致使性句式群中相关句式的语法意义

先拿"把"字句和"被"字句(长被动句)来比较,并以施受句做参照。我们将(7)中相关用例重写如下:

(14) a. 阿 Q 踢坏了大门
  b. 阿 Q 把大门踢坏了　　　c. 大门被阿 Q 踢坏了

显然,"把"字句(14b)和"被"字句(14c)中配位方式的根本不同就是致事和役事的句法位置不同以及由此带来的凸显侧面的差异,因而呈现出来的语义结构关系便有差别。在"把"字句中,致事"阿 Q"作为动作"踢"的发出者,在句法上居于凸出的主语位置,①而役事"大门"在致使关系的作用下,受到了影响。这跟施受句是一致的。但上面已经分析过,"把"字句跟(14a)这样的施受句的不同是,"把"字句凸显致使关系的结果。这样,两者合起来就可以得出新的推论:"把"字句凸显致事对役事施加致使性影响的结果。②

而在"被"字句中,役事"大门"在句法上居于凸出的主语位置,而致事"阿 Q"受到了降格处理,这是跟"把"字句根本不同的地方。这样

---

① 为了说明的方便,这里区分了句法凸出(syntactic salience)和语义凸显(semantic prominence)以及语用侧显(pragmatic profiling)。在句法结构的线性序列中,一般认为最为凸出的是主语;在语义上,一般认为最为凸显的是居于句末的成分(一般是宾语或补语)。而语用侧显就是某个语义成分充当焦点或话题之类。本章对语用侧显未加讨论。其实,一般文献中将这里的"凸出"和"凸显"都看作凸显。

② 评审专家指出:此概括"虽有一定的道理,但也不够全面",如"把这个问题再想一想""把衣服洗洗""把碗端着"这些例句"就都不表结果,也很难说有致使义"。为了说明这些例句跟一般"把"字句的区别和联系,我们主张区分显性结果和隐性结果,对隐性结果的致使义及其表达方式,下文将做出说明。

"被"字句表达的是役事受到致事的致使性影响。跟"把"字句相同的是,它也是凸显致使关系的结果的句式。这样,两者合起来就是:"被"字句凸显役事受到致事施加致使性影响的结果。

这样,我们回过头来看(14a)这样的由致事、役事构成的致使性施受句的语法意义。一般的研究都对此不加说明,主要是由于没有将它放到句式群中来考察。由于致事在句法上比较凸出,而役事"大门"在语义上比较凸显,因此它的语法意义就是:致使性施受句凸显致事将致使性影响的结果施之于役事。

我们再来看受事主语句以及与此相关的致事隐含的"被"字句(即学界所言的短被动句)的语法意义,也就非常清楚了。由于我们假定它们来自于结构完整的"被"字句(即学界所言的长被动句),①因此将它跟长被动句相比较:

(15) a. 大门被阿Q踢坏了
b. 大门踢坏了　　　　c. 大门被踢坏了

显然,(15b)仅是(15a)删除了被降格的致事及其格位标记,那么,两者在语法意义上除此而外,应该基本相同。因此,受事主语句的语法意义是:凸显役事出现致使性影响的结果。而(15c)仅是(15a)删除了被降格的致事,那么,两者在语法意义上除此之外,应该基本相同。因此,致事隐含的"被"字句(短被动句)的语法意义是:凸显役事受到致使性影响的结果。

---

① 这里不考虑以话题句作为它的来源问题,因为这是话语层面的问题。施春宏(2004a)区分两个层面的句式:句子层面和话语层面(原文为"句子平面"和"话语平面"),两者的结构方式和表达功能并不完全相同。另,准确地说这里的受事主语句应该叫做役事主语句,这里没有作术语调整,主要也是为了方便跟一般文献在表述上接轨。

这样，基于事件结构经过概念结构、语义结构逐层抽象进而向句法结构投射的过程的分析，我们在相关句式之间建立了形式和意义上的关联，通过考察跟"把"字句相关的致使性句式群的句法结构构造过程及其派生关系，抽象出了它们共同的语法意义；接着通过各个句式的配位方式的比较，又进一步抽象出它们各自在语法意义上的个性特征。由此可见，在特定句式群中，各个句式的语法意义构成了一个具有层级关系的结构系统。

当然，上面刻画的各个句式的语义结构中，主要考虑了致事、役事、结果在语义结构中的地位和作用，对致使方式在整个致使关系中的句法和语义地位虽有提及，但未加明确。其实，在这个句式群的各个句式中，致使方式的句法地位和语义地位是基本一致的，在句法结构中都由述语动词充当（特殊情况下可以隐含）；但由于相关句法和语义成分凸显侧面的不同，也就影响了它在语义结构中的凸显情况。就"把"字句及致使性施受句而言，致事通过某种致使方式的作用而使役事出现某种结果；而就"被"字句及受事主语句、致事隐含的"被"字句而言，则是役事在致事的某种致使方式作用下而出现某种结果。

至此，我们可以做出进一步的系统归纳。在表达致使关系的这个句式群层级中，"把"字句及相关的特殊句式的各自的语法意义及其层级关系：(为了描述的系统性，表中同时也将句式系统的其他句式关系也标示了出来。)[①]

[①] 此表与施春宏(2010b:301)中的表略有差异:1)将长被动句(完整"被"字句)跟短被动句(致事隐含的"被"字句)、受事主语句由原来的上下关系改为平行关系，这更合乎构式语法的理念；2)通过增加虚线箭头将相关句式之间的派生关系标示出来，体现派生分析的思路。

表 1　句式系统层级及致使性句式群的语法意义层级关系表

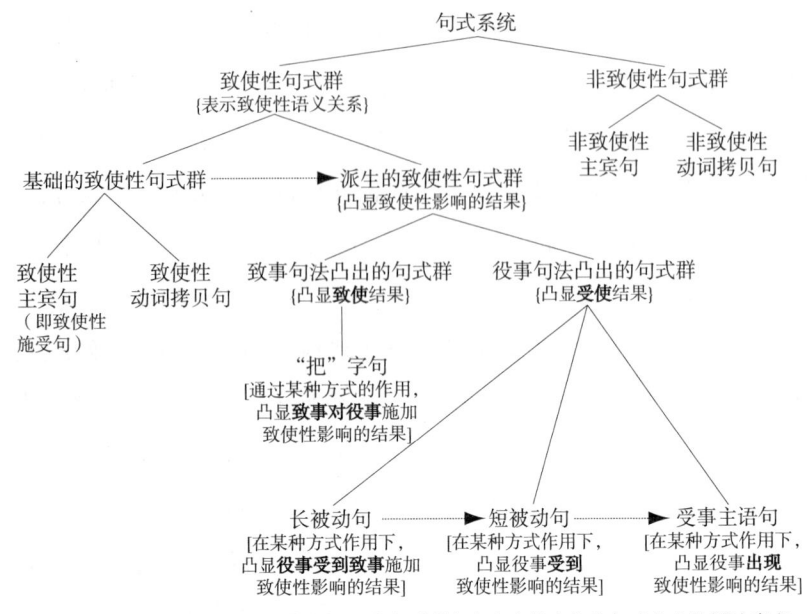

```
                            句式系统
                  ┌────────────┴────────────┐
            致使性句式群                非致使性句式群
         {表示致使性语义关系}           ┌──────┴──────┐
                                   非致使性      非致使性
                                   主宾句       动词拷贝句
    ┌──────────┴──────────┐
基础的致使性句式群 ┄┄┄┄> 派生的致使性句式群
                          {凸显致使性影响的结果}
  ┌─────┴─────┐       ┌──────────┴──────────┐
致使性      致使性   致事句法凸出的句式群   役事句法凸出的句式群
主宾句    动词拷贝句     {凸显致使结果}        {凸显受使结果}
(即致使性
施受句)
                        "把"字句
                     [通过某种方式的作用,
                      凸显致事对役事施加
                      致使性影响的结果]

                  长被动句 ┄┄> 短被动句 ┄┄> 受事主语句
              [在某种方式作用下, [在某种方式作用下, [在某种方式作用下,
               凸显役事受到致事施加  凸显役事受到       凸显役事出现
               致使性影响的结果]   致使性影响的结果]   致使性影响的结果]
```

注：{ }中内容为某个句式群的共性语法意义；[ ]中内容为某个特殊句式的个性语法意义；实线线条表示层级关系，虚线箭头表示句式间的派生关系。

如果考虑跟一般研究"把"字句语法意义的文献在术语使用上接轨的方便，这里的致事、役事可以径直用符号 A、B 表示，致使方式用 V 表示，这样"把"字句"A＋把 B＋VP"的语法意义就是"通过 V，凸显 A 对 B 施加致使性影响的结果"；余者类推。其中 VP 不一定就是 V＋C，对显性结果的表达而言，这确实如此，但对隐性结果的表达而言，却非必然。（关于致使性动词拷贝句及显性结果和隐性结果的说明，见下文 8.5 节。）

需要做一点补充说明的是，基础的致使性句式群中，上文只讨论了致使性施受句，而且都是不带"得"的形式。其实，这个句式群还包括带"得"致使句，如"大狗叫得我心惊肉跳"；它也有相应的派生句式，如"大狗把我叫得心惊肉跳""我被大狗叫得心惊肉跳""我被叫得心惊肉跳"。同时也包括动词拷贝句,如上文分析的"大伙儿听侯宝林的相声听笑了",其派生句式已如前述。① 而对致事句法凸出的句式群,我们只分析了"把"字句;对役事句法凸出的句式群,我们只分析了"被"字句及其进一步派生出的受事主语句和致事隐含的"被"字句。这只是就现代汉语而言。如果从类型学来考虑,并将历时的因素考虑进去,情况将更加丰富而复杂。

8.4.2 特定句式语法意义分析的基本原则及其认知基础

显然,上面所概括的各种句式意义都是在区别性原则的指导下获得的,因而它们都是一种区别性意义。当比较的对象或系统有所改变时(如历时比较或跨语言比较),所概括出来的语义必然也会有所调整。如我们现在所概括出来的"把"字句的语法意义,未必就是"把"字句在历时层面上所共有的意义;相反,它只是"把"字句在目前句式系统中所具有的构式意义。认识到这点很重要,因为任何构式的意义都是"建构"的,而不是天赋的。从结构主义的根本原则来看,任何构式的意义都必须存在于而且只能存在于共时系统中。这也是可以而且必须将构式看作一个完形(格式塔)的理论基础,同时也是所谓的语法分析要将形式和意义相结合的理论基础。这也就要求我们,在考察构式的意义时,必须同时考察它的配位方式,而且必须在现实同一性中考察。没有对句式系统中各个句式配位方式的分析,要想获得特定句式确切的句式意义,都是不够"现实"的。

从上面对表达致使关系句式群的各个句式语义结构的分析来看,

---

① 注意,一般施受句、一般带"得"句、动词拷贝句(也有带"得"和不带"得"两种情况)都有致使性和非致使性之分,而且它们之间有交叉。这是从不同角度对相关句式所作的分类。

这些语义结构之间实际上存在着一种拓扑(topology)关系,①它们的拓扑特征就是致使性语义关系,各个句式之间的语义结构存在着一种派生或者说变换关系。但我们也同时看到,这些句式在信息结构方面的认知组织方式是不同的,即它们在句法和语义、语用上都不是对称的。其实,我们这里主张的派生分析并不意味着坚持不同构式之间存在着形式和意义上的对称关系(恰恰相反,它将句法形式和意义的不对称关系作为基本假定),而是意在发现形式和语义上的拓扑关系,并描述这种拓扑变换的过程和条件。由此,我们可以从跨实例的概括(generalization across instances)提升到跨句式的概括(generalization across constructions)。

其实,各个句式的特殊语法意义在句法结构上的表现,正是人类认知过程中透视域内结构成分及其关系句法化的结果。在语言交际中,特定动作行为或状态的不同参与者及其相互关系构成了一个交际场景。虽然在语言表达中整个场景都可以在观察的范围内,但在不同的情景中,由于观察的角度不同,有的参与者及其相关关系会在认知上凸显出来,即进入到透视域中,有的则隐含下去或作为背景出现,这样就可能采取不同的表达方式。由于语言表达的线条性,语言表达并非散点透视,而只能是聚焦透视。一个特殊句式就是一种特定的聚焦方式。也就是说,一种致使关系激活了特定的语义场景,但这种语义场景能否

---

① 拓扑学中的拓扑变换指的是,如果有两个图形,用连续变换的方式可把一个变为另一个,此时,图形既没有发生断裂,两个不同的点也没有产生粘合。如一个圆可以通过拓扑变换变成正方形、三角形等任何一种封闭曲线,但不能变成直线。如果把图形看作是由点构成的,则拓扑变换不仅是连续的,而且点跟点之间是一一对应的。从这个变换特性来看,拓扑变换是一种等价变换(即拓扑性质没有发生改变的变换)。我们上面对致使性句式群语义关系的派生分析正体现了这种精神。需要注意的是,等价变换并不意味着变换前后的两个形式特征都是相同的(若如此,就不是变换)。就句法研究中的变换分析而言,它当然是有局限的(任何分析都有相应的局限性),但有时我们对变换分析的批评实际上是对变换分析的误解,有时还会将变换分析的某些误用也看作变换分析的局限。

句法化、如何句法化,从而体现特定的线条特征,则会因观察者观察问题的角度不同而有不同,而且不同语言也不一样(受到既有语法系统的制约,如汉语中"把"字句乃至相关的"被"字句、受事主语句等中的强制性提宾现象)。特定的透视域对应于特定的表达方式;同时,特定的透视域的出现是跟特定的语言交际系统有关的。

需要指出的是,特定句式群中相关句式的形式和意义是相关的,但不意味着能够自由变换。两个句式之间是否能够变换,还受到其他句法、语义、语用、韵律条件的制约。任何两个句式之间都存在着不对称关系,正如任何两个句法成分之间(如主语和宾语、状语和补语)都存在着不对称关系一样。

8.4.3 关于动词拷贝句语法意义的再认识

这里就上文的分析思路对动词拷贝句(重动句)的语法意义做一些新的说明。动词拷贝句也常被人们看作特殊句式,但正如我们第五章已经指出的那样,学界对其语法意义并没有多少说明。唐翠菊(2001)将它分为致使类(如"他吃中餐吃胖了")和非致使类(如"他吃中餐吃多了")。施春宏(2006b、2010a)基于对动词拷贝句构造过程的分析指出,它在句法性质和语义性质上跟一般施受句没有实质性的区别,拷贝形式的出现只是为了满足在表层句法结构中有效安排从底层语义关系中提升上来的论元的需要,如前文对(9b)"大伙儿听侯宝林的相声听笑了"的构造过程的说明。如果从是否表达致使关系的角度来考虑,一般施受句也可区分为致使和非致使两大类。当然,致使性动词拷贝句跟一般的致使性施受句在句法派生的可能性上还是有很多差别的,上面(10)—(12)只是其中的一部分。主要差别在于致使性动词拷贝句在提升使因成分(致事)时具有多种途径和方式,并因此带来相应的句法和语义后果(参见施春宏 2007),而这种情况只有放到动词拷贝句的构造过程中才能得到系统的分析(参见第五章)。如(9b)是动词拷贝句,而(10)"侯宝林的相声听笑了大伙儿"是非动词拷贝句,但显而易见的是它跟动词拷贝句在句法和语义上有本质上的联系,没有对(9b)的分析,是不容易说清(10)的论元结构和配位方式的。不过,就整合的结果而言,致使性动词拷贝句有两种形式,一是结果成分居于句末,一是役事成分居于句末。下面是动词拷贝句的两种常见类型:

(16)a. 孩子说笑话说乐了　　b. 爷爷剁排骨剁坏了新菜刀

结果成分居于句末的动词拷贝句都是役事因跟致事同指而隐含不显的情况。由于役事隐含不显,这就使得结果成分出现在句末了,以致受到了强调。因此,这类致使性动词拷贝句的语法意义可以初步概括为:"通过某种方式,凸显致事作用于自身的致使性结果。"由于是役事跟致事同指,因此我们就可以用"自己"来回指,如"孩子说笑话说乐了自己",这时就将役事凸显了出来;进而可以构造出相应的"把"字句"孩子说笑话把自己说乐了"。而役事成分居于句末的动词拷贝句的语法意义跟一般致使性施受句相同,都是"通过某种方式,凸显致事将致使性影响的结果施之于役事";由它构造的"把"字句("爷爷剁排骨把新菜刀剁坏了")的语法意义跟一般致使性"把"字句就没有什么区别了。两类动词拷贝句语法意义的局部差异是由它们的底层语义结构关系不同及由此而带来不同的整合结果而造成的。

当然,役事成分居于句末的动词拷贝句(包含用"自己"来回指的形式),用"把"字句等在语用上、韵律上更加自然,因为这样就容易将结果凸显出来。下面是两个实例:

(17)a. 可怜的老徐钟,他一定是读《玉梨魂》和《花月痕》把自

已给读呆了,他让那些才子佳人的书给药着了,他中的毒太深太深。(路也《冰樱桃》)
b. 更有甚者,还有读书把人读糟了读坏了的。(曹文轩《闲话读书》)

由此可见,这些句式的语法意义随着句式群层级关系的变化而同样呈现出层级性,由此而反映出来的语法意义的共性和个性也是分层级的。这样就可以一直区分到具体的特殊句式的语法意义,而这种各个句式语法意义之间的区别和联系是跟它们的语法形式之间的区别和联系相一致的。

8.5 汉语的结果凸显性及结果表达的句法表现与语义类型

通过上文对致使性句式群中各句式语法意义的共同特征和个性特征的系统分析,我们可以就此进一步考察汉语句法系统所体现出来的类型特征。

8.5.1 汉语的结果凸显性及结果表达的句法表现

在不考虑施受句的情况下,只就"把"字句、长被动句、短被动句、受事主语句这几个句式的表达系统来看,它们共同的语法意义都是凸显致使的结果。这是它们的共性。如果就致使关系的表达而言,从语言类型学上来考虑,说汉语是结果凸显型语言(result-prominent language),是比较合乎实际的。而英语没有相应的"把"字句,而且被动句致事("by-NP"中的NP)的句法位置跟汉语也有差异,再加上词汇型致使表达比汉语丰富,因此英语致使句法系统在对结果的凸显程度上显然比汉语要低得多。另外,说汉语是结果凸显的语言,并不意味着汉语的各个句式都是用来凸显结果的,或者弱一点说,汉语的基本句式是用来凸显结果的。而只是说,跟英语等语言相比较而言,汉语在表达致使关系时,有更多的凸显结果的句法形式,某些句法形式对结果的凸显具有强制性。

这样看来,上面讨论的这些句式中至为重要的一个语义特征就是:结果成分不可或缺。至于采取何种方式来表达结果,这是可以选择的,但对结果的需要则是强制性的。人们在谈到"把"字句和"被"字句时,经常提到的一个句法限制就是:述语动词不能是光杆动词,前后总有别的成分。而这个"别的成分"正是为了适应表达结果的需要而出现的,不是随便什么成分都可以的。例如(以"把"字句为例)[①]:

(18) a. 姐姐把房间打扫干净了　　　　(动词+补语)
　　 b. 他一上任,就把这个学校管理得井井有条
　　　　　　　　　　　　　　　　　(动词+得+补语)
　　 c. 他把那本书给了我　　　　　　(动词+宾语)
　　 d. 这个败家子把家产都输了　　　(动词+了)
　　 e. 大家都把看到的情况讲一讲/讲讲(动词重叠)
　　 f. 他有意把小说往长里写　　　　(状语+动词)
　　 g. 他把书一扔,转身就走了　　　 (一+动词)

动词前后的成分实际上就是帮助动词将"结果"表达出来。当然,结果的呈现,有的比较直接显明,如(a)中的"干净"、(b)中的"井井有条"。这是比较常见的表达。有的结果则比较隐含,如(c)中"给了我"

[①] 更丰富的类型参见本书第七章及叶向阳(1997、2004)和郭锐(2003)。

的结果是我拥有了那本书;(d)中"输了"的结果是家产没了;(e)中"讲一讲/讲讲"的结果是把看到的情况讲出来、说明白;(f)中"往长里写"的结果是小说变长了;(g)中的"一+扔"表示扔书这个"短暂动作及变化完成或出现了,并预示着达到了某种结果或状态"(詹开第1987:303),即"一"这种完成体(perfect)用法"具有某种现时相关性"(陈前瑞、王继红2006)。这是语法意义对句式构造的约束。而且人们还同时指出:只有在诗词歌曲等韵文中,由于受到韵律的限制,动词才可以单独出现,如"夫妻双双把家还""我抬起腿来把楼上"。其实,这里的动作都没有完成,还没有结果;实际上强调的是动作本身,而非结果。这种情况自古而今皆然(冯胜利2002)。就现代汉语句式系统而言,它是一种特例,非一般意义上的"把"字句。

而且,即便有的情况下出现光杆动词做谓语的情况①,其结果也是蕴含的,而且语义的重心也在这结果之上,而非动作本身。例如:

(19)a. 领导要求将所有的上传图片都删除
　　b. 这样做很容易被人误解

需要指出的是,有人或许认为"他把房子卖了""老王把酒喝了"中并没有结果表达成分。其实不然。这从下面句子的平行关系就能看出来:

(20)a. 他把房子卖了～他把房子卖掉了

---

① 这只限于少数双音节动词或"复杂化、怎么样"这样的词,参见范晓(2001)、刘承峰(2003)。范晓(2001)文中光杆动词用于"把"字句中的用例,如"你别把简单的事情复杂化""我不听你的话,你能把我怎么样""我们一定能把别人消灭""把入学标准降低,为的是多招些学生""我建议大会把这个建议取消",都用于非现实的语境,结果因此而蕴含。至于单音节动词出现于"把"字句,更是限于韵文、对举的场景。

b. 老王把酒喝了～老王把酒喝掉了

即在"他把房子卖了""老王把酒喝了"中,其中的"了"实际上是"了/.lou/"和助词"了"融合而成的。"了/.lou/"由表示完结的"了/liǎo/"虚化而来(马希文1983),朱德熙(1982:68—69)将它看作动词后缀,表示动作的完成。它的语义还保留着"了/liǎo/"的基本义。当"了"出现在祈使句中就更明显了:

(21)a. 把房子卖了！～把房子卖掉！
b. 把酒喝了！～把酒喝掉！

这时"了"的结果语义就清楚地显示出来了。

8.5.2 显性结果和隐性结果

通过上面对结果的句法实现的分析可以看出,结果的表达可以有显性结果(overt result)和隐性结果(covert result)之分,两者形成了句法互补。[①] 显性结果是一种已经呈现的结果,即现实结果,在句法表现上相对一致,都是通过述语动词后面的补语成分来表示;隐性结果的句法表现则复杂多样。叶向阳(1997、2004)中的双述"把"字句中的结果都是显性结果;单述"把"字句中的虚义述补式("把球拿住""把信烧了(lou)")、述宾式("把墙炸了个洞")也含显性结果;述补省略式("看把他高兴得")中的结果也应该看作显性结果,虽然在句法层面上没有出

[①] 叶向阳(2004)指出,"金秀仍然把菜往碟里拨"中的方向状语实际上表达了动作预期的结果,更多是一种意愿,现实结果不一定与愿望相符。它们不同于补语表达的结果,比如可以说"往院子里赶了,可是没赶进去",却不能说"赶进去,可是没赶进去"。因此可以将这些句子看作意向致使。那么这种隐性结果就是一种意向结果。当然,有的隐性结果并不表达一种意向。

现,但在语义结构上跟双述"把"字句没有实质性区别。而单述"把"字句中的状中式("把东西乱扔""把袖子往上拉")、动词重叠("把剩饭煮煮")、一＋动词("把眼睛一闭")、动词＋动量词("把衣服拽了一下")、V＋了$_1$("把他得罪了")则含隐性结果。由单个动词构成的"把"字句("把时间延长/把问题简单化"),这些动词的语义结构中也蕴含着结果,具体说明参见叶文的详细分析。实际上,显性结果和隐性结果的不同只是事件情态的不同表达方式问题,两者在本质上是一致的。含隐性结果的表达对语境的依赖性都很强,语境往往提供相关的结果内容;并且这类表达常常出现于非现实语境或条件语境当中。由于我们常常没有看到隐性结果的存在,所以对这些"把"字句的语法意义是否表示结果有争议。另外,我们认为,就致使关系而言,状态的变化、位移的终点都跟一般认为的结果的呈现一样,实际都是一种结果的表现。

这也就是说,在致使关系的表达中,结果的显现方式可以多种多样,既可以是句法的,也可以是词汇的,还可以是形态的;既可以是显性的,也可以是隐性的,还可以是明隐实显的,但不能没有结果。① 而且,不同的句式对呈现为显性结果还是隐性结果,要求也有所不同。如受事主语句很少使用"动词重叠、动词＋动量词、V＋了$_1$"这些单述"把"字句可以出现的述语形式。像"假洋鬼子把阿Q的头敲了一下"不能说"阿Q的头敲了一下"。可见,对这些句法形式的语义特征还需要进一步分析。如果再考虑语用因素的制约,问题将会更加复杂。如据笔者初步考察,大多数单述"把"字句多用于口语表达中,这是语体对句法表达的选择和句法表达对语体的适应互动的结果。一个句式的典型结构是逐步形成的,而一旦形成以后又会逐步扩展其句法形式、语义特

---

① 这就给我们以启示:在考察"把"字句的构式化过程时,要以结果由隐而显和类型逐渐丰富作为观察的视角。从核心特征出发,以特征的丰富表现为旨归,这样的考察可以更好地抓住构式"化"的特征。

征、语用表现。句式形义关系和语用功能在扩展的过程中,自然会出现自上而下的约束,某个成分只有满足了其中的某些制约条件才得以进入句式中。这就使得特定句式既有核心的句法、语义、语用表现,又逐渐向边缘扩展,使特定句式在这些方面既体现出原型性特征,又体现出家族相似性(family resemblance)特征。

8.5.3 关于表达使因事件的述语动词的语义条件

最后说一下跟致使结果相关的述语动词问题。由于跟"把"字句相关的这个句式群是表达致使关系的,因此述语动词是否是及物动词、是否有处置的意味,并不重要,重要的是要能表达致使事件中的使因事件。下面两组句子中的述语动词即为不及物动词:

(22) a. 我都站酸了双腿了
  b. 我把双腿都站酸了
  c. 我的双腿都被站酸了
  d. *双腿都被我站酸了
  e. 双腿都被站酸了
(23) a. 孩子哭得妈妈很伤心
  b. 孩子把妈妈哭得很伤心
  c. 妈妈被孩子哭得很伤心
  d. *妈妈哭得很伤心 (孩子哭,妈妈很伤心)
  e. *孩子哭得很伤心 (孩子哭,妈妈很伤心)

这两例中某些句子不能成立,不是由于句法构造规则存在问题,而是受到其他句法、语义条件的制约。

在致使关系中,表达致使事件的各个成分之间的关系可以用下图

表示(施春宏 2011c:179):

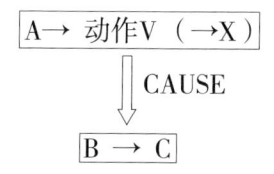

$$\boxed{A \to 动作V (\to X)} \Downarrow CAUSE$$
$$\boxed{B \to C}$$

图 1 致使事件结构中各个成分之间的关系

其中,"X"是可选项,可以出现(句法表现为由及物动词做述语),也可以不出现(句法表现为由不及物动词或形容词做述语);它既可以跟 B 相同(此时构成相对而言比较直接的致使关系),也可以不相同。关键就在于图中两个框所代表的两个事件之间要能构成使因和使果的关系。

使因事件跟使果事件是一体两面的关系。不能产生或引发结果的动词是不能出现在需要凸显结果的句式中的。这也就是像"是、像"之类的关系动词不能出现在"把"字句、"被"字句、受事主语句等句式中的根本原因。

8.6 从"把"字句语法意义的研究看特殊句式形义关系研究方法论

从上文对"把"字句及其相关句式的语法意义的研究过程来看,我们现在来回答 8.2 节中关于研究特殊句式形义关系时的一些方法论问题。这也是我们对特殊句式语法意义研究过程反思的结果。

(一)必须重视句法形式和句法意义的互动关系。

我们在句法研究中有一个很好的传统,就是强调形式和意义相结合。但我们需要在新的研究背景下进一步拓展对这种观点的认识。就句式意义的研究而言,它离不开对特定句式的构造过程的分析,否则句式意义的来源及相关句式之间语法意义的关系不容易说明。同样,就句法形式的研究而言,它离不开对特定句式的语法意义在配位方式的选择和安排方面的考察。也就是说,对句法意义的分析应该体现在句法化的过程中。这样,才能形成句法形式和句法意义之间的互动关系。这种互动关系不是简单的形式和意义之间的相互验证的关系,而是形式结构化和意义结构化过程中相互适应、相互推动的关系。这种互动观合乎人们将构式看作形式—意义对的认识,为如何研究语义进而研究形义之间的关系提供了一条可行的思路。当前,有的学者从功能(认知)的角度研究句式意义时,怀疑结构分析在其中所起的作用;有的形式研究则放弃了对语法意义的分析。这都未必能够达到他们所追求的充分的描写和解释这种目标。对任何语法构式而言,形式和意义是一体两面的关系,如同一枚钱币的两面,只有将两面都认识清楚了,才能认识到一枚完整的钱币。当然,本章所分析的形式和意义的互动关系主要从论元结构和配位方式的互动关系考虑,其实还有其他的形式和意义的互动形式,还有形式内部及意义内部的要素的互动,还有语言不同层面、不同界面要素的互动,如韵律和句法的互动等。我们在第四章讨论动结式在相关句式群中的不对称分布时,就试图考察多重界面互动机制在论元结构构式形成中所起的合力作用。对多重界面互动机制的研究将会成为构式形义关系研究的突破口。

(二)对语法意义的研究也应该走结构化之路。

用结构化的观点来研究句法形式,似乎是不言而喻的,然而,用结构化的观点来研究语法意义,似乎还没有得到足够的重视。如果从上面分析的互动观来看,这是研究语法意义的重要路径。我们在研究"把"字句的语法意义时,处置说不令人满意的一个原因就是它对结构化的认识是模糊的;致使说的结构化程度显然要高一些,但它也没有对表示致使关系的各个要素在结构化过程中的地位和作用进一步做出精细化分析。我们之所以强调在句式构造过程中探讨句式意义,就是试图探讨和强调这种结构化分析的作用。就句式的发展和关联而言,形式的结构化和意义(功能)的结构化是相互协调的。只有结构化的分析才能更容易对所考察对象的句法、语义特征做出一致性的描写和解释。另外,结构化是与系统性的分析相一致的,因为这种结构化过程是受到句法系统的制约的。这种系统性既以整个语言作为考察的对象,也以相关句式群作为考察的对象,同样也以各个特殊句式的各个变化形式作为考察的对象。当我们说"把"字句表示致使时,很难说明那些没有"把"字句的语言为何同样具有表达致使关系的句式系统,也同样很难说明汉语致使性句式群中各个相关句式都具有致使性的问题,同样也不能说明汉语史上各个阶段都有致使表达的方式却并不是每个阶段都有"把"字句。而要认清这点,就必须走结构化之路,在特定语言特定句式系统的形义关系结构化过程中去认识形式和/或意义的特殊性。这种结构化过程既是对整体论的还原,也是对还原论的综合,走的是精致还原主义之路,换个角度看,也可以说是走精致整体主义之路。对此,我们将在第十章重点阐释。

(三)注意形式和意义上的共性和个性的区别和联系。

由于形式和意义之间在结构化过程中存在互动关系,因此相关句式之间在形式和意义上必然既有共性又有个性,而且这种共性和个性是分层级的。这样就需要在句法形式和句法意义之间的互动中划分特殊句式形义关系的层级;在句法形式和句法意义之间的互动中描写和解释句法形式和句法意义的共性和个性。也就是说,研究句法意义也要像研究句法形式一样必须将共性和个性结合起来进行分析。

我们上面的讨论基本上就是基于普通话句式系统的情况所作的分析。就致使说而言,说"把"字句表达致使没有什么问题,但不能反过来说表达致使是"把"字句的特点或者说语法意义或者说功能；正如说"被"字句表达致使没有什么问题，但不能反过来说表达致使是"被"字句的特点或者说语法意义或者说功能。是否表达致使，这是语义结构关系的问题，不是句法结构本身的根本问题；而如何表达致使，则各个语言或方言的选择不尽相同，同一种语言的不同发展阶段也不尽相同。"把"字句只是表达致使性语义关系的一种句法选择而已。而且，"把"字句表达致使似乎还是一种派生属性。根本上还是在于表达致使情景的两个子事件的结构关系。Dowty(1979)用分解分析来说明致使性语义关系，正是抓住了问题的根本。"把"字句只是表达致使性语义关系的各种形式中标记性比较高的构式而已。一般主谓(宾)结构中那些表达致使性语义关系的结构形式是标记性比较低的形式，通常由动结式或带"得"式等构成。标记度最低的应该是那些词汇性致使结构，如 John broke the window。因此，关于特殊句式的语法意义的问题，至少还有下面两个方面的认识需要进一步探讨。

首先是语言类型学上的共性和个性。"致使"不但不是"把"字句的个性，而且也不是汉语的个性(同样不是普通话的个性)。构式语法的重要文献 Goldberg(1995)重点描写了英语句式系统中的 4 种特殊句式：双及物句式(Ditransitive construction)、使移句式(Caused Motion construction)、结果句式(Resultative construction)、way-路径句式(Way construction)，它们都表示致使的语法意义。Goldberg & Jackendoff(2004)进一步将它们看作"构式家族"(family of constructions)。然而，相对于英语的致使性构式家族，"把"字句的配位方式又具有汉语的个性。同样，就"处置"而言，英语的 John broke the window 也有很强的处置性。然而问题还有另一面，从"阿Q把大门踢坏了"比"阿Q踢坏了大门"的处置意味更重来看，汉语句式系统中处置意味的表达显然具有个性特点。如果进行方言之间的比较，其基本认识也是如此。

就语言共性而言,致使关系是语言结构的基本关系之一,所有的语言都有致使性语义关系的表达形式。而各个语言的表达形式又自成系统。

其次,从历时语言的研究来看,也有共性和个性的问题。即便在"把"字句出现之前,汉语也同样有致使或处置的表达,只不过"把"字句、"被"字句等句式产生以后,新的具有个性的表达实现了特定的交际功能。因此,如果一个结构不能凸显致使的结果,就不能看作成熟的"把"字句和"被"字句。这对我们讨论"把"字句和"被"字句等句式的来源和流变有新的启发。

需要说明的是,在特殊现象的研究过程中,将共性义看作个性义的研究并非没有价值,相反,它具有很高的探索价值。一方面它往往是研究的必经之路,另一方面它为个性研究提供了富有洞察力的观察和启发性的概括。

由此可见,在研究句法形式和句法意义时,必须以共性和个性的区别和联系作背景。

(四)只有在句式群中才能区别出各个句式的特殊意义。

这就必须遵循结构主义的基本原则:系统性原则和区别性原则。结构主义从根本上说是一种方法论,它在强调系统、关系的基础上,突出语言成分的差异性价值,任何语言现象都是在现实同一性中才能获得自身的语言价值(索绪尔 1916)。在系统中确定关系,在关系中确定价值,是以索绪尔为代表的结构主义关于语义性质的基本认识,是结构主义符号观的理论基石。关系,是成分在结构中的价值;价值,是成分在结构中的关系。一个语言成分的语义实际上就是特定语言系统中的一束关系之和,只有相关成分才能决定其价值。也就是说,任何语言成分的意义都是一种区别性意义,通过区别性特征而使各语言成分得以差异性存在。音位如此,词语、语法也是如此;形式上如此,意义上也是如此。概括语法意义应该从这种大的背景出发。既然如此,就无可避免地应该根据这样的基本原则来认识"把"字句及相关句式的语法意义。

就"把"字句语法意义的分析而言,这种系统性关系的最直接的表现就是跟"把"字句相关的句式群。我们通过上文的分析已经发现,仅就"把"字句本身来看"把"字句的语法意义,也许所分析出来的"把"字句语法意义实际上是相关句式的共性,而不一定是"把"字句特有的语法意义。无论是将"把"字句的语法意义概括为处置,还是概括为致使,或者扩展处置和致使的理解,都难以避免这方面的问题。即便在处置和致使之外对"把"字句的语法意义做出新的分析,提出新的认识,也不容易避免这样的问题。也就是说,凡是就"把"字句本身来讨论"把"字句的语法意义,所得出的结论就有可能将共性看作个性。

对此,我们可以将"把"字句和"被"字句在语篇中的使用情况做个比较。张旺熹(2001)在语料统计的基础上指出,典型的"把"字句突显的是一个物体在外力作用下发生空间位移的过程。张伯江(2000)也曾指出"把"字宾语有位移性特征,并通过统计数据"证明了'位移'意义在'把'字句语义中的基本性"。然而如前所述,由于我们将"把"字句看作派生句式,因此这种位移图式或意义也同样存在于派生出"把"字句的基础句式及由这些基础句式推导出的其他派生句式之中。也就是说,"位移图式"理论上应该是这个致使性句式群的共性而非"把"字句的个性,只不过在不同句式中使用频率或有差异。这样,我们就可以做出如下预测:跟"把"字句在派生过程中属于同一层级的"被"字句同样也表示位移图式,在"被"字句的各种用例类型中,表达空间位移的比例也应该是比较高的。为此,我们统计了发表于《小说月报》2008年第11期的两部中篇小说中"被"字句的使用情况。① 一篇是川妮的《玩偶的眼睛》(约43千字),共出现"被"字句58例,其中表示物体发生空间位移

---

① 我们之所以分开统计,是因为两者的语言风格有差异,而且我们在统计过程中发现文本内容及叙述方式对句式的选择使用有影响。《玩偶的眼睛》故事性很强,动作描写的内容比较多;《天堂门》故事性稍弱,有一些动作行为,但心理描写的成分多一些。这是个有趣的话题,关涉语体研究新观念,值得另行讨论。当然,由于对具体例句的理解或有差异,具体的统计数字便可能有些许不同,但这不影响基本结论。而且我们这里对"位移"的理解是从严掌握的。

的"被"字句共 27 例,占所有用例的 46.6%;一篇是傅爱毛的《天堂门》(约 31 千字),共出现"被"字句 34 例(不含"被迫"1 例),其中表示物体发生空间位移的"被"字句共 24 例,占所有用例的 70.6%。两篇小说合计出现"被"字句共 92 例,其中表示物体发生空间位移的占所有用例的 55.4%。这与张旺熹(2001)中表示"位移图式"(Motion Schema)的"把"字句的使用比例(51.8%)是基本一致的。当然,如果从影响方式来说,"把"字句的"处置"意味还是比较显在的,至少比"被"字句显著,而处置的结果往往是使物体发生了明显的位置上的移动、状态的改变、数量上的增减等。另外,如果从另一个角度来看,位置上的移动、状态的改变、数量上的增减等实际上也都可看作是变化及其隐喻关系,因此按图式理论的基本精神,将"把"字句的图式结构概括为"变化图式"(Change Schema)也未尝不可。物体由存在到消失,位置由此至彼,天色从早到晚,树叶由绿变黄等,这些"变化"都是极其自然的日常感知对象。当然,"变化图式"也同样是相关句式群的共性而非"把"字句的个性。认知语法在这些方面有很大的作用空间,但在具体分析时必须结合配位方式系统的结构化分析。

同样,当我们说"把"字句是表达主观处置的时候,也应该尽可能说明其他致使表达并非如此,而且也需要说明是否"把"字句都表示主观处置;如果存在不表示主观处置的"把"字句,是否还可以算"把"字句;如果有的表示主观处置有的不表示主观处置,那么它们的区别何在,如何在此基础上做出一致性概括。例如(引自沈家煊2002):

(24)a. 这是书误了他,可惜他也把书糟蹋了。(《红楼梦》42 回)
  b. ?这是书把他误了,可惜他也糟蹋了书。

例(24a)前半是动宾句,后半是"把"字句,这是契合语境的表达方式。沈家煊(2002)认为(24b)之所以别扭的原因,是"因为说话人(宝钗)'可惜'的是'书','书'在说话人的心目中是受损者,'他'是使'书'受损的责任者"。如果根据本章的基本逻辑,我们似乎也可以做出某种"客观致使"的解释:由于"把"字句凸显的是致事对役事致使性影响的结果,因此只有在需要这样语义结构的语境中用"把"字句才更为贴切。这还可以有一个推论,(24b)用在某些语境当中同样也是合理的。如下面是实际的用例:

(25)a. 问题是没有,但这一拨是把你误了。(张安慧《梁衡:骨子里仍是记者和作家》)
   b. 不过他今天排队排到七点十五,把单位的班车给误了。(刘震云《一地鸡毛》)
   c. 将来她要是考不上大学,可不就是我们这些做父母的把她给误了吗?(白帆《寂寞的太太们》)
   d. 刘兄,你把你自己误了,也把致庸误了,致庸此次若不能带你回山西,会难过。(《乔家大院》)
   e. 有人已把我的一生误了,我不能再误了你。(《乔家大院》)

有意思的是最后一句,跟(24a)形成了对比。句式对语境、语义侧面的选择由此可见一斑。

当然,凸显本身也是一种认知机制,制约着表达方式上的主观选择性。但凸显与否,还有非主观因素的制约。如"孩子把所有的玩具都扔到了地上""小张把个孩子生在火车上了"这样的强制性提宾的情况,句法构造本身的制约作用也是不可忽视的,这是语法形式和语法意义互动的结果。其实,对同一个语言现象,不同的理论可以从不同的视角来做出自己的合乎内部一致性的解释,这样才能使描写和解释更加充分,理论的互补性才能得以体现。

　　这就进一步要求我们必须将"把"字句及其相关句式的构造过程和语法意义的互动关系放到句式群中来认识。如"侯宝林的相声把大伙儿听笑了"这样的"把"字句,只是到了动词拷贝句发展得相当成熟了的阶段才能出现。"大伙儿被侯宝林的相声听笑了"也是如此。据此可以推论:如果一个语言或方言中没有这样的动词拷贝句,那它也就没有这样的"把"字句、"被"字句。也就是说,有了这样的动词拷贝句未必有这样的"把"字句、"被"字句,没有这样的动词拷贝句则肯定没有这样的"把"字句、"被"字句。此所谓"有之不必然,无之必不然"(《墨子·经说上》)。这实际就是证实和证伪的关系问题。而所概括出来的"把"字句、"被"字句的语法意义,必须能够说明这些情况,尤其是要做出有效的预测,能够体现证伪的要求。对句法发展变化的历时考察也必须从句式群的发展变化着眼。

8.7　本章小结

　　目前学界对"把"字句语法意义的探讨,大多是就"把"字句而研究"把"字句,难以说明所概括的"把"字句语法意义是"把"字句的个性特征还是相关句式的共性特征。有鉴于此,本章试图提出一种新的分析思路,在前文提出的"句式群"(构式群的一种表现)这一概念的基础上,将"把"字句放到句式系统中来考察它跟相关句式的联系和区别,从而在系统性原则和区别性原则的指导下分析出"把"字句及其相关句式各自的语法意义。为了实现这一目标,本章采取的是互动-派生模型分析法,将结构动因和生成机制结合起来,通过对相关句式构造过程的派生分析,在语法形式和语法意义的互动关系中推演出"把"字句及其相关句式的语法意义,以此对句式群的语法意义层级做出跨句式的概括,并由此探讨特殊句式形式和意义关系研究中的方法论问题。

我们认为"把"字句的语法意义是一种结构化意义,对"把"字句语法意义的认识必须以这种结构化特征为基础。而且必须在句式群中才能充分认识"把"字句语法意义跟其他相关句式语法意义的共性并进而发现"把"字句及相关句式语法意义的个性。由此,我们通过对表达致使关系的特定句式群中相关句式的派生过程的分析,将"把"字句的语法意义概括为:"通过某个致使方式,凸显致事对役事施加致使性影响的结果。"并进而将结构完整的"被"字句(长被动句)的语法意义概括为:"在某个致使方式的作用下,凸显役事受到致事施加致使性影响的结果。"将致事隐含的"被"字句(短被动句)的语法意义概括为:"在某个致使方式的作用下,凸显役事受到致使性影响的结果。"将受事主语句的语法意义概括为:"在某个致使方式的作用下,凸显役事出现致使性影响的结果。"将一般的致使性施受句的语法意义概括为:"通过某个致使方式,凸显致事将致使性影响的结果施之于役事。"同时还讨论了动词拷贝句的语法语义类型。在讨论特殊句式的语法意义时,学界较多地将注意力放在"把"字句上,而对"被"字句(含长被动句和短被动句)、受事主语句乃至致使性施受句的语法意义鲜有说明,这是因为没有将这些句式的语法意义之间的关系看作是一个系统,有一种孤立地研究"把"字句语法意义的倾向(虽然也常常拿其他句式做比较的对象)。由此我们认识到,所谓的致使、处置以及对它们所作的扩展性理解,都是致使性句式群或其中某些句式或某类用例的语法意义的共性,而非"把"字句语法意义的个性。[①] 而派生的致使性句式群语法意义共性是

[①] 除了上面提到的"把"字句、长短被动句、受事主语句、(致使性)动词拷贝句、(致使性)施受句可以表达致使或处置义外,像兼语句(含使令句)、双宾句(双及物句式)等句式中都有某些类型表达致使或处置义。其实,凡是可以表达变化、位移之类语义内容的句式,都有表达致使或处置义的功能。

"凸显致使性影响的结果"。如果我们坚持处置的扩展性理解,那么,将它看成是"凸显处置性影响的结果",也是可以的。这不是问题的根本,关键在于如何从结构化、句法化的角度在句式群中确立"把"字句乃至相关句式的语法意义的性质。就致使结构的句法表达而言,我们认为,可以将现代汉语看作是结果特征比较凸显的语言(即结果凸显型语言);从"把"字句等相关句式的发展过程来看,从古代汉语到近代汉语到现代汉语,句式系统中结果特征逐渐凸显,表达结果凸显的句式和方式也越来越丰富和复杂。

由于"把"字句结构特殊,类型多样,语义复杂,这导致人们在解释"把"字句的形式和意义时遇到了很多困难。至于试图找到一个一致性的解释,更是百回千转。因此有先生认为:"想为所有的含有'把'的句子(或动词短语)找出一个统一的简明解释,无异于想根据海水里氢、氧、碳、钠、镁等几十种原子的百分比去拼凑一个海水的分子式。"(马希文 1987)然而,人们并没有对分而治之的结果感到满意,并没有放弃对一致性解释的追求。本章正是在这方面所作的一种尝试,我们试图将对"把"字句语法意义的分析结构化、句法化,从而实现一致化的目标。

在"把"字句及相关句式的语法意义的研究过程中,我们发现有一些方法论的问题在研究语法形式和语法意义及其关系中尤其值得重视,这就是:必须重视句法形式和句法意义的互动关系;对语法意义的研究也应该走结构化之路;应该注意形式和意义上的共性和个性的区别和联系;只有在句式群中才能揭示各个特殊句式的区别性语法意义。也许我们上面推演出来的结论还需要重新斟酌,也许我们的研究方法还有粗糙的地方,也许某些用例的分析还可能不太到位,但有一点是比较明确的,就是研究特殊句式的语法形式和语法意义之间的关系不能不考虑到这些方面。

既然我们将特定句式放在相关句式群中来研究形式和意义之间的

结构化的句法—语义关系,这就必然带来一些值得重新思考的问题,如语言类型学问题。致使关系在各个语言或方言中的表达方式并不相同(共时的、历时的皆如此),如何认识和分析它们的共性和个性?也许从形式和意义的互动关系入手,方能做出有效的比较。又如各个句式之间的形式和意义的不对称问题。由于"把"字句和"被"字句的语法意义的基本结构相同,这种意义上的某些对称性使两者在句法形式上也有某种对称性;又由于两个句式对基本语义结构凸显的侧面不同,因此这两个句式在句法形式上自然有不对称的地方,而这些不对称正是个性特征的展示。由此出发庶几可以对"把"字句各个句法成分的句法和语义特征做出新的分析。

最后需要说明的是,对是否需要以及是否能够以基于假说—演绎路径的互动-派生分析模型、采取自下而上和自上而下相结合的观念来分析特殊句式的形式和意义及其关系,目前还有不同的认识。① 目前在研究特殊句式的语法意义时,不少文献都以构式语法理论为背景来对此做出重新思考,有的对能否从结构入手研究"把"字句的意义表示怀疑。这体现了一种新的思考。构式语法从其基本研究理念出发,强调句法研究的非模块性、单层面性、非派生性/非转换性、构式合一性(如 Kay 1995、1997;Goldberg 1995、2003、2006、2009、2013),认为语言是由构式且只由构式这种形式—意义/功能对组成的,所有构式都是基础生成的,构式之间因形义特征的关联而存在特征承继关系,但不能因此而认为从一个构式推导出另一个构式。这是为了跟句法的生成性分析相区别而做的极富创造性的理论选择。然而我们觉得,这也许只是

---

① 就本项研究而言,自下而上的研究指特殊句式的构造过程,关心的主要是基础句式"生成"的机制;自上而下是指特定句式形成以后,其整体性特征会对进入到该句式的成分有句法、语义、功能及由基础句式到派生句式的进一步派生过程等方面的制约作用。两者的结合在不同层面、不同阶段发生作用。就此而言,我们认为两者是可以在一定角度上、一定程度上结合的。至于两者在更高层面如何结合的问题,有待进一步论证。

问题的一个方面。其实,问题还可以往前推进一步,从语法形式和语法意义的互动关系来重新思考这些问题。而这时我们就未必完全否弃派生分析在研究形式和意义互动过程中所发挥的作用。① 从上面的分析来看,从派生过程来研究"把"字句及相关句式的语法形式和语法意义跟基于构式语法的研究并不矛盾。语法系统中任何句式的存在都有其特定的句法特点和语法意义,两个具有派生关系的句式并不表示其语法意义就相同,而只是说明两者之间在句法和语义上的联系和异同。派生分析同样力求说明句式及其意义既不是其组成成分的形式及意义的简单加合,也不是从其他结构简单推导而来。推导的目的正是为了在基于相互联系的基础上发现其中的区别性差异。而且,就理论本身而言,基于演绎分析基础上的派生未必一定要求两个句式之间就一定存在时间上前后相继、发展序列上前后相依的关系,即逻辑先后未必与历史先后相一致(吕叔湘 1979:15;沈家煊 2008)。当然,我们希望已经建立的分析模型能够将逻辑先后和历史先后相协调。

其实,选择什么样的方法论往往与研究者对研究对象的本体论承诺有关;如何将自下而上和自上而下相结合,则与如何从不同角度在不同层面实现不同层次的目标有关。互动不是混合,派生不是等同,结合不是杂处。就方法论本身而言,无所谓好坏对错,关键在于通过该方法论(及其特定的分析模型)是否能够得到其他方法论不便得到的有语言学意义的概括,是否及多大程度上能够解释其他分析模型已经揭示的语言事实,能否解释其他分析模型不能充分解释的不同现象之间的关

---

① 我们这里做一个大胆的推测,如果构式语法注意到构式群在语法研究中的重要作用,注意到构造过程的分析在描写和解释构式中的特殊作用,进一步探讨形式和意义之间的互动关系,那么将会在一定程度上放松对单层面性、非派生性的要求(当然可以换一种分析模型、换一个观察视角、换一种叙述方式)。这既是事实的需要,也是理论发展的必然;除非对此不加关注。生成语法在句法研究由开始对意义的驱逐发展到后来对可以句法化的结构意义的重新处理,就是一个很好的参照。

系，是否能够发现其他分析模型不易发现的语言事实并做出新的预测。按科学哲学的某些观点来说，就是看该理论和/或方法是否具有解题有效性(Laudan 1977)。理论范式和方法从根本上说是互补的，能否结合、是否结合和如何结合受特定时空的制约。

第九章 新"被"字式的句法、语义、语用分析

9.1 引言

前面诸章所探讨的几种论元结构构式,都是句法研究中长期受到关注的重点句式,既产生了丰富的成果,又引发了很大的争议。我们在互动构式语法的观念下借助互动-派生模型对它们的形式和意义及其互动关系都做了系统的探讨。本章继续沿用这种观念和方法来分析一个新近产生并引起学界广泛关注的句法现象——新"被"字式,借此对句式构造过程中多重互动关系的运作机制做出新的探讨。

学界内外均引起广泛关注的新"被"字式现象的产生背景是这样的。2007年8月26日,曾多次到北京举报当地领导违法行为的李国福刚从北京返回安徽省阜阳市,就被当地检察院带走,随后遭拘留、逮捕,并于次年3月13日凌晨死于监狱医院。对于李国福的突然死亡,当地检方公布的调查结果是"自缢身亡",因"其死亡现场呈现自杀迹象"。但死者家属质疑这一结论并要求查明真相。此事经媒体曝光后,备受公众关注,网上热议更是潮涌。许多网民根据当时情形认为李国福是被杀,现场的自杀迹象应为伪造或刻意安排。为了有效彰显这一特异事件,宣泄特殊情绪,"被自杀"便应时现身于媒体。

自"被自杀"见于交际系统后,与常规被字句形式和意义都迥异的

新被字结构"被 X"在语言生活中激起了巨大的波澜。① 例如(引例后未加标点者为标题,全文同此):

(1) 多人受处分　一人被下岗(引自王灿龙 2009)
(2) 前几天博客终于被和谐了,被强制执行到了新版。(引自王寅 2011c)
(3) 千名学生遭遇"被信用卡"到手已欠 50 元年费(引自陈文博 2010)
(4) 汪晖"被抄袭"? 请慎用"抄袭"这根大棒(引自池昌海、周晓君 2012)
(5) 教育部称 67％公众赞成汉字调整　网友调侃被 67％(引自彭咏梅、甘于恩 2010)
(6) "中国被 G2"　不可轻信美国花言巧语(引自郑庆君 2010)[按:"G2"指中美两国集团(Group)]
(7) 他们应当地市委市政府的要求,被"自愿关闭"采石场。(引自何洪峰、彭吉军 2010)

上面"被 X"中,X 分别为不及物动词("下岗")、形容词("和谐")、名词("信用卡")以及及物动词("抄袭")、数字("67％")、字母词("G2")、词组("'自愿关闭'采石场")。可见,这类新兴"被"字结构的组合具有很大的开放性,其自由度之高远非一般特殊句式所能比。为了说明的方

---

① 关于"被自杀"类新被字结构的产生,一般文献都认为自"被自杀"始。然而,于全有、史铭琦(2011)认为该格式起码萌生于 1993 年的"被吵架"。"被自杀"出现之前,"被面子、被买断、被告别、被焦点访谈、被等、被赶、被现代化、被代表、被娱乐、被统计、被增民、被潜规则"等曾先后出现。只是由于"被自杀"的出现而使该构式广受关注,新的实例由此大量涌现。这将使我们对何为"新现象"的"新"做出新的思考,语言表达"新",不仅是语言结构体所体现出来的形式上的或意义上的从无到有、由此及彼,还有语言交际者情绪上的、情境上的对语言形式和/或意义的"赋予"。

便,本章称这类新兴起的被动结构为"新'被'字式",以与常规的"被字句"相区别。① 这样的命名既体现了两者的不同,也展示了两者之间的关联之处。

面对这种突然兴起、广为传用的新兴语言现象,学界已经做了比较及时而又广泛的观察、描写和解释。仅笔者所见文献,截至 2015 年底已达 280 余篇之多(其中 2009—2011 年间就有 160 余篇)②,各种前沿理论都试图对该现象加以解释。这种集中关注一种新兴语言现象所产生的巨大学术热潮,恐怕是空前的。

当前,学界对新"被"字式的考察大多着眼于该构式的语境动因、语用效果。也有学者探讨了它的生成机制,如概念整合、构式压制、非范畴化、认知隐喻和转喻、模因复制仿拟、托形嫁接、零度偏离等。本章综合运用事件结构理论和认知语言学关于句式形义关系分析的基本观念,通过对句式的概念/语义结构及其句法投射过程的分析来重新刻画新"被"字式的生成机制,进而对该构式的语义结构与理解以及该构式所引发的语用效应做出推导,同时,也会就学界的相关分析策略做出说明。本章认为新"被"字式是在多重互动关系(如语言系统和现实交际的互动关系、句式构造和句式意义的互动关系、词项和构式的互动关系)作用下构造而成并发挥其特殊功用的,因此试图通过这个视角来对新"被"字式生成机制的结构化、语义理解的多能性和语用效应的趋向性等方面做出系统分析,并借助对这一新的句法现象形义关系的分析再次检验和充实基于互动-派生模型的构式观。

---

① 关于这种新"被"字式"被 X",已有不少其他叫法,如"被组合"(刘斐、赵国军 2009)等。一般多用"新兴""流行""另类"来标示,以显示其新异。有的用"被 XX"来标示,概因这种结构初始出现时"被"后词语基本上都是双音节的。但后来该构式的发展显示出,该构式中的 X 没有音节数量的限制,双音节占多数的情况是汉语词汇系统中韵律结构使然;而且也并非只有词才能进入。

② 虽然不少文献实际上是低层次重复,但透过这么高的发表率可以见出这个构式在学界的高关注度。

9.2 新"被"字式对常规被字句的双重背反

从引言中所举诸例来看,新"被"字式"被 X"与常规被字句的不同之处鲜明地体现在"被"后词语的功能类型上。一般研究新"被"字式的文献,在拿常规被字句做对比时,已经指出常规被字句"被"后带及物动词,如"被打、被杀害、被淘汰、被编辑、被加工"。而新"被"字式在开始产生时,常为不及物动词(如"自杀、就业、结婚、失踪"),在用法扩展的过程中,逐步出现了形容词(如"和谐、幸福、民主、满意")、名词(如"爱心、处女、高铁、潜规则")、及物动词(如"录取、统计、同意、重视"),甚至还有其他类型(如"买房、涨工资、一致同意;第一、二套;67%、PS、EO"等)。"被"后成分即便是及物动词,其语义内容也跟常规被字句大异其趣。例如:

(8) QQ,作为您的忠实用户,今天我们"被卸载",明天呢?(人人网,2010 年 11 月 3 日)

(9) 堵住职工"被培训"漏洞最关键(河北博才网,2012 年 9 月 15 日)

可资比较的是相应的及物动词常规用法:

(10) 腾讯公司滥用了用户的信任,强制用户卸载 360 安全产品。(出处同例(8))

(11) (用人单位)早已主动拨出标准高得多的经费培训全体职工。(出处同例(9))

例(8)和例(9)中的"卸载、培训"是用户在被强制的情况下卸载了程序、职工在自己未参加培训下被当作参加了培训;而例(10)和例(11)则是一般的及物动词用法。

X甚至还不仅仅是这样的一些类型,实际上它是个极其开放的类,似乎功能各异的各类词语都可以进入该构式(原因参见下文)。这种现象在汉语句式的句法表现上是极为特殊的。这实际是新"被"字式在多重互动关系中发展的必然结果。正是这种句法上的"迥异"表现及附着于其上的特殊而丰富的语义内容和语用色彩,引起了学界内外广泛的关注。

归纳一下,无论是结构形式,还是语法意义,新"被"字式都跟常规被字句构成了一种背反状态,因而展示出不同的语用效果。我们可以将这种现象称作双重背反现象。

其一,形式上的背反。上面所析大体都是从这方面来认识的。其实,问题还不止如此。一般拿来跟新"被"字式相比较的常规被字句,所举用例多是单个及物动词做"被"后谓语动词的情况。然而这只是常规被字句的一种表达方式,甚至未必是最常见的表达方式。常规被字句中"被"后谓语成分更多的是述补结构或其他复杂结构,如"被打伤、被关上、被哭醒、被干死、被放到一边、被选举为校长"之类。而新"被"字式常常并非如此,出现于其中的谓词性成分常为单个动词或形容词,此外,更特殊的是它还能容纳非谓词性成分。既然如此,常规被字句"被"后可以出现动作行为的发出者,如"被他打、被凶手杀害"和"被人打伤、被孩子哭醒、被大旱干死";而新"被"字式中由于通常没有这样直接的动作关系,也就谈不上出现这样的动作行为发出者了。①

---

① 一般文献都认为新"被"字式中"被"与"X"之间不能再插入其他成分。其实不然,如"霍启刚和郭晶晶两人没问题,两人还为此发表共同声明,他们完全是'被'媒体悔婚"(引自杨巍 2012)。这里插入了施事性成分,当然这里的"媒体"并非"悔婚"的动作发出者,这是与常规被字句有根本区别之处。由此可见,仅仅根据见到的某些用例来断定句法结构的合式形式,是有相当的局限的。

其二,意义上的背反。典型的常规被字句属于致使表达方式的一种类型,其语法意义是"凸显役事受到致事施加致使性影响的结果",如"杂志被孩子撕破了";如果致事不出现(短被动句),其语法意义便是"凸显役事受到致使性影响的结果",如"杂志被撕破了"。(施春宏2010b)即便做谓语成分的是单个动词,也蕴涵着一种受到致使性影响的结果,如"杂志被撕了",其中的"撕"类表示去除义的动词都蕴涵着一种可预知的结果。"被杀害、被枪毙、被卖、被杀"等莫不如此。而新"被"字式则不然,至少从表面上看,不能直接实现常规被字句所实现的语法意义。① 而且新"被"字式所表达的语义内容似乎带有更多的主观色彩,如"被自杀"开始出现的时候指的是"(某人突然死亡后)被官方说成是自杀了",使用"被自杀"这一言语行为的人实际上是通过这一表达来对官方行为进行怀疑、否定或谴责。而这样的主观色彩内容在常规被字句中并不存在。虽然这两种被动形式表达的都是主语蒙受某种行为,但常规被字句的主语是"被"后谓语所表示的动作行为的直接影响者,而新"被"字式的主语甚至跟"被"后成分没有显在的直接语义关联。

而且,更为突出的是,新"被"字式的意义在不同的语境中具有相当大的波动性。就拿广受特别关注的"被自杀"来说,至少可以有这样的三种理解:

(12)a. A 属于他杀但被 B 说成是自杀。　　　　　(A 已死)
　　 b. A 被人强迫自杀但被 B 说成是主动自杀。(A 已死)
　　 c. A 既未自杀也未被杀而被 B 说成或误传成自杀。
　　　　　　　　　　　　　　　　　　　　　　　　(A 未死)

---

① 当然这实际上只是一种表象的认识,下文的分析将会证明新"被"字式和常规被字句恰恰在高一层面上实现了语法意义乃至结构形式上的某种一致性。

从概念内容来看,(12a)和(12b)改变的是"意愿"(前者还同时改变了事实),(12c)改变的是事实,自然连意愿都取消了。三者都存在着对日常交际语境中某个事实情况的违反:(12a)具有反自发性,(12b)具有反自主性,(12c)具有反未然性。只要建构合适的语境,完全可能还有别的读解方式。

新"被"字式跟常规被字句形式上的巨大差别需要我们做出解释,新"被"字式意义的波动性及其拓展空间也需要做出说明。而要有效地解读新"被"字式和常规被字句在形式和意义上所呈现的双重背反现象及由此而产生的语用效应,必须从语言系统与现实交际的互动关系、句式构造和句式意义的互动关系、词项和构式的互动关系等多重互动关系相互作用的过程中考察其生成机制和语义理解的多重可能性。而且这种解释最好能从该构式本身的结构化过程中就能得到有效的说明,而不是简单地将问题推到结构之外的方面。社会因素、交际情境对促发新"被"字式的出现和拓展固然非常重要,但没有结构本身的适宜条件,是无法形成相应的表达方式的。结构适应了功能,也决定了功能的呈现。另外,既然新"被"字式和常规被字句用了相同的"被"结构,我们就有理由相信两者之间具有某种一致性,而且这种一致性也能得到结构上的说明。没有结构化的分析模型,就很难真正揭示事物的本质,很难避免就事论事。我们相信,只有做出结构上的有效分析,才能使其语用功能、交际效果得到更充分的说明,进而做出有效的预测。能否做出预测是检验一个模型分析效度的至为重要的标准。

9.3 新"被"字式的形成动因和生成机制

目前对新"被"字式生成机制的描写和解释更多地受其表层线性序列的影响。如从论元结构关系来考虑,"A 被+不及物动词"中的 A 显然不能做不及物动词的支配对象；而且当"被"后出现的是非谓词性成分时，更谈不上形成一般意义上的论元结构了。既然如此，新"被"字式"A 被 X"中的 A 和 X 也许并不存在真正意义上的句法和语义上的组合和选择关系。下面我们借助对新"被"字式的语用结构的分析，来探讨它的形成动因及生成机制。

9.3.1 从新"被"字式的语用结构看其形成动因和语义结构

其实，现实交际中新"被"字式的使用场景为我们分析新"被"字式的生成机制及其语义内容提供了很好的导引。网易新闻《"被"时代，逃不出的荒谬》（第 63 期专题，2009 年 7 月 24 日）对此做过专题分析，介绍了"被代表、被捐款、被失踪、被自愿、被就业、被自杀、被开心、被小康"的产生语境，并一一表明了编者的"观点"。下面是其中的几例：

> (13) [被失踪]《网络报》记者关键在山西采访时神秘失踪，家人报警求助，山西警方立案调查，初步认定为"失踪"，并声称"人命关天，我们会全力查明真相"。14 天后，家人却接到河北警方电话，被告知关键涉嫌受贿被刑拘。随后，山西警方表示他们事前就已经知道情况。[观点]……没有程序就没有正义，"不告知"把刑拘办成了失踪，利用公权力愚弄和恐吓了民众，不但令民众对公权力失去信任，也令法制建设遭到破坏。①
>
> (14) [被捐款]汶川地震后，一些单位或组织强迫个人捐款，

---

① 此例的正文中没有出现"被失踪"，但作者将"被失踪"列作关键词小标题。可见作者基于当下新"被"字式的使用背景对整个事件过程做出了概括。

以至出现个人重复"捐款"。北大哲学系教授王海明赞同震后每个人都必须被强制捐款:"很多人是把捐款当成善行,没有理解成责任和义务。"[观点]……"被捐款"的背后体现出依法行政的不足,更是对私有财产的变相侵犯。

(15)[被小康]2009年2月,江苏省对南通市辖下各县市的小康达标情况进行随机电话民意调查。当地政府要求受访群众熟记事先统一下发的标准答案,如家庭人均年收入农村居民必须回答8500元,城镇居民必须回答16500元,"是否参加社会保险或保障"必须回答"参加了","对住房、道路、居住环境是否满足"必须回答"满意"。于是,那些原本在小康达标水平之下的群众,一夜之间就"被小康"了。[观点]小康本来有明确的指标,白纸黑字,糊弄不了人。但在"政绩"的强大压力下,官员没有创造不了的奇迹。……

就例(13)而言,很明显,"被失踪"的语用结构包括这样一些内容:1)当事人关键不希望发生某种不该发生的事;2)关键被警方刑拘了;3)警方不想让家属等知道实情;4)警方"说"关键失踪了。显然,这种语用结构经过概念化过程投射到语言系统中,"被失踪"的具体语义内容是"关键实际被警方刑拘,由于警方不想让人知道实情(致使)警方说关键失踪了",进一步结构化为:"A因某种外力所致使的失联+被B说成+(A)失踪"。这种语义结构如果说成"(被刑拘的)关键被警方说成失踪了",其表达形式就是常规被字句。然而,在实际的交际过程中,该内容最后浓缩为"被失踪"这种新的结构形式,以致从字面上不容易看出原本表达的语义结构了。

就例(14)而言,很明显,"被捐款"的语用结构包括这样一些内容:1)有人不愿意或没有捐款;2)单位或组织"强迫"某人捐款;3)该人最后捐了款;4)单位或组织完成了捐款的任务或呈现了热情捐款的情况。显然,"被捐款"的语义结构便是"某人遭受单位或组织强迫(致使)自己捐款了"。"被捐款"是相关内容的一种浓缩表达方式。

就例(15)而言,"被小康"的语用结构包括这样一些内容:1)受访群众的生活没有达到小康水平;2)当地政府"要求"受访群众"必须"按小康标准来回答问题;3)受访群众在政府胁迫下做了"正确"回答;4)在统计数据上当地生活水平显示为小康达标。显然,"被小康"的语义结构就是"当地群众被政府要求必须按小康标准来回答问题(致使)当地群众生活水平被认为达到了小康的标准"。"被小康"是相关内容的一种浓缩表达方式。

进一步对上面三例的语用结构做出概括,可以看出每一个新"被"字式"A 被 X"实际包含着这样一些语用内容:1)存在某个与 X 相关的事件,该事件或者没有真实发生,或者真实发生了;2)存在该事件的责任主体 A,A 不愿意/不希望该事件发生①;3)存在另一参与者 B,通过某种操控方式(如"说成、强制、认为")而使该事件呈现出来;4)A 蒙受了与 X 相关的事件。显然,就 A 和 X 而言,最关键的语用特征就是:A〔±自愿性〕、X〔±真实性〕(这里的"X"代指与 X 相关的事件)。另外,当 X 为〔-真实性〕时,另有一事实 Y 存在,即 Y〔+真实性〕。据此,我们可以列出一个表格来说明新"被"字式的各种逻辑可能性及其语用内容,并将前文涉及的 13 个用例归入其中:②

---

① 后文的分析还将说明,A 实际上也可以"自愿/希望该事件发生"。
② 此表的设计受到北京语言大学硕士陈艺骞的启发,谨此致谢。

新"被"字式的语用可能性

类型	A[±自愿性]	X[±真实性]	B的操控方式	实例
I	−	− (Y[＋真实性])	说成	被自杀、被抄袭、被67%、被G2、被失踪
II	−	＋	强制	被下岗、被和谐、被信用卡、被自愿关闭采石场、被卸载、被捐款
III	＋	− (Y[＋真实性])	认为	被培训、被小康
IV	＋	＋	*	无

只有类型IV(属于既"自愿"又"真实"发生了事件)不能生成新"被"字式,如表达"(在没有B的参与下)运动员通过努力获得了金牌"这一概念内容时,不能采用"运动员'被金牌'了"的表达方式。新"被"字式所表达的语义内容中,事件真相是:要么"(A)不愿",要么"(X)不实",要么既"(A)不愿"又"(X)不实"。显然,既"不愿"又"不实"所造成的形义关系跟一般生活场景反差最大,这也就是"被自杀"一时凸显的语用基础。"被自杀"的凸显从而带动了整个新"被"字式的广泛使用和进一步发展。

显然,这是由多重概念结构关系合成的,语用内容的每个方面都构成了一个认知模式(cognitive model),整合成为一个认知模式集合体。其关节点就在新"被"字式表层结构中隐而不显的B,它是构成"矛盾"关系的关键。人们在阐明新"被"字式的生成和理解时,都强调语境的作用。确实如此,但需要进一步分析的是,语境是如何对新"被"字式的生成和理解起到促动作用的? 其实,人们是借助一个个认知模式来进行日常交际的,相关的语境构成了一定的认知模式,而这些认知模式是有结构的,由相关成分及其关系组成,人们借助认知模式的思维方式将自身经验概念化、范畴化,进而选择或构造合适的表达方式,投射到语言系统中来。这就说明,由于认知模式的关联,进入交际情境中的语境的构成要素及其关系跟语言表达中的概念结构中的构成要素及其关系具有某种结构上的对应性。① 这里对新"被"字式语用内容的分析正是基于这样的基本认识。这就要求我们,在强调语境的促动作用时,必须给语境一个结构,使语境的分析和相应表达的分析都体现出一种结构化的路径。语境是结构化的语境,语言表达是结构化的表达,只有在结构化映射中才能建构两者之间的关联。

由此可见,新"被"字式的构造基础并不复杂,甚至也不"特殊",它是在常规被字句基础上的一种改造,一种规则性的改造。从这里对新"被"字式的语用基础及概念结构的分析来看,在投射到语言系统之后,新"被"字式的具体语义结构表现为:

(16) A 被 S,S＝B+V+～X～

其中,A 为整个事件的蒙受者,S(＝sentence)代表一个表达特定事件的陈述,整个语义是 A 蒙受了 S 这个事件;在 S 代表的事件中,B 为事件操控者,V 为 B 的操控方式,～X～为所操控的内容,但这个内容没有完全从字面上呈现出来,而是选择了其中的某个成分 X 作为代表。就 X 而言,实际上代表的是由 A 发生的施为事件,只不过这个事件有可能并未发生而被人认为在 A 身上发生了,如前例中的"(关键)失踪"和"(村民)小康";也有可能实际发生了,如前例中的"(某人)捐款"。也就是说,新"被"字式整体上表达的是一个蒙受事件;而这个蒙受事件产生于一个下位事件,即 B 施之于 A 的操控事件;B 操控的内容则是可

---

① 有的文献从认知隐喻的角度来分析新"被"字式所反映的社会现实和语言表达之间的关系(如付开平、彭吉军 2009;冯瑞 2010;李卫荣 2011),这主要还是基于语言和社会所存在的共变关系的考察。若要有效地分析新"被"字式的建构过程和理解新"被"字式的语义内容,尚需进一步从认知模式出发,在交际经验和概念结构的结构化拓扑关系中重新审视语境的结构及其作用机制(施春宏 2012b)。

能发生在 A 身上的施为事件。这三种事件的关系是：

[蒙受事件[操控事件[施为事件]]]

这三重事件的整合构成了新"被"字式得以呈现的基础。整合后的三重事件投射到语言系统中，形成新"被"字式的三重语义结构，其中 B 的操控事件和 A 的施为事件之间具有（蒙受性）致使关系。[①] 显然，这里的关键就是"操控"行为的发生，而操控的方式可以是"要求、强迫、处理成、认为、当作、说成、宣称"等等，视具体事件而定。就此而言，新"被"字式所表达的语义内容在很大程度上依赖于操控方式。这也就是很多学者将新"被"字式所代表的事件或 X 所代表的行为进行分类说明的基础。如有学者认为 X 分别表示代替行为（"被就业"）、认定（"被自杀"）、要求或强迫（"被捐款"）（郑庆君 2010；陈文博 2010；池昌海、周晓君 2012 等）；有学者从意类的角度将"被"族新语大致划分为"被民生"类和"被民意"类这两大类（于全有、史铭琦 2011）。然而，由于这里的操控方式相当宽泛，表达操控方式的动词语义类型也非常丰富，因此新"被"字式所表达的语义内容以及它所隐含的操控方式远比一般所认为的类型要广泛得多。根据我们的初步分析，只要能带事件论元（event argument）的动词都可做操控事件的谓词，都可以构造出相应的新"被"字式。当然，如果我们进一步分析就会发现，这种操控方式实际上可以分别归入行域、知域、言域三个方面，上表中对 B 的操控方式的概括和对新"被"字式类型的分析就是基于这种认识的：类型 I、II、III 的操控方式分别属于言域、行域、知域的范畴，其中的"说成、强制、认为"只是代表某类操控方式类型

[①] 根据线性序列成分之间的关系，有先生认为新"被"字式的主语不再是受事（客事、被动者），而是施事（主事、主动者）（张明辉 2010；冯地云 2010），该构式表达的不是"被迫 X"（张明辉 2010）。然而根据本章对该构式基础语义结构的还原分析，我们认为新"被"字式的主语仍然是整个蒙受事件的被动者（役事），A 和 X 之间不存在直接的句法、语义关系。

的简单说法。① 由此可见,新"被"字式的表达系统具有很强的内在系统性。

如果这样的分析可以成立的话,那么新"被"字式语义内容的内在结构层级及其关系则为(其中:E 为 event 的首字母,代表"事件"):②

(17)[$_{E蒙受}$A+被+[$_{E操控}$B+V+[$_{E施为}$~X~]]]

这些语义内容实际上就是新"被"字式所还原出来的基本内容。例如:

(18)被自杀:(某人)被有关部门说成自杀了;
  被高铁:(某些人)被铁路部门强迫乘坐高铁了;
  被支持:(某些人)被有关人员认为其行为支持了某种认识。

这种语义结构在投射到新"被"字式句法结构的过程中,表示操控事件的语义内容中只有 X 被凸显出来,表达操控者的名词性成分和表达操控方式的谓词则隐而不显。这样的操作结果投射到句法结构中就是(其中{ }内的内容在表达形式中不出现):

(19)A 被{B+V+……}X{……}→A 被 X

也就是说,新"被"字式的潜在形义关系并非是简单的"A+被+X"。实际上,其中的 X 代指整个 S(E$_{操控}$+E$_{施为}$)。具体而言,从底层事件结构到概念结构/语义结构再到句法结构,经过逐层投射,使新"被"

---

① 关于行域、知域、言域这"三域"的理解,参见沈家煊(2003a)。崔璞玉(2010)对新"被"字式的三域表现做了初步的用例分析,本章则从语用特征的角度试图使这种分析更加系统化,但限于篇幅,不做详述。当然,就新"被"字式而言,"言域"现象和"知域"现象有时区分得并不很清楚。

② 对新"被"字式隐含着某个谓词,已有学者提出了很有见地的认识。如何洪峰、彭吉军(2010)认为:"实际上'被'字后隐含有施事及其行为,构成了二重语义结构关系";池昌海、周晓君(2012)认为新"被"字式是对常规被字句的"托形嫁接",并策略性省略了"语境施事+述语"。本章则试图从事件结构及其句法投射来对其句法、语义、语用做出更加结构化的分析,以期增强分析模型的描写力和解释力。

字式实际上具有了双层句法结构形式"A 被 S"和"B+V+～X～",分别用来表达蒙受事件和操控事件。如果就高层事件(蒙受事件)的语义内容而言,新"被"字式跟常规被字句没有实质性的区别;而表层句法结构由于隐含的所指语义内容比较多,因而呈现出"异常"的特征。尤其是表达操控者的名词性成分 B 和表达操控方式的谓词 V 在表层句法结构中隐而不显,使整个构式的形义关系"显得"异常非凡(这点在引发新"被"字式的语用效应时尤为关键,下文将对此做出说明)。

由此可见,这种新"被"字式的生成机制既有特殊的一面,也有常规的一面,它跟常规被字句的"异"是表象,两者之"同"仍起到了根本的作用。从根本上说,新"被"字式只是在常规被字句的结构下新颖而精巧地套装而已。但这种"异"所带来的特异之处,则是常规被字句所难以体现的。而这种"异"的生成机制,正是研究新"被"字式所要着力说明的地方。

9.3.2　新"被"字式的生成机制

既然如此,就有必要进一步说明"[$_{E蒙受}$A+被+[$_{E操控}$B+V+[$_{E施为}$～X～]]]"是通过什么运作机制生成"A 被 X"构式的。

其实,新"被"字式之所以能够出现,根本上还是"转喻"(metonymy)机制在起作用,用比较凸显的语义内容 X 来转喻整个"[$_{E操控}$B+V+[$_{E施为}$～X～]]"。而且这种转喻并非一次性实现,而是经过两个层次转喻综合作用的结果。以"被高铁"为例。高一层次的转喻是用操控内容(即施为事件)来转喻操控事件整体,即以"(某些人)乘坐高铁"代指"铁路部门强迫(某些人)乘坐高铁";高阶谓词"强迫"隐含不显,隐含的动因就是表达者试图通过将操控方式搁置在表达的底层以造成表层结构的奇异性,引导理解者自己去探求其中的事件背景。由于高阶谓词隐含了,操作的主体自然也潜隐下去了([$_{E操控}$B+V+[$_{E施为}$～X～]]→[$_{E施为}$

～X～])。低一层次的转喻则发生在操控内容的内部即施为事件中,用操控内容中相对凸显的焦点内容来转喻整个操控内容,即以"高铁"代指"(某些人)乘坐高铁"([E施为～X～]→X)。从整个转喻过程来看,这两个层次的转喻过程都运用了"以部分表整体"(＋PART FOR WHOLE＋)的转喻方式。①

然而,也许有人会说,就"被自杀"而言,似乎只有一次性转喻,即用言说内容"自杀"来转喻言说事件"有关部门说成自杀"。实际不然,"被自杀"的含义应该是"某人(之突然死亡)被有关部门说成了自杀"或"某人被有关部门说成了其突然死亡属于自杀"。就此而言,"被自杀"经由两层转喻而逐步生成则是没有什么问题的。

转喻的根本机制就是凸显概念结构/语义结构中的某个有代表性的成分。新"被"字式经过两层转喻,投射到句法结构中来,表层句法结构便只呈现出"A 被 X"的形式。②

下图直观地显示了新"被"字式的语义结构及该构式的生成路径:③

---

① 笔者曾将本章主体内容向《当代修辞学》投稿,其时有评审专家指出:"通过两次'部分转喻整体',就生成了'A 被 X'结构。'被'也有动词性。这里有个问题作者并未交代清楚:这种转喻发生在哪一个层次？语义层还是句法层？如何控制这种转喻？按照作者论述,似乎发生在语义层,但这样一来,好像就无法控制生成力。"非常感谢评审专家的赐教。诚如专家所言,转喻机制发生在语义层,或者更准确地说,发生在语义向句法投射前的整合过程中,即句法化是语义整合以后投射的结果。但如何控制两层转喻之后表层句法的生成力,确实是个很重要的问题。基于本项研究的思路(参见第二章),我们的设想是,存在这样一个认知加工和句法投射的过程:事件结构→(认知)→概念结构→语义整合→句法呈现。我们觉得,经过整合之后的语义结构是可以控制句法生成力的,本章即主要探讨这种构式生成过程中的句法、语义、语用特征及此结构中 X 具有极度开放性的动因和机制。而目前关于新"被"字式的研究大多以外因"阐释"来立论,因而对这方面的问题都阙而不论。

② 关于新"被"字式的转喻生成机制,学界已有所探讨(如杨静 2011;杨朝丹 2011;申屠春春 2011;曾玉萍 2011),只是大多从局部转喻过程着眼,未基于不同层次事件结构向句法投射过程中的形式和意义互动关系做出分析。

③ 此图是由北京语言大学硕士马文津建议添加的。

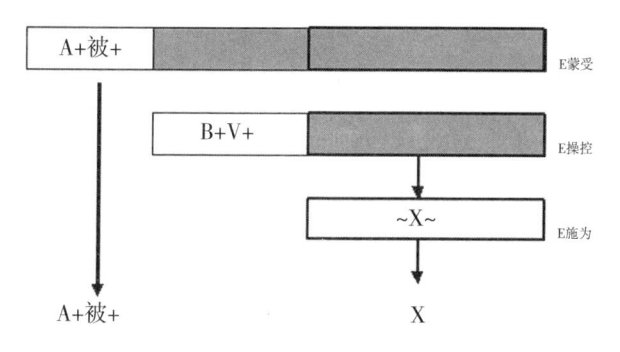

```
    A+被+         ────────────
                  ┌─────────────────────────┐  E蒙受
                  B+V+  ──────────────
                        ┌───────────────┐  E操控
                              ~X~
                                       E施为
        ↓                      ↓
    A+被+                      X
```

新"被"字式的语义结构和生成路径

基于这样的分析,我们就能很好地说明新"被"字式"被 X"中 X 的句法功能了。很多文献都指出进入该构式中的 X 一般包括动词(尤其是不及物动词)、名词和形容词,并据此做出分类说明(如王灿龙 2009;刘斐、赵国军 2009;刘杰、邵敬敏 2010;王开文 2010;彭咏梅、甘于恩 2010;胡雪婵、胡晓研 2010;梁倩倩 2010;张明辉 2010;郑庆君 2010;何洪峰、彭吉军 2010;王寅 2011c),然而,有学者经过进一步的语料考察逐步发现这三大词类之外的其他词类或更复杂的形式也可进入其中,如李莉(2011)指出,"被"后词语还可以是英文字母、单词缩写或音译。还有人指出数词、副词等其他词类也可进入其中。杨巍(2012)还进一步指出,一般短语、否定短语都可进入其中(如"被学习外语、被不存在"),甚至"被"与"XX"之间可以有插入性成分(如"'被'媒体悔婚")。我们在前文已经指出,这类新兴"被"字结构的组合具有很大的开放性,其中的 X 实际上是个极其开放的类,似乎功能各异的各类词语都可以进入该构式。通过转喻机制的分析,现在我们就能很方便地解释为什么新"被"字式中 X 的语法功能如此丰富了。由于新"被"字式中蕴涵着一个操控事件,在这个操控事件中,只要操控内容中有需要凸显的要素,都可以通过转喻的方式凸显出来。

因此,"(A)被X"中的X是动词还是名词、形容词抑或其他形式,是不及物动词还是及物动词,都不是根本。即便是及物动词,在新"被"字式中,X跟A既没有直接的句法关系,也没有直接的语义关系。尤其是当操控行为为言说动作(如"说成、认为、当作、宣称"之类)时,X的范围就更宽了,因为言说动作对言说内容是没有多少语义上的选择限制和词语功能上的表达限制的。当然,让人更有新奇之感的自然是不及物动词,这跟它们与既有表达格式(即常规被字句)形义关系的差异所造成的反差及人们语用心理中的"装框"取向有关。这也就能很方便地说明新"被"字式中的X"没有'致使'或'处置'含义"(梁倩倩2010;郑庆君2010),因为它本不在直接致使关系之中。同时也能说明为什么该构式会成为一个"具有认知义的否定评判式构式"(张明辉2010),因为X所代表的施为事件是由操控事件作用的结果,而这个施为事件并非A的意愿行为,因而从说话人的角度来看,A蒙受了不该发生的操控结果。

由此可见,新"被"字式的产生是语言系统和现实交际、句式构造和句式意义、词项和构式相互作用的结果。基于上文对新"被"字式形义互动关系的分析,我们可以对语言交际方式做出有效的预测。如只要有合适的语境,出现下面这样的新"被"字式表达,都是可以想象和接受的:

(20)被《中国语文》:指发表在《外国语文》上的文章被人当成发表在《中国语文》上了。

被男孩:指生了个女孩被当作男孩子养,或生了个女孩被人当作男孩。

被"卖":指别人卖了自己的财产而外界却以为是自己卖了。

被"滴":指网民将他人文章中的"的"都换成"滴"。

被"(*^__^*)":指网络上将很多本该标注笑声的地方标成了这样的符号。

这实际上就是如何实现新"被"字式的在线生成了。由此可见,新"被"字式具有极强的生成能力。甚至可以说句极端的话,一般的词语或类似词语的表达形式都可以通过合适的语境而进入到这个结构中。这种超强的生成能力来源于两层转喻机制所带来的效果,尤其与操控事件中操控的内容和方式具有极大的开放性有关。当然,有的新"被"字式的理解的难度较大,是因为该结构所需要的语境复杂度高、日常生活化的难度大。

另外,从新"被"字式的形义关系来看,新"被"字式之所以能够出现,还与"被"字的虚化仍不够充分有很大关系。[①] 从"被 X"整体所充当的句法功能(能做谓语、定语、主语等)来看,这里的"被"仍有很强的动词性,它所含有的"蒙受"的语义特征仍比较鲜明。这也是新"被"字式得以产生的基础之一。其实,新"被"字句的使用,使已经比较虚化的"被"出现了某种程度的返源的情况,增强了"被"的动词性。由此也可见出词项和构式之间存在的互动关系。如果"被"已完全虚化为一个被动标记,那么就需要另寻途径来表达新"被"字式的语义内容了。也就是说,没有"被"自身的句法语义特征及其特定的历史发展路径,新"被"字式也是无从产生的。注意,这里的"返源"只是指仍有一定程度动词性功能的"被"返回到作为动词之源("蒙受"义),并非返回到词义之源(被衣之"被")。

[①] 关于新"被"字式中"被"的句法性质,学界有不同的认识,介词说、助词说、(类)词缀说皆有。本章对此不做过多辨析。本章认为将"被"看作动词性特征超过其他词类特征的成分,似乎更有解释力。

经过上面这样的一番多重事件结构及其转喻机制的还原分析,我们对新"被"字式的形式和意义做出了有规则的还原式读解。由上可知,新"被"字式的生成机制可以归结为三个方面:其一,常规被字句的基本框架(形义互动关系的背景);其二,语义结构中的转喻过程(在线加工的方式);其三,现代汉语系统中"被"字特殊的句法语义特性及其历史发展路径(结构启动的关节点)。这三者缺一不可。常规被字句的基本框架使人们对新"被"字式的底层语义结构能够做出正确的读解;转喻过程使新"被"字式句法形式的出现有了可能;"被"字的特殊句法语义特性使新"被"字式的出现有了现实的结构和语义基础。有了这样的生成机制,在特定语言环境的促发下,新"被"字式就实现了从可能性到现实性的转化。因此,新"被"字式是一个真正的"熟悉的陌生人",变熟悉为陌生,化陌生为熟悉。

9.3.3 对学界关于新"被"字式产生动因和机制认识的再思考

如果上文的分析可以接受的话,我们就可以对学界关于新"被"字式产生动因和机制的若干认识做出进一步的说明。

显然,新"被"字式形义关系所表现出来的这种双重背反现象,具有压而制之的特征。因此,有学者便从构式压制(construction coercion)这一角度来探讨其生成机制(如刘斐、赵国军 2009;申屠春春 2011;杨朝丹 2011;杨静 2011;张建理、朱俊伟 2010;冷慧、董广才、董鑫 2011),指出该构式对 X 进行了功能压制,从而使其适应了该构式的要求。有人则指出这种现象实际是词汇压制(lexical coercion)的产物,如"被自愿"中,"原为不及物动词的'自愿'在'被'字压制下,从'非及物性'调变为'及物性',从而使得原本自主的语法主语从'自主性'衰变为'非自主性'"(王寅 2011c)。构式压制说敏锐地看到了构式生成过程中的同化作用和趋同现象,然而,我们认为似乎还不能完全将新"被"字式的生成简单地归入构式压制或词汇压制的结果,因为在一般的研究中,它跟常规被字句的句法表现是小同而大异(参见上文对新"被"字式对常规被字句的双重背反现象的分析),而构式压制的目标则是同化异处。也就是说,新"被"字式的所谓压制现象跟一般句式形成和扩展过程中体现出来的构式压制的方式和过程并不相同。① 常规被字句难以通过对相关成分直接施压而制成新构式。像"被自杀"中的"自杀"并没有被压制成及物动词,而"被卸载"中的"卸载"就更难说被压制成什么词类了,因为它本身就是及物动词。因此也就不好说"自杀、卸载"这类词在新"被"字式中经过了压制而发生了功能变化的过程。② 与构式压制相关的是范畴转化。如有先生指出"在句式结构的压制下,进入'被组合'的非及物动词(包括不及物动词、名词和形容词)都'及物化'了"(刘斐、赵国军 2009),新"被"字式中的名词、形容词等进入该格式后动词化了(彭咏梅、甘于恩 2010;胡雪婵、胡晓研 2010);有先生则认为 X 经历了非范畴化的过程(曾柱、袁卫华 2010)。我们的分析说明这些词的范畴并没有发生改变,只是由于经过了两层转喻而遮蔽了它本有的功能。当然,构式压制现象确实存在,但压制终究是表象,围绕这种表象来解释,有时有循环论证之感:因为压制了,所以某个词项能进入该构式了;

---

① 关于构式压制,一般的理解是:作为整体的构式对进入其中的不相容部分施加某种压力从而使其变成构式相容的成分。施春宏(2012a)从构式和词项两相契合的角度对构式压制的理解做了新的定位。施春宏(2014a)则进一步指出,这种契合机制是通过构式的"招聘"机制和组构成分的"求职"机制的互动关系而发挥作用的,在这种互动机制中,招聘机制起着主导作用,求职机制起着主体作用。该文将构式压制的内涵进一步调整为:"所谓构式压制,指的是这样的现象:在组构成分进入构式的过程中,构式向组构成分提出需要满足的准入条件,如果组构成分的功能、意义及形式跟构式的常规功能、意义及形式不完全吻合,则通过调整其功能和意义结构及形式结构中的某些侧面以满足该准入条件,若两相契合,则构式压制成功;若不能两相契合,则构式压制无效。"根据这样的理解,构式压制过程中的互动机制不仅发生在功能及意义之间,同样可以发生在形式之间,更重要的是发生在不同语言层面的交界面。

② 关于将构式压制作为新"被"字式的生成机制,池昌海、周晓君(2012)指出了这种观点无法回避、难以解释的几个问题,请参看。

因为进入了该构式,所以某个词项受到了压制。非范畴化的解释路径有时也是如此。也就是说,即便看作构式压制或范畴转变,也还需要对压制机制、范畴转变过程进一步做出规则化的说明,这样才能够实现有效的读解和预测。

与之相关的是各类基于构式语法观念的分析思路。这种思路认为新"被"字式作为一个构式,因而有其形义关系上的特异之处。运用构式理论关于形义关系的不可推导性/不可预测性来分析新的语言现象,给我们带来了很多新的思考。然而,需要进一步认识到的是,这样的构式特异说只是看到了新"被"字式的特异之处,从而确立了新"被"字式的构式性地位(其实,就构式语法的基本观念而言,所有的语法单位都是构式)。倘若我们只是将新"被"字式的形义关系抛给"构式"这个概念筐,而不是重在探讨生成机制,便让人有"事后诸葛亮"之感。

还有很多文献试图将新"被"字式的生成归结为模因机制作用的结果(如郑庆君 2010;熊永红、曾蓉 2011;梁倩倩 2010;焦瑷珲、王金环 2009;邱永忠 2011;李莉 2011;崔艳艳 2011;任容华 2011)。如认为"'被就业'出现后,'被+动词性成分'这一结构马上'繁衍'出诸多复制性结构""形成一种'集群式'的规模效应",并"形成多个变体格式"(郑庆君 2010);"被 XX"这一语言模因的发展经历同化、保持、表达、传输这四个阶段,"因其简洁性与实用性而成为强势模因,大量被模仿和传播"(崔艳艳 2011);"'被 XX'模因因子是典型的表现型模因,在外形保持统一的基础上,变换'XX'部分的内容来表达不同的意思,通过互联网这一强有力的媒介迅速感染宿主,进入宿主记忆并得以复制与传播"(李莉 2011)。模因说能很好地解释该构式的复制和传播过程,但尚难回答所"模"之"因"是如何出现的,其制约条件是什么。从根本上说,模因说并没有深入到生成机制的内在过程,而本章则侧重在这方面的探讨。

与模因说相近的是仿拟说。有人认为新"被"字式"由于'被'字句和'被XX'句在句法形式上同一,在语义上相类似,我们认为这两者之间存在着仿拟"(张建理、朱俊伟2010);"'被XX'不过是'被训斥'这类典型'被'字句的仿造,格式的仿造是常见的语言现象"(刘杰、邵敬敏2010),并指出仿拟过程中出现了形式和意义上的偏离。仿拟的作用确实存在于新"被"字式的生成过程中,但是否由常规被字句直接仿拟而来,则是值得商榷的。

其实,构式压制说和模因说/仿拟说实际上是从两个相对立的视角来考察同一个问题,前者注重既有现象对新现象同化,后者注重新现象向既有现象归化。两者在现象分析上具有互补性。刘大为(2010)指出构式的生成与拓展存在同化(构式与构成成分的整合)和顺应(构式由中心义向非中心义的引申)两种互动的过程,由此我们可以进一步认识新构式形义关系的动态发展过程。

还有语境说,借助社会交际环境的分析来解释新"被"字式产生的大的社会动因。毫无疑问,语境分析是认识新构式语用结构的基础,而且对认识新构式的语用取向有很大的启发。但它也不是对具体表达形式的生成机制的说明,而主要是对其外在动因的探讨。用语境促动来解释这种现象,容易将新"被"字式形式和意义上的特殊性推到语言之外,至于语境是怎样促使新"被"字式的产生和使用、为什么会有这样的多重语义理解,一般没有提供更多的规则性说明。就一个特殊的形式和意义而言,如果没有形式和意义的互动关系的结构化的规则分析,将会使语用分析、功能解释显得"底气"不足。我们觉得,即便是从语境的角度来认识,也需要结合新"被"字式的具体结构来分析,这样才能使构式的形义关系得到更加充分的描写和解释。

需要说明的是,上面对相关研究理念和模式的分析,并不意味着这些认识就是不合适的,甚至是错误的,而只是试图说明,如果要分析某个构式的生成机制,除了这些方面的研究之外,还需要从多重互动关系的相互作用来探讨。所有的相关研究都是互补的。语言现象是多侧面的,语言研究是多模态的,只有互补的研究才能使我们对相关现象的认识更加充分。但如果要考察特定构式的生成机制,没有对其结构本身所具有的成分及其关系的考察,显然是难有收获的。

9.4 新"被"字式语义理解的多能性

前文在分析"被自杀"的语义理解时已经指出该结构至少可以有三种不同读解。这种现象在新"被"字式中具有很大的普遍性。也即新"被"字式的意义在不同的语境中具有相当大的波动性。我们称这样的现象为语义理解的多能性(pluripotency),即语义理解中存在多种潜在可能性。下面通过具体用例的分析来说明新"被"字式语义理解多能性的表现及其产生原因,并借此讨论它跟常规被字句的关系。

9.4.1 新"被"字式语义理解多能性的具体表现

在现实语境中,一个特定的表达形式出现多解现象的情况是很少的。但如果从语言表达提供的可能性来考虑,即便现实中已经出现的某个新"被"字式只有一种概念内容,但这并不排斥它在语义读解上还有其他的可能性。如可以设想"被捐款"有下面这样一些理解:

(21) a. 某人并不想捐款但被人劝说、引诱、要求或强迫而捐了款。
b. 某人并未捐款而由他人冒捐从而被认为自己捐款了。
c. 某人并未捐款而被他人传说捐了款。
d. 某人并未捐款而被他人在统计中写成捐了款。
e. 某人虽捐款但并不想让他人知道,却被人打听到后说出了捐款之事。

　　这还只是对"被捐款"的多能性的初步说明。其实,就(21a)而言,"劝说"、"引诱"、"要求"和"强迫"还是有差异的,因此也可以作为四个次类。还有很多与言说有关的动词都可进入,进而出现更精细化的分工。又如(21d),他人在统计中写上某人捐了款,实际上也可以有两种情况,一是有意为之,一是过失为之。过失为之至少还可以有下位的次类,如或者将他人捐的款记到了某人的名下,或者就是简单的笔误。

　　也就是说,只要构造合适的语境,就还可以生成更多的语义理解来。如甚至可以将(21a)和(21b)合起来表达这样的语义:某人本不想捐款,但被人要求或强迫去捐款,而自己就是不捐,最后要求他捐款的人为完成任务只好自己代为捐款,却又不得不宣传为某人捐款了或别人以为某人真的捐款了。虽然这样的理解相当繁杂,但由此而生成的"被捐款"还是可以接受的。如果愿意,这种类似文字游戏的方式还可以接下去。现实中固然没有这样多的理解,但"被捐款"的生成机制却提供了诸多可能性。语义丰富性源于语境结构的多种可能性和句法结构的容纳能力。至于这些语义多能性的实际具体建构结果和读解空间,依赖于语言生活的实际情况和词语选择提供的可能表达之间的互动关系。语言研究既要考察现实性,也要探究可能性,并进一步刻画可能性现实化的约束条件。

　　由此可见,上面通过两层转喻机制对新"被"字式生成过程的结构化说明还比较粗疏,只是概括了语义结构相对简单的情况,现实语境中可以提供更加精细的概念内容。就此而言,新"被"字式本身也是对相关概念结构的一个转喻式表达,同样也是"以部分指整体"。从可能性到现实性的过程,实际就是一个构式语义精细化呈现的过程。

9.4.2 新"被"字式语义理解多能性的产生原因

既然如此,就有必要进一步说明新"被"字式出现语义理解多能性的根本原因。这还得从新"被"字式的形成动因和生成机制上来说明。

对新"被"字式"A 被{B+V+……}X{……}"来说,所有这些理解都有一个共同特征:A 的实际行为与他人要求或言说 A 的行为发生了背离,这种背离以违背或不反映 A 的自主意愿为基础。如"被捐款",就捐款事件而言,只有两种可能性:已捐款或未捐款。当从"背离"的角度来考虑,却可以构造出这样一些关系:

已捐款:A 捐款,别人强迫。(21a)
　　　　A 未捐,他人代捐。(21b)
未捐款:A 未捐,他人说 A 已捐。(21c)
　　　　A 未捐,他人视 A 已捐。(21d)

比较复杂的是(21e),其语义内容:A 已捐款+A 自愿捐+A 不愿向社会公开捐款的事实+作为局外人的 B 或别人知道了 A 捐款的事实+B 说出了 A 捐款的事实。其"背离"之处也是在 A 的意愿及其行为和他人的意愿及其行为不一致的地方。显然,(21e)浓缩投射为"被捐款"后,隐含了太多的概念内容,只有通过逐步还原才能做出有效读解。刘斐、赵国军(2009)将新"被"字式分为事实实现类和言辞实现类这两类,从高层面来看基本如此。只是由于存在着操控事件的"中介",使两者之间的关系变得更加复杂,新"被"字式所发生的事态既可以存在于行域中,如(21a)和(21b),也可以发生在言域或知域中,分别如(21c)和(21d);而且不同认知域的内部还有层次差别,如(21a)和(21b),不同认知域/概念域之间还有交叉关系,如(21e)。

新"被"字式语义理解的多能性,其根本原因源于双重转喻过程所造成的概念内容的隐含。首先是操控事件的操控主体和操控方式都隐含了,而现实中的操控方式(及其操控主体)又是多种多样的,这就造成了对操控方式(及其操控主体)读解的多样性。其次是施为事件的具体施为背景(如施为动作是否真实发生)隐含了,这就造成了对施为事件真实性的不确定。再次,蒙受事件的主体 A 是否自愿也有不确定性(虽然常为非自愿行为)。最后,将这些过程提供的可能性加以组合,就必然整合出多种可能性。① 关键在于存在着某方面的"背离":A 的意愿与由 B 操控的事实 X 的背离。只要基于两相"背离"的概念内容,就可以构造出相关的表达。这也就是"被捐款"语义波动性的可能空间产生的基础。这就能揭示新"被"字式特异语义内容的浮现过程及其浮现性特征。

这也就能很好地说明,新"被"字式"被"字后即便跟的是及物动词,也有可能出现新的读解,也会出现歧解的现象。如"被修改",跟"被自杀"一样,既可能是被迫为之,也可能是在不知情的情况下而为之,还可能是别人代为之,当然也还有其他的可能性。

由于新"被"字式在转喻的过程中某些语义结构关系被隐含,未能呈现的内容相当丰富,造成该构式的语义理解的多能性,因而在理解新"被"字式的时候,"找回"完整概念内容的难度显然很大,如果语境不够鲜明,则可能产生歧解。如单独来看"被自杀",某人是否死了("他杀了而被说成自杀"或"未死但被说成自杀"),或是否因自杀而亡("被要求/强迫自杀"或"自然死亡被以为自杀了"),都无法确定。又如"被结婚"可以表达被强制安排结婚了、被要求结婚了、被认为结婚了、被别人登记结婚了等含义。当然,这些理解都可以通过寻找或构拟合适的语境

---

① 北京语言大学硕士郝暾据此指出,如果操控主体、操控方式和施为背景是所有的变量,设操控主体是 m,操控方式是 n,施为背景是 s,则可以将语义理解多能性表达为 $C_n^1 C_m^1 C_s^1$,即有 mns 种可能性。这是变量组合的最大可能性,当然,交际的现实性只是这个集合中的某些组合。

而使其现实化。这种结构的创新性就在于转喻的幅度较大,因而寄托其上的浮现义在直观上难以充分还原。有先生将新"被"字式表达的语法意义概括为主观认定并强加于人(刘杰、邵敬敏 2010;陈文博 2010),这大体揭示了该构式的常见语义内容,但还宜做更宽泛的理解。实际上,在具体的语境中,"主观认定"和"强加"的语义内容都可以不作为强制性的要求。

9.4.3 新"被"字式跟常规被字式的关系

既然新"被"字式的形式如此特殊,语义如此多能,那么新"被"字式的语义结构跟常规被字句的语义结构存在着怎样的关系呢?前文已经指出,我们曾将结构成分完备的常规被字句的语法意义概括为"凸显役事受到致事施加致使性影响的结果",将致事隐含的"被"字句的语法意义概括为"凸显役事受到致使性影响的结果"(施春宏 2010b)。从新"被"字式的底层结构来看,它跟常规被字句基本一致,其语义核心实际上就是 A 蒙受了 X 所涉及的某个致使性事件。也就是说,如果结合底层结构的形义关系,新"被"字式的语法意义跟常规被字句大体相同。在新"被"字式中,虽然操控事件的操控者、操控行为、事件结果都隐含了,但整个被动概念结构中的凸显之处仍然保留着,通过一定的还原,就能获得跟常规被字句基本一致的句法结构和语义内容。由此可见,新"被"字式和常规被字句在结构上和语义上都是基本一致的,只不过新"被"字式在句式构造和句式意义互动过程中同时受到了双重转喻机制的影响,从而表现出源于认知凸显过程中因相关语义内容的隐含而在句法上呈现出来的"不合常规"。就此而言,我们可以对新"被"字式的形式和语义做出和常规被字句一样的一致性的规则性读解。而且这样的解释还能很好地说明该表达中的主观性问题。如新"被"字式的概念内容在行域、知域、言域中均有表现,只是由于操控行为更多地体现为一种言说行为,而且言说的内容跟蒙受事件主体的意愿不一致,从而使得该构式具有很强的主观性色彩。

9.5 关于新"被"字式的语用效应

根据上文对新"被"字式形成动因及生成机制的分析,我们还能够在一定程度上对新"被"字式特殊的语用效应的基本倾向做出说明。

9.5.1 学界关于新"被"字式语用效应的认识

关于新"被"字式的语用效应,很多研究是结合它的社会语境和语法意义来谈的。这是新"被"字式研究中最受关注的方面。概括起来,大体包括这样几个方面:

1)该构式的适用对象。多数文献都指出该构式用来描写弱势群体受人摆布、胁迫、欺骗的无奈而又不满的状态,同时也指出强势者的威权、蛮横等。

2)该构式的适用语境。如这些事件的发生都是在事件的主要承受者处于被迫的、非自愿、不知情的语境中(陈文博 2010);在不知情或非自愿、不真实的情况下,非自主地遭遇某种境况(彭咏梅、甘于恩 2010)。

3)该构式所表达的社会情绪和语用偏向。如表达出事件中受动者被强制、被欺骗、被愚弄,折射出个体权利的无奈追求,反映了公众政治参与意识的主动态(刘斐、赵国军 2009);揭露社会问题,表达含而不露、诙谐而深邃的否认(张明辉 2010);该结构中被隐藏起来的成分既是修辞策略,也包涵着言者"欲盖弥彰"的修辞意图,使新结构增加了一个构式意义:批判性(池昌海、周晓君 2012)。

4)该构式所凸显的文化特征。如该构式"适应了表达新时期社会生活多元化、思想意识多元化的需要"(刘云 2010);强调了该构式的"变异"特征给人的"异质感受"所蕴含的文化信息(丁力 2011);普通民众"通过语言变异形式,参与社会对话,推进社会进步"(柴改英 2010)。

5)适用的媒体场景和表达语境。如一般文献都指出该构式主要流行于网络语言中,并从网络语境走向普通媒介(池昌海、周晓君 2012);常用于新闻标题中(陈文博 2010;胡雪婵、胡晓研 2010;王淑华等 2011;杨巍 2012)。

6)修辞效果。如通过突破常规形成反差而产生幽默(李卫荣 2011);形象性和简洁性(胡雪婵、胡晓研 2010);包含否定、讽刺、无奈、诙谐等丰富的语用价值(刘杰、邵敬敏 2010);带有陌生化的语用效果和贬义、嘲讽的语义色彩(曾柱、袁卫华 2010);多带调侃意味(彭咏梅、甘于恩 2010)。前面几个方面大多也跟修辞效果相关联。

9.5.2 从新"被"字式的生成机制看它的语用效应

学界关于新"被"字式语用效应的种种认识为我们考察新"被"字式的语用价值提供了重要的参照。但毋庸讳言的是,有些是随文释义。这里从生成机制的角度来看该构式的语用效应或者说语用特征。我们认为,就新"被"字式的结构关系而言,影响其语用效应的根本因素就是它实际表达的是三重事件之间的互动关系,以及两重转喻机制造成的操控事件表达形式的隐含和操控内容表达方式的不完整。

新"被"字式"(A)被 X"特别强调 X 所代表的事件的结果违背 A 的意愿,A 所蒙受的结果实际上是 B(主观或客观上)所强加的。因此,该构式特别适用于表达出现反差的语境中,反差越大,所取得的效果就越显著。"被自杀"之所以一言成名,即与此有关。"自杀"是一个能够为 A 自主控制的行为;而在常规被字句"A 被 B+VP"中,对 A 是否具有某种意愿没有特别的关注或限制,"被"之后的行为又不应该是 A 所自主控制的(实际应为 B 所控制)。人们是以常规被字句作为依存背景来理解新"被"字式的,这样就必然造成了反差。

　　常规被字句的结果一般是直接呈现于线性表达之中的。如"杂志被孩子撕破了",它表达的是一个致使事件,使因事件是"孩子撕杂志",使果事件是"杂志破了",由于要凸显致使事件中的役事("杂志")蒙受某种结果,因而构造出被字句,其显性结果即为"(杂志)破了"。跟常规被字句相同的是,新"被"字式的根本语义结构也是表达一种致使关系,也是凸显致使事件中的役事蒙受某种结果。然而,跟常规被字句显著不同的是,新"被"字式的线性表达中,由于转喻机制的作用,使该致使事件的结果在句法形式上隐而不现。即便如此,转喻之后用来代表的成分似乎又蕴涵着某种结果的存在。与常规被字句的使因表达通常显现于表达形式中不同的是,新"被"字式的使因表达在该构式的句法表达中没有任何体现,从而使得它更加隐晦难寻。新被动式这种特殊的形式和意义的互动关系,使人们在接触该构式时,在明了字面所呈现的反向实际结果的同时,更要探寻造成这种异常结果的原因。因此这种句式常常使用于探讨特殊原因的事件结构中。这种结果背反、原因特殊的适用情境,使该构式呈现出学界所分析的特殊语用效果。

　　这也能说明为什么新"被"字式常见于新闻标题中。标题是新闻的题眼,除了字句上的凝练和内容的概括外,特别注重吸引眼球,激发好奇心,引导新探索。显然,经过双重转喻过程所形成的构式,适应了这样的要求。这正是语用效应的一个显著表现。

　　由于新"被"字式具有这样的特殊语用效应,以致下面这段话中的每一个方面都可以构造出一个新"被"字式,从而用于特定的语境中:

　　(22)开会没有不隆重的;闭幕没有不胜利的;讲话没有不重要的;鼓掌没有不热烈的;决议没有不通过的;人心没有不

振奋的;领导没有不重视的;看望没有不亲切的;接见没有不亲自的;进展没有不顺利的;完成没有不圆满的;成就没有不巨大的;工作没有不扎实的;效率没有不显著的;领导没有不微笑的;群众没有不满意的;班子没有不团结的;问题没有不解决的;决策没有不英明的;大事没有不瞩目的;竣工没有不提前的;节日没有不祥和的;妇女没有不解放的;目的没有不达到的;生活没有不小康的;收入没有不增加的;完成没有不超额的;交涉没有不严正的;反对没有不强烈的;中日没有不友好的;中美没有不合作的……（摘自《2008语录》，文汇出版社，2009年）

我们可以构造出"被隆重、被胜利、被重要、被热烈、被通过、被振奋、被重视、被亲切、被亲自、被顺利、被圆满、被巨大、被扎实、被显著、被微笑、被满意、被团结、被解决、被英明、被瞩目、被提前、被祥和、被解放、被达到、被小康、被增加、被超额、被严正、被强烈、被友好、被合作"这样的"被X"式，都可以将它们用到实际的交际场景中。

由于这种特殊的社会情境和语用效应的存在，使目前的新"被"字式都表现出比较强烈的贬义和否定、批判色彩。但如果基于该构式底层结构形义关系的分析，我们认为该构式在语义上完全具有进一步拓展的空间。有理由相信，当社会背景所赋予的特定色彩削弱时，其语用色彩完全可以发生变化，进而拓展出新用法。也就是说，新"被"字式目前主要是表示贬义，但从结构上看并不必然排斥褒义或中性义。例如我们可以构拟出这样的表达：

(23)他一觉醒来，就<u>被劳模</u>了，真是大喜过望。

(24) 这个企业年利润只有 10%，在层层上报后变成了 90%，就这样，该企业的利润"被 90%"了，该企业"被明星企业"了，厂长"被优秀企业家"了。工人们每人多发一个月的工资，也就同时"被幸福"了。

像(23)中的"被劳模"如果指自己没申请就被大家选上了，语义上未必带有贬义色彩了。而(24)中，如果说"被 90%、被明星企业、被优秀企业家"有贬义色彩的话，"被幸福"则未必如此。由此可见，该构式所表现的贬义色彩只是一种强烈的语用倾向，但非必然结果。这也同时说明，新"被"字式对主语受动者是否一定"处于弱势地位"，没有必然要求，虽然它更倾向于表达弱势群体所蒙受的某种不该有的情形。也就是说，新"被"字式的语用效应呈现出来的是一种原型效应（prototypical effect），目前正处于扩展过程中。而原型效应的实现，实际上大体可以从前文所述的新"被"字式各个成分的语义特征的调整中推断出来。

其实，新"被"字式的这种扩展路径跟汉语一般被动范畴的语义发展路径有相通之处。我们需要关注这样的变化过程：实际用例的常与偶、可能性和现实性所体现的语义发展的脉络等。至于新"被"字式进一步发展的前景如何，则是另一个值得专门讨论的论题了。

9.6　本章小结

流行表达是社会情绪的晴雨表，也是语言创新的孵化器。就"被自杀"类新"被"字式的产生而言，既是语言系统和社会交际互动共变的结果，同时也是语法结构系统调整空间的产物。因此，对流行表达方式的考察，既可以从社会语言学角度考察语言和社会的共变关系，也应该从语言系统本身来认识语言形式和意义/功能之间的互动关系,还需要从构式和组构成分的互动关系来探讨表达形式的结构基础,从而进一步关注和探求新的表达方式和表达内容的语言价值和语言学价值。①

新"被"字式的出现,引发了学界的热烈讨论和深入思考。本章的分析试图说明,新"被"字式和常规被字句,在句法形式和语义结构上既有表层的差异性,又有深层的一致性。当然,由于每个构式都是一个特定的存在,因此新"被"字式不但在形式上与常规被字句有所不同,而且在其所表达的语义内容和语用效果上也有很大差异。基于此,本章从语言系统和现实交际的互动关系、句式构造和句式意义的互动关系、词项和论元结构构式的互动关系等多重互动关系相互作用这个角度考察"被自杀"等这类突然流行而又传播甚广、拓展甚宽的新"被"字式的句法、语义、语用问题。通过对新"被"字式形式和意义的有层次的还原,从底层的形式-意义结构的匹配关系中逐步派生出表层的形式-意义结构的匹配关系,从而建构了新"被"字式和常规被字句在形义关系上的一致性基础,并揭示了两者差异的形成机制,由此能够较为便捷地说明诸种新"被"字式语义理解的多种可能性及其丰富的语用效应。

这就启示我们,新的表达方式的产生,既有创新性的一面,又有继承性的一面,无论是创新还是继承,都以结构关系为基础。也就是说,新表达方式的显现和发展,都是基于结构依存原则(Structure Dependency Principle)的。任何语言分析都要基于这样的原则,追求分析模型

---

① 施春宏(2010e)从分析网络语言的价值入手,提出应该从交际性质和学术意义两个方面来认识语言现象的价值,即语言价值和语言学价值。该文认为:"所谓语言价值,就是为作为交际系统的语言提供特定的语言成分,形成特定的结构关系,实现特定的功能。""所谓语言学价值,按现代语言学观念来理解,就是指特定语言现象的形成和发展、形式和功能以及由此而引起的语言学与非语言学争议为语言学研究在观点、方法、内容、事实等方面启发了新的思考,产生了新的认识,得出了新的结论,预测出了新的趋势。也就是说,推动人们做出有意义的语言学概括。"作者特别指出:"语言学价值的核心就是引发思考,重在建设,从而带来语言学知识的增长,推动语言生活和谐发展。"

第九章 新"被"字式的句法、语义、语用分析

的结构化、一致化。只有这样,才能既有效地描写既有的语言事实,又能对语言学事实做出有效的预测(施春宏 2010d)。上文对新"被"字式生成机制和语义多能性的分析便试图说明,语言研究,既要考察语言系统的现实基础,也要探讨语言变化和发展的可能空间;既要分析语言功能所能促发的语言结构,也要分析语言结构所能允许的语言功能。在构式分析中,不但要使构式的结构成分及其关系规则化,也要使语义理解变得路径清晰,进而使构式形义关系的分析具有可操作性和可预见性。

本章力求使相关分析都落实到构式的组构成分及其相互关系上,从而使该构式的形式和意义及其功能的描写和解释得以实现句法化、结构化和一致化。从上文的分析来看,本章对新"被"字式这个构式的形式和意义及其关系的分析在方法论原则上具有很强的还原论色彩,实际上走的正是我们基于本项研究所倡导的基于互动-派生分析观念的精致还原主义/精致整体主义之路。前文曾运用这种研究观念和分析方法来研究动结式、动词拷贝句、"把"字句等句式的句式构造和句式意义的互动关系,本章是在此基础上结合语境分析做出的进一步探讨。

众所周知,基于构式观念的分析往往强调构式所具有的浮现性特征,即构式性(constructionality)。对构式性特征的认识是以构式的整体性为基础的。然而,构式性跟还原分析并不冲突。"构式性"是基于本体论的认识,"还原"是基于方法论的认识。既然结构和过程是认知的基本对象,只要涉及机制,就得立足于结构而进行必要的还原(既包括成分的还原,更包括关系的还原),就得有配位方式的说明。关于现代科学背景之下还原的本质,我们将在后面诸章的理论分析中讨论,这里要说明的是,即便是对构式义浮现机制的描写和解释,最终也需要、也可以化归为对结构的成分及其关系的说明。还原有限度,但不能因此而拒绝基本的还原策略。浮现特征虽然并不包含在各个成分之中,

但一定是在相关成分整合过程中浮现而来的,是依赖于成分之间多重关系的组织和利用的,是在相关要素的互动中实现的。从这个角度说,浮现特征必然也是需要分析的对象。本章正是以新"被"字式形义关系的分析为例对此认识做出某种探索。

第十章 形式和意义互动关系研究的方法论原则

10.1 引言

本章试图对本项研究所采取的基于构式形式和意义关系的互动-派生模型的观念和方法做出总结,并将之提升到方法论原则的层面。

近些年来,汉语语言学界比以往更加重视语言学理论的借鉴和探索,引进、吸收和生发、发展了很多相关理论,而且也尝试和运用了不少新方法,并结合汉语事实做了一定程度的归纳和进一步拓展(如方经民 1993;许嘉璐、王福祥、刘润清主编 1996;刘坚主编 1998;陈保亚 1999;徐烈炯主编 1999;刘丹青主编 2005;沈阳、冯胜利主编 2008;陆俭明 2013a;陈保亚 2015)。[1] 王志洁、陈东东主编(2013)分专题介绍了当今西方语言学各领域的最新发展,其中很多专题都结合汉语事实做了分析。我们知道,任何理论和方法都有一定的适用范围和跟其他领域、范围共通的一面,关键在于如何认识和挖掘它们所具有的能力和特点,同时也要明确其适用限度。在语言事实进一步挖掘和语言学理论运用的过程中,学界对语言研究的方法和方法论问题也做出了进一步的新思考。如沈家煊(1999c、2003b)等对分析和综合的内涵及其关系的分析,袁毓林(2003a)、冯胜利(2005a)等对归纳法和演绎法的关系及假说-演

---

[1] 这些研究有的是在对研究成果做专题概述时论及研究方法。

绎法①的内涵、运用及其限制的探讨,金立鑫(2007)对语言研究的工具和技术的系统化整理,朱晓农(2008)从科学哲学的视角来探讨语言学研究中"摆材料,讲逻辑"的科学方法等,不一而足。在观念和方法的借鉴和探索过程中,传统语言学和现代语言学方法间的互补和互动得到了特别强调(如陈保亚 1999、2015;陆俭明 2003、2007c;邢福义 2005等)。本项研究也试图在这方面做出新的探讨,但主要是基于形式和意义互动关系(尤其是特殊句式构造过程中的形义互动关系)的研究路径的思考。我们希望这种基于句式系统研究所采取的方法和方法论在一定程度上能够扩展到对句法系统的考察,乃至扩展到较为全面的语法研究中。

由于我们在第八章讨论"把"字句及相关句式的语法意义时已经对句式形义关系研究方法论做出了初步的概括,本章便试图在进一步系统阐释这种方法和方法论的基础上将其提升到方法论原则的层面上来,从而为互动构式语法的理论建设提供更加坚实的基础。

10.2 项目与过程模型的拓展及对互动-派生模型的理解

Hockett(1954)将描写语言学所采用的分析方法主要归纳为两种模型:项目与配列(Item and Arrangement, IA)和项目与过程(Item and Process, IP)。当时,这两种分析模型主要用来描写形态学中的相关现象,都是基于形式结构的分析路径。其实,根据这两种分析模型的精神,我们可以将它们运用到作为形式-意义对的构式研究中,尤其是

---

① 一般所言的"假设-演绎"法,按照我们对"假设"(assumption)和"假说"(hypothesis)的区分(施春宏 2015d、2015e),应该为"假说-演绎"法。

句式性构式的分析中来。不仅如此,还可以将它从描写的层面提升到描写和解释相结合的层面上来。本章所主张的互动-派生模型就是试图在句式研究中对 IP 模型加以运用和发展。

10.2.1 语法描写两种模型的基本内涵及其适用范围

基于形态描写的 IP 模型的基本内涵是:将语言中的某些形式看作基础形式(basic form),而将在结构和意义上跟基础形式有较高关联度的另一些形式看作派生形式(derived form),派生形式是基础形式经过一定的构形变化而产生的。例如英语的 bake("烘烤",现在时)和 baked(bake 的过去时),前者是基础形式,通过附加后缀这样的变化手段而产生 baked 这样的派生形式。又如对北京话儿化系统的描写,通常假定非儿化形式为基础形式,在此基础上通过儿化规则操作而生成派生形式。基础形式往往是无标记的或标记度比较低的形式,通过操作某些规则可以得到标记度比较高的派生形式。标记度比较高的形式往往含有标记度比较低的形式中所没有的意义。随着结构主义语言学的发展,这种模型逐步拓展到形态描写之外,凡是语言结构中采取基础形式和派生形式相关联、相推导的分析策略,都可以看作 IP 模型。后来在结构语言学研究中广为流传的变换分析法,虽以 IA 模型为基础,但也结合了 IP 模型的某些理念。由此进一步拓展到 Chomsky(1957)提出的转换分析,区分核心句(kernel sentence)和非核心句(nonkernel sentence),两者之间存在转换关系;Chomsky(1965)则进一步将这种思想发展为从深层结构(deep structure)到表层结构(surface structure)的转换。传统语言学中不同句子之间的变化分析,实际上就是 IP 模型的直观体现。IP 模型往往为形式主义分析所采用,功能主义分析基本上不认同 IP 模型的研究理念。

IA 模型最初也是用于形态描写,后来也是逐步扩展到一般的语法分析上。其基本内涵是:"IA 假定,在某一语言里,任何一段话语都是完全由一定数量的、在语法上互相关联的、称为语素的单位,通过彼此相关的某种配列而构成的。说明了语素及其配列,话语的结构就明确了。只要我们列举出某种语言的语素及其在话语中出现时所构成的彼此相关的各种配列——对任何组合中出现的音素形状另作补充说明——就已经描写了这种语言的模式了。"(Hockett 1954/1986:313)结构主义描写的基本程序是"从语素到话语"(Harris 1946),当然,只要是语言单位的配列组合,都可看作 IA 模型。在句法分析中,最为典型的 IA 分析就是句型的归纳。如马庆株(1983)根据宾语的语义类将双宾语中的宾语分为 15 个类型:客体宾语、予夺宾语、表称宾语、原因宾语、时机宾语、对象宾语、结果宾语、工具宾语、使动宾语、主体宾语、处所宾语、度量宾语、动量宾语、时量宾语(以上均为实指宾语),以及虚指宾语,组合成不同的双宾语结构类型,其中的宾语有真宾语和准宾语。① 当然,Harris 后结构主义的 IA 模型,往往都将变换分析引入其中,因此也含有 IP 模型的因素,如李临定(1986)《现代汉语句型》在描写现代汉语句型系统时,就经常以是否存在变换形式为概括形式和语义特征的参照。马庆株(1983)也是如此。功能主义分析一般都主张基于"表层"的概括,因此坚持 IA 模型;但 IA 模型并非为功能主义分析所独有,形式主义分析也常采取 IA 模型。

就 IA 和 IP 这两种模型的分析能力而言,通常有这样的两种认识:一是从形态学的角度来考虑,像汉语这样形态比较缺乏的语言使用 IA 模型比较简便,而像德语这样形态比较丰富的语言使用 IP 模型则更有效。也就是说,特定的分析模型跟特定的语言之间有个适配性高低的

---

① 顾阳(1999:62)认为这些宾语结构类型中,真正包含双宾语成分的,只有客体宾语和予夺宾语两类,"严格地从语义和句法的角度来分析,其他各类均只含有一个宾语,而非两个宾语"。这两种认识的差异,实际上就体现了 IA 模型和 IP 模型的不同。

问题，从而使其分析能力表现出某种"语言偏向"（language preference）。二是它们都是用来描写共时语言现象的，似乎对历时语言现象并没有多少适用性，以致其分析能力表现出某种"现象偏向"（phenomenon preference）。然而，本章试图本着 IP 模型的精神来拓展其适用领域，从而说明在一定条件下，IP 模型同样可以跟汉语现象相适配，并且这种模型的分析结果在一定程度上可以运用到历时的考察之中，从而使共时和历时相结合的研究原则更具操作性。这也就是本项研究所主张的互动-派生模型。

10.2.2　关于派生及互动-派生模型的理解

关于"派生"（derivation）的内涵，有两种操作性的理解。一种是根据特定的逻辑语义关系先假设一个抽象的句法结构（如深层结构）存在，然后通过转换规则的操作派生出相关的结构。① 这样，所有的结构都是派生而来的。生成语法早期对转换生成的理解就是如此。另一种是以现实交际中的某个结构为基础结构，通过变换规则的操作派生出相关的结构。这是对 IP 模型的延伸性理解，具有后结构主义背景的派生/推导分析大多如此。本章所主张的派生分析就是近于后一种理解，但又有所调整，即重视基本结构自身的生成基础及整合过程。可以说是以后一种理解为基础并结合了前一种理解对结构生成机制的操作。这是跟当下的构式语法观念既相关联又有所区别的主张，是基于后结构主义语言学观念而对构式语法的某些基本观念的拓展。

---

① "deep structure"（深层结构）这个术语由 Hockett 首先使用，然后为乔姆斯基所借用（参见 Crystal 1997/2000:99）。Hockett(1958)第 19 章即为"Surface and Deep Grammar"（表层语法和深层语法）。下文将论及的另一个重要术语"transformation"（变换；转换）则由 Harris 规则化地使用在先，乔姆斯基变用于后（但并非 Harris 首先使用）。当然，这并非简单的术语借用，而是昭示了理论范式（paradigm）的转换，但也可由此窥见生成语法（至少是早期的）跟后结构主义语言学的渊源。

与生成语法基本理念相对立的是,构式语法具有非模块性、非派生性、单层面性等特征(Kay 1997:123)。① 就此而言,构式语法必然强调基于表层构式的概括,我们对这种认识并不排斥。但是,我们同时也意识到,在考察单一的构式时,固然可以坚持这样一些基本观念,但是如果要考察构式之间的关联,那么采取派生(或曰"推导")的方法也未必就不是一种可行的路子。既然构式语法一直强调其理论的全覆盖性(full coverage),那么基于派生所建立的构式关联(包括异和同)自然也是需要特别考察的对象。基于这样的认识,我们所倡导的互动-派生模型分析法,既重视构式语法所主张的表层概括,又重视通过派生法来揭示构式之间所存在的关联。这就是我们对IP模型新拓展的理解。其实,关于"派生/推导",存在两种理解,一种是本体论上的,一个构式的存在以另一个构式为基础,或由另一个构式派生(此派生实际是指发展、变化)而来;一种是方法论上的,一个构式形式和意义上的特异性及与其他构式在形式和意义上的共同性是可以通过派生的方式来认识的。本体论是关于存在、本在的认识,认为世界应该如此、自然而然、自性自律;而方法论则是对观察对象分析策略的建构,这种策略建构自然涉及对本体关系的建构。从方法论上看世界,既可以立足于世界本该如此②,也可以立足于世界可能如此、可以如此。就此而言,一个主张本体论意义上的非派生理论(如构式语法)实际上亦可以选择方法论意义上的派生性分析方法,两者并不存在逻辑上的矛盾,这有信念和路

---

　　① 除此而外,Kay还概括出"生成性"和"一致化"这样的特征。其实,就语法理论的本质而言,这两个特征都是本然要求,虽然每个理论体系对此的理解有所不同。这也正是理论的根本目标之所在。关于构式语法这些特征之间的逻辑基础及其相互关系,施春宏(2016b)做了重新思考,请参看。

　　② 实际上就理论本质而言,也许只能弱化为这样的理解:或许世界本该如此,期望世界本该如此,觉得世界本该如此。我们认为:凡理论都具有假说性,"任何理论模型都是一种隐喻,将'be'(是)表征为'look like'(像),然后在此基础上又将'look like'视为理论体系中的'be';理论体系就是一束隐喻组成的集合。也就是说,科学研究就是把自己的模型做得'看起来像那么回事',然后将'看起来像那么回事'当作'(看起来)是那么回事'。"(施春宏 2015d)

径、取向上的不同。本体论和方法论之间并不存在必然的隐喻性关联。然而,很多构式语法文献混同了两者,主要就是用本体论上的派生理解覆盖了方法论意义上的派生理解。我们区别了两者的性质差异,同时认为派生在研究构式的形义关系时具有特定的方法论意义。在此基础上,我们提出形式和意义互动关系研究的互动-派生模型,以及基于这一分析法的构式理论新观念——互动构式语法。

运用派生分析的理念来分析汉语句式,学界已经做了不少探索。有的是对某类句式的派生全貌做出分析,比较典型的如袁毓林(1996)对话题化这一语法过程的研究,文章将主谓句看作基础句式,而将主谓谓语句看作是派生句式,详细刻画了不同类型主谓谓语句的语义连结模式和其在句法派生过程中受到的种种句法、语义约束。施春宏(2006a)也曾讨论过"把"字句的派生机制和过程,通过区分直接派生和间接派生等不同类型的派生方式,比较系统地揭示了"把"字句派生过程中的制约条件,本书第七章又将它进一步拓展到对各类"把"字句尤其是非典型"把"字句语义结构及其构造机制的描写和解释过程中。这种研究都试图通过建立一个合乎逻辑的、具有内在一致性的分析模型来系统地解释某类语义结构的句法表现多样性的问题。有的是对某个特定结构的派生过程做出分析,比较典型的如 Pan(1996)运用词汇衍生(lexical derivation)手段,来说明"NL+V 着+NP"这样的存现句(如"桌子上放着一本书")中不能出现施事者的问题。[①] 文中提出了由非完成体标记"着"附着在动词后引发的施事者删除规则,并描写了施事者删除的条件。[②]

[①] 如不能说"桌子上我放着一本书",但用"了"来替换"着"后就可以了,如"桌子上我放了一本书"。

[②] 当然,派生分析有自觉的和自发的不同,自觉的派生分析强调派生的系统性,自发的派生分析大多是偶一为之,不对派生的过程及其约束条件做出详细的规则性刻画,如传统的"把"字句生成的"提宾"说。本章的讨论主要是基于自觉的派生分析。

在这些研究的基础上,本章试图归纳和进一步分析句式研究中运用互动-派生模型的理论主张、特定句式的派生能力和派生途径以及派生分析的基本目标等,并就此对句法研究中的整体主义分析策略(如构式语法所主张的研究策略)和还原主义分析策略的关系做出新的说明,同时通过跟变换分析法的比较来进一步揭示互动-派生模型的"用武之地"。需要说明的是,本章主要讨论类似于袁毓林(1996)、施春宏(2006a)的对相关句式之间派生关系的分析,同时将它跟形义互动关系的理念结合起来,构成互动-派生模型,而较少涉及类似于 Pan(1996)的对某个特定结构派生过程的分析[①]。当然,后者的分析思路与成果往往可以为前者在解释某个具体句式的派生可能性时提供某些理论上尤其是技术上的支撑。

由于本项研究特别关注语义结构关系对语法形式构造过程的促动作用、语言形式对语义表达的制约作用、不同语言形式之间的相互促动和制约作用、不同层面的语法现象的相互促动和制约作用,也即特别关注形式和意义之间、不同形式之间、不同意义之间的互动关系,因此,我们觉得用"互动-派生分析"来概括这种研究方法更为合适。[②] 当然,互动和派生的侧重点不同,"互动"指语言现象本身的存在状态和运动方式(如多界面互动),互动观则是将这种状态和方式上升到认识论层面的理解和概括;而"派生"更多地侧重于分析方法和方法论。因此,以互动-派生模型来概称本项研究所采取的分析模型或者说方法论是比较

---

① 形式语法对特定构式的生成过程比较关注,大多基于核心投射的基本观念。
② 这里的形式包括韵律,意义包括功能。即从语言结构成分本身出发的,我们看作形式;其他方面则都看作意义,有时为了强调则称语义/功能;如果主要侧重于语言结构成分的运用,则径称功能。当然,这不是说语义和功能之间没有区别,只是很多研究并不特别强调两者之间的差别。有意思的是,构式语法对"构式"的经典定义,在 Goldberg(1995)中称作"form-meaning pair",在 Goldberg(2003)和 Goldberg & Jackendoff(2004)则又称作"pairing of form and function",Goldberg(2006)则有 form and meaning pairing、pairing of form and function、pairing of form with semantic or discourse function 等说法。由此也可见出两者的相通之处。

合适的。为了叙述的简便起见,下面有时以派生分析概而言之。

10.3 句式研究中互动-派生模型的理论主张及基础句式的确立

概而言之,IP 模型的操作规范包括基础形式的选择和相关形式的派生这样两个过程,这种操作规范可以反映或揭示在形式和意义上有差别的结构之间的联系。

10.3.1 句式研究中互动-派生模型的理论主张

将 IP 模型扩展理解后运用到句式研究中来所形成的派生分析,基于这样的理论假设:具有相同语义结构的不同句式构成一个系统(即句式群、构式群)①,不同句式的标记度有高有低,句式之间的联系有密有疏;在联系比较紧密的若干句式中,可以将某个句式看作基础句式,而将另一些句式看作派生句式,两者之间存在着推导关系,可以通过一定的句法操作从基础句式推导出派生句式。

例如,在汉语句式系统中,有施受句(施事+动词性成分+受事,属于主动宾句)、"把"字句、"被"字句,以及施事主语句(施事+动词性成分)、受事主语句(受事+动词性成分,又称无标记被动句、受事前置句)、施事话题句(施事+受事+动词性成分)、受事话题句(受事+施事+动词性成分)等。举例如下(暂不考虑时间、处所、工具、方式等外围成分):

---

① 这里所说的"相同语义结构"中的"语义结构"指底层语义结构关系,而不是一般句式研究所描写的各个句式的具体语法意义,下文在无特殊说明时,即指此意。每个句式的语法意义自然有所区别,我们在第八章概括"把"字句及相关句式的语法意义时正是从各个句式语法意义的区别性特征来考虑的。

(1) a. 贾母喝完了莲子羹。　　　　　[施受句]
　　b. 贾母把莲子羹喝完了。　　　　["把"字句]
　　c. 莲子羹被贾母喝完了。　　　　["被"字句]
　　d. 贾母喝完了。　　　　　　　　[施事主语句]
　　e. 莲子羹喝完了。　　　　　　　[受事主语句]
　　f. 贾母莲子羹喝完了。　　　　　[施事话题句]
　　g. 莲子羹贾母喝完了。　　　　　[受事话题句]

这些具有不同表达方式和不同语法意义、语用功能的句式构成了一个句式群。这些句式虽然具有相同的底层语义结构，但它们的标记程度是不同的，有的没有显性的标记（a、d、e、f、g），有的有显性的标记（如b中的"把"和c中的"被"），有的主要属于句子层面的语法结构（如施受句和"把/被"字句），有的主要属于话语层面的语法结构（如施事话题句和受事话题句），有的则介于两者之间（如施事主语句、受事主语句）。[①] 不同句式的语用价值不同。句子层面的语法结构可以很自然地用到话语层面，而话语层面的语法结构用到句子层面则较受限制。因此，它们的语法意义和语用功能是有差异的。但是有一点是显而易见的，就是它们在语义上和形式上有很高的关联度。为了系统刻画这些句式之间的联系，我们当然可以构造这样一种分析模型：选择其中的一个句式作为基础句式，再设定一系列的操作规则，从而按照不同的派生途径推导出其他句式，在推导的过程中揭示不同句式之间语法形式和语法意义、

---

① 对各个句式的说明以及这些句式处于不同层面的论证，参见第二章。区分不同层面的句式，主要是根据它们充当关系小句（relative clause，即定语从句）的能力，句子层面的句式比较容易充当关系小句。至于各个句式的命名，如"施事主语句、受事主语句"，不是本质性问题，这里的命名只是为了比较方便地说明句式之间的差异。而且，例(1)对汉语若干句式的概括只是一个极其简单的说明，对例(1)中各相关句式之间的派生关系的说明也是比较粗略的（如并未考虑其中的名词性成分复杂化、动结式的不同类型等对派生过程的影响），如果认为派生的内容和方式仅是如此，那么派生分析就显得极其苍白了。

语用功能上的异与同,同时说明哪些特定的用例可以派生,哪些不能,哪些在推导的过程中需要在形式或意义上有所调整。也就是说,派生分析不但需要确定派生的方向性,说明派生规则的逻辑性,更重要的是刻画派生过程得以成立的约束条件。

这样看来,运用于句式研究中的互动-派生分析是以演绎为主、并将归纳和演绎相结合的分析模型。它首先需要尽可能详细地描写出相关句式的各种具体表现形式,然后选择一个句式作为基础句式,把其他相关句式看作派生句式,从而在基础句式和派生句式之间建立起推导关系,还可以进一步在标记度比较低的句式和标记度比较高的相关句式之间建立推导关系,并在推导的过程中刻画使推导得以成立的句法、语义、韵律、篇章、语用乃至形态等约束条件。因此,建构、选择和确立基础句式,是在相关句式之间建立推导机制的关键。基础句式应该能揭示特定句法结构的最基本的语义关系和句法关系,同时能比较方便地说明与之相关的各类句法结构的相互联系。根据我们在第二章的分析,相对而言,基础句式应该是适应语境比较广的、无标记的或标记程度比较低的句式,由此通过移位、添加格位标记、删除、替换等操作手段可以推导出其他有标记的或标记程度比较高的句式。也就是说,基础句式在形式、意义、语用上都相对中性,而派生句式在形式上总有某方面的标记,这种标记是为了凸显某种特殊的语法意义或语用功能。派生句式的产生总是有某种语义或语用的动因。"标记"不仅是形式上的标记,也是意义或功能上的标记。基础句式有特定的句式意义和功能,派生句式还有另外的"标记"意义和"标记"功能。相关句式之间的推导原则是,从无标记的推导出有标记的,从标记度低的推导出标记度高的。这样看来,由于"主语+动词性成分(+宾语)"是汉语的基本结构语序,因此一般都将主动(宾)句作为基础句式,而将其他相关句式看作派生句式。上面的施受句只是主动宾的一个小类。

10.3.2 互动-派生模型中基础句式的确立问题

根据构造过程的不同,基础句式可以分为非动词拷贝形式的一般主动(宾)句和动词拷贝句两大类。①

就目前的研究成果而言,人们通常将论元结构理论和配价理论作为确定基础句式的基本理论。一般而言,基础句式都是选择由动词性成分(包括形容词性成分)的论元结构直接投射到句法结构中而形成的句式。例如:

(2)a. 小王吃过荔枝　　b. 学校的事由校长做主
　　c. 他对无线电很内行

其中,"吃"是典型的及物动词;而"做主"是二价不及物动词,需要由介词来引导施事置于动词之前;"内行"是二价形容词,需要由介词来引导系事置于动词之前。上面这些句式都可以看作基础句式,可以派生出相关的话题句"荔枝小王吃过/小王荔枝吃过""学校的事校长做主""他无线电很内行/无线电他很内行"等。②

如果名词性成分也有配价的话,配价成分也直接投射到相关结构中成为基础句式的组成部分。例如:

(3)a. 这本书的内容不错　　b. 我对这个问题没有发言权

其中,"内容"是一价名词,跟它的配价成分构成带"的"的偏正结构;"发

---

① 关于将动词拷贝句也看作基础句式的理由,参见第三章和第五章的分析,下文也将有所说明。
② 关于二价不及物动词、二价形容词,参见袁毓林(1996、1998)。

言权"是二价名词,介词引导一个配价成分置于主要动词之前。①

上面这些基础句式中做述语的动词性成分都是由单个动词(包括形容词)构成。可是我们知道,汉语中还存在一些句法功能上跟单个动词相当但形式上却由两个谓词性成分整合而成的结构(如动结式、动趋式等),它们的论元结构和配价并不能从单个动词直接推知,这个时候就牵涉两个动词的论元结构如何整合成一个论元结构的问题。因此,在分析它们的论元结构和配价时,就需要建立一套整合规则来构造相关结构,然后再将整合后的论元结构投射到句法结构中来。这种分析模型既是派生分析的需要,实际上也是对一般意义上的论元结构理论和配价理论的进一步拓展。下面都是一些经过整合了的不同类型的基础句式:

(4)a. 我看懂了《红楼梦》

(我看《红楼梦》+我懂了《红楼梦》)

b. 贾宝玉走进了潇湘馆

(贾宝玉走+贾宝玉进了潇湘馆)

c. 孙悟空痛得满地打滚

(孙悟空痛+(得)+孙悟空满地打滚)

d. 观音菩萨坐在莲花宝座上

(观音菩萨坐+观音菩萨在莲花宝座上)

另外,有时论元结构整合以后只能形成动词拷贝句这样的配位方式。这里以动结式"喝瞎"为例。由"村民喝假酒"和"(村民的)眼睛瞎

---

① 关于一价名词、二价名词,分别参见袁毓林(1994、1992)。其实,如果本着配价分析的精神,名词的配价也可相应地看作名词的论元,那么名词的配价结构就可以看作名词的论元结构了。

了"整合成一个单句形式是:

(5) 村民喝假酒喝瞎了眼睛

这是由"喝瞎"构成的基础句式,下面的句式都应该看作是从这个句式派生出来的(具体操作细节的说明从略,参见第五章),形成一个句式群(相关句式未全部列出):

(6) 村民喝假酒＋(村民的)眼睛瞎了→
  a. 村民喝假酒把眼睛喝瞎了
  b. (喝)假酒把村民喝瞎了眼睛
  c. (喝)假酒喝瞎了村民的眼睛
  d. 假酒把村民喝瞎了眼睛
  e. 村民的眼睛喝假酒喝瞎了
  f. 村民的眼睛(被假酒)喝瞎了

实际上,动词拷贝句的类型还有很多,都可以看作基础句式。又如:

(7) a. 他骑自行车骑累了   b. 他骑自行车骑得气喘吁吁
    c. 孩子上学上晚了   d. 妈妈煲鸡汤煲了两个多小时

一般文献中都将动词拷贝句看作有标记的派生句式,然而,我们在第三章和第五章论证了动词拷贝句一般都应该看作没有特殊语用动因的基础句式,使用拷贝动词提升述语动词的宾语纯粹是由于句法上的需要,反映句法结构中论元结构的基本句法配置:在表层结构中有效地安排底层动词所支配的所有论元。这种标记跟"把""被"等性质不同。即便像"村民眼睛喝瞎了"这样的话题句,虽然没有显性标记,但也只能看作派生句式,因为属于话语层面的句式,在句子层面上则是标记度比较高的句式。当然,它在话语层面上则是比较基本的话语结构格式,可以不用添加其他标记。由此可见,基础句式和派生句式跟无标记句式和有标记句式也不完全是一回事。基础句式没有特殊的语用动因,而派生句式往往都有特定的语用动因,即凸显、标记某方面语义、语用功能的需要。同样,基础句式跟常用句式也是两个概念,像由主动宾句派生出来的"把/被"句式、主谓谓语句虽然不是基础句式,但在汉语句式系统中是极其常用而重要的句式,而且这些常用的特殊句式还反映了汉语语法的某些类型学特点。

总之,动词、形容词、名词的论元结构(和配价)分析及相关的整合过程是基础句式构造的基础,句子或话语层面上标记度的高低是确立是否为基础句式的重要依据。只有将底层各个成分的论元结构和句式的论元结构之间的关系分析清楚了,并结合标记理论的分析规范,基础句式的选择才比较可靠,在句式研究中进行互动-派生分析才更有理论意义和实践价值。当然,基础句式的生成和选择仍然有许多细节问题需要讨论。

10.4 互动-派生模型中的派生能力和派生途径

基础句式和派生句式构成了由(底层)语义结构基本相同、句法表达有所差异、语法意义和语用功能有所区别的相关句式集聚而成的句式群。确立了基础句式,我们就可以来讨论互动-派生模型中基础句式到派生句式的派生能力和派生途径。前文说过,句式派生除了基础句式派生出派生句式,还包括从标记度低的派生句式派生出标记度高的派生句式。这里主要讨论基于基础句式的派生。

10.4.1　影响句式派生能力的基本因素

不同的基础句式,其派生能力差异很大。像上面举的"贾母喝完了莲子羹"这种句式,派生能力很强。但是有的句式派生能力比较弱,甚至没有什么派生能力。有的句式在"型"上有很强的派生能力,但到具体的"例"中,派生能力也可能有很大的差异。因此,在分析基础句式的派生能力时,还需要区分"型"和"例"两个派生层面。下面先从句式形成的概念基础来看其派生能力,再从句法系统内部的制约条件去分析。

从认知基础上看,不同句式派生能力的差异有其客观的语义、语用背景。由于不同的句式实际上是通过不同的句法构造来凸显不同的语义侧面和语用角度的,因此基础句式派生能力的大小跟各个基础句式所代表的概念结构及其在语用中凸显的可能性有很大关系。大体说来,由表示状态和关系的概念结构投射而来的句式,其派生能力较弱;由表示事件的概念结构投射而来的句式,其派生能力较强,事件性越强,表示这种事件结构的句式其派生能力也就越强。这是因为,事件结构内部是异质的(heterogeneous),一个事件可以从不同的角度去观察和勾勒,既可以整体地考察一个事件,也可以凸显事件结构中的某个阶段,还可以只凸显事件中的某个参与角色,进而可以形成不同的句法构造。可是,作为一种状态或一种关系,总体说来是比较均质的(homogeneous),在语用交际中需要凸显以及可以凸显的方面是有限的,因此形成不同的句法构造的可能性要小得多。这是认知上的原因。如"把/被"字句有凸显结果的要求(参见第八章),而像"村外有条河""二加三等于五"这类表示状态或关系的句式是不存在结果的,所以不可能派生出"把/被"字句。

第十章 形式和意义互动关系研究的方法论原则

如果认同句式构造和句式意义有某种对应性或者说平行性这个认知语言学的基本原则(这是象似性原则的表现),那么上面这种认知基础必然在句法构造中有所体现。下面从构式和构件(组构成分)的特征及其互动关系来说明影响基本句式派生能力的基本因素。

首先是动词本身的句法特点和语义特点影响到相关基础句式的派生能力。例如:

(8) a. 中国属于亚洲　　b. 中国么,属于亚洲

除了"中国"可以话题化外,这个句子基本上没有派生的可能。这是因为"属于"表示一种关系,这类关系动词(黏宾动词)不能让宾语悬空,因此"亚洲"无论如何也不能移到动词之前,更谈不上添加其他标记了。

其次,动词性成分所支配的名词性成分的句法特点和语义特点也会影响到派生的可能性。例如:

(9) a. 我送给了他一本书
　　 b_1. ?我把一本书送给了他　b_2. ?一本书被我送给了他
(10) a. ?我送给了他那本书
　　 b_1. 我把那本书送给了他　b_2. 那本书被我送给了他

从可接受度来看,"一本书"和"那本书"在上面两组句子中的分布是互补的,根本原因就是它们在有定无定方面的差异。(参见石毓智 2002)[①]当然,有定无定受语用因素的促发。

[①] 其实,这里还有一些情况需要进一步说明。如果动词带的是单宾语,就没有无定性的约束,如"我送了那批书""我看了那本书"。可见,双宾句和单宾句对受事的有定性要求并不完全相同。这些语义条件对句法构造的影响同样是派生分析所关心的方面。

再者,特定句式或句法成分的语义要求必然会影响到句法派生的可能性。例如:

(11) a. 后面的司机摁了李四一喇叭
　　 b. 李四被后边的司机摁了一喇叭(引自潘海华1997;潘转引自 Tan 1991)
　　 c. ?后面的司机把李四摁了一喇叭

(12) a. 小王翻过这本书　　b. 这本书被小王翻过
　　 c. 小王翻了这本书　　d. ?这本书被小王翻了

例(11b)和(11c)的对立显然是由于"把/被"字句的不同语义要求造成的;例(12b)(12d)的对立还牵涉"过"和"了"语法意义的差异。这种语义约束条件是各种句法分析理论都比较关心的话题。只是由于派生分析比较关注派生的方向性和条件性,对这种语义约束条件会更加敏感。

与此相关的是,每一种句式对进入其中的成分都有一个句法相容和语义相容的问题,这必然影响基础句式的派生能力。有时表面上非常相近的句子,派生能力差异却很大。例如:

(13) a. 我卖了那本书
　　 b_1. 我把那本书卖了　　b_2. 那本书被我卖了
(14) a. 我买了那本书
　　 b_1. ?我把那本书买了　　b_2. ?那本书被我买了

虽然"卖"和"买"所代表的都是典型的转移事件,两者都可以构成"NP+V了+NP"这样的基础句式,但构成"把/被"字句后可接受度并不一样。若要提高例(14b)的可接受度,可以变成下面这样的句子:

(15)我把那本书买来了/那本书被我买来了

由此可见,我们说"把/被"句式一般可以看作是从施受句派生而来的,但这不是说,任何施受句都可以派生出"把/被"句式。这就更需要分析派生形式由可能性成为现实性的各个约束条件。如由例(15)可见,例(13b)中的"了"实际是两个"了"(了$_a$+了$_b$)融合而成的①,其中靠近述语动词的"了$_a$"实际是跟"买来了"中的"来"所起的句法和语义功能一样,都作补语,都表示结果。而例(13a)则有两种理解,当将"了"理解成两个"了"(了$_a$+了$_b$)的融合时,跟例(13b)对应,即可以变成"把/被"字句;当将"了"理解成"了$_b$"时,则跟例(14a)对应,此时不能变成"把/被"字句。至于例(14)中的"了"为何不能跟例(13)一样理解,根本原因是语义相容问题,因"卖"而"掉/完"了,而不是因"买"而"掉/完"了。这就能很好地做出两项预测:

其一,凡是"去除义"动词,都可以有例(13)那样的句法表现,如"我喝了那瓶酒"及"我把那瓶酒喝了/那瓶酒被我喝了"。

其二,像例(14a)那样由"获得义"动词构成的句子,如果表示的意思是因该动作而使动作作用的对象不存在了,则也可以用于"把/被"字句,如"他把那些书都买了,别人一本没买着"。

如此看来,例(13)和例(14)的差别从根本上看并非如一般文献中所说的是由述语动词"卖"和"买"不同造成的,而是结果表达与否及如何表达的问题。这也就是例(14)b$_1$句和b$_2$句和如果补上结果补语而成为例(15)后句子合格度显著提升的根本原因。只有这样,才有进一步派生的可能。而且从"他把那些书都买了,别人一本没买着"的合格

---

① 我们在8.5.2节已对此做了初步说明。为了避免跟动态助词"了$_1$"和语气助词"了$_2$"相混淆,这里用"了$_a$"和"了$_b$"来表示,其中"了$_a$"即马希文(1983)所说的"了/.lou/","了$_b$"相当于动态助词(出现于句末时甚至可以看作是动态助词和语气助词的融合)。

性来看,具体用例能否派生,有时受到百科知识的影响。重视百科知识对具体用例合用度的影响,这是认知语言学分析语言现象时的重要视角。

另外,句法成分的可及性等级(accessibility hierarchy)也常常影响到某种派生途径实现的可能性大小。① 例如:

(16)a. 贾宝玉告诉了林黛玉一件事
　　b. 贾宝玉(呀),告诉了林黛玉一件事
　　c. 那件事(呀),贾宝玉告诉了林黛玉
　　d. 林黛玉(呀),贾宝玉告诉了她一件事

由此可见,主语、直接宾语、间接宾语话题化的难易程度是有差异的,由易到难的序列为:主语＞直接宾语＞间接宾语。其实,基础句式中的各个句法成分派生为其他句法成分和话语成分的能力都是不相同的,派生时相关的句法操作也有某些差异。

10.4.2　由基础句式到派生句式的派生路径

上面从句式生成的认知基础、构式的整体特征、组构成分的特征及相互关系这些方面讨论了不同基础句式的派生可能性问题,下面再来看由基础句式到派生句式的派生途径或派生方式问题。

从上面的分析来看,一般将主动宾句(包括动词拷贝句)看作基础句式。然而,汉语句式系统中的动结式、动趋式、动介式等的宾语可能

---

① 可及性是心理学术语,借用到心理语言学中常用来指一个人在说话时从大脑中提取一个语言单位或记忆单位的便捷程度。句法研究中用可及性等级来表示名词性成分间的依存关系及其对某种句法规则适用能力的高低。袁毓林(1996)对主谓句中各个名词性成分的话题化能力有详细的分析,请参看。另外,例(16)中"一件事"派生到述语之前时指称上发生变化,这种制约条件跟例(9)和例(10)相同。

由于某种条件的约束而不能出现在宾语位置上,这时只能到述语成分之前寻找句法位置,此时就似乎不存在无标记的基础句式了。这样,就有必要区分两种不同的派生途径。

一种是选择性派生(optional derivation)。即存在着无标记的基础句式,只是由于特定的语义、语用动因而引发出派生句式。前文的例(1)和例(6)都是比较典型的选择性派生,此处不再重复。如果强调一般主动宾句和动词拷贝句在派生过程及派生结果方面的差异,则可以对这两种基础句式的派生过程做进一步区分,前者是直接派生,后者由于需要整合底层动词的论元结构而可以称作间接派生。

另一种是强制性派生(compulsory derivation)。由于句法系统内部关系的约束而不能形成主动宾句,本来处于宾语位置上的受事性/役事性成分必须移动到动词之前。[①] 例如:

(17) a. *妈妈炒了肉青椒　(两种性质补足语的配位安排)
　　　b. 妈妈把肉炒了青椒　　c. 肉被妈妈炒了青椒
　　　d. 肉炒了青椒　　　　　e. 肉,妈妈炒了青椒
(18) a. *姐姐做小了裙子　(补语"小"表偏离义)
　　　b. 姐姐把裙子做小了　　c. 裙子被姐姐做小了
　　　d. 裙子做小了　　　　　e. 裙子,姐姐做小了[②]
(19) a. *你搞混乱了材料　(补语"混乱"是双音节)

[①] 我们在第七章将"把"字句的派生机制和过程分为直接派生和间接派生。直接派生又分为选择性提宾和强制性提宾,间接派生则全是选择性的。各种派生形式的具体内涵参见第七章。强制性派生不仅可以形成"把"字句,还可以形成"被"字句等其他句式。

[②] 例(18a)表偏离的语义可以用"姐姐做裙子做小了"这种动词拷贝句来表达,然而例(18b)和例(18c)不是由这个动词拷贝句派生而来,而是受到强制性派生过程的制约。动词拷贝句的拷贝宾语是不能作为"把"字句和"被"字句的受事的,对此施春宏(2008a)第四章"由动结式构成的相关句式及其句法配置"有所说明。当然,也可以用"姐姐做裙子做小了"作为表偏离义的基础句式派生出例(18d)和例(18e)。

b. 你把材料搞混乱了　　c. 材料被你搞混乱了
d. 材料搞混乱了　　　　e. 材料,你搞混乱了

这三组句子分别受到句法、语义、韵律的约束而不能构成无标记的基础句式,但都可以构成"把/被"句式和话题句。由于"把/被"句式跟主动宾句一样都属于句子层面的句式,因此在不能构造出主动宾句的情况下,也可以将它们看作基础句式,只不过是有标记的基础句式。相对而言,它们是标记度比较低的句式,可以派生出话语层面上的句式。强制性派生是必须先构造出标记度比较低的句式,然后才能进一步派生;而影响这个构造过程的约束条件是可以从句法系统内部得到解释的。① 只有将每个句式的句法、语义、韵律、篇章、语用等制约细节描写清楚了,才能更好地描写特定句式的派生规则,从而能更清楚地认识汉语句法结构的本质和类型特点。合乎逻辑地关注每一步操作的技术细节是派生分析法的理论追求之一,这也是现代句法理论区别于传统语法分析的基本表现之一,展示了理论驱动(theory-driven)的演绎分析的魅力。

10.5　句式研究中互动-派生分析的基本目标

上节主要是举例性地通过对派生能力和派生途径的说明来介绍互动-派生分析的基本内涵。这里再进一步探讨互动-派生分析所追求的

---

① 当然,为了系统刻画的需要,可以假定一个跟选择性派生的基础形式完全平行的底层形式(underlying form)作为基础结构,从而派生出相关句式,这具有类型学证据的支持。如普通话中之所以不能形成"老师放了课本在桌子上",是受到句法条件的制约:普通话的句子结构原则上只能是"一个动词,一个补语"。(参见 Li & Thompson 1981; C.-T. James Huang 1982; Shuan-fan Huang 1984;黄月圆 1996)可是,有的方言和语言并没有这样的限制,因此宾语可以放在动词的后边,如英语的"The teacher put the textbook on the table"。也就是说,如果没有特定条件的制约,这些底层形式是可以实现为相应的表层句法配置的。

理论目标及其实践意义。

总体而言,句式研究中的互动-派生分析有两个层次的目标,比较低的目标就是系统刻画相关句式在共时平面上的联系,揭示制约句式的句法、语义、韵律、篇章、语用等条件;比较高的目标则是在一定程度上将这种刻画的结果运用到对句式演变层次的说明、解释之中。这实际就是逻辑先后和历史先后的关系问题,亦即共时的分析模型是否需要得到历时材料的证实问题。这一问题一直存有争议,近年尤甚。对此,沈家煊(2008)提出了一个重要的认识,他在区分"逻辑先后"和"历史先后"的基础上指出:

> 我想说明的是一个问题的两个方面:一个方面是,共时研究提出的假设除了要有充分的共时证据和合乎逻辑的论证,最好也有历史材料的佐证;另一个方面是,共时研究提出的假设并不因为缺乏历史材料的佐证或跟历史材料相悖而被推翻。就两种"先后"来说,逻辑先后最好跟历史先后相吻合,但是并不因为跟历史先后不合而被否定。

也就是说,"共时的理论分析并不因历史事实不符而被推翻"。我们认为,这种认识是有一定的科学哲学基础的,逻辑先后和历史先后的区分使我们对长期存在争议的关键之处有了一个更为清晰的认识。既然如此,那么如何判断、比较基于共时现象分析的理论呢?一个最重要的标准就是看它是否做到内部无矛盾,是否能够将不同的现象关联在一起,是否能够预测新颖的事实,即自洽性、一致性、预见性。当然,从沈家煊先生的说明中可以看出,特定模型可以因为理论目标的不同而划分为两个层次,或者只追求逻辑先后,或者追求逻辑先后和历史先后的结合。实际还有只问历史先后而不问逻辑先后的情况,即只管材料,不做假设(assumption,属于公理层面的,是理论所承诺的),不提假说(hypothesis,属于定理层面的,是理论所推演的)。我们过去有不少汉语史研究的成果就是基于这种认识的,但在现代科学背景之下,假设和假说在理论建构中的地位则日渐重要(施春宏 2010d、2015d、2015e)。由于本项研究主要是基于共时现象的分析,因此我们主要关注前两个层次的情况。在这两个层次之中,追求逻辑先后和历史先后的结合往往体现了更高的要求。也就是说,就句式研究中互动-派生分析而言,高层次目标就是共时和历时的结合,描写和解释的结合。这也是现代句法理论的新追求和大趋势。下面对 IP 模型的理论基础及其拓展过程中的逻辑先后和历史先后这两个方面的关系分别说明。

　　从当前所展开的句式派生分析来看,基本上都是在各种相关句式之间建立联系,从而揭示特定结构的句法、语义、韵律、篇章、语用等方面的特点。也就是说,这种演绎模型实际上是一种句式系统共时状态的理论假设,为的是使描写变得简明而有系统,而描写的结果跟汉语史的发展未必合拍。正如 Harris(1944)当初所说的那样:"部分相同的两个形式之间的差别常常被描写为……一种变化,这种变化使一个形式从另一个形式之中派生出来。……当然,它跟历史上的变化或历时的演变过程没有任何联系,它仅仅是一种构型的变化,从模式的某一部分向另一部分或较大的部分运动。"(转引自 Hockett 1954)这种认识导致了变换分析(Transformational Analysis)的出现,而变换分析的观念又成了转换语法(Transformational Grammar)产生的促动因素之一。

　　由于 IP 模型最初是用来描写形态之间的关系的,所以只做且似乎只能做共时的理论追求。我们将这种模型看作经典的 IP 模型(Classic IP Model)。现在,我们将它推演到句法研究尤其是句式分析中来,是否仍然只能用于共时的句式系统的分析呢?也许未必。现在学界基本上都有这样的认识:共时的现象是历时的沉淀。那么,如果我们也能将历时的变化考虑进去,岂不更好？果真如此,就在一定程度上提高了派生分析的解释力和预见性。通过我们的进一步尝试,也许能有所进展。也就是说,从理论上说可以从经典的 IP 模型走向扩展的 IP 模型(Extended IP Model),这就是我们提出互动-派生模型的实际需要和根本原因。

这里以动结式及相关句式的发展过程为例来说明。下面是动结式形成初期两个动词整合而成的主要结构类型,其中的动词有的及物(用 V^2 表示),有的不及物(用 V^1 表示);有的两个动词直接组合,有的两个动词间被一个名词(用 O 表示)隔开;有的结构带宾语,有的不带。

(20) a. 使黥布等<u>攻破</u>函谷关。(《史记·高祖本纪》)

　　b. 寻伤左臂,复<u>打</u>头<u>破</u>。(《出曜经》卷四)

　　c. 秦王<u>饮</u>酒<u>酣</u>,曰:……(《史记·廉颇蔺相如列传》)

　　d. 伯夷叔齐辞孤竹之君而<u>饿死</u>于首阳之山,骨肉不葬。(《庄子·盗跖》)

　　e. 啼枯湘水竹,<u>哭坏</u>杞梁城。(庚信《拟咏怀》)

　　f. 女然素缟而哭河,河流通,信<u>哭</u>城<u>崩</u>,固其宜也。(《论衡·变动》)

　　g. 大行奏<u>事毕</u>,曰:……(《史记·外戚世家》)

这七个句子实际上是根据述语动词和补语动词论元结构整合的不同途径而形成的不同结构,因此代表了不同的组合类型,可以分别称作:

"攻破"类　　(V^2+V^2+O,双动共宾式,两个动词的主体论元和客

体论元都相同）①

"打头破"类（V^2+O+V^1，"头"既是"打"的客体论元又是"破"的主体论元）

"饮酒酣"类（V^2+O+V^1，"酒"是"饮"的客体论元，但不是"酣"的主体论元）

"饿死"类（V^1+V^1，两个动词的主体论元相同，没有客体论元）

"哭坏杞梁城"类（V^1+V^1+O，"杞梁城"是"坏"的主体论元）

"哭城崩"类（V^1+O+V^1，"城"是"崩"的主体论元）

"奏事毕"类（V^2+O+V^1，"事"是"奏"的客体论元，"毕"指向"奏事"）

其中与现代汉语的动结式类型差异比较大的就是"打头破"类、"饮酒酣"类、"哭城崩"类、"奏事毕"类，述语动词的客体论元或者补语动词的主体论元出现在述语动词和补语动词之间，这就是所谓的"隔开式"（也称作"分用式"）。

我们曾根据现代汉语动结式中两个动词论元结构整合难度的大小来拟测汉语史上动结式的发展过程及相关的动词拷贝句的产生过程（施春宏 2004b）。基本结论是：

1）如果演变成动结式，双动共宾的"攻破"类和单及物组合的"饿死"类最为容易，"打头破"类作为句法发展过程中的插曲应出现在"攻破"类中"破"由他动词演变为自动词之后，这种隔开式最终归入"攻破"类。

---

① 姚振武（2013）认为，"攻破"类不必看作双动共宾式，"破"类词在先秦即有及物和不及物两种用法。若此，则"攻破"类就跟现代汉语中最为典型的动结式（如"打死、点亮"类动结式及词化了的"提高、推翻"类复合词）相同。如果这样的理解成立，那么需要对下文的某些说法稍调整，但这并不影响我们下文对动结式整合难易程度的分析以及基于这种整合难易程度而对动结式发展层次及其与动词拷贝句演变关系的历时逻辑分析，因为这种典型动结式恰恰是最早应该产生的，而这类动结式是不能发展出动词拷贝句的。

2)"哭坏杞梁城"类、"哭城崩"类这种次典型形式形成得晚一些,都是在动结式发展相对成熟之后才能出现的。而且,"哭城崩"类的整合难度小于"哭坏杞梁城"类,因此其出现的时间不晚于"哭坏杞梁城"类,但由于动结式发展的大趋势,使其最终为"哭坏杞梁城"类所同化。

3)"奏事毕"类是指动式,它发展成"奏毕事"跟"毕"类词的虚化程度有关,而这是比较晚的事情。

4)"饮酒酣"类的补语不能虚化,由于句法配置的需要而只能演变成动词拷贝句,这更是动结式发展相当成熟的产物。

5)动词拷贝句的产生还有其他的途径,如"(做官)做久了""(做官)做得如何"等。这些也是在动结式发展成熟后才能出现的表达方式。

6)像"(喝)假酒把村民喝瞎了眼"这样的一系列间接派生自"村民喝假酒喝瞎了眼"的句式更是直到现代汉语中才得以出现,因为它们受到的制约条件更多。

7)我们通过对共时句法配置方式和历时句法配置演变的分析,得出这样的认识:无论哪种来源的动词拷贝句,其产生原因都是由于句法配置的需要而用拷贝动词来提升不能直接提升的底层论元,没有特殊的语用动因,因此动词拷贝句跟一般主谓句(主动宾句)一样都是基础句式。[①]

动结式的发展过程似乎在告诉我们,派生的难度越大、过程越复杂,相关的小类就出现得越晚。也就是说,相关句式的历时演变层次跟它们论元结构的整合及其派生的难度相一致。每一种派生情况的出现,都与汉语史上相关句式的出现和成熟相关。这样,既描写了汉语史上的相关句式,又对这些句式产生的过程做出了一定程度的解释。

由此看来,派生分析跟语法化(句式语法化是构式化的一种类型)

[①] 具体论证过程参见施春宏(2004b);对 7)的说明进一步参见本书第五章及施春宏(2006b)。

研究是有联系的。语法化研究主要探讨语法现象（语法成分及其结构关系）的历时演变过程，考察语法成分、语法范畴和语法结构的来源与流变。将派生分析的方法和结论运用到汉语句式的历时语法化（构式化）探索中，并描写和说明共时平面上相关句式之间的关系以及同一句式内部相关实例之间的细节差异，这样我们就可以初步地给历时的语法化研究提供一种参照。其实，派生分析法跟正在引起人们重视的共时语法化（synchronic grammaticalization）研究也有很多相通之处。上个世纪70年代后，人们开始注意到语法化现象也体现在共时的语法系统之中，进而提出了共时语法化的研究范式。"这种研究范式将语法化看作一种共时的句法、话语-语用现象，着重从语言使用模式的流动性角度考察话语语用现象如何编码为形态句法手段。共时语法化研究主要侧重共时语言变异现象的研究，特别是对同一形式的若干不同用法或者同一功能的若干交替形式的研究。"（吴福祥2005:233）同样，我们也可以利用共时的句法现象之间的关联和层级来探讨共时语法现象中的变异表现，从而使派生分析法为共时语法化提供一个分析途径。这就牵涉到对用变（changes of application）现象和演变（changes of development）现象之间关系的思考。用变是演变的基础，演变是用变的沉淀。对句式分析而言，我们需要关心用变有哪些可能性，关心哪些用变形式经过演变而沉积下来。这是对共时语法化研究的一种拓展，注重于句式构造过程中形式和意义的互动关系对句法发展历程的促动和制约。

而且，即便同是现代汉语中出现的现象，也可以通过派生分析来预测相关句式之间产生的时间层次。施春宏（2007）指出，由动结式构成的动词拷贝句中，拷贝动词的宾论元提升为致事的能力并不相同。例如：

(21) a. 受事：孩子读这种书读傻了→(读)这种书把孩子读傻了
　　b. 方式：他唱美声唱法唱红了→(唱)美声唱法把他唱红了
　　c. 目的：小李催老张的书稿催烦了→(催)老张的书稿把小李催烦了
　　d. 角色：严顺开演阿Q演累了→(演)阿Q把严顺开演累了

相对而言，拷贝动词的受事提升为致事比较容易，而方式、目的、角色等不容易提升为致事，因此，类似例(21a)的表达在现代汉语中不但出现频率高，而且据我们的考察，也出现得早。另外，它们在构造"把"字句的过程中，对拷贝动词的依赖程度也不一样，拷贝动词的受事提升为致事时相对自由。

互动-派生分析用于共时平面句法现象的分析，还能调整我们现有的一些认识。我们在前面对"把"字句的派生机制和过程以及跟"把"字句相关的句式群中各个句式语法意义的分析，就是在运用互动-派生模型的过程中得到了新的认识。例如叶向阳(1997、2004)、郭锐(2003)指出"把"字句是用来表达致使情景的，这种致使情景由具有致使关系的两个事件构成：使因事件和使果事件；郭锐(2003)还详细刻画了这两个事件整合后投射到句法上时构造成"把"字句的各种细节。施春宏(2006a)在此基础上对"把"字句的派生过程做了具体的分析。其实，根据我们所拓展的派生分析的精神，如果认为"把"字句是派生句式的话，那么我们就可以进一步推测，派生出"把"字句的基础句式也应该表达致使情景，同样由表示致使关系的两个事件构成。这两个具有致使关系的事件先由下而上地整合成一个致使事件结构，其论元结构再投射到基础句式，并进一步派生出相关句式。如有的双宾句有相对应的"把"字句，而"把"字句具有致使性，那么我们就可以反推出某些双宾句

(或者说严格意义上的双宾句)同样具有致使性。同样,有的兼语句也有相对应的"把"字句,这也可以看出某些兼语句同样具有致使性。①正如郭锐(2003:162)所指出的那样:"现代汉语中,'把'字句并非表示致使的唯一句式,'使/让'字句、述补结构也可以表示致使。"同样,由这种基础句式派生出来的"被"字句、特定类型的动词拷贝句也同样可以表示致使关系。这样,表示致使关系的相关句式就可以形成一个句式群,这些句式群中的每个句式实际上勾勒了事件结构的不同侧面。上面提到的选择性派生正是试图说明句式群中相关句式的一致性和差异性;而强制性派生出的句式只不过是由句式群中典型句式发展而来的边缘现象,因为"派生句式一旦用开了,就可能会朝着不可逆转的方向发展"(袁毓林,1996)。其实,Goldberg(1995)着力描写过英语中的双及物句式、使移句式、结果句式、Way-路径句式这 4 种句式都表示致使的语法意义。② 这也就说明,无论将"把"字句的语法意义概括成处置还是致使,都是有局限的,"处置"或"致使"是特定句式群所共有的语法意义,非"把"字句所独有。进一步从语言类型学上来看,就更不能将"处置"或"致使"看作"把"字句所特有的语法意义了。

从例(20)和例(21)及对"把"字句形义关系的分析可以看出,派生分析还蕴涵着这样的一层含义:在同一句式系统中,较晚出现的句式,一般句法限制较多(标记度高),而且发展至成熟的过程较长;从典型句式到过渡句式到边缘句式,"还原"的可能性越来越小。有的句式得到进一步强化,有的句式会从交际中消失,有的句式离典型句式"渐行渐

---

① 我们甚至可以由此而对传统所言的双宾句、兼语句等做出新的分类,进而可以澄清某些争议的焦点所在。至少可以据此分为两大类:致使性的和非致使性的,这两个次类在句法表达上有系统性的差异。

② Goldberg(1995)对这些句式语义结构的异同都有较为精细的分析。这也是Goldberg & Jackendoff(2004)进一步将上述句式(文中已统一称作 Resultative construction)看作构式家族的根本原因。

远",其中有合并有分化。

因此,将互动-派生模型运用于汉语句式发展过程的研究,就是利用共时平面上派生分析的结果去推演和印证汉语句式的历时发展过程,考察句式结构演变和句式意义引申的方式,同时考察各个句式的各种变化形式和变化方式,从而沟通共时和历时的研究。互动-派生分析既可以为刻画共时的句式系统提供一个理论分析模型,也可以为刻画句式系统的历时发展提供一个参照模式。同时,对共时现象深入细致的描写有时可以有效地说明相关句式的发展层次。这样,我们就进一步将共时和历时结合了起来,将描写和解释结合了起来。

由此可见,互动-派生分析既是对特定句式句法和语义分析的拓展,同时也更强化了"句式群"(进而推广到构式群)中相关句式之间的关联,并迫使我们进一步挖掘它们之间的本质差异。只有这样,才能更深入地揭示汉语句式构造和句式意义的特点。

10.6 从互动-派生分析走向精致还原主义/精致整体主义

从上文的分析可知,句式系统的互动-派生分析基于这样的工作假设:一个句式群中各个句式在句法和语义上可以建立相互依存的层级关系。以此为基点,必然会将某些句式看作较为基础的句式,而将另一些句式看作相关句式,从而在它们之间建构某种派生关系,寻找出制约派生成功与否的句法、语义、韵律、篇章、语用等条件。显而易见,如果不认同这样的工作假设,认为每个特定句式都是基础生成的,它们之间并不存在派生关系,那么基于这种工作假设的句式研究就必然导向另一条研究路线,其代表就是一般意义上的构式语法。一般将类似生成语法基于核心成分投射原则的句法分析看作还原主义(reductionism)

分析策略,而将类似构式语法的研究路线看作整体主义(holism)分析策略。当前语法分析的基本策略就是这两种。本项研究所拓展的派生分析在研究策略上接近于前者,但在构式形义关系的理念上又立足于后者,因此走的是一条综合之路,试图在语言分析的方法论原则方面有所拓展。这实际上也是在当前形式主义分析和功能主义分析理念和方法上有所结合的背景下所做的一种新的探索。

10.6.1 互动-派生分析和精致还原主义

要想充分认识互动-派生分析的性质及其方法论原则,首先需充分认识整体主义分析策略的内涵及其本质。整体主义分析策略的理论基点就是任何构式都具有完形(gestalt,格式塔)属性,也就是"整体大于部分之和"。因此,按照这种研究路径,我们不能通过对构式中构件(组构成分)的描写来说明整体的所有属性。也就是说,整体的某些属性不能从部分的简单相加中合乎逻辑地推演出来,它具有"浮现"(emergence,也作涌现)的特征,浮现特征是不可还原的。一个常见的类比就是,由氢原子组成的氢分子(H_2)具有可燃性,由氧原子组成的氧分子(O_2)具有助燃性,氢分子和氧分子可以在点燃等条件下发生化学反应生成水分子(H_2O),然而,无论是根据氢分子的特性还是根据氧分子的特性,都不能推知作为水(水分子)的特性,即水并不具有可燃性和助燃性,更不可能根据氢原子和氧原子的性质来推知水的性质了。这样,水的特性(如常温常压下为无色无味的透明液体)就是浮现而来的,不能化归到生成它的分子、组成它的原子这些层次去解释。从复杂性系统论来看,浮现是复杂性系统(complexity system)的重要特性之一。其实,只要有结构存在,系统就必然不等于其组成成分的简单总和。语言正是这样一个复杂性系统,而且一般认为是个比自然系统还复杂的复杂性系统,自然更具有特征浮现的特性。

凡持整体主义分析策略者,都不赞成派生分析法。在他们看来,似乎派生分析坚持的是"整体等于部分之和"。然而,这种认识实际是对派生分析及其方法论原则的误解,进而也是对现代科学意义上的还原分析(区别于传统的还原分析)的误解。派生分析并不认为具有派生关系的各个句式的句式义都是相同的,而且也不认为派生过程中句式义就没有调整。如认为"把"字句派生自一般主动宾句,并不意味着两者的句式义就是相当的,否则就不好解释派生分析为什么比较关心这样的现象:句法结构相同的基础句式,有的能够派生出相关句式,有的不能。如果认为派生分析就是不同句式中成分间位置关系的简单操作,那就将派生分析这一复杂问题简单化了。其实,即便是整体主义分析策略,如果仔细分析其理论基础的话,也有许多值得考虑的地方。还是拿水分子为例。无论是根据氢的特性还是根据氧的特性,固然都不能推知水的特性,但我们如果仅仅将水的特性归结为浮现而至的,总不能让人在知识上得到满足:为什么两个氢原子和一个氧原子的结合在常温常压下就形成了液态的特性而不浮现出固态、气态的特性?这种浮现的特性又是如何产生的?总不能说浮现就是浮现吧。其实,如果将分子中原子之间的成分及其结构关系搞清楚了,对了解浮现的过程是很有帮助的。而且,句式跟水分子之间是否具有严格的类比性,是需要商榷的。句式中总有一个起到框架作用的成分(如作为核心的动词或类似动结式这样的结构),任何句式都具有原型性,句式的产生有一个结构调整和功能扩展的过程,而这些都不是水分子所能类比的。而且将派生分析简单地看作采取"整体等于部分之和"的路线,显然也不符合现实。如果说"整体等于部分之和"是现代科学之前的机械还原主义方法论的话,笔者认为,现代还原论采取的则是精致还原主义方法论。所谓"精致",就是注重对各种现象赖以出现的具体条件的分析,通过对成分及其关系的分析来有效说明还原的可能性以及可能性变为现实性的条件。现代科学基本上走的是两条路,一条是整合,一条是还原。近代以来的科学成就,绝大部分都来自于精致还原主义研究范式,即努力把研究对象还原为简单的结构成分或过程,从而有层次地揭示其构造规律和系统,如早期的关于元素周期性质的研究,近期的关于基因工程的研究。就语言研究而言,如生成语言学、韵律语言学、计算语言学、音系学的各种主要理论等,无不带有浓厚的还原主义色彩。某些带有功能色彩的形式语言学理论,如词汇—函项语法(Lexical Functional Grammar)、广义短语结构语法(Generalized Phrase Structure Grammar)、核心驱动短语结构语法(Head Driven Phrase Structure Grammar),兼有形式研究和功能研究特点的角色和指称语法(Role and Reference Grammar),以及构式语法理论基础之一的认知语法(Cognitive Grammar),都特别强调词汇特征在句法构造过程中的关键作用。至于这种词汇特征包括哪些内容,又如何起作用,那是另一个问题。逐步还原是它们分析词汇特征的基本策略。也就是说,还原主义是现代语言学理论乃至现代科学研究的基本方法论之一。在如何理解"整体大于部分之和"时,精致还原主义的追问就是:这"大于"的内容具体是什么,来自何处,产生的条件是什么,有无明确的操作规范来描写"大于"产生的路径,能否对"大于"的性质及其表现做出某种预测。派生分析正试图对此做出某种回答,由此可见,它是精致还原主义分析的策略之一。①

具体到句式派生分析的研究思路,比较容易引起争议的就是各种句式的生成基础,即特定的句式是基础生成的(base-generated)还是派

---

① 我们提出精致还原主义方法论这个概念,以区别于原子论、机械还原主义方法论,既是基于现代语言研究乃至现代科学研究的还原主义分析实践,也受到了拉卡托斯(Lakatos 1978)的精致证伪主义(sophisticated falsificationism)的启发。相对于精致证伪主义,拉卡托斯将波普尔(Karl Popper)的证伪主义称作朴素证伪主义。当然,关于精致还原主义方法论的理论基础、研究取向及技术细节,还需要进一步深入探讨。

生而来的。① 构式语法主张特定句式的基础生成,每个特定句式实际是个形式—意义/功能对,句式意义大于它的组成成分的意义的总和。某些句式在意义上的某种联系来自于它们部分相同的结构成分之间的"承继"关系,而不是来自于句式之间的派生关系。② 这样,即便不同句式之间有形式和意义上的联系也不能说明句式之间存在派生关系。然而,基于 IP 模型扩展理解的互动-派生分析则明显主张特定句式之间的"发生"关系。实际上,互动-派生分析并不否认每个句式都是一个形式—意义/功能对,也不否认句式的整体意义并非部分意义之和,而是通过设定具体的操作流程来揭示特定句式得以实现的句法、语义、韵律、篇章、语用等约束条件。就这种分析方法而言,强调"过程"既是理论的必然(有时也许只是一种为了描写的方便而做出的纯粹的理论假设),也是共时和历时相结合的需要。

构式语法的兴起,一个重要的动因就是对双及物构式中"论元增容"(即二价动词通过增加一个与事论元而出现于双及物构式中)这类构式压制现象的关注和解释。例如:

(22)a. 他扔我一个球。

b. 他吃我一个桃儿。　　　　　　(引自沈家煊 2000)

---

① 生成语法发展到最简方案阶段,功能范畴在句法系统的枢纽作用凸显了出来,像"把""被"之类的成分也都看作功能范畴,在相关句式构造过程中起到构架作用;同时,所有的转换规则都被简化为"move-α",从词库中提取相关词项后,结构生成的操作手段就只有并合(merge)和移位(movement)了。这样,"把"字句之类的特殊句式就自然也被看作基础生成的了。即便如此,也同样需要刻画特殊句式得以实现的具体条件。如熊仲儒(2004a:348-349)根据其提出的功能范畴假设,认为"把"字句是基础生成的,并对"把"字句实现的语义条件做了初步说明。这样,生成语法(基于还原主义)关于句式的独立性与构式语法(基于整体主义)强调句式的独特性便有了相通之处,虽然两者的研究旨趣大相径庭。

② 如此一来,实际也就难以从句式群这一高层面来寻找相关句式之间的语义共性及句式群层级中由共性到个性的句法语义层级关系,而只能更多地关注于某一句式和与之有部分相同构成成分的构式之间的关系。

(23) a. She baked him a cake.　　（引自 Goldberg 1995:9）
　　 b. Pat kicked Bob the football.（引自 Goldberg 1995:11）

其中的动词"扔、吃"和"bake、kick"在一般情况下都是二价动词,但进入到这个句式中后,似乎具有了三价动词的句法表现。Larson(1988)等认为这些动词经历了一个词汇派生的过程,即动词的论元结构出现了论元增容的现象。这当然是一种基于还原的分析。然而,显而易见的是,如果对"增容"的动因和条件不能做出充分的说明,这种解释就可以看作是一种近似"贴标签"的研究策略,这种简单还原做法的效度就必然值得怀疑。有鉴于此,以 Goldberg(1995)等为代表的构式语法提出,这种所谓的论元增容现象并不是动词论元结构自身的增容,而是句式自身的属性使然。所谓句式配价,指的是"抽象的句式配备的、与谓语动词同现的名词性成分的数目和类属(指施事、受事、与事、工具等)"(沈家煊 2000)。这种研究范式提出了一个重要的研究理念和解决策略,力求使人们从词汇主义(lexicalism)的困境中摆脱出来。这种研究带有方法论转变的重要价值。

然而,与词汇主义一样,构式语法关于这类构式压制现象的分析也面临着下面这样一些无可回避的问题:"1)句式的整体意义是由什么决定的? 2)句式对进入其中的动词的选择限制条件是什么?"(袁毓林 2004)我们不能满足于句式配价的"天赋"性质,不能简单地将句式看作是跟词或语素一样的"基本"符号(因为它们毕竟是由"词"所构成的内部具有结构的语言成分),而是应该进一步追问,一个语言使用者是如何将一个二价动词代入到这个句式当中从而生成合格的句法结构的? 如果对这些问题没有一个妥当的解决办法,那么这种策略也会同样面临着近似"贴标签"的指责。而如果试图有效地回答这些问题,精致的还原主义分析策略就不失为一个积极的尝试。其实,如果从句式理解的角度考虑,采取整体主义分析策略是可能而且往往是有效的,但如果从生成的角度来考虑,也许同时还得采取精致还原主义的策略,在此基础上实现两种策略的互动。袁毓林(2004)认为是表达的精细化等语用动因促成了句式套用和词项代入过程的出现,在动词和句式的互动过程中实现动词论元结构和句式构造的融合,从而产生了类似例(22)(23)的句法结构。在此原则支配下,袁毓林先生刻画了与事插入、施事删除等互动机制中的具体规则。当然,我们可以对其中的某些规则提出自己的意见,但这种注重理据推演、规则操作的研究路径还是值得尝试的。有广告言"不看广告看疗效",理论亦然。

10.6.2 语言的计算分析和精致还原主义

在充分重视整体主义分析策略的前提下,我们当前之所以特别推重精致还原主义的分析策略,还基于语言的计算分析这一层面的理论探索和实践需要。就语言的计算分析而言,对可操作性的追求是至高无上的,无论是基于规则的模型还是基于统计的模型,都将操作性放在首要的位置。而要达到操作性,采取精致还原主义的策略就成了必然选择,因为计算机对语言的理解和生成是一种建构式的符号操作(至少目前如此),而基于表层句法结构的派生分析以及变换分析都是这种策略的重要操作方式。对此,詹卫东(2004)在讨论变换分析在计算语言学中的运用及其具有的计算语言学价值时指出:"对于计算语言学的研究者来说,目标就是想办法帮助计算机只进行正确的转换,同时要排除错误的转换,而要达此目的,就要不断改进规则中的'条件'描述,通过设置更合理的句法语义范畴,使得条件约束更好地反映句式之间的变换关系,反映汉语的语言事实。""以动词论元结构为考察对象,从句式变换上的差异来寻求形式上具有可操作性的依据去刻画动词的论元性质以及论旨角色性质,本文所做的初步探索说明,至少就面向计算机的语法研究而言，这样做是合理的。"可见，对句式变换过程及操作条件的分析，使得计算语言学理论的颗粒度越来越精细。

其实，关于语言的可计算问题，正如关于物理世界是否可计算一样，有时是一个信念，沿着这条信念所做的精细化分析会使我们对相关问题认识得更清晰。有时也许某种信念有片面性，但如果它有相当的可操作性，就至少会带来基于某一方面的深刻认识，即所谓"深刻的片面"。关于语言乃至物理世界、生命世界和认知世界的可计算问题，下面的说法值得重视：

> 能否宣称"物理世界是可计算的"，不在于相应的理论是否完全地描述了实在的本真的物理世界及其规律，也不在于物理世界中是否存在不可计算的现象或过程，而在于能否在"物理世界是可计算的"这一理念的基础上，用计算的理论和方法解决用原有理念和方法所不能解决的问题，或解决得更优。更明确些，说"物理世界是可计算的""生命过程是可计算的"和"认知是可计算的"，并不认为真实的物理世界或生命过程真的就可计算。（郝宁湘2006）。

这是理性和理论模型的必然选择，理论具有假说性、建构性和认知性。严格意义上的科学发展史，很大程度上就是"计算"史；严格意义上的科学方法论，很大程度上就是"计算"论。关键在于如何理解计算的内涵。如果将计算理解为机械的还原分析（即整体等于部分之和），显然是片面的、落后的，是结构主义出现之初就彻底否弃了的。结构主义将整体性作为结构的根本属性之一（Piaget 1979）。我们对派生分析的认识正是基于计算意义上的精致还原主义的研究信念。在这种认识的支配下，"构式"整合观在目前阶段就有可能被看作补偿性的一招（compensative resort)了。以 Goldberg 为代表的构式语法论者主张:"按照构式研究法,我们并不需要假设在两个被发现有关联的构式之间存在着某种非对称关系。我们同样可以如实描写在句法、语义或语用方面存在部分相同的实例,而不必假设其中一个构式是基本的,另一个则是派生的。"(Goldberg 1995:107)这种认识实际也是一种理论信念,当然很有价值,然而即便如此,我们的语感还告诉我们,这些实例之间确实存在着某种非对称关系,一个好的理论是应该而且能够从结构关系上说明普通人的某方面语感的。为了对这种语感做出有语言学意义的概括,提出派生式假设也是一种方便而又经济的选择。其实,详察目前的整合论研究规范,仍可发现,在关于如何整合的理解上,他们也部分地采取了精致还原主义的策略。只注重还原主义固然有弊端,但全面否弃还原主义弊端更大。

10.6.3 走向精致还原主义/精致整体主义的方法论原则

其实,说"构式"整合观在目前阶段有可能被看作补偿性的一招,只是相对于精致还原主义而言,并非说它没有价值。如果我们在发展了的构式理论中能够对构式的构造过程和语义来源,对构式如何自上而下地控制调节其构成成分之间性质、作用和发展,对不同构式之间的信息关联做出更为可靠的说明,那么它将是更为高明的一招,我们称此为精致整体主义(sophisticated holism)。而这些是否为整体论所能承受,正如它们是否为精致的还原论所能承受,同样都是需要讨论的。对此,皮亚杰的看法值得重新审视:

> 他们(笔者按:指整体论者)告诉了我们:一个整体并不是一个诸先决成分的简单总和;但是,他们把整体看作先于成分,或者看作是在这些成分发生接触的同时所得到的产物,这样,他们就把自

己的任务简单化了,就有把组成规律的本性这种中心问题丢到一边去的危险。(Piaget 1979/1984:4)

精致整体主义,关键在于在整体主义观念下对整体的构造机制及其语义功能做出精致的刻画,对整体中的各个组成成分及其互动关系做出清晰而系统的描写,使整体的结构和功能的生成过程层次分明,逻辑连贯。从这个角度看,精致还原主义和精致整体主义是一个问题的两个方面,只是切入点不同罢了。精致还原主义是试图通过还原的途径走向整体,精致整体主义则试图在整体理念指导下走向部分。两者实际是互为补充、相互促动、相辅相成的,甚至可以说是上下贯通的。当然,从本项研究所主张的互动-派生模型来看,我们更愿意将这种方法论原则称作精致还原主义。

关于精致还原主义/精致整体主义的使用范围和理论追求,我们还需要进一步探索,也即同样需要对它作"精致"的分析。[1] 从语言研究的理论追求和实际需要出发,我们重视精致的还原论,但不主张机械的还原论,更不唯还原论;我们重视精致的整体论,但不主张模糊的整体论,也不唯整体论。本项研究试图通过对互动-派生模型的探讨走向语言研究乃至科学研究的精致还原主义/精致整体主义方法论原则。

---

[1] 关于现代还原主义(还原论)的地位和作用及其与整体主义(整体论)的关系,有过很多争论,而且仍在进行并将持续下去。如有学者认为:"在科学史上,一般而言还原论总是日积月累,不断成功;而目的论、整体论、拟人论则看似高妙,实则流于现象和玄想,不能深入。"(刘华杰《原天地之美而达万物之理》,《博览群书》2001年第2期)又有人指出:"现代还原论科学并非真理的化身,并非知识的全部,不能将现代还原论科学作为衡量人类文明的唯一标准。"(柯文慧《多元科学观的浮现及其他》,《中华读书报》2007年4月11日)。需要注意的是,历史上的原子论是一种机械还原论,现代还原论同样反对原子论,可是至今仍有很多人无意之中将还原论等同于原子论了,并以此而批评现代还原论。

10.7 互动-派生分析与变换分析的关系

本研究所倡导的互动-派生分析是在一般的 IP 模型和派生分析观念的基础上发展而来的。由于派生分析和变换分析相关度很高,而且有学者常将派生分析看作变换分析,因此有必要将两者之间的关系作个简单说明,从而对精致还原主义/精致整体主义也有一个更清晰的认识。为了说明的方便,下面径以"派生分析"来说明。

派生分析和变换分析的相关度高是由于它们都是在相关句式之间进行句法推导,这也是派生分析在推导过程中经常使用变换手法、借鉴变换分析的成果来发现问题并试图做出进一步解释的原因。其实两者之间有很多本质的差异,产生这些差异的根本原因是它们导源于不同的分析模型,即派生分析和变换分析分别是对 IP 和 IA 这两种语言学描写模型的拓展。由于这两种描写模型对语言结构及其成分的存在状态和关联模式的认识并不相同,这就必然导致它们在理论目标和操作规范上有系统的差异。下面就此做些简单的说明。①

首先是理论目标不同。"变换分析是通过考察所研究分析的有歧义的句法格式跟与之在结构上有相关性的另外的句法格式之间的不同联系来达到分析原先的歧义句法格式的目的。"(陆俭明 2003:86)与变换分析的这种多注重个案性、共时性的研究规范不同,派生分析不但试图系统描写相关句法结构的关联度,而且积极利用共时描写的结果来考察乃至解释、预测历时的语法现象。变换分析重在寻找平行句式之间的共性和差异,派生分析重在发现句法构造的差异跟句法意义的差异之间的关联性。

---

① 下文关于变换分析的理解,主要基于笔者对朱德熙(1986)、方经民(1998)等关于变换分析的文献的读解,并根据 IA 模型的实质作了发挥。

其次是方法、策略或方法论的不同。变换分析主要还是一种归纳法,而派生分析主要是基于"假说—演绎"的研究路线,并将归纳和演绎相结合。凡是以"生成"为目标的研究,无论是语言学还是自然科学,都必然坚持"假设—演绎"的研究路线。这就必然带来这两种分析方法在操作规范上的一系列差异:

1) 为了系统描写的需要,派生分析往往假设一种无标记的或标记度比较低的句式为基础句式(甚至可以假设一种现实交际中并不存在的抽象格式为基础句式),其他相关句式是派生句式,重在探讨派生的机制、过程和条件;①而变换分析不需要也不允许这种假设。因此变换分析可以发生在有标记的句式之间,如"把"字句变成"被"字句,而派生分析认为它们都是由基础句式派生而来的(除了强制性派生将它们作为基础句式外),可以不考虑它们之间的转换,它们在形式和意义上的关联正是来自相同的基础句式。

2) 由于变换分析不需要设立基础句式,因此不需要说明每种句式的形成过程,也就是说,对每种句式的描写实际上就是采取 IA 模型,只需要关注项目配列的差异所带来的语法意义上的区别。而派生分析必须对基础句式的构造机制和过程做出说明,基础句式或者是由单个谓词的论元结构直接向句法层面投射而来,或者由两个谓词的论元结构整合以后再向句法层面投射而来,甚至还涉及名词等的配价结构等。因此,对复杂的句法结构而言,还需要为底层结构的形成设立特定的论

---

① 不管对派生作何理解,只要是派生,就往往需要建构一个派生的起点(或具体,或抽象;或实体,或关系)。金立鑫(2007:70)指出:"起点(或者公理)对一个理论来说是至关重要的。……早期生成语法的起点是深层结构,由一个深层结构通过种种操作得到表层结构。这中间的操作都有比较严格的规定。尽管后来不采用'深层结构'的概念,但是其理论体系还是有一个最为初始的出发点。那就是人的语言心智中的普遍结构向现实的句子的实现(程序)。国内也有学者做'变换分析',在各种句式之间作出种种变换,以证明结构内部的某种结构关系,但是变换分析没有自己的理论起点(陆丙甫 2005,个人通讯)。因此,相比较而言,生成语法能够建设成一套完整的理论体系,而变换分析却只能成为一种分析技术,而无法演绎成一套理论。"

元结构整合规则。这样,派生分析往往采取自下而上(基础句式论元结构的整合与投射过程)和自上而下(派生过程中特定句式对内部结构成分的约束)相结合的研究原则,走精致还原主义之路。

3)变换分析没有确定的方向,一般的变换都可以根据需要而进行双向操作,如既可以将"把"字句变成"被"字句,也可以将"被"字句变成"把"字句。而派生分析有明确的方向性,它是单向的,从基础句式到派生句式,甚至由一个标记度较低的派生句式推导出标记度较高的派生句式,形成一个推导链(deriving chain)。例如从"贾母喝完了莲子羹"推导出"贾母把莲子羹喝完了/莲子羹被贾母喝完了"以至"贾母喝完了/莲子羹喝完了"等。派生的方向性来自于派生分析对派生过程动因和形义互动机制的关心;而变换分析没有动因分析和形义互动机制的句法操作,只是意在指出两个句式之间的差别,并不着眼于两者之间的关联,因而可以不关心操作的方向。

4)变换分析一般不需要区分句子层面的句式和话语层面的句式之间的功能差异。派生分析区分这两者,因为它们在标记度的高低、标记形式的使用、语境的适应上有很大差异。因此从历时考虑,派生分析会考虑特定句式、特定标记的形成过程,如由话语层面的现象到句子层面的现象。派生分析在这方面跟语法化有相通之处。

5)变换分析的兴起主要是为了分化歧义现象,指出歧义的存在,但它自身并不能给以解释,更不会积极地去预测。而派生分析对派生过程中可以派生和不能派生的现象都试图从句式构造和句式意义之间的关系来做出说明,尤其关注句法、语义、韵律、篇章、语用对派生过程的制约作用,注重对影响派生可能性的细节做出理论上或技术上的说明,并借此做出某种构造性预测。在这方面,它常常借鉴认知语言学的理论成果。

6)从根本上说,"变换分析注重的是一种静态的关联,无法解释也不试图解释各个句式的构造过程及相关句式之间的派生机制。而派生分析注重一种动态的关联,试图解释各个句式的构造过程及相关句式之间的派生机制。"(施春宏 2008a:243)变换分析是一种共时分析,而派生分析既可以用于共时分析,也可以用于历时分析;在用于共时分析时,既可以建构共时现象之间的逻辑先后,也可以建构共时现象之间的"历时化"层级(如共时语法化)。

当然,派生分析在考察相关句式之间的关联时,特别注重借鉴变换分析的成果。实际上,派生分析法将变换作为自己的一种操作手段,而且是非常重要的一种操作手段。如果将派生分析的某个环节截取下来,就可以看作是变换分析或准变换分析。但这不是说派生分析可以取代变换分析,每种理论和方法都有自己的优势和局限,关键在于挖掘语言事实的广度和深度以及解释语言事实和预见新颖事实的能力。不但特定的分析方法有语言偏向的问题,也许某些理论和方法还都有现象偏向的问题,某些现象更宜于从此理论而非彼理论得到描写、解释、预测。例如:

(24) a. *吃泥鳅肉～吃泥鳅
    b. 吃鸡肉～吃鸡　　　c. 吃牛肉～*吃牛①
(25) a. ?John is a bachelor, so he likes children.(此例引自张敏 1998:64)
    b. John is a bachelor, but he likes children.

---

① 对这组例子的解释,一般认为是被食者(牛、鸡、泥鳅)的形体大小决定了搭配的可接受度。其实不然。如我们常常听到"吃烤鸭、吃烤全羊",而很少听到"吃烤鸭肉、吃烤全羊肉";可是,到了"涮羊肉",又只能是"吃涮羊肉"而不能说"吃涮羊"了。实际上,"吃+动物"或"吃+动物肉"的搭配合格与否,跟人在吃食物时加工的方式有关,加工的方式决定了"吃什么"搭配的可接受情况。由此可以看出日常生活经验以及由此而形成的百科知识是如何影响及在什么层次上影响我们的交际方式的。这便是认知分析的基础。具体分析参见施春宏(2011b)。

这两组例子可接受程度的差异,用认知语言学理论解释起来比用生成语法理论要更方便有效,因为生成语法追求的是从结构上做出解释,而以上诸例都属于百科知识对语言现象可接受度的影响问题,并非是结构本身的问题,这又恰好跟认知语言学的理论追求相契合。

有鉴于此,我们必须谨慎地对待理论的"互补"这一说法。我们知道,就理论的本质而言,都具有片面性、现象偏向性,任何理论都只是说明了部分事实或现象的某个侧面而已。因此,当两个相互竞争的理论出现时,我们经常见到强调理论"互补"的主张。这当然是一种"稳妥"的"辩证"的态度,但如果不像归纳音位那样明确指出理论互补的条件和空间,那么这种"互补"观就是廉价的口号。我们致力于提倡精致还原主义的分析策略,就是试图对"互补"分析做出某种说明。就当前的研究状况而言,整体主义分析策略似乎更侧重于对功能、动因的分析,因此推崇强解释、弱预测(如沈家煊 2004b);(精致的)还原主义分析策略似乎更侧重于对形式、机制的分析,因此推崇"有逻辑可推演、凭推演可预测"(冯胜利 2005b:12)。功能和形式、动因和机制并不相同,因此可以有不同侧面的理论;功能和形式、动因和机制又相互关联,因此一种理论便试图努力关涉两个方面,而且不同的理论形成互补也就有了可能。

10.8 本章小结

本章试图在前面诸章偏于实证研究的基础上,归纳和进一步分析句式研究中运用互动-派生模型的理论主张、特定句式的派生能力和派生途径以及互动-派生分析的基本目标等,并就此对语法研究中的整体主义分析策略(如构式语法等功能学派所主张的研究策略)和还原主义分析策略(如生成语法等形式学派所主张的研究策略)之间的关系做出新的说明,进而主张应该重视精致还原主义方法论(换个角度来看,也可称作精致整体主义)的研究路线,最后通过跟变换分析法比较来进一步揭示互动-派生模型的适用空间。我们试图借此对语言分析中如何实现整体论和还原论的理论互补、如何实现原则和规则的互动研究做出初步的探讨。构式分析,既可以是整体的,也可以是还原的,关键在于研究构式的哪个方面;既需要整体法,也需要还原法,关键在于如何描写和概括构式的形式、意义方面的特征及其浮现的过程和机制。

毫无疑问,现代科学研究大都采取自下而上和自上而下相结合的研究策略,只不过理论的出发点(往往与理论信念即本体论承诺有关)和侧重点不同,以致形成了不同的研究规范。但在精致还原主义方法论这个层面上有相通之处。精致还原主义不是不考虑整体,而是在将整体还原为部分及其关系的过程中,重在探讨整体构造的机制、动因和制约条件。其实,无论是整体主义研究路线,还是还原主义研究路线,仅有大的原则的说明是不充分的,而且还需要在大的原则下以其他下位原则来补充和调整,同时在规则层面上深入探讨,对句法、语义、韵律、篇章、语用等规则做出系统而精细的说明。语言研究的基本过程是从现象到局部规则,再到原则,然后又从原则回到系统规则层面。当前界面研究逐渐进入人们的视野,我们不仅需要关注同一层面不同规则之间的冲突与协调问题,尤其需要关注不同层面(尤其是句法和其他层面)的规则之间的冲突与协调。其实,不同层面提出的原则也有可能发生冲突,如"象似性原则"和"经济性原则"的冲突就随处可见(参见张敏1998:188—198),也需要处理好原则作用的层面及原则之间的协调问题。协调就需要提出新的原则和/或规则,以解决已经发生冲突的原则和/或规则。而精致还原主义的研究路线正是试图将原则的提升和规则的刻画相结合,力求协调原则和原则之间、规则和规则之间、原则和规则之间的冲突,从而在构式(这里以句式为代表)形式-意义关系研究中很好地体现原则和规则互动的方法论原则,从而逐步走向互动构式语法。

互动-派生分析正是这种原则和规则互动研究的一种尝试。在句法研究中,从已有的研究实践来看,互动-派生分析的研究策略意在沟通句式之间的联系,强化对句法形式和句法意义的描写系统化;追求派生过程中确定的规则性和可操作性,既注重句式中具体成分对特定句式在形式和意义上的贡献方式和过程,也注重句式对具体结构成分的选择限制条件;注重分析派生过程的可能性和现实性的条件,因而比较重视特定句式的句法构造和句法意义的互动关系的考察;强调归纳和演绎的结合,利用共时平面上派生分析的结果来推演和印证汉语句式的发展过程,考察句式结构演变和句式意义引申的方式,沟通共时和历时的研究。总而言之,句式研究中互动-派生分析的立足点也是句法构造和句法意义之间存在着的互动关系,因此可以在一定程度上提高理论的解释力和预见性。由此可见,互动-派生分析虽是对 IP 模型的拓展,实际同时也对 IA 模型做了拓展。互动-派生分析只是精致还原主义分析的一种方式,本章的一个目的就是通过对互动-派生模型的分析来探讨精致还原主义分析的可能性问题。

当然,就互动-派生分析自身而言,它也只是一个"侧面"的理论,目前的研究成果还不多,需要进一步探讨的是互动-派生分析的理论基础和方法论原则以及派生分析的限制条件。要想使互动-派生分析运用得更加合理、有效,增强考察问题的广度、分析问题的深度、预测现象的准确度和解释现象的可信度,就必须积极吸收相关理论的研究成果,如结构语言学理论对句法配置的详细描写,配价理论对动词、形容词、名词乃至整合式的配价分析,论旨理论对论元性质和论元结构的分析,语法化理论对句式及其标记演变过程的分析,类型学对句式共性及相关参项的分析,标记理论对语言成分的标记度及标记关系的分析,功能语法、构式语法对形式跟意义之间的平行性关系的认识等。

同时我们还必须认识到,强调句式的互动-派生关系,也有不容易处理好的一些问题,如:如何协调不同层面规则之间的冲突?如何有效说明派生过程中的特殊现象、边缘现象、例外现象?如何避免派生过程中由于考虑不周而出现的一些特设规则?[①]

就目前的句式研究现状而言,无论是坚持句式的基础生成还是派生而来,都不能包打天下,都面对着一些共同的问题需要解决,都有一些容易解释的地方和不便解释的地方。没有哪种理论可以包打天下。正所谓尺有所短,寸有所长。也就是说,虽然它们都能揭示语言系统的许多重要事实,但显而易见的是,任何理论、任何时候都不能揭示所有方面。实际上,这两种分析观念和方式并不冲突,而是相互补充的,都是为了更好地刻画句式系统,解释各种句式的句法构造和语法意义,都是为了深入挖掘形式和意义之间的关联。如基于互动构式语法的派生分析对基础句式的整合过程的分析能为说明特定句式的句法、语义特点提供一个解释途径,而一般意义上的构式语法对各个句式意义的挖掘能进一步充实对形式和意义的关系的认识。我们既不能因为强调整体的特性而忽视了还原分析的价值,也不因强调还原分析的操作性而忽视构式的整体特性。关键是通过研究发现各个理论模型的长处和短板,进而扬长避短,互补互进。由于发现了派生的语法观的局限性,非派生的语法观(即构式均由基础生成的语法观)便成为一种理论选择。就目前的语言研究状况而言,派生的语法观似乎成了学术主流;然而,

---

[①] 关于这一点,袁毓林(2003b)做了一个很有意义的反思。针对"用毛笔写字→写毛笔、在食堂吃饭→吃食堂、用花腔唱歌→唱花腔、为买带鱼而排队→排带鱼、跟日本队打球→打日本队"等现象,袁毓林(1998:135—142)提出了一个工具、处所、方式、目的、共事等论元角色可以通过述题化(rhemization)这个语法过程而实现为宾语这个假说。然而,袁毓林(2003b:66—67)否定了这种处理方法,因为"从 GB 理论的眼光来看,向后移位这种句法操作是根本不可能的,它直接违背了投射原则和论旨准则"。这就说明,特定的句法操作必须遵循业已建立的一些最基本的原则,否则就有特设的嫌疑。

非派生的语法整体观(区别于结构主义的建构观和生成语法的生成观)也带给我们观念上和方法论上的很多启迪,只是还需要进一步开展操作方法和技术规范方面的精细化工作。在探寻理论互补的过程中,也许精致还原主义的思路是一种值得肯定并需要继续尝试的研究路线。即便有些看上去体现为整体论所认同的"整体"现象,我们有时也可以通过精致的还原分析而得到新的认识。如语气常被看作一个句子所负载的功能,而林茂灿(2006)的实验结果证明,疑问语气和陈述语气的区分只能来自边界调(出现于语调短语边界音节的音调),通过改变调尾就可以变陈述为疑问。这种分析展示了精致还原主义的魅力。我们认为,精致还原主义应成为现代语言学研究重要的方法论之一。

第十一章 互动构式语法视野中的句式形义关系分析

11.1 引言

本章在考察构式语法尤其是认知构式语法分析句式（论元结构构式）时所倡导的基本观念的基础上，对构式特征的分析策略做出概括，以期对本项研究所倡导的互动构式语法的基本观念和方法做个总结。

自构式语法理论引入到汉语研究中后，汉语的句式分析（尤其是若干特殊句式形义关系的探讨）取得了较为显著的成果。同时，也许是由于尚未清晰而系统地阐述其方法论主张，因此构式语法常常只是被作为一种研究观念和理论目标而驱动相关研究。有些分析虽主张基于"构式"观念，但如果放下"构式"的标签，实际上跟过去的非构式语法分析或者说前构式分析（Pre-Construction Approach）相比并没有展示出本质上的差异。

就"构式"的内涵来说，Goldberg（1995）的理解具有代表性：作为一个形式-意义对，只要它的形式或意义中存在不能从其组成成分或业已建立的其他构式中完全预测出来的方面，这个配对体就是"构式"。其中，跟形式相对的一面，随着构式语法的发展，时有调整，除了意义外，也指功能，有时还包括语用功能、语篇特征等。凡是形式之外的东西，似乎都归入其中。本章为了说明的方便，一概用意义来统指。①

　　关于构式的这种认识,其创造性在于:从本体论上来看,它强调了特定构式在系统中所独具的形式和意义方面的某种特异性(idiosyncrasy),这种特异性具有"浮现性"特征,语言习得的基础是对构式的形式和意义同时做出认知概括;基于此,导致在认识论层面上,构式本身就必然成为认知的基本对象和观察视角,甚至将构式看作语言系统和语言习得的唯一单位,语言学研究应该将构式的特征及能产性作为描写和解释的基本对象;而且,这种理解还在方法论上强调了整个构式是无法充分还原的,因此还原论和演绎法都不能作为分析构式的基本方法,而必须采取整体论和归纳法的分析方法。

　　由于构式语法强调构式形义之间的相互依存性(或者说象征性)和形义关系的独特性,因此,凡是具有特异性的语言单位都可以看作构式,这样,从语素到词、习语,到句法结构乃至语篇,甚至语体、文体,都可以看作构式。如 Hoffmann & Trousdale 主编(2013)的《牛津构式语法手册》第三部分"构式库:从语素到小句以及其他"(Constructicon: from morphemes to clauses and beyond)中涉及的内容就包括:形态、词和习语、搭配、抽象短语和小句、信息结构。同时,由于构式概念在内涵理解上的一致性,构式语法研究者必然假设不同层级的构式之间是一个连续统,没有划然而分的界限。构式语法特别强调,语法研究中无需区分词库和句法、词汇和语法,就是这个原因。

　　然而,在实际的构式语法研究中,目前主要集中在两个方面,一个是习语性构式(idiomatic construction),包括结构形式完全固定的特殊

---

① 其实,即便是形式,也有不确定的因素,是指语音形式(如语素的形式),还是指句法成分的组合方式(如词类序列),或是其他,都有不同的理解(陆俭明 2007)。本章跟意义相对的那个方面都看作形式,而不涉及其内在同一性的分析。显然,这里面已经蕴涵了很多不确定的因素了。

短语(如"let alone、kick the button,想必是、你别说")和部分固定的特殊短语或句子(如"What's X doing Y、jog someone's memory,不把 A 当回事儿、怎么 A 都 B"),它们基本上属于实体性或准实体性构式;再一个就是带有较强规则性的句法结构,尤其是各类特殊句式(如双及物构式、动结式、比较句式),即所谓的论元结构构式,它们属于图式性构式(schematic construction,或曰规则性构式)。至于处于低层面的词和语素,总体而言较少有基于构式观念的研究,但近来关于形态(语素)的构式研究受到重视(如 Booij 2005、2007、2010、2013),这是从句法和形态(词法)的接口来看形态构式(morphological construction)问题,是形态学研究的新视野;而高层面的语篇,已经受到了某些关注,如 Östman(2005)认为体裁(Genre)、语用功能、篇际关系(interdiscursivity)、互动顺序(interactional sequentiality)等语篇特征都可以从构式角度来研究;但总体而言也尚未成为研究的热点,所取得的成果和共识仍不充分。而且,对图式性构式和习语性构式而言,虽然可以基于"构式"观念而做出统一处理,但二者在基本性质及其相关的研究方法论上显然存在着相当大的差异。因此,在实际的研究中,人们常常将它们分开处理。本章重点关注将句式作为一种构式所做的分析,从较为宏观的层面来探讨句式研究中的构式观问题,尤其是基于本项研究所实践的互动构式语法观及其互动-派生模型的基本理念来探讨。当然,我们对构式的基本认识是与主流构式语法的基本观念一致的,而与主流构式语法一般理解的根本不同来自构式的分析法。我们认为派生分析也是探求构式形式特征和意义特征的一种重要而有效的途径;出于分析构式特征及建构构式之间关联的需要,构式分析既可以做表层概括,也可以做派生推导;构式分析法需要而且可以将还原分析和整体分析相结合,走一条精致还原主义/精致整体主义的研究之路。

基于此,本章便概括性地对句式分析中构式观的形成过程、理论结构及其分析策略做出新的逻辑分析和理论阐释。我们首先讨论句式分析构式观的产生背景,接着分析构式特征的浮现性和句式形义关系的透明度问题,在此基础上区分出句式的非推导性特征和可推导性特征[①],从而提出句式研究中的非推导性分析和可推导性分析这两种观念在原则和策略上的关系问题。有关构式形义关系的还原分析和整体分析及其关系,我们将在下一章讨论互动构式语法的方法论原则时具体说明。

11.2 句式分析演变的路径:从结构到构式

探讨构式研究的理念和方法论原则,还得从结构主义分析法谈起。基于我们对构式研究的实际操作规范的理解和分析,我们认为两者在核心理念上有相通之处。

基于结构主义研究理念,在分析句子时基本上就是对句子做结构(structure)的构造分析,分析其构成成分(constituent)及成分之间的关系(relation),并刻画出具有特定成分配列关系的构型(configuration),进而归纳出各种(句法的或语义的)结构类型(pattern),如句型和句模以及具有特殊句法语义特征的句式等。作为后来成为构式语法核心概念的"construction",本即建构、构造的意思,在结构主义背景下一般用来指一个语法单位的内部组构方式及组构过程,组构的结果就是某个具有特定形式(及意义)特征的结构体,因此也常被称作"结构",在针对特殊句子时也常被直接理解成"句式"。结构分析重在构成成分

[①] 基于本项研究对"构式"的拓展性理解,构式所具有的所有特征都应看作构式特征。但一般的构式语法研究对"构式"的理解都强调构式特征的浮现性这一面,而非其组合性特征(即可以通过还原、推导的方式获得的特征)这一面。为了说明问题的方便,也为了更方便地以通行的构式研究作参照,这里将构式特征区分为非推导性特征和可推导性特征。但在统说的情况下,一般仍以"构式特征"称之。

分析,就句式的次范畴而言,着力分析句式所表达的语义类型以及不同次范畴的表达形式之异同。对不同句式之间的关系,结构主义语法后期比较关注相关句式之间的变换关系。如比较句有哪些次范畴,每个次范畴有哪些表达形式,每个表达形式由哪几部分组成,每部分的句法功能如何,有无相关的变换形式等。在归纳特定句式表达的多种类型时,重在结构分类。结构主义背景下的句式分析不是不涉及语义,而是对形义对应关系的认识不够突出,对形义关系形成的认知基础几无涉及;在描写多义句式或一个句式不同下位类型的语义内容时,基本上像归纳多义词义项那样来分析,且以形式描写为其旨归。更为突出的是,这样的分析对句式之间系统性的认识相当模糊,对特定句式特异性的认识也缺乏深入探讨。因此可以说结构语言学对句式的分析主要是"结构的"(structural),而非"构式的"(constructional)。

在批评这种博物学式的"平面化"语法研究的基础上,生成语法对语法系统(当然包括句式系统)的分析观念和技术做了革命性调整。这种基于"转换/生成"的认识,首先(逐步但很坚决地)区分出了句法表征的两个层面:深层结构和表层结构。无论这两个术语及其内涵在生成语法发展的不同时期做出什么调整(甚至在最简方案阶段被放弃),其本质一直没有发生变化。基于此,所有的句式都是通过转换而生成的,不同句式之间不再存在变换关系,它们都由某些共同的深层结构通过不同的转换规则生成。① 这种做法的一个决定性的后果就是:各个句式实际上不再享受特殊地位,因而取消了句式的特殊性。句式等传统

---

① 生成语法早期(如 Chomsky 1957)区分核心句(kernel sentence)和由其推导而来的句子,这种认识显然脱胎于 Harris(1951)等结构语言学的变换分析。随着生成语法的进一步发展,各种句子都基于统一的结构原则而生成的观念和操作规范逐步形成,并成为该理论体系的基本认识。然而,当下有不少构式语法文献在通过比较而批评生成语法的研究观念、论证构式语法的创新性时,仍以生成语法初期的区分核心句和非核心句的思路为靶子,这是殊为不妥的。

第十一章 互动构式语法视野中的句式形义关系分析

的语法构式成为普遍原则系统支配下的分类学中的附带现象(epiphenomena),这些语法构式的特征来自于原则和通过这样或那样的方式而设置的参数之间的相互作用(Chomsky 1995:129)。毫无疑问,这种认识在对象系统化方面具有本体论的价值,而放弃了特殊结构(不仅是句式)的本体论地位。这样的研究,自然不再将句式的意义作为考察的对象。但这种思路突显了动词和句式之间的一致性关系,因而走的是词汇中心论(更具体地说就是动词中心论,近来更发展出功能词中心论,实际都是核心词中心论)的路子,特定句式是由特定动词的论元结构向上投射而来的;对句式做出说明首先需要对构成句式核心的动词的句法、语义性质做出说明(这里的语义是论元结构之类的具有句法表现功能的语义,而不同于结构语义学中的语义)。当然,就其"形式"分析的本质而言,这种分析仍然是"结构的",而非"构式的"。就此而言,将生成语法看成结构主义的(这当然不同于已经作为专名的结构语言学或描写语言学),也未尝不可。其实,除了语言学界,其他领域也正是这样来认识生成语法的学术性质的。

取消特定句式的特殊性,从普遍语法的角度来看是种必然选择,具有理论体系的自洽性;但从实际交际和习得着眼,则未必具有充分的合理性。每个句式具有形义关系的特殊性以至不同句式之间具有相对的实体性和独立性,是合乎交际者的语感的。而且,生成语法中放入词库里的东西,似乎比较纷杂。凡是不需要转换(无论按照生成语法的哪个阶段来理解)而先于句子存在的基本构成要素(如词)或无法通过转换得来的各类习语性的结构成分,都混杂在词库中。然而,这些成分不但性质上有很大差异,而且其语义性质和语用特征也需要且可以在一定程度上做出精致的描写。由此反过来再看基于规则建构而生成的句式,便发现这些句式和词库的成分在基本性质上具有某种同一性(identity),即都是由特定的形式和特定的意义结合而成,形式和意义之间具有某种依存关系。这就是"构式"。基于这种构式意识的研究观念便形成了语言分析中的构式观。如果就此而言,语言不但有词库(lexicon),还有构式库(constructicon①,或作 inventory of constructions)——内部结构具有层级性(hierarchy);或者说只有构式库,而词库只是构式库的一个子集。就句式性构式而言,在认识句式之间的关系时,构式语法比较注重做出跨构式的概括。当然,这种跨构式的概括主要是注重具有某种共同语义结构关系的不同层级构式之间的承继关系的分析,而对不同句式之间的关系,如句式家族、句式群等,虽对其中的关联有所关注,甚至做出比较深入的分析(如 Goldberg 1995; Goldberg & Jackendoff 2004),但在方法论上往往对推导策略、派生手段比较排斥。② 这是与其构式观相一致的。如果基于这样的观察,就必然对生成语法的革命行为再进行一次革命。这也就是构式语法产生的理论背景。由此可见,这样的语言观念和分析路径,首先是"构式的",然后才是"结构的"。

基于结构主义语法和生成语法的分析,都比较重视对"(形式)结构"的认识。凡是注重结构分析的,都强调结构的组合性、可分解性,从方法论上来看,还原法的特征比较鲜明,组合性原则是至为根本的原则。只不过,结构主义语法更注重"构型/型式"的归纳、变换的操作,这样的研究往往是基于经验的;而生成语法更注重对"生成/派生"原理和机制的建构,这样的研究很容易偏向超经验的努力,甚至追求一种概念

---

① Jurafsky(1992:8)认为构式库包括词库(lexicon)、句法规则基础(syntactic rule base)和习语词典(idiom dictionary)。附带说明的是,Jurafsky(1992)是基于自然语言信息处理的构式研究,其"基于构式的解释语法"(Construction-Based Interpretive Grammar)的观念来自 Fillmore et al. (1988)、Kay(1990)、Lakoff (1987)等倡导的构式语法,由此而生发的一些新的观念又为 Goldberg(1995)等吸收。上个世纪 80 年代末 90 年代初构式观念是美国西海岸语言研究(一般语言研究和自然语言处理)的共同新话题。

② 顾鸣镝(2013)基于认知构式语法的研究结合若干汉语句式对构式承继关系作了探讨。但总体而言,基于构式承继关系所展开的汉语句式的构式分析并未受到应有的重视,观察得也很不充分;而且容易将承继关系泛泛地理解成不同构式之间的关联。

系统自洽性的建构。而构式语法乃至认知语言学注重的是日常经验（身体经验、生活经验、认知经验，可以统一视为具身体验）对语言结构的影响，因此对语言内部具有自主性的"生成/派生"以及变换并不关心，甚至可以说是排斥的。这反映在构式语法特别强调该理论的单层面性、非派生性、受限性以及基于使用的研究等方面。它对结构的分析固然有所认识，但更强调要考察的是一个一个的"构式"，将一个个构式都看成具有独立性的语言单位。从方法论上来看，基于构式理论的分析必然要试图放弃或批判还原论、演绎法，而主张整体论、归纳法。

因此，就构式的本体论地位以及由此关联的语言系统观、归纳主义方法论而言，生成语法对结构语言学而言是个反拨，而构式理论则是对生成语法做出了新的反拨，这是一个否定之否定的过程。对构式理论与结构语言学的关联，Goldberg、Langacker等诸构式理论研究者的诸多文献中已有所认识。不过，在描写语言现象时，后结构主义时期和生成语法时期的研究由布龙菲尔德时期对项目与配列（IA）模型的倚重发展出项目与过程（IP）模型，而构式理论则基本上放弃了IP模型，重新认同IA模型的分析价值。[①] 就此而言，似乎实现了一种螺旋式回归。也就是说，结构主义语言学、生成语法、构式理论之间在基本观念和分析策略上呈现出错综交合的关系，而并非简单的线性变化。[②]

---

① 本项研究试图重新认识IP模型在构式分析中的可能性和理论效应。
② 本章除了介绍、概述性内容外，更多地使用"构式理论"这一术语而不是"构式语法"，这是基于这样的研究策略：本章关于构式理论的认识虽然基于构式语法，但并不拘泥于既有的认识，而是试图提出某些新的观念和认识；另一方面，由于构式语法研究中不同流派之间的观念并不完全一致，用"构式理论"一语庶几可以避免其中的理论纠缠。其实，还有一个至为重要的方面，就是目前的构式语法特别关注已经规约化了的语言现象，然而语言交际同样还有非规约性的一面，语言创新、发展的动力正是来自于那些一个一个的具体表达，而且这些表达也必然含有浮现性特征，因此从本质上看也具有构式性。这正是刘大为（2010）区分语法构式和修辞构式的基础。就此而言，目前的"构式语法"视野中的构式并不能涵盖所有的构式现象。若将这部分尚未包含进去的构式现象包含其中而加以研究，"构式理论"自然是一个可行的选择。本项研究倡导的"互动构式语法"，由于主要还是侧重在规约性构式的这一面，因此也是构式语法的一部分；当然，在方法论层面，互动构式语法比一般意义上的构式语法要更加具有包容性。

11.3 构式特征的浮现性和构式形义关系透明度

基于构式观的语言研究首先要面对的问题就是如何理解和分析构式的基本特征。而对构式特征的认识，又跟如何认识和定位构式形式和意义的透明度有关。由于本项研究主要以句式性构式的形式和意义的关系为切入点，因此在讨论构式形式和意义的透明度时，基本上以句式为例来说明。

11.3.1 构式特征的浮现性

就构式语法的基本理念而言，对构式特征认识的一个基本立足点就是：**整体大于部分之和**，构式的（句法、语义、篇章、语用等）特征是不能或不完全能从其构成成分中推导出来的。这个"大于"的特征，便是"浮现"的特征，是非线性加和的。这就是构式特征的浮现性[①]，也就是构式所具有的构式性。这也是人们对复杂性系统基本属性的基本理解。然而，如何分析这种构式性及其浮现特征，构式语法似乎语焉不详，而这又是所有构式理论所必须解决的问题。

在理解构式的基本内涵时，整体大于部分之和实际跟构式是相互

[①] "浮现"和"浮现性"在一般科学和哲学著作中常译作"涌现"和"涌现性"。物体或其性质的显著变化过程大体有三种表现：或从无到有（如水分子由氢原子和氧原子的合成），涌现多类此；或从潜到显（如潜水艇浮出水面），浮现多类此；还可以是两种情况的结合（如水结成冰、种子抽芽）。构式语法中关于构式特征的浮现常常并非指潜水艇浮出水面式的"浮现"，而是从无到有的"涌现"；由此可见，后者更能表现该特征。据北京语言大学研究生王文姣说（私人通信）：emerge 这个词在英语中实际上是强调一种在视野中的突然显现，不论是氢氧结合成水分子，还是潜水艇浮出水面，都是人们在视觉范围内从无到有的一种变化，而这种变化是突然的，没有预兆的，动作性很强，这是 emerge 和 appear 的一个区别。从这个角度上看，"浮现"强调了从无到有，"涌现"强调了突然性，似乎都不是对这个词所涵盖的概念意义的一个全面揭示。当然，宽泛地说，用"浮现"来浑言之，也是一种可行的选择。

定义的,构式跟浮现性也是相互定义的。在构式性这个属性上,各个层级的语言单位是同一的,都具有某种特异性,从这个角度看,各级语言单位之间是连续的。然而,如果我们注重不同层级构式的构造之别及其浮现出来的特征之异,那么各级语言单位则又是不连续的,越是下位层次的构式,其结构性就越低,分析性就越弱;越是上位层次的构式,其结构化程度就越高,浮现出来的特征就越鲜明,但其可分析性特征也越鲜明。说它连续,是注意到一致性;说其不连续,是注意到差异性。只追求同其同而忽视了异,或者只异其异而不追求同,都会影响理论的充分性。如何说明"一"和"多"、同一性和差异性、规则性和特异性的关系,是所有理论都必须面对的基本问题。

就句式而言,作为图式性构式,它显然具有比较强的规则性、高分析性;而实体性构式和准实体性构式则有较为固定的结构形式,具有语块性、低分析性。既然如此,作为图式性构式的句式,如果要对它有比较充分的认识,就既需要研究其形式的和意义的"构"(结构和建构),而且还要在此基础上分析作为形义配对关系的"式"。①

既然句式有"构",并因"构"而"式","式"中的某些/个特征是从"构"中浮现出来的,那么就需要分析:"式"中的哪些特征是从"构"中继承过来的,哪些特征又是"构"所无而浮现出来的,"构"的成分又是如何影响我们对"式"的特征的认识的。这就牵涉到如何认识特定句式形义关系的透明性(transparency)即可分析性、可推导性问题了。

11.3.2 构式的透明性和理据性

所谓透明,就是一个结构体的特征能够从其构成成分及其关系的

---

① 这是我们暂且对"式"做出的理解。汉语语法研究中常用"~式"来命名特殊句式,如处置式、被动式,而且在结构类型分析的基础上特别强调对这些句式的语法意义做出分析。我们对"式"的理解(施春宏 2011a、2012a)正是继承了这种认识。

特征中推导出来。从结构主义语言学和生成语法来看,句式的形义关系是相对透明的。尤其是生成语法对句式生成过程的分析,投射过程中核心词项的句法、语义特征向表层的渗透(percolation)就是透明化的实现机制。这也就是它对语言现象往往采取还原主义方法论的基础。然而,如果我们发现句式中竟然出现了底层成分所不具有的浮现性特征,那么,句式的形义关系就必然具有不透明性,更准确地说是不具有充分的透明性。这也就是构式语法乃至认知语言学通常比较排斥还原主义方法论的原因。如果强调透明性,自然容易采取推导(如投射、派生、变换之类)的策略;如果注重不透明性,自然对推导分析有所排斥。

然而,是否可推导会因构式或构式某个方面的不同而有效度上的差异。对规则性强的结构而言,必然具有某种形义关系的透明性;而就整合化的完形来说,则一定具有某种形义关系的不透明性。作为一个原型范畴,其典型现象显然容易体现较高的透明度,而扩展后边缘现象的透明度自然会有所降低甚至相当隐微以致难以分析。因此,关于句式形义关系透明与否的分析,不是在构成成分和句式整体之间是否有透明性的问题,而是哪些方面有透明性及其透明程度的问题。如关于"把"字句,我们长时期里将其语法意义理解为"处置",并将这种"处置"意义分析为核心动词所带来的。例如:

(1)a. 孩子把书撕破了　　b. 他把传家宝送给了别人

句中动词"撕、送"的语义特征具有很强的处置性。这正是从还原的角度来认识"把"字句形义关系的透明度。后来,人们认识到"把"字句并不都表示"处置",有相当一部分实际表达的是"致使",甚至所有的"把"字句都可以归结为致使。例如:

(2)a. 孩子把爸爸气死了　　b. 孩子把妈妈哭醒了

就例(2a)而言,说致使来自"气"的使动用法也未尝不可(这样"气"就必然设有两个义项、两类论元结构),若此则跟处置说便没有实质性的差异,都可归入词汇中心说。然而,例(2b)则不能将"哭"做使动理解了,因为句子的语义结构是"孩子哭(致使)妈妈醒了";显然,这里就不能将致使归结到这个句子中的某个成分上了,这样,词汇中心说就遇到了困难。而且致使说的分析思路似乎还可以说明动词中心说所能说明的现象,如"孩子把书撕破了"就可以理解成"孩子撕书(致使)书破了"。由此可见,对致使语义关系的分析不但注意到了"把"字句的各个构成成分,而且尤其注重构成成分之间的关系。就此而言,这样的分析是基于整体语义结构关系来分析的。当然,照此处理,并不能说致使说就不是还原分析了,其实它采取的仍然是一种还原策略,只不过对还原内涵的理解有所调整:若要对整体进行还原,不但要还原到构成成分,还要还原到构成成分之间的关系,而且关系的还原显得更加重要。如上面对致使的理解,就不再是词汇性的语义了,而是句法结构的关系性语义了。从这样的分析结果来看,"把"字句的形义结构仍然是相当透明的,虽然引入了线性序列中没有直接体现的"致使"性语义内容。① 关注透明度的分析,大多是采取自下而上的推导策略,注重的是语言结构的可分析性,利用的是语言结构的规则化效应。如果我们用致使关系来约束有关成分进入"把"字句的条件,那么就是一种自上而下的行为了,这也跟透明度有关。其实,这种对句式透明性的认识,甚至推动了构式理

---

① 当然,这不是说"把"字句的语义特性就可以简单地概括为致使了。其实,致使(以及处置、位移之类)只是"把"字句跟相关句式之间的某种共性,而不是其个性;这些句式构成致使句式群。本书第七章便将"把"字句放到句式群中考察,认为其语法意义大体可以归纳为:"通过某种方式,凸显致事对役事施加致使性影响的结果。"有些文献将笔者对"把"字句语义结构的概括(施春宏 2006a,2010b)简单理解为致使,实际有所偏解。

论对"构式"内涵理解的调整。构式语法在较早时期都特别强调构式特征的非完全预测性(如 Goldberg 1995),但后来的发展则对这种限制有所放松,甚至认为即便是完全可预测的结构类型,只要它具有足够的使用频率,也同样看作构式(Goldberg 2006:5);同时还将构式限定于有结构的语言单位,语素以及某些单语素构成的词不再视为构式(Goldberg 2009)。这种新的定位正是在面对句式性构式形义关系时所做的主动退守(换个角度看也是一种被动进攻)。当然,这样的上扩下敛式理解并没有从根本上影响人们对构式特异性的认识,因为它并未取消这样的基本观念:构式是作为区别性结构单位而得以存在于语言系统中的,各个构式靠这种区别性原则而获得独立的存在价值。这正是结构主义对语言单位的价值的基本认识。

关注构式形义关系的透明度,跟重视语言结构的理据性有关。由于认知语言学主张在语言之外寻找语言成分和关系得以产生和变化的理据,因此对形义关系透明度的认识,主要是基于对概念结构和语言表达的关系对应性的理解。其中最典型的认识就是两者之间呈现出某种象似性,存在着某种拓扑性的对应关系。然而这样的认识,如果走了极端,就容易将语言表达形式看作是概念结构/语义结构的派生物、附属物,自身就没有了独立性。认知语言学特别反对句法自主说;然而,强自主说(句法系统是完全自主的)固然有其局限,但一个形式系统有相当的自主性,则既有现实性又有逻辑必然性。例如:

(3)a. 孩子哭醒了妈妈　　　b. 孩子把妈妈哭醒了
(4)a. *孩子放了那本书在桌子上
　　b. 孩子把那本书放在了桌子上

在致使性概念结构关系基本相似的情况下,例(3)的两个句子都是合法的,而例(4)一个合法一个不合法,这显然受到汉语句法系统中韵律条件的制约。两者反映出来的选择性提宾和强制性提宾的差异,正是句法结构在整合过程中受到系统内部不同条件制约的结果(施春宏 2006a)。又如古代汉语系统中有"哭城颓、饮酒酣"这样的动补隔开式表达:

(5) a. 寡妇哭城颓,此情非虚假。(《乐府诗集·懊侬歌》)
 b. 饮酒酣,武安起为寿,坐皆避席伏。(《史记·魏其武安侯列传》)

而现代汉语只能说成"哭倒(城墙)、(喝酒)喝高(了)"之类的动补合用式,这也是受到不同系统的句法条件的制约,虽然这些句子在古今汉语中概念结构没有什么差异。任何系统,也许都不具有绝对自主性(完全自主性)①,而有相对自主性(受限自主性)。而且,不仅概念结构/语义结构影响了形式表达,同样,形式表达也制约着概念结构/语义结构的实现。如在汉语动词拷贝句产生之前或在没有拷贝形式的语言中,虽然例(6)所表达的概念关系应当都是存在的,但要在一个单一小句中表达这样的概念内容,则是无法实现的。

(6) 那孩子捅鸟窝捅破了屋顶(孩子捅鸟窝+屋顶破了)

---

① 即便是自主性如数论的系统也是如此。德国(后加入美国籍)数学家、逻辑学家和哲学家库尔特·哥德尔(Kurt Gödel,1906—1978)提出了著名的"哥德尔不完全性定理",证明了形式数论(即算术逻辑)系统的不完全性:任何一个形式系统,只要包括了简单的初等数论描述,而且是自洽的,它必定包含某些系统内所允许的方法既不能证明为真也不能证伪的命题。(引自百度百科"哥德尔不完全性定理"条,flyingship 于 2016 年 1 月 2 日创建)对此,哥德尔有这样一条格言:"有些事实被认知为真,但不必然可证。"

而这个句子无论是形式、意义还是构造规则、形义对应关系,都是相当透明的。

11.3.3 构式形义关系透明性的基本表现

基于以上的认识,我们认为语言单位形义关系的透明性至少应该包括这样三个方面:

(一)形式透明度

形式的构造过程合乎一般的结构规则(如核心词项的特征在句法结构中得到充分的实现、结构生成过程受形式规则支配等),则透明度比较高。如"我的书"是偏正关系,表领属,结构及其关系都是透明的。然而下面中动句(Middle construction)的结构形式则不够透明:

(7)a. 美梦<u>编织</u>起来十分困难,有时候<u>实现</u>起来倒也<u>十分容易</u>。(引自蔡淑美 2012)
   b. The book sells quickly.

仅就配价数量而言,这种构式的表层结构是一价的;然而底层动词"编织、实现"和"sell"通常是二价的。构式和组构成分在配价上的对应关系并不一致,因此不够透明。更进一步的是,"美梦"和"The book"在语义结构中是受事,却在句法结构的配位过程中被安置到主语位置,而整个句子却以主动形式来出现。显然,就其配位方式而言,也是不够透明的。

(二)意义透明度

字面义的加合接近整体义,则透明度比较高。同一个表达,字面义(常是本义,但不尽然)比隐喻义、转喻义的透明度高。如"念书"在(8a)中比(8b)透明,前者是个自由短语;后者已经词化了,用"念书"这一具体行为转指"上学"。

(8)a. 他在房间里念书　　b. 他在北京念书

自由短语显然比起由短语凝固而成的词和习语,其语义透明度要高。像例(9)那样的"What's X doing Y"构式,其语义内容已经成为交际中类似习语的规约性成分了。

(9) What's the fly doing in my cup?(我的茶杯里怎么会有苍蝇?)

同样,就例(7)的中动句而言,其主语成分都含有特定的固有属性,使得谓词所表达的行为具有某种效果(转引自 Goldberg 1995:184)。这种语义内容是句式所浮现出来的。

(三)形义关系透明度

如果形式和意义之间存在着对应关系,且线性序列和语义成分序列较为一致,那么透明度就比较高。如所谓的自由短语,一般都是如此。又如:

(10)a. 爸爸点亮了煤油灯　　b. 孩子哭哑了嗓子。

从论元结构的整合过程而言,"点亮"和"哭哑"虽都是二价动结式,但前者的形义关系透明度更高,因为它整合后的论元结构跟"点"的论元结构基本一致。同样,就英语句法系统中的下面这两个使移构式而言:

(11)a. Tom put the napkin on the table.

b. Tom sneezed the napkin off the table.

例(11a)中的 put 是三价动词,(11b)中的 sneeze 是一价动词,而英语使移句是个三价构式,因此(11a)比(11b)透明度高。一般认为,例(11b)是通过构式压制这种特殊手段而实现了论元增容的结果。构式语法特别关注的所谓构式压制现象,都是指形义关系透明度不够的非常规的现象,常体现为句法语义类型的超常组配。例如:

　　(12)a. Mary began a novel.(引自 Jackendoff 1997:60)
　　　　b. 他一觉醒来,就被劳模了,真是大喜过望。(引自施春宏 2013b)

例(12a)中的"begin"语义上要选择一个表示活动(activity)的宾语。当它们的宾语是直接表达活动的 VP 时,这种组合就是透明的,如"Mary began to read/write a novel"或"Mary began reading/writing a novel"(玛丽开始读小说/写小说)。然而,如果其宾语不是表达活动的成分时,这种不合常规的搭配便出现了压制。例(12b)中的"劳模"是名词,出现在"被"之后,形成"被劳模",其意实际是指"被当作/选为劳模",其中的动词性成分"当作/选为"被压制了。

同样,生成词库论(Generative Lexicon Theory)对名词性成分物性结构(qualia structure)的认识和分析,也是基于对构式压制(在该理论体系的中文文献中常称作"构式强迫")现象的认识。例如:

　　(13)a. John began a novel.(引自 Pustejovsky 1991:428,1995:37)
　　　　b. 学习钢琴(引自宋作艳 2013)

例(13a)中的"a novel"实现的是它的施成(Agentive)角色,指"to write/writing a novel(写小说)"。例(13b)"钢琴"实现的是它的功用(Telic)角色,指"弹钢琴"。

人们通常用转喻来解释构式压制/强迫现象,就是因为在转喻的过程中,某些显示透明性的成分"不在场"或"不充分在场",分析时需要通过对构式整体的完形特征及"在场"成分的激活机制的分析而将"不在场"或"不充分在场"的成分还原出来,从而实现充分的描写和解释,使之呈现出结构关系和语义理解上的透明性。

就此而言,显而易见的是,作为构式类型之一的句式,其形义关系的透明度显然要比习语性表达要高。首先,它在形式上有较强的规则性,这也就是生成语法能够通过规则操作"生成"句子的基础。结构语言学对构式的描写也是基于形式透明度的分析。即便是构式语法,也是以此为基础,如将双及物构式描写成"Sub+V+Obj+Obj_2"。其次,其意义也有相当的透明度。这里的意义,在不同的分析背景中理解虽然可能有所差异,但就概念结构而言,分析性程度也很高,如 Goldberg(1995)等将双及物构式的语义内容描写为"X 致使 Y 收到 Z"。当然,这种抽象的语义内容是该构式的原型意义(中心意义),而不是它所能容纳的所有意义,如果考虑到这种结构所能表达的意义实际上远比原型语义复杂,通过隐喻和转喻能够表达其他语义内容,那么经过隐喻、转喻而来的语义内容就使其透明度有所降低。再次,从形义关系着眼,如果考虑句式的形式结构和原型意义结构之间的对应关系,那么说句式形义关系具有较高的透明度,是合乎实际的。当然,"致使……收到……"这样的语义内容并没有在双及物构式的形式结构中直接呈现出来,而是作为一种关系而存在;就此而言,该构式的形义关系又是不完全透明的。

11.3.4 关于构式透明度的进一步理解

当我们关注构式所具有的浮现性特征时,就是在考察构式形义关系不是完全透明的情况下所体现出来的特征。也就是说,构式的特征应该包括两个方面,一个就是透明性特征,一个就是非透明性(不透明性或半透明性)特征。构式分析的理论意义就在于对构式的非透明性特征的认识、重视和分析。① 但我们不能因此而认为构式的特征都是不透明的。Goldberg(1995)在构式的定义中强调的也只是形式或意义的某个方面或某些方面不能完全预测出来,而不是说所有的方面都必然不能预测。然而,在当下实际的研究中,我们过于强调了构式特征的浮现性,而对它可能具有的可分析性时有忽略。习语性构式的透明度一般都是很低的,构式语法开始对"构式"内涵的理解也是基于对习语性构式的认识,但当我们将构式的范围扩展到句式时,实际上对构式的理解已经有所调整了。② 基于此,构式已经成了一个原型范畴。其原型性的表现就在于形义关系透明度(对应性)的高低,由此可以将构式分为透明构式(transparent construction)、半透明构式(semitransparent construction,其中还可以继续区分为比较透明和比较不透明/隐晦)和不透明构式(opaque construction)。构式的透明度跟构式特异性成反比关系,透明度越低,特异性越强。

在理解构式的透明度和浮现属性时,一般都是从整体意义和部分意义之间的关系来认识的,然而这样的理解并不完整,它们还有整体形式和部分形式之间的关系,更重要的是还有形式-意义之间的关系。对

---

① 这也是构式语法起源于对非典型现象的精致分析、而且特别关注边缘现象并将一般语法理论中的边缘现象、非典型现象拉到语言理论的核心之中的根本原因。

② 实际上,Fillmore 等(1988)在分析"let alone"、Kay 等(1999)在分析"What's X doing Y?"的语用特征时,虽然强调了它们的非还原性,但对其中蕴含的某些规则性和推导性做了比较精细的分析。

构式内涵的理解和形义关系透明度的认识,会影响到构式理论对构式研究的方法论的认识。很多构式研究者特别强调要抛弃构式研究中的还原分析,这恐怕既不可能也不符合实际。其实,构式语法由开始对图式性构式采取半遮半掩的态度到后来干脆将它纳入理论体系之中,也能看出它在构式原型性特征及其透明度方面认识上的调整和在还原策略上的游移态度。对此,下文将立专节来讨论。我们提出互动构式语法及其分析路径之一的互动-派生分析,即是对这种分析路径的考量。

如果再进一步分析透明度的来源问题,我们还会发现,就句式的"构"(结构和建构)而言,在整合的过程中,所形成的"式"(形义配对关系)既有"得"的部分,也可能有"失"的部分。而我们一直强调的是整体大于部分之和("所得"),而不怎么考虑整体小于部分之和("所失")的情况,同时对整体等于部分之和的情况通常撇开了。而且,有时"大于"和"小于"在同一构式中指不同的方面。如中动句"The book sells quickly",如果从论元结构来考虑,便出现了论元减容的情况,表现为有所"失",这也造成了句式的不透明性。然而,从构式义的整体来看,这种句式可以表示 the book 具有某种属性,使它卖起来比较快,这又体现为有所"得"。[①] 中动句主语所具有的这种属性就是句式整合中浮现出来的新特征,这是通过底层构成成分的分析无法得到的。然而如果将视野投射到句子适用的语境的话,那么这种属性又可以通过对常规语境的事件结构分析而推导出来,就此而言,则又成了透明的了。其实,所谓的"大于",也只是指整体浮现出了部分所不具备的东西,并不意味着它同时将部分所具有的东西都包含进去了。实际的情况是,一

---

① 中动句的这种特性具有跨语言性(蔡淑美、张新华 2015),而且汉语中动句是话题结构构式化的产物(蔡淑美 2015)。实际上,如果我们从语言类型学和历时句法学视野来考察句式非推导性特征的共性和特性及其浮现机制,将会对构式的透明性问题有更为深刻的认识。

个单位作为组构成分进入结构体中,必然不能将其具有的所有特征(就语言而言,如音系特征、韵律特征、词法特征、句法特征、语义特征、语用特征等)都带入到结构体中,结构体对组成成分的特征有所取有所弃、有所凸显有所潜隐。这跟一个人进入到一个新集体中的表现没有本质区别。

11.4 句式的非推导性特征和可推导性特征

从上面的分析来看,构式形义特征的浮现情况跟形义关系的透明度有关。构式的特征,既有整合过程中浮现产生的,也有整合过程中继承而来的。刘大为(2010)根据构式义是否具有可推导性将构式分为语法构式和修辞构式,"语法构式指的是任何一种可从构成成分推导其构式义的构式,以及虽有不可推导的构式义,但已经完全语法化了的构式。""修辞构式指的则是所有带有不可推导性的构式,只要这种不可推导性还没有完全在构式中语法化。"语法构式和修辞构式之间形成一个连续统。而这种构式义的可推导性特征正是通过还原的策略来认识的。当然,这种还原观是基于现代还原论而非传统还原论(或曰经典还原论、机械还原论)关于"还原"的内容和方式、步骤的认识(对此,我们将在下文 11.5 节有所说明)。

就特定句式而言,形式上体现为一系列语言项目的线性配列,而且这些配列具有较强的规则性;语义上体现为底层到高层的继承与调整。目前我们对句式特征的认识,大多是基于离境性特征(out-of-context feature)的分析,即将特定句式从语境中抽离出来,将其形式化后分析其整体句法语义特征以及各个组成部分的句法语义特征。如果再进一步考虑到句式的语篇功能、语体特征这些入境性特征(in-context feature)的话,构式的浮现性特征就更加显著了。我们认为,句式乃至所有构式的构式特征,既要包括离境性特征,也应包括入境性特征。显然,就刘大为(2010)区分的两类构式而言,语法构式带有离境性特征,修辞构式带有入境性特征。

这样,我们对构式特征的分析就需要从两个角度来认识,一是区分浮现性特征和继承性特征,二是区分离境性特征和入境性特征;而且要考虑这些特征之间的互动关系。就特定句式的典型形义关系而言,继承性特征是很显著的,离境性特征和继承性特征的一致性程度也比较高,适应的语境相对较宽。而在典型形义关系扩展的过程中,浮现性特征在逐步增加,适应的语境也更加特殊。

句式的不同特征、句式特征在不同的演变阶段,其透明性(可分析性)程度是不相同的。为了说明问题的方便,我们可以根据句式特征的透明性程度的不同,将句式特征分为非推导性特征(non-derivable feature)和可推导性特征(derivable feature)两个部分,二者共同构成句式的特征结构。[①] 我们这里将非推导性特征专指特征结构中不能通过加和式的简单还原、推导的方式获得的部分,而将可以通过还原、推导的方式获得的特征部分都归入可推导性特征。由于形义关系的透明性有程度的差异,因此从可推导性特征到非推导性特征必然是个连续统。例如下面这样的"有+N"结构:

(14)a. 有电脑　有车票　有孩子　有车
　　b. 有感情　有经验　有学问　有名

---

① 施春宏(2013a)曾根据透明性程度,将构式特征区分为构式性特征(constructional feature)和非构式性特征(non-constructional feature),这样的命名容易引起误解,至少从字面上看,说一个构式具有非构式性特征,似乎不妥,因此这里调整为非推导性特征和可推导性特征。与此相似的是,下文的非推导性分析和可推导性分析在施春宏(2013a)中曾作构式性分析和非构式性分析,这里也一并调整了。谢谢北京语言大学硕士生刘卫强同学的提醒。

它们的句法结构都是透明的,其语义结构"拥有某物"也是透明的,因此这些特征可以看作可推导性特征;然而(14b)"有感情"之类的"有+N"并非如(14a)一样简单地表达拥有某物,而且还表示拥有的数量大、程度深,而这种语义内容是不能够从构式本身推导出来的,因此可以看作非推导性特征。[①] 我们通常将构式看作一个完形(格式塔)。然而完形在逻辑上并不意味着绝对的不可分析,而只是指出构式是一个完形结构体,其部分对整体具有依存性,整体之于部分有浮现性。这种特定的完形结构的形式或功能,有可能是可分析的或部分可分析的。我们常常强调了完形的整体性而忽视了它所包含的分析性。

目前对构式特征的分析基本上都是基于共时系统的认识(上文都是如此),其实,历时分析也要区分非推导性特征和可推导性特征。我们发现,在分析句式演变过程的时候,人们往往首先分析出其可推导性特征,即句式中某个成分的结构变化和/或功能调整引起整个结构体的变化,从而使构式产生了新的形式或功能。即便是像"let alone(更不用说)、就是"这样的习语性构式,整体的共时功能固然不能从组成成分推导出来,但从语法化的角度来研究结构化的发展机制的话,也可以借助更大的句法结构、语境结构的分析来帮助推导其非推导性特征的具体表现。如果就可推导性特征而言,必须考察句式的各个部分对整体特征所做出的贡献、各个部分在构式形义关系变化的过程中调整的可能性和现实性。非推导性特征的浮现毕竟有个过程,而且句式发展中可推导性特征未必就完全消失了。即便是考虑可推导性特征的消失,也应该考虑哪些可推导性特征在什么语境、语体中是如何消失的。句式是有结构的,其各个结构成分在结构中的地位是有所不同的,往往能

[①] 刘文秀(2012)在以往研究的基础上,立足于构式语法的基本理念,重新探讨了"有+N"构式的构式意义、构式对"N"的语义约束、特殊构式意义的浮现以及部件义与构式义的双向互动关系。

够区分出构架性成分和从属性成分,这些成分在用变、演变过程中的调整空间和发展取向也不均质。这样,我们就不能将句式跟其构成成分之间的关系简单地等同于分子和原子之间的关系。

11.5 句式的非推导性分析和可推导性分析的策略问题

构式分析中是否可以采取分解、还原的策略,这是个有争议的话题。有意思的是,坚持构式语法观念的不同流派,对构式分析中是否采取了还原分析,认识上也并不一致。对此,我们将在下一章做出具体的理论阐释。这里仅就构式特征分析策略问题来对构式分析中是否需要还原/推导、如何进行还原/推导做出阐释。

11.5.1 非推导性分析和可推导性分析

我们暂时将那种认为形义特征不可还原/推导的认识称作"非推导性分析",而将那种认为形义特征可以还原/推导的认识称作"可推导性分析"。也就是说,非推导性分析和可推导性分析的区分主要是基于认识论进而导致方法论的差异。这里之所以做出这样的区分,是因为构式语法乃至认知语言学、功能语言学特别强调其理论方法的非还原性/非推导性,对还原/推导分析的过程和结果多有批评。其实,若将语言看成一个复杂性系统,人们也是根据方法论原则的差异来区别于传统意义上的一般系统。

就非推导性分析而言,面对的根本问题必然是,明确特定句式中形式和/或意义的哪个方面是在句式建构过程中"浮现"出来的,以及如何对这些"浮现"特征加以认识和分析。

就可推导性分析而言,面对的根本问题必然是还原的基础和机制;

而且也必须考虑到还原的效度,看到不可还原之处。

11.5.2 现代还原论视野中的构式分析

目前,非推导性分析在批评还原分析时,将还原论的认知基础理解成"整体等于部分之和"。然而,正如我们在第十章指出的那样,这种还原论只是传统还原论或者原子论的观念(当然现在仍有还原论者也同样坚持这样的理解),即将整体结构和功能还原到组成部分,尤其是还原出某个最为基础的部分,这样理解了部分也就等于理解了整体。严格意义上的句法结构生成过程的动词投射观正是如此,认为理解了动词的句法特征、论元结构就理解了由该动词构成的句式的句法特征、论元结构。学界对动结式的核心是述语动词还是结果动词,一直有争论,便有此背景。又如将"把"字句理解为处置式,就有传统还原论的影响,由于该句式中的某个动词具有处置性(如例(15)中的"打")就认为该句式表示处置义。这种还原论当然有很大的局限性。如"把"字句中的动词并不都表示处置(如例(16a)中的"干");即便"把"字句中的动词表示处置,其句式义也未必一定表示处置(至少不是严格意义上的"有意愿的处置"),如(16b)这种表示间接致使结果的"把"字句,就跟例(15)并不一样。

(15) 孩子把玻璃杯打碎了
(16) a. 一场大旱把庄稼都干死了
　　　b. 孩子打苍蝇把玻璃杯打碎了

特别是像例(11b)"Tom sneezed the napkin off the table"这样的经过所谓的构式压制而产生的论元增容现象,更难以由传统还原论给出有效的说明。

第十一章 互动构式语法视野中的句式形义关系分析

然而,批评者不可不知的是,现代还原论在还原的理念上已经有了很大的调整。如论元增容现象就是在还原的过程中发现并着力加以解决的。基于那种机械还原论的局限性,现代还原论并不完全坚持整体等于部分之和,而是将整体结构还原到构成整体的成分及成分之间的互动关系之中。即现代还原论不但还原出部分,而且还原到结构系统中相关部分之间的组织关系。如为了解决上述论元增容现象,现代还原论者就特别重视还原出一个表面上不可见的成分,即表示"致使(CAUSE)"关系的轻动词,从而说明"Tom sneezed"这一动作 CAUSED "the napkin" 出现了"(MOVED)off the table"这一结果,其中 CAUSE - MOVE 这些语义内容潜隐在该构式之中。这里的轻动词虽然没有语音形式,但有语义内容和句法表现,而且可以从事件场景中推导出来;同时它也不是专为这种结构而特设的,既有跨句式的共性,也有跨语言的共性。有了表达致使关系的轻动词,还原论者对上述论元增容现象就做出了理论系统内部的一致性解释。又如(12a)中的"被劳模"这种新"被"字式"A 被劳模",我们在第九章将其具体语义结构分析为:"A 被 S,S=B+V+～X～",这里面蕴含着三重事件关系,其语义内容的内在结构层级及其关系是:$[_{E蒙受}A+被+[_{E操控}B+V+[_{E施为}～X～]]]$,然后通过两层转喻机制形成。这样的分析显然是一种还原,但又不是简单的还原。再如对例(13a)中的"John began a novel",生成词库论者认为名词"novel"本身具有某种物性角色(这里是施成"写"),才使这种句法结构能够成立。这些还原策略,不但还原出看得见的成分,也有可能还原出不可见的成分,这种成分往往对说明成分之间的关系具有特别重要的作用。

然而,由于未能充分审视现代还原论的本质甚或存续既久的偏向性理解,这种还原的策略是构式语法分析观念所不能接受的。构式语法特别强调该理论的单层面性、非派生性之类的特征,主张"所见即所得分析法"(What-you-see-is-what-you-get Approach)(Goldberg 2006:10),既不赞成深层结构和表层结构的区分、基本形式和派生形式的区分,也不赞成通过"构造"看不见的成分来解决问题的做法。同时,由于主张构式是形式和意义之间的配对体,因此必然反对将一个构式看作另一个构式转换而来的派生物,形式和形式之间不存在转换关系,形式和意义之间也不存在派生关系,强调基于表层结构的概括,进而提出"表层概括假说"(Goldberg 2006:25)。然而,就此而言,非推导性分析又是如何分析出浮现性特征呢?就目前的研究来看,构式语法似乎没有独立的方法论原则。这种"基于使用的模型",必然坚持归纳法,认为归纳法比假说-演绎法更具现实性、更有解释力,但对如何通过归纳来认识浮现的特征,似乎尚未做出更为明确的系统性说明。

从上面的分析可以看出,还原法固然有其局限,构式语法对还原法的搁置、否定,同样也是有其局限性的。一是有将本体论和方法论相混淆的嫌疑。[①] 实际上,本体之间的独立性并不意味着不能采取派生、转换、变换之类的推导方式。[②] 就构式内涵的理解而言,说构式形义上的某些特异性无法还原到其组成成分或业已建立的其他构式,并不必然意味着绝对不能通过还原的方式来认识构式。客观属性的不能还原和分析过程的不能还原是两个层面的问题。如金刚石的属性(自然物质中最坚硬)自然不能还原为其构成成分(即碳原子)的属性,但可以通过将金刚石还原到碳原子及其结构方式来说明金刚石的硬度问题(如区别于同样是由碳原子构成的石墨),而且还可以利用这种成分及关系的

---

① 下一章将对构式研究中本体论和方法论的关系做出具体说明。
② 关于推导的方式,不同的理论背景在理解上往往有较大差异。大体而言,"派生"是在假设存在基础形式和非基础形式区别的前提下从基础形式出发所进行的推导;"变换"指在不同的然而又被认为有关联的形式之间的推导;"转换"是在假设存在深层结构和表层结构区别的前提下从深层结构出发所进行的推导(有人也将它看作派生)。派生和变换意在揭示不同的既有结构之间的关联,而转换则是一种结构生成方式;转换和派生假设存在基础性层级不同的结构,而变换可以不考虑变换形式之间的基础性问题。

研究来制造金刚石。二是实际上在分析构式特征时也不能完全放弃还原法,它所放弃的只是绝对还原,而无法绕开相对还原。如果注重对句式生成、演变过程的描写,往往就无法避开成分及其关系的还原,否则既不易于观察形义结构中具体成分的变动情况,也不便于将若干构式看作一个相互影响的系统。现代还原论特别强调通过对成分及其关系的分析来说明、推测构式的整体特征(对此下面单立一节再做较为详细的说明)。

构式语法还特别强调词库和句法、词汇和语法之间是个连续统,没有划然而分的界限(strict dichotomy)。如果从构式性来说,这种认识是有其合理性的,但如果将这种认识推到了极端,将对词库的认识推到语法中去了,进而以为任何还原都是不可能的,只有整体特征才能反映语言单位的本质,这就有值得商榷的地方了。因为语法/句法跟词库的一个根本的不同,就是可以对语法/句法进行规则操作,而且这种规则操作往往并不能施之于词项内部。

11.5.3 构式特征的分析策略

其实,关于构式特征的研究,无法回避这样的一个策略问题:研究者如何得知特定构式的句法、语义、语用、语篇等特征?仅仅靠研究者的敏感和内省?灵感的突现?如何证明该构式具有这样的一些特征而不是那样一些特征?根据我们对构式理论、方法论的理解,构式理论对构式特征的分析,所采取的最基本的方法论原则还是结构主义的基本分析原则,即区别性原则,通过构造最小对比对(minimal pair)来揭示形式和意义之间的差异及其浮现出来的特性。区别性原则和最小对比对分析法则跟还原分析有着根本的联系。例如,要认识"把"字句的语法意义,我们认为只有将它放到致使性句式群中,通过它跟一般"被"字句(长被动句)、受事主语句、致事隐含的"被"字句(短被动句)乃至致使性施受句在语序、凸显侧面、标记使用等各个方面的比较,才能有效地揭示出来(参见第八章)。

也就是说,无论是非推导性分析还是可推导性分析,在采取具体的分析策略时,不是要不要还原的问题,而是如何还原的问题。不同的语言学层面、分析性程度不同的构式、语法化或习语化/词汇化深度不同的构式,所体现的还原效度自然有所不同。如对习语性构式,其还原的可能性就远远小于句式;然而即便是习语性构式,如果考察其构式的演变历程,还是需要在一定程度上借助还原的分析。构式语法目前的研究更多地体现在对共时语言现象的分析上,这与它所坚持的方法论原则有关。如果将共时和历时结合起来研究,而且试图建立一个具有一致性的结构化模型,那么有效的还原分析则是必然的要求。Goldberg(1995)对所分析的各个构式语义结构的分析,便带有浓厚的还原论色彩,如将动结构式(Resultative construction)的语义结构分析为"X 致使 Y 变成 Z",这里的各个成分及其关系都可以在现代还原论背景下推导出来。又如她对 steal 和 rob 的语义框架的分析也是如此(Goldberg 1995:42—46),但不同参与者角色在语义框架中凸显程度的差异以及相应句法表现的不同,则非简单的句法或语义还原所能充分说明。

与还原分析相对应的似乎是整体分析。然而,就目前的研究而言,这种整体分析的思路所带来的常是观念的启发,而非实际的操作。虽然强调构式是形式-意义的配对体,但目前构式语法对概念/意义分析的热情似乎远在形式分析之上(实际上基于认知语言学背景的语言分析大体都是如此)。其实,当我们概括出一个语义结构关系"X 致使 Y 变成 Z"时,并不意味着这种结构关系只能由某种句法型式来表达。例如下面这些句子都能表达"X 致使 Y 变成 Z"这样的语义关系(英语例子引自 Goldberg 1995):

(17) a. 爸爸点亮了煤油灯　　　b. 孩子哭哑了嗓子

(18) a. He wiped the table clean.

b. She coughed herself sick.

(19) a. *He wiped clean the table.

b. *She coughed sick herself.

(20) a. *他擦桌子干净了　　　b. *她咳自己晕了

(21) a. 他擦干净了桌子　　　b. (?)她咳晕了自己。

(22) a. 他把桌子擦干净了　　　b. 她把自己咳晕了。

(23) a. 女乃呼婢云："唤江郎觉！"（《世说新语·假谲》）

b. 女然素缟而哭河,河流通。信哭城崩,固其宜也。（《论衡·变动》）

(24) a. 啼枯湘水竹,哭坏杞梁城。（庾信《拟咏怀》）

b. 此王家马,汝何以辄打折其脚？（《贤愚经》）

然而,它们的配位方式和可接受程度是有差异的:不同语言有差异;同一语言的不同时期有差异;同一语言同一时期表达的精细化程度也有差异。如英语只能用隔开式,不能用合用式(习语性结构除外),而现代汉语(普通话)正好相反。然而,古代汉语却可以用隔开式,似乎更接近现代英语。进一步分析还会发现,古代汉语不但有隔开式,同时存在的还有合用式,两者形成了竞争的态势(施春宏2004b、2008a);而英语只有隔开式,并没有合用式与其竞争。Goldberg(1995)对其所描写的各类句式的句法、语义特征做出了精细的描写,然而并没有对句式的生成机制做出系统的说明,让人产生这些句式具有"天赋性"的印象。显然,要想对上述句式的形义关系有个充分的描写、解释和预测,没有句法配位方式及其语义结构基础的还原性说明,恐怕是无法实现的。

过于关注概念/意义,便有可能对形式上的配位方式及其生成机制不够关心。正如有学者所指出的那样:"认知语法的问题在于缺乏充分刻画语言结构的方法;构式语法的问题在于缺乏真正用来描写语言意义的表达方式。"(Leino 2005:95—96)这与其尚未发展出独立的方法论原则有关。或者说,构式语法的基本方法论仍然是基于结构主义的。如就句式意义的分析而言,如何把握句式的意义,一般是需要借助区别性原则来在系统比较中获得的,而这种基于结构主义基本原则的分析便带有浓厚的还原主义色彩。我们还可由此看出,方法论不同固然可以导致不同的研究偏向和理论取向,但方法论本身并不能决定研究的性质;语言观、语言本体及语言本体观才具有根本的方向性作用。

对构式特征的不同侧面和分析策略的认识,是我们提出互动构式语法的基本动因。在互动构式语法中,我们主张,既要重视基于完形观念的表层概括,又要充分利用现代意义上的还原分析。本项研究将这种认识拓展为互动-派生模型。互动,既是一种现象,也是一种观念,还是分析模型中的一种机制;既是本体论的问题,也是方法和方法论的问题。派生分析只是认识互动关系的一种分析策略,跟非派生分析在不同层面各自发挥着特定的方法论价值。

11.6 构式观念的现代科学和科学哲学背景

由上可知,构式观念的形成和构式分析的操作在很大程度上跟如何认识还原的内涵、还原的内容及还原的可能性有关。这实际上跟当下科学研究中如何认识"复杂性"(complexity)的基本性质和如何研究复杂性的结构和功能及其过程有关。无论是本体论,还是认识论,以及方法论,构式分析(包括非推导性分析和可推导性分析)都具有浓厚的科学哲学背景。其新的语言观和语言研究观跟现代科学和科学哲学的世界观、认识论也是相一致的。语言学研究正是在相关学科的大背景

第十一章 互动构式语法视野中的句式形义关系分析

下展开的,它既有领先于相关学科的地方,也受到相关学科的研究观念和方法的深刻影响。构式语法乃至认知语言学研究也是如此。这里简要地从构式理论的基本观念来看构式语法产生和发展的现代科学(尤其是生物学和生命科学)和科学哲学背景。

毫无疑问,基于还原分析法的现代自然科学取得了巨大成就,最有代表性的就是牛顿力学体系。然而,随着科学研究领域的拓展,这种基于简单性系统的还原论方法的局限就日渐凸显了出来。于是基于一般系统论的整体论方法便受到了重视。对方法论自然科学主义的警惕,使得人们尤其容易强调对还原主义方法论的否定(特别是在生命科学和人文社会科学领域)。可是,随着系统科学的进一步发展,20世纪80年代兴起了复杂性科学(complexity science),在对复杂性系统研究的过程中,人们发现单纯的还原论和整体论都有很大的局限,尤其是那种绝对还原论,无法说明复杂性系统中"浮现/涌现"出来的特征。[①] 也就是说,无论是坚持强还原论(绝对还原论)还是坚持强整体论(绝对整体论),都有着科学方法论上的巨大局限。面对复杂性问题,人们主要采取弱还原论和弱整体论,而且要将两者结合起来,进而形成融贯论(syncretism)的科学方法论。[②] 如研究生命之本质的美国生物学家斯

[①] 在现代科学和科学哲学背景下,复杂性系统(complexity system)和复杂系统(complex system)是两个不同的概念,前者强调的是系统的浮现性特征,后者只是指系统的结构复杂而已。由此可见,复杂性系统不一定就庞大,只要是带有涌现特征的系统,都是复杂性系统。不要把复杂性系统理解成复杂系统。语言正是一个复杂性系统。当然,有时也浑言不别,有时研究者并未意识到两者之间的差别。如有两本英文著作 Complexity: A Philosophical Overview(Nicholas Rescher 1998)和 Complexity: A Guided Tour(Milanie Mitchell 2009),分别被译作《复杂性:一种哲学概观》(上海科技教育出版社,2007年)和《复杂》(湖南科学技术出版社,2011年)。

[②] 科学哲学界往往用"强还原论、弱还原论"以及"强解释、弱解释"来区分是否坚持彻底的还原论或完全的解释。然而,这些术语在实际使用中很容易引起误解(至少在汉语研究中),"强"意味着多,"弱"意味着少,强还原、强解释就意味着绝对还原、充分解释。而"弱",则往往给人以难有作为的印象。其实,在现代科学体系中,弱还原论是指受限还原论,弱解释是受限条件下的解释。对此不可不察。

蒂芬·罗斯曼(Stephen Rothman)从生命复杂性的角度探讨了研究生命系统的科学方法论问题,他在著名的《还原论的局限:来自活细胞的训诫》(2002)一书中就对强还原论做了尖锐的批判,但作者并没有放弃还原论,而是充分肯定了"弱还原论"的科学方法学价值,同时主张只有将还原论和整体论融合起来,才能更加接近生命现象的本质。美国密歇根大学心理学教授和电子工程及计算机科学教授约翰·霍兰(John Holland)在复杂性系统科学方面提出了复杂自适应系统(Complex Adaptive System)理论,他将复杂性看作是一种"隐秩序"(hidden order),是系统的一种"涌现"特征,也就是说,复杂性本身其实就是系统的一种"涌现"。霍兰在《涌现:从混沌到有序》(1998)一书中充分肯定了还原方法在研究"涌现"现象中的地位和作用,在充分认识到还原论方法局限的同时,提出了层次还原的观点,即还原不是简单地将整体一次性还原到最微观的个体,而是要逐层还原,这样才能充分发现、描写和解释各个层次涌现出来的特征。"由此可见,复杂性科学并不能等同于整体论,它不但要超越还原论,同时也要超越整体论。……复杂性科学超越整体论的方法就是用还原论来补充整体论,使还原和整体论融贯起来,形成一种既能发扬它们优点,又能克服它们缺点的新的方法。"(黄欣荣 2006:98)同样,美国古生物学家穆雷·盖尔曼(Murray Gell-Mann)在说明生物学能否还原到物理学和化学层面时,也认识到了这两种方法论之间的关系:"处于等级中另一层次的生物学,与物理学和化学之间的关系如何呢?当今还有哪位严肃的科学家会像过去几个世纪中常见的那样,相信生物学中存在着不是源于物理-化学的特殊'活力'?如果有,那也是极少数。我们中间几乎所有的人都认为在理论上,生命依赖于物理学和化学定律,就像化学定律依赖物理学定律一样,从这一意义来说,我们又成了一种还原主义者。然而像化学一样,生物学依然非常值得按其自身条件,在其自身层次上来进行研究,尽管

第十一章　互动构式语法视野中的句式形义关系分析

阶梯的建构工作仍在进行。"(Gell-Mann 1994/2002:113)盖尔曼同时指出:"对于心理学(有时甚至生物学)这样的学科,你会听到人们将'还原主义者'当作一种侮辱性的字眼来使用,甚至在科学家当中也是这样。"进而主张:"跟我一样,许多人都认为,在心理学与生物学之间建构阶梯时,最好的策略是不但要从底部向上,而且要从顶部往下进行考察。但这一见解并没有得到一致的认同。"也就是说,我们固然不能让还原论泛滥,也不能由此而彻底摈弃还原论。就现代科学研究而言,需要明白的是,还原本无原罪,还原有颇多功效。超越还原论并非不再需要还原论,而是将其放到合理的位置。而当代系统地提出复杂性方法的法国哲学家埃德加·莫兰(Edgar Morin)主张用整体和部分共同决定系统来对传统系统观的单纯整体性原则做出修正(陈一壮 2005)。

构式理论关于"构式"的理解,也可以在这样的大背景中寻找到观念和理论上的支持,如(其中的"突现"即涌现、浮现):

最近,"新英格兰复杂系统研究会"(NECSI)在其创办的杂志《突现:组织与管理中的复杂性问题》中认为:在复杂系统研究中,突现概念是用于指似乎不能由系统已经存在的部分及其相互作用充分解释的新的形态、结构与性质的兴起。当系统呈现出以下特征时,作为说明性结构的突现变得日益重要:

1)当系统的组织,也就是它的整体秩序显得较部分更为重要且与部分不同时;

2)当部分可以被替换而不同时损害整个系统时;

3)当新的整体形态或性质相对于已经存在的部分来说是全新的时;这样,突现的形态似乎不能通过部分预测与推导,也不能被还原到那些部分。(谢爱华 2006:50)

用它来说明"构式",其基本精神没有什么不同。

然而,当前的构式语法研究在强调构式"浮现"特征的同时,有意和无意地抛弃了还原论,甚至将它作为阻碍研究深入的绊脚石。其实,这种观念也有现代科学和科学哲学的背景。在系统论出现之初,一些研究者为了凸显自己研究的重要性和创新性,往往用一些"过激言论"来表达自己的观点。如美籍奥地利生物学家、一般系统论和理论生物学创始人路德维希·冯·贝塔朗菲(Ludwig Von Bertalanffy)在 20 世纪 40 年代提出的系统论思想从批判还原论出发,过分强调了整体性原则,以致忽略了系统构成要素的积极作用(陈一壮 2005)。构式语法分析,也当以此为鉴。

11.7 本章小结

构式理论将所有的语言构成成分和成分所组成的关系体都看作构式,构式是语言表征和习得、交际的基本单位,这是语言研究观念上的重大变革。目前,构式理论正呈现出方兴未艾之势,很多以前不易发现的现象、不好解释的事实都在构式语法的理论指导下有了新的发现和解释。本项研究所坚持的互动构式语法观和所采取的互动-派生模型也只是在构式理论这个大背景下的一个探索。构式特征的浮现正是构式的组构成分之间和构式不同层面之间相互作用(互动)的结果,这些特征,就构式的形义关系而言,有的透明度高,有的透明度低,因此在分析构式特征时要综合不同的分析策略,因"式"制宜,因"特征"制宜。我们曾以此为基础对汉语特殊句式的形式和意义做了较为系统的分析,得出了一些新的认识。当然,这些认识都是初步的,是互动构式语法观和互动-派生模型的初步尝试。

经过二三十年的发展,构式语法研究已取得了丰富的成果。其实

第十一章　互动构式语法视野中的句式形义关系分析

不管是怎样的构式流派,只要坚持构式的基本观念,都可以汇聚到构式语法的旗帜下,都是在为构式语法的发展做出新的探索。然而,我们也不能因此而无限夸大构式理论的地位和作用,产生构式崇拜。可是,我们在欣赏构式语法的理论时也不时见到这样的说法:

"构式语法做出的强有力的承诺(strong commitment)是:它将最终尝试解释语言知识的每个方面。"(Goldberg 2005:17)

"从这个意义上说,激进构式语法是终结所有句法理论的句法理论(the syntactic theory to end all syntactic theories)。"(Croft 2001:4)

"构式可用来概括和解释全部语言现象。"(王寅 2011a:194)

其实,没有万能的理论,也没有终极的理论。任何理论都有长处,也有短板。任何一种理论,任何一种方法论,从本质上说,都是在发现和构造一些题目,然后又试着去分析和解决这些题目。而且这种问题导向必然带来问题偏向。由于语言事实和语言理论是互相依存的,而"任何理论都只是人类理解史上的一道风景"(施春宏 2010a),因此任何理论都不能穷尽所有的语言事实,也不可能借助某个侧面而绝对充分地解释语言事实。那种试图建立"旨在说明所研究的任何语言的所有事实"(Kay 1995:171)的理论的愿望,是无法实现的。

值得注意的是,目前的句式研究乃至其他语法现象研究中有些虽然打着构式语法的旗号,但跟没用、不用这个旗号没有实质性的区别,基本上还是采取结构主义的基本研究策略和方法论原则(有时辅之以其他语言学理论的解释)。当然,这从另一个方面揭示出构式语法跟结构主义语法在方法论原则层面有很大的相通性。① 这也能说明非推导

---

① 由此可见,跟其他应时而现的理论一样,构式理论同样也只是在合适的时机生长出来、发展起来的一种新意盎然但又似曾相识的新追求。

性分析和可推导性分析是可以结合而且必须结合的,唯其如此才能对语言现象做出相对充分的描写和解释。

因此,关于句式乃至一般语法结构的构式性及其分析路径的探索,关于形式和意义的关系的探索,将是一个永远的话题,也许还是个扯不断理还乱的话题。

第十二章　走向互动构式语法的探索

12.1　引言

科学哲学家拉瑞·劳丹(Larry Laudan)认为任何科学理论都是"以问题为出发点",因此"科学本质上是一种解题活动"(Laudan 1977/1999:15、13)。而科学理论所要解决的问题,实际上可以区分为性质上非常不同的两种:经验问题和概念问题。"一般说来,自然界中使我们感到惊奇或需要说明的任何事物都可以构成一个经验问题",而"什么东西可以被看作是经验问题,部分地依赖于我们的理论"(同前,17页)。劳丹同时指出:"科学的发展中还存在着与解决经验问题至少同等重要的第二类解题活动。这类问题我称之为**概念问题**,它基本上为科学史家和科学哲学家所忽视(虽然极少为科学家所忽视),这大概是因为它与一个多世纪以来占主导地位的各种经验论的科学认识论不甚符合所致。"(同前,47页)关于概念问题,劳丹是这样认识的(按:粗体为原文及译本所加):

> 首先,必须强调,概念问题是这种或那种理论所显示出来的问题,它们是理论所特有的,不能独立于理论而存在,它们甚至不具有经验问题有时所具有的那种有限的自主性。如果说,经验问题是有关某一领域的实体的第一级问题,那么概念问题就是有关概念结构(例如:理论)的基础是否牢靠的更高一级的问题,因为概念

结构是人们构造出来用以回答第一级问题的。(同前,50—51页)

我们的构式研究便是力求以这样的现代科学和科学哲学的基本观念和方法为基础,重点探讨构式研究中的经验问题和概念问题。关于构式研究中的经验问题,自然指构式的构造形式、意义(功能)结构及其互动关系的存在状态、约束条件、生成机制、演化过程和构式的习得与使用等这些"本体"问题;而构式研究的概念问题则指的是为解决构式的经验问题而引发的观念、方法、假设(assumption)、假说(hypothesis)、原则、规则等理论建构过程中所要解决的问题。经验问题比较容易受到关注,然而学界为解决相关经验问题所提出的一些概念问题也同样需要进一步的思考和发展。

在此背景下,为了有效地对句式的形义关系及其系统进行相对充分的描写和解释,我们提出了一些对本项研究而言基础而又相对系统的概念,如"互动构式语法、句式群/构式群、界限原则、互动-派生模型、精致还原主义/精致整体主义、语言学事实"以及"动词论元结构的多重性、语义理解的多能性、同形歧价、准动词拷贝句、直接派生、间接派生、选择性提宾、强制性提宾、多重界面互动"等;同时对既有的一些概念提出新的看法或做出某方面的拓展,如"IA(项目与配列)模型、IP(项目与过程)模型、派生分析、还原主义(还原论)、整体主义(整体论)、融贯论"以及"构式、互动、(构式特征)浮现性、论元结构、配位方式、(句式)配价、基础句式、派生句式、(句式)标记度、宾补争动说、提宾、多重拷贝、合力机制、语法化/句式化/构式化、语言事实"等。我们还试图对语言研究过程中的一些基本现象及其关系做出新的思考,如"原则和规则、例外、特例之间的关系,典型现象和非典型现象及边缘现象,非推导性特征和可推导性特征,语言现象和语言事实,逻辑先后和历史先后"等。提出这些概念或重新梳理既有概念的根本目的,就是为了更加充分地认识句式系统中形式和意义之间、形式和形式之间、意义和意义之间的多重互动关系,同时也试图提出我们对构式系统乃至语言系统展开研究的一个初步设想,以期为相关研究提供一个参考。

为了更深入地考察构式分析中所面对的经验问题和概念问题,我们认为有必要做出更高层面的理论思考,进而建构一种新的构式语法分析模型来整合蕴藏其中的语言观(就本项研究而言,具体体现为构式观)及其方法论原则。基于此,我们近些年在构式语法的理论探索和具体构式的经验分析中,逐步提出建立"互动构式语法"的想法。为此,我们设定了三个相互关联、逐步推展的主题:一是对若干汉语特殊句式形式和意义(结构和功能)的互动关系及其生成机制做出系统考察;二是对汉语作为第二语言的构式习得(尤其是句式性构式、语块性构式的习得)和基于构式观念的二语教学模式的探索;三是在此基础上探讨构式研究的新观念、新方法、新空间。限于篇幅,本书集中于前后两个主题的探索。[①] 本章便试图在现代科学和科学哲学背景下对互动构式语法的基本观念和方法做出简要而系统的说明。由于绪论部分对本书的研究主旨、基本内容及其分析思路已有相对充分的说明,各章小结中也对该章的研究所得做了概括,下面便采取层层推进的方式,主要从理论背景、语言观和方法论角度再就本项研究提出的一些核心概念、得出的一些基本认识做一些总括性的说明,主要是简要回答我们在构式研究过程中经常面对的几个问题,有的地方也有重申、强调的意味。

---

① 关于构式习得和教学的研究,我们已在"面向第二语言教学的汉语构式系统研究"专题研究中做了系统探索,阶段性成果已陆续发表,其中关于习得研究的内容《汉语构式的二语习得研究》已由商务印书馆于 2017 年出版。我们同时还编写和出版了面向二语教师的教学手册《三一语法:结构·功能·语境——初中级汉语语法点教学指南》(冯胜利、施春宏合撰,北京大学出版社,2015 年)。

12.2 互动构式语法的建构背景

互动构式语法是在当下主流构式语法的背景下做出的理论探索,但对主流构式语法的基本观念和方法有所调整和发展。

12.2.1 构式主义研究范式的共同承诺

根据库恩(Kuhn 1970)的论述,科学发展的常规阶段,会涌现出很多支派学说,他们共同组成科学共同体。这些科学共同体共存于相同的范式中。

我们在绪论中已经指出,构式语法理论作为一种语言研究的范式,发展至今,已经流派纷呈,如伯克利构式语法、基于符号的构式语法、流变构式语法、体认构式语法、认知语法、激进构式语法、认知构式语法。其中,每个流派都有代表性人物和标志性成果,都有独特的构式研究路径和分析策略。对此,Hoffmann & Trousdale 主编(2013)的《牛津构式语法手册》已经做了较为全面的概述。

虽然构式主义研究范式业已出现很多流派[①],但不可否认的是,他们在以构式为核心研究对象的基础上往往具有相同的本体论承诺和方法论前提,各流派在一些基本认识上仍具有高度一致性。在《牛津构式语法手册》第一部分"原则与方法"的第二章"构式主义研究路径"(Constructionist approaches)中,Goldberg 概括了与主流生成语法的研究路径相区别的、为大多数构式分析模型所共同拥有的基础假设(assumption)。这些假设包括五个方面:

(a)语法构式(Grammatical construction):它是学得的形式和功能的配对体(learned pairings of form and function)。

[①] 其实,构式语法不像生成语法那样是一个本于一"宗"且持续开展"护法"运动的学派,而是既有共同承诺但又各择前程的、由多个"山头"呼应而成的语法研究综合体。

(b) 表层结构(Surface structure):语法并不涉及任何转换或者派生成分,语义直接与表层形式相联系。

(c) 构式网络(A network of constructions):短语构式、词以及半填空式词语(或者用来构词的语素,如 pre-)处于彼此关联的网络系统中;该网络中的各节点由承继性连接(inheritance link)相联系。

(d) 跨语言的变异与概括(Crosslinguistic variability and generalization):语言之间存在广泛的变异,同时也确实存在跨语言的概括,这种概括可以通过一般认知域的认知过程或相关构式的功能来进行解释。

(e) 基于使用(Usage-based):就不同程度的特异性而言,语言知识既包括语言项目,也包括语言概括;构式语法是基于使用的语法模型。

关于这些基本原则在构式语法理论体系中的意义,Goldberg 引述了 Gonzálvez-García & Butler(2006)的看法:采用上述所有这些原则并非逻辑上必需,而且也并非所有研究者都对每个原则同等重视。然而,Goldberg 同时指出,这些原则在重要性上具有一贯性。

12.2.2 基于多重互动观的构式语法理论

显然,开展构式语法研究,一般需要遵循以上这些原则。然而,基于我们对构式语法所展开的研究实践,我们的分析模型在两个方面有所保留和凸显:

一是关于构式网络的组织和建构。虽然主流的构式语法理论也强调构式系统中存在互动关系,但基于它以主流生成语法的动词中心说和核心投射理论为"敌对"目标,因此它关于互动的认识也常受此影响,如特别强调词项和(句式性)构式的互动、(句式性)构式对词项的压制等。[①]

---

① 认知语言学特别强调的"互动"往往指主客体的互动,这种互动实际是单向的,即"语言因认知而存在",而不可能让语言去影响客观世界;而我们这里所指的互动侧重于语言系统内部各组构部分之间的相互作用。

其实,"互动"的内涵要丰富而复杂得多,甚至可以说,一切大大小小的、或具体或抽象的构式,都处于各种互动关系之中,既包括语言系统内部各组成部分的互动关系,也包括语言之内与语言之外的互动关系(对此,我们在下文将作具体说明)。一切构式都是多重因素互动作用的结果。语言研究自然需要考察这样丰富复杂的多重互动的动因和机制,因而自然需要建立更为合适的互动观,我们可以称之为"多重互动观"(Multi-interactional View)。因此,(多重)互动问题是构式语法研究中所要面对的一个根本问题;所谓的构式语法,从本质上看,也就是互动的构式语法,或者说是基于多重互动观的构式语法。

二是对"表层结构"及"表层概括"的认识。我们在分析不同句式之间的形式和意义及其系统时,并不否认表层结构的"表层"性地位及表层概括的本体论地位,也十分重视"所见即所得"的方法论价值;但我们也同时指出,通过派生分析方法揭示不同构式形义之间的区别和关联,也是一条值得探索的路径。下面的例子极具启发性,我们已多次列举说明:

(1) a. 晴雯撕破了扇子 　　　　　b. *晴雯撕扇子撕破了
　　 c. 晴雯把扇子撕破了 　　　　d. 扇子被晴雯撕破了
　　 e. 扇子撕破了 　　　　　　　f. *扇子把晴雯撕破了
(2) a. *宝玉看傻了圣贤书 　　　　b. 宝玉看圣贤书看傻了
　　 c. *宝玉把圣贤书看傻了 　　 d. *圣贤书被宝玉看傻了
　　 e. *圣贤书看傻了 　　　　　 f. 圣贤书把宝玉看傻了

以上每个句式固然有其独特的形式和意义特征,但将它们看作具有同一系统特征的分立性句式,在其间建构不同的派生关系,可以更好地凸显构式特征的差异性,从而可以解释这些句式性构式在分布特征上的系统性对立。显然，只做基于表层（结构）概括的研究，会忽视很多值得发掘的现象和问题。要想相对充分地认识有关构式的问题，似乎应该综合采取不同的方法和方法论策略与原则。语言现象展示的不同侧面，是难以通过单纯一种分析路径认识清楚的。为了充分地刻画语言现象，需要采取方法或方法论的互动策略。

也就是说，就构式语法乃至一般语言研究而言，无论是从本体论角度看，还是从方法论角度看，我们都可以而且需要以"互动"为基本的立足点。这正是我们提出"互动构式语法"的初衷，即以"互动"为关键词，直面这样两个问题：一是构式的生成和生态；二是构式分析的方法和方法论。注重互动方式和过程的分析，既是认识纷繁复杂的语言现象和语言生活的必然要求，也是科学哲学中关于复杂性系统研究的方法论问题。构式语法特别强调构式的浮现性特征、特异性特征，而这些特征的出现正是构式（构式体）和构件（组构成分）之间、构式和构式之间、构件和构件之间，以及语言的构式和非语言的"构式"之间互动的结果。互动，不是混杂，而是立足于构式的系统性和动态性，分清构式的成分及其关系，分清影响构式生成和发展的作用力的性质和类型，分清不同构式相互促动、相互制约的方式和过程，分清合力机制中各作用力的作用层级及权重，如此等等。

基于这种语言观、构式观，也基于既有的一些研究实践，我们认为提出"互动构式语法"应该具有逻辑上的一贯性和实践上的可行性。这种构式语法观，既与构式语法应有的基本议题并不相悖，也跟各构式语法流派有一定差异。

作为一个术语，"互动构式语法"是我们 2014 年以来才提出和使用的（施春宏 2014b、2015a、2015b、2015c），但其基本理念尤其是关于方法论原则的探讨，在此前施春宏（2008a、2008b、2010a、2010b、2012a、2013a、2013b、2014a）关于句式形义关系分析和理论探讨的系列论著中已有较多阐释。我们在本章一开始就引述科学哲学家拉瑞·劳丹的观点，将科学理论所要解决的问题区分为经验问题和概念问题。我们在提出互动构式语法的过程中，也试图面对和解释这两个方面的问题。互动构式语法的研究理念，是构式语法发展的逻辑需要，至于是否提出某个分析模型的标签，不是问题的根本；只要有特定的研究领域和研究目标，有特定的方法论原则和分析策略，都可以做出新的发现，但有时提出一个标签似的分析模型，也是一种方便的策略。此所谓"便宜从事"。

12.3 如何理解构式系统中的互动关系

在提出互动构式语法的过程中，需要逐层处理这样一些关键问题：如何理解构式系统中的互动关系？如何考察处于互动关系中的构式系统？在分析构式的多重互动关系时采取怎样的方法论原则？我们下面分三节来依次说明。本节首先讨论互动构式语法视野中"互动"这一核心概念的基本内涵。

12.3.1 关于"互动"内涵的多层次理解

互动，意味着各个相关成分、结构的相互促发、相互制约，是多因素合力作用于特定结构和系统的运动状态和方式。互动是多重性的、交互的，而不是单层次的、单向的。大体而言，对互动的理解（即"互动观"），可以从两个方面来认识：基于本体论的互动和基于观念、方法的互动。本节主要讨论基于本体论的互动。

如果不考虑单语素构式的话，每个构式都是一个结构体，可以称之为构式体。对构式体而言，其互动既包括特定构式体内部组构成分（即构件）及其关系的互动，也包括不同构式体之间组构成分及其关系的互动。具体而言,可以从三个方面来理解:一是构式中不同构件之间的互动关系,二是构式和构件之间的互动关系,三是不同构式之间的互动关系。这种互动关系可以称作"构体互动"。①

然而,这还只是互动的一个方面,互动还包括"界面互动",即影响构式结构体形式和意义的作用因素之间的互动,如语言系统内部各个界面(如音系、韵律、词汇、语义、词法、句法、形态、功能,篇章,语法、修辞,等等)、各种范域(如语体、文体,也可归入广义的界面)两两之间的相互作用和多层面、多界面的相互作用。我们经常面对的所谓的边缘现象、例外现象、特例现象,往往就是多重界面互动作用的结果;对这些现象的考察,往往更能揭示互动的动因、机制和结果。例如,如果单纯就"打死、撕破、砸碎、铲平、修好"类典型动结式来考察动结式的句法、语义特征,那么基本上只能看到其句法、语义特征的基本作用层面;同样,如果只考察由它们构成的"把"字句(如"把苍蝇打死了")以及类似"把书放在桌子上"这样的强制性"把"字句(即"书"不能出现于述语动词之后,只能强制性地出现于述语动词之前),那么将"把"字句的语法意义看作"处置",也就没有什么大的问题。然而,无论是动结式、"把"字句的构造类型还是它们所能容纳的语义内容,都远比这些类型要丰富、复杂得多(参见第七章和第八章)。例如:

(3)a. 晴雯撕破了扇子　　　　b. *晴雯撕破碎了扇子
(4)a. *宝玉把圣贤书看傻了　　b. 圣贤书把宝玉看傻了

例(3b)是句法和韵律相互作用的结果;例(4b)看作处置义多有不

---

① 第一章1.3.3节讨论"句式形义之间的互动关系",主要包括三个方面:形式和意义之间的互动;形式系统内部各个句法形式之间的互动;意义系统内部各个句法意义之间的互动。这里做出更广泛的概括。

妥,这是语义和句法、句法和语用相互作用的结果。由此可见,多重界面特征作用于这些句式形成过程中时,会产生更为丰富而复杂的句法表现,其语义扩展也显得更有张力。

这正如我们在第四章中指出的那样,所有的语言现象都在互动中产生、在互动中存在、在互动中发展。多侧面、多层面、多界面的互动,使语言系统和交际活动呈现出复杂而灵活的状态。互动,才能有合力作用,才能展示其合力机制,才能显示相互勾连和层级差异,才能维系和发展一个动态系统。句式发展乃至语言发展(以至社会活动、历史发展等等)都是合力机制作用的结果。

因此,对"互动"的研究,就是立足于(结构体内和结构体间)作用双方[①]的成分及其关系,描写和解释相互促发的机制和相互制约的条件。而系统中所有的成分及其关系都处于互动关系中,互动关系是系统及其组成部分得以存在和发展的根本依据,因此,互动观或曰互动研究观自然应该成为对系统加以研究的基本观念,基于互动观的分析模型应该是研究相关系统的基本模型,系统研究中所采用的方法应该有利于揭示和解释这种互动关系。

12.3.2 对理解互动关系的进一步说明

目前构式语法所关注的互动更多地集中于构式和组构成分之间的互动,如 Goldberg(1995)第二章"动词和构式的互动"中所言的互动;而且从该书的基本内容来看,其所言的互动实际上体现的是构式对动词的选择和改造,而非真正意义上的互动——相互作用(虽然 Goldberg 在行文中也提及高频动词对构式学得的影响)。构式语法在研究

[①] 参与互动者当然也可以是多方因素,但就研究而言,多方因素一般都化归为处于不同层面、不同阶段、不同组合的双方的互动方式和过程,然后再逐步整合而形成一个整体。因此,为方便起见,这里以"双方"涵盖所有互动各方。

构式压制现象时,也常主张特殊词项和构式的互动观,然而其研究思路基本体现为构式对组构成分的压制观。即便如 Goldberg(2006)将构式分析法应用于语言习得中,也主要展示出"构式"作为语言实体单位的本体论地位和认识论价值。显然,这样的理解是不够充分的。组构成分对构式的生成、对典型构式现象的建构、对边缘构式现象的拓展,显然具有重要的推动和制约作用。何况构式中不同组构成分之间必然存在着相互作用呢。

关于构式中组构成分之间的互动关系,一般强调的是构式的形式和意义(结构和功能)之间的互动,其实组构成分的形式之间、意义之间同样也都有互动,甚至此组构成分的形式和彼组构成分的意义之间也存在着互动关系。基于这样的理解,我们需要特别关注这样一些互动关系:语言功能、语义结构关系对语法形式构造过程的促动作用和语言形式对语义表达的制约作用;不同形式-意义配对体之间、不同层面语法现象(如句法和词法、篇章功能和句法结构等)之间、不同语言形式(如句法形式和词法形式、标记与语序、配位和韵律等)之间、不同语义/功能内容(如不同组构成分的语义特征,以及构式的语法意义和语用功能等)之间的相互促动和制约作用;现实交际(如日常经验)对语言系统(如论元结构)的影响等。共时如此,历时亦然,特定句式的发展既受到相关句式的促动,又带来一系列相关句式的句法反应,往往呈现出特定的群集效应。这其中,尤其需要关注句法形式如何包装句法意义,句法意义的扩展如何在句法形式中表现出来,句法形式如何在句法系统允许的基础上表达丰富多彩的句法意义,即以句式构造和句式意义的互动关系为整个研究的枢纽。无论是共时现象的刻画,还是历时现象的梳理,都需要特别重视构式尤其是句式中组构成分顺序的安排,即配位问题。配位方式的组织和发展是形成构式之网的关键,是各种互动关系相互作用呈现出来的基本表现。配位,其基本含义已将分配、调配、装配、配置这些内涵都包含在其中了，配位的结果是特定共时层面的表层句法结构，起的是类似化学反应式中"配平"的作用。

12.4 如何考察处于互动关系中的构式系统

我们将互动关系作为考察相关构式形式和意义（这里的意义包括功能）关系的基本立足点和最终目标，进而提出互动构式语法的基本理念，首先源于我们多年来对下面这个问题的思考：如何考察特定句式的形式和意义？如何考察句式系统？因此，这里以句式系统为例来说明基于互动构式语法的研究理念如何考察处于互动关系中的构式系统，下一节再从方法论原则这个更高层面来讨论互动构式语法的研究路径和策略。

12.4.1 在构式群中考察构式的互动关系

就某个句式而言，从其自身出发进行研究，并非完全不能入手，至少就句式成分的次序、句式中虚词的使用、句式中某些特殊组构成分的句法语义特征而言，是可以得出一些认识的。① 然而，这样分析所概括出来的句式特征，是属于该句式所独有的特征还是相关句式所共有的特征，则是难以回答清楚的，甚至可以说它常常并非该句式所独有的特征。如当我们说"把"字句表示处置或者致使，并据此描写"把"字句的语序、语义特征时，显然没有充分认识到其他一些句式也可以表示处置或致使，也无法说明其他语言也同样具有较为丰富的表示处置或致使的语法手段和表达方式。因此，要想考察"把"字句的句法语义特征，必

---

① 实际上，绝对地就单个句式自身来研究其构成成分的句法、语义特征，这种现象是不可能存在的。虽然有时在具体分析中没有列出比较对象，实际上它已存在于研究者的知识结构中，只不过没有直接呈现出来罢了。

须将它放到相关句式系统(乃至特定语言的构式系统)中去定位,在比较中分析。这也就是结构主义基本原则——系统性原则及区别性原则——的体现。在此基础上,我们会发现,虽然相关句式都可以表示处置或致使,但它们在信息结构、凸显内容、句法策略、语体特征、语用功能等方面并不完全相同。进一步拓展开来看,是否表达致使,这是语义结构关系的问题,不是句法本身的根本问题,也不是信息结构的安排问题;而如何表达致使,各个语言或方言的句法选择则不尽相同,同一种语言的不同发展阶段也不尽相同,同一语言共时系统的信息结构安排更有多重可能性。就此而言,"把"字句只是句式系统中表达致使性语义关系的一种句法选择而已,其语法意义、语用价值必须由致使句式系统来确定。也就是说,考察特定句式与考察其所在的句式系统,在本质上是一个问题,因为系统决定关系,关系决定价值。具体说来就是,系统决定着系统内各要素之间的关系,各要素只能存在于特定系统的各种关系中;系统中的各种关系(如组合关系、聚合关系)决定了特定要素的价值,离开了特定关系(乃至系统),就无从体现要素的价值。

基于语言要素价值考察的系统性原则及区别性原则,本项研究提出了一个用来概括相关句式形义关系系统的基础性概念:"句式群",即表达同一语义范畴或特定语义关系的相关句式集合。例如下面就是一个由动结式构成的句式群(引自施春宏 2015c):

(5) 晴雯撕扇子+扇子破了→
    a. 晴雯撕破了扇子(致役句或曰施受句)
    b. 晴雯把扇子撕破了("把"字句)
    c. 扇子被晴雯撕破了(长被动句)
    d. 扇子被撕破了(短被动句)
    e. 扇子撕破了(受事主语句)

f. 扇子晴雯撕破了(受事话题句)
g. ?晴雯扇子撕破了(施事话题句)
h. ?晴雯撕破了(施事主语句)

基于此,所有表达致使关系的句式(如使令句、"把"字句、被动句、受事主语句,致使性施受句、致使性动词拷贝句、致使性双宾句、中动句等)可以构成一个具有交叉网络关系的致使性句式群,句式群中每个句式所凸显的语义侧面和所适用的语用环境并不相同。

"句式群"这一理念进一步拓展到所有的构式形义关系系统性研究中,就是"构式群"。由于形式和意义特征的抽象程度有差异,因此构式群具有层级性,小到能够构成最小对比对的两个构式,大到基于同一概念范畴的所有表达。本项研究集中关注的是致使性句式群,而且主要研究该句式群中某些特殊句式,包括"把"字句、"被"字句(根据"被"后有无NP区分为长被动句、短被动句)、致使性主动(宾)句(包括致使性不及宾句、致使性单宾句、致使性双宾句)、致使性动词拷贝句以及相关的话题句、受事主语句等。在构式群理念中描写特殊构式系统形义关系的互动机制的规则、规律及其约束条件,这是互动构式语法的重要目标。

基于句式群、构式群的观念,我们将"互动"或曰"互动关系"作为考察相关句式形式和句式意义之间关系的基本立足点和最终目标。为此,我们针对某些句式集中做了这样一些探索:将动词拷贝句看作跟一般主动(宾)句一样,是汉语句法系统中的基础句式;将"把"字句的生成过程区分出直接派生和间接派生两种形式;对由动结式构成的相关句式的内在层级关系及其不对称情况做出系统刻画;对致使性句式群中相关句式的语法意义做了系统概括;对动结式、动词拷贝句的历时发展过程做出新的考察;对"被自杀"类新兴"被"字句的句法结构、语义特征及其语用功能做出新的说明;对相关句式形式和意义之间、结构和功能之间的关系做出跨句式的概括等。其实,作为本体论的存在,无论是共时的句式系统,还是历时的句式关联,都处于互动的关系之中。互动的双方,只有放到相关的"群"中才容易考察互动的动因和机制。就方法论而言,显然需要提出合适的分析策略来有效描写这种互动关系。我们之所以提出互动-派生模型、精致还原主义方法论原则以及互动构式语法等这些基于研究观念和方法层面的问题,很大程度上就是基于我们对语法系统的认识及对句式群、构式群等相关概念的应用。

当然,是否采用"句式群、构式群"这些概念不是问题的根本,关键在于如何认识和分析在系统中的特定句式/构式的形式和意义,如何将相关的以及表面上似乎不甚相关但本质上又相联的现象绘制出系统的关联图。从这个意义上说,句式群/构式群既是本体论意义上的概念和经验实体,也是方法论意义上的概念和理论实体;以句式群/构式群来关联的语言事实,既是本体存在的,也是理论建构出来的。在某个理论体系中,经验问题和概念问题往往是相表里的。就此而言,新颖现象的发现和既有现象的重新定位同时也意味着新概念的提出和对概念问题的拓展,但这也是学界不易解决的困难所在。如果这个问题不深究,那么共时层面上各构式的特殊之处及它们的共性特征就难以认识清楚,构式的形成、演化、扩展即构式化(constructionalization)和构式变化(constructional change)的过程就不易认识到位,进而对构式的系统研究就不容易出现根本性的突破。虽然我们目前的研究侧重于句式性构式、语块性构式,其实这样的研究方法同样可以推广到其他层级的构式分析中。

12.4.2 互动-派生模型的基本理念和分析思路

为了揭示句式群中相关句式形式和意义之间的区别和联系及其互

动关系,我们试图拓展"项目与过程"这一结构主义分析模型,将其发展为"互动-派生模型"。所谓互动-派生模型,是以互动观为基础,考察各句式的形式和意义特征,从而构造出句式的基础结构,然后在此基础上探讨相关句式派生的可能性及其句法机制,进而探讨各个具体句式的语义侧显情况和生成约束条件;并将其系统地贯穿到各个特殊句式的形式和意义及其关系的分析中,以方法和方法论的一贯性来分析多重界面互动机制作用下的句式系统。基于这样的研究观念和分析模型,就需要我们既重视句式特征的表层概括(如配位方式及其差异,组构成分的语义语用特征),又重视相关句式的内在关联(如推导关系的建构及推导过程的约束条件)。经过对相关句式形义关系的系统研究,我们认为,至少就我们所研究的目标而言,采取这一新的研究观念和分析模型,可以相对方便地在相关句式之间建立系统性的关联,可以通过系统比较的策略在句式群中彰显特定句式形式和意义上的特征及其约束条件,可以在一定程度上考察相关句式在历时发展过程中的互动关系及其发展层级、演变空间。

在应用和拓展互动-派生模型的过程中,关注句法分布不对称现象应该成为互动构式语法分析各种句式性构式及其系统的切入点:不同句式类型之间的不对称、同形句法现象表现的不对称、同一句式中不同句法位置组构成分形式和功能上的不对称、句式历时演变过程中不同次类发展层级上的不对称,等等。不对称,除了同一句式中各个组构成分(如致事和役事、主语和宾语、状语和补语)在结构和功能上的不对称外,更为显著的不对称体现在同一句式的不同次类所具有的原型性特征的数量、性质及凸显程度的差异上。基于此,关于系统的研究,我们认为还需要特别提出的一个方面是:在考察特殊句式时,力求细大不捐,无论是典型的表达还是各类非典型表达,都应纳入系统中进行考察,都要试图在系统中定位,而不是只就典型现象来立论。这是构式理念的应有之义。如动结式的各种类型、不同类型的动词拷贝句,不同层次的"把"字句等。而且,我们还认为,无论是原型性特征显著的句式还是边缘句式,在构造原则这个层面上都具有高度的一致性;这些句式中基本成分之间结构性的语义关系都没有发生根本改变,如各类"把"字句虽呈现出多层次的差异性,但整个句式的核心语义结构都表示"CAUSE...BECOME..."(使……变为……)这种致使性动变关系(施春宏 2015c)。学术研究要既坚持"不迷其所同,而亦不失其所异"(王船山《俟解》),又要坚持"同则同之,异则异之"(《荀子·正名篇》)。同和异虽是本体的存在,但需要借助研究者的发现和建构。只有这样,才是真正意义上的系统观。

这种分析思路合乎构式语法的基本精神:边缘即核心,基于边缘现象而建构的理论应该能够更方便地说明传统所谓的核心现象;核心也边缘,当边缘现象跑到理论的核心,传统所谓的核心现象实际已经变成一个相对边缘的、约束条件相对少的现象,反而成了相关现象的特例。因此,一个有效的分析模型不但要能适用于典型现象,也同样能有效面对各类非典型现象,包括一般分析中所谓的边缘现象、例外现象、特例现象。只有对作为系统一部分的非典型现象尤其是边缘现象、例外现象、特例现象做出精细的分析,刻画出它们存在的条件,才能更好地发现系统中互动关系的复杂而生动之处。互动,在边缘之处往往更活跃,因为它涉及的界面特征更丰富、互动层次更复杂。如我们在第四章专门讨论了动结式整合过程中的各种"现象虽小但意义重大"的句法不对称现象,从而揭示了制约这些复杂句法现象的多重界面特征在互动作用下所形成的约束条件。这正如知识的增长点往往来自于交叉学科,来自于不同方向的交接。这也与当下广受关注的互联网思维相契合。

细大不捐而又将其系统化的考察还有另一个目的,就是努力将各种边缘现象、例外现象、特例现象列呈出来,供学界进一步研究参考。

我们的想法是：瞧，还有这些现象呢①，你看到了没有？解释了没有？边缘创新，既是现象问题，也是理论问题。

12.5 互动构式语法的方法论原则

在建构互动构式语法时，我们在倡导"互动观"的基础上，提出了"互动-派生模型"这样的构式形义关系分析策略。这实际是一种以现代科学还原论为基础的"精致还原主义"方法论原则。那么，这似乎引出了一个颇为根本的问题：这样的方法论原则是否与构式语法的基本理念相冲突？因为这种（精致）还原的观念和派生的策略似乎与构式语法所秉持的单层面的、非派生的、非转换的整体论原则相违背。这是我们建构理论过程中最有可能发生争议且已出现了一些争议的地方，因此需要特别做出说明。

下面先简要阐释一下我们对精致还原主义方法论原则及其分析策略的理解，然后从构式语法的基本理念、构式语法的研究实践以及现代科学哲学关于还原论的基本认识这三个方面来论证精致还原主义方法论原则在构式研究中的必要性和可行性，主要是为构式分析中的现代科学还原策略做出理论和事实及宏观学术背景上的辩护。

12.5.1 关于精致还原主义方法论原则及其分析策略的理解

关于精致还原主义的方法论原则的基本内涵，我们曾通过对动结式、动词拷贝句、"把"字句、新"被"字式等汉语特殊句式（施春宏2008a、2010a、2010b、2013a、2014b、2015a等）和构式压制等特殊句法-语义现象的分析做了说明，并在施春宏（2008b）中做了初步的理论阐

---

① 当然，这些现象并非都是我们新的发现，但我们在汇聚的过程中做了相对系统的梳理，并尝试做出了新的解释。

述,这里略作引申说明。大体而言,就是在坚持研究对象的整体性这一前提下,认为对整体特征的认识需要对整体进行必要的解析,因而将形式结构和/或意义结构的分析还原为成分及其关系(包括显性成分和隐性成分、显性关系和隐性关系)的说明。我们第十章指出:"所谓'精致',就是注重对各种现象赖以出现的具体条件的分析,通过对成分及其关系的分析来有效说明还原的可能性以及可能性变为现实性的条件。"在理解"整体大于部分之和"时,精致还原主义的追问就是:这"大于"的内容具体是什么,来自何处,产生的条件是什么,有无明确的操作规范来描写"大于"产生的路径,能否对"大于"的性质及其表现做出某种预测;在整体和部分的关系上,除了"大于",是否还有"小于"的情况,这"小于"的内容和机制、条件又是什么。[①] 在具体操作上,精致还原主义强调认知分析和具体推导过程的可计算性,力求使计算、推演的基础(要素及要素之间的关系)与过程具体而明确。也就是说,在整体主义观念下对整体的构造机制及其语义功能做出精致的刻画,将整体中的各个组成成分及其互动关系描写清楚,使整体的结构与功能的生成过程粲然分明。因此,换个角度看,精致还原主义就是精致整体主义,两者命名的不同只是视角的差异、切入点的不同,是一个问题的两个方面,在本质上都是试图化整体为部分,合部分为整体,而且既是对整体论的还原,也是对还原论的综合。精致还原主义是试图通过还原的途径走向整体,精致整体主义则试图在整体理念指导下走向部分。从语言研究的理论追求和实际需要出发,我们重视精致的还原论,但不主张机械的还原论,更不唯还原论;我们重视精致的整体论,但不主张模糊的整体论,也不唯整体论。两者实际是互为补充、相互促动、相辅相成

[①] 整体和部分之间的关系,总的来说是一种"异于"的关系,而不完全是"大于"的关系,还有"小于"和"等于"的关系存在(如当我们将语素看作构式时,整体和部分必然是一种等于的关系)。部分在组构整体的过程中,也必然会失去一部分自身的特征。

的。立足整体,重视还原,强化多重互动关系的整合机制分析,是现代科学还原论的基本原则。

提出精致还原主义/精致整体主义,意味着任何整体论都是有限整体论,任何还原论也都是有限还原论,在具体应用中都是受限的。其实,不仅方法论是有限的,任何理性都是有限的,都是"未完成的方案"。这正如德国哲学家尤尔根·哈贝马斯在《现代性:一个未完成的方案》(Habermas 1983)一文中所指出的那样,启蒙运动的理想仍然值得追求,现代性仍是"未完成的方案",即使它有缺陷,也不应该因噎废食。对现代科学方法论中的还原分析,也是如此。我们要超越的是教条的机械的还原观,而不是还原分析本身。诺贝尔经济学奖获得者、美国管理学家和社会科学家同时又是人工智能开拓者和认知心理学家的赫伯特·西蒙(Herbent Simon,中文名司马贺)针对作为主流经济学基石的"理性人假设"(即"经济人假设"),提出了"有限理性假设"的思想。[①]这种思想移植到其他各个需要理性决策的地方,都是如此。韩寒导演的电影《后会无期》(2014)中有句台词:"小孩子才分对错,成年人只看利弊。"如果不考虑其中对社会批评的一面,那么这句话用到科学研究中,也是合适的:"权衡利弊"是在境者的权利和义务,体现的是理性及其限度(即有限理性);而只分对错,那是站在事件之外所做的简单判断或期望,这显然常常是无需理性在场的表现。选择不同的方法和方法论,就是在境时的权衡利弊,常常是无关乎对错的,只是局限大小而已。

基于精致还原主义方法论而提出的派生分析法,只是还原论的一种分析策略,具体的研究是否采用派生分析,不是问题的根本。派生分

[①] 360百科(http://baike.so.com/doc/1077377.html)中建有"有限理性假设"条目(创建于2013年3月19日),其内涵主要包括:(1)人的理性是在完全理性和非理性之间的一种有限理性(bounded rationality);(2)决策者在识别和发现问题中容易受到知觉偏倚的影响;(3)由于决策时间和可利用资源的限制,决策方案选择的合理性是相对的;(4)在面对风险时,决策者往往优先考虑风险而非方案的经济利益。

析虽是我们目前进行构式分析的一个特色,但并不意味着构式分析只能或必须选用派生分析。派生分析和还原分析没有必然的联系。结构主义语言学的"项目与配列"模型跟"项目与过程"模型一样,采取的都是强还原的分析观念,但前者采取的是非派生的分析策略,强调所见即所得;后者采取的是派生的分析策略,注重基础结构和派生结构的建构和联系。因此,不要在派生分析和精致还原主义方法论乃至互动构式语法之间建立必然的联系。构式语法强调构式之间的非转换性、非派生性,亦即构式之间不存在什么转换关系、派生关系。关于这一点,我们是基本认同的。但这并不意味着,我们在认识构式的特征时,不可以采取转换、派生的策略。① 不要因为强调构式的形义配对所体现出的整合性特征而放弃了对组合性原则的发现价值和解释功能的重视。自然界中没有纯净的水,但我们并不因此而放弃使水纯净并进而对之进行研究的策略(虽然我们从不认为自然界中的水就是纯净水)。过去在研究交替句式(如双宾句和与格句)时确实有将本体论意义上的转换、派生跟方法论意义上的转换、派生混同的情况,但这也并不意味着方法论的转换、派生就不可使用了。

12.5.2 从本体论和方法论的关系来看构式语法的基本理念

基于上面这样的认识,我们认为,精致还原主义/精致整体主义的方法论原则与构式语法的基本理念并不冲突。它们实际上属于不同层面的问题,构式语法的基本理念立足于"语言作为一个系统是如何存在

---

① 如我们在讨论如何分析汉语的意合特征时,就曾指出,汉语语法比较适用于采取"项目与配列"模型(袁毓林等 2014)。这是分析模型的"语言偏向"(language-preference)问题。当然,这与在研究句式群中各句式之间关系时采取"项目与过程"模型并不矛盾。汉语结构主义语言学基本上采取"项目与配列"模型,如丁声树等(1961)、赵元任(1968)、朱德熙(1982)等;但这并不影响人们在语法研究时采取属于"项目与过程"模型的变换分析法,如朱德熙(1986)、方经民(1998)等。

的"这个本体论问题,而精致还原主义/精致整体主义既是关于"如何认知这种存在"的方法论问题以及"哪些存在是可以通过现代科学背景下的还原分析所了解的"这一认识论问题。在科学研究中,不要将本体论和方法论混为一谈(现实情况则是常常相混)。本体论和方法论及认识论之间,没有必然的对应关系。

构式语法基本上都强调构式在语言系统中的"初始性"地位,极端点儿说,就是语言中存在构式,且只有构式,即所谓的"构式一以贯之"(It's constructions all the way down)(Goldberg 2006:18)。这就是构式的统一观。这样说来,所谓的语法,就是构式语法;所谓的构式语法,就是一般意义上的语法。这是对"构式"的中心地位、基本地位的本体论承诺[①],是构式语法的基本理念。[②] 基于此,语言系统中自然不存在表层结构和深层结构的区别,构式与构式之间自然不存在派生关系。

然而,构式和构式分析,一个是本体论的问题,一个是方法论的问题,本体论承诺和方法论实践(也是一种承诺)是两个层面的问题,并不必然存在平行性或对应性关系,没有必然的隐喻性关联。只要我们认同构式是由组构成分组成的,构式系统是由不同类型的构式组成的层级体系(这是任何构式语法理论都不否认的),那么构式、构式系统之中存在着某些组合性关系并可以基于某种程度的组合性原则来认识,也就毋庸置疑了。人类认知的结构化能力、构式的能产性,也都跟组合性原则有深切的关联。当然,这也不是说,认识到了处于低层级的构式(作为高层构式的组构成分),认识到其中的组合规则,就能完全预测高

[①] "本体论承诺"这个概念由著名的分析哲学家蒯因(W. Van O. Quine)提出,以与传统的本体论认识相区别(Quine 1953)。传统的本体论谈论的是"何物实际存在",这是关于本体的事实问题,它认为事实独立于理论;而本体论承诺指的是"我们说何物存在",体现为理论对"何物存在"的一种要求或允诺,因而具有理论依存性。本体论承诺实际上是一种带有信仰、理念性质的"假设"。

[②] 其实,生成语法也经常采取这样的策略。如常见的"当代句法学"概论、教程,大多只讲生成语法,不及其他。这里面的学术心态是值得学术史研究者仔细揣摩的。

层级构式的所有特征了。我们只是想说，没有这样的组合过程的分析，一定不能充分认识高层级构式的所有特征（这正如即便有了这样的分析策略，也同样不能充分认识高层级构式的所有特征一样）。类似动词中心说和核心投射理论的还原策略学界未必都能接受，但不能因此而怀疑所有的还原策略并彻底将其抛掷在构式研究的方法论体系之外。对任何分析方法或方法论原则，我们都不能因其所获得的巨大成功而认为这是唯一可行的康庄大道；也不能因其不能解决某些领域、某些方面的问题转而认为这是绝不可行的悬崖峭壁。

12.5.3 从构式语法的研究实践来看还原分析策略的运用

回过头来说，并非所有的构式语法流派、所有的构式语法研究者都"坚决"地反对还原分析，都能"坚决"地放弃还原分析。据上引《牛津构式语法手册》第一章"构式语法导论"所做的概述，源自框架语义学的伯克利构式语法、基本观念来自伯克利构式语法和核心驱动短语结构语法的基于符号的构式语法、面向计算机实现的流变构式语法和体认构式语法，都是高度形式化的，都采取基于属性—值—矩阵合一（unification of attribute-value-matrix）的分析模型。显然，这些构式语法流派中还原性特征是非常鲜明的，而这并不影响它们提出构式语法的整体观和坚守"构式"的中心地位。其实，即便是坚持"强使用观"（strong usage-based view）的认知构式语法和认知语法，在分析构式时也常在坚持整体论的前提下对是否需要采取分解论（还原论的一种体现）的策略而有所游移。对此，王寅（2011a:251—261）在概述这两个流派处理句法成分的范畴在构式语法中的地位时，就明确指出它们的理论中仍持有分解主义的观念。这还可以从 Goldberg 和 Langacker 相互指责对方持有分解论立场并为自己持有的整体论原则进行辩解就可见出。Goldberg(2006)认为自己主张的认知构式语法与 Croft(2001)的激进构式语法都是非还原分析法,然而 Croft 和 Langacker 却认为 Goldberg 在语法描写时仍有还原性。Goldberg 对此并不认同,反而认为"(Langacker 的)认知语法显然是还原主义的"。(参见 Goldberg 2006:221—223)[①]其实,从他们针对对方分析策略的相互驳难就可见出,还原策略还是不可避免的。对任何主张,既要听其言,更要观其行。比较而言,Langacker(1987、2000)以及 Talmy(2000)等对基于概念化结构的句法构造过程的分解分析显然更加看重,也就是说结构性还原的色彩比较鲜明。这是由于 Langacker 等的认知语法认为"语言结构是建基于人类的认知本能"(屈承熹 2005:2),而人类认知是基于信息加工的;基于信息加工的理论都带有还原论特征。其实,Goldberg 的认知构式语法也有此理论偏向。这并非是与非的问题,而是理论目标的选择使然,因为继承了结构主义直接成分分析法观念的认知语法,对构式整合过程中的相关成分的组构方式比较关注;而 Goldberg 似乎"跳"过了这一步。就此而言,他们之间的批评有时并不在一个层面上对话。

由此可见,即便认知构式语法这样的主流构式语法流派也并非能够完全放弃还原主义的分析策略。更何况,构式语法的研究路径实际是很"开放"的,并非只有类似 Goldberg 倡导的认知构式语法、Croft 坚持的激进构式语法那样的构式语法研究路径,还有追求形式分析、注重组合原则的构式语法研究路径。还原策略不是可有可无的,而是只要注重结构形式的分析、只要注重构造过程和生成机制的分析,这种策略最终都无法绕开。构式语法固然强调每个构式都是形式-意义对,但毫无疑问,在强调构式整合性的同时需要对构式的形式、意义分别进行描写,对构式形义匹配关系做出结构化建构,而不能笼而统之地说明。

我们还注意到,在这些构式语法流派中,只有 Croft 主张的激进构

[①] 关于这段公案,参见施春宏(2013b)的分析。

式语法在其目前的分析框架中比较彻底地放弃了分解主义观念(是否真的完全做到,也是需要打问号的)。它之所以能够基本做到这点,并非仅仅是由于它声称放弃使用名词、动词和主语、谓语这样一些带有浓重还原色彩的句法术语以及取消一般语法理论中所设定的句法结构关系,而是它采取了严格的分布分析来确定构式、从语义角度来定义构式各部分之间关系的策略,这也是它更具有类型学拓展空间的地方(类型学比较和概括的前提是以相同或相关的语义范畴为基础)。如果要试图描写具体语言中的特定构式关系,还原性的分解策略同样是无从回避的。这从另一个角度说明,还原、分解的策略不是想放弃就能放弃的,除非不去探究句法系统、句法结构的构造过程和生成机制。由此可见,构式分析不能彻底放弃还原,不只是方法论的选择问题,本体论也对此提出了必然要求。可以这样说,没有基本的还原(当然,适用的程度和角度可以有很大差别,常表现为有限还原),就没有构造过程的分析。也即,只要具体描写(而不是单纯地立足于功能、语义层面的理解)构式的成分及其关系、刻画构式的构造过程,就不能不还原。这就会涉及结构体是"自然(天然)"(nature)还是"使然"(nurture)、"天成"还是"后成"抑或两者互动的问题,限于篇幅,这里不展开论述。

另外,不管语法研究如何强调整合性语义的概括,如何强调制约语法的规约化使用场景的分析,语法研究的核心还是语法的结构形式和结构意义及其关系,而这些都带有很强的组合性特征。我们不能过于强调构式语义的整体性、规约性,而放弃了对组合性、构成性的分析。其实,即便是整体性、规约性的语义结构和适用场景,往往也可以在一定程度上化归为成分及其关系的刻画,也不必然排斥还原的路径。还原不是万能的,但没有还原式分析则是万万不能的。语言研究最为基本的方法乃至认识任何事物的根本方法,就是比较。如何比较?首先就要对比较的对象进行某种程度、某个方面的分解,最基本的策略就是构造最小对比对,而最小对比对的发现或曰设立,就是还原策略的重要体现。① 如果试图在构式系统中比较各个句式形式和句式意义之间的差异与关联,无疑需要做出还原、分解的承诺。

12.5.4 从现代科学研究中的还原论看构式研究中的还原分析

下面再对"还原"观念和分析策略的科学本质做出进一步阐释。

一说到"还原",一般的理解就是"整体等于部分之和",或是整体中的某个或某些特征等同于整体特征。语法研究中的动词中心说和核心投射理论就是最为典型的代表。认知语言学尤其是构式语法已经对此做出了严厉而持续的批评。然而,正如前一章所言,复杂性科学兴起之后,人们对"还原"本质的认知已经发生了很大的变化,还原并非如传统还原论或曰原子论所理解的那样,将整体还原到某个成分;现代科学还原论视野中的还原不但要还原出某些个成分,更重要的是将成分之间的各种关系(包括显性关系和隐性关系)还原出来。科学哲学对此已经做了相对充分的研究。正如对还原论特别重视的科学哲学家欧内斯特·内格尔(Ernest Nagel)所言(着重号为原文所加):

> 当一个既定的系统有一种特殊类型的组织或结构时,一个有用的"加法"的定义(若能给出这样一个定义的话)必须考虑那个组织方式。……虽然一个系统有一个独特的结构,但按照其基本的构成要素之间的关系,而且以这样一种方式来指定那个结构,以至

---

① 马真(2004)在论及研究虚词的方法论时指出:"虚词研究本身就要求我们必须有意识地从语法意义、具体用法以及使用的语义背景等多个角度、多个层面、多个方位来考察、分析、研究,而考察、分析、研究的基本方法是比较。"(235页)"在比较中来凸显虚词的用法,在比较中来把握虚词的用法。"(90页)这种比较的分析,显然具有比较显在的还原特征。

第十二章 走向互动构式语法的探索 537

于可以把该结构正确地表征为一个其部分本身是按照那些元素和关系来指定的"总和",这并非原则上不可能。……作为一个事实问题,虽然我们或许不能按照某个有关其基本构成要素的理论来分析某些高度复杂的"动态"(或"有机")统一体,但这种无能不能被证实为是一个固有的逻辑必然性问题。(Nagel 1979/2005:433)①

而且这种还原是逐层还原,强调在成分和关系交互还原中揭示整体特征的浮现机制。这种分层次的关系还原在方法论体系中显得更加重要。诺贝尔物理学奖获得者史蒂文·温伯格(Steven Weinberg)是个还原论的辩护者,他的《终极理论之梦》(1994)第3章的标题即为"为还原论欢呼",其中有言:

> 对不同的人,(还原论)这个词有不同的意思,不过我想每个人讲的还原论都有一点共同的东西,那就是层次的意义。(Weinberg 1994/2007:43)
>
> 还原论的反对者们来自不同的意识形态领域。最合理的一端是那些反对还原论的原始形式的人。我同意他们的观点。我想自己是一个还原论者,……对我来说,还原论不是研究纲领的指南,而是对自然本身的态度。……在意识形态的另一端,是那样一些还原论的反对者,他们为自己所感觉的现代科学的荒芜而感到沮丧。不论他们和他们的世界在多大程度上还原为物质粒子和场及其相互作用,他们都觉得被那知识糟蹋了。(同前,43—44页)

---

① 内格尔在《科学的结构》(Nagel 1979)第十一章"理论的还原"探讨了还原的形式条件和还原的非形式条件,尤其是对"突现论"及"整体,总和与有机统一体"的内涵做了精细的分析。

> 最后,还有一个关于"突现"的问题:真的有什么统治复杂系统的新定律吗？……如果要问这些定律为什么成立,我们大概不会满足于说那些定律是基本的,不需要拿别的东西来解释。(同前,52页)

这里引述他们的话,不是因为他们的观点和我们相近(我们深知,引用别人的话来说明至多只是一种支持,而不是证明),而是因为科学发展的本身确实离不开深刻的还原,坚持还原策略并不意味着放弃了对整体的认识。怎么去认识整体和整体特征？这是科学研究首先要回答的基本问题。强调现代科学意义上的还原论,不是只看到了树木而未见到森林,只看到基因而未看到生命,只看到粒子而未看到宇宙,而是更重视它们之间的组织关系和构造层级。没有不进入整体的部分,没有离开了整体而存在的部分,没有不处于互动关系中的部分。这是结构主义的基本原则所决定的。

就互动构式语法而言,我们不在本体论上去纠缠整体是否可还原,而主要是在方法论上挖掘还原论的价值;不强调任何东西(在我们现有的知识结构中)都是可还原的,只是在知识论上认为一定程度的还原能给我们带来知识的增长;我们同样肯定整体对部分具有约束限制作用,整体的特性并非完全由组构成分的特征所组成,我们只是想说明,"整体等于部分之和"并非现代科学意义上的还原主义观点,现在基本上没有一个还原论者明确坚持这样的主张。正如 Weinberg 所声称的那样:"自己不是极端的还原论者;我是一个中庸的还原论者。"(同前,45页)他甚至说:"我怀疑,所有工作中的科学家(也许还有大多数的群众)在实践中都跟我一样是还原论者,尽管有些人也像迈耶和安德森那样,不喜欢这样说自己。"(同前,52页)可是某些对(现代)还原论的批评,往往就是以为绝对还原论就是所有的还原论,并以此设立批评的靶子。

还原论在过去是个强势的方法论,而现在却要为自己的内涵和效度来辩护了,其中缘由堪可玩味。

正是鉴于传统还原分析的局限,我们基于现代科学和科学哲学关于科学研究方法论的思想,提出了"精致还原主义"的方法论原则。总之,我们认为,对构式的整体特征、浮现性特征的分析,并不必然排斥现代科学还原论的分析策略。这也是我们在构式语法发展至今已经流派纷呈的情况下还提出建构互动构式语法的一个重要起因。

12.6 关于研究方法或方法论的互动问题

我们在构式研究中特别强调不同的方法和方法论原则之间的互补、互动、结合,然而,有的研究者可能认为不同的研究方法和方法论代表了不同的研究观念,说它们之间存在着互补关系,这是没有问题的,但如果说存在着互动关系、能够相互结合,则是不能实现的。这就引发了新的问题:研究方法或方法论上的互动、结合是否存在着可能性?如何理解不同研究方法或方法论的互动、结合?

12.6.1 研究方法和方法论在互动中结合的可能性

上面我们已经提出,精致还原主义换个角度看就是精致整体主义,这实际上已经表明了我们在这个问题上的认识。我们上面的论证实际上是在强化这样的认识:基于不同立足点和观察侧面而形成的研究方法和方法论的结合,不仅有可能,而且有必要。

理论从本质上来说就是发现问题和解决问题的工具。任何理论既不可能发现所有问题,也不可能解决别的理论已经发现的所有问题。特定的理论只能发现和解决其理论逻辑所能观照的某些问题。一个理论范式中所确立的重大问题到了别一理论范式中未必受到同样的重视,甚至未必受到重视。更常见的情况是,各个理论范式的重大论题实际上基本不同。因此,没有最好的理论,没有万能的理论,只有基于某些现象、某种问题的相对有效的理论或策略。就此而言,任何方法和方法论,其描写和解释能力都存在"现象偏向",都只能发现和解决语言现象的某些侧面问题,都只擅于做"分内"之事。就此而言,应该允许并鼓励在研究观念和分析方法上做出更多的尝试。这实际上预示着,如果只考察某个方面、只从某个角度来考察,那么选择某个单一的方法或方法论,也许是可行的;但如果试图综合考察多个方面、从多个角度来考察,那么或许就需要综合运用不同的方法或方法论。美国人类学家、解释人类学的提出者克利福德·格尔茨(Clifford Geertz)曾说:"问题,是普遍性的;它们的解决方法有多种。"(转引自辛旭《从卧室里走出的个人主义》,《读书》2014 年第 5 期)这些解决的方法从不同角度指向问题,使问题得到某种程度、某个角度的解释。

对于本项研究的争论除了具体观点外,更有可能来自对研究方法和方法论的争论,其中又以还原论和整体论能否结合为基本论题。对此,我们在前面诸章中已或隐或显地有所回答。我们主张综合运用两种方法,提出了互动-派生模型和精致还原主义/精致整体主义方法论原则。这里需要特别指出的是,我们主张两者的结合,不是说在任何研究层面、任何研究阶段将两种研究方法或方法论结合,而是两者在互动中的结合。大体而言,在探究构式的构造过程时,离不开还原的策略,在探求构式的生成动因时,离不开整体的把握,而在探究构造机制及其多重界面特征时,则无法偏执一端。但对构式的组构方式、构造过程的描写,也同样需要参照构式整体形义结合关系的制约;对构式的生成动因、适用功能的解释,也同样需要观照构式成分及其关系的区分和描写。对构式的组构成分及其关系的描写,自然更多地侧重还原的策略。

我们倡导的互动构式语法,不仅是关注构式系统内部各部分之间、组构成分之间的制约和作用,而且就本项研究而言,"互动"两字还有别样的意味,如不同研究观念的互动、不同研究方法的互动、实例分析与理论建构的互动等非本体论层面的交互和融合。至少就本项研究所展示的分析路径而言,不同的方法或方法论是可以结合的,关键在于如何结合,在哪个层面结合。凡是不主张结合的,要不研究的是某个相对单一的层面或从单一角度来认识,要不就是将结合理解成一锅煮。

12.6.2 整体论和还原论之间:必要的张力

由此可见,在研究整体时,只有在整体论和还原论之间形成"必要的张力"(essential tension),才能使我们的观察、描写和解释更加充分。

基于现代科学方法论的精致还原主义区别于整体论所严厉批评的原子论、机械还原论,其目标就是实现研究方法或方法论上的互动、结合,将整体论和还原论有效地综合使用。现代科学的发展已经明确,无论是坚持强还原论(绝对还原论)还是坚持强整体论(绝对整体论),都有着科学方法论上的巨大局限,必须将两者结合起来,形成和发展融贯论(syncretism)的科学方法论。"原子主义(分解的、分析的)"策略和"分子主义(整体的、综合的)"策略并不是无法相容的两极,而是互补且可互动的两面。现代科学背景之下的还原实际上是在整体观念支配下的精致还原,也就是将自下而上分析法和自上而下分析法相结合的综合性还原、融贯性分析。在研究整体时,只有在整体论和还原论之间形成"必要的张力",才能使我们的观察、描写和解释更加充分。

就还原论和整体论的基本策略而言,最基本的分析路径就是自下而上分析法和自上而下分析法。就本项研究而言,自下而上的研究是指探寻句式的构造机制,建构句式生成的规则系统;自上而下的研究是指探寻句式得以形成的动因及句式形成以后其整体特征对进入到该句式的成分在句法、语义、功能等方面所起的制约作用。如自下而上的分析路径关注：某个结构体有哪些组成部分，这些成分的性质如何；各组成部分之间存在怎样的关系；各个成分对整个结构体的形式和意义有什么贡献；这个结构体又能在更大的结构体中作哪些成分；跟其他结构体之间形成怎样的关系等。自上而下的分析路径关注：这个结构体存在怎样的特异性；这个结构体对进入其中的成分有哪些要求（或者说限制、条件）；这个结构体有哪些变化形式等。显然，完整地认识一个结构体，需要自下而上的分析和自上而下的分析相结合。只有充分认清自下而上分析法和自上而下分析法各自作用的空间和方式，才能消解还原论和整体论之争，使两者在不同层面、不同阶段发挥作用，并在两者接口之处做好对接工作。关于接口问题，不仅不同语言层面之间有接口（如形式和意义、词法和句法、句法和音系等），方法论之间也有接口的问题。而机械地"一分为二"往往忽视了接口的存在。精致还原主义或曰精致整体主义的互动-派生分析并非忽视了整体性的存在，而同样是以整体性为考察目标的（施春宏 2010a）。从根本上说，整体性（换个角度来看就是系统性）是结构主义分析的基本前提，也是任何基于结构的分析的基础；还原性是结构主义分析的基本策略，也是整体论分析结构成分及其关系所不可或缺的基本工具。[①]

当然，我们这种结合观也许初看起来会存在一些争议，因为就一般认知而言，这两种分析方法往往代表了两种不同的语言分析观乃至语言观，虽可以说两者各有所长，但在同一项研究中将两者结合起来的做法，似乎存在着逻辑上的问题。但我们试图通过互动构式语法的研究

[①] 前文已经指出，虽然 Goldberg 和 Langacker 都强调整体观，但我们只要深入到其理论内部，就会发现他们在具体现象分析时，都特别重视每个构式（句式性构式）的组成成分及其关系的分析，常常对构式的构造过程做出精细的说明。而这实际上就是现代还原论者所做的工作。没有结构成分及其关系的考察，就无法走进结构，认清结构，从而也就无法了解构式的结构化过程。

来说明,方法论上的结合是可能的,而且是必需的;同时也要说明,主张方法论上的结合观并不意味着每个理论背景都得结合、分析每个现象都得结合、处在每个层次都得结合、每个学者都得结合;更非在研究具体对象时东拉一下,西扯一下,混杂使用。

另外必须说明的一点是,实际上,语言观的建构与方法论的选择不是一个客观的问题,而常常跟研究者的学术旨趣、情绪相关联。也就是说,所有的研究都是带有浓浓的主观色彩的探索过程,都有"意气用事"的成分在里面。有的形式主义研究者永远走不进、不认同功能主义者的研究观和研究路径,有的功能主义研究者永远走不进、不认同形式主义者的研究观和研究路径,这是我们不难见到的现象。同样,一个在方法论上的结合论者并不被分而论之的各方研究者所理解、所接受,这也是不难见到的现象。此时,以科学的无政府主义和反对普遍方法论规则而闻名的科学哲学家保罗·费耶阿本德(Paul K. Feyerabend)的观念也许能给我们以新的启发。他主张多元主义的方法论,从"一切方法论、甚至最明白不过的方法论都有其局限性"(Feyerabend 1975/2007:11)出发而推导出方法论原则的根本原理只有"怎么都行"(Anything goes)这一条。虽然这种认识有其极端之处,但其主张方法论的兼容观、广泛考察一切具有方法论意义的因素、强调方法论的历史的具体的性质,则是值得重视的。

12.7　互动构式语法的发展空间

毫无疑问,互动构式语法跟当下纷呈迭现的构式语法流派在对"构式"的某些基本认识上具有高度的一致性,这也是这些流派都被称为"构式语法"的基础;但在构式的系统观和构式分析的方法论原则方面,互动构式语法呈现出自己的特色。综而言之,互动构式语法视野中的互动,既有本体论层面的构式互动,也有方法论层面的策略互动,还包括不同研究群体之中观念、认识上的互动。一切的根本,还是面对本体论层面的构式互动过程中引发的种种问题。这些问题既有经验问题,也有概念问题(理论问题),很多问题则是经验问题和概念问题的互动表现。

理论是探测器,只要有新的观念、视角、方法和科学实践,就会给我们带来新的发现,从而诠释了"理论就是力量"的科学观。理论同时也是消费品,在消费过程中实现其营养价值并呈现出需要改进的地方。理论没有天然的合法性,是在研究拓展过程中得到论证和充实的过程。每个研究者在接受新理论时,都从"被动的受众"转变到"主动的受众",渗透进去的是自己的认知和观念以及对"事实"的理解和操作。构式和构式语法的内涵、范围和研究理念的发散性,使人觉得每个研究者心中都有一套和而不同的构式理论,都在塑造着关于构式的理论。理论体系终究是一束隐喻组成的集合(施春宏 2015d);即便面对同样的现象,不同的人看到的"事实"并不完全相同,因此可以借助不同的隐喻性理论模型来加以说明。我们对互动构式语法的探索也是如此。新理论的发展往往来自于互动。在互动过程中,力求使研究对象更加系统,研究内容更加充分,研究视角更加全面,研究观念和方法更加完善,研究结论具有更强的操作性和预测性。互动构式语法及其精致还原主义方法论原则应该追求共时研究和历时研究相结合,注重逻辑先后的分析模型和注重历史先后的分析模型相结合,注重学科间、领域间基于构式理念的跨界研究,以期有效拓展互动构式语法的发展空间。

由此可见,互动构式语法是否就如我们目前研究所呈现的那样,是否需要采取派生分析模型,则是问题的另一个方面,它并非是否可以或是否需要提出互动构式语法这一分析模型所要回答的问题。其实,任何理论都具有"原型性"特征,甚至呈现出更为宽泛的家族相似性。因

第十二章　走向互动构式语法的探索　545

此,甚至可以这样说,只要是坚持"构式"的基本观念并以互动关系作为研究的立足点和根本目标的构式语法,都可以称作互动构式语法。当然,这已经是极为宽泛的互动构式语法观了。也许,构式语法的产生背景和研究活力正在推动着关于构式的理论运动朝着更加民主多元的方向发展。真理在哪里?真理在路上。这有两重含义:一是只有行走才是通向真理之途;二是真理本身是在延伸的。也许我们只能通过多元化探索逐步逼近真理,而不可能一举觅得真理。

目前,基于构式语法观念尤其是认知构式语法的研究虽主要还是基于共时平面的分析,但历时分析尤其是语法化领域的构式化研究也已得到了蓬勃的发展;在本体研究的同时,构式习得研究和教学研究也一并展开。这些都使构式语法的发展空间得到很大的拓展,进而使构式语法的研究理念深入到语言研究的方方面面。任何观念的探新,都需要坚持实例分析和理论探求的互动、语言观和方法论的互动,进而寻找些带有普遍性的研究观念和分析策略。

本书是走向互动构式语法的初步探索。目前,我们的研究主要还是基于共时平面的分析,尤其是基于句式/构式的形式和意义互动关系的分析。正如我们曾试图将项目与过程模型由共时分析推展到历时分析那样,我们希望本项研究所倡导的互动构式语法及其精致还原主义方法论原则也能拓展到历时分析中去。我们曾尝试对动结式(施春宏 2004b)、动词拷贝句(施春宏 2014b)的历时发展过程及其与相关构式的互动关系做出分析,已经有了一些有趣的发现。我们希望这样的研究更加丰富而深入。

当然,我们同时需要进一步充实和发展互动构式语法理论。我们从构式和组构成分的互动关系角度对构式压制现象做了较多的理论思考(施春宏 2012a、2014a、2015b),还试图基于构式观念来探求语法和修辞的关系(施春宏 2012a、2014c)。语法和修辞问题,过去一直当作两个不同领域的问题,实际上,在构式理论的探求中,人们更多地发掘、发现它们之间存在互动互存的关系。

另一方面,学界越来越认识到,基于某种语言观而建构的语言学理论,最好能够运用到语言习得(母语习得和二语习得)的研究中,用来描写和解释习得现象、发现习得研究中的新论题。乔姆斯基学派的生成语法理论在语言习得(母语习得和二语习得)研究中的引导作用和探索精神自不待言,以 Goldberg 为代表的认知构式语法学派也积极地将构式语法的基本理念和主要认识运用到语言习得(尤其是母语习得)的研究中。我们也试图在这方面做出一些探索。目前尝试着将互动构式语法的观念和从句式形义关系研究中获得的某些认识应用到二语习得的研究中,其中对特殊构式形义关系的习得机制(如黄理秋、施春宏 2010;施春宏 2011a;李昱 2015;郝暾 2015)、二语习得中构式意识(及更为具体的框式意识、语块意识)的形成机制(如杨圳、施春宏 2013;蔡淑美、施春宏 2014)、构式/句式习得中的变异表现及其语言类型特征(如李昱 2014)、语块的特征和系统与层级(薛小芳、施春宏 2013)、汉语流水句的篇章习得(马文津、施春宏 2016)等与构式习得相关的重要论题做了尝试性探索。

与此同时,我们还将这种观念推展到二语教学的研究中,试图建构"结构-功能-语境"三位合一的"三一语法"教学语法体系和教学模式,体现"场景驱动、功能呈现、法则匹配"的教学理念(冯胜利、施春宏 2011、2015);并对二语教学中的各种本位观做出分析,提出语言教学过程中需要建立分层次的综合本位观(stratified integrated unit-based view)(施春宏 2012c)。这方面的研究也很有吸引力。

我们期望,"互动构式语法"的观念和方法既能在本体研究上有更多的新发现,又能在语言习得(母语习得和二语习得)和教学(母语教学和二语教学)方面有更多的新探索,同时还将建构更具概括能力和解释能力的理论模型。

显然,这些研究虽激动人心,但成果还很微薄,体系还比较粗糙,而且更多地体现为一种理念、路径、方向。在多年的行走过程中,我们越加真切地感受到:现象很丰满,理论太骨感……

参考文献

北京大学中文系现代汉语教研室编　2003　《现代汉语专题教程》,北京:北京大学出版社。

蔡淑美　2012　汉语广义中动式的结构、功能和历时演变,新加坡国立大学博士学位论文。

蔡淑美　2015　汉语中动句的语法化历程和演变机制,《语言教学与研究》第4期。

蔡淑美、施春宏　2014　基于汉语中介语语料库的二价名词习得研究,《语言文字应用》第2期。

蔡淑美、张新华　2015　类型学视野下的中动范畴和汉语中动句式群,《世界汉语教学》第2期。

蔡维天　1999　语言学的常与变:一个方法论上的探讨,《中国语言学论丛》第2辑,北京:北京语言文化大学出版社。

曹逢甫　1995　《主题在汉语中的功能研究——迈向语段分析的第一步》,谢天蔚译,北京:语文出版社。

柴改英　2010　"被"现象的伯克修辞哲学批评,《外国语文》第4期。

陈保亚　1999　《20世纪中国语言学方法论(1898—1998)》,济南:山东教育出版社。

陈保亚　2015　《20世纪中国语言学方法论研究》,北京:商务印书馆。

陈满华　2009　构式语法理论对二语教学的启示,《语言教学与研究》第4期。

陈满华　2014　关于构式语法的理论取向及相关问题,《外国语》第5期。

陈满华、贾　莹　2014　西方构式语法理论的起源和发展,《苏州大学学报(哲学社会科学版)》第1期。

陈明舒　2008　"动词部分拷贝句"的定义与分析,《湖南师范大学社会科学学报》

第2期。

陈平 1994 试论汉语中三种句子成分与语义成分的配位原则,《中国语文》第3期。

陈前瑞、王继红 2006 动词前"一"的体貌地位及其语法化,《世界汉语教学》第3期。

陈文博 2010 汉语新兴"被+X"结构的语义认知解读,《当代修辞学》第4期。

陈一壮 2005 复杂性方法的基本内涵,《学习时报》11月21日第7版。

陈忠 2012 "结构-功能"互参互动机制下的重动句配置参数功能识解,《中国语文》第3期。

程琪龙、程倩雯 2015 动词和构式的关系——构式进路的利弊,《当代语言学》第1期。

池昌海、周晓君 2012 新"被+X"结构及其生成机制与修辞意图,《福建师范大学学报(哲学社会科学版)》第4期。

褚鑫 2006 动结式的配价及相关句式研究,东北师范大学硕士学位论文。

崔璞玉 2010 构式理论与汉语新兴"被"字句,北京语言大学研究生课程"汉语句法分析"期末论文。

崔山佳 2010 动词拷贝句补说五题,《蒲松龄研究》第3期。

崔山佳 2015 《汉语语法历史与共时比较研究》,北京:语文出版社。

崔希亮 1995 "把"字句的若干句法语义问题,《世界汉语教学》第3期。

崔艳艳 2011 模因论视角下的"被 XX"现象分析,《天中学刊》第6期。

崔永华 1995 "把"字句的若干句法语义问题,《世界汉语教学》第3期。

戴浩一 1989 以认知为基础的汉语功能语法研究,收入戴浩一、薛凤生编《功能主语与汉语语法》,北京:北京语言学院出版社,1994年。

戴耀晶 1998 试说汉语重动句的语法价值,《汉语学习》第2期。

邓丹、石锋、冯胜利 2008 韵律制约句法的实验研究——以动补带宾句为例。*Journal of Chinese linguistics* 36(2):195-210.

邓扬 2007 现代汉语宾语从句研究,北京语言大学硕士学位论文。

邓云华、石毓智 2007 论构式语法理论的进步与局限,《外语教学与研究》第5

期。

丁加勇 2004 论汉语句式配价理论的形成,《广西社会科学》第6期。

丁 力 2011 变异:"被"字句的异质感受与文化信息,《汉语学报》第4期。

丁声树、吕叔湘、李荣、孙德宣、管燮初、傅婧、黄盛璋、陈治文 1961 《现代汉语语法讲话》,北京:商务印书馆。

董秀芳 1998 述补带宾句式中的韵律制约,《语言研究》第1期。

董燕萍、梁君英 2002 走近构式语法,《现代外语》第2期。

董燕萍、梁君英 2004 构式在中国学生英语句子意义理解中的作用,《外语教学与研究》第1期。

段业辉、刘树晟等 2012 《现代汉语构式语法研究》,北京:世界图书出版公司。

范 晓 1993 复动"V得"句,《语言教学与研究》第4期。

范 晓 2000 "把"字句,载《汉语句子的类型》,太原:书海出版社。

范 晓 2001 动词的配价与汉语的"把"字句,《中国语文》第4期。

方经民 1993 《现代语言学方法论》,郑州:河南人民出版社。

方经民 1998 《汉语语法变换研究——理论·原则·方法》,[日本]东京都:白帝社。

冯 瑞 2010 从认知隐喻与语法隐喻的结合解读流行语"被"结构,《桂林师范高等专科学校学报》第2期。

冯胜利 1996a 论汉语的韵律词,《中国社会科学》第1期。

冯胜利 1996b 论汉语的韵律结构及其对句法构造的制约,《语言研究》第1期。

冯胜利 1997 《汉语的韵律、词法与句法》,北京:北京大学出版社。

冯胜利 2000 《汉语韵律句法学》,上海:上海教育出版社。

冯胜利 2002 韵律结构与"把"字句的来源,载 Hana Triskovǎ(eds.) *Tone, Stress and Rhythm in Spoken Chinese. Journal of Chinese Linguistics Monograph* 17:119-168.

冯胜利 2005a 学术转型与韵律句法学的建立,载《汉语韵律语法研究》,北京:北京大学出版社。

冯胜利 2005b 《汉语韵律语法研究》,北京:北京大学出版社。

冯胜利　2009　论汉语韵律的形态功能与句法演变的历史分期,《历史语言学研究》第2辑,北京:商务印书馆。

冯胜利　2011　韵律句法学研究的历程与进展,《世界汉语教学》第1期。

冯胜利、施春宏　2011　论汉语教学中的"三一语法",《语言科学》第5期。

冯胜利、施春宏　2015　《三一语法:结构·功能·语境——初中级汉语语法点教学指南》,北京:北京大学出版社。

付开平、彭吉军　2009　"被XX"考察,《郧阳师范高等专科学校学报》第5期。

付习涛　2006　关于构式"有＋VP",《中国地质大学学报(社会科学版)》第5期。

傅爱平　2003　机器翻译中汉语动结式生成的过程和困难,《中国语文》第1期。

高育花　2007　《元刊〈全相平话五种〉语法研究》,郑州:河南大学出版社。

顾鸣镝　2013　《认知构式语法的理论演绎与应用研究》,上海:学林出版社。

顾　阳　1994　论元结构理论介绍,《国外语言学》第1期。

顾　阳　1999　双宾语结构,载徐烈炯主编《共性与个性——汉语语言学中的争议》,北京:北京语言文化大学出版社。

顾　阳　2001　隐性使役动词及其句法结构,载沈阳、何元建、顾阳《生成语法理论与汉语语法研究》,哈尔滨:黑龙江教育出版社。

郭　锐　1995　述结式的配价结构和成分的整合,载沈阳、郑定欧主编《现代汉语配价语法研究》,北京:北京大学出版社。

郭　锐　2002　述结式的论元结构,载徐烈炯、邵敬敏主编《汉语语法研究的新拓展(一)——21世纪首届现代汉语语法国际研讨会论文集》,杭州:浙江教育出版社。

郭　锐　2003　"把"字句的语义构造和论元结构,《语言学论丛》第28辑,北京:商务印书馆。

郭圣林　2011　《现代汉语句式的语篇考察》,北京:世界图书出版公司。

郭姝慧　2004　现代汉语致使句式研究,北京语言大学博士学位论文。

郭姝慧　2006　倒置致使句的类型及其制约条件,《世界汉语教学》第2期。

郝宁湘　2006　为计算主义辩护,《科学》第6期。

郝　瞰　2015　汉语多系论元构式习得的实证研究,北京语言大学硕士学位论文。

何洪峰、彭吉军　2010　论 2009 年度热词"被 X",《语言文字应用》第 3 期。

何　融　1958　汉语动词复说法初探,《中山大学学报》第 1 期。

洪心衡　1963　关于动词谓语的重说,载《汉语语法问题研究》(续编),福州:福建人民出版社。

侯国金　2013　对构式语法八大弱点的诟病,《外语研究学》第 3 期。

侯国金　2014a　构式语法到底优在何处,《山东外语教学》第 3 期。

侯国金　2014b　构式语法的现状和前景,《语言研究集刊》第 13 辑,上海:上海辞书出版社。

胡文泽　2005　也谈"把"字句的语法意义,《语言研究》第 2 期。

胡雪婵、胡晓研　2010　近来流行的"被＋X"结构说略,《通化师范学院学报》第 1 期。

黄　洁　2008　语言习得研究的构式语法视角,《四川外语学院学报》第 4 期。

黄锦章　1993　行为类可能式 V-R 谓语句的逻辑句式与表层句法现象,《语文研究》第 2 期。

黄理秋、施春宏　2010　汉语中介语介词性框式结构的偏误分析,《华文教学与研究》第 3 期。

黄欣荣　2006　《复杂性科学的方法论研究》,重庆:重庆大学出版社。

黄月圆　1996　把/被结构与动词重复结构的互补分布现象,《中国语文》第 2 期。

黄正德　2007　汉语动词的题元结构与其句法表现,《语言科学》第 4 期。

纪云霞、林书武　2002　一种新的语言理论:构式语法,《外国语》第 5 期。

蒋绍愚　1994　《近代汉语研究概况》,北京:北京大学出版社。

蒋绍愚　1997　"把"字句略论——兼论功能扩展,《中国语文》第 4 期。

蒋绍愚　2005　《近代汉语研究概要》,北京:北京大学出版社。

蒋绍愚、曹广顺主编　2005　《近代汉语语法史研究综述》,北京:商务印书馆。

焦瑷珲、王金环　2009　模因视阈下的仿拟语的产生、传播及循环路径研究——以"今天,你被 XX 了吗"为例,《语文学刊·外语教育教学》第 9 期。

金立鑫　1993　"把 OV 在 L"的语义、句法、语用分析,《中国语文》第 5 期。

金立鑫　1997　"把"字句的句法、语义、语境特征,《中国语文》第6期。

金立鑫　2002　把字句的配价成分及其句法结构,《现代中国语研究》,[日本]京都:朋友书店。

金立鑫　2007　《语言研究方法导论》,上海:上海教育出版社。

阚哲华　2010　致使动词与致使结构的句法－语义接口研究,上海:上海交通大学出版社。

冷　慧、董广才、董　鑫　2011　"新被结构"的原型语义分析及英文翻译初探,《外国语文》第5期。

黎锦熙　1924　《新著国语文法》,收入黎泽渝、刘庆俄编《黎锦熙文集》上卷,哈尔滨:黑龙江教育出版社,2007。

黎锦熙、刘世儒　1957　《汉语语法教材》,北京:商务印书馆。

李炯英　2012　《致使结构的汉英对比研究》,合肥:中国科技大学出版社。

李　莉　2011　"被XX"现象的模因论阐释,《长春理工大学学报(社会科学版)》第3期。

李临定　1963　带"得"字的补语句,《中国语文》第5期。

李临定　1980　动补格句式,《中国语文》第2期。

李临定　1984　动词的宾语和结构的宾语,《语言教学与研究》第3期。

李临定　1986　《现代汉语句型》,北京:商务印书馆。

李临定　1990　《现代汉语动词》,北京:中国社会科学出版社。

李　敏　1998　《把/被结构与动词重复结构的互补分布》献疑,《烟台师范学院学报》第2期。

李　讷、石毓智　1997　汉语动词拷贝结构的演化过程,《国外语言学》第3期。

李卫荣　2011　"被XX"中的幽默认知分析,《安阳工学院学报》第3期。

李文浩　2009　"爱V不V"的构式分析,《现代外语》第3期。

李小华、王立非　2010　第二语言习得的构式语法视角:构式理论与启示,《外语学刊》第2期。

李小荣　1994　对述结式带宾语功能的考察,《汉语学习》第1期。

李亚非　2004　补充式复合动词论,《中国语言学论丛》第3辑,北京:北京语言大学出版社。

李　昱　2014　汉语双及物构式二语习得中的语言变异现象研究,《世界汉语教学》第1期。

李　昱　2015　语言共性和个性在汉语双宾语构式二语习得中的体现,《语言教学与研究》第1期。

梁倩倩　2010　模因视阈下"被XX"流行语现象浅析,《宁波教育学院学报》第5期。

梁晓波　2007　《致使词汇与结构的认知研究》,郑州:河南大学出版社。

林茂灿　2006　疑问和陈述语气与边界调,《中国语文》第4期。

刘承峰　2003　能进入"被""把"字句的光杆动词,《中国语文》第5期。

刘承慧　2002　《汉语动补结构历史发展》,台北:翰芦图书出版有限公司。

刘大为　2010　从语法构式到修辞构式(上、下),《当代修辞学》第3、4期。

刘大为　2012　谐音现象的心理机制与语言机制,《当代修辞学》5期。

刘丹青　2003　《语序类型学与介词理论》,北京:商务印书馆。

刘丹青主编　2005　《语言学前沿与汉语研究》,上海:上海教育出版社。

刘　斐、赵国军　2009　"被时代"的"被组合",《修辞学习》第5期。

刘国辉　2007　构式语法的"构式"之辩,《外语与外语教学》第8期。

刘　坚主编　1998　《二十世纪的中国语言学》,北京:北京大学出版社。

刘　杰、邵敬敏　2010　析一种新兴的主观强加性贬义格式"被XX",《语言与翻译》第1期。

刘培玉　2009　《现代汉语把字句的多角度探索》,上海:华中师范大学出版社。

刘培玉　2012a　动结式重动句构造的制约机制及相关问题,《汉语学报》第1期。

刘培玉　2012b　致使性述补式的构造过程、句法性质和歧义解释,《四川师范大学学报(社会科学版)》第1期。

刘培玉、刘人宁　2011　复动"V得"句的构造及相关问题,《汉语学习》第3期。

刘培玉、欧阳柏霖　2010　《动结式的配价层级及其歧价现象》质疑,《长沙理工大学学报(社会科学版)》第5期。

刘培育、尹秋征　1996　"把"字宾语的考察,《黄淮学刊(哲学社会科学版)》第3

期。

刘维群　1986　论重动句的特点,《南开学报》第 3 期。

刘文秀　2012　基于构式语法观念的"有＋N"构式研究,北京语言大学硕士学位论文。

刘晓玲、阳志清　2003　词汇组块教学——二语教学的一种新趋势,《外语教学》第 6 期。

刘雪芹　1998　重动句研究综述,《徐州师范大学(哲社版)》第 1 期。

刘雪芹　2003　现代汉语重动句研究,复旦大学博士学位论文。

刘雪芹　2012　《现代汉语重动句研究》,上海:学林出版社。

刘一之　2000　"把"字句的语用、语法限制及语义解释,《语法研究和探索》(十),北京:商务印书馆。

刘　云　2010　新兴的"被 X"词族探微,《华中师范大学学报(人文社会科学版)》第 5 期。

刘正光主编　2011　《构式语法研究》,上海:上海外语教育出版社。

刘子瑜　2002　《朱子语类》述补结构研究,北京大学博士学位论文。

刘子瑜　2008　《〈朱子语类〉述补结构研究》,北京:商务印书馆。

刘宗保　2015　语言研究中"测试框架"的类型、效度及方法论初探,《语言教学与研究》第 3 期。

柳士镇　1992　《魏晋南北朝历史语法》,南京:南京大学出版社。

卢英顺　2003　把字句的配价及相关问题,《语言科学》第 2 期。

陆丙甫、刘小川　2015　句法分析的第二个初始起点:语言象似性,《语言教学与研究》第 4 期。

陆丙甫、谢天蔚　2002　汉英语法比较的范围的扩大(On broadening the scope of grammatical comparison between Chinese and English). *Journal of the Chinese Language Teachers Association* 37(1): 111-130.

陆俭明　1988　双宾结构补议,《烟台大学学报(哲学社会科学版)》第 2 期。

陆俭明　1990　"VA 了"述补结构语义分析,《汉语学习》第 1 期。

陆俭明　2001　"VA 了"述补结构语义分析补议——对读者意见的回复,《汉语学习》第 6 期。

陆俭明　2003　《现代汉语语法研究教程》,北京:北京大学出版社。

陆俭明　2004　"句式语法"理论与汉语研究,《中国语文》第 5 期。

陆俭明　2007　中译本序 2,见 Adele E. Goldberg《构式:论元结构的构式语法研究》中文版,吴海波译,北京:北京大学出版社。

陆俭明　2010a　《汉语语法语义研究新探索》,北京:商务印书馆。

陆俭明　2010b　从构式看语块,《中国语言学》第 4 辑。

陆俭明　2011　再论构式语块分析法,《语言研究》第 2 期。

陆俭明　2013a　《现代汉语语法研究教程》(第四版),北京:北京大学出版社。

陆俭明　2013b　中文版序 2,见 Adele E.Goldberg(2006)《运作中的构式:语言概括的本质》中译本,吴海波译,北京:北京大学出版社。

陆俭明　2016　从语言信息结构视角重新认识"把"字句,《语言教学与研究》第 1 期。

陆燕萍　2012　英语母语者汉语动结式习得偏误分析——基于构式语法的偏误分析,《语言教学与研究》第 6 期。

罗思明　2009　《英汉动结式的认知功能分析》,北京:中国社会科学出版社。

吕叔湘　1946　从主语宾语的分别谈国语句子的分析,《开明书店二十周年纪念文集》。收入《吕叔湘文集》第 2 卷,北京:商务印书馆,1990 年。

吕叔湘　1948　"把"字用法的研究,收入《汉语语法论文集》(增订本),北京:商务印书馆,1984 年。

吕叔湘　1965　"被"字句、"把"字句动词带宾语,收入《汉语语法论文集》(增订本),北京:商务印书馆,1984 年。

吕叔湘　1979　《汉语语法分析问题》,北京:商务印书馆。

吕　映　2001　汉语重动句式的语义特征和语用功能,《杭州师范学院学报》第 3 期。

马道山　2003　句式语法与生成语法对比刍议,《外语与外语教学》第 12 期。

马庆株　1983　现代汉语的双宾语构造,《语言学论丛》第 10 辑,北京:商务印书馆。

马伟忠　2016　基于使用模型的汉语特殊构式事件表达研究，北京语言大学博士学位论文。

马文津、施春宏　2016　基于整句-零句表达系统的汉语中介语篇章现象考察，《世界汉语教学》第4期。

马希文　1983　关于动词"了"的弱化形式/.lou/，《中国语言学报》第1期。

马希文　1987　与动结式动词有关的某些句式，《中国语文》第6期。

马　真　1981　《简明实用汉语语法》，北京：北京大学出版社。

马　真　1985　"把"字句补议，载陆俭明、马真《现代汉语虚词散论》，北京：北京大学出版社。

马　真　2004　《现代汉语虚词研究方法论》，北京：商务印书馆。

马　真、陆俭明　1997　形容词作结果补语情况考察，《汉语学习》第1、4、6期。

梅　广　1978　国语语法中的动词组补语，屈万里先生七秩荣庆论文集编辑委员会主编《屈万里先生七秩荣庆论文集》，台北：联经出版事业公司。

梅祖麟　1991　从汉代的"动、杀"、"动、死"来看动补结构的发展，《语言学论丛》第16辑，北京：商务印书馆。

孟　琮、郑怀德、孟庆海、蔡文兰编　1999　《汉语动词用法词典》，北京：商务印书馆。

牛保义　2011　《构式语法理论研究》，上海：上海外语教育出版社。

牛顺心　2004　汉语中致使范畴的结构类型研究，上海师范大学博士学位论文。

潘海华　1997　词汇映射理论在汉语句法研究中的应用，《现代外语》第4期。

潘文娱　1978　对"把"字句的进一步探讨，《语言教学与研究》（试刊）第3集。

彭国珍　2011　《结果补语小句理论与现代汉语动结式相关问题研究》，杭州：浙江大学出版社。

彭　睿　2016　历时形态句法研究理论方法的演进，《语言教学与研究》第2期。

彭咏梅、甘于恩　2010　"被V双"：一种新兴的被动格式，《中国语文》第1期。

戚晓杰　2006a　从《聊斋俚曲集》看汉语动词拷贝句式的产生年代，《蒲松龄研究》第1期。

戚晓杰　2006b　明清山东方言背景白话文献特殊句式研究，山东大学博士学位论文。

亓文香　2008　语块理论在对外汉语教学中的应用,《语言教学与研究》第 4 期。

钱旭菁　2008　汉语语块研究初探,《北京大学学报(哲学社会科学版)》第 5 期。

秦礼君　1985　关于"动+宾+动重+补"的结构形式,《语言研究》第 2 期。

邱永忠　2011　等值模因论视域下的网络"被式语言"翻译,《内蒙古农业大学学报(社会科学)》第 1 期。

屈承熹　2005　《汉语认知功能语法》,纪宗仁协著,哈尔滨:黑龙江人民出版社。

屈承熹　2006　《汉语篇章语法研究》,潘文国等译,北京:北京语言大学出版社。

饶宏泉　2007　倒置致使句补议,《安徽师范大学学报(人文社会科学版)》第 2 期。

饶长溶　1982　"把"字连句省略,《汉语学习》第 3 期。

饶长溶　1990　《把字句·被字句》,北京:人民教育出版社。

任容华　2011　新型被动结构"被 V$_{双}$"的传播与认知角度研究,华中师范大学硕士学位论文。

任　鹰　2001　主宾可换位动结式述语结构分析,《中国语文》第 4 期。

阮厚利、邵平和　2010　网络"被 XX"格式的句法功能及流行原因,《语文学刊》第 5 期。

杉村博文　1993　处置与遭遇:再论 S(把)。收入大河内宪主编《日本近、现代汉语研究论文选》,北京:北京语言学院出版社。

邵春燕　2013　《事件-构式框架与现代汉语复杂致使-结果构式》,济南:山东大学出版社。

邵敬敏　1985　"把"字句及其变换句式,载《研究生论文选集·语言文字分册》,南京:江苏古籍出版社。

邵敬敏　2015　关于框式结构研究的理论与方法,《语文研究》第 2 期。

邵敬敏、赵春利　2005　"致使把字句"和"省隐被字句"及其语用解释,《汉语学习》第 4 期。

申屠春春　2011　流行语"被 XX"句式压制的转喻阐释,《绥化学院学报》第 4 期。

沈家煊　1999a　"在"字句和"给"字句,《中国语文》第 2 期。

沈家煊 1999b 认知心理和语法研究,载吕叔湘等著、马庆株编《语法研究入门》,北京:商务印书馆。

沈家煊 1999c 《不对称和标记论》,南昌:江西教育出版社。

沈家煊 2000 句式与配价,《中国语文》第 4 期。

沈家煊 2002 如何处置"处置式"——试论"把"字句的主观性,《中国语文》第 5 期。

沈家煊 2003a 复句三域"行、知、言",《中国语文》第 3 期。

沈家煊 2003b 从"分析"和"综合"看《马氏文通》以来的汉语语法研究,载姚小平主编《〈马氏文通〉与中国语言学史》,北京:外语教学与研究出版社。

沈家煊 2004a 动结式"追累"的语法和语义,《语言科学》第 6 期。

沈家煊 2004b 语法研究的目标——预测还是解释?,《中国语文》第 6 期。

沈家煊 2008 "逻辑先后"和"历史先后",《外国语》第 5 期。

沈 阳 1997 名词短语的多重移位形式及"把"字句的派生过程与语义解释,《中国语文》第 6 期。

沈 阳、冯胜利主编 2008 《当代语言学理论和汉语研究》,北京:商务印书馆。

沈 阳、郑定欧主编 1995 《现代汉语配价语法研究》,北京:北京大学出版社。

施春宏 2003 动结式的论元结构和配位方式研究,北京大学博士学位论文。

施春宏 2004a 汉语句式的标记度及基本语序问题,《汉语学习》第 2 期。

施春宏 2004b 动结式形成过程中配位方式的演变,《中国语文》第 6 期。

施春宏 2005 动结式论元结构的整合过程及相关问题,《世界汉语教学》第 1 期。

施春宏 2006a "把"字句的派生过程及其相关问题,《语法研究和探索》(十三),北京:商务印书馆。

施春宏 2006b 动结式的配价层级及其歧价现象,《语言教学与研究》第 3 期。

施春宏 2007 动结式致事的类型、语义性质及其句法表现,《世界汉语教学》第 2 期。

施春宏 2008a 《汉语动结式的句法语义研究》,北京:北京语言大学出版社。

施春宏 2008b 句式研究中的派生分析及相关理论问题,《世界汉语教学》第 2

期。

施春宏　2008c　动结式"V累"的句法语义分析及其理论蕴涵,《语言科学》第3期。

施春宏　2010a　动词拷贝句句式构造和句式意义的互动关系,《中国语文》第2期。

施春宏　2010b　从句式群看"把"字句及相关句式的语法意义,《世界汉语教学》第3期。

施春宏　2010c　语言学规则和例外、反例与特例,载北京语言大学对外汉语研究中心编《汉语国际教育"三教"问题——第六届对外汉语学术研讨会论文集》,北京:外语教学与研究出版社。

施春宏　2010d　语言事实和语言学事实,《汉语学报》第4期。

施春宏　2010e　网络语言的语言价值和语言学价值,《语言文字应用》第3期。

施春宏　2011a　面向第二语言教学汉语构式研究的基本状况和研究取向,《语言教学与研究》第6期。

施春宏　2011b　吃什么和怎么吃,电子期刊《中国语言生活》(http://www.yuyankaifa.com)第3期。

施春宏　2011c　《汉语基本知识(语法篇)》,北京:北京语言大学出版社。

施春宏　2012a　从构式压制看语法和修辞的互动关系,《当代修辞学》第1期。

施春宏　2012b　词义结构的认知基础及释义原则,《中国语文》第2期。

施春宏　2012c　对外汉语教学本位观的理论蕴涵及其现实问题,《世界汉语教学》第3期。

施春宏　2013a　句式分析中的构式观及相关理论问题,《汉语学报》第2期。

施春宏　2013b　新"被"字式的生成机制、语义理解及其语用效应,《当代修辞学》第1期。

施春宏　2013c　再论动结式的配价层级及其歧价现象,《语言教学与研究》第5期。

施春宏　2014a　"招聘"和"求职":构式压制中双向互动的合力机制,《当代修辞学》第2期。

施春宏 2014b 动词拷贝句的语法化机制及其发展层级,《国际汉语学报》第 1 辑。

施春宏 2014c 增零和减零:数字调变中的修辞——兼谈辞格语义增殖效应的认知构式分析,提交纪念"大众语"讨论八十周年学术研讨会暨第五届望道修辞学论坛,复旦大学,2014 年 9 月 27—28 日。

施春宏 2015a 动结式在相关句式群中不对称分布的多重界面互动机制,《世界汉语教学》第 1 期。

施春宏 2015b 构式压制现象分析的语言学价值,《当代修辞学》第 2 期。

施春宏 2015c 边缘"把"字句的语义理解和句法构造,《语言教学与研究》第 6 期。

施春宏 2015d 语言学理论体系中的假设和假说,《语言研究集刊》第 14 辑,上海:上海辞书出版社。

施春宏 2015e 语言学假说的论证和语言学批评,《语言研究集刊》第 15 辑,上海:上海辞书出版社。

施春宏 2016a 互动构式语法的基本理念及其研究路径,《当代修辞学》第 2 期。

施春宏 2016b 构式的观念:逻辑结构和理论张力,《东北师大学报》第 4 期。

石定栩 1999 "把"字句和"被"字句研究,载徐烈炯主编《共性与个性——汉语语言学中的争议》,北京:北京语言文化大学出版社。

石慧敏 2011 《汉语动结式的整合与历时演变》,上海:复旦大学出版社。

石毓智 2000 汉语的有标记和无标记语法句式,载《语法研究和探索》(十),北京:商务印书馆。

石毓智 2001 汉语的主语和话题之辨,《语言研究》第 2 期。

石毓智 2002 论汉语句法结构和词汇标记之关系——有定和无定范畴对汉语句法结构的影响,《当代语言学》第 1 期。

石毓智、李讷 2001 《汉语语法化的历程——形态句法发展的动因和机制》,北京:北京大学出版社。

宋文辉 2004a 补语的语义指向为动词的动结式的配价,《河北师范大学学报(哲学社会科学版)》第 3 期。

宋文辉　2004b　动结式在几个句式中的分布,《语文研究》第 3 期。
宋文辉　2007　《现代汉语动结式的认知研究》,北京:北京大学出版社。
宋玉柱　1979a　《对"把"字句的进一步探讨》一文质疑,《语文教学》第 2 期。
宋玉柱　1979b　处置新解,《天津师范学院学报》第 3 期。
宋玉柱　1981　关于"把"字句的两个问题,《语文研究》第 2 期。
宋玉柱　1991　《现代汉语特殊句式》,太原:山西教育出版社。
宋作艳　2013　逻辑转喻、事件强迫与名词动用,《语言科学》第 2 期。
宋作艳　2015　《生成词库理论与汉语事件强迫现象研究》,北京:北京大学出版社。
苏丹洁　2010　试析"构式—语块"教学法——以存现句教学实验为例,《汉语学习》第 2 期。
孙红玲　2005　现代汉语重动句研究,北京语言大学博士学位论文。
索绪尔　1916　《普通语言学教程》,北京:商务印书馆,1980 年。
太田辰夫　1958　《中国语历史文法》,蒋绍愚、徐昌华译,北京:北京大学出版社,1987 年。
谭傲霜　1987　现代汉语中的"把"字结构和"被"字结构,卫志强译,《国外语言学》1989 年第 4 期。
唐翠菊　2001　现代汉语重动句的分类,《世界汉语教学》第 1 期。
陶红印、张伯江　2000　无定"把"字句在近、现代汉语中的地位问题及其理论意义,《中国语文》第 5 期。
宛新政　2005　《现代汉语致使句研究》,杭州:浙江大学出版社。
王灿龙　1999　重动句补议,《中国语文》第 2 期。
王灿龙　2009　"被"字的另类用法——从"被自杀"谈起,《语文建设》第 4 期。
王初明　2015　构式和构式语境与第二语言学习,《现代外语》第 3 期。
王福庭　1960　"连动式"还是"连谓式",《中国语文》第 10 期。
王红旗　1995　动结式述补结构配价研究,载沈阳、郑定欧主编(1995)《现代汉语配价语法研究》,北京:北京大学出版社。
王红旗　2001　动结式述补结构在把字句和重动句中的分布,《语文研究》第 1

期。

王红旗　2003　"把"字句的意义究竟是什么,《语文研究》第 2 期。

王　华　2007　现代汉语小句宾语句整合特征研究,北京语言大学博士学位论文。

王　还　1957　《"把"字句和"被"字句》,上海:新知识出版社。

王　惠　1997　从及物性系统看汉语的句式,《语言学论丛》第 19 辑,北京:商务印书馆。

王　晶　2003　能占据宾位的非主格语义角色共现情况考察,北京大学硕士学位论文。

王　静、王洪君　1995　动词的配价与被字句,载沈阳、郑定欧主编《现代汉语配价语法研究》,北京:北京大学出版社。

王开文　2010　表示反讽的非及物动词被字结构,《语言教学与研究》第 2 期。

王　力　1943　《中国现代语法》,北京:商务印书馆,1985 年。

王　力　1944　《中国语法理论》,重庆:商务印书馆。收入《王力文集》第一卷,济南:山东教育出版社,1984 年。

王丽娟　2009　从名词、动词看现代汉语普通话双音节的形态功能,北京语言大学博士学位论文。

王丽娟　2015　《汉语的韵律形态》,北京:北京语言大学出版社。

王玲玲　2000　汉语动结结构句法与语义研究,香港理工大学博士学位论文。

王玲玲、何元建　2002　《汉语动结结构》,杭州:浙江教育出版社。

王　寅　2007　《认知语言学》,上海:上海外语教育出版社。

王　寅　2011a　《构式语法研究》(上卷:理论思索),上海:上海外语教育出版社。

王　寅　2011b　《构式语法研究》(下卷:分析应用),上海:上海外语教育出版社。

王　寅　2011c　"新被字构式"的词汇压制解析——对"被自愿"一类新表达的认知构式语法研究,《外国语》第 3 期。

王志洁、陈东东主编　2013　《语言学》,北京:中国人民大学出版社。

魏扬秀　2001　重动句原因解释功能分析,北京语言大学硕士学位论文。

翁姗姗　2012　现代汉语非典型"把"字句研究,北京大学博士学位论文。

吴福祥　2004　《〈朱子语类辑略〉语法研究》,郑州:河南大学出版社。

吴福祥　2005　语法化理论、历史句法学与汉语历史语法研究,载刘丹青主编《语言学前沿与汉语研究》,上海:上海教育出版社。

吴为善　2011　《认知语言学与汉语研究》,上海:复旦大学出版社。

吴为善　2016　《构式语法与汉语构式》,上海:学林出版社。

吴勇毅、何所思、吴卸耀　2010　汉语语块的分类、语块化程度及其教学思考,载《第九届世界华语文教学研讨会论文集·第二册·语言分析(2)》,台北:世界华文出版社。

席留生　2014　《"把"字句的认知语法研究》,北京:高等教育出版社。

项开喜　1997　汉语重动句式的功能研究,《中国语文》第4期。

项开喜　2006　汉语使成表达系统,中国社会科学院研究生院博士学位论文。

肖奚强等　2009　《外国学生汉语句式学习难度及分级排序研究》,北京:高等教育出版社。

谢爱华　2006　《突现论中的哲学问题》,北京:中央民族大学出版社。

邢福义、沈威　2008　理论的改善和事实的支撑——关于领属性偏正结构充当远宾语,《汉语学报》第3期。

熊学亮　2009　增效构式与非增效构式——从Goldberg的两个定义说起,《外语教学与研究》第5期。

熊学亮　2016　对构式的再思考,《北京科技大学学报(社会科学版)》第6期。

熊永红、曾蓉　2011　从模因论的角度解读流行语"被XX",《外国语文》第2期。

熊仲儒　2004　《现代汉语中的致使句式》,合肥:安徽大学出版社。

熊仲儒　2013　领属性保留宾语句的句法分析,《安徽师范大学学报(人文社会科学版)》第5期。

熊仲儒　2015　汉语非领属性保留宾语句的句法分析,《华文教学与研究》第1期。

熊仲儒、刘丽萍　2006　动结式的论元实现,《现代外语》第2期。

徐烈炯、刘丹青　1998　《话题的结构与功能》,上海:上海教育出版社。

徐烈炯主编　1999　《共性与个性——汉语语言学中的争议》,北京:北京语言文化大学出版社。

徐盛桓　2001　试论英语双及物构块式,《外语教学与研究》第2期。

徐盛桓　2003　常规关系与句式结构研究,《外国语》第2期。

徐盛桓　2007　相邻关系视角下的双及物句再研究,《外语教学与研究》第4期。

徐　枢　1985　《宾语和补语》,哈尔滨:黑龙江人民出版社。

徐维华、张辉　2010　构式语法与二语习得:现状、问题及启示,《当代外语研究》第11期。

许嘉璐、王福祥、刘润清主编　1996　《中国语言学现状与展望》,北京:外语教学与研究出版社。

薛凤生　1987　试论"把"字句的语义特性,《语言教学与研究》第1期。

薛凤生　1989　"把"字句和"被"字句的结构意义——真的表示"处置"和"被动"?,沈家煊译,载戴浩一、薛凤生主编《功能主义和汉语语法》,北京:北京语言学院出版社,1994年。

薛小芳、施春宏　2013　语块的性质及汉语语块系统的层级关系,《当代修辞学》第3期。

阳清华　2007　现代汉语重动句的分类及其语法解释,《科技信息》第31期。

杨朝丹　2011　新兴网络流行语"被XX"的构式研究,《辽东学院学报(社会科学版)》第5期。

杨　静　2011　汉语新构式"N被X"的认知解读,华中师范大学硕士学位论文。

杨寿勋　2000　再论汉语中的动词复制,《现代外语》第4期。

杨素英　1998　从情状类型看"把"字句,《汉语学习》第2、3期。

杨　巍　2012　另类"被"格式语义及应用分析,《常熟理工学院学报(哲学社会科学)》第3期。

杨永龙　2011　从"形＋数量"到"数量＋形"汉语空间量构式的历时变化,《中国语文》第6期。

杨　圳、施春宏　2013　汉语准价动词的二语习得表现及其内在机制,《世界汉语教学》第4期。

杨峥琳　2006　现代汉语述结式的不对称研究,北京语言大学博士学位论文。

姚振武 2013 上古汉语动结式的发展及相关研究方法的检讨,《古汉语研究》第1期。

叶向阳 1997 "把"字句的致使性解释,北京大学硕士学位论文。

叶向阳 2004 "把"字句的致使性解释,《世界汉语教学》第2期。

殷红伶 2011 《英汉动结式语义结构研究》,南京:东南大学出版社。

应晨锦 2004 构式语法评介,《中文自学指导》第3期。

于全有、史铭琦 2011 "被"族新语与社会文化心理通论,《文化学刊》第4期。

语言学名词审定委员会 2011 《语言学名词》,北京:商务印书馆。

袁 野 2010 构式压制、转喻和广义转喻框架,《外国语言文学》第3期。

袁 野 2011 试论汉语的体压制,《世界汉语教学》第3期。

袁毓林 1986 述结式的句法语义分析,提交浙江省语言学年会论文。收入《袁毓林自选集》,桂林:广西师范大学出版社,1999年。

袁毓林 1992 现代汉语名词的配价研究,《中国社会科学》第3期。

袁毓林 1994 一价名词的认知研究,《中国语文》第4期。

袁毓林 1995 现代汉语二价名词研究,载沈阳、郑定欧主编《现代汉语配价语法研究》,北京:北京大学出版社。

袁毓林 1996 话题化及相关的语法过程,《中国语文》第4期。

袁毓林 1998 《汉语动词的配价研究》,南昌:江西教育出版社。

袁毓林 2001 述结式配价的控制-还原分析,《中国语文》第5期。

袁毓林 2002a 论元角色的层级关系和语义特征,《世界汉语教学》第3期。

袁毓林 2002b 述结式的论元选择及其句法配置,载《载纪念王力先生百年诞辰学术论文集》,北京:商务印书馆。

袁毓林 2003a 语言学中的"假设-演绎"法及其使用限制,《汉语学报》下卷。

袁毓林 2003b 走向多层面互动的汉语研究,《语言科学》第6期。

袁毓林 2004 论元结构和句式结构互动的动因、机制和条件——表达精细化对动词配价和句式构造的影响,《语言研究》第4期。

袁毓林 2010 《汉语配价语法研究》,北京:商务印书馆。

袁毓林、詹卫东、施春宏 2014 汉语"词库-构式"互动的语法描写体系及其教学应用,《语言教学与研究》第 2 期。

曾玉萍 2011 言语理解的认知语用——从"被"说起,《湖南科技学院学报》第 1 期。

曾 柱、袁卫华 2010 试析"被"的另类组合现象,《长江学术》第 2 期。

詹开第 1987 口语里两种表示动相的格式,载中国社会科学院语言研究所现代汉语研究室编《句型和动词》,北京:语文出版社。

詹卫东 2004 论元结构与句式变换,《中国语文》第 3 期。

张伯江 1999 现代汉语的双及物结构式,《中国语文》第 3 期。

张伯江 2000 论"把"字句的句式语义,《语言研究》第 1 期。

张伯江 2001 "被"字句和"把"字句的对称与不对称,《中国语文》第 6 期。

张伯江 2009 《从施受关系到句式语义》,北京:商务印书馆。

张伯江 2013 《什么是句法学》,上海:上海外语教育出版社。

张建理、朱俊伟 2010 "被 XX"句的格式语法探讨,《杭州师范大学学报》第 5 期。

张 娟 2013 国内汉语构式语法研究十年,《汉语学习》第 2 期。

张 黎 2003 "有意"和"无意"——汉语"镜像"表达中的意合范畴,《世界汉语教学》第 1 期。

张 黎 2015 汉语的隐性意愿结构及其句法影响——以动结式及其相关句法现象为例,《语言教学与研究》第 5 期。

张 敏 1998 《认知语言学与汉语名词短语》,北京:中国社会科学出版社。

张明辉 2010 论时下流行格式"被 XX",《广东技术师范学院学报》第 3 期。

张庆文、邓思颖 2011 论现代汉语的两种不同保留宾语句,《外语教学与研究》第 4 期。

张 韧 2006 构式与语法系统的认知心理属性,《中国外语》第 1 期。

张 韧 2007 认知语法视野下的构式研究,《外语研究》第 3 期。

张旺熹 1991 "把"字结构的语义及其语用分析,《语言教学与研究》第 3 期。

张旺熹 2001 "把"字句的位移图式,《语言教学与研究》第 3 期。

张旺熹 2002 重动结构的远距离因果关系动因,载徐烈炯、邵敬敏主编《汉语语法研究的新拓展》（一），浙江教育出版社。

张先亮、范晓等　2008　《汉语句式在篇章中的适用性研究》，北京：中国社会科学出版社。

张谊生　2005　述结式把字句的配价研究，《南开语言学刊》第1期。

赵普荣　1958　从动谓句中的动词重复谈起，《中国语文》第2期。

赵元任　1968　《汉语口语语法》，吕叔湘译，北京：商务印书馆，1979年。

郑开春、刘正光　2010　认知语言学三个基本假设的语言习得研究证据，《外语教学》第1期。

郑庆君　2010　流行语"被XX"现象及其语用成因，《西安外国语大学学报》第1期。

周国光　2011　《现代汉语配价语法研究》，北京：高等教育出版社。

周　红　2005　《现代汉语致使范畴研究》，上海：复旦大学出版社。

周　健　2007　语块在对外汉语教学中的价值与作用，《暨南学报（哲学社会科学版）》第1期。

朱德熙　1982　《语法讲义》，北京：商务印书馆。

朱德熙　1986　变换分析的平行性原则，《中国语文》第2期。

朱佳蕾、胡建华　2015　概念-句法接口处的题元系统，《当代语言学》第1期。

朱　军　2010　《汉语构式语法研究》，北京：中国社会科学出版社。

朱晓农　2008　《方法：语言学的灵魂》，北京：北京大学出版社。

Abbot-Smith, Kirsten & Michael Tomasello 2006 Exemplar-learning and schematization in a usage-based account of syntactic acquisition. *Linguistic Review* 23(3): 275-290.

Bergs, Alexander & Gabriele Diewald 2008 Introduction: Constructions and language change. In Alexander Bergs & Gabriele Diewald (eds.) *Constructions and Language Change*, 1-22. Berlin: Mouton de Gruyter.

Booij, Geert 2005 Construction-dependent morphology. *Lingue e linguaggio* 4(2): 163-178.

Booij, Geert 2007 Construction Morphology and the Lexicon. In Fabio Montermini, Gilles Boyé & Nabil Hathout (eds.) *Selected Proceedings of the 5th Décembrettes: Morphology in Toulouse*, 34-44. Somerville, MA: Cascadilla Proceedings Project.

Booij, Geert 2010 *Construction Morphology*. Oxford: Oxford University Press.

Booij, Geert 2013 Morphology in Construction Grammar. In Thomas Hoffmann & Graeme Trousdale (eds.) *The Oxford Handbook of Construction Grammar*. Oxford: Oxford University Press.

Bresnan, Joan 1995 Lexicality and argument structure. Presented at the Paris Syntax and Semantics Conference, 1-27. October 12-14, Paris.

Chang, Claire-Hsun-huei 1991 Verb Copying: Toward a Balance between Formalism and Functionalism. *Journal of the Chinese Language Teachers Association* 26(1): 1-32.

Chang, Jung-hsing 2001 The syntax of event structure in Chinese. Ph. D. dissertation, University of Hawaii.

Chang, Jung-hsing 2003 Event Structure and Argument Linking in Chinese. *Language and Linguistics* 4(2):317-351.

Chao, Yuen-Ren 1968 *A Grammar of Spoken Chinese*. Berkeley: University of California Press. 吕叔湘译《汉语口语语法》,北京:商务印书馆,1979年。

Cheng, Lisa Lai-Shen 1997 Resultative compounds and lexical relational structures. In Feng-fu Tsao & Samuel H. Wang (eds.) *Chinese Languages and Linguistics III: Morphology and Lexicon*, 167-197. Taipei: Academia Sinica.

Cheng, Lisa Lai-Shen 2007 Verb-Copying in Mandarin Chinese. In Norbert Corver & Jairo Nunes (eds.) *The Copy Theory of Movement*, 151-174. Amsterdam/Philadelphia: John Benjamins Publishing Company.

Cheng, Lisa Lai-Shen & C.-T. James Huang 1994 On the argument structure of resultative compounds. In Mathew Y. Chen & Ovid J. L. Tzeng (eds.) *In Honor of William S-Y Wang: Interdisciplinary Studies on Language and*

Language Change, 187-221. Taipei: Pyramid Press.

Chomsky, Noam 1957 *Syntactic Structures*. The Hague: Mouton. 邢公畹、庞秉均、黄长著、林书武译《句法结构》,北京:中国社会科学出版社,1979年。

Chomsky, Noam 1965 *Aspects of the Theory of Syntax*. Cambridge, MA: The MIT Press. 黄长著等译《句法理论的若干问题》,北京:中国社会科学出版社,1986年。

Chomsky, Noam 1995 *The Minimalist Program*. Cambridge, MA: The MIT Press.

Chomsky, Noam 2002 *On Nature and Language*. Cambridge: Cambridge University Press.

Comrie, Bernard 1981 *Language Universals and Linguistic Typology*. Chicago: University of Chicago Press. 沈家煊译《语言共性和语言类型》,北京:华夏出版社,1989年。

Croft, William 2001 *Radical Construction Grammar: Syntactic Theory in Typological Perspective*. Oxford: Oxford University Press.

Croft, William & D. Alan Cruse 2004 *Cognitive Linguistics*. Cambridge: Cambridge University Press.

Crystal, David 1997 *A Dictionary of Linguistics and Phonetics*. Cambridge: Blackwell Publishers Ltd. 沈家煊译《现代语言学词典》,北京:商务印书馆,2000年。

Culicover, Peter W. 2009 *Nature Language Syntax*. Oxford: Oxford University Press.

Dai, Jin-huei Enya 2005 Conceptualization and cognitive relativism on result in Mandarin Chinese. Ph.D. dissertation, Louisiana State University.

Ding, Picus Sizhi 2007 *Studies on Bă Resultative Construction: A Comprehensive Approach to Mandarin Bă Sentences*. Muenchen: Lincom Europa.

Dixon, R. M. W. 2000 Some Basic Issues in the Grammar of Causation. In R. M.W. Dixon & Lexandra Y. Aikhenvald (eds.) *Changing Valency: Case Stud-*

ies in *Ttransitivity*. Cambridge: Cambridge University Press.

Dowty, David 1979 *Word Meaning and Montague Grammar: The Semantics of Verbs and Times in Generative Semantics and Montague's PTQ*. Dordrecht: Reidel.

Dowty, David 1991 Thematic proto-roles and argument selection. *Language* 67(3): 547-619.

Erteschik-Shir, Nomi 1979 Discourse constraints on dative movement. In Talmy Givón(ed.)*Syntax and Semantics* 12: *Discourse and Syntax*, 441-467. New York: Academic Press.

Fang, Ji 2006 The verb copy construction and the post-verbal constraint in Chinese. Ph. D. dissertation, Stanford University.

Fang, Ji & Peter Sells 2007 A formal analysis of the verb copy construction in Chinese. In Tracy Holloway King & Miriam Butt(eds.) *Proceedings of the LFG07 Conference*, CSLI Publications. Stanford University, California.

Feng, Shengli 2008 A Theoretical exploration of Prosodic Syntax. Ms.

Feyerabend, Paul K. 1975 *Against Method: Outline of an Anarchistic Theory of Knowledge*. Minneapolis: University of Minnesota Press. 周昌忠译《反对方法：无政府主义知识论纲要》，上海：上海译文出版社，2007年。

Fillmore, Charles J., Paul Kay & Mary Catherine O'Connor 1988 Regularity and idiomaticity in grammatical constructions: The case of *let alone*. *Language* 64(3): 501-538.

Gao, Qian 1997 Resultative verb compounds and BA-construction in Chinese. *Journal of Chinese Linguistics* 25(1): 84-130.

Gell-Mann, Murray 1994 *The Quark and the Jaguar: Adventures in the Simple and the Complex*. NY: Owl Books. 杨建邺、李湘莲等译《夸克与美洲豹——简单性和复杂性的奇遇》，长沙：湖南科学技术出版社，2002年。

Goldberg, Adele E. 1995 *Constructions: A Construction Grammar Approach to Argument Structure*. Illinois, Chicago: The University of Chicago Press. 吴

海波译《构式：论元结构的构式语法研究》，北京：北京大学出版社，2007年。

Goldberg, Adele E.　2003　Constructions：A new theoretical approach to language.《外国语》第3期，1—11页。

Goldberg, Adele E.　2005　Argument realization：The role of construction, lexical semantics and discourse factors. In Jan-Ola Östman & Mirjam Fried(eds.) *Construction Grammars：Cognitive grounding and theoretical extensions*. Amsterdam/Philadelphia：John Benjamins Publishing Company.

Goldberg, Adele E.　2006　*Constructions at Work：The Nature of Generalization in Language*. New York：Oxford University Press. 吴海波译《运作中的构式：语言概括的本质》，北京：北京大学出版社，2013年。

Goldberg, Adele E.　2009　Constructions at work. *Cognitive Linguistics* 20(1)：201-224.

Goldberg, Adele E.　2013　Constructionist Approaches. In Thomas Hoffmann & Graeme Trousdale (eds.) *The Oxford Handbook of Construction Grammar*, 15-31. Oxford：Oxford University Press.

Goldberg, Adele E. & Ray S. Jackendoff　2004　The English resultative as a family of constructions. *Language* 80(3)：532-568.

Gonzálvez-García, Francisco & Christopher S. Butler　2006　Mapping functional-cognitive space. *Annual Review of Cognitive Linguistics* 4：39-96.

Greenberg, Joseph H.　1966　Some universals of language with particular reference to the order of meaning elements. In Joseph H. Greenberg(ed.) *Universals of Language*. Cambridge, MA：The MIT Press. 陆丙甫、陆致极译《某些主要跟语序有关的语法普遍现象》，《国外语言学》1984年第2期。

Grimshaw, Jane　1990　*Argument Structure*. Cambridge, MA：The MIT Press.

Gu, Yang　1992　The syntax of resultative and causative compounds in Chinese. Ph.D. Dissertation, Cornell University.

Gu, Yang　1997　On defining causativity and the significance of discourse information. *Text* 17(4)：435-455.

Habermas, Jürgen 1983 Modernity: An Incomplete Project. In Hal Foster(ed.) *The Anti-Aesthetic Essays on Postmodern Culture*. Seattle: Washington Bay Press.

Harris, Zellig S. 1946 From Morpheme to Utterance. *Language* 22:161-183.

Harris, Zellig S. 1951 *Methods in Structural Linguistics*. Chicago: The University of Chicago Press.

Hashimoto, Anne Yue 1971 Mandarin Syntactic Structures. *Unicorn (Chi-Lin)* 8:1-149. Princeton: Princeton University.

Her, One-Soon 1997 *Interaction and Variation in the Chinese VO Construction*(《汉语动宾结构的互动与变化》),台北:文鹤出版有限公司。

Her, One-Soon 2007 Argument-function mismatches in Mandarin resultatives: A lexical mapping account. *Lingua* 117(1):221-246.

Hockett, Charles F. 1954 Two models of grammatical description. *Word* 10:210-231. 范继淹译《语法描写的两种模型》,收入《范继淹语言学论文集》附录,北京:语文出版社,1986年。

Hockett, Charles F. 1958 *A Course in Modern Linguistics*. 索振羽、叶蜚声译《现代语言学教程》,北京:北京大学出版社,1986年。

Hoffmann, Thomas & Graeme Trousdale(eds.) 2013 *The Oxford Handbook of Construction Grammar*. Oxford: Oxford University Press.

Holland, John 1998 *Emergence: From Chaos to Order*. Redwood City, California: Addison-Wesley. 陈禹等译,方美琪校《涌现:从混沌到有序》,上海:上海科学技术出版社,2006。

Hornstein, Norbert & Jairo Nunes 2002 On asymmetries between parasitic gap and across-the-board constructions. *Syntax* 5:26-54.

Hsieh, Hsin-I 1989 History, structure, and competition. Paper presented at the Eighth International Workshop on Chinese Linguistics, POLA, University of California, Berkeley, March 20-21.

Hsieh, Miao-Ling 1992 Analogy as a type of interaction: The case of verb copying. *Journal of the Chinese Language Teachers Association* 27(3):75-92.

Huang, C.-T. James 1982 Logical relations in Chinese and the theory of grammar. Ph. D. dissertation，MIT. 宁春岩、侯方、张达三译《汉语生成语法——汉语中的逻辑关系及语法理论》，黑龙江大学科研处，1983年。

Huang, Chu-Ren 1990 Review of functionalism and Chinese grammar. *Journal of Chinese Linguistics* 18：318-334.

Huang, Chu-Ren & Fu-Wen Lin 1992 Composite event structures and complex predicates：A template-based approach to argument selection. In L. S. Stvan et al. (eds.) *Proceedings of the Third Annual Meeting of the Formal Linguistic Society of Mid-America*, 90-108. Bloomtington：Indiana University Linguistics Club Publications.

Huang, Shuan-fan 1984 Morphology as a cause of syntactic change：The Chinese evidence. *Journal of Chinese Linguistics* 12(1)：54-85.

Jackendoff, Ray S. 1997 *The Architecture of the Language Faculty*. Cambridge, MA：The MIT Press.

Jurafsky, Daniel 1992 An on-line computational model of human sentence interpretation：A theory of the representation and use of linguistic knowledge. Ph.D. dissertation, University of California, Berkeley.

Kay, Paul 1990 Even. *Linguistics and Philosophy* 13：59-216.

Kay, Paul 1995 Construction grammar. In Jef Verschueren, Jan-Ola Östman & Jan Blommaert (eds.) *Handbook of Pragmatics：Manual and Supplements*, 171-177. Amsterdam/Philadelphia：John Benjamins Publishing Company.

Kay, Paul (ed.) 1997 *Words and the Grammar of Context*. Stanford：CSLI Publications.

Kay, Paul & Charles J. Fillmore 1999 Grammatical constructions and linguistic Generalizations：The what's X doing Y? construction. *Language* 75(1)：1-33.

Kuhn, Thomas S. 1970 *The Structure of Scientific Revolution*. Second edition. Chicago：The University of Chicago Press. 金吾伦、胡新和译《科学革命的结

构》,北京:北京大学出版社,2003年。

Kuno, Susumu & Ken-ichi Takami 2004 *Functional Constraints in Grammar: On the Unergative-unaccusative Distinction*. Amsterdam/Philadelphia: John Benjamins Publishing Company.

Lakatos, Imre 1978 The Methodology of Scientific Research Programmes. Cambridge: Cambridge University Press. 兰征译《科学研究纲领方法论》,上海:上海译文出版社,1986年。

Lakoff, George 1987 *Women, Fire, and Dangerous Things: What Categories Reveal about the Mind*. Chicago/London: University of Chicago Press.

Langacker, Ronald W. 1987 *Foundations of Cognitive Grammar, Vol. 1: Theoretical Prerequisites*. Stanford, California: Stanford University Press.

Langacker, Ronald W. 2000 *Grammar and Conceptualization*. Berlin/New York: Mouton de Gruyter.

Larson, Richard 1988 On the double object construction. *Linguistic Inquiry* 19(3):335-391.

Laudan, Larry 1977 *Progress and Its Problems: Toward a Theory of Scientific Growth*. California: The Regents of the University of California. 刘新民译《进步及其问题》,北京:华夏出版社,1999年。

Leino, Jaakko 2005 Frames, profile and construction: Two collaborating CGs meet the finish permissive construction. In Jan-Ola Östman & Mirjam Fried (eds.) *Construction Grammars: Cognitive Grounding and Theoretical Extensions*, 89-120. Amsterdam/Philadelphia: John Benjamins.

Levin, Beth & Malka Rappaport Hovav 1995 *Unaccusativity: At the Syntax-Lexical Semantics Interface*. Cambridge, MA: The MIT Press.

Levin, Beth & Malka Rappaport Hovav 1999 Two structures for compositionally derived events. In Tanya Matthews & Devon Strolovitch (eds.) *Proceedings of Semantics and Linguistic Theory* (SALT) 9, 199-223. Ithaca, New York: CLC Publications.

Li, Audrey Yen-hui 1990 *Order and Constituency in Mandarin Chinese*. Dordrecht: Kluwer.

Li, Audrey Yen-hui 2001 The *Ba* construction. http://www.usc.edu/schools/college/ealc/chinling/audreyli.htm.

Li, Chao 2007 Mandarin resultative verb compounds: Where syntax, semantics and pragmatics meet. Ph.D. dissertation, Yale University.

Li, Charles N. & Sandra A. Thompson 1981 *Mandarin Chinese: A Functional Reference Grammar*. Berkeley: University of California Press.

Li, Dianyu 2003 Causative and resultative constructions in Mandarin Chinese: A multiperspectival approach. Ph.D. dissertation, Göteborg University, Sweden.

Li, Yafei 1990 On V-V compounds in Chinese. *Natural Language and Linguistic Theory* 8: 177-207.

Li, Yafei 1995 The thematic hierarchy and causativity. *Natural Language and Linguistic Theory* 13: 255-282.

Li, Yafei 1999 Cross-componential causativity. *Natural Language and Linguistic Theory* 17: 445-497.

Liu, Jimmy 2004 Event structure and the encoding of arguments: The syntax of the Mandarin and English verb phrase. Ph.D. dissertation, MIT.

Liu, Xianming 1995 On the verb-copying construction in Mandarin Chinese. Ph.D. dissertation, University of Minnesota.

Nagel, Ernest 1979 *The Structure of Science: Problems in the Logic of Scientific Explanation*. Indianapolis, Cambridge: Hackett Publishing Company. 徐向东译《科学的结构》,上海译文出版社,2005年。

Newmeyer, Frederick J. 2003 Grammar is grammar and usage is usage. *Language* 79(4): 682-707.

Noël, Dirk 2007 Diachronic construction grammar and grammaticalization theory. *Functions of Language* 14(2): 177-202.

Östman, Jan-Ola 2005 Construction discourse: A prolegomenon. In Jan-Ola Östman & Mirjam Fried(eds.)*Construction Grammars: Cognitive Grounding and Theoretical Extensions*,121-144. Amsterdam/Philadelphia: John Benjamins Publishing Company.

Pan, Haihua 1996 Imperfective aspect *zhe*, agent deletion, and locative inversion in Mandarin Chinese. *Natural Language and Linguistic Theory* 14:409-432.

Paris, Marie-Claude 2006 Durational complements and their constructions in Chinese (with Reference to French). *Linguistic Studies in Chinese and Neighboring Languages*, 289-304.

Piaget, Jean 1979 *Le Structuralisme*. Paris: Presses Universitaires de France. 倪连生、王琳译《结构主义》,北京:商务印书馆,1984 年。

Pustejovsky, James 1991 The generative lexicon. *Computational Linguistics* 17:409-441.

Pustejovsky, James 1995 *The Generative Lexicon*. Cambridge, MA: The MIT Press.

Quine, W. Van O. 1953 *From a Logic Point of View*. Cambridge, MA: Harvard University Press. 江天骥、宋文淦、张家龙、陈启伟译《从逻辑的观点看》,上海:上海译文出版社,1987 年。

Radford, Andrew 1997 *Syntax: A Minimalist Introduction*. Cambridge: Cambridge University Press.

Rappaport Hovav, Malka & Beth Levin 2001 An event structure account of English Resultatives. *Language* 77(4): 766-797.

Ross, Claudia 1998 Cognate objects and the realization of thematic structure in Mandarin Chinese. In Jerome L. Packard(ed.)*New Approaches to Chinese Word Formation: Morphology, Phonology and the Lexicon in Modern and Ancient Chinese*, 329-346. Berlin, New York: Mouton de Gruyter.

Rothman, Stephen 2002 *Lessons from the Living Cell: The Limit of Reduc-*

tionism. 李创同、王策译《还原论的局限:来自活细胞的训诫》,上海:上海译文出版社,2006年。

Selinker, Larry 1972 Interlanguage. *International Review of Applied Linguistics* 10:209-231.

Shibatani, Masayoshi 1976 The grammar of causative constructions: a conspectus. In Masayoshi Shibatani (ed.) *Syntax and Semantics 6: The Grammar of Causative Constructions*, 1-40. New York: Academic Press.

Shibatani, Masayoshi 2001 Introduction: Some basic issues in the grammar of causation. In Masayoshi Shibatani(ed.) *The Grammar of Causation and Interpersonal Manipulation*. Amsterdam/Philadelphia: John Benjamins Publishing Company.

Shibatani, Masayoshi(ed.) 1976 *Syntax and Semantics 6: The Grammar of Causative Constructions*. New York: Academic Press.

Simpson, Jane 1983 Resultatives. In Lori Levin, Malka Rappaport & Annie Zaenen(eds.) *Papers in Lexical-Functional Grammar*, 143-158. Bloomington, Indiana: Indiana University Linguistics Club.

Sybesma, Rint P. E. 1992 *Causatives and Accomplishments: The Case of Chinese Ba*. Dordrecht: Holland Institute of Generative Linguistics.

Sybesma, Rint P. E. 1999 *The Mandarin VP*. Dordrecht: Kluwer Academic Publishers.

Tai, James H-Y. 1989a Toward a cognition-based functional grammar of Chinese. In James H-Y. Tai & Frank F. S. Hsueh(eds.) *Functionalism and Chinese Grammar* (Chinese Language Teachers Association Monograph Series No.1), 187-226. South Orange, NJ: Chinese Language Teachers Association.

Tai, James H-Y. 1989b Verb-copying in Chinese: Syntactic and semantic typicality conditions in interaction. Paper presented at the 1989 LSA annual meeting, Washington D. C.

Tai, James H-Y. 1999 Verb-Copying in Chinese Revisited,载殷允美、杨懿丽、

詹惠珍编辑《中国境内语言暨语言学第五辑:语言中的互动》,台北:中央研究院语言学研究所筹备处。

Talmy, Leonard 1976 Semantic causative types. In Masayoshi Shibatani (ed.) *Syntax and Semantics 6: The Grammar of Causative Constructions*. New York: Academic Press.

Talmy, Leonard 2000 *Toward a Cognitive Semantics, Vol. I: Concept Structuring Systems*. Cambridge, MA: The MIT Press.

Taylor, John R. 2002 *Cognitive Grammar*. Oxford: Oxford University Press.

Tesnière, Lucien 1959 Éléments de Syntaxe Structurale(《结构句法基础》)。方德义选译,胡明扬校,收入胡明扬主编《西方语言学名著选读》第二版,北京:中国人民大学出版社,1999年。

Tomasello, Michael 2003 *Constructing a Language: A Usage-based Theory of Language Acquisition*. Cambridge, MA: Harvard University Press.

Traugott, Elizabeth.C. 2008a Grammaticalization, constructions and the incremental development of language: Suggestions from the development of degree modifiers in English. In Eckardt, Regine, Gerhard Jäger &. Tonjes Veenstra (eds.) *Variation, Selection, Development: Probing the Evolutionary Model of Language Change*, 219-250. Berlin/New York: Mouton de Gruyter.

Traugott, Elizabeth C. 2008b The grammaticalization of NP of NP constructions. In Bergs, Alexander &. Gabriele Diewald (eds.) *Constructions and Language Change*, 21-43. Berlin/New York: Mouton de Gruyter.

Traugott, Elizabeth C. &. Graeme Trousdale 2013 *Constructionalization and Constructional Changes*. Oxford: Oxford University Press.

Trousdale, Graeme 2008a Constructions in grammaticalization and lexicalization: Evidence from the history of a composite predicate construction in English. In Graeme Trousdale &. Nikolas Gisborne (eds.) *Constructional Approaches to English Grammar*, 34-64. Berlin/ New York: Mouton de Gruyter.

Trousdale, Graeme 2008b Words and constructions in grammaticalization: The end of the English impersonal construction. In S. M. Fitzmaurice & Donka Minkova (eds.) *Empirical and Analytical Advances in the Study of English Language Change*, 301-326. Berlin/ New York: Mouton de Gruyter.

Trousdale, Graeme 2012 Grammaticalization, constructions, and the grammaticalization of constructions. In Kristin Davidse, Tine Breban, Lieselotte Brems & Tanja Mortelmans (eds.) *Grammaticalization and Language Change: New Reflections*, 167-198. Amsterdam/Philadelphia: John Benjamins Publishing Company.

Trousdale, Graeme & Nikolas Gisborne(eds.) 2008 *Constructional Approaches to English Grammar*. The Hague: Mouton.

Tsao, Feng-fu 1986 A topic-comment approach to the Ba construction. *Journal of Chinese Linguistics* 15(1):1-55.

Tsao, Feng-fu 1987 On the so-called 'verb-copying' construction in Chinese. *Journal of the Chinese Language Teachers Association* 22(2): 13-43.

Ungerer, Friedrich & Hans-Jörg Schmid 2006 *An Introduction to Cognitive Linguistics*. 2ed edition. Harlow: Pearson Education Limited. 彭利贞、许国萍、赵薇译《认知语言学导论(第二版)》,熊学亮、刘翼斌、赵旻燕审校,上海:复旦大学出版社,2009年。

Vendler, Zeno 1967 *Linguistics in Philosophy*. Ithaca, New York: Cornell University Press.

Wang, Haidan 2003 Image and expressions: Resultative verb-complement construction in Chinese. Ph.D. dissertation, The University of Hawaii.

Weinberg, Steven 1994 *Dreams of a Final Theory: The Scientist's Search for the Ultimate Laws of Nature*. NY: Vintage Books. 李泳译《终极理论之梦》,长沙:湖南科学技术出版社,2007年。

Zou, Ke 1993 The syntax of the Chinese BA construction. *Linguistics* 31(4): 715-736.

术语和概念索引

(术语和概念后的数字为所在页码。数字后如标有"注",表示该术语或概念出现于当页脚注中。有的术语或概念有几个名称,以本书使用者为正条。)

B

把/被字句和动词拷贝句的分布规律　325
"把"字句　6,31,35,49,53,61,135,198,204,276,324,352,364,431,433,484
百科知识　54,152,163,215,221,312注,317,444,469
半截子"把"字句　300注
半透明构式　492
伴随结果　151
包孕句　63注
保留宾语　299,301
背景-前景信息　180,256
被动词　76
被动范畴　62注,421
被动化　321
被动句　50,524
被使事件(即使果事件)　82
"被"字句　50,53,61,135,352,361,433,453
本体论　2,28,76,128,284,328,331,348,423,430,475,500,504,532,538
本体论承诺　10,332,387,514,532
本体论事实　182注
本体论意义　16,136注,430,525,531
比较　535
必要性　170,182,185,197注
必有论元　54,107
边界调　473
边缘"把"字句　297,302,310
边缘句式　454,527

边缘现象　10,152,153,196,296,328,454,484,492注,519,527
变化分析　427
变化图式　381
变换　57,210,242,366注,367,429,500注
变换分析　74,184,366注,448,461,465
变换分析法　336,427
变序结构　210
标记度　47,51,61,62,103,427,435,440,446,466
表层概括　111,157,189,476,516
表层概括假说　12,69,127,500
表层结构　99,427,429注,478,499,500注,515,516
表层句法结构　192,403
表示瞬间变化的动词　219
宾补争动　179,185,186,285注
宾格动词　343
宾格性动结式　343
宾论元　83,138,158
宾语　70
宾语从句　58,62
宾语位置　85,93,107,121,207,284,357,445
伯克利构式语法　11,533
博物学式　4,478
补偿性的一招　462
补语动词　79,83,172
补语动词未虚化的类型　98
补语动词已虚化的类型　98

补语凸显式"把"字句 298,306
补语指动式 89,252
补语指动型 243,269
不带"得"式 195,258
不对称分布 132,166,169,367
不可推导性 24,410,494
不可预测性(即不可推导性) 24,410
不透明构式 492
不用拷贝动词提升论元的动结式类型 104
部分宾语 300注

C

材料 40,203,312注,320
参数 46,68,70,74,479
操控事件 400
侧显 34,304,318,352,526
测试框架 48
策略的灵活性 159,165
层次性 108
层级性 8,79,103,369,480,524
差异性 13,328,379,422,483,516,527
差异性原则 36
长被动句 135,280,361,362,364
常规结果 150
常规性因果关系 215
常规性致使 168
常例 216
常用句式 48,103,439
场景编码假说 69
超常量 180,182,198,213,214,216
超经验 480
超越还原论 507
成事 311
承继 87,380注,459
充分性 170,182,185,187,231
重动结构(即动词拷贝句) 176
重动句(即动词拷贝句) 106,118,176,190
初始单位 3,20
处所 40,203
处置 340,358,484
处置式 215,266注,342,498
处置事件 343
处置说 340,341,485

处置义 342,346,384注,498,519
传统还原论 334,494,495,498,536
传统语言学 10,427
词汇更替 268
词汇-函项语法 458
词汇特征 458
词汇型 84,135,222
词汇性致使说 344
词汇压制 408
词汇义 341
词汇映射假说 69
词汇语义 69,119
词汇致使型 222
词汇中心论 479
词汇主义 460
词库 69,479,480
词项和构式的互动 37
次话题 50,180
次语类属性 176注
从句框架 58
促动 32,33,38,81,95,111,166,173,180,198,202,225,356,399,411,432,452,517,521

D

达成动词 219
大数据 122注
大于 457,458,482,493,529
带"得"致使句 364
带"得"式 191,195,258,264
带"得"述补式 117
带保留宾语式"把"字句 299
带保留宾语式单动"把"字句 302
带领属性保留宾语式"把"字句 302,315
单补式"把"字句 300
单层面性 75,386
单动"把"字句 298,304
单及物构式 42
单述式"把"字句 300
单系动词 310
单项动词拷贝句 227
单一发展路径 274
当事 40,160

术语和概念索引

倒置致使句(即反转使役结构) 207
等价变换 366注
等于 335,457,463,493,498,529注,536,538
底层动词 8,80,87
底层论元 89,197
底层论元结构 190,243
底层施受关系 91,291注
底层谓词 41
底层语义关系 166,307
底层语义结构 135,190
底层语义角色 192
典型"把"字句 296,337
典型动结式 152,519
典型句式 454
典型现象 72,296,484,527
叠合 90,99
叠合后提升 106
定语从句 49注,53
动宾结构 179,224
动宾句 66
动补结构 179,252
动词重复结构(即动词拷贝句) 323
动词拷贝 198
动词拷贝规则 91,142
动词拷贝结构 357
动词拷贝句 8,34,102,113,135,138,142,150,153,157,160,161,162,176,183,232,254,261,290,323,367,436,450,453,487
动词情状类型 219
动词投射观 498
动词中心说 6,37,536
动结式 83,502
动结式 80,132,191,290,303,449
动介式 444
动趋式 101,183,437,444
动因 2,8,33,95,141,174,178,179,185,232,236,251,256,395,459,469,504,540
短被动句 135,280,362,364
短语结构限制 183注,186
对象 31,40,119,284,359
多侧面 131,519
多层面 14,33,128,131,519

多重动词拷贝 227
多重分布 132,154
多重互动 132,154,391,518
多重互动观 515
多重界面 133,166
多重界面互动 148,150,168,376,519
多重界面特征 142,152,172,520
多动共宾 99
多界面 14,33,95,128,131,328,519
多数人的暴政 216,218
多系动词 288,310
多义构式 242
多义现象 157
多义性 243
多元主义的方法论 543

E

二价不及物动词 436
二价名词 437
二价形容词 436
二语教学 546
二语习得 26,546
二元零结二系式 109
二元一结三系式 109

F

发展层级 232,264,270,271
反功能主义 231
反例 147,149,164,170,240,265注,328
反转使役结构 165注,201注,207,299注,301
反转使役式"把"字句 299
范畴化 12
范畴转化 409
范式 334,514,519
范围 203
方法和方法论 2,129,230,425,432,504,517,526,539
方法论 76,111,128,182,222,274,284,328,333,340,348,375,387,423,430,532,475,500,538,539
方法论必要性 182注
方法论前提 514
方法论实践 532

方法论意义　16,282,331,431,525
方法论原则　2,136,207,284,331,347,456,470,517
方法论转变　460
方法论自然科学主义　505
方式　40,203
仿拟说　410
非宾格动词　308
非常规结果　125
非带"得"式　264
非典型"把"字句　297,306,328
非典型现象　72,296,328,492注,527
非对称关系　28
非构式性特征　495注
非核论元　203,204,208,223
非领属性保留宾语句　302
非模块性　75,386
非派生分析　504
非派生性　75,230,386
非偏离义动结式　126
非评议式　264
非倾向性用例　216
非透明性特征　492
非推导性特征　477,494,497
非预期结果　180,198,213,214,215,216,221
非增效构式　24注
非指动式　191,264
非指动型　250
非致使性　190
非致使性动词拷贝句　194,204,214,364
非致使性句式群　364
非致使性事件　191
非致使性主宾句　364
非主观因素　382
非转换性　75,386
分布分析　535
分解主义　533
分裂移位　317
分析模型　2,8,232,240,274,331,336,515
分析型"把"字句　279
分析型　84,135,222
分析性表达　222

分用式（即隔开式）　90注,252,253,256,258,450
浮现机制　423,456,537
浮现性特征　87,334,415,423,495
浮现义　416
符号构式　27
符号系统　27
附带现象　4,479
复动句（即动词拷贝句）　176
复合词　187注
复合事件　82,192,243,253,290
复合语义结构　84
复杂系统　505注
复杂性　504
复杂性科学　505,506,536
复杂性系统　456,482,505
复杂自适应系统　506
复制动词句（即动词拷贝句）　176
副产品　76

G

概括不充分　187
概念/语义促动　166,167
概念结构　68,440
概念问题　511
高层论元结构　243
高层语义关系　166,251,307
高层致役关系　91,291注
高阶谓词　403
高频概率　218
格式塔（即完形）　7,28,456,496
格位标记　283,285
隔开式　34,83,90注,236,258,450,487,503
个性　182,185,198,222,339,345
个性语法意义　364
工具　40
工作假设　455
功能　6,23,32,169
功能词中心论　479
功能动因　1,4,182,231,288
功能范畴　459注
功能倾向性　213,214,216,218,221
功能取向　167

功能-认知主义研究范式 1注
功能压制 408
功能语法 329
功能语言学 4,70,230
功能主义 180,182,332,427,456
功能主义研究范式 1
共时 6
共时分析 468
共时和历时 6,240,429,448,452,459,470,502
共性 182,185,198,222,339,345
共性和个性 8,347,369,377
共性语法意义 364
构件 13,35,441,456,518
构件义 345
构式 3,20,24,26,134,474
构式变化 525
构式崇拜 509
构式的(分析) 478,479,480
构式的统一观 322,532
构式多义性 11
构式观 20,28,38,476
构式观念 504
构式化 11,31,233,240,245,256,261,273,451,525,545
构式化机制 232,251
构式化理论 6
构式家族 378
构式库 134,480
构式理论 7注,11,12,320,410,431,481注,485,493,501,505,507,508,513,544
构式强迫 490
构式群 12,134,230,387注,433,455,524
构式特异说 410
构式特征 2,477
构式特征的浮现性 477注,482,492
构式体 22,518
构式透明度 492
构式网络 515
构式系统 15,26,518,522,532,541
构式形义关系的透明度 482
构式性 242,423,482
构式性特征 495注

构式压制 7注,11,13,124,224,408,459,490,545
构式压制说 408
构式义 24注,341,345,423,494
构式意识 14,480,546
构式语法 1,6,9,230,322,328,386,430,459,481
构式语境 14
构式-语块分析 13
构式-语块教学法 14
构式主义研究路径 21,127,514
构体互动 519
构型 477
构造动因 6,186,188,190,192
构造过程 178,189,349,376
构造机制 2,178,192,200,204,261,276
构造原则 240,261
光杆动词 370
广义处置说 343
广义的构式 28
广义短语结构语法 458
广义致使说 344
归纳法 333,466,475,481,500
规约性 221,481注,535
规约性因果关系 215
规则化 164,188,328
规则性读解 416
过度概括 58,72,187
过渡句式 454

H

汉语类型特征 178,335
合力互动机制 272
合力机制 233,261,273,520
合力因素 272
合力作用 81,273,313,518
合式 42注,57,125,135,140,204注,228,295,351注
合式性 221,357注
合一 386
合一性 22
合用 42注,57,140,204注,228,295,351注,359

合用度 444
合用式 83,90注,247,252,253,258,487,503
合用性 215,221,330注,357注
核心词中心论 479
核心句 21
核心论元 203,204,223
核心驱动短语结构语法 458
核心投射理论 37,536
核心现象 10,328,527
红楼梦 200注,236,270
后结构主义 428
后结构主义语言学 429
呼应式 258,259
互补 469
互补分布 138,155,199,202
互动 5,16注,32,128,335,432,504,516,518,541,544
互动层级 166
互动构式语法 1,8,13,17,76,127,174,275,329,504,511,517
互动构式语法观 2,476,508,517
互动关系 3,15,33,81,176,183,202,329,518,520,524
互动观 15,128,376,432,520
互动机制 14,132,142,524
互动-派生分析 273,432,446,455,459,465
互动-派生分析法 16,47,331
互动-派生分析模型(即互动-派生模型) 15
互动-派生观 15,129,336
互动-派生模型 16,136,174,207,230,276,296,328,383,296,328,383,430,432,504,508,525
互动研究观 520
话题 50
话题表达式 271
话题-陈述 217
话题从句 58
话题功能 258
话题化 321,431
话题结构 195,256
话题句 63,280,436
话题链 50

话题特征 224
话语 63
话语层面 65,67,362注,434,439,467
话语功能 256,263
话语功能结构化 248
话语结构构式化 261,262,268
还原 167,458,536
还原法 470,480,501
还原分析 128,167,408,476,493,498,501
还原分析法 505,533
还原论 329,377,423,475,481,500
还原论方法 505
还原效度 502
还原性 542
还原主义 6,455
还原主义方法论 484,505
回指 116
活动动词 219
活动致事 202注

I

IA模型(即项目与配列模型) 427,466,481
IP模型(即项目与过程模型) 331,427,429,433,448,459,465,481

J

机械还原论(即传统还原论) 335,464注,494,495
机械还原主义 457,458注
机制 185
基本规则 94
基本句式 48注,62,103
基本语序 46
基础的致使性句式群 364
基础句法结构 198
基础句式 48,102,103,136,142,188,196,214,217,276,353,380,433,466
基础句式的形成机制 106
基础配位规则 130
基础形式 427
基底-图形 222注
基于表层构式的概括 430
基于符号的构式语法 11

术语和概念索引

基于规则的模型 461
基于互动-派生观的构式分析法 128
基于互动-派生模型的构式观 128
基于认知的功能语法 33
基于使用 515
基于使用的模型 122,500
基于统计的模型 461
基于用法的研究 216
激进构式语法 11,533
及物动词 436
及物性关系 342
继承性特征 495
继事式 345
家族相似性 374,545
假设 10,448,514
假说 10,147,448
假说-演绎法 425,466,500
价数 141
价质 141
间接结果 221
间接派生 284,289,354,357,445
间接致使 114注,245注,246,271
兼语句 454
简单性系统 505
建构 38
降格 209,361
交错推进性 234
交际值 26
交际值原则 26
交替句式 531
焦点后置原则 125
焦点结构 287
焦点在后 355注
接口 542
结 108
结构 477
结构的(分析) 478,479,480
结构动因 1,231
结构和功能 3,5,6,135,153,186,223,464,498,521
结构化 18,31,174,185,188,196,203,213,216,228,231,251,258,306,322,376,400
结构化分析 209,381
结构化特征 111,348
结构化意义 384
结构基础 263
结构体 20注
结构依存原则 422
结构语言学 427,478,481
结构主义 2,179,182,318,379,477
结构主义符号观 379
结构主义语法 480
结构主义语言学 332
结果 40,203,287
结果句式 378
结果论元 93,288,312
结果事件(即使果事件) 82
结果凸显型语言 369,385
结果凸显性 369
结合观 542
解构 38
解释 1,4,230
解释力 1,18,55,163,166,189,207,212,232,276,310,322,335
解释性假说 170
解题有效性 388
界面 519
界面互动 117,519
界面互动准则 305,307
界面特征 164
界限原则 89,141,142,171,191,193,249,351
经典的IP模型 448
经典还原论(即传统还原论) 494,495
经事(即当事) 40
经验 480
经验论 333
经验实体 525
经验问题 511
精致还原主义 16,174,207,329,354,377,423,457,463,470,539
精致还原主义方法论原则 231,275,525,528,544
精致整体主义 16,174,329,377,423,463,529
精致证伪主义 458注

净化 163
句法表达 166
句法表现多样性 431
句法成分线条化 163
句法的自主性 153
句法递归性 228
句法动因 228,286
句法分布 148,165,526
句法格式 11,251
句法规则 140,163
句法和语义互动 120
句法和语用互动 126
句法后果 184
句法化 18,174,306,366,376
句法结构 68,70,82,167
句法界限 89
句法可逆现象 169
句法配置 43,86
句法歧义 145
句法实现 41
句法条件 283
句法凸出 361注
句法无自主性 153
句法系统自主性 251
句法限制 370
句法象似性 151
句法效应 127,141,145,174,320
句法形式 5
句法性致使说 344
句法意义 5
句法语义二重性 211
句法-语义范畴 135
句法-语义互动关系 152,181
句法自主说 486
句式 29,134,477
句式标记度 353
句式分布 340
句式分析构式观 477
句式构造 30,176,183
句式化 256,262,268
句式交替 21
句式配价 460
句式群 12,134,176,189,190,199,230,
242,303,340,351,380,433,438,453,455,
523
句式系统 1,15,35,46,78,133,186,189,
214,222注,229,275,303,338,364,371,
378,433,455,522
句式形式 30
句式形式和句式意义 2,30,47,349,524,
536
句式性构式 12,30,135,174,232,269
句式义 341,457,498
句式意义 32,176,183
句式语法化 31,232,451
句型 6,428
句义侧显准则 305,307
句义偏向性 215
句子层面 65,67,362注,434,439,467
句子取向 63注
具身体验 481
聚焦透视 366
角色 203
角色和指称语法 458
绝对还原论(即强还原论) 505,538
绝对整体论(即强整体论) 505,541
均质 211,440

K

拷贝动词 91,104,143,144,195,225,250,
290,451
拷贝式 323
拷贝式"把"字句 204,292,293,294,326,
358
拷贝式"被"字句 326
拷贝式施受句 358
拷贝式主宾句 292,293
科学发展史 462
科学方法论 462
科学共同体 514
科学哲学 18,76,388,447,504,512,528,
536
可操作性 38,80,100,279,423,461,471
可及性等级 444
可计算性 230,529
可接受度 42注,59,113,135,140,146,

160注,172,225,289注,292,330注,358,
441,442,469
可接受性　45,58,114,169注
可能性　111,114,140,147,154,159,167,
200,203,222,251,261,270,285,408,412,
415
可推导性　477,494,497
客事　40,309
客事把字句　138,152,153,160,162,162,
172
客事论元　94
客事主宾句　139,142,160,162
客体(即客事)　40,308
客体论元　88,94,140,199
客体论元凸显规则　92,139,201,204注,
209,292
客体同指　89
客体凸显规则　142
客体异指　89
客体致事式"把"字句　42注,204
客主同指　88,291
客主同指型　249
客主异指　88,291
客主异指型　250
控制性的致使　345
口语语体　236
跨构式的概括　480
跨句式的概括　176,340,366
跨句式的共性　499
跨句照应　259
跨实例的概括　366
跨语言的变异　515
跨语言的概括　515
跨语言的共性　499
框式结构　13
框式意识　546
扩展的 IP 模型　449
扩展的论旨阶层　93,288,311

L

类口语语体　236
类推　118,122,127,224
类型　122

类指名词　118
离合词　119,225
离合用法　224
离境的研究　114
离境性特征　494
理据性　486
理论　3,231,544
理论范式　5,29,130,188,332,388,429注,
539
理论驱动　446
理论实体　20,525
理论效力　188
理论性难题　172
理论中心化　328
理想认知模式　170
理性人假设　530
历时　6,14,232
历时分析　468
历时构式语法　11
历时语法　11
历时语法化　452
历史比较语言学　117
历史先后　136注,232,387,447
利用拷贝动词提升 V 的客体论元的动结式类
型　105
例　140,204注,265,357注,440
例化　55
例内　163
例内化　166
例外　117,145,147,149,163,170,172,173,
211,212,216,281,328
例外现象　519,527
连动句　321
连续统　67,74,84注,271,328,475,495
邻接原则　187注
领属性保留宾语句　302
流变构式语法　11
流行表达　421
论元　41
论元结构　39,41,68,155,190
论元结构的多重性　156,160,164
论元结构构式　2,30,135,476
论元结构和配位方式　7,39,81,147,174,

184,205,212,227,229,270,277,350,376
论元结构理论　6,80,437
论元结构整合的多能性　156,163
论元结构整合复杂式　264
论元结构整合机制　163
论元结构整合简单式　264
论元角色(即论旨角色)　40
论元同指规则　91,142
论元凸显关系　86
论元凸显机制　203
论元选择　43,87
论元异指规则　90,142
论元增容　7,43,459,490,499
论元整合准则　305,307
论旨阶层　287,320
论旨角色　40,87,287,309
论旨理论　40
逻辑先后　136注,232,387,447

M

蒙受事件　400
描写　230
描写和解释　2,5,19,75,133,142,145,167,176,184,190,232,273,337,376,395,423,427,448,512,520,540
描写力　18,55,163,166,189,207,232,244注,276,310,322,402注
描写语言学　4,426
模因说　410
目的　203

N

内宾语　301,312,314,318,320
内在批评　334
拟测　450
黏合式　183
黏合式动补结构　79,324
黏合式动词拷贝句　187
扭曲关系　126

P

派生　16注,129,429,432
派生的致使性句式群　364
派生方式　174
派生分析　21,74,128,206,332,387,433,465,476,504,516
派生分析法　276,457,530
派生关系　230
派生观　15,103,128
派生规则　94
派生机制　74,352
派生句　21
派生句式　48,103,136,276,353,380,433,435,438,466
派生链　358
派生路径　444
派生能力　174,440
派生配位规则　130
派生属性　378
派生推导　476
派生效应　174
派生形式　427
配对　23
配价　79,141,294,488
配价层级　107
配价层级系统　102
配价分析　206
配价理论　6,80,437
配价系统　107
配位　79,521
配位方式　43,135,190,352,365,503,521
配位规则　90
配位规则系统　95,141,171,191,193,249,351
配位系统　107
偏称宾语　300注
偏离性结果　150
偏离性致使　168
偏离义　126
偏离义动结式　126
篇章构式　11
频率　25
频率效应　26,122,216
评论类动结式　84注
评议式　264
朴素证伪主义　458注

普通论元 223

Q

歧价 112,164
歧义 113,164,309,467
歧义现象 213
祈使句 372
前构式分析 474
前景-背景 222注
潜在形义关系 402
强还原论 505,541
强解释 505注
强句法自主性 153
强使用观 533
强整体论 505,541
强制性"把"字句 317
强制性派生 445
强制性提宾 142,149,285,355,487
强自主性 111
桥式动词 59
轻成分 307,313
轻动词 499
轻动词理论 344注
情状类型 221
求职机制 313,409注
区别性特征 379
区别性形式 339,353
区别性意义 32,318,339,353,365,379
区别性原则 36,73,103,318,339,347,365,379,501,523
趋向补语 101
趋向补语未虚化 102
趋向补语已虚化 102
取得义动词 315
去除义动词 315
去动词化 180

R

认识论 331,333,475,532
认知 4,169
认知动因 349
认知功能分析 173
认知功能语法 331

认知构式语法 10,11,533
认知机制 382
认知模式 399
认知隐喻 400注
认知语法 11,381,458,534
认知语言学 4,23,33,68,70,180,347,391,469,481,486
认知语言学百科观 55
认知语言学派 1注
日常规约性语义关系 162
日常经验 481
融贯论 505,541
入境性特征 494
弱还原论 505
弱解释 505注
弱整体论 505
弱自主性 111

S

三不像型 135
三价动词 460
三系动词 310
三一语法 546
三元二结五系式 110
三元零结三系式 109
三元一结四系式 110
社会语境 417
深层结构 76,427,429注,478,499,500注
渗透 484
生成词库论 13,490
生成构式观 75
生成机制 1,13,132,136,154,246,395,403,503
生成机制规则化 188
生成基础 200
生成语法 4,6,21,37,40,76,99,111,181,197,430,478,480,514
生成语言学 332
施事 40,70,308
施事宾语句 210
施事话题 66
施事话题句 50,62,135,352,433
施事主语句 65,135,352,433

施受句　50,61,352,361,433
施为事件　400
时空特征　240
实体表达　60
实体性构式　483
实体致事　202注
实现动词　219
使成式　82
使动　211
使果事件　82,162,192,201,278,290,350
使然　10,535
使事(即致事)　40
使移构式　7,355注,489
使移句式　378
使役事件(即致使事件)　82
使役者(即致事)　40
使因事件　82,162,192,200,278,290,350,374
使用观　1
使用频率　234
事件表达　59
事件场景　56
事件结构　41,68,190
事件结构理论　391
事件结构语义学　346
事件句　58
事件类型　219,221
事件论元　401
事件强迫　13
事件语义学　69
受使事件(即使果事件)　82
受使者(即役事)　40
受事　40,70
受事话题　67
受事话题句　50,62,135,352,433
受事主语句　49,57,64,135,260,280,352,362,364,433
受役者(即役事)　40
受影响者　194
熟语化　121
述语动词　79,83,374
述语凸显式"把"字句　298
数据　44,45,217,235注,380

数量的变化　309注
双宾结构　93,289
双宾句　453
双宾语　93,428
双层句法结构　403
双重背反　393
双动"把"字句　298,317
双及物构式　7,459
双及物句式　378
双系动词　310
双向互动　313
顺应　411
四系动词　310
所见即所得　335,500,516,531
SOV 型语言　71
SVO 型语言　70
VSO 型语言　71

T

特例　122,147,172,173,212,216,371,519,527
特设　156,315
特设性　338
特殊句式　197,476
特殊论元角色　117
特异性　328
特征结构　495,500
提宾机制　354
提宾式派生　278,282
提宾说　277,282,353
提升　89,90注,93注,197
提役事　354注
提置　93注,102,140,311
题元(即论元)　41
题元角色(即论旨角色)　40
题元理论(即论旨理论)　40
体认构式语法　11
天赋观　1
天然(即自然)　10,535
调适性规则　94,286
通例　172,173,212,216
通例性　150
同功异形　173

同构性 349
同化 411
同形表达 171
同形动结式 112
同形构式 242
同形歧价 112
同形歧价现象 144,155,163,205,206
同形现象 157
同形性 243
同形异功 173
同形异义 157
同形异义构式 155
同一性 230,328,479
同元同结动结式 111
同源宾语 120
同指 192
同指关系 88
同指论元 90,99
统一性 328
投射层级 69
透明 483
透明构式 492
透明性 483
透明性特征 492
透视域 44,84,366
凸显侧面 363
凸显结果 321,355,356,358
图式性构式 1,87,476,483,493
推导 430
推导关系 353
推导机制 48
推导链 467
推导原则 435
拓扑 366,400注
拓扑变换 366注

W

外宾语 301,314,318,320
外来致事 115
外在批评 334
完结义动词 267
完形 7,28,456,496
完形特征 14,491

唯还原论 529
唯理论 333
唯整体论 529
伪论元 224
位移拷贝理论 197
位移图式 345,380
位置的变化 309注
谓词显隐准则 305,306
谓词性成分 295
谓词性轻成分 304
谓词语义关系 307
文艺语体 236
无标记的句法位置 195
无标记结构 49
无标记句 103
无标记句式 439
无指性 226
五系动词 310
物性结构 490
误配 208
way-路径构式 36,378

X

习得 14
习得机制 546
习语性构式 11,475,492
系 108
系事 40
系统 16,133
系统观 36
系统性 377
系统性原则 27,103,318,339,379,523
显性方式 307
显性关系 536
显性呼应式 260
显性结果 321,364,372
显性致事 202注
现代还原论 334,457,464注,494,499
现代科学 18,448,457,470,504,512,528,
536,541
现代科学方法论 541
现代科学还原论 528,530,536
现代语言学 3,10,240,333,458,473

现实结果　372
现实同一性　365,379
现实同一性原则（即区别性原则）　36
现实性　140,148,167,200,204,222,408, 413
现象偏向　429,468,540
现象偏向性　77,469
线条性　366
项目与过程　19,331,425,481,526,531,545
项目与配列　19,95,331,425,481,531
象似性　486
象似性动因　85
象似性原则　83,194,441
象征构式　20注
象征结构　20注
消失义　309
小于　493,529
谐音构式　13
心理动词　160
新"被"字式　389
信息保真度　107
行域　401
形式　5,6,22
形式-功能配对体　23
形式和意义　1,3,5,6,8,15,30,33,73,78, 127,132,135,153,154,176,178,185,202, 229,233,276,303,328,339,345,359,376, 377,389,408,425,475,501,512,519,521
形式和意义的不对称　366,386
形式和意义相结合　44,365,375
形式结构化分析　173
形式取向　167
形式透明度　488
形式-意义/功能对　23,353,459
形式-意义/功能配对体　7,339
形式-意义对　20,26,73,189,200,230,426, 474
形式-意义对应体（即形式-意义对）　21
形式-意义配对体（即形式-意义对）　21
形式语言学　4,69,458
形式主义　181,183,427,456,543
形式主义研究范式　1
形式自主性　111

形态构式　476
形态和句法的互动　125
形态型　84注,135
形态学　428
形义关系　3,24,33,78,127,136,178,188, 276,303,328,339,375,391,407,411,420, 423,431,456,474,484,488,495,509,512, 523,528,546
形义关系透明度　482,489
形义互动关系　151,176,261
型　140,204注,265,357注,440
修辞　546
修辞构式　13,27,494
虚化　407
叙述词　342
叙说词复说　179
选择性"把"字句　317
选择性派生　445
选择性提宾　142,149,285,355,487

Y

言域　401
演变　10,452,497
演化机制　265
演绎　435
演绎法　333,475,481
演绎模型　75,336,448
一般构式　28
一般施受句　367
一般式　191
一般主宾句　137,152
一价名词　436
一元二结三系式　109
一元零结一系式　109
一元一结二系式　109
一致化　18,174,228,251,306,322,345
一致性　75,189,209,251,328,377,422
一致性和差异性　10,13,17,122,454
一致性解释　188,385,498
依存动结式　290
依存论元　107
依存式　324
异于　529注

异指关系 88
异质的 440
役格 98,115,309
役事 40,91注,143,150,160,199,201,204,249,285,288,351
役事句法凸出的句式群 364
役事强制前置规则 93,115,142,286
役事主语句 362注
意向结果 372注
意向致使 372注
意义 5,22
意义透明度 488
意愿范畴 215注
因果事件（即致使事件） 82
音位构式 20注
隐形呼应式 260
隐形致事 202注
隐性的结果补语 313
隐性方式 307
隐性关系 536
隐性结果 321,364,372
隐喻 335,381,430注,491,544
隐喻性关联 430,532
隐秩序 506
影子论元 120,171,211,294
涌现 456,482注,506
用变 10,452,497
用动词拷贝形式提升 106
优选原则 265
由动结式构成的基础句式 106
由多系动词构成的"把"字句 310
有标记结构 49
有标记句 103
有标记句式 439
有层次还原 506
有限还原论 530
有限理性假设 530
有限整体论 530
有语言意义的概括 29,76,189,387,463
与事 40,203
语段取向 63注
语法等级 85
语法构式 13,27,494,514

语法化 31,273,321,451,452,494,496,545
语法化理论 6,471
语法形式 9,38,339,369,432,521
语法形式和语法意义 305,339,347,354,382,387,434
语法意义 5,17,75,126,181,197,198,216,242,277,283,318,339,340,349,360,369,375,383,393,416,433注,434,454
语法意义层级关系 364
语感 28,45,55,76,121,189,201,230,357,359,463,479
语境 22,45,48,55,57,65,109,110,113,228,260,321,373,382,394,399,406,411,413,416,419
语境说 411
语块意识 546
语料 44,216,234,238注,274,326注,380,405
语气 473
语体 236,373,380注
语序类型学 71注
语言创新 421
语言的计算分析 461
语言共性 72,346注
语言构式观 3
语言观 3,38
语言价值 379,422
语言类型学 4,71,85,378,386,454
语言偏向 429,468,531注
语言事实 76,130,140,175,207,217,231,237,240,252,274,331,387,423,468,509,525
语言习得 25,546
语言系统观 3,129,481
语言现象 32,164,166,217,274,331,382,422,517,540
语言学价值 422
语言学事实 130,175,240,274,331,423
语言研究观 3,38,504
语义 32
语义侧面 303,382,440,524
语义场景 41,54
语义促动 180

语义动因　86,288
语义个性　345,352
语义共性　345,352
语义构式　20注
语义结构　68,82,167,396
语义角色　39,40,204
语义理解的多能性　412
语义特征　72,180,315,345,370
语义条件　121,283,374
语义同一性　114
语义凸显　158,357,361注
语义相容　442
语义指向　95,157,243,326注
语义作用(即论旨角色)　40
语用侧显　361注
语用动因　44,107,439,451
语用功能　180,256,303,327
语用关系　125
语用价值　266,418,434
语用结构　396
语用倾向　421
语用特征　307,418
语用条件　140,204
语用效应　417,418
语用因素　285
预测　6,20,25,95,130,142,144,152,175,
　189,194,200,203,205,206,219,228,230,
　251,380,383,388,395,406,410,443,447,
　452,458,465,467
预测力　1,153,173,207,212,244注,276,
　322,337
预期结果的偏离　125,126,149,150,152,
　215
元　108
元语言意识　14
原型范畴　61,72,234,271,484,492
原型效应　421
原型性　27,234,271,296,457
原型性特征　374,493,527
原型意义　491
原因解释功能　180,213
原因事件(即使因事件)　82
原则的规则化　194

原则的坚定性　159,165
原则和规则　2,19,147,166,176,470
原子论　458注,464注,498,536,541
远距离动因　180,198,213,214,216,221
约束条件　4,147,150,153,211,224,251,
　262,283,307,310,319注,431注,435,442,
　446,459,524,526
韵律　35,152,283,356,487
韵律词　124
韵律动因　289
韵律和句法互动　123,125
韵律结构　5,30,167,249
韵律句法　154
韵律句法规则　122

Z

在境的研究　114
在线生成　407
在线性特征　312
遭损义　307注,308
增效构式　24注
招聘机制　312,409注
真宾语　262注
整合(分析)　458
整合机制　16,79,87,89,95,101,141,156,
　169,171,245,530
整合性特征　243,531
整合原则　79,89,90注,117,132,142,145,
　185,249,251
整体-部分式领属关系　316
整体分析　167,476,502
整体论　377,463,464,473,475,481,505,
　529,533,541
整体论方法　505
整体论和还原论　16,470,541
整体特征　174,309,334,444,496,501,529,
　536,538
整体性　87,112,128,230,337,423,496,
　510,529,535,542
整体主义　167,432,456,461,464注,469,
　529,540
证实　147,184,187,222,383
证伪　147,175,184,187,222,383

术语和概念索引

证伪原则 265注
知识论 538
知域 401
直接结果 152,221
直接派生 284,306,354,445
直接提升 106
直接致使 114注,245注,271
直接致使性 162,166
指称 226
指动式 98,144,159,191,222,264,324
制约 32,33,38,81,173,198,202,356,432,452,517,521
致果事件(即使果事件) 82
致使 34,36,315,340,484
致使表达式 271
致使范畴 12,78,303,349
致使方式 305,351,363,384
致使关系 82,84,162,278,315,307
致使结构 81,84注,91注,114注,178,200,207
致使结果 34,204,351,374
致使情景 81,278,349,453
致使事件 82,162,192,278,351
致使说 190,340,344,485
致使性动词拷贝句 92,192,203,204,214,290,364,367
致使性复合事件 84,292
致使性构式 12,378
致使性句式群 135,278,304,364,524
致使性施受句 362,364,367
致使性事件 191
致使性事件结构 81
致使性影响 297,320,361,362,368,384,394
致使性语义关系 270,350,366,378
致使性主宾句 364
致使义 346,384注
致使者(即致事) 40
致使主宾句 172
致事 40,91注,143,160,162,200,203,204,351
致事句法凸出的句式群 364
致事施受句 162注

致事隐含的"被"字句(即短被动句) 362
致役句 303,352注
致役类动结式 84注
致役主宾句 162注,172
致因事件(即使因事件) 82
中动句 488,493
中介语 26
朱子语类 200注,235,239,252,261
主宾可换位动结式 172,210
主动(宾)句 290,436
主动宾句 280,283,284,327,445
主动词 76
主观处置 345,381
主观大量 213,216
主观小量 216
主观性 359
主话题 50,359
主论元 137
主事 40
主事把字句 138,151,153,160
主体论元 88
主体论元同指式 324
主体论元异指 324
主体同指 88,291
主体同指式 97
主体同指型 113,243,269
主体异指 88
主体异指式 97
主体异指型 113,243,249,270
主谓宾句 8,135
主谓句 106,135
主语 70
主语位置 85,107
转换 500注
转换分析 427
转换规则 429
转换生成语法 4
转换语法 448
转喻 162,311注,319,403,491
状态的变化 309注,315,373
状态动词 219
准宾语 262注
准处置式 359

准动宾结构　225
准动词拷贝句　223,224,258
准动结形式　152
准论元　119
准实体性构式　483
子事件　82
自变类动结式　84注
自动　211
自然　10,535
自然焦点　358,359
自然焦点居末的语言　85注
自上而下　7,19,167,169,173,337,374,386注,467,485,541
自下而上　6,19,80,167,169,173,337,386注,467,485,541
自由宾语　121

自由动结式　290
自由短语　489
自由论元　107
自由式　324
综合本位观　546
综合表达　222
综合型"把"字句　279
组合式　183
组合式述补结构　294,324
组合性原则　21,128,480,531
最后一招　197
最小对比对　501,536
作格　98,115
作格动词　115,308,309,343,346
作格性动结式　343

后　　记

一

　　学术研究是一种自我流放。研究者将自己从闹市中放逐于荒原，在野花和荆棘丛中去寻找可以开荒种粮的地方。

　　学术生活充满着诗意，它在考察对象和理论模型之间用逻辑来建构一种隐喻性关联。学术研究中的学和术都可以写成诗行。我喜欢诗歌，无论是古典的，还是现代的，无论是十四行诗，还是打油诗。我很希望自己的学术研究有些诗意。

　　学术研究应该体现一种自然之法，社会之理，人生之情。学术研究就是在法、理、情的洞察之中析美、求真、行善。

　　学术写作就是一种亲切的纪念，纪念那在探索中凝视的目光和流逝的时光。我努力寻找诗歌的花草枝叶，采摘下来，夹在书页中。然而，又不时发现，刚摘下，便枯黄。码字虽易，写作不易，且写且珍惜。

　　本书便是我这十多年在语法领域里流放、流浪、流连的一个纪念，借此聆听语言的音乐，感受学术的乡音。北岛曾言："是的，我们自以为一直在与时俱进，其实是在不断后退，一直退到我们出发的地方。"

　　"世界那么大，我想去看看。"可是，从哪儿出发？

二

　　我的硕士学位论文题目是"现代汉语规范评议失误研究"（主要内容后来发表于《语言研究》1998 年第 1 期），此时"互动"就成了我所关注的一个重要论题,因为我发现,很多语言规范评议的失误源于对语言现象互动关系的忽视。但这还只是基于"互动"理念的论感阶段。七年后的博士学位论文《动结式的论元结构和配位方式研究》开始形成了一定的互动观念。此时开始接触构式语法,虽所涉不多,但兴趣盎然。后来的语法研究尤其是近年的探讨,主要就是围绕构式语法的基本观念来审视汉语句式形式和意义的互动关系问题,为此我还先后完成了国家社会科学基金项目"句式构造和句式意义的互动关系研究"、新世纪优秀人才支持计划项目"汉语特殊句式形义关系的系统性研究"、教育部人文社会科学重点研究基地重大项目"面向第二语言教学的汉语构式系统研究",目前正在做另一个国家社科基金项目"基于互动观的构式语法理论与应用研究",逐步推进,进而形成了自己所理解的互动构式观,尤其是对构式研究的方法论问题多了一些理论思考。与此同时,我对词汇语义学也一直抱有浓厚的兴趣,在我的学术生活中,词汇语义研究和语法研究(包括构式语法研究)观念相通,因此也一直处于互动的状态中。

也就是说,2003年博士毕业后的十数年间,我学术研究中的一多半精力都是围绕句式的形义互动关系打转。本书便是这方面研究的一个小结。

三

本书有三个基本目标:一是尝试建立一个具有逻辑一贯性的用来描写句式系统形义关系的模型,因此我们没有在现有的理论模型基础上做验证性研究,而是拓展了某些基础理念,并做出自己的探索;二是以此模型为基础来对若干特殊句式的结构和意义做出系统性的描写,既立足典型,又细大不捐,试图用模型来描写异质且丰富的实在,在模型中解释多样而统一的实在,并借助模型来预测语言学事实;三是对与句式研究有关的理论问题做出一定的探索,尤其是观念和方法论的层面,进而提出"互动构式语法"的设想,并为此做出初步的论证。

我的博士学位论文是关于动结式形义互动关系的探讨。从某个角度看,动结式在汉语句法系统尤其是特殊句式系统中起到一个枢纽的作用,因此我便自然地将考察对象由动结式拓展到其他句式(如动词拷贝句、"把"字句、被动句、受事主语句等),由论元结构和配位方式的互动关系扩展到句法、语义、韵律、语用等之间的互动关系及语法和修辞之间的互动关系,并逐步形成了"互动-派生模型(互动-派生分析法)",提出了"精致还原主义/精致整体主义"的方法论原则。

这种语言研究方法论立足结构和过程,梳理成分(特征)和关系,重操作,求证伪,追求还原分析和整体分析的结合、自下而上分析和自上而下分析的结合、单层面净化分析和多层面互动分析的结合、共时分析和历时分析的结合、个性分析和共性分析的结合,从而实现原则的坚定性和策略的灵活性的统一。当然,这里充满着理想和期待,目前做得还很不充分,呈现出来的还只是探索中的一片小草地。但我们深切地感受到,就科学研究而言,用模型描写实在,更为实在。

我喜欢北岛的这句话:"看大地多么辽阔,上路吧。"(北岛《旅行记》)

四

关于整体论和还原论之间的关系,知识界一直有争论,甚至成了千古论题,20世纪80年代复杂性科学兴起之后尤甚。本书试图通过构式语法研究而对这个论题做出某种新的思考,因此本书提出的某些认识就不可避免地会引起一些争论,其中最有争议性的可能便是来自本项研究所采取的基本理念,尤其是我们所主张的互动-派生模型和精致还原主义/精致整体主义方法论原则。对此,我们在正文中已经做了事实分析和逻辑论证。就我们对学术生态的理解来说,这也算一种尝试吧。对此,我们再略说几句,以申其旨。

互动-派生模型中的"互动"是指多侧面、多层面、多界面的相互作用,而非一般意义上的联系,它主要是从本体论的角度看语言存在和发展的方式,而"派生"是从方法和方法论的角度探讨句式的生态。本体论承诺带来方法论的承诺,不同的本体论承诺和方法论承诺必然会带来不同的问题和解决策略。语言研究中,方法论的争议最大,但根和源都在语言观、认识论上,都来自于本体论承诺的差异。精致还原主义/精致整体主义方法论原则基于现代科学和科学哲学的基本观念,以结构整体为基础,重视整体特征,强调构式特征具有浮现性,但如何认识整体,尤其是如何剖析整体的结构及其特征?最终恐怕还得在相当程度上将整体还原为成分(更多地表现为成分的特征)和关系,尤其是还原到关系层面。生成语法重视核心词项和功能语类,功能语法重视信息结构的内部层次及其功能差异,认知语言学重视原型范畴的基本特征及其组合类型,韵律语言学重视自然音步及韵律层级,毫无疑问,就其对语言结构化表现的影响而言,无论是否明确主张,这些认识都具有某个层面的还原性。这种还原观自然不同于传统的经典还原论将整体还原为成分,即认为"整体等于部分之和"。由此可见,同一个还原论之"名",其"实"却有很大的差异。可是有很多文献对此并未有太多了解,将现代还原论等同于传统还原论(或曰经典还原论、机械还原论),一概而论。实际上,现代科学背景下的还原论同样反对传统还原观,反对整体等于部分之和的合成观。现代还原论不仅看到了在某个层次上整体大于部分之和,而且还从另一个层面上看到整体又可能小于或等于部分之和。也就是说,整体常常异于部分之和,当然,这其中"等于"(组合性原则是其表现)也很重要。关键在于探讨这种成分之间存在的"异于(大于、小于)"关系是如何浮现出来的,其根本特征是什么;"等于"关系又是从什么角度来看的,在什么层面上说的。"如何研究整体",是整体论首先需要回答的问题。如果不了解这点,还原论就容易被污名化。不还原,则无计算;无整体,则失认知。正如我们在最后一章所说的那样:"立足整体,重视还原,强化多重互动关系的整合机制分析,是现代科学还原论的基本原则。"就此而言,似乎就没有了纯粹的整体论,也没有了纯粹的还原论。这是对事物认识的"解释学循环"使然。这正是我们提出"精致还原主义/精致整体主义"的根本背景。

因此,应从现代还原论的观念来认识现代科学意义上的还原,而不是仍然抱着传统的机械还原论(整体等于部分之和)来理解复杂系统论中的科学还原。现代还原论,既要还原出系统、结构的组成成分,更要还原出相关组成成分之间的互动关系(即成分之间相互促动、相互制约的机制)。精致还原的目标是更好地认识整体的结构和功能。其实,构式作为一个格式塔(完形、整体)与如何认识构式的形式和意义及其关系,是两个不同的问题。由于本项研究重在结构的生成和揭示句式群(构式群)中相关句式形义之间的关联与差异,因此我们觉得采取互动-派生分析、走精致还原主义之路也就是一种可选择的方法。路虽有歧终存道。互动构式语法是在构式语法的基本理念下所做的探索,坚守整体视野中的多重互动式还原(而非单向决定论视野中的还原),并由还原而重新进入整体。当然,我们也深深地知道,即便是基于现代科学意义上的还原,也只是分析复杂性系统的一种必要的策略,而非唯一的策略。正如下面这段话所言:"不少知识分子以为,现代化是一个科学的答案,因而只有唯一标准答案;而殊不知,二次方程就会有两个解,多次方程有多个解;一个复杂如社会的系统,就会有更多的解。"(盛洪《通古今之变》,《读书》2006年第6期14页)语言系统,是由多层面、多界面互动而成的N次方程。

本项研究之所以采取这样的研究策略,还与本人的知识背景有关。

在学术生活中,科学哲学、分析哲学和自然科学史(生物学、天文学等,尤其是进化论、宇宙论)的著作对我的启发比较大。如波普尔(Karl Popper)、库恩(Thomas Kuhn)、拉卡托斯(Imre Lakatos)、费耶阿本德(Paul Feyerabend)、劳丹(Larry Laudan)、汉森(Norwood Hanson)、查尔默斯(Alan Chalmers)和内格尔(Ernest Nagel)、蒯因(Willard Van Orman Quine)、迈尔(Ernst Mayr)等。可是,大家知道,分析哲学家蒯因和进化论生物学家、科学史学家迈尔都曾明确反对还原论,倡导整体论。然而,仔细分析后会发现,他们所反对的还原论是本体论、知识论意义上的还原论,如蒯因的整体论实际主要是指人类知识、表达系统的整体性。对此,我们认同诺贝尔物理学奖获得者史蒂文·温伯格(Steven Weinberg)的看法:"我怀疑,所有工作中的科学家(也许还有大多数的群众)在实践中都跟我一样是个还原论者,尽管有些人也像迈尔(Ernst Mayr)和安德森(Philip W. Anderson)那样,不喜欢这样说自己。"(《终极理论之梦》52页,李泳译,湖南科学技术出版社,2007年)

我们提出精致还原主义/精致整体主义,不仅是把它当作一种学术研究方法论,而是当作认识社会生态、社会结构生成过程的一种方式;甚至作为一种学术体验,展示一种生活情趣,一种微创新思维活动。我们的研究或许不合乎某些既有观念,但我们可以在微小创新中有所体验和感悟。这就是我们提出精致还原主义的另一层含义。说来似乎可笑,但我们努力去体验,去生活,"双手劳动,慰藉心灵"(海子《重建家园》)。学术研究不可能完全脱离自己的思想、观念、情趣乃至生活方式、认知习惯。我们觉得,学术研究和学者生命体验难以彻底分开。

五

就知识论整体而言,对象本体和研究方法之间没有必然的逻辑关系,没有必然的隐喻性关联。科学方法论的多元性来自现象的多重特征和多层次、多侧面表现。方法或方法论没有原罪,但具体到某个特定的理论范式、方法或方法论,往往都有"现象偏向",即基于某些理论、方法,更容易发现和解释某些现象。反之亦然,进入研究视野中的现象,也有"理论偏向"和"方法论偏向",即某些现象更容易促发某种理论和方法。语言现象固然是客观存在的,但哪些语言现象能够进入到某个特定理论范式,则受到理论的选择;而语言事实如何在理论体系中凸显其语言学价值,则必然受到理论的打扮。辛弃疾《浣溪沙·种梅菊》中说:"自有渊明方有菊,若无和靖即无梅。只今何处向人开。"与此相通。而且即便是一个大的理论范式,若其基本理念正在发展过程中,也常会出现"言人人殊"的情况。当下轰轰烈烈的构式语法便是如此。没有定于一尊,也难以定于一尊。复旦大学教授葛兆光说:"我一直讲,中国文化是复数的文化,不是单数的文化。如果你没有这个观念,可能成为盲目的文化自大。"(《什么才是"中国的"文化》,《新华文摘》2015年第23期110页)中国文化如此,语言观、方法论,都应如此。

不同的理论,其构题能力和解题策略并不相同。因此,拉卡托斯、费耶阿本德等科学哲学家反复强调"方法论的宽容"的重要性。费耶阿本德明确指出:"没有一个理论是与已知的经验事实完全符合的。"(转引自郑毓信《科学哲学十讲:大师的智慧与启迪》140页,译林出版社,2013年)我们常常见到这样的说法,若提出一个新理论,就要既能解决前人理论所能解决的问题,又能解决前人理论所不能解决的问题。其实,从研究范式而言,大多数场合下这只是一厢情愿,因为解什么题,往往是自己的理论所"预设"了的。新理论的价值,关键在于能否做出有意义的概括,做出了怎样的有意义概括,能否发现更具启发意义的新问题。

实际上,目前构式语法并没有严格意义上属于自己的独特的方法论,其方法论原则大多来源于结构主义的基本原则,如系统性原则、区别性原则(差异性原则)。因此需要做出方法论层面的探讨。我们并不否认构式的特异性、构式特征的某些浮现性,我们主要是探索一种方法论意义上的构式语法,但这种构式语法也具有本体论方面的认识价值。也就是说,互动构式语法视野中的互动,既是方法论的,也是本体论的,还是知识论的。这样或可进一步充实构式语法的理论探讨。

"究天人之际,通古今之变,成一家之言。"(司马迁《报任安书》)任何理论都是人类理解史上的一道风景。在当代学术体系中,形式主义和功能主义常呈现出双峰并峙、二水分流的态势。虽然如此,但也并非完全水火不容,而是常会出现"错落式对接"的情况,相互启发,呈现出多样化之争。

六

本书目标多元,论题多重,主要内容都曾以论文形式发表,此次将这些成果引入本书时大多在材料分析精细化和逻辑建构严密化方面做了一定程度的拓展,有的甚至做了较大调整。虽由此而使篇幅显得更加浩荡,但笔者认为若有利于深化论题、提升理论解释力,则这种拓展仍很有必要。当然,在评审专家建议下,笔者对相关内容做了大幅度的删并和整合;同时,有一些需要强调的观点,也做了适当的重申。需要说明的是,由于本项研究以笔者的《汉语动结式的句法语义研究》(北京语言大学出版社,2008年)为前期基础,因此为了便于读者了解既有的研究内容,以及充分体现本项研究的系统性,有关小节简要引述了相关研究成果,并在引述的同时生发了一些新认识。

另外,这些年我们除了从事互动构式语法研究和汉语特殊句式分析之外,还对构式的二语习得和教学问题做了系统探索,由商务印书馆出版的《汉语构式的二语习得研究》可以看作是本书的姊妹篇。我们同时还试图对语言学研究中的基本问题做出新的思考,五年前既已开始撰写《语言学的观念和方法》，后因入职《语言教学与研究》编辑部后编辑事务过于繁忙而停笔，但愿未来一切顺利。

互动，也应该体现在自己的研究中。

七

本书初稿曾于 2014 年 10 月奉呈商务印书馆以申请语言学出版基金。蒙基金评议委员会专家不弃，于 2015 年 2 月允准入选该出版基金。专家们在肯定拙著的同时，也提出了精审的修改建议，并同时转来了两位匿名评审专家的审读意见。为此，笔者花了近一年的时间重新阅读重要文献，重新思考相关问题。当然，这样的阅读，多为"书到用时"式的阅读。接下来的修改又花了半年时间。虽然阅读的心得未能完全渗透其中，甚至理解得也未必到位，但相信在虔诚的读写沉思中拙著已经有了不少改进。

基金评议会专家和两位评审专家的建议既指导了我对本书的修改，也促使我对很多问题做了新的思考。笔者根据专家们的建议做了力所能及的修改。尤其是关于功能学派的理解，笔者以前关注得不够充分，理解得不够透彻。笔者常跟研究生们说这样一句话："理解是误解的开始，误解是理解的终结。"信然。为减少误解，就得进入到对方的逻辑结构和材料系统中去理解对方。承蒙评审专家提醒，笔者在这一年多的阅读和修改过程中认识上有了质的变化，这种认识上的变化已充分渗透在修改稿中。相信读者对照专家对 2014 年送审稿的评审意见与本书现在奉呈出来的内容，会发现这方面有了很大的提升。而且这已成为笔者未来努力的方向之一。当然，有个别地方，也许是研究理念或具体认识的差异，一时不易处理；有些地方笔者理解得还不到位，尚未找到更好的解决办法，因而只能留下遗憾了。这次书稿修改，全然是一个重新认知、学习、探索的过程。

谨此对评议会诸位专家和书稿评审专家潘海华先生、张伯江先生（笔者奉上修改稿后蒙责任编辑赐告两位专家尊名）致以崇高的敬意和衷心的感谢。

需要说明的是，本书所附"专家评审意见"，是两位专家基于2014年拙著送审稿做出的。读者在参阅本书内容和评审意见时，有两点需要注意：一是章节序号的调整。原稿除绪论（未与后文各章统一编序）外，其余十二章依序编号（即第一章至第十二章）；本书将绪论调整为第一章，原稿第一章调为第二章，依次类推，至原稿第八章调为第九章（为压缩篇幅同时整体删去原稿第九章"句法语义分析中的基本观念和事实基础"），后三章（第十章至第十二章）序号不变。二是内容的调整。本书尽可能将专家评审意见吸收其中，因此评审意见中所引原稿中的某些内容可能不见于本书了，评审意见中的页码更非本书所示页码。不便之处，恳请谅解。

八

在奉上这部书稿的修改稿时，我要对给予我特别指导和帮助的人表示无限的感激之情。

袁毓林老师是我的博士生导师，学生虽很愚笨，但受先生研究思想的启发甚多，尤其是先生对"认知可计算"的阐发，深深地影响了我从事语法研究以及从事词汇语义研究的基本思路；甚至二语习得与教学研究，也常以此为参照。本书的修改，也得到了先生的热情鼓励和指导，并惠允赐序，勉励学生。

自读博开始，我就一直蒙受陆俭明老师的教导和关心。我在从事构式语法研究的这些年里，向先生请教尤多。先生还经常就构式语法的概念问题和研究状况与我讨论，使我获益良多。本书的修改也得到了陆先生的具体指导。我对陆先生和敬爱的马真先生的感激之情是无以言表的,唯有将先生们的关爱浸透到学术和生活中。在书稿出版前,我请先生赐序教导,先生慨然相赠。

我的硕士生导师于根元老师一直是我在学术之路上不断前行的重要动力。本书的修改虽未直接请示先生,但先生关于"交际值原则"的思想深深影响了我对所有语言问题的理解。我发现,先生关于应用语言学、新词新语、语言规范化的基本见解,在当下的语言生态和语言研究生态中更显光芒。还有一件特别感恩的事。2004年先生和师母王兰芳老师曾借款15万元助我买房,2008年因我还债压力较大,先生和师母又借我20万。先生之风,山高水长;师母之德,天高地厚。

这里还想特别感谢我的研究生们。2014年我将本书初稿奉呈商务印书馆参加语言学基金评审前,我的研究生陈艺骞、孙潇、郝曌、王文姣、朱立锟、李娜娜、李显赫、马文津、马伟忠提出了很多修改建议。这次修改,新的研究生李延波、王伟超、赵芸芸、邱莹、李娜、刘卫强、李聪又提出了很多具有启发性的修改意见。张苗苗、罗斐、张子豪、刘星宇、奚柳青在校改过程中提供了帮助。尤其要特别感谢李延波同学,不但提出了丰富的修改意见,很多地方的修改还直接得益于他的具体表述。宁波大学的王晓辉博士也拨冗阅读初稿,帮我发现了很多问题,非常感谢。

本书能够顺利出版,应特别感谢商务印书馆惠赐的良机,感谢商务印书馆总编辑周洪波老师的热情提携、语言学著作期刊编辑室主任何瑛老师的积极指导和责任编辑徐从权先生的辛勤劳动。

九

最后,我要将八年前出版的《汉语动结式的句法语义研究》后记中的话再引述过来,以表达我对亲人们最为深挚的爱:"这么多年,我的父母和岳父母给我以无尽的支持,他们的勤劳、善良和坚定一直砥砺着我。我经常因无以回报他们而愧疚。这么多年,我的妻子高勤丽和女儿施今语给我以无尽的幸福。生活的温馨是幸福的源泉。这么多年，是我的姐妹兄弟帮我照顾着劳作在田间地头的父母。对我的亲人，我无以言谢，唯愿未来的生活更美好。"

谨以此书献给我至爱的亲人们。

十

这些年，一切依旧，唯时间静静地从指间流逝，不知不觉间竟然到了古人所言的知天命的年纪。天命，可知乎？或未可知，但实难违。唯有前行，才能在荆棘之途呼吸着自然和生命的呼吸。

施春宏

2016年7月10日

专家评审意见

潘海华

(一)主要内容和创新之处

该书稿以"互动-派生的构式语法"为理论框架,从句法形式和句法意义的互动关系这一视角研究汉语几类特殊构式(动结式、动词拷贝句、把字句、新兴"被"字句、"V累"句等)形义的系统性,首先对这些构式的构造过程和语法意义等进行了细致的分析与梳理,然后从语言学观念以及方法论层面对句式研究做出了一定的理论建构。本书不仅提出了作者新的研究思路和解释方案,还在此基础上提出了一个构式分析的方法论原则:精致还原主义。

本书的优点是在理论上有所创新,在对汉语相关句法的解释上有新的突破。

第一,理论和方法论的创新。该书在理论上的一个创新是:基于互动派生观的构式分析法发展了构式语法理论,构建了"互动构式语法"。该书定义的构式略不同于Goldberg(1995、2006)等,表现在两个方面:一是不要求当然也不反对构式有一个特定的构式义;二是允许构式之间有派生关系,这与国外学者所提出的构式观不大相同。国外的构式观虽有不同的派别,但都坚持单层说,否定派生观。构式与构式之间的关系通过承继(inheritance)等建立。

因为本书坚持构式派生观点,所以引出了另一个理论创新:在句式群中研究形式与意义的互动。从基础构式到派生构式可组成一个构式群,构式之间有依存制约关系。该书因此研究了多种互动关系,比如句法语义、句法语用、音韵句法等,这些当然对于该书提出的"互动—派生"构式语法是必须的。在此理论框架内,该书还重新阐释了一些概念,比如"提宾说"、"构式压制"等。

第二,提出了新的解释。针对汉语的一些研究热点以及有争议的现象,该书基于层级系统和派生关系提出了新的分析思路。比如第一章从标记度的角度来刻画基础句式与派生句式的关系。作者认为主动宾句(书中称为施受句)是基本句式,而"被"字句、"把"字句是低标记度的句式,施事话题句、受事话题句是高标记度的句式,处于中间位置的是受事主语句、施事主语句,等。第二章研究了动结式的配位机制,提出了一些易于操作的原则和推导规则。比如界限原则,它包括四个方面的配位规则:(I)论元异指规则、(II)论元同指规则、(III)动词拷贝规则、(IV)客体突显规则。在这四条规则之下,就有 19 类动结式类型。这一分类体系也较为完善,为接下来的句式群分析以及语义、句法、韵律、语用互动机制等奠定了基础。第四章研究了动词拷贝句的构造特点,提出了一些新的观点。比如作者认为动词拷贝句是基础句式,同一般主谓句一样具有相同地位,而不是派生句式。作者还认为"致使/处置"是特定句式群所共有的语法意义,并非"把"字句所独有。这也很符合汉语语言事实。再看一个第 88 页所举的句式群例子,如(1)所示:

(1)孩子读这种书+孩子傻了→
  a. 孩子读这种书读傻了
  b. *孩子读傻了这种书
  c. 这种书读傻了孩子
  d. 这种书把孩子读傻了
  e. *孩子把这种书读傻了
  f. 孩子被这种书读傻了

g. *这种书被孩子读傻了

作者认为 a、c 都是由语义结构"孩子读这种书＋孩子傻了"在界限原则支配下生成的基础句式,是从事件结构派生出来的句法结构,符合作者提出的从事件结构到句法结构的映射关系(PP27):事件结构＞概念结构＞论元结构＞句法结构。而 d、f 却是由 c 通过提升宾语直接派生而来。也就是说,要生成 d、f 这样的句式,必须经过两步完成。这样,就一个句式系统而言,有从语义结构到句法结构映射而成的基础句式 a、c,也有从基础句式派生出的有标记句式如 d、f。作者还指出,可以从语义结构派生出动词性成分为致事的句式,再派生出相关的把字句,如(2)所示:

(2)a. 读这种书读傻了孩子。
　　b. 读这种书把孩子读傻了。

这些解释都有一定的启发性。在此基础上,作者对反转使役结构、主宾可换位结构等的解释都颇有新意。在其他章节,作者对一些特殊的把字句,如"把池塘下了毒"、"把钱抽了烟"等的分析,也有所创新。对新兴"被"字句、"V 累"句的语义分析也都有独特的视角。另外,作者对句式研究的理论创建也颇有思考。值得支持。作者主张在句式群中区别各个句式的特殊意义(PP179),也颇具洞察力。

值得一提的是,对于书中出现的名词术语,作者总是能及时、贴心地给出必要的注释,或体现在文中,或以脚注形式呈现。

(二)若干细节问题

下面提出一些批评意见,供作者参考。当然,批评不是为了否定,而是为了完善。

1.关于四条基本的配位规则中,(I)论元异指规则中的部分论元异指和(III)动词拷贝规则似乎有所重叠,请确认。书中用例为:孩子听故事+孩子哭→孩子听故事听哭了。如果换个例子,"孩子听故事+孩子听入了神"→,此时是用规则(I)还是规则(III)呢?是否可以把规则(I)只框定为全部论元异指,而把部分论元异指放入规则(III)呢?另外,规则(IV)是在规则(III)的基础上执行的,这是否都适用于所有情形呢?书中用例为:孩子听故事听哭了→[听]故事听哭了孩子。如果我们继续回到上面的例子,"孩子听故事听入了神"→,又该如何执行规则(IV)呢?根据规则(IV),关于V的客体论元"故事"凸显为致事,这没有任何问题;但V的主体论元怎样受到抑制,R的主体论元如何提升为役事呢,可能需要进一步说明?V和R的主体论元是否同指"孩子"?这又似乎推导不出合法的句子。以上问题值得作者进一步思考。

2.关于动结式的分类(PP37—38),建议直接在书中给出1—2个例句,并且稍作分析。因为这个分类的内容较为关键,后面的大篇幅论述都建立在此分类的基础上。似乎不应只在脚注中注明参看某篇文章,此处应该不吝惜篇幅地具体说明。

3.PP47例(39)"铲平整"的句子值得再思考,如:

> 王师傅铲草地+草地平整了→那块草地,王师傅一天就铲平整了。
> *王师傅一天就铲平整了(+那块)草地。

这里问题是:首先,为什么要增加"一天就"等句子成分?而删去定语"那块"?其次,如果没有任何成分的添加和删除,"王师傅铲平整了那块草地"似乎可以成立。请作者再考虑一下。

再如例(40)"铲平"的句子,如:

> 磨光:他磨桌面+桌面光了→他磨光了桌面。
> 铲平:王师傅铲草地+草地平了→那块草地,王师傅一天就铲平了(+草地)。

同(39)一样,如果将其改成"王师傅铲平了那块草地",也可以成立。

4.PP136:作者在论述构式派生时,并没有明确一个构式的派生生成是基于另一个构式的论元结构还是句法结构。如下所示:

> a. *妈妈炒了肉青椒。　　b.妈妈把肉炒了青椒。

按照作者书中的主张,把字句应该是相对于主动句的有标记的派生句式,是从主动句派生而成,而不是由语义结构通过界限原则来生成的。但上例 a 是不合格的句式,b 却是合格句式。从构式派生的角度看,a 是不能派生出 b 的。作者用强制性提宾来解释,说服力似乎也不太够。如果说是从"炒"的论元结构派生出把字句,又不符合作者的句式群派生主张,也不恰当,因为我们无法从一个不合格的句子推导出"炒"的论元结构里有 3 个名词性成分。类似的"炖"、"编"等动词都有这个问题,请作者再作进一步思考。

5.本书的可读性还不够强,需要进一步润色。有时候论述不够简洁明了,句子内有时有不必要的修饰语,造成句式冗长,且伴有大量的反复论述、一再解释。例如 PP32 的一段原话:

> 而要试图描写动结式的论元结构和配位系统(表现为配价系

统),则需首先认识动结式的语义结构。我们的基本思路是,从动结式句式构造和句式意义互动关系入手,首先概括动结式的语义关系对动结式论元结构整合的根本影响,提出论元结构整合的倾向性原则及其基本配位规则;然后依此原则和规则推演出动结式的各种整合类型,从而系统地刻画动结式的基本配位方式。而配位方式的差异必然制约了进入动结式的语义结构关系的类型和特点。也就是说,所谓的互动关系,既是一种促动关系,换个角度看,又是一种制约关系,是互动双方合力作用的结果。在对动结式形义互动关系及其整合机制结构化、规则化的基础上,描写动结式的配位/配价系统。

我们觉得似乎可精简成两句话,也并不丢失主观点:"要描写动结式的论元结构,则需先认识其语义结构。我们的思路是:首先概括动结式的语义关系,然后提出配位规则,再推演出各类动结式。"再比如第七章,其整体上叙述多有重复,尤其是7.1节的内容,有可能大幅度精简到千字以内。这样才能做到既言简意赅,又主旨鲜明。

6.关于第七章:作者将把字句的语法意义概括为"凸显致事对役事施加致使性影响的结果",虽有一定道理,但也不够全面。比如以下的例句就都不表结果,也很难说有致使义:

(3)a. 把这个问题再想一想

b. 把衣服洗洗

c. 把碗端着

另外,PP175中作者对例(18e)的分析,说服力似乎也不够强。

7.第八章对新兴被字句的解释别具一格,但也有问题需要进一步

说明。作者认为最核心的机制是转喻(P191),新兴被字句的语义结构为:

$$[_{E蒙受}A+被+[_{E操控}B+V+[_{E施为}\sim X\sim]]]$$

通过两次"部分转喻整体",就生成了"A 被 X"结构。"被"也有动词性。这里有个问题作者并未交待清楚:这种转喻发生在哪一个层次?语义层还是句法层?如何控制这种转喻?按照作者论述,似乎发生在语义层,但这样一来,好像就无法控制生成力。

(三)一些修改建议

1.文章结构安排还不够好,各章节的内容之间有重叠、交叉的情况。比如第二章、第三章、第九章之间讨论的问题有重叠之处,给出的分析思路也有交叉;第四章和第五章关于重动句的生成机制也有一些篇幅重复;第九章、第十章、第十一章对方法论的讨论也有交叉,相互之间的逻辑关系不够特别明确,建议把各章节的内容重新整合一下。

2.对于所选取的几个特殊句式:动结式、动词拷贝句、"把"字句、新"被"字,作者并没有给出理据,建议增加一些文字表述,把选取这些研究对象的理由交代清楚。

3.作为致使表达的常规句式,建议把一般被动句也纳入其中进行讨论,这将为第八章的新兴"被"字句的分析提供基础。

4.个别标题较为冗长且生硬,不便于读者理解。比如"3.5 动结式分布不对称现象多层界面特征的互动层级",建议重新审视一下各类标题。

5.本书提出的互动构式语法看到了传统构式语法的不足,但仍存在一些"例外"现象无法得到解决。也许就是由于该书只限于构式语法,很少涉及生成语法方面的研究成果,其实形式和功能在某种程度上是可以实现对话的,有些语言现象用生成语法来分析可能就迎刃而解了。建议今后能尝试结合生成语法理论去解决一些棘手的语言现象。

6.本书虽从历时角度对动词拷贝句的生成动因、演进机制及发展层级做过一些探讨,但主要还是基于共时平面的分析。建议今后多从历时角度去考察,力求做到共时研究与历时研究相结合,以使分析模式在"逻辑先后"与"历史先后"两个方面得到有机的统一。

7.本书主要是基于构式语法理论的本体研究,建议今后能把本书的研究成果用到语言习得(比如母语习得、二语习得)的研究中去,尽可能地提出一些行之有效、更易于操作的教学策略,以解决学生在习得过程中出现的种种语言偏误。

(四)评审结论:总的来说,本书的功夫和功力都有,书稿中的很多内容都以论文形式发表在了重要刊物上。可以看得出来,本书是将这些文章串起来写成的,当然其中也调整、改进、增加了不少内容。本书虽有一些不尽人意之处,但值得肯定的是,"形散而神不散"。本书紧扣主题、观点鲜明、结构完整、思路较清晰、逻辑较严密;书中边分析边总结,既有实例分析,又有理论阐释。不仅清晰地展示了如何在构式语法框架下进行句法研究,也在某种程度上为句式的形义关系研究提供了一种新思路,不失为一本好书。建议参考上述意见认真修改之后出版。

评审人:潘国华

2015年1月13日

专家评审意见

张伯江

1 这部书稿是对汉语句式的专项研究。作者不满足于以往结构主义背景下的句法结构生成研究，也不是全盘接受新近兴起的从整体着眼的构式语法，而是试图探索一条把二者结合起来的道路，作者称之为"形式和意义互动的句式系统研究"或称"互动构式语法"。

书稿开头和后部都是理论的说明，重点是说明自己对研究方法的理解。中间几章是具体句式的专题研究，作者所主张的方法都体现在这几个专项研究中。

这部书稿的优点在于对语法现象的观察相当细致，尤其是关于动结式的研究很有深度，概括的事实很全面。在动词拷贝式、把字句、被字句的研究中，也能够不局限于单一的观察角度，重视把前人不同角度得出的观察联系起来。这也形成这部书稿全书的鲜明特点，即，重视不同句式之间语法特征的关联性。

2 本书在研究方法上的探索引发我们思考一些更深层次的问题。作者主张把从下往上的还原主义方法和从上往下的构式方法结合起来，如何把结合工作做好，还是值得进一步探讨的。

2.1 首先说作者所主张"互动"方法的效果。作者谈到了"互动"的三个含义："句法形式和句法意义之间的互动"、"形式系统内部各个句法形式之间的互动"、"意义系统内部各个句法意义之间的互动"。从专题研究中的实际应用来看，其中的"动"给人感觉倾向于单向的致动，而不是双向的互动。首先，就第一种"句法形式和句法意义之间的互动"来说，作者认同这样的映射关系："事件结构→概念结构→论元结构

→句法结构",我们从专题研究中看到的也的确都是从意义到形式这个方向上的"动",即意义如何决定了形式的特征,却很难看到形式如何同时影响意义的反向的"动",即形式特征如何改变了意义;第二个和第三个"形式系统内部"、"意义系统内部"的"互动",也缺少"相互作用"的系统性描写。从效果看,这里所谓"互动"大致就是传统上说的"联系",或者说还是倾向于单向决定论。

2.2 其次,如何认识构式语法的方法。

2.2.1 书中说:"构式的'经典'定义,隐含着很大的问题:将完全可预测的结构体排斥在构式之外,这跟构式是语言表征的基本单位、所有的语言单位都是构式这一根本认识不协调。""这种理论和实践的困境来自于自筑的藩篱"。这可能代表了一种普遍的误会。即以作者提出这一质疑的例子"他卖了房子"和"我是学生"为例,你注重它可预测的一面,就会较多关注它与其他句子共同的结构特征,你若是注重其不可预测的特性,就会更多地发现其独有的意义,如"他卖了房子"和"他卖了火柴"在对主语影响程度上就是意义迥异的,而"我是学生"与"我是一个学生"也有不同的语用倾向义。构式语法独特的解释力正是在这些地方。这并不是抹杀派生分析,因为语言你完全可以当作一个符号系统去分析其形式之间的派生关系,但构式研究者不满足于此,他们觉得有更重要的工作要做。

2.2.2 关于构式意义和动词的选择限制。构式语法是不是"在说明句式整体意义的来源以及句式对进入其中的动词的选择限制条件等方面解释力还不够"? 笔者对这个问题的看法是,构式语法最重要的工作就是这个。我国学者沈家煊在"在"字句与"给"字句的对比研究、"王冕死了父亲"的专题研究中,都展示了句式整体意义与词语选择丝丝入扣的吻合,非常明确地回答了"句式整体意义的来源"。另外,以作者的以下例子来看,似乎也不能说明这是构式语法的不足:

(3)a. 我扔小明一个高抛球。

　　b. 我吃了弟弟一个苹果。

(4)a. ？我顶小明一个斜线球。

　　b. ？我嚼了弟弟一根香蕉。

这不是构式解释方法的局限,只是因为足球里头顶球不分斜线球还是直线球,同时头顶球的目的多是射门而不是传球;整根香蕉也没有人能嚼。改成"我吊小明一个斜线球/我嚼小明一块口香糖"就能说了。这不是需要语法来解释的问题。

2.2.3 关于构式语法作用的另外两项评论——"在句式语法化过程的阶段性和系统性方面都还探究得不够深入,尤其是句式构造和句式意义在语法化过程中的互动关系目前关注得也比较少。""如果将构式理解极端化,或许会使语言之间的比较(对比的和类型的)变得相当琐碎,甚至无法展开"——我们觉得需要指出的是:第一,目前在语法化学界,构式语法是大受欢迎的,美国最著名的语法化学者 Elizabeth Traugott 一直强调说构式语法使她找到了比以往语法化学说更好的说明语法变化的方法;同样是最著名的语言类型学者 William Croft 也在其名著《激进构式语法》中强调,激进的构式学说正是语法比较和类型研究最合适的道路。

2.3 书稿中对非形式派学说的一些议论也值得讨论。如绪论一开头说到句法理论中两种对立的取向时,说后者"重功能轻句法",这个说法有些暧昧,我倒是觉得功能语法对句法描写的细密程度超过其他学派(也许正是因为细致而招致"琐碎"的非议吧)。首页的注文说:"关于非结构的动因,称说不一,主要有功能动因、语义动因、语用动因、认知动因之类。虽然它们的内涵并不完全相同,但都属功能范畴,且有时也不怎么区别。"几个完全不相同的概念,不宜笼统说成"都属功能范畴"。功能语法的"功能"指的是人与人交流时的交际功能,所谓语义动因、认知动因并不集中于关注这个;同一注文里作者又说"语法研究中常常将结构和功能相对应、形式和语义/意义相对应",这也有些含糊。"结构和功能相对应"一般是指句法结构从大往小看为"结构观察"、从小往大看为"功能观察",这从 Jespersen 开始就是这样讲的,朱德熙先生更是明确说,这种意义的"功能"就是句法分布。这与功能语法谈的"功能"不是一回事。

3 有些例子我的语感不太能接受。如:

听侯宝林的相声听笑了大家
侯宝林的相声听笑了大家
听侯宝林的相声把大家听笑了

这样不自然的例子在书稿中还有一些。

4 总的来看,书稿第二至八章的主体内容是值得肯定的,体现在对汉语句式的细节观察上有重要的贡献。其他各章还存在如上所述的一些问题,希望作者考虑,做一定的改写,同时把事实研究做得更系统些,条理更清楚些。

评审人:张伯江

2016 年 12 月 18 日